AUFSÄTZE UND VORTRÄGE
(1911–1921)

HUSSERLIANA

EDMUND HUSSERL

GESAMMELTE WERKE

BAND XXV

AUFSÄTZE UND VORTRÄGE
(1911 – 1921)

AUF GRUND DES NACHLASSES VERÖFFENTLICHT VOM
HUSSERL-ARCHIV (LEUVEN) IN VERBINDUNG MIT
RUDOLF BOEHM UNTER LEITUNG VON

SAMUEL IJSSELING

EDMUND HUSSERL

AUFSÄTZE UND VORTRÄGE
(1911–1921)

MIT ERGÄNZENDEN TEXTEN
HERAUSGEGEBEN VON

THOMAS NENON
UND
HANS RAINER SEPP

Dieser Band wurde mit Unterstützung der Deutschen
Forschungsgemeinschaft am Husserl-Archiv in
Freiburg i.Br. vorbereitet

1987 **MARTINUS NIJHOFF PUBLISHERS**
a member of the KLUWER ACADEMIC PUBLISHERS GROUP
DORDRECHT / BOSTON / LANCASTER

Distributors

for the United States and Canada: Kluwer Academic Publishers, P.O. Box 358, Accord Station, Hingham, MA 02018-0358, USA
for the UK and Ireland: Kluwer Academic Publishers, MTP Press Limited, Falcon House, Queen Square, Lancaster LA1 1RN, UK
for all other countries: Kluwer Academic Publishers Group, Distribution Center, P.O. Box 322, 3300 AH Dordrecht, The Netherlands

Library of Congress Cataloging Card Number: 85-15457

ISBN 90-247-3216-6 (this volume)
ISBN 90-247-2343-4 (series)

INHALT

TEXTKRITISCHER ANHANG

EINLEITUNG DER HERAUSGEBER

Die vorliegende Sammlung umfaßt die Aufsätze und Vorträge Husserls aus den Jahren 1911 bis 1921 und schließt damit an den Band XXII der *Husserliana, Aufsätze und Rezensionen 1890-1910*,[1] an. Unter dem Titel *Aufsätze* werden hier alle kleineren Arbeiten Husserls zusammengestellt, die für den genannten Zeitraum in der Bibliographie Herman Leo Van Bredas[2] verzeichnet sind. Ferner wurden in diesen Band diejenigen in sich abgeschlossenen Abhandlungen aufgenommen, die Husserl für die Veröffentlichung in einer Zeitschrift vorsah, dann aber doch nicht publizierte, sowie alle seine nicht im Rahmen der üblichen Lehrverpflichtungen gehaltenen Vorträge. In Vorbereitung befindet sich ein weiterer Band, der die Edition der Aufsätze und Vorträge in den *Husserliana* vervollständigen wird. Die kleineren Schriften und Vorträge, die Husserl in den Jahren von 1911 bis 1921 verfaßte, sind äußerst heterogen. Die folgenden Ausführungen beschränken sich deshalb in erster Linie darauf, ihre Entstehung nachzuzeichnen.

Philosophie als strenge Wissenschaft

Sieht man von einigen Rezensionen und kurzen Beiträgen zum Philosophielexikon von Lalande[3] ab, bildet der Aufsatz „Philosophie als strenge Wissenschaft" Husserls erste größere Veröffentlichung seit dem Erscheinen des zweiten Teils seiner *Logischen Unter-*

---

[1] Hrsg. von Bernhard Rang, 1979.

[2] In: *Edmund Husserl 1859-1959, Recueil commémoratif publié à l'occasion du centenaire de la naissance du philosophe*, La Haye 1959, Phaenomenologica 4, S. 289-306.

[3] Siehe *Husserliana*, Bd. XXII.

suchungen im Jahre 1901. Er wurde 1911 im dritten Heft des ersten Bandes der neugegründeten Zeitschrift *Logos* publiziert. Bereits zu Anfang des Jahres 1910 hatte sich Husserl auf eine Bitte Heinrich Rickerts hin zu einer „öffentlich zu bekundenden 'Mitwirkung' an der Herausgabe" der Zeitschrift bereit erklärt.[1] Dabei sah er es als eine „unvermeidliche Konsequenz" seiner Entscheidung an, sich damit „die Abfassung irgendwelcher Beiträge für die Zeitschrift aufzuerlegen".[2] Laut seinen eigenen Angaben[3] entwarf er den Aufsatz „Philosophie als strenge Wissenschaft" in den Weihnachtsferien 1910/1911 und führte ihn von Januar bis Mitte Februar 1911 aus. Die Drucklegung erfolgte im März. Dieser Beitrag blieb Husserls einzige Veröffentlichung im *Logos,* und er scheint auch an der weiteren Gestaltung der Zeitschrift nicht mehr beteiligt gewesen zu sein.

Husserl selbst bezeichnete den Aufsatz, der seinen Worten zufolge „populär" gedacht war,[4] als „eine allgemeine Charakteristik meiner Intentionen"[5]. Da er diese Charakteristik vornehmlich in eine Kritik an den zeitgenössischen Strömungen des Naturalismus, Psychologismus und Historizismus kleidete, sah er voraus, daß seine Ausführungen nicht ungeteilte Zustimmung finden würden. 1912, zu einer Zeit, als in Deutschland philosophische Lehrstühle zunehmend mit experimentellen Psychologen besetzt wurden, schrieb Husserl an Rickert: „Wie ich in diesen Sachen denke, habe ich im *Logos*-Artikel zu scharfem Ausdruck gebracht, und mit dem vollen Bewußtsein der Summe an Feindschaft, die ich auf mich laden würde — an der es nun auch nicht fehlt."[6]

Mit öffentlichem Widerspruch begegneten Husserls Kritik am Naturalismus und Psychologismus jene Philosophen, die einen wesentlichen Teil ihres methodischen Verfahrens auf empirische Psy-

---

[1] R I Rickert, 25. 1. 1910. Husserl wird bis 1933 unter den Mitwirkenden auf dem Titelblatt aller Bände der Zeitschrift genannt. Ab Oktober 1933 wurde aus ihr die *Zeitschrift für Deutsche Kulturphilosophie. Neue Folge des Logos* (hrsg. von Hermann Glockner und Karl Larenz). — R I = Briefe von Husserl; R II = Briefe an Husserl (Signaturen des Husserl-Archivs).

[2] R I Rickert, 25. 1. 1910.

[3] Umschlagblatt von Husserls Handexemplar des *Logos*-Aufsatzes, archiviert unter der Signatur K VIII 15.

[4] R I Misch, 3. 8. 1929.

[5] R I Hocking, 7. 7. 1912.

[6] R I Rickert, 21. 11. 1912.

chologie gründeten, etwa Theodor Elsenhans oder August Messer[1]. Stellungnahmen zu seiner Kritik am Historizismus und an der Weltanschauungsphilosophie erhielt Husserl dagegen nur in persönlichen Briefen. Georg Simmel etwa teilte nicht Husserls Haltung, die letzten weltanschaulichen Fragen (die Bemühungen, „das Unsagbare zu sagen und das Unlösbare zu lösen") aus dem Arbeitsgebiet einer wissenschaftlichen Philosophie auszuschließen.[2] Er fühlte sich jedoch von Husserls Kritik nicht getroffen. Wilhelm Dilthey hingegen, im Aufsatz mehrmals als Wegbereiter des skeptischen Historizismus namentlich genannt, sah sich zum Einspruch gegen Husserls Darstellung gezwungen. Seinem Kommentar schickte er die Bemerkung voran: „Offen gestanden war mir unter dem ersten Eindruck eine solche Äußerung schwer, denn Ihre Charakteristik meines Standpunktes als Historizismus, dessen legitime Konsequenz Skeptizismus sei, mußte mich billig wundern. Ein großer Teil meiner Lebensarbeit ist einer allgemeingiltigen Wissenschaft gewidmet, die den Geisteswissenschaften eine feste Grundlage und inneren Zusammenhang zu einem Ganzen schaffen sollte."[3] In seinem Antwortschreiben versicherte Husserl, seine Ausführungen seien nicht gegen Dilthey gerichtet, und versprach: „Ich will auch sogleich im *Logos* eine Note veröffentlichen, um weiteren Mißdeutungen vorzubeugen".[4] „Ernstliche Differenzen" zwischen Ihnen beständen nicht, meinte er weiter und wies auf die Gemeinsamkeit ihrer beider Arbeit hin: „Was wir, von verschiedenen Studien herkommend, durch verschiedene historische Motive bestimmt, durch verschiedene Entwicklungen hindurchgegangen — erstreben und erforschen, stimmt zusammen und gehört zusammen: die phänomenologische Elementaranalyse und phänomenologische Analyse im Großen, an der Hand der von Ihnen erschlossenen Morphologie und Typik der großen Kulturgestaltungen."[5] Dilthey begrüßte Husserls Angebot, eine

---

[1] Der in diesem Band veröffentlichte „Anhang" eines von Husserl geplanten *Kant-Studien*-Beiheftes gibt eine Antwort auf ihre Einwände. Siehe unten S. 226.

[2] R II Simmel, 13. 3. 1911. Ähnlich äußerte sich Rickert in einem Brief vom 28. 6. 1911.

[3] R II Dilthey, 29. 6. 1911. Der Briefwechsel zwischen Husserl und Dilthey wurde von Walter Biemel in *Revista de Filosofía de la Universidad de Costa Rica,* I, 2, 1957, S. 101-124 und wieder in *Man and World,* 1, 1968, S. 428-446 veröffentlicht (die zitierte Stelle findet sich auf S. 434).

[4] R I Dilthey, 5./6. 7. 1911. A.a.O., S. 438.

[5] Ebd.

solche Note zu veröffentlichen, betonte aber zugleich, daß die Differenz zwischen ihnen „in Geltung bleiben" möge „bis zu näheren Veröffentlichungen von Ihnen"[1]. Zu einer Publikation jener Erklärung im *Logos* kam es nicht. Wenig später, am 1. 10. 1911, starb Dilthey.[2] Husserls ambivalente Haltung gegenüber Dilthey zeigt sich noch in den einleitenden Bemerkungen seiner im Sommersemester 1925 gehaltenen Vorlesung „Phänomenologische Psychologie".[3] Diltheys historische Gelehrsamkeit und seine „genialen Intuitionen" finden Zustimmung, seine Gegnerschaft gegen eine Geisteshaltung, welche die Methode der Naturwissenschaft auch für die Geisteswissenschaften in Anspruch nehmen möchte, wird als berechtigt anerkannt. Ob Diltheys beschreibend-zergliedernde Psychologie jedoch eine tatsächliche Lösung derjenigen Probleme zu bieten vermöge, die eine wissenschaftliche Grundlegung der Geisteswissenschaften fordert, stellte Husserl ebenso wie im *Logos*-Artikel in Frage.

Die Vorworte zum Jahrbuch für Philosophie und phänomenologische Forschung

Bereits Jahre vor dem Erscheinen des *Jahrbuchs für Philosophie und phänomenologische Forschung* erwog Husserl die Gründung eines phänomenologischen Forschungsorgans. So schrieb er 1907 an Johannes Daubert, der dem Münchener Schülerkreis von Theodor Lipps angehörte und den Kontakt zwischen Husserl und den Schülern Lipps', vor allem Alexander Pfänder, vermittelt hatte: „Insbesondere die Frage einer zu begründenden Zeitschrift für phänomenologische Philosophie in zwanglosen Heften wird brennend. Von verschiedenen meiner Schüler wird mir in dieser Hinsicht arg zugesetzt, und vielleicht ist es nun wirklich so weit, daß wir damit beginnen

---

[1] R II Dilthey, 10. 7. 1911. A.a.O., S. 442.

[2] Vgl. Husserls Äußerung im Brief an Georg Misch vom 3. 8. 1929: „Die geplante Notiz im *Logos* sollte gemäß Diltheys Wunsche zusammengehen mit einer am *Aufbau* anknüpfenden Behandlung der inneren Zusammengehörigkeit der Diltheyschen und meiner Intentionen. Während des eingehenden Studiums des *Aufbaus* ward uns Dilthey entrissen."

[3] *Husserliana*, Bd. IX, S. 5 ff.

können oder vielmehr müssen".[1] Eine Zusammenkunft zwischen Husserl, Pfänder, Daubert und dem Münchener Phänomenologen Moritz Geiger in Regensburg im Winter 1911/12 diente der konkreten Vorbereitung zur Herausgabe der Zeitschrift. Pfänder hatte ursprünglich geplant, die von ihm edierte Festschrift für Lipps[2] als phänomenologische Zeitschrift weiterzuführen, kam aber in den „Regensburger Verhandlungen" dazu, seinen Plan „zugunsten des 'Jahrbuchs' aufzugeben"[3]. Ferner wurde in Regensburg nach den Worten Pfänders „über die Bedingungen der Mitarbeit, über die Garantien für gediegenen Inhalt, über die Redaktion, über das Titelblatt, über Vermeidung des Eindrucks einer Flucht von Lipps weg usw. das Nötige festgelegt".[4] Am 7. Juli 1912 konnte Husserl dem amerikanischen Philosophen William Hocking die Mitteilung machen: „Ich gedenke, da die phänomenologische Philosophie in dem letzten Lustrum — bei uns in Deutschland — so viele Freunde gewonnen hat und insbesondere die junge Generation lebhaft bewegt, ein eigenes Organ (*Jahrbücher für Philosophie und phänomenologische Forschung*, Niemeyer Verlag in Halle) zu begründen und vom Herbst d. J. ab in demselben der Reihe nach die Ergebnisse meiner Studien des letzten Jahrzehnts zu publizieren".

Das *Jahrbuch für Philosophie und phänomenologische Forschung*, dessen erster Band 1913 veröffentlicht wurde, erschien mit insgesamt elf Bänden bis 1930. Als Herausgeber fungierten neben Husserl, Pfänder und Geiger Adolf Reinach und Max Scheler; später werden Martin Heidegger (ab Band 8, 1927) und, nach dem Tod Max Schelers im Jahre 1928, Oskar Becker als Mitherausgeber genannt. Zu den Jahrbuchbänden 1, 2 und 4 erschienen Vorworte. Die beiden letzten sind von Husserl unterzeichnet. Da das erste, dessen Inhalt wohl auch anläßlich des Regensburger Treffens festgelegt wurde, die prinzipielle Zielrichtung der Zeitschrift umreißt, spricht es im Namen des gesamten Herausgeberkreises. Es kann nicht als sicher gelten, daß Husserl der Verfasser war. Hingegen ist anzunehmen, daß doch vor allem er, als der verantwortliche Her-

---

[1] R I Daubert, 26. 8. 1907.

[2] *Münchener philosophische Abhandlungen. Th. Lipps zu seinem 60. Geburtstage gewidmet von früheren Schülern*, Leipzig 1911 ⟨recte 1912⟩.

[3] R II Pfänder, 28. 5. 1912.

[4] Ebd.

ausgeber der Zeitschrift,[1] seine Vorstellungen darin zum Ausdruck bringen wollte.

Die Freiburger Antrittsrede

Husserl hatte zum Sommersemester 1916 als Nachfolger Heinrich Rickerts den Lehrstuhl für Philosophie der Universität Freiburg im Breisgau übernommen. Nach den geltenden Bestimmungen war binnen Jahresfrist nach Lehrstuhlübernahme eine Antrittsrede zu halten. Aus der Bestrebung, sie zu verfassen, entstanden zunächst die beiden Abhandlungen „Phänomenologie und Psychologie" und „Phänomenologie und Erkenntnistheorie". Edith Stein, seit Oktober 1916 Privatassistentin bei Husserl, schrieb am 9. 4. 1917 an Roman Ingarden: „In den Ferien sollte endlich die ominöse Antrittsvorlesung entstehen, statt dessen entwickelte sich eine 'Einleitung in die Phänomenologie', zerfallend in die Abschnitte 'Phänomenologie und Psychologie' und 'Phänomenologie und Erkenntnistheorie'. Das soll nun unbedingt fertiggemacht und veröffentlicht werden."[2] Die enge Beziehung dieser Abhandlungen zu der Antrittsrede bestätigte Husserl selbst in einem Brief an Adolf Grimme. Er berichtet darin von der „angeblichen Ausarbeitung einer Antrittsvorlesung, wobei unter der Hand zwei Abhandlungen, eine von etwa achtzig Druckseiten, daraus wurden — und endlich wurde es ernst, und eine wirkliche Vorlesung für dreiviertel Stunde Zeitspanne mußte werden."[3] Wie aus dem Brief weiter hervorgeht, verfaßte Husserl die vorgetragene Fassung der Antrittsrede erst nach den beiden Abhandlungen. Die Art, wie er von der Entstehung der Rede berichtet, läßt darauf schließen, daß er erst 'in letzter Minute', Ende

---

[1] Der Titel der Zeitschrift im Wortlaut: „*Jahrbuch für Philosophie und phänomenologische Forschung*. In Gemeinschaft mit M. Geiger — München, A. Pfänder — München, A. Reinach — Göttingen, M. Scheler — Berlin herausgegeben von Edmund Husserl" (Husserls Name ist, anders als die der übrigen Genannten, mit größeren Lettern und in Fettdruck gesetzt).

[2] *Edith Steins Werke*, Bd. VIII, hrsg. von L. Gelber und R. Leuven, Druten 1976, 12. Brief, S. 23. Zuerst erschienen in: Roman Ingarden, „Edith Stein on her Activity as an Assistant of Edmund Husserl", in: *Philosophy and Phenomenological Research*, 23, 1962/63, S. 168 f.

[3] R I Grimme, 30. 4. 1917.

April 1917, dazu kam, sie in eine endgültige Form zu bringen. Am Abend des 3. Mai 1917 trug er sie in der Universität vor.[1]

Husserl erwähnt die Antrittsrede in der Ankündigung seiner Vorlesung „Einleitung in die Phänomenologie" vom Sommersemester 1917[2] mit den Worten: „Doch beginne ich diese Vorlesungen mit der Antrittsvorlesung ⟨...⟩"[3] Dieser Hinweis war wohl als Aufforderung an seine Studenten gedacht, die Antrittsrede als Einleitung zur Vorlesungsreihe zu hören. Gleichwohl bildet die Rede einen eigenständigen Beitrag. Sie wurde zu einem anderen Termin als Husserls Vorlesungen angekündigt und verweist auch inhaltlich nicht ausdrücklich auf die folgende Vorlesungsreihe, da sie dem breiten Zuhörerkreis, dem ja nicht nur Besucher der Vorlesung angehörten, verständlich sein wollte. Eine separate Veröffentlichung der Antrittsrede plante Husserl nicht.[4] Stattdessen arbeitete Edith Stein sie zum größten Teil in ihre Ausarbeitung des Husserlschen Manuskriptes „Phänomenologie und Psychologie" ein.

Phänomenologie und Psychologie
Phänomenologie und Erkenntnistheorie

„Phänomenologie und Psychologie" und „Phänomenologie und Erkenntnistheorie" bilden zusammen mit einem „Anhang" — eine Antwort auf einige gegen Husserls Phänomenologie gerichtete kritische Einwände — die Textgrundlage eines von Husserl geplanten, aber nie publizierten *Kant-Studien*-Beiheftes. Die beiden Abhandlungen liegen in stenographisch angefertigten Fassungen Husserls[5]

---

[1] Die Antrittsrede ist unter der Signatur F II 6 archiviert. Auf der Einladungskarte zum Vortrag (Signatur X VIII 5) ist der Titel der Antrittsrede angegeben: „Die reine Phänomenologie, ihr Forschungsgebiet und ihre Methode".

[2] Ein Manuskript zu dieser Vorlesung konnte im Husserl-Archiv Leuven nicht aufgefunden werden.

[3] X VIII 3 I.

[4] Sie ist erstmals vollständig von Samuel IJsseling in *Tijdschrift voor Filosofie*, 38, 1976, S. 363-378 veröffentlicht worden.

[5] Im Husserl-Archiv unter folgenden Signaturen archiviert: „Phänomenologie und Psychologie", F IV 1/130-169; „Phänomenologie und Erkenntnistheorie", B I 3.

sowie in Ausarbeitungen von Edith Stein[1] vor. Sie sind in diesem
Band mit Ausnahme des „Anhangs"[2], den Edith Stein verfaßte, in
Husserls Textfassung wiedergegeben.[3]

Husserl dachte zunächst daran, die beiden Abhandlungen im
Jahrbuch für Philosophie und phänomenologische Forschung zu veröffentlichen, wie Edith Stein Roman Ingarden mitteilte: „Frl. Gothe
und ich hatten gestern die angenehme Mission, ihm begreiflich zu
machen ⟨...⟩, daß das nichts fürs Jahrbuch ist, daß man jetzt neue
konkrete Ausführungen von ihm erwarte, wie sie die *Ideen* in Hülle
und Fülle bieten, und nicht Altes unter einem anderen Gesichtspunkt zusammengestellt."[4] Edith Stein unterbreitete Husserl stattdessen den Vorschlag, daß er „dies Produkt etwas als Antwort auf
Elsenhans frisiert und in die *Kant-Studien* gibt".[5] Denn zu Anfang
des Jahres 1917 hatte der Leiter der *Kant-Studien,* Max Frischeisen-
Köhler, Husserl gebeten, in der Zeitschrift zu der Diskussion zwischen Theodor Elsenhans und Paul Ferdinand Linke[6] bezüglich der
Phänomenologie und ihres Verhältnisses zu Psychologie und Erkenntnistheorie Stellung zu nehmen,[7] und Husserl hatte dem zuge-

---

[1] Edith Steins handschriftliche Fassungen sind nicht erhalten. Die mit Schreibmaschine vorgenommenen Abschriften sind archiviert unter den Signaturen M III 13a („Phänomenologie und Psychologie") und M I 1 („Phänomenologie und Erkenntnistheorie").

[2] Signatur des Husserl-Archivs M III 7.

[3] Die ersten zehn Paragraphen von Edith Steins Ausarbeitung der Abhandlung „Phänomenologie und Psychologie" hat H.L. Van Breda in *Tijdschrift voor Filosofie,* 3, 1941,
S. 481-498 veröffentlicht.

[4] Brief vom 9. 4. 1917, a.a.O.

[5] Ebd.

[6] Theodor Elsenhans, ein Vertreter der Neufriesschen Schule, veröffentlichte 1915
eine Kritik an Husserls Phänomenologie: „Phänomenologie, Psychologie, Erkenntnistheorie", *Kant-Studien,* 20, 1915, S. 224-275. Auf diesen Aufsatz reagierte der Jenaer
Philosoph Paul Ferdinand Linke, der sich dem Kreis der Phänomenologen zurechnete
und im *Jahrbuch für Philosophie und phänomenologische Forschung* publizierte, mit der
Arbeit: „Das Recht der Phänomenologie. Eine Auseinandersetzung mit Th. Elsenhans", *Kant-Studien,* 21, 1917, S. 163-221. Elsenhans nahm hierzu wiederum Stellung
mit seinem Aufsatz: „Phänomenologie und Empirie", *Kant-Studien,* 22, 1918, S. 243-
261.

[7] R II Frischeisen-Köhler, 10. 1. 1917.

stimmt.[1] In ihrem Brief an Ingarden vom 9.4.1917 schreibt Edith
Stein weiter, Husserl sei „noch nicht überzeugt und gedenkt die
Erwiderung, zu der er sich ja verpflichtet hat, noch besonders zu
machen". Husserl entschied sich schließlich, die Stellungnahme zu
den Einwänden seiner Kritiker gesondert in einem Anhang vorzu-
nehmen und ihn zusammen mit den beiden Abhandlungen in den
Kant-Studien zu veröffentlichen.

Husserl hatte in die beiden Abhandlungen keine älteren Manuskripte und so gut wie keine älteren Manuskriptteile aufgenommen,[2]
sondern sie in einem Zuge von Februar bis April 1917 niederge-
schrieben. Edith Steins Äußerung, sie böten „Altes unter einem
anderen Gesichtspunkt zusammengestellt", meint also nicht, daß
Husserl die Texte aus älterem Material zusammengesetzt hätte. Ihre
Bemerkung zielt darauf, daß Husserl in ihnen keine neuen Beispiele
seiner Forschungsarbeit gab, sondern grundsätzliche Positionen seines Philosophierens allgemeinverständlich resümierte.

Husserl beauftragte Edith Stein mit der Übertragung und stilisti-
schen Bearbeitung der stenographischen Niederschriften. Sie begann
mit ihrer Arbeit im April 1917 und fertigte in den darauffolgenden
Wochen handschriftliche Fassungen an, die Husserl überarbeiten
und abrunden wollte. Als er Ende Mai zu seiner kranken Mutter
nach Wien reiste, waren diese Arbeiten noch nicht beendet, und
auch nach seiner Rückkehr kam er zu keinem ihn befriedigenden

---

[1] Vgl. Edith Steins Brief an Roman Ingarden vom 18. 1. 1917: „Elsenhans hat eine
Antwort auf Linke geschrieben, Frischeisen-Köhler hat sie an Husserl geschickt mit der
dringenden Bitte um eine Erwiderung, und er hat sich dazu verpflichtet." (*Edith Steins
Werke*, Bd. VIII, a.a.O., S. 16). — Bereits zu Anfang des Jahres 1915 hatte Hans Vaihinger, Geschäftsführer der Kant-Gesellschaft und Herausgeber der *Kant-Studien*, Husserl als Hauptredner zu der Generalversammlung des gleichen Jahres eingeladen, die
wegen des Krieges jedoch verschoben werden mußte (R II Vaihinger, 21. 3. 1915). Vaihinger schrieb Husserl, er denke an eine „Art Programmrede" über die Aufgabe der
Phänomenologie, die einen Einblick in die „Geschichte Ihrer inneren Entwicklung bis
zu der jetzigen Fassung Ihres Standpunkts" gewähren würde. Husserl erklärte sich in
seiner Antwort dazu bereit und schrieb: „Sollte ich aber keine passende Form finden,
die mich vor dem Verdacht eitler Selbstdarstellung wehrt, so wähle ich ein anderes
allgemeiner interessierendes Thema, z. B. Phänomenologie und Psychologie oder dgl."
(R I Vaihinger, 3. 4. 1915). Auch die Versammlung des Jahres 1916, für die Husserl als
Hauptredner vorgesehen war (siehe R II Vaihinger, 4. 2. 1916), konnte — ebenso wie die
ees Jahres 1917 — wegen des Krieges nicht stattfinden.

[2] Siehe *Textkritische Anmerkungen*, S. 342 f. und 351 ff.

Abschluß.[1] Die Gründe dafür, die ausgearbeiteten Fassungen nicht zu veröffentlichen, lassen sich nicht mit Sicherheit feststellen. An Dietrich Mahnke schrieb Husserl, daß das *Kant-Studien*-Beiheft „noch mancher Überarbeitung und einiger Einfügungen" bedürfe, und berichtete von einer allgemeinen Schwächung seiner Kräfte.[2] Für die Annahme, daß Husserl mit der Arbeit Edith Steins nicht zufrieden war und deshalb die Texte zurückhielt, findet sich kein Indiz. Zu vermuten ist, daß die Einwände, die Edith Stein schon im Brief an Ingarden vom 9. 4. 1917 gegen den Abdruck dieser Beiträge im Jahrbuch äußerte, auch hier eine gewisse Rolle gespielt haben.

Obwohl Husserl die beiden Abhandlungen als vereinfachte Darstellungen des phänomenologischen Verfahrens für ein größeres philosophisch interessiertes Publikum konzipierte, die offenbar nicht mit den Ausführungen der *Ideen* konkurrieren wollten, verspürte er doch das Bedürfnis, detailreichere und neuere Überlegungen in sie aufzunehmen. Dies verdeutlichen einige Zusätze, die er während der Niederschrift bzw. nach den Ausarbeitungen der Texte durch Edith Stein verfaßte. Einige von ihnen entsprechen der didaktischen Absicht der Abhandlungen, indem sie Begriffe wie 'Reflexion' oder 'Erfahrung' klären (siehe *Beilagen II* und *III*)[3]. Andere, ausführlichere zeigen hingegen, wie Husserl mit seiner Darstellung im Detail unzufrieden war. So versuchte er im Sommer 1917, nachdem Edith Stein die Ausarbeitungen fertiggestellt hatte, das Problem des relativen und absoluten Gegebenseins in zwei umfangreichen Zusätzen (*Beilagen IV* und *V*) zu erläutern. Solche Zusätze drohten jedoch auf Grund ihres Umfanges den äußeren Rahmen zu sprengen und mit ihrem Problemgehalt der inhaltlichen Zielsetzung der Abhandlungen als Einführungen in die Phänomenologie zuwiderzulaufen.[4]

---

[1] Vgl. den Brief Edith Steins an Roman Ingarden vom 6. 7. 1917. In: *Edith Steins Werke*, Bd. VIII, a.a.O., S. 27 f.

[2] R I Mahnke, 19. 7. 1917.

[3] *Beilage I* ist Teil einer früheren Anfangsversion von „Phänomenologie und Erkenntnistheorie". — In Konvolut B I 35 finden sich ferner acht undatierte Blätter (4-11). Sie sind überschrieben: „Motive einer Kritik der Vernunft. Evtl. zu 'Philosophie ⟨sic⟩ und Erkenntnistheorie' (Stein)" und enthalten eine Paraphrase des Anfangs der Abhandlung.

[4] Vgl. Husserls Einschätzung der beiden Abhandlungen im darauffolgenden Jahr: „Ob ich schon in diesem Jahr publizieren kann — fraglich. Vielleicht nur jene leichtere Nebenarbeit für die *Kant-Studien*, eine Einleitung in die Phänomenologie, die manche nützliche Ergänzungen bringt, aber den *Ideen III* manches vorwegnimmt." (R I Grimme, 8. 6. 1918).

Zu Anfang des Jahres 1918 stellten die Herausgeber der *Kant-Studien* für den Herbst des gleichen Jahres ein Ergänzungsheft von Husserl über „Das Wesen der Phänomenologie" in Aussicht[1] und wiederholten diese Ankündigung in den Jahren 1919 und 1920[2]. Am 26. August 1920 schrieb Husserl an Rickert, die Ankündigung in den *Kant-Studien* sei ohne seine Genehmigung erfolgt; er könne diese Abhandlung nicht zur Verfügung stellen, da er mit Arbeit überlastet sei. Er äußerte jedoch nicht, daß er den Plan ihrer Veröffentlichung endgültig aufgegeben habe. Doch erst 1922 sollte Husserl mit den „Londoner Vorlesungen" eine ausführlichere Einleitung in seine Phänomenologie, die für ein breiteres Publikum gedacht war, der Öffentlichkeit vorlegen.

Anhang

Die ursprünglich geplante Stellungnahme zum Streit zwischen Theodor Elsenhans und Paul Ferdinand Linke bezog Husserl nicht in die beiden Abhandlungen „Phänomenologie und Psychologie" und „Phänomenologie und Erkenntnistheorie" mit ein und fertigte selbst keinen separaten Text an. Den „Anhang" verfaßte Edith Stein — allerdings nicht als Stellungnahme zu Elsenhans und Linke, sondern als Kritik an den Ausführungen von Elsenhans und August Messer[3]. Als Ausgangsmaterial dienten ihr von Husserl zum Teil bereits Jahre zuvor angefertigte Texte und Notizen.[4] Dieses Material ergänzte sie durch ein eigenes Studium der Aufsätze jener Autoren vor dem Hintergrund ihrer eingehenden Kenntnis der Husserlschen Phänomenologie.

Husserl eigener Beitrag in diesem Streit um die Position der Phänomenologie ist spärlich. Die Mappe K I 24 enthält als einzigen aus-

---

[1] *Kant-Studien,* 23, 1919, S. 159.

[2] *Kant-Studien,* 24, 1920, S. 201 und *Kant-Studien,* 25, 1920, S. 105.

[3] August Messer, ein Schüler Oswald Külpes, veröffentlichte zu Husserls Phänomenologie die beiden kritischen Aufsätze: „Husserls Phänomenologie in ihrem Verhältnis zur Psychologie", *Archiv für die gesamte Psychologie,* 22, 1912, S. 117-129 und „Husserls Phänomenologie in ihrem Verhältnis zur Psychologie. (Zweiter Aufsatz)", *Archiv für die gesamte Psychologie,* 32, 1914, S. 52-67.

[4] Dieses Material ist im Konvolut K I 24 gesammelt. Edith Steins Textfassung trägt die Signatur M III 7. — Die Exzerpte Husserls zu den Aufsätzen von Messer dürften bereits 1914 entstanden sein. Vgl. die folgenden Ausführungen.

formulierten Text, der eine Antwort auf einen Kritiker der Phänomenologie darstellt, den hier als *Beilage VI* veröffentlichten Entwurf
eines Briefes an August Messer aus dem Jahre 1914. Darüber hinaus
finden sich darin vor allem Druckfahnen und Sonderdrucke des
Artikels „Phänomenologie und Empirie" von Elsenhans und der
beiden Messerschen Aufsätze, etliche Blätter mit Exzerpten Husserls
aus diesen Aufsätzen und zwei kürzere Texte Husserls mit den
Titeln „Deskriptive Psychologie" und „Die naturwissenschaftlich
ausgeschaltete Subjektivität und die Psychologie". In ihnen wird
kein Bezug auf Elsenhans oder Messer genommen, sie passen aber
thematisch in die Diskussion der von jenen Autoren erhobenen Einwände und wurden wohl aus diesem Grund von Husserl dem Material beigegeben. Die Aufsätze Messers hatte Husserl mit etlichen
Unterstreichungen und Randbemerkungen versehen. Die Exzerpte
beziehen sich auf den Elsenhans-Aufsatz „Phänomenologie, Psychologie, Erkenntnistheorie"[1] und die beiden Messerschen Aufsätze.
Husserl notierte die Kritikpunkte, die jene Autoren gegen seine Phänomenologie vorbrachten, in wörtlichem Zitat und versah sie zum
Teil mit knappen Kommentaren.

Husserl veranlaßte wohl Edith Stein, aus diesem Material, das nur
auf die Arbeiten von Elsenhans und Messer Bezug nimmt, den „Anhang" als Kritik an den Einwänden dieser Autoren zu entwerfen.
Linkes Abhandlung findet darin nur in einer Fußnote Erwähnung. In
einem ersten Arbeitsschritt hatte Edith Stein noch eine detaillierte
Inhaltsanalyse außer zu den beiden Aufsätzen von Elsenhans auch
zum Linke-Aufsatz angefertigt, nicht aber zu den Messerschen Aufsätzen, was also dem ursprünglichen Vorhaben einer Stellungnahme
zum Streit Elsenhans-Linke entsprach. Bei der Ausarbeitung des
„Anhanges" war Edith Stein bemüht, Husserls Position gegenüber
den Einwänden von Elsenhans und Messer, wie sie in dem spärli-
chen Material zum Ausdruck kommt, getreu wiederzugeben. Sie studierte anhand der Exzerpte und des Messer-Briefentwurfes, an welchen Ausführungen Husserl besonders Anstoß nahm, faßte seine
Kommentare zu einigen wenigen Punkten zusammen und gewann so
eine erste Gliederung für die Ausarbeitung. Die von ihr zitierten
Stellen aus den Aufsätzen von Elsenhans und Messer gehen fast aus-

---

[1] In Husserls Bibliothek findet sich noch ein mit Randnotizen und Unterstreichungen
versehenes Exemplar des Aufsatzes „Phänomenologie und Empirie" von Elsenhans.

nahmslos auf solche zurück, die Husserl selbst exzerpiert hatte, nur mit der Hereinnahme des zweiten Aufsatzes von Elsenhans, „Phänomenologie und Empirie", erweiterte sie gering das vorgegebene Material. Sie stand während dieser Zeit in ständigem persönlichen Kontakt mit Husserl und konnte, wie auch im Falle der anderen von ihr vorgenommenen Ausarbeitungen Husserlscher Manuskripte, im Gespräch mit ihm eventuell auftretende Fragen der Darstellung klären. Husserl sah das Steinsche Manuskript des „Anhanges" durch, wie von ihm darin vorgenommene Vermerke zeigen.

Worum ging es Messer und Elsenhans in ihrer Kritik an Husserls Phänomenologie, wie reagierte Husserl auf ihre Einwände? Messer wie auch Elsenh ... versuchten zu zeigen, daß die Phänomenologie und ihre Methode der Wesensschau ein Teilgebiet der empirischen Psychologie bilden. Messer wandte in seinem ersten Artikel zu „Husserls Phänomenologie in ihrem Verhältnis zur Psychologie" von 1912 ein, daß Husserls Differenzierung zwischen dem eidetischen und dem experiementellen Verfahren nicht auf zwei eigenständige Bereiche verweise, sondern innerhalb der empirischen Psychologie vorgenommen werden müsse. Die Phänomenolgie sei zwar zu sondern von der physiologischen Psychologie, nicht aber von der Psychologie schlechthin, deren „grundlegenden Teil" sie darstelle.[1] Messer wiederholte seine Kritik in dem Aufsatz „Die experimentelle Psychologie im Jahre 1911", der 1913 im ersten Band der von Max Frischeisen-Köhler herausgegebenen *Jahrbücher der Philosophie* erschien. In demselben Band kritisierte Jonas Cohn die fehlende Beweisbarkeit der Gültigkeit und die fragliche Mitteilbarkeit der Resultate von Husserls Wesensschau.[2] Husserl antwortete darauf in den *Ideen:* „Beide haben, und besonders Messer ⟨...⟩, den Sinn meiner Darstellungen mißverstanden, und das so sehr, daß die Lehren, die da als die meinen bekämpft werden, durchaus nicht die meinen sind."[3] Diese generelle Zurückweisung der kritischen Einwürfe mit dem Hinweis darauf, daß seine Ausführungen auf mangelndes Verständnis gestoßen seien, blieb Husserls Haltung gegenüber Messers Kritik: „Über meine Erörterungen des Begriffes Wesen und des Sinnes einer Wesensanalyse hat Messer einfach weggelesen, und so hat er von allen prinzipiellen Ausführungen wirklich kein Wort verstanden."[4]

---

[1] Messer, a.a.O., S. 124.

[2] Jonas Cohn, „Grundfragen der Psychologie", *Jahrbücher der Philosophie,* 1, 1913, S. 226.

[3] Edmund Husserl, „Ideen zu einer reinen Phänomenologie und phänomenologischen Philosophie", *Jahrbuch für Philosophie und phänomenologische Forschung,* 1, 1913, S. 158 (Fußnote). (= *Husserliana,* Bd. III, 1, S. 177).

[4] *Husserliana,* Bd. III, 2, S. 571.

Nach der Lektüre der *Ideen* gestand Messer in seinem zweiten Artikel über „Husserls Phänomenologie in ihrem Verhältnis zur Psychologie" von 1914 zwar zu, daß die Phänomenologie „mit Rücksicht auf die ihr eigentümliche 'Einklammerung' jeder Setzung von Wirklichkeit" von der empirischen wie von der eidetischen Psychologie zu sondern sei.[1] Doch müsse letztere, von Husserl als materiale Ontologie der empirischen Psychologie konzipiert, in die Nähe der empirischen gerückt werden, da die eidetische Einstellung zur natürlichen gehöre; und diese verfalle ja der Ausschaltung.[2] Die Unterscheidung von Phänomenologie und eidetischer Psychologie sei — so Messer weiter — auch nur von „rein theoretischer Bedeutung" und nicht „für die Forschungsarbeit" von Belang.[3] Im Hinblick auf diese stellte für ihn die allgemeine Charakteristik einer Erlebnisklasse seitens des deskriptiv vorgehenden Psychologen bereits ein Achten „nicht auf die Existenz, sondern eben auf die Essenz, das Wesen" dar.[4]

Um die Jahreswende 1913/14 erhielt Husserl von Messer den zweiten Artikel[5] und schrieb am 19. Februar 1914 an den Verfasser: „Ich habe mich gleich daran gemacht, Ihre Ausführungen in eins mit denen des 1. Artikels gründlich zu studieren."[6] Husserls Antworten in den Exzerptblättern zum zweiten Aufsatz beschränkten sich jedoch darauf, Messer erneut mangelndes Verständnis vorzuwerfen. So bezeichnete er Messers Interpretation der Phänomenologie als ein „Mißverständnis im Verhältnis der rationalen Psychologie und Phänomenologie, als ob die erstere in natürlicher Einstellung bliebe, die letztere nicht", und verwies auf seine früheren Darstellungen im Paragraphen 59 der *Ideen*.[7] Messers Ansicht, daß die allgemeine Charakteristik einer Erlebnisklasse eine Wesensbestimmung impliziere, stelle eine „Verwechslung zwischen naturwissenschaftlicher Exemplifizierung und eidetischer" dar; „es ist unglaublich, wie Messer da das aktuelle Erfahren der Psychologen im Sinne meiner Forschungen zur Theorie der psychologischen Erkenntnis umdeutet".[8]

---

[1] Messer, zweiter Artikel, a.a.O., S. 66.

[2] A.a.O., S. 63.

[3] A.a.O., S. 66, S. 63.

[4] A.a.O., S. 64.

[5] Es handelt sich hierbei um die in K I 24 befindlichen Druckfahnen des Aufsatzes mit Korrekturangaben des Autors und dem Vermerk „druckfertig 6. 12. 13. Messer".

[6] Eine Abschrift dieses Briefes findet sich in K I 24/65.

[7] K I 24/69. — Vgl. vor allem auch die Paragraphen 60 und 61 der *Ideen*. Die Ausschaltung der eidetischen Disziplinen fällt für Husserl nicht mit der Ausschaltung der Thesis der Welt und Natur zusammen. Im Paragraphen 60 weist Husserl zudem auf die Notwendigkeit hin, in einem zweiten Schritt der phänomenologischen Reduktion zwar die transzendenten, nicht aber die immanenten Wesen auszuschalten. Letztere bilden die Themen der Phänomenologie als der „Wesenslehre des transzendental gereinigten Bewußtseins" (*Husserliana*, Bd. III, 1, S. 128).

[8] K I 24/73.

Husserl wollte seine Reaktion auf Messers zweiten Artikel dem Verfasser in einem längeren Brief mitteilen. „Im Schreiben" fand er jedoch, „daß es ausführlicher Darstellungen bedürfe".[1] Husserls Briefentwurf wird hier als *Beilage VI* veröffentlicht. Messer hatte in seinem zweiten Artikel die Behauptung, daß der modernen Psychologie die immanente Wesensanalyse nicht fremd sei, durch Äußerungen anderer, ebenfalls im Jahrbuch publizierender Phänomenologen, vor allem Alexander Pfänders, zu stützen gesucht.[2] Zuvor hatte er bereits zeigen wollen, daß die einzelnen Phänomenologen „verschiedene Arten des Erkennens" mit dem Begriff der Wesensanschauung fassen, „die nicht von gleicher Zuverlässigkeit sind".[3] Diese Heranziehung seiner Mitautoren im Jahrbuch veranlaßte Husserl, in seinem Briefentwurf eigens zu betonen, daß „meine Lehren über Wesen und Notwendigkeit einer 'reinen' oder transzendentalen Phänomenologie nur nach meinen eigenen Darstellungen beurteilt werden müssen".[4] Da Messer weiterhin eidetische und empirische Psychologie identifiziert hatte, legte Husserl des weiteren den Unterschied von Tatsache und Wesen, von Tatsachenwissenschaft und Wesenswissenschaft dar.

Auch die Einwände, die Theodor Elsenhans vorbrachte, beruhten für Husserl auf Mißverständnissen. In dem phänomenologischen Verfahren der Wesensschau meinte Elsenhans eine Paradoxie zu sehen: Husserl wolle Gegebenheiten in einem Verfahren erfassen, das er zugleich als von aller Erfahrung losgelöst charakterisiere.[5] Dies hieße aber, „den Begriff der Gegebenheit ins Unverständliche erweitern, wenn man ihn auf etwas anwendet, das, obwohl als ein Konkretes vorhanden, doch nicht in der Erfahrung vorfindbar sein soll".[6] Elsenhans vertrat dagegen die Position, daß Wesensanschauung nicht ohne Erfahrungsbegründung möglich sei und jede Wesensbeschreibung auf empirischer Kenntnis beruhe, welche ihr vorausgehe und die Auffassung des Wesens „modifiziere".[7] Die Wesensanschauung könne ferner nie nur ein singulärer Reflexionsakt sein, sondern sei in der notwendigen Verwertung früherer Erlebnisse schon immer auf „Denken" angewiesen. Überall stehe somit der Wesensforscher „auf dem Boden der Erfahrungswissenschaft, die uns Kant als ein untrennbares Zusammen von Anschauung und Denken nachgewiesen hat".[8] Aufgabe der Phänomenologie könne es daher nur sein, „einer modernen deskriptiven Psychologie zuverlässige begriffliche Grundlagen und ein von der Vermischung mit naturwissenschaftlichen Methoden freies Verfahren zu sichern".[9]

---

[1] So heißt es im dafür abgesandten Brief vom 19. 2. 1914 (K I 24/65).

[2] Messer, zweiter Aufsatz, a.a.O., S. 64 f.

[3] A.a.O., S. 54.

[4] Siehe unten S. 249.

[5] Elsenhans, „Phänomenologie, Psychologie, Erkenntnistheorie", a.a.O., S. 235.

[6] A.a.O., S. 237.

[7] A.a.O., S. 242.

[8] A.a.O., S. 258.

[9] A.a.O., S. 263.

Husserl wies die von Elsenhans und Messer geäußerte Kritik im ganzen zurück. Sie beruhte für ihn auf Interpretationen, die den Sinn seiner Phänomenologie nicht erfaßt hatten. So sah er keine Veranlassung, seine Auffassung des Verhältnisses von Phänomenologie und (eidetischer und empirischer) Psychologie und der erkenntnistheoretischen Position der Phänomenologie gegenüber den Darstellungen in den *Ideen* wesentlich zu modifizieren. Dem entspricht auch das geringe Interesse, das er dem Streit zwischen Elsenhans und Linke entgegenbrachte. Im „Anhang" heißt es auch von Linke lediglich, daß seine Abhandlung „als Darlegung unseres Standpunktes nicht in Betracht" komme, „da seine 'Phänomenologie' den Kerngehalt der Wissenschaft, die in den *Ideen* gefordert, methodisch begründet und in exemplarischen Analysen zur Ausführung gekommen ist, gar nicht aufgenommen hat"[1]. Da Husserl in den Einwänden von Messer und Elsenhans nicht eine Aufdeckung von Unzulänglichkeiten in der Sache, sondern allenfalls in der Darstellung erblickte, schienen sie ihm nur in didaktischer Hinsicht relevant zu sein. In diesem Sinne schrieb er an Messer, daß er seine Aufsätze für „sehr wertvoll" erachte, „da ich hierbei sehe, daß manche meiner Darstellungen viel zu knapp ⟨aus⟩gefallen sind, also Unterscheidungen ⟨...⟩, die ich mit ein paar Sätzen scharf charakterisiert habe, doch mißverstanden werden können und also ausführlicher Auseinandersetzung bedürfen"[2]. Da sich Husserl nicht gedrängt sah, seine Position zu revidieren, sondern eine an den Einwänden der Kritiker orientierte Darstellung der für ihn als gesichert geltenden Forschungsergebnisse geben wollte, konnte er Edith Stein die Ausarbeitung des „Anhanges" überlassen.

Beilage VII. In Zusammenhang mit der Ausarbeitung des „Anhanges"[3] verfaßte Edith Stein, sicher auf Veranlassung Husserls hin, eine kritische Stellungnahme zu dem Aufsatz „Zur systematischen Stellung der Phänomenologie" von Heinrich Gustav Steinmann[4]. Edith Steins Text versucht eine Antwort auf die Thesen Steinmanns

---

[1] Siehe unten S. 226.

[2] Brief vom 19. 2. 1914 (K I 24/65).

[3] In den Gliederungspunkten und Querverweisen, die Edith Stein in den Exzerptblättern Husserls notierte, findet sich auch der Name Steinmanns.

[4] *Archiv für die gesamte Psychologie,* 36, 1917, S. 391-422. — Signatur des Stein-Textes: M III 8.

vom Husserlschen Standpunkt aus zu geben. Husserl lag diese Arbeit Edith Steins vor, wie einige Randnotizen von seiner Hand im Manuskript bezeugen.

Beilage VIII. 1914 erschien in den Kongreßakten des VI. Kongresses für experimentelle Psychologie, der in Göttingen getagt hatte, ein Diskussionsbeitrag Husserls zum Vortrag „Philosophie und Psychologie" von Heinrich Maier.[1] Nach der Hauptthese des Vortrages stehe die Psychologie „trotz ihres einzelwissenschaftlichen Charakters auch zu den eigentlichsten Aufgaben der Philosophie in engem, unlöslichem Zusammenhang".[2] Die Psychologie habe — so führte Maier aus — für die philosophischen Grunddisziplinen, neben der Erkenntnistheorie und Metaphysik vor allem für die Logik — „eine ungleich größere Bedeutung" als alle anderen Einzelwissenschaften.[3] Ihre Aufgabe für die Logik liege besonders in der Analyse der Denkfunktionen. Das psychologische Verfahren müsse dabei ein „deskriptiv-analytisches" sein, denn nicht bloß die deskriptive, sondern auch die erklärende Psychologie sei heranzuziehen. In deren „Gesetzen" seien „Allgemeinbegriffe von Abhängigkeitsbeziehungen zwischen psychischen Erlebnissen oder Erlebnismomenten festgelegt", deren Kenntnis notwendig ist, um das Wesen des tatsächlichen Denkens zu erforschen.[4] Der Gefahr des Psychologismus lasse sich jedoch begegnen, „wenn nur das deskriptive Ziel festgehalten wird". „Von hier aus läßt sich", meinte Maier, „auch zu Husserls Phänomenologie und ihrer 'Intuition' Stellung nehmen. Die 'Wesensschauung' ist, soweit sie wissenschaftlich unanfechtbar ist, deskriptive Psychologie, die aber insofern einseitig bleibt, als sie die Hilfe der erklärenden Psychologie ablehnt".[5]

Husserl weist in seinem Diskussionbeitrag den Vorwurf zurück, seine Phänomenologie sei deskriptive Psychologie, und betont in

---

[1] Der Kongreß tagte vom 14. bis zum 18. April 1914. Der Vortrag ist veröffentlicht im *Bericht über den VI. Kongreß für experimentelle Psychologie vom 15.-18. 4. 1914,* hrsg. von F. Schuhmann, Leipzig 1914, Teil I, S. 93-99; die Diskussionsbeiträge in Teil II, S. 144-146. Der Vortragstext weist in Husserls Bibliotheksexemplar (Signatur BQ 37) zahlreiche Unterstreichungen und einige Randbemerkungen auf.

[2] A.a.O., S. 99.

[3] A.a.O., S. 95 f.

[4] A.a.O., S. 96 f.

[5] A.a.O., S. 97.

Analogie zu reiner Geometrie und Mathematik den wesenswissen-
schaftlichen Charakter der Phänomenologie. Es ist anzunehmen, daß
die Diskussionsteilnehmer — außer Husserl noch Wertheimer,
Jaensch, Jerusalem, Elsenhans, von Hattingberg und Wirth — gebeten wurden, ihre Erwiderung zu formulieren und an den Herausgeber der Kongreßakten zu senden. In Husserls Nachlaß findet sich ein
Blatt mit dem Entwurf des Anfangs seines Diskussionsbeitrages.[1]

Fichtes Menschheitsideal. Drei Vorlesungen

Die Vorlesungen über Fichtes Menschheitsideal[2] hielt Husserl im
Rahmen von Kursen für Kriegsteilnehmer der Universität Freiburg,
das erste Mal vom 8. bis 17. November 1917 für Hörer aus der
staatswissenschaftlichen Fakultät. Er wiederholte diese Vorlesungen
noch zweimal für die Hörer aus der philosophischen Fakultät, und
zwar vom 14. bis 16. Januar und am 6., 7. und 9. November 1918 —
zwei Tage vor dem Waffenstillstandsabschluß in Compiègne.[3]
Nur zu Beginn und am Ende der Vorlesungsreihe bezieht sich
Husserl auf die Kriegslage und vergleicht die gegenwärtige Situation
mit derjenigen, in der Fichte seine Reden gehalten hatte. Im Hauptteil zeichnet er aus seiner Sicht, allerdings ohne seine eigene Philosophie zum Thema zu machen, Grundlinien der theoretischen und
vor allem der praktischen Philosophie Fichtes nach: seine Kritik an
der natürlichen Weltsicht, sein Hinausgehen über Kant in der Konzeption des weltschaffenden absoluten Ich, das zur Stätte der Offenbarung Gottes wird etc. Oftmals verwendet Husserl die Terminolo-
gie seines eigenen Philosophierens, und manches spricht er *pro
domo* aus, etwa wenn er darauf hinweist, daß alles Theoretische
letzlich dem Praktischen, der „Würde echten Menschentums"[4] zu
dienen habe.
Husserl hatte sich schon in seiner Göttinger Zeit intensiv mit einigen Schriften Fichtes beschäftigt. Sein Interesse galt dabei stets mehr

---

[1] B IV 1/48b.
[2] Signatur des Husserl-Archivs: F I 22.
[3] Für diese Vorträge erhielt Husserl 1918 das preußische Verdienstkreuz für Kriegs-
hilfe (X V 3).
[4] Siehe unten S. 270.

dem „ethisch-religiösen Reformator, Menschheitserzieher, Prophet, Seher" Fichte als den „anspruchsvollen Denkkünsteleien seiner Wissenschaftslehren", wie er in den Vorlesungen von 1917/18 bekennt.[1] In den Sommersemestern 1903, 1915 und 1918 hielt er ein Seminar über *Die Bestimmung des Menschen*. In einem Brief an Adolf Grimme vom 5. April 1918 bescheinigte er dem „verehrungswürdigen Fichte" „das echte Ethos der im echten Sinne großen und reinen Persönlichkeit".[2] Zwei Monate später schrieb Husserl, er sei dessen innegeworden, „daß die religionsphilosophischen Perspektiven, die mir die Phänomenologie eröffnete, überraschende nahe Beziehung zu Fichtes späterer Gotteslehre zeigen, wie überhaupt seine Philosophie der letzten Periode (seit 1800) für uns sehr interessant ist".[3] Er empfahl Grimme die Lektüre der *Bestimmung des Menschen* und „ganz besonders" der *Anweisung zum seligen Leben*.

Nach Husserls Überzeugung gründet die Theorie im praktischen Leben und hat sich, als eine bleibende 'Funktion' des Lebens, auf dieses zurückzubeziehen. Deshalb stellte er an beide, an Wissenschaft und Leben, die Forderung, sich an reinen idealen Gehalten zu normieren, und verlangte von der Wissenschaft, das Leben an die Erfüllung dieser Forderung heranzuführen. Auch sein Kampf gegen Psychologismus und Naturalismus galt nicht nur ihrer Abwehr in methodischer und sachlicher Hinsicht, sondern richtete sich zudem gegen die Lebenshaltung, die in ihnen zum Ausdruck kam. Er war letztlich von einem Gefühl der Brüchigkeit und „inneren Hohlheit"[4] der Epoche getragen, wie es weite intellektuelle Kreise im Europa vor dem Ersten Weltkrieg empfanden, und von dem Willen, das gesamte kulturelle Leben durch wissenschaftliche Philosophie zu

---

[1] Siehe unten S. 269.

[2] Bereits am 9. April 1917 hatte Husserl Grimme für die Zusendung seines Kriegsvortrages gedankt, der ebenfalls die Philosophie Fichtes zum Thema hatte (Adolf Grimme, *Gedanken vom Beruf des Deutschen in der Welt und vom Sinn des Krieges. Ein Fichte-Vortrag*, Leer ⟨o.J., 1916⟩).

[3] R I Grimme, 8. 6. 1918.

[4] R I Arnold Metzger, 4. 9. 1919. Dieser Brief wurde bisher publiziert in: 1. *Philosophisches Jahrbuch der Görres-Gesellschaft*, Bd. 62, 1953, S. 195-200. 2. *Philosophical Forum* XXI, 1963/64, S. 48-68 (dt./engl.). 3. *The Human Context*, IV, 1972, S. 244-263 (dt./engl./franz.). 4. Arnold Metzger, *Phänomenologie der Revolution. Frühe Schriften*, Frankfurt am Main, 1979, S. 105-110. Die zitierte Stelle befindet sich auf S. 106.

erneuern. „Wir hörten", schrieb Husserl am 4. 9. 1919 an Arnold
Metzger in einer längeren Antwort auf Metzgers Zusendung seines
Manuskriptes „Phänomenologie der Revolution", „einen reinen, ja
wirklich einen ganz reinen Ton: den Ton einer wahrhaft selbstlosen
Hingabe an 'die Ideen'. Wir verstanden diese radikale Gesinnung,
die fest entschlossen ist, das Leben nicht als Handelsgeschäft führen
und ansehen zu wollen mit den zwei fortlaufenden Rubriken Soll
und Haben (in denen das Sollen nichts weiter ausdrückt als Forderungen auf Haben), und die todfeind ist allem 'Kapitalismus', aller
sinnlosen Aufhäufung von Haben und korrelativ allen egoistischen
Personenwertungen — darin beschlossen Ehre, Ruhm, Stolz, sogar
auch Stolz auf reformatorische Einsichten, Ziele, Missionen."[1]
    Auf die Problematik, daß Husserl dieses Streben nach Reformie-
rung und Neuausrichtung des kulturellen Lebens zu der nationalen
Kriegshaltung in Beziehung setzte, ist hier nur hinzuweisen. Zu
Kriegsbeginn fühlte Husserl wie viele andere die Verpflichtung zur
Teilnahme. In einem Brief an Fritz Kaufmann vom 17. 1. 1919
heißt es rückblickend: „Wie viel war innerlich zu überwinden, wie
lastete es auf der Seele, daß sie nicht als tätige nationale Kraft sich in
Reih und Glied stellen konnte". Es galt ihm als fraglos, daß gerade
ein Engagement für den Krieg zu einer Erneuerung der Kultur führen
könne. Erste Anzeichen sah er in der nationalen Begeisterung zu
Beginn des Krieges, die ihn an den Geist der Selbstbehauptung zur
Zeit der Napoleonischen Kriege erinnerte: „Es ist absolut sicher,
daß wir siegen: Diesem Geist, dieser Willensgewalt, kann jetzt wie
1813/14 keine Macht der Welt widerstehen!", schrieb Husserl in
den ersten Kriegstagen. „An sich kann man gar nicht denken, so
sehr betroffen man im Privatleben ist. Jeder hat zu leisten."[2] Noch
in seinen Kriegsvorträgen betont er den Vorbildcharakter, den Fichtes Epoche für die Gegenwart trägt: „Der Fichte der Befreiungskriege spricht auch zu uns."[3]
    Obgleich Husserl glaubte, eine Erneuerung der Kultur könne
durch ein breites Engagement für den Krieg erfolgen, hielt er Ideen-
gehalte als solche, die seiner Anschauung nach eine kulturelle Reform hätten leiten können, nicht für national gebunden. Der von

---

[1] R I Metzger, 4. 9. 1919. Metzger, *Phänomenologie der Revolution,* a.a.O., S. 105.
[2] R I Heinrich Husserl, 8. 8. 1914.
[3] Siehe unten S. 292.

ihm stets betonte übernationale Status der Ideen stritt für ihn nicht
mit der Tatsache, daß andere Menschengruppen Ideen unter den
Voraussetzungen ihrer geschichtlichen Situation auch anders kon-
kretisieren. Diese Ansicht Husserls wird in einem Brief deutlich, den
er am 8. Juli 1917 an Roman Ingarden richtete: „ Das Ethische als
solches ist eine überpersönliche (also auch übernationale) Form, so
wie das Logische als solches. In beiden Sphären kann jeder Vorurteilslose nachverstehen und nachentscheiden, soweit eben die Materie dieser Formen dem Nachverstehen zugänglich ist. Demnach
könnten wir (evtl. sogar im Kriege) politische Feinde hochschätzen,
bewundern, verehren. Natürlich werden wir in den Ihnen so teuren
polnischen und mir so teuren deutschen Dingen kaum übereinstim-
men, da die materialen Voraussetzungen unserer ethisch-politischen
Beurteilungen selbstverständlich sehr verschieden sein werden. Aber
darin sind wir einig, daß *sub specie aeterni* beide Nationen ihr ideales Daseinsrecht, ihr Recht auf eine freie Entwicklung der in ihnen
angelegten idealen Wertmöglichkeiten haben. Aber 'hart im Raume
stoßen sich die Sachen', die sich den Idealen eben erst angleichen
sollen und ihre herabziehende Erdenschwere haben ".[1]

Diese Haltung ermöglichte es Husserl, nach Kriegsende seine Auffassung von der Notwendigkeit, das kulturelle Leben zu erneuern,
weiterhin zu vertreten. Er versuchte auch, sie philosophisch eingehender als je zuvor zu begründen,[2] ja gerade von ihr her eine Kritik
an den politischen Kräften in Deutschland, die in erster Linie für
Kriegseintritt und Kriegführung verantwortlich waren, zu formulieren. So schrieb er am 16. November 1918, unmittelbar nach Kriegsende, an Ingarden: „ Daß das alte Regime gefallen ist, welches in
jeder Hinsicht versagt hat, ist wohl eine jener historischen Notwendigkeiten, die ihre Weisheit in sich tragen. Ich glaube nicht, daß es je
wieder auferstehen kann. Es kommt wirklich ein neues Deutschland
und in ihm ein neuer Geist. Ich glaube an den Aufschwung des reinen Idealismus, nach dem die Jugend lechzt, und hoffe, daß er in die

---

[1] Dieser Brief ist veröffentlicht in Edmund Husserl, *Briefe an Roman Ingarden. Mit
Erläuterungen und Erinnerungen an Husserl,* hrsg. von Roman Ingarden, *Phaenomenologica,* Bd. 25, Den Haag 1968, S. 6 f.

[2] Hier sind vor allem die Aufsätze über „ Erneuerung“ in Betracht zu ziehen, die
Husserl zu Anfang der zwanziger Jahre für die japanische Zeitschrift The Kaizo verfaßte.

Verhältnisse innerer und äußerer Politik praktische Vernunft hinein-
bringen werde. "[1] In den Erfahrungen der Kriegszeit war es Husserl
in besonderer Weise bewußt geworden, daß er als „wissenschaftlicher Philosoph"[2] sich damit zu bescheiden habe, Möglichkeiten der
Reform zum Thema philosophischer Forschungen zu machen. Seine
Aufgabe könne es nicht sein, wie er an Arnold Metzger schrieb,
politische Ratschläge zu erteilen und politisch zu wirken; er sei
„nicht zum Führer der nach 'seligem Leben' ringenden Menschheit
berufen": „Im leidensvollen Drange der Kriegsjahre habe ich das
anerkennen müssen, mein Daimonion hat mich gewarnt. Vollbewußt und entschieden lebe ich rein als wissenschaftlicher Philosoph
(ich habe daher keine Kriegsschrift geschrieben, ich hätte das als ein
pretentiöses Philosophengetue angesehen)".[3] Husserl kommt in diesem Schreiben jedoch nicht auf seine Kriegsvorlesungen zu sprechen.

Das die Vorlesungen tragende Pathos vermerkte bereits Roman
Ingarden kritisch.[4] Eine Äußerung Husserls aus der Zeit seiner Vorträge gibt zu einer differenzierenden Beurteilung dieses Pathos Anlaß. Husserl kritisierte in einem Brief an Dietrich Mahnke, daß in
dessen Kriegsbuch *Der Wille zur Ewigkeit* einige Redewendungen
und Zitate, als „zu häufig gebraucht und daher abgebraucht, bei
empfindlichen Lesern Anstoß erregen" könnten.[5] Deutlicher wird
dies noch in einem Schreiben Husserls an Graf Hermann von Keyserling, in dem er zu dem Vorhaben einer „Begründung einer deutschen Zentralstätte philosophischer Kultur" Stellung nahm. Im Auf-
ruf dazu, meinte Husserl, sollte nicht „in auszeichnender Weise von
Deutschlands geistigem Weltberuf" die Rede sein. „Der Mißbrauch,
der mit solchen Äußerungen von seiten Unberufener getrieben worden ist, die Art, wie im geistentfremdeten Deutschland mit unseren
großen Geistern und Geistesleistungen ⟨ge⟩prunkt wurde, hat einen
berechtigten Widerwillen hervorgerufen, wie überhaupt gegen die
allmählich konventionell, unecht gewordene gehobene Sprache des

---

[1] Husserl, *Briefe an Roman Ingarden*, a.a.O., S. 11.
[2] R I Metzger, 4. 9. 1919, Metzger, *Phänomenologie der Revolution*, a.a.O., S. 106.
[3] A.a.O., S. 106 f.
[4] Roman Ingarden in seinen „Erinnerungen an Husserl". In: Husserl, *Briefe an
Roman Ingarden*, a.a.O., S. 111 (Anm.).
[5] R I Mahnke, 25. 2. 1917.

Idealismus. Am wirksamsten ist heute ⟨...⟩ ein starkes, aber möglichst schlichtes Ethos. "[1]

Beilage IX. Als der in Havard lehrende Philosoph Hugo Münsterberg zu Anfang des Jahres 1915 ein Schreiben Husserls erhielt, bereitete er gerade sein Buch *The Peace and America* als Fortsetzung seiner im Vorjahr erschienenen Publikation *The War and America* vor. Beide Bücher stellen u.a. Sammlungen von deutschen Stimmen dar, die der amerikanischen Öffentlichkeit die Kriegslage aus ihrer Sicht schildern wollten, um Amerika zur Parteinahme für die Mittelmächte zu bewegen. Münsterberg hielt eine längere Passage aus Husserls Brief für geeignet, in dieser Sammlung zu erscheinen, und teilte Husserl seinen Veröffentlichungswunsch mit: „⟨...⟩ weil Ihr Brief in seinen letzten Seiten eine so eindrucksvolle Ausprägung der Situation enthält, daß ich ein paar Absätze unter den Stimmen aus Deutschland in diesem *Peace*-Buch abdrucken möchte; selbstverständlich nenne ich keine Namen — es gilt nur, den moralischen Gehalt der deutschen Volksstimmung zum Ausdruck zu bringen: Briefe sind dafür am wirkungsvollsten. "[2] So schrieb Münsterberg in seinem Buch überleitend zu Husserls Bericht: „*Again I open a letter which came only yesterday. It is a professor in quiet Göttingen who writes.* "[3] Eine Antwort Husserls auf die Anfrage Münsterbergs ist nicht erhalten.[4] Es ist jedoch anzunehmen, daß Husserl dem Veröffentlichungswunsch Münsterbergs zustimmte. Denn bereits knapp zwei Monate später, zu Ostern 1915, dankte Münsterberg Husserl für seine Mitwirkung und sandte ihm ein Exemplar des neuen Buches.[5]

Beilage X. Im Spätjahr 1916 teilte Husserls ehemaliger Göttinger Schüler Dietrich Mahnke seinem Lehrer mit, daß er ihm sein

---

[1] Entwurf eines Briefes an Graf Hermann von Keyserling, von Husserl datiert 29. 9. 1919.

[2] R II Münsterberg, 25. 2. 1915.

[3] Hugo Münsterberg, *The Peace and America,* New York and London, 1915, S. 222.

[4] Ebenso konnte auch der Originalbrief Husserls nicht aufgefunden werden, dem Münsterberg die veröffentlichte Passage entnommen hatte.

[5] Der Band ist unter der Signatur BP 181 archiviert und enthält die Widmung Münsterbergs: „Mit herzlichem Dank (siehe Seite 222) von Hugo Münsterberg, Cambridge, Mass. Ostern 1915".

Kriegsbuch *Der Wille zur Ewigkeit*[1] widmen wolle, und bat ihn um Unterstützung bei der Veröffentlichung. Am 25. Februar 1917 antwortete Husserl, daß Niemeyer „Ihre Schrift unbesehen in den Verlag übernimmt". Er machte daraufhin dem Autor stilistische Verbesserungsvorschläge, kümmerte sich um die Ausstattung des Buches und wies Mahnke an, das Manuskript „sehr schnell druckfertig" zu machen.[2] Gleichzeitig drückte Husserl seine Bereitschaft aus, „ein paar Geleitzeilen zur Einführung" zu verfassen.[3] Dies unterblieb, da er in Hinblick auf die ausführliche Vorrede des Autors, worin — neben der Widmung „Dem Meister der Wesensschau Edmund Husserl" — ausgiebig Bezug auf seine Phänomenologie genommen wird, nicht auch noch selbst zu Worte kommen wollte. Er sandte stattdessen einen Werbetext in Briefform an den Verleger, wie er Mahnke mitteilte: „Ich hatte noch ein Beiblatt zur Empfehlung des Buches für phänomenologisch Interessierte entworfen, das auch gedruckt worden ist (als ein von mir an den Verlag geschriebener Brief). ⟨...⟩ und ich brauche nicht zu sagen, wie sehr mich Ihr warmer Widmungsbrief freut — der es aber natürlich unmöglich gemacht hat, daß ich selbst im Buch ein empfehlendes Vorwort schrieb."[4] Husserls Text, der hier als *Beilage X* publiziert wird, setzte der Verlag auf einen Sonderprospekt und leitete ihn mit den Worten ein: „Herr Professor Husserl in Freiburg schreibt uns".

Nachruf für Adolf Reinach

In einem Schreiben vom 29. November 1917 richtete Arthur Liebert, Schriftleiter der *Kant-Studien,* an Husserl die Bitte, „einen Nachruf für Herrn Dr. Reinach zur Verfügung zu stellen". Vierzehn Tage zuvor, am 16. November, war Adolf Reinach vor Dixmuiden in Flandern gefallen. 1883 geboren, kam er nach Studium und Promotion bei Theodor Lipps in München im Sommersemester 1905 erstmals nach Göttingen, um unter anderem bei Husserl seine phä-

---

[1] Dietrich Mahnke, *Der Wille zur Ewigkeit. Gedanken eines deutschen Kriegers über den Sinn des Geisteslebens,* Halle 1917.

[2] R I Mahnke, 27. 2. 1917.

[3] R I Mahnke, 25. 2. 1917.

[4] R I Mahnke, 19. 7. 1917.

nomenologischen Studien zu vertiefen.[1] Nach Unterbrechungen für
ein Weiterstudium der Jurisprudenz, das er bereits vor seiner Promotion als Nebenfach belegt hatte, in München und Tübingen habilitierte er sich 1909 bei Husserl in Göttingen. Seine daraufhin folgende Tätigkeit als Privatdozent an der Universität Göttingen war
von entscheidender Bedeutung für die Entwicklung des Göttinger
Phänomenologenkreises vor 1914.[2] Ab 1913 fungierte er — neben
Alexander Pfänder, Moritz Geiger, Max Scheler und Husserl selbst
— als Mitherausgeber des *Jahrbuchs für Philosophie und phänomenologische Forschung.* Husserl, der Reinach „einen der vornehmsten Vertreter der phänomenologischen Philosophie" nennt,[3] entsprach der Bitte Arthur Lieberts und veröffentlichte 1918 in den
Kant-Studien einen von fachlichem Respekt und tiefer Sympathie
gegenüber dem Verstorbenen zeugenden Nachruf. Zuvor, am 6. Dezember 1917, erschien eine Würdigung in etwas abweichender Fassung in der *Frankfurter Zeitung.*

Erinnerungen an Franz Brentano

1919 veröffentlichte Husserl seine „Erinnerungen an Franz Brentano", der am 17. März 1917 gestorben war. Sie erschienen im
Anhang einer monographischen Schrift zu Brentanos Leben und
Werk, die Oskar Kraus, Schüler und Nachlaßverwalter Brentanos,
verfaßt hatte.[4] Wahrscheinlich schrieb Husserl seinen Beitrag auf
eine Bitte von Kraus hin.
Husserl hatte in den Jahren von 1884 bis 1886 bei Brentano studiert. Noch im Alter äußerte er Maria Brück gegenüber: „Ohne
Brentano hätte ich kein Wort Philosophie geschrieben. Dieses Wort,
das ich früher einmal geschrieben habe, gilt auch heute noch".[5] Wie

---

[1] Daten zu Leben und Werk Adolf Reinachs sind verzeichnet von Eberhard Avé-
Lallemant, *Die Nachlässe der Münchener Phänomenologen in der Bayerischen Staatsbi-
bliothek,* Wiesbaden 1975, S. 172, 174.
[2] Siehe Avé-Lallemant, a.a.O., S. XII.
[3] Siehe unten S. 298.
[4] Oskar Kraus, *Franz Brentano. Zur Kenntnis seines Lebens und seiner Lehre. Mit
Beiträgen von Carl Stumpf und Edmund Husserl,* München 1919, S. 153-167.
[5] Äußerung Husserls in einem Gespräch mit Maria Brück, Januar 1932. Veröffentlicht in: Maria Brück, *Über das Verhältnis Edmund Husserls zu Franz Brentano, vornehmlich mit Rücksicht auf Brentanos Psychologie,* Würzburg 1933, S. 3.

er in seinen „Erinnerungen" bekennt, habe er bei Brentano gelernt,
daß auch die Philosophie „im Geiste stengster Wissenschaft" zu
behandeln sei, und bewundere „den Ton heiligen Ernstes und reinster Sachhingegebenheit"[1] an ihm, der als originärer Denker „aus
ursprünglichen Quellen der Intuition" geschöpft habe.[2] Über die
philosophische Beziehung zu seinem ehemaligen Lehrer schrieb
Husserl Anfang der dreißiger Jahre: „Es brauchte mehr als zehn
Jahre, bis ich meine eigene Situation verstand und mir, schwer
genug, den Bruch mit Brentanos Philosophie eingestand. So groß
war und blieb meine Verehrung für ihn."[3] Die Differenz in den
philosophischen Standpunkten bedeutete keine Minderung der Sympathie und des Respekts, die Brentano und Husserl für Person und
Werk des anderen empfanden. Den wenigen Briefen, die er mit
Brentano wechselte,[4] ist Husserls stetes Bemühen zu entnehmen,
sich trotz aller Abweichungen von der Philosophie seines Lehrers zu
seiner Schülerschaft zu bekennen. „Ich fühle und nenne mich nach
wie vor als Ihren Schüler", heißt es in einem Schreiben aus dem
Jahre 1905.[5] Brentano gab ihm zu verstehen, daß er gerade zu philosophischer Eigenständigkeit erziehen wollte. „Daß Sie in vielen
Beziehungen sich frei von der einst empfangenen Lehre zu entfernen
scheinen, kränkt mich, wie Sie ja wohl auch nicht zweifelten, in
keiner Weise", schrieb er 1904 an Husserl. „Selbst immer noch am
Alten ändernd und hoffentlich bessernd, habe ich meinen Schülern
nur Aufmunterung dazu gegeben. Und wer könnte sich mehr über
einen Fortschritt des einstigen Schülers freuen als der einstige Lehrer."[6] Trotz gegenseitiger Verständnisbezeugungen, trotz Husserls
Bemühen, seinen philosophischen Standpunkt Brentano nahezubrin-
gen, kam es zu keiner Annäherung in der Sache, auch nicht in den
Gesprächen, die während des Besuches Husserls bei Brentano 1907
in Florenz geführt wurden, und so betonte Husserl die „Entfernung,

---

[1] Siehe unten S. 305 f.

[2] Siehe unten S. 309.

[3] Brief an Maria Brück vom 4. 2. 1932. Veröffentlicht in: Maria Brück, a.a.O.,
S. 7.

[4] Herbert Spiegelberg veröffentlichte „Zwei Briefe von Edmund Husserl an Franz
Brentano über Logik". In: *Grazer Philosophische Studien,* 6, 1978, S. 1–12.

[5] R I Brentano, 27. 3. 1905.

[6] R II Brentano, 7. 10. 1904.

wenn auch nicht persönliche Entfremdung von meinem Lehrer", die „eine wissenschaftliche Fühlungnahme so schwer machte".[1]

Natur und Geist

Am 21. Februar 1919 hielt Husserl in der Kulturwissenschaftlichen Gesellschaft Freiburg den Vortrag „Natur und Geist"[2]. Unter dem gleichen Titel gab er im Sommersemester 1919 eine vierstündige Vorlesung. Die Konstitutionsbereiche des Naturhaften und des Geistigen bildeten bereits das zentrale Thema der zu Lebzeiten Husserls unveröffentlicht gebliebenen *Ideen II,* die aber 1919, zum größten Teil bereits in der später in den *Husserliana* publizierten Form, in einer von Edith Stein bearbeiteten Fassung vorlagen.[3] Obwohl der „Problemkreis" des Vortrags somit „den unveröffentlichten *Ideen II*" entnommen ist, wie Husserls damalige Schülerin Gerda Walther schreibt,[4] stellt er doch einen von Husserl eigens angefertigten und (wie eine erhaltene frühere Fassung zeigt) in sich geschlossenen Beitrag dar. Darüber hinaus weist er auch eine gegenüber den *Ideen II* eigene inhaltliche Zielsetzung auf. Begreifen sich nämlich die *Ideen II* als phänomenologische Untersuchungen zur Konstitution der materiellen und animalischen Natur und der geistigen Welt, so lautet demgegenüber die Fragestellung des Vortrags, auf Grund welcher Legitimation die großen Wissenschaftsgruppen der Natur- und Geisteswissenschaften ihre Gebiete Natur und Geist abgrenzen.

Der Vortrag ist nur als Fragment erhalten. Es fehlen eine längere Passage zu Anfang und ein kleineres Stück etwa nach dem ersten Drittel des Vortrags.[5] In der Mappe, die das Vortragsmanuskript enthält,[6] findet sich noch ein im wesentlichen zusammenhängendes Manuskript einer nahezu vollständigen und gegenüber der Vortragsfassung um einiges längeren früheren Fassung. Da, wie der Vergleich

---

[1] Siehe unten S. 313.

[2] Der Titel steht auf der Einladungskarte zum Vortrag (Signatur X III 5).

[3] Vgl. *Husserliana,* Bd. IV, S. XVI f.

[4] Gerda Walther, *Zum anderen Ufer. Vom Marxismus und Atheismus zum Christentum,* Remagen 1960, S. 213.

[5] Vgl. *Textkritische Anmerkungen,* S. 390 f.

[6] Signatur A IV 16.

zeigt, der Gedankengang der erhaltenen Vortragspartien mit den entsprechenden Stellen dieser früheren Fassung übereinstimmt, ist mit hoher Wahrscheinlichkeit anzunehmen, daß sich auch die Ausführung der im Vortragsmanuskript fehlenden Partien an den übrigen Passagen der älteren Fassung orientierte. Der Vortrag kann somit unter Zuhilfenahme dieser Textpassagen, hier als *Beilagen XI* bis *XIII* veröffentlicht, rekonstruiert werden. Für die erste Vortragshälfte ergibt sich dann folgender Aufbau:

Zu Anfang (siehe *Beilagen XI* und *XII*) betont Husserl, daß erst eine Analyse der Schichtung der dem anschaulichen Bewußtsein vorgegebenen Umwelt zeigt, welche Wissenschaftsgebiete und damit mögliche Wissenschaften durch die Strukturform der Umwelt *a priori* vorgezeichnet sind. Nach der Begriffsbestimmung von Natur geht Husserl dazu über, die Gegebenheitsweise eines Naturobjekts in sinnlicher Wahrnehmung bzw. in der Einstellung der anschaulich-deskriptiven Naturwissenschaft zu beschreiben.

Der erhaltene Text des Vortrags beginnt an dieser Stelle. Das anschauliche Gegebensein von Naturobjekten wird von dem Ansich der Naturobjekte in dem neuen, von der mathematisch verfahrenden Naturwissenschaft gestifteten Sinn abgesetzt. Bevor sich Husserl dann der Wissenschaftsgruppe zuwendet, in der die Realität des Geistigen Thema ist, wird die durch die leibliche Anknüpfung bewirkte Verräumlichung des Seelischen zum Problem.

Die hier fehlende Textpartie (siehe S. 319; vgl. *Beilage XIII*) könnte vor allem den Gedanken einer „Verbindungswissenschaft", einer Wissenschaft 'zwischen' Natur- und Geisteswissenschaften entwickelt haben, einer Wissenschaft von den Regelverbindungen zwischen Natur und Subjektivität, wie es nach Husserl die Aufgabe einer anschaulich-deskriptiv verfahrenden Psychophysik wäre.[1] Die am Vorbild der mathematischen Wissenschaft operierende Psychologie vermag weder dem Anspruch einer solchen Verbindungswissenschaft noch dem Eigenwesentlichen der seelischen und geistigen Realität gerecht zu werden, da das Seelische keine 'Erscheinung' eines anderen darstellt, welches als ein mathematisierbares Ansich gefaßt werden könnte. Erst jetzt (und hier schließt der Rest des Vortragsmanuskripts an) geht Husserl dazu über, die grundlegenden

---

[1] Ausführlicher bestimmte Husserl in den *Ideen III* den Aufgabenbereich dieser Wissenschaft, die er dort und an anderer Stelle „Somatologie" nennt.

Themenbereiche einer Wissenschaft vom Eigenwesentlichen der Seele zu bezeichnen, wie sie insbesondere von der phänomenologischen Forschung eröffnet worden sind.

*

Für stete Förderung schulden wir unseren besonderen Dank Herrn Professor Dr. Werner Marx, dessen Unterstützung als Leiter des Freiburger Husserl-Archivs diese Edition erst ermöglichte. Unser Dank gilt des weiteren den Direktoren und Mitarbeitern des Husserl-Archivs zu Leuven, die uns bei unserer Arbeit stets in selbstloser Weise behilflich waren. Namentlich danken wir dem Leiter des Archivs, Herrn Professor Dr. Samuel IJsseling, sowie Herrn Professor Dr. Rudolf Boehm, der uns bei der Konzeption und Gestaltung des Bandes maßgeblich unterstützte; die Herren Professor Dr. Rudolf Bernet, Dr. Guy van Kerckhoven und Dr. Ullrich Melle gaben uns in zahlreichen Gesprächen hilfreiche und sachkundige Hinweise. Den Herren Dr. Eberhard Avé-Lallemant, München, und Professor Dr. Karl Schuhmann, Utrecht, möchten wir für ihre kenntnisreichen und kritischen Vorschläge danken. Unser Dank gebührt auch Frau Sabine Mödersheim, die uns als studentische Mitarbeiterin vor allem bei den Kollationsarbeiten und der Erstellung des Drucktextes behilflich war, sowie Frau Cornelia Billmeier für ihre bereitwillige Hilfe bei der Korrektur. Schließlich sei auch dankend die Deutsche Forschungsgemeinschaft erwähnt, die mit einer Sachbeihilfe die Editionsarbeit finanzierte.

Freiburg i. Br.   Thomas Nenon
                                        Hans Rainer Sepp

AUFSÄTZE UND VORTRÄGE
1911-1921

PHILOSOPHIE ALS
STRENGE WISSENSCHAFT[1]

Seit den ersten Anfängen hat die Philosophie den Anspruch erhoben, strenge Wissenschaft zu sein, und zwar die Wissenschaft, die
5 den höchsten theoretischen Bedürfnissen Genüge leiste und in
ethisch-religiöser Hinsicht ein von reinen Vernunftnormen geregel-
tes Leben ermögliche. Dieser Anspruch ist bald mit größerer, bald
mit geringerer Energie geltend gemacht, aber niemals ganz preisgegeben worden. Auch nicht in den Zeiten, in denen Interessen und
10 Fähigkeiten für reine Theorie zu verkümmern drohten oder religiöse
Mächte die Freiheit theoretischer Forschung unterbanden.

Dem Anspruch, strenge Wissenschaft zu sein, hat die Philosophie
in keiner Epoche ihrer Entwicklung zu genügen vermocht. Auch
nicht in der letzten Epoche, die bei aller Mannigfaltigkeit und Ge-
15 gensätzlichkeit philosophischer Richtungen in einem wesentlich einheitlichen Entwicklungszuge von der Renaissance bis zur Gegenwart
fortgeht. Zwar ist gerade dies das herrschende Ethos der neuzeitlichen Philosophie, daß sie, statt sich naiv dem philosophischen Trie-
be hinzugeben, vielmehr durch das Medium kritischer Reflexion, in
20 immer tiefer dringenden Forschungen über die Methode, sich als
strenge Wissenschaft konstituieren will. Aber die einzige reife Frucht
dieser Bemühungen war die Begründung und Verselbständigung der
strengen Natur- und Geisteswissenschaften sowie neuer rein mathematischer Disziplinen. Die Philosophie selbst in dem sich nun erst
25 abhebenden besonderen Sinne entbehrte nach wie vor des Charakters strenger Wissenschaft. Schon der Sinn dieser Abhebung verblieb
ohne wissenschaftlich sichere Bestimmung. Wie die Philosophie zu
den Natur- und Geisteswissenschaften stehe, ob das spezifisch Philosophische ihrer doch auf Natur und Geist wesentlich bezogenen

---

[1] Zuerst erschienen in: *Logos,* 1, 1911, S. 289-341.

Arbeit prinzipiell neue Einstellungen erfordere, mit denen prinzipiell
| eigenartige Ziele und Methoden gegeben seien, ob also das Philo-   [290]
sophische uns gleichsam in eine neue Dimension führe oder sich mit
den empirischen Wissenschaften von Natur und Geistesleben in
5 einer und derselben Ebene abspiele: das ist bis heute strittig. Es
zeigt, daß nicht einmal der eigentliche Sinn der philosophischen
Probleme zu wissenschaftlicher Klärung gekommen ist.

　　Also die Philosophie, ihrem historischen Absehen nach die höchste und strengste aller Wissenschaften, sie, die den unverlierbaren
10 Anspruch der Menschheit auf reine und absolute Erkenntnis vertritt
(und was damit untrennbar eins ist: auf reines und absolutes Werten
und Wollen), vermag sich nicht zu wirklicher Wissenschaft zu gestalten. Die berufene Lehrmeisterin am ewigen Werke der Humanität vermag überhaupt nicht zu lehren: in objektiv gültiger Weise zu
15 lehren. Kant liebte es zu sagen, man könne nicht Philosophie, nur
Philosophieren lernen. Was ist das anderes als ein Eingeständnis der
Unwissenschaftlichkeit der Philosophie. Soweit Wissenschaft, wirkliche Wissenschaft reicht, soweit kann man lehren und lernen, und
überall im gleichen Sinne. Nirgend ist ja wissenschaftliches Lernen
20 ein passives Aufnehmen geistesfremder Stoffe, überall beruht es auf
Selbsttätigkeit, auf einem inneren Nacherzeugen der von den schöpferischen Geistern gewonnenen Vernunfteinsichten, nach Gründen
und Folgen. Philosophie kann man nicht lernen, weil es hier solche
objektiv begriffenen und begründeten Einsichten nicht gibt, und was
25 dasselbe besagt, weil es hier noch an begrifflich fest begrenzten und
ihrem Sinn nach voll geklärten Problemen, Methoden und Theorien
fehlt.

　　Ich sage nicht, Philosophie sei eine unvollkommene Wissenschaft,
ich sage schlechthin, sie sei noch keine Wissenschaft, sie habe als
30 Wissenschaft noch keinen Anfang genommen, und ich nehme dabei
als Maßstab ein wenn auch kleines Stück eines objektiv begründeten
theoretischen Lehrinhalts. Unvollkommen sind alle Wissenschaften,
selbst die vielbewunderten exakten Wissenschaften. Sie sind einerseits unvollständig, vor sich den unendlichen Horizont offener Pro-
35 bleme, die den Erkenntnistrieb nimmermehr ruhen lassen werden;
sie haben andererseits mancherlei Mängel in dem schon ausgebildeten Lehrgehalt, es zeigen sich da und dort Reste der Unklarheit oder
Unvollkommenheiten in der systematischen Ordnung der Beweise
und Theorien. Aber wie immer, ein Lehrgehalt ist vorhanden, im-

merfort wachsend und sich neu verzweigend. An der objektiven
Wahrheit bzw. objektiv begründeten Wahrscheinlichkeit der wundervollen Theorien der Mathematik und der Naturwissenschaften
wird kein Vernünftiger zweifeln. Hier ist — im großen und | ganzen [291]
5 — kein Raum für private „Meinungen", „Anschauungen", „Standpunkte". Soweit es dergleichen im einzelnen doch gibt, soweit ist die
Wissenschaft noch nicht gewordene, sondern werdende Wissenschaft
und wird allgemein so beurteilt.*
     Von ganz anderer Art nun als die soeben beschriebene Unvoll-
10 kommenheit aller Wissenschaften ist diejenige der Philosophie. Sie
verfügt nicht bloß über ein unvollständiges und nur im einzelnen
unvollkommenes Lehrsystem, sondern schlechthin über keines. Alles und jedes ist hier strittig, jede Stellungnahme ist Sache der individuellen Überzeugung, der Schulauffassung, des „Standpunktes".
15 Was die wissenschaftliche Weltliteratur der Philosophie in alten
und neuen Zeiten uns an Entwürfen darbietet, mag auf ernster, ja
ungeheurer Geistesarbeit beruhen; noch mehr, es mag der künftigen
Etablierung wissenschaftlich strenger Lehrsysteme in hohem Maße
vorarbeiten: Aber als ein Fond philosophischer Wissenschaft kann
20 darin vorläufig nichts anerkannt werden, und keine Aussicht besteht,
etwa mit der Schere der Kritik da und dort ein Stück philosophischer Lehre herauszuschneiden.
     Diese Überzeugung muß wieder einmal schroff und ehrlich ausge-
sprochen werden und gerade an dieser Stelle, in den Anfängen des
25 Logos, der für eine bedeutsame Umwendung der Philosophie Zeugnis ablegen und dem künftigen „System" der Philosophie den Boden bereiten will.
     Denn mit der schroffen Betonung der Unwissenschaftlichkeit aller
bisherigen Philosophie erhebt sich sogleich die Frage, ob die Philo-
30 sophie noch weiterhin das Ziel, strenge Wissenschaft zu sein, festhalten will, ob sie es wollen kann und wollen muß. Was soll uns die
neue „Umwendung" bedeuten? Etwa die Abwendung von der Idee

---

* Natürlich denke ich dabei nicht an die philosophisch-mathematischen und naturphiloso-
phischen Streitfragen, die doch, genau besehen, nicht bloß vereinzelte Punkte des Lehrgehalts,
sondern den „Sinn" der gesamten wissenschaftlichen Leistung der Disziplinen betreffen. Sie
können und müssen von den Disziplinen selbst unterschieden bleiben, wie sie ja den meisten
Vertretern derselben gleichgültig genug sind. Vielleicht bedeutet das Wort Philosophie in Verbindung mit den Titeln aller Wissenschaften eine Gattung von Untersuchungen, die ihnen
allen gewissermaßen eine neue Dimension und damit eine letzte Vollendung geben. Aber das
Wort Dimension deutet es zugleich an: Strenge Wissenschaft bleibt Wissenschaft, Lehrgehalt
bleibt Lehrgehalt, auch wenn der Übergang in diese neue Dimension noch unterbleibt.

einer strengen Wissenschaft? Und was soll uns das „System" bedeuten, das wir ersehnen, das uns als Ideal vorleuchten soll in den
Niederungen unserer forschenden Arbeit? Ein philosophisches „System" im traditionellen Sinn, gleichsam eine Minerva, die vollendet
5 und gewappnet aus dem Haupte eines schöpferischen Genies
ent|springt — um dann in späteren Zeiten neben anderen solchen   [292]
Minerven im stillen Museum der Geschichte aufbewahrt zu werden? Oder ein philosophisches Lehrsystem, das, nach gewaltigen
Vorarbeiten von Generationen, von unten her mit zweifelssicherem
10 Fundament wirklich anfängt und wie jeder tüchtige Bau in die Höhe
wächst, indem Baustein um Baustein gemäß leitenden Einsichten als
feste Gestalt dem Festen angefügt wird? An dieser Frage müssen
sich die Geister und die Wege scheiden.

Die für den Fortschritt der Philosophie entscheidenden „Umwen-
15 dungen" sind diejenigen, in welchen der Anspruch der vorangegangenen Philosophien, Wissenschaft zu sein, durch Kritik ihres vermeintlich wissenschaftlichen Verfahrens zerfällt und nun der vollbe-
wußte Wille, Philosophie im Sinne strenger Wissenschaft radikal
neu zu gestalten, der leitende und die Ordnung der Arbeiten bestim-
20 mende ist. Alle Denkenergie konzentriert sich zunächst darauf, die
von der bisherigen Philosophie naiv übersehenen oder mißverstan-
denen Bedingungen strenger Wissenschaft durch systematische Erwägung zu entscheidender Klarheit zu bringen, um dann den Neubau eines philosophischen Lehrgebäudes zu versuchen. Ein solcher
25 vollbewußter Wille zu strenger Wissenschaft beherrscht die Sokra-
tisch-Platonische Umwendung der Philosophie und ebenso zu Beginn der Neuzeit die wissenschaftlichen Reaktionen gegen die Scholastik, insbesondere die Cartesianische Umwendung. Ihr Impuls geht
über auf die großen Philosophien des 17. und 18. Jahrhunderts, er
30 erneuert sich mit radikalster Gewalt in der Vernunftkritik eines
Kant und beherrscht noch das Philosophieren Fichtes. Immer aufs
neue richtet sich die Forschung auf die wahren Anfänge, die entscheidenden Problemformulierungen, die rechte Methode.
Erst in der romantischen Philosophie tritt eine Wandlung ein.
35 Wiewohl auch Hegel auf die absolute Gültigkeit seiner Methode und
Lehre besteht, so fehlt seinem System die philosophische Wissenschaftlichkeit allererst ermöglichende Vernunftkritik. In Zusammenhang damit aber steht es, daß diese Philosophie, wie die romantische

Philosophie überhaupt, in der Folgezeit im Sinne sei es einer
Schwächung oder einer Verfälschung des Triebes zur Konstitution strenger philosophischer Wissenschaft gewirkt hat.

Was das letztere, die Tendenz auf Verfälschung, anbelangt, so rief
5 bekanntlich der Hegelianismus mit dem Erstarken der exakten Wissenschaften Reaktionen hervor, infolge deren der Naturalismus
des 18. Jahrhunderts einen übermächtigen Auftrieb gewann und | [293]
mit seinem alle absolute Idealität und Objektivität der Geltung
preisgebenden Skeptizismus die Weltanschauung und Philosophie
10 der neuesten Zeit in vorherrschender Weise bestimmte.

Andererseits, im Sinne einer Schwächung des philosophischen
Wissenschaftstriebes, übte die Hegelsche Philosophie Nachwirkun-
gen durch ihre Lehre von der relativen Berechtigung jeder Philosophie für ihre Zeit — eine Lehre, die freilich innerhalb des Systems
15 von prätendierter absoluter Gültigkeit einen ganz anderen Sinn hatte
als den historizistischen, mit dem sie von Generationen aufgenommen worden ist, die mit dem Glauben an die Hegelsche Philosophie
auch den an eine absolute Philosophie überhaupt verloren hatten.
Durch den Umschlag der metaphysischen Geschichtsphilosophie
20 Hegels in einen skeptischen Historizismus ist nun wesentlich bestimmt das Aufkommen der neuen „Weltanschauungsphilosophie", die sich gerade in unseren Tagen rasch auszubreiten scheint
und die im übrigen selbst mit ihrer zumeist antinaturalistischen und
gelegentlich sogar antihistorizistischen Polemik nichts weniger als
25 skeptisch sein will. Sofern sie aber mindestens in ihrem ganzen Vorhaben und Vorgehen sich nicht mehr von jenem radikalen Willen
auf wissenschaftliche Lehre beherrscht zeigt, die den großen Zug der
neuzeitlichen Philosophie bis Kant ausgemacht hat, bezog sich speziell auf sie die Rede von einer Schwächung des philosophischen
30 Wissenschaftstriebes.

Die nachfolgenden Ausführungen sind von dem Gedanken getragen, daß die höchsten Interessen menschlicher Kultur die Ausbildung einer streng wissenschaftlichen Philosophie fordern; daß somit, wenn eine philosophische Umwendung in unserer Zeit Recht
35 haben soll, sie jedenfalls von der Intention auf eine Neubegründung
der Philosophie im Sinne strenger Wissenschaft beseelt sein muß.
Diese Intention ist der Gegenwart keineswegs fremd. Sie ist voll
lebendig gerade innerhalb des herrschenden Naturalismus. Von An-

fang an geht er, und mit aller Entschiedenheit, der Idee einer streng
wissenschaftlichen Reform der Philosophie nach und glaubt sogar
jederzeit, mit seinen früheren, wie mit seinen modernen Gestaltungen, sie schon verwirklicht zu haben. Aber all das vollzieht sich,
5 prinzipiell betrachtet, in einer Form, die theoretisch von Grund auf
verfehlt ist, so wie sie praktisch eine wachsende Gefahr für unsere
Kultur bedeutet. An der naturalistischen Philosophie radikale Kritik
zu üben ist heutzutage eine wichtige Angelegenheit. Ganz besonders
bedarf es, gegenüber der bloß widerlegenden Kritik aus den Konse-
10 quenzen, einer positiven Kritik an den Grundlagen und Methoden.
Nur sie ist geeignet, das Vertrauen auf die Möglichkeit einer wissen-
schaft|lichen Philosophie ungebrochen zu erhalten, das durch die [294]
Erkenntnis der widersinnigen Konsequenzen des auf der strengen
Erfahrungswissenschaft sich aufbauenden Naturalismus bedroht ist.
15 Solcher positiven Kritik dienen die Ausführungen des ersten Teiles
dieser Abhandlung.

Was aber die vielbemerkte Umwendung unserer Zeit anlangt, so
ist sie zwar — und das ist ihr Recht — im wesentlichen antinatura-
listisch gerichtet, aber unter dem Einfluß des Historizismus scheint
20 sie von den Linien wissenschaftlicher Philosophie abführen und in
bloße Weltanschauungsphilosophie einmünden zu wollen. Der prinzipiellen Erörterung des Unterschiedes dieser beiden Philosophien
und der Erwägung ihres relativen Rechtes ist der zweite Teil gewidmet.

25   NATURALISTISCHE PHILOSOPHIE

Der Naturalismus ist eine Folgeerscheinung der Entdeckung der
Natur, der Natur im Sinne einer Einheit des räumlich-zeitlichen
Seins nach exakten Naturgesetzen. Mit der schrittweisen Realisierung dieser Idee in immer neuen, eine Überfülle strenger Erkennt-
30 nisse begründenden Naturwissenschaften greift auch der Naturalismus immer weiter um sich. Ganz ähnlich ist später, als Folgeerscheinung der „Entdeckung der Geschichte" und der Begründung
immer neuer Geisteswissenschaften, der Historizismus erwachsen.
Den herrschenden Auffassungsgewohnheiten entsprechend neigt
35 eben der Naturwissenschaftler dazu, alles als Natur, der Geisteswis-
senschaftler als Geist, als historisches Gebilde anzusehen und demgemäß, was so nicht angesehen werden kann, zu mißdeuten. Der

Naturalist also, um uns jetzt ihm besonders zuzuwenden, sieht
nichts anderes als Natur und zunächst physische Natur. Alles, was
ist, ist entweder selbst physisch, es gehört dem einheitlichen Zusammenhang der physischen Natur an, oder es ist zwar Psychisches,
5 aber dann bloße abhängige Veränderliche von Physischem, besten-
falls eine sekundäre „parallele Begleittatsache". Alles Seiende ist
psychophysischer Natur, das ist nach fester Gesetzlichkeit eindeutig
bestimmt. Nichts für uns Wesentliches ändert sich an dieser Auffassung, wenn im Sinne des Positivismus (sei es des an einen naturali-
10 stisch gedeuteten Kant sich anlehnenden, sei es Hume erneuernden
und konsequent ausgestaltenden) die physische Natur in Empfin-
dungskomplexe sensualistisch aufgelöst wird, in Farben, Töne,
Drücke etc., ebenso aber auch das sogenannte Psychische in ergän-
zende Komplexe derselben oder noch anderer „Empfindungen".
15   Was alle Formen des extremen und konsequenten Naturalismus,
angefangen vom populären Materialismus bis zum neuesten Empfin-
dungsmonismus und Energetismus, charakterisiert, ist einerseits die
| Naturalisierung des Bewußtseins, einschließlich aller inten-   [295]
tional-immanenten Bewußtseinsgegebenheiten; andererseits die Na-
20 turalisierung der Ideen und damit aller absoluten Ideale und
Normen.
   In letzterer Hinsicht hebt er sich, ohne es zu bemerken, selbst auf.
Nehmen wir als exemplarischen Index aller Idealität die formale
Logik, so werden bekanntlich die formal-logischen Prinzipien, die
25 sog. Denkgesetze, vom Naturalismus als Naturgesetze des Denkens
gedeutet. Daß dies einen Widersinn jener Art mit sich führt, der jede
in einem prägnanten Sinn skeptische Theorie charakterisiert, ist an
anderem Orte ausführlich nachgewiesen worden.* Man kann auch
die naturalistische Axiologie und Praktik, darunter die Ethik, einer
30 ähnlichen radikalen Kritik unterwerfen und ebenso die naturalistische Praxis selbst. Denn den theoretischen Widersinnigkeiten folgen
unvermeidlich Widersinnigkeiten (evidente Unstimmigkeiten) im
aktuellen theoretischen, axiologischen, ethischen Verhalten. Der Naturalist ist, kann man alles in allem sagen, in seinem Verhalten Idea-
35 list und Objektivist. Er ist erfüllt vom Streben, wissenschaftlich, also
jeden Vernünftigen bindend, zur Erkenntnis zu bringen, was überall
echte Wahrheit, das echte Schöne und Gute sei, wie es dem allge-

---

* Vgl. meine *Logischen Untersuchungen*, I. Band, 1900.

meinen Wesen nach zu bestimmen, nach welcher Methode es im
Einzelfall zu gewinnen sei. Durch Naturwissenschaft und naturwissenschaftliche Philosophie, glaubt er, sei das Ziel der Hauptsache
nach erreicht, und mit aller Begeisterung, die dieses Bewußtsein gibt,
5 tritt er nun für das „ naturwissenschaftlich" Wahre, Gute und Schöne als Lehrer und praktischer Reformator ein. Er ist aber ein Idealist, der Theorien aufstellt und vermeintlich begründet, die eben das
negieren, was er in seinem idealistischen Verhalten, sei es Theorien
bauend, sei es Werte oder praktische Normen als die schönsten und
10 besten zugleich begründend und empfehlend, voraussetzt. Nämlich
voraussetzt, sofern er überhaupt theoretisiert, sofern er überhaupt
Werte objektiv hinstellt, denen das Werten gemäß sein soll, und
ebenso überhaupt praktische Regeln, denen gemäß jedermann wollen und handeln soll. Der Naturalist lehrt, predigt, moralisiert, refor-
15 miert.* Aber er leugnet, was jede Predigt, jede Forderung als solche
ihrem Sinne nach voraussetzt. Nur predigt er nicht wie der antike
Skeptizismus, *expressis verbis:* Das einzig Vernünftige sei, Vernunft
— wie theoretische, so axiologische und praktische Vernunft — zu
leugnen. Ja er würde dergleichen sogar weit von sich weisen. Der | [296]
20 Widersinn liegt bei ihm nicht offen, sondern ihm selbst verborgen
darin, daß er die Vernunft naturalisiert.

In dieser Hinsicht ist der Streit sachlich entschieden, möge auch
die Flutwelle des Positivismus und des ihn im Relativismus über-
bietenden Pragmatismus noch weiter steigen. Freilich zeigt sich
25 gerade in diesem Umstand, wie gering die praktisch wirksame Kraft
von Argumenten aus den Konsequenzen ist. Vorurteile machen
blind, und wer nur Erfahrungstatsachen sieht und nur Erfahrungswissenschaft innerlich gelten läßt, wird sich durch widersinnige
Konsequenzen nicht sehr gestört fühlen, die sich nicht in der Erfah-
30 rung als Widersprüche gegen Fakta der Natur ausweisen lassen. Er
wird sie als „ Scholastik" beiseite schieben. Die Argumentation aus
den Konsequenzen übt aber auch nach der anderen Seite, nämlich
bei den für ihre schlagende Kraft Empfänglichen, gar leicht eine
Fehlwirkung. Dadurch, daß der Naturalismus völlig diskreditiert
35 erscheint, er, der Philosophie auf Grund strenger Wissenschaft und
als strenge Wissenschaft gestalten wollte, erscheint nun auch sein
methodisches Ziel selbst als diskreditiert, und dies um so mehr, als

---

* Häckel und Ostwald können uns dabei als hervorragende Repräsentanten dienen.

auch auf dieser Seite die Neigung verbreitet ist, sich strenge Wissenschaft nur als positive Wissenschaft und eine wissenschaftliche Philosophie nur als auf solche Wissenschaft fundierte denken zu können. Indessen, das ist auch nur Vorurteil, und darum von der Linie
5 strenger Wissenschaft abbiegen zu wollen wäre grundverkehrt. Gerade in der Energie, mit welcher der Naturalismus das Prinzip strenger
Wissenschaftlichkeit in allen Sphären der Natur und des Geistes, in
Theorie und in Praxis zu realisieren sucht und mit der er darnach
strebt, die philosophischen Seins- und Wertprobleme wissenschaft-
10 lich — nach seiner Meinung „exakt naturwissenschaftlich" — zu
lösen, liegt sein Verdienst und zugleich ein Hauptteil seiner Kraft in
unserer Zeit. Vielleicht gibt es im ganzen neuzeitlichen Leben keine
mächtiger, unaufhaltsamer vordringende Idee als die der Wissenschaft. Ihren Siegeslauf wird nichts hemmen. Sie ist in der Tat ihren
15 rechtmäßigen Zielen nach allumspannend. In idealer Vollendung
gedacht, wäre sie die Vernunft selbst, die neben und über sich keine
Autorität mehr haben könnte. In die Domäne der strengen Wissenschaft gehören also gewiß auch all die theoretischen, axiologischen,
praktischen Ideale, die der Naturalismus, indem er sie empiristisch
20 umdeutet, zugleich verfälscht.

Indessen, allgemeine Überzeugungen besagen wenig, wenn man
sie nicht begründen, Hoffnungen auf eine Wissenschaft wenig, wenn
man zu ihren Zielen keine Wege zu ersehen vermag. Soll also die
Idee einer Philosophie, als strenger Wissenschaft von den bezeichne-
25 ten und allen wesensverwandten Problemen, nicht kraftlos bleiben, | [297]
so müssen wir klare Möglichkeiten vor Augen haben, sie zu realisieren, es müssen sich uns durch Klärung der Probleme, durch Vertiefung in deren reinen Sinn, volleinsichtig die Methoden entgegen-
drängen, die solchen Problemen adäquat, weil durch ihr eigenes
30 Wesen gefordert sind. Das gilt es zu leisten und so in eins das leben-
dig-tätige Vertrauen auf die Wissenschaft und zugleich ihren wirklichen Anfang zu gewinnen. In dieser Hinsicht leistet uns die sonst ja
nützliche und unentbehrliche Widerlegung des Naturalismus aus den
Konsequenzen sehr wenig. Ganz anders, wenn wir an seinen Grund-
35 lagen, seinen Methoden, seinen Leistungen die nötige positive und
dabei immer prinzipielle Kritik üben. Indem die Kritik scheidet und
klärt, indem sie dazu zwingt, dem eigentlichen Sinn der philosophischen Motive nachzugehen, die meist so vage und vieldeutig als
Probleme formuliert werden, ist sie geeignet, die Vorstellungen bes-

serer Ziele und Wege zu wecken und unser Vorhaben positiv zu
fördern. In dieser Absicht besprechen wir ausführlicher den oben
besonders hervorgehobenen Charakter der bekämpften Philosophie,
nämlich die Naturalisierung des Bewußtseins. Die tieferen
5 Zusammenhänge mit den berührten skeptischen Konsequenzen werden im folgenden von selbst hervortreten und ebenso die ganze Weite, in der unser zweiter Vorwurf, die Naturalisierung der Ideen
anlangend, gemeint und zu begründen ist, verständlich werden.

*

Wir knüpfen unsere kritischen Analysen natürlich nicht an die
10 mehr populären Reflexionen philosophierender Naturforscher an,
sondern beschäftigen uns mit der in wirklich wissenschaftlichem
Rüstzeug auftretenden gelehrten Philosophie. Insbesondere aber mit
einer Methode und Disziplin, durch welche sie glaubt, endgültig den
Rang einer exakten Wissenschaft erklommen zu haben. Sie ist darin
15 so sicher, daß sie auf jedes andere Philosophieren mit Geringschät-
zung herabsieht. Zu ihrem exakt wissenschaftlichen Philosophieren
stehe es so wie die trübe Naturphilosophie der Renaissance zur
jugendkräftigen exakten Mechanik eines Galilei oder wie die Alche-
mie zur exakten Chemie eines Lavoisier. Fragen wir nun nach der
20 exakten, wenn auch noch beschränkt ausgebauten Philosophie, dem
Analogon der exakten Mechanik, so werden wir auf die psychophysische und ganz besonders die experimentelle Psychologie hingewiesen, der doch niemand den Rang einer strengen Wissenschaft
wird abstreiten können. Sie sei die so lang gesuchte, nun endlich zur
25 Tat gewordene exakt-wissenschaftliche Psychologie. Logik und Erkenntnistheorie, Ästhetik, Ethik und Pädagogik hätten durch sie
endlich ihr wissenschaftliches Fundament gewonnen, ja sie seien
schon | im vollen Zuge, sich zu experimentellen Disziplinen umzu-   [298]
bilden. Im übrigen sei die strenge Psychologie selbstverständlich die
30 Grundlage aller Geisteswissenschaften und nicht minder auch der
Metaphysik. In letzterer Hinsicht freilich nicht das bevorzugte Fundament, da in gleichem Umfange auch die physische Naturwissenschaft an der Fundamentierung dieser allgemeinsten Wirklichkeits-
lehre beteiligt sei.

35   Demgegenüber unsere Einwände: Zunächst ist, wie eine kurze
Überlegung lehren würde, einzusehen, daß Psychologie überhaupt,

als Tatsachenwissenschaft, ungeeignet ist, Fundamente für diejenigen philosophischen Disziplinen abzugeben, die es mit den reinen
Prinzipien aller Normierung zu tun haben, also der reinen Logik, der
reinen Axiologie und Praktik. Eine nähere Ausführung können wir
5 uns ersparen: Sie würde uns offenbar zu den schon besprochenen
skeptischen Widersinnigkeiten zurückführen. Was aber die Erkenntnistheorie anlangt, die wir ja von der reinen Logik, im Sinne der reinen *mathesis universalis,* trennen (als welche ⟨sie⟩ es nicht
mit dem Erkennen zu tun hat), so kann gegen den erkenntnistheore-
10 tischen Psychologismus und Physizismus manches gesagt werden,
wovon einiges hier angedeutet werden soll.

Alle Naturwissenschaft ist ihren Ausgangspunkten nach naiv. Die
Natur, die sie erforschen will, ist für sie einfach da. Selbstverständlich sind Dinge, sind als ruhende, sich bewegende, sich verändernde
15 im unendlichen Raum und als zeitliche Dinge in der unendlichen
Zeit. Wir nehmen sie wahr, wir beschreiben sie in schlichten Erfah-
rungsurteilen. Diese selbstverständlichen Gegebenheiten in objektiv
gültiger, streng wissenschaftlicher Weise zu erkennen, das ist das Ziel
der Naturwissenschaft. Ähnliches gilt von der Natur im erweiterten,
20 psychophysischen Sinne bzw. den sie erforschenden Wissenschaften,
also insbesondere der Psychologie. Das Psychische ist nicht eine
Welt für sich, es ist gegeben als Ich oder Icherlebnis (in einem übrigens sehr verschiedenen Sinne), und dergleichen zeigt sich erfahrungsmäßig gebunden an gewisse physische Dinge, genannt Leiber.
25 Auch das ist eine selbstverständliche Vorgegebenheit. Dieses Psychische nun, im psychophysischen Naturzusammenhang, in dem es
selbstverständlich da ist, wissenschaftlich erforschen, es objektiv
gültig bestimmen, die Gesetzmäßigkeiten seines sich Bildens und
sich Umbildens, seines Kommens und Gehens entdecken, das ist die
30 Aufgabe der Psychologie. Alle psychologische Bestimmung ist *eo
ipso* psychophysische, nämlich in dem weitesten Sinne (den wir von
nun an festhalten), daß sie eine nie fehlende physische Mitbedeutung
hat. Auch wo die Psychologie — die Erfahrungswissenschaft — es
auf Bestimmung | von bloßen Bewußtseinsvorkommnissen abgese- [299]
35 hen hat und nicht auf psychophysische Abhängigkeiten im gewöhnlichen engeren Sinne, sind diese Vorkommnisse doch als solche der
Natur gedacht, d. i. als zugehörig zu menschlichen oder tierischen
Bewußtseinen, die ihrerseits eine selbstverständliche und mitaufge-
faßte Anknüpfung an Menschen- oder Tierleiber haben. Die Aus-

schaltung der Naturbeziehung würde dem Psychischen den Charakter der objektiv-zeitlich bestimmbaren Naturtatsache, kurzum der
psychologischen Tatsache nehmen. Halten wir also fest: Jedes psychologische Urteil schließt die existenziale Setzung der physischen
5 Natur in sich, ob nun ausdrücklich oder nicht.

Danach ist folgendes einleuchtend: Sollte es entscheidende Argumente geben, um derentwillen die physische Naturwissenschaft
nicht Philosophie im spezifischen Sinne sein, nie und nimmer der
Philosophie als Grundlage dienen und nur auf Grund vorausgehen-
10 der Philosophie philosophische Verwertung zu Zwecken der Metaphysik gewinnen kann: dann müßten alle solchen Argumente ohne
weiteres Anwendung finden auf die Psychologie.

Nun fehlt es an solchen Argumenten keineswegs.

Es genügt, nur an die „Naivität" zu erinnern, mit der, gemäß dem
15 oben Gesagten, Naturwissenschaft Natur als gegeben hinnimmt, eine
Naivität, die in ihr sozusagen unsterblich ist und sich z. B. an jeder
Stelle ihres Verfahrens neu wiederholt, wo sie auf schlichte Erfahrung rekurriert — und schließlich führt ja alle erfahrungswissenschaftliche Methode eben auf Erfahrung zurück. Die Naturwissen-
20 schaft ist allerdings in ihrer Art sehr kritisch. Bloße vereinzelte,
wenn auch gehäufte Erfahrung gilt ihr noch sehr wenig. In der
methodischen Anordnung und Verknüpfung der Erfahrungen, in
dem Wechselspiel zwischen Erfahren und Denken, das seine logisch
festen Regeln hat, scheidet sich gültige und ungültige Erfahrung,
25 erhält jede Erfahrung ihren abgestuften Geltungswert und arbeitet
sich überhaupt objektiv gültige Erkenntnis, Naturerkenntnis heraus.
Aber wie sehr diese Art der Erfahrungskritik uns befriedigen mag,
solange wir in der Naturwissenschaft stehen und in ihrer Einstellung
denken — eine ganz andere Erfahrungskritik ist noch möglich und
30 unerläßlich, eine Kritik, die die gesamte Erfahrung überhaupt und
das erfahrungswissenschaftliche Denken zugleich in Frage stellt.

Wie Erfahrung als Bewußtsein einen Gegenstand geben oder treffen könne; wie Erfahrungen durch Erfahrungen sich wechselseitig
berechtigen oder berichtigen können und nicht nur sich subjektiv
35 aufheben oder sich subjektiv verstärken; wie ein Spiel des erfahrungslogischen Bewußtseins objektiv Gültiges, für an und für sich
seiende | Dinge Gültiges besagen soll; warum sozusagen Spielregeln [300]
des Bewußtseins nicht für die Dinge irrelevant sind; wie Naturwissenschaft in allem und jedem verständlich werden soll, sofern sie in

jedem Schritte an sich seiende Natur zu setzen und zu erkennen
vermeint — an sich seiend gegenüber dem subjektiven Fluß des
Bewußtseins —, das alles wird zum Rätsel, sowie die Reflexion sich
darauf ernstlich richtet. Bekanntlich ist die Erkenntnistheorie die
5 Disziplin, welche solche Fragen beantworten will und bisher, trotz
aller Denkarbeit, welche die größten Forscher an sie gewendet haben, wissenschaftlich klar, einstimmig, entscheidend nicht beantwortet hat.

Es bedarf nur strenger Konsequenz in der Festhaltung des Niveaus
10 dieser Problematik (einer Konsequenz, die freilich allen bisherigen
Erkenntnistheorien gefehlt hat), um den Widersinn einer „naturwissenschaftlichen Erkenntnistheorie" einzusehen, also auch den
jeder psychologischen. Sind, allgemein gesprochen, gewisse Rätsel
der Naturwissenschaft prinzipiell immanent, so sind ihr selbstver-
15 ständlich deren Lösungen nach Prämissen und Ergebnissen prinzipiell transzendent. Die Lösung eines jeden Problems, das der Naturwissenschaft als solcher anhaftet — also ihr durch und durch, von
Anfang bis Ende anhaftet —, von der Naturwissenschaft selbst
erwarten zu wollen oder auch nur zu meinen, daß sie für die Lösung
20 eines derartigen Problems irgendwelche Prämissen beisteuern könne, das heißt, sich in einem widersinnigen Zirkel bewegen.

Es wird auch klar, daß wie jede wissenschaftliche, so jede vorwis-
senschaftliche Ansetzung der Natur in einer Erkenntnistheorie, die
ihren einstimmigen Sinn behalten soll, prinzipiell ausgeschaltet blei-
25 ben muß und damit alle Aussagen, welche thetische Existenzial-
setzungen von Dinglichkeiten mit Raum, Zeit, Kausalität etc. impli-
zieren. Das erstreckt sich offenbar auch auf alle Existenzsetzungen,
welche das Dasein des forschenden Menschen, seiner psychischen
Vermögen u. dgl. betreffen.

30 Ferner: Wenn Erkenntnistheorie gleichwohl die Probleme des
Verhältnisses von Bewußtsein und Sein erforschen will, so kann sie
nur Sein als *correlatum* von Bewußtsein vor Augen haben, als
bewußtseinsmäßig „Gemeintes": als Wahrgenommenes, Erinnertes,
Erwartetes, bildlich Vorgestelltes, Phantasiertes, Identifiziertes, Un-
35 terschiedenes, Geglaubtes, Vermutetes, Gewertetes usw. Man sieht
dann, daß die Forschung gerichtet sein muß auf eine wissenschaftliche Wesenserkenntnis des Bewußtseins, auf das, was Bewußtsein in

---

16 *Handexemplar Randbemerkung* antipsychologistische Formel der Methode.

allen seinen unterscheidbaren Gestaltungen selbst, seinem Wesen
nach, „ist", zugleich aber auf das, was es „bedeutet", sowie auf
die verschiedenen Weisen, in denen es — dem Wesen | dieser [301]
Gestaltungen gemäß — bald klar, bald unklar, bald gegenwärtigend
5 oder vergegenwärtigend, bald signitiv oder bildlich, bald schlicht,
bald denkmäßig vermittelt, bald in dem oder in jenem attentionalen
Modus und so in unzähligen anderen Formen — Gegenständliches meint und es evtl. als „gültig", „wirklich" Seiendes „erweist".
10   Jede Gegenstandsart, die Objekt einer vernünftigen Rede, einer
vorwissenschaftlichen und dann wissenschaftlichen Erkenntnis sein
soll, muß sich in der Erkenntnis, also im Bewußtsein selbst, bekunden und sich, dem Sinne aller Erkenntnis gemäß, zur Gegebenheit
bringen lassen. Alle Bewußtseinsarten, so wie sie sich unter dem
15 Titel Erkenntnis sozusagen teleologisch ordnen und, näher, sich den
verschiedenen Gegenstands-Kategorien gemäß gruppieren — als die
ihnen speziell entsprechenden Gruppen von Erkenntnisfunktionen
—, müssen sich in ihrem Wesenszusammenhange und ihrer Rückbeziehung auf die zu ihnen gehörigen Formen des Gegebenheitsbe-
20 wußtseins studieren lassen. So muß sich der Sinn der Rechtsfrage,
der an alle Erkenntnisakte zu stellen ist, verstehen, das Wesen von
begründeter Rechtsausweisung und von idealer Begründbarkeit oder
Gültigkeit völlig aufklären lassen, und zwar für alle Erkenntnisstu-
fen, zuhöchst für die wissenschaftliche Erkenntnis.
25   Was das besage, daß Gegenständlichkeit sei und sich als seiende
und so seiende erkenntnismäßig ausweise, das muß eben rein aus
dem Bewußtsein selbst evident und somit restlos verständlich werden. Und dazu bedarf es des Studiums des ganzen Bewußtseins, da
es nach allen seinen Gestaltungen in mögliche Erkenntnisfunktio-
30 nen tritt. Sofern aber jedes Bewußtsein „Bewußtsein von" ist,
schließt das Wesensstudium des Bewußtseins auch dasjenige der
Bewußtseinsbedeutung und Bewußtseinsgegenständlichkeit als solcher ein. Irgendwelche Art von Gegenständlichkeit nach ihrem allgemeinen Wesen studieren (ein Studium, das Interessen verfolgen
35 kann, die der Erkenntnistheorie und Bewußtseinsforschung fernlie-
gen), das heißt, ihren Gegebenheitsweisen nachgehen und in den
zugehörigen Prozessen der „Klärung" ihren Wesensgehalt ausschöpfen. Ist hier die Einstellung auch nicht die auf die Bewußtseinsweisen und deren Wesenserforschung, so bringt es die Methode der

Klärung doch mit sich, daß selbst dabei der Reflexion auf die Gemeintheits- und Gegebenheitsweisen nicht entraten werden kann. Jedenfalls ist aber umgekehrt für die Wesensanalyse des Bewußtseins die Klärung aller Grundarten von Gegenständlichkeiten unentbehr-
5 lich und sonach in ihr mitbeschlossen; erst recht aber in einer erkenntnistheoretischen Analyse, die ja ihre Aufgabe in der Erforschung der Korrelationen sieht. | Demnach befassen wir alle solchen [302] wenn auch relativ zu trennenden Studien unter dem Titel phänomenologische.
10   Wir stoßen damit auf eine Wissenschaft — von deren gewaltigem Umfang die Zeitgenossen noch keine Vorstellung haben —, die zwar Wissenschaft vom Bewußtsein und doch nicht Psychologie ist, auf eine Phänomenologie des Bewußtseins gegenüber einer Naturwissenschaft vom Bewußtsein. Da es sich hier doch wohl
15 nicht um eine zufällige Äquivokation handeln wird, so ist im voraus zu erwarten, daß Phänomenologie und Psychologie in sehr nahen Beziehungen stehen müssen, sofern beide es mit dem Bewußtsein, wenn auch in verschiedener Weise, in einer verschiedenen „Einstellung" zu tun haben; was wir dadurch ausdrücken mögen, daß die
20 Psychologie es mit dem „empirischen Bewußtsein" zu tun habe, mit dem Bewußtsein in der Erfahrungseinstellung, als Daseiendem im Zusammenhang der Natur; hingegen die Phänomenologie mit dem „reinen" Bewußtsein, d. i. dem Bewußtsein in der phänomenologischen Einstellung.
25   Ist dies richtig, dann würde hervorgehen, daß, unbeschadet der Wahrheit, daß Psychologie ebensowenig Philosophie ist und sein kann als die physische Naturwissenschaft, sie doch der Philosophie — nämlich durch das Medium der Phänomenologie — aus wesentlichen Gründen näherstehen und in ihrem Schicksal mit ihr auch
30 aufs innigste verflochten bleiben müsse. Es würde sich schließlich voraussehen lassen, daß jede psychologistische Erkenntnistheorie dadurch zustande kommen muß, daß sie, den eigentlichen Sinn der erkenntnistheoretischen Problematik verfehlend, einer vermutlich naheliegenden Verwechslung zwischen reinem und empirischem Be
35 wußtsein unterliegt, oder was dasselbe besagt: daß sie das reine Bewußtsein „naturalisiert".
     Dies ist in der Tat meine Auffassung, und sie soll im weiteren noch manche Erläuterung finden.

*

Was soeben in allgemeiner Andeutung gesagt und insbesondere, was von der nahen Affinität von Psychologie und Philosophie gesagt wurde, stimmt allerdings sehr wenig zu der modernen exakten Psychologie, die der Philosophie so fremd ist wie nur irgend mög-
5 lich. Aber wie sehr diese Psychologie sich um der experimentellen Methode willen für die einzig wissenschaftliche halten und auf die „Schreibtisch-Psychologie" herabsehen mag: die Meinung, sie sei die Psychologie, die psychologische Wissenschaft im vollen Sinne, muß ich für eine folgenschwere Verirrung erklären. Der durchgehen-
10 de Grundzug dieser Psychologie ist die Beiseiteschiebung jeder di-rekten und reinen | Bewußtseinsanalyse — nämlich der systematisch [303] zu vollziehenden „Analyse" und „Deskription" der in den ver-schiedenen möglichen Richtungen immanenten Schauens sich dar-bietenden Gegebenheiten — zugunsten all der indirekten Fixierun-
15 gen psychologischer oder psychologisch relevanter Tatsachen, die ohne eine solche Bewußtseinsanalyse einen mindestens äußerlich verständlichen Sinn haben. Für die experimentelle Feststellung ihrer psychophysischen Regelmäßigkeiten langt sie eben mit rohen Klas-senbegriffen wie Wahrnehmung, Phantasieanschauung, Aussage,
20 Rechnen und Verrechnen, Größenschätzen, Wiedererkennen, Erwar-ten, Behalten, Vergessen usw. aus; wie freilich auch umgekehrt der Fond von solchen Begriffen, mit dem sie operiert, ihre Fragestellun-gen und die ihr zugänglichen Feststellungen umgrenzt.

Man kann wohl sagen, daß sich die experimentelle Psychologie
25 zur originären Psychologie analog verhält wie die Sozialstatistik zur originären Sozialwissenschaft. Eine solche Statistik sammelt wert-volle Tatsachen, entdeckt in ihnen wertvolle Regelmäßigkeiten, aber von sehr mittelbarer Art. Deren ausdeutendes Verständnis, deren wirkliche Erklärung kann nur eine originäre Sozialwissenschaft voll-
30 ziehen, d. i. eine Sozialwissenschaft, welche sich die soziologischen Phänomene zu direkter Gegebenheit bringt und ihrem Wesen nach erforscht. Ähnlich ist die experimentelle Psychologie eine Methode, evtl. wertvolle psychophysische Tatsachen und Regelungen festzu-stellen, die aber ohne systematische, das Psychische immanent er-
35 forschende Bewußtseinswissenschaft jeder Möglichkeit tieferen Ver-ständnisses und endgültiger wissenschaftlicher Verwertung entbeh-ren.

Daß hier ein großer Mangel ihres Verfahrens liegt, kommt der exakten Psychologie nicht zum Bewußtsein, und dies um so weniger,

je lebhafter sie sich gegen die Methode der Selbstbeobachtung erei-
fert und je mehr Energie sie daran setzt, durch die experimentelle
Methode deren Mängel zu überwinden; das ist aber, Mängel einer
Methode zu überwinden, die, wie man nachweisen kann, für das hier
5 zu Leistende gar nicht in Frage kommt. Der Zwang der Sachen, die
eben psychische sind, erweist sich aber zu stark, als daß nicht doch
zwischendurch Bewußtseinsanalysen vollzogen würden. Nur sind
diese dann in der Regel von einer phänomenologischen Naivität, die
in merkwürdigem Kontrast steht zu dem unzweifelhaften Ernst, mit
10 dem diese Psychologie Exaktheit anstrebt und in manchen Sphären
(bei Bescheidung hinsichtlich ihrer Ziele) auch erreicht. Das letztere
gilt überall da, wo die experimentellen Feststellungen die subjektiven sinnlichen Erscheinungen betreffen, deren Beschreibung und
Bezeichnung genau so wie bei den „ objektiven" Erscheinungen zu
15 vollziehen | ist; nämlich ohne jedes Hereinziehen der in die eigent- [304]
liche Bewußtseinssphäre überführenden Begriffe und Klärungen; ferner, wo die Feststellungen sich auf grob umrissene Klassen von
eigentlich Psychischem beziehen, wie sie ohne tiefere Bewußtseinsanalyse sich von vornherein ausreichend darbieten, wofern man nur
20 darauf verzichtet, dem eigentlich psychologischen Sinn der Feststellungen nachzugehen.

Der Grund aber des Verfehlens alles Radikal-Psychologischen bei
den gelegenheitlichen Analysen liegt darin, daß erst in einer reinen
und systematischen Phänomenologie der Sinn und die Methode der
25 hier zu leistenden Arbeit hervortritt sowie zugleich der ungeheure
Reichtum an Bewußtseinsdifferenzen, die dem methodisch Unerfah-
renen unterschiedslos ineinanderfließen. Auf diese Weise wird die
moderne exakte Psychologie gerade dadurch, daß sie sich schon für
methodisch vollkommen und streng wissenschaftlich hält, *de facto*
30 unwissenschaftlich, wo immer sie dem Sinn des Psychischen, das in
die psychophysischen Regelmäßigkeiten eintritt, nachgehen, d. h. zu
wirklich psychologischem Verständnis durchdringen will; wie umgekehrt in all den Fällen, wo die Mängel der ungeklärten Vorstellungen
von Psychischem bei dem Bemühen nach tiefer dringenden Erkennt-
35 nissen zu unklaren Problemstellungen und demgemäß zu bloßen
Scheinergebnissen führen. Die experimentelle Methode ist unerläßlich, wie überall, wo es sich um Fixierung von intersubjektiven Tat-
sachenzusammenhängen handelt. Aber sie setzt voraus, was kein
Experiment zu leisten vermag, die Analyse des Bewußtseins selbst.

Die wenigen Psychologen, die, gleich Stumpf, Lipps und sonst
ihnen nahestehenden Männern, diesen Mangel der experimentellen
Psychologie erkannt, die den im großen Sinne epochemachenden
Anstoß Brentanos zu würdigen vermocht haben und sich nun darum
5 mühten, dessen Anfänge einer analytisch deskriptiven Durchforschung der intentionalen Erlebnisse fortzuführen, werden entweder
von den experimentellen Fanatikern nicht als voll angesehen oder,
wenn sie experimentell tätig waren, nur in dieser Hinsicht gewürdigt.
Und immer wieder werden sie als Scholastiker bekämpft. Es wird
10 künftigen Generationen verwunderlich genug sein, daß die ersten
neueren Versuche, das Immanente ernstlich und in der einzig möglichen Weise einer immanenten Analyse, oder wie wir mit besserer
Einsicht sagen, einer Wesensanalyse zu erforschen, als Scholastiker
gescholten und beiseite geschoben werden konnten. Es geschieht aus
15 keinem anderen Grunde, als weil die natürlichen Ausgangspunkte
solcher Untersuchungen die sprachüblichen Bezeichnungen von Psychischem sind und dann, im Einleben in ihre Bedeutungen, nach
den Phänomenen gefragt wird, auf die sich solche Bezeichnungen
zunächst vage und | äquivok beziehen. Gewiß, auch der scholasti-   [305]
20 sche Ontologismus läßt sich von der Sprache leiten (womit ich nicht
sage, daß alle scholastische Forschung eine ontologistische war), aber
sie verliert sich darin, aus den Wortbedeutungen analytische Urteile
zu ziehen, in der Meinung, damit Erkenntnis von Tatsachen gewonnen zu haben. Der phänomenologische Analyst, der aus den Wort-
25 begriffen überhaupt keine Urteile zieht, sondern in die Phänomene
hineinschaut, welche die Sprache durch die betreffenden Worte an-
regt, oder in die Phänomene sich vertieft, welche das vollanschauli-
che Realisieren von Erfahrungsbegriffen, mathematischen Begriffen
usw. ausmachen — soll darum auch als Scholastiker gebrandmarkt
30 werden?
   Es ist zu bedenken, daß alles Psychische, wofern es in derjenigen
vollen Konkretion genommen wird, in der es für die Psychologie wie
für die Phänomenologie erstes Untersuchungsobjekt sein muß, den
Charakter eines mehr oder minder komplexen „Bewußtseins von"
35 hat; daß dieses „Bewußtsein von" eine verwirrende Fülle von Gestaltungen hat; daß alle Ausdrücke, die zu Beginn der Untersuchung
der Selbstverständigung und objektiven Beschreibung dienen könnten, fließend und vieldeutig sind und daß somit der erste Anfang
selbstverständlich kein anderer sein kann, als die zunächst sichtlich

werdenden, gröbsten Äquivokationen klarzulegen. Eine endgültige
Fixierung der wissenschaftlichen Sprache setzte die vollendete Analyse der Phänomene voraus — ein Ziel, das in grauer Ferne liegt —,
und solange diese nicht geleistet ist, bewegt sich auch der Fortschritt
5 der Untersuchung, äußerlich betrachtet, in einem erheblichen Umfange in Form von Nachweisungen neuer, nun erst sichtlich gewordener Vieldeutigkeiten, und zwar an den in den vorangegangenen
Untersuchungen vermeintlich schon fixierten Begriffen. Das ist offenbar unvermeidlich, weil in der Natur der Sachen wurzelnd. Da-
10 nach ist die Tiefe des Verständnisses und die abschätzige Art zu
beurteilen, mit der die berufenen Hüter der Exaktheit und Wissenschaftlichkeit der Psychologie von „bloß verbalistischen", bloß
„grammatischen" und „scholastischen" Analysen sprechen.
     In der Epoche lebendiger Reaktion gegen die Scholastik war der
15 Feldruf: Weg mit den hohlen Wortanalysen. Die Sachen selbst müssen wir befragen. Zurück zur Erfahrung, zur Anschauung, die unseren Worten allein Sinn und vernünftiges Recht geben kann. Ganz
trefflich! Aber was sind denn die Sachen, und was ist das für eine
Erfahrung, auf welche wir in der Psychologie zurückgehen müssen?
20 Sind etwa die Aussagen, die wir den Versuchspersonen im Experiment abfragen, die Sachen? Und ist die Deutung ihrer Aussagen die
„Erfahrung" von Psychischem? Die Experimentalisten werden
selbst sagen, das | sei bloße sekundäre Erfahrung; die primäre liege [306]
bei den Versuchspersonen selbst und auf seiten der experimentieren-
25 den und interpretierenden Psychologen in ihren eigenen, früheren
Selbstwahrnehmungen, die aus guten Gründen nicht Selbstbeobach-
tungen seien, sein dürften. Die Experimentalisten sind nicht wenig
stolz darauf, als überlegene Kritiker der Selbstbeobachtung und der
— wie sie sagen — ausschließlich auf Selbstbeobachtung beruhenden
30 Schreibtisch-Psychologie, die experimentelle Methode so ausgebildet
zu haben, daß sie direkte Erfahrung nur in Form „zufälliger, nicht
erwarteter, nicht absichtlich herbeigeführter Erfahrungen" benützt*
und die übel beleumdete Selbstbeobachtung ganz ausschaltet. Liegt
darin in e i n e r Richtung, unerachtet starker Übertreibungen, zwei-
35 fellos Gutes, so ist andererseits ein, wie mir scheinen will, prinzipielles Versehen dieser Psychologie geltend zu machen: daß sie nämlich
die im einfühlenden Verständnis fremder Erfahrungen vollzogene

---

* Vgl. dazu Wundts *Logik,* III. Band, 3., umgearbeitete Auflage, ⟨Stuttgart 1908,⟩ S. 164.

Analyse, und ebenso die Analyse auf Grund der eigenen seinerzeit
unbeobachteten Erlebnisse, mit einer Erfahrungsanalyse (wenn auch
einer indirekten) der physischen Naturwissenschaft auf gleiche Stufe
stellt und auf diese Weise in der Tat glaubt, Erfahrungswissenschaft
5 vom Psychischen in prinzipiell gleichem Sinne zu sein, wie die physische Naturwissenschaft Erfahrungswissenschaft ist vom Physischen. Sie übersieht die spezifische Eigenart gewisser Bewußtseinsanalysen, welche vorangegangen sein müssen, damit aus naiven
Erfahrungen (ob sie nun beobachtende oder nicht beobachtende
10 sind, ob sich im Rahmen der aktuellen Bewußtseinsgegenwart ab-
spielend oder in dem der Erinnerung oder Einfühlung) Erfahrungen
in einem wissenschaftlichen Sinn werden können.

Versuchen wir uns dies klarzumachen.

Die Psychologen meinen, alle ihre psychologische Erkenntnis der
15 Erfahrung zu verdanken, also jenen naiven Erinnerungen oder Einfühlungen in Erinnerungen, welche vermöge der methodischen Künste des Experiments Grundlagen für Erfahrungsschlüsse werden sollen. Indessen, die Beschreibung der naiven Erfahrungsgegebenheiten
und die mit ihr Hand in Hand gehende immanente Analyse und
20 begriffliche Fassung derselben erfolgen mittels eines Fonds von
Begriffen, deren wissenschaftlicher Wert für alle weiteren methodischen Schritte entscheidend ist. Sie bleiben, wie einige Besinnung
evident macht, bei der ganzen Natur experimenteller Fragestellung
und Methode in dem weiteren Verfahren immerfort unberührt und
25 gehen somit selbst in die Endergebnisse, also auch in die prätendierten wissenschaftlichen Erfahrungsurteile ein. Ihr wissenschaftlicher
Wert kann andererseits nicht von Anfang an da sein, er kann auch | [307]
nicht aus den noch so gehäuften Erfahrungen der Versuchspersonen
und der Versuchsleiter selbst herstammen, er kann durch gar keine
30 Erfahrungsfeststellungen logisch gewonnen sein: Und hier ist die
Stelle der phänomenologischen Wesensanalyse, die, wie ungewohnt
und unsympathisch es dem naturalistischen Psychologen klingen
mag, nichts weniger als empirische Analyse ist und sein kann.

Seit Locke und noch heute wird die aus der Entwicklungsgeschich-
35 te des empirischen Bewußtseins hergeholte Überzeugung (die also

---

26 *Handexemplar Bemerkung am unteren Rand der Seite.* Es fehlt eine scharfe Scheidung der Bildung naturalistisch-psychologischer Begriffe und der Bildung immanent
psychologischer, die nur eine äußerliche apperzeptive Naturalisierung erhalten haben.
Das ist ein wichtiger methodischer Unterschied.

schon Psychologie voraussetzt), daß jede begriffliche Vorstellung aus
früheren Erfahrungen „stammt", verwechselt mit der ganz anderen
Überzeugung, daß jeder Begriff den Rechtsgrund seines möglichen
Gebrauchs, etwa in beschreibenden Urteilen, der Erfahrung entneh-
5 me; und das heißt hier, daß nur im Hinblick auf das, was wirkliche Wahrnehmungen oder Erinnerungen hergeben, Rechtsgründe
gefunden werden können für seine Geltung, für seine Wesenhaftig-
keit oder Wesenlosigkeit und in weiterer Folge seine gültige An-
wendbarkeit im vorzugebenden Einzelfalle. Beschreibend verwenden
10 wir die Worte Wahrnehmung, Erinnerung, Phantasievorstellung,
Aussage usw. Welche Fülle von immanenten Komponenten zeigt
solch ein einziges Wort an, Komponenten, die wir dem Beschriebenen es „auffassend" einlegen, ohne sie in ihm analytisch gefunden
zu haben. Genügt es, diese Worte im populären Sinn, in dem vagen,
15 völlig chaotischen zu gebrauchen, den sie sich, wir wissen nicht wie,
in der „Geschichte" des Bewußtseins zugeeignet haben? Und würden wir es auch wissen, was sollte diese Geschichte uns nützen, was
sollte sie daran ändern, daß die vagen Begriffe eben vag und vermöge dieses ihnen eigenen Charakters offenbar unwissenschaftlich sind.
20 Solange wir keine besseren haben, mögen wir sie gebrauchen, darauf
vertrauend, daß für die praktischen Zwecke des Lebens zureichende
grobe Unterschiede mit ihnen getroffen seien. Aber hat eine Psychologie Anspruch auf „Exaktheit", welche die ihre Objekte bestimmenden Begriffe ohne wissenschaftliche Fixierung, ohne methodi-
25 sche Bearbeitung läßt? Natürlich ebensowenig, als es eine Physik
hätte, die mit den Alltagsbegriffen von schwer, warm, Masse usw.
sich begnügte. Die moderne Psychologie will nicht mehr Wissenschaft von der „Seele", sondern von den „psychischen Phänomenen" sein. Will sie das, so muß sie diese Phänomene in begrifflicher
30 Strenge beschreiben und bestimmen können. Sie muß die nötigen
strengen Begriffe sich in methodischer Arbeit zugeeignet haben. Wo
ist diese methodische Arbeit in der „exakten" Psychologie vollzogen? Wir suchen danach in der ungeheuren Literatur vergeblich.
        Die Frage, wie natürliche, „verworrene" Erfahrung zu wis-
35 sen|schaftlicher Erfahrung werden, wie es zur Feststellung objektiv [308]
gültiger Erfahrungsurteile kommen kann, ist die methodische Kardi-
nalfrage jeder Erfahrungswissenschaft. Sie braucht nicht *in abstracto*
und jedenfalls nicht in philosophischer Reinheit gestellt und beantwortet zu sein: Historisch findet sie ihre Antwort durch die Tat,

nämlich so, daß geniale Bahnbrecher der Erfahrungswissenschaft *in
concreto* und intuitiv den Sinn der notwendigen Erfahrungsmethode
erfassen und durch ihre reine Befolgung in einer zugänglichen Erfah-
rungssphäre ein Stück objektiv gültiger Erfahrungsbestimmung zu
5 Werke und so die Wissenschaft zum Anfang bringen. Die Motive zu
ihrem Vorgehen danken sie keiner Offenbarung, sondern der Vertiefung in den Sinn der Erfahrungen selbst bzw. in den Sinn des in
ihnen gegebenen „Seins". Denn obschon „gegeben", ist es in der
„vagen" Erfahrung nur „verworren" gegeben, daher die sich aufnö-
10 tigende Frage, wie es nun wirklich sei, wie es objektiv gültig zu
bestimmen sei; wie, d. h. durch welche besseren und wie zu bessern-
den „Erfahrungen" — durch welche Methode. Für die Erkenntnis
der äußeren Natur wurde der entscheidende Schritt von naiver
Erfahrung zu wissenschaftlicher, von vagen Alltagsbegriffen zu wis-
15 senschaftlichen Begriffen in voller Klarheit bekanntlich erst durch
Galilei vollzogen. Hinsichtlich der Erkenntnis des Psychischen, der
Sphäre des Bewußtseins, haben wir zwar die „experimentell-exak-
te" Psychologie, die sich für das vollberechtigte Gegenstück der
exakten Naturwissenschaft hält — und doch, sowenig sie sich dessen
20 bewußt ist, sie steht der Hauptsache nach v o r der Galileischen Epoche.
    Daß sie sich dessen nicht bewußt ist, mag allerdings verwunder-
lich sein. Wir begreifen es, daß der naiven Naturkunde vor der Wissenschaft an der natürlichen Erfahrung nichts fehlte, nämlich nichts,
25 was nicht im Zusammenhang der natürlichen Erfahrung selbst, mit-
telst der natürlich-naiven Erfahrungsbegriffe herausgestellt werden
konnte. Sie ahnte in ihrer Naivität nicht, daß Dinge eine „Natur"
haben und daß diese durch gewisse exakte Begriffe in erfahrungslo-
gischem Vorgehen bestimmt werden kann. Die Psychologie aber mit
30 ihren Instituten und Präzisionsapparaten, mit ihren scharfsinnig er-
dachten Methoden fühlt sich mit Recht über die Stufe der naiven
Erfahrungsseelenkunde älterer Zeiten erhaben. Zudem, an sorgfälti-
gen, immer wieder erneuten Reflexionen über die Methode hat sie es
nicht fehlen lassen. Wie konnte ihr das prinzipiell Allerwesentlichste
35 entgehen? Wie konnte es ihr entgehen, daß sie ihren rein psychologischen Begriffen, deren sie nun einmal nicht entraten kann, notwen-
dig einen Inhalt gibt, der nicht einfach dem in | der Erfahrung wirk-   [309]

---

37 *Handexemplar Randbemerkung* transzendente Erfahrung

lich Gegebenen entnommen, sondern auf dasselbe angewendet ist? Daß sie unvermeidlich, sowie sie dem Sinn des Psychischen näher-tritt, Analysen dieser Begriffsinhalte vollzieht und entsprechende phänomenologische Zusammenhänge als gültig anerkennt, die sie
5 auf Erfahrung anwendet, die aber der Erfahrung gegenüber *a priori* sind? Wie konnte es ihr entgehen, daß Voraussetzungen der experi-mentellen Methode, wofern sie wirklich psychologische Erkenntnis leisten will, nicht durch sie selbst begründet werden können und daß ihr Verfahren sich kardinal von dem der Physik unterscheidet,
10 sofern diese eben prinzipiell das Phänomenale ausschaltet, um die in ihm sich darstellende Natur zu suchen; während die Psychologie doch Wissenschaft von den Phänomenen selbst sein wollte?

Nun, all das konnte und mußte ihr entgehen bei ihrer naturalisti-schen Einstellung sowie bei ihrem Eifer, den Naturwissenschaften
15 nachzustreben und im experimentellen Verfahren die Hauptsache zu sehen. In ihren mühseligen, oft sehr scharfsinnigen Erwägungen über die Möglichkeiten psychophysischen Experiments, im Entwerfen ex-perimenteller Versuchsanordnungen, im Konstruieren feinster Ap-parate, in ihrem Aufspüren möglicher Fehlerquellen usw. hat sie
20 doch wohl versäumt, der Frage tiefer nachzugehen, wie, durch wel-che Methode diejenigen Begriffe, die in die psychologischen Urteile wesentlich eingehen, von dem Stande der Verworrenheit zu dem der Klarheit und objektiven Gültigkeit gebracht werden können. Sie hat es versäumt zu erwägen, inwiefern das Psychische anstatt Darstel-
25 lung einer Natur zu sein, vielmehr ein ihm eigenes und vor aller Psychophysik streng und in voller Adäquation zu erforschendes „Wesen" habe. Sie hat nicht erwogen, was im „Sinn" psychologi-scher Erfahrung liege und welche „Forderungen" das Sein im Sinne des Psychischen v o n   s i c h   a u s an die Methode stelle.

*

30 Was die empirische Psychologie schon seit ihren Anfängen im 18. Jahrhundert beständig verwirrt, ist also das Trugbild einer naturwis-senschaftlichen Methode nach dem Vorbild der physikalisch-chemi-

---

12 *Handexemplar Randbemerkung* nicht korrekt
und nicht von etwas, das sich in Phänomenen darstellt *Einfügung nach* wollte
27 *Handexemplar Randbemerkung* nicht ganz korrekt

schen Methode. Man ist sicher in der Überzeugung, daß, in prinzipieller Allgemeinheit betrachtet, die Methode aller Erfahrungswissenschaften ein und dieselbe sei, in der Psychologie also dieselbe wie
in der Wissenschaft von der physischen Natur. Hat die Metaphysik
5 solange an der falschen Imitation bald der geometrischen, bald der
physikalischen Methode gekrankt, so wiederholt sich hier derselbe
Vorgang in der Psychologie. Es ist nicht ohne Bedeutung, daß die
Väter der experimentell-exakten Psychologie Physiologen und Physiker waren. Die wahre Methode folgt der Natur der zu erforschen-
10 den Sachen, | nicht aber unseren Vorurteilen und Vorbildern. Die [310]
Naturwissenschaft arbeitet aus der vagen Subjektivität der Dinge in
naiv-sinnlicher Erscheinung die objektiven Dinge mit den exakten
objektiven Eigenschaften heraus. So muß, sagt man sich, die Psychologie das Psychologisch-Vage der naiven Auffassung zu objektiv
15 gültiger Bestimmung bringen, und das leistet die objektive Methode,
welche selbstverständlich dieselbe ist wie die in der Naturwissenschaft durch unzählige Erfolge glänzend bewährte experimentelle
Methode.

Indessen, wie Gegebenheiten der Erfahrung zu objektiver Bestim-
20 mung kommen und welchen Sinn „Objektivität" und „Bestimmung der Objektivität" jeweils haben, welche Funktion jeweils experimentelle Methode übernehmen kann, das hängt von dem eigenen Sinn der Gegebenheiten ab bzw. von demjenigen Sinn, den
ihnen das betreffende Erfahrungsbewußtsein (als ein Vermeinen ge-
25 rade von dem und keinem anderen Seienden) seinem Wesen nach
beilegt. Dem naturwissenschaftlichen Vorbild folgen, das besagt
fast unvermeidlich: das Bewußtsein verdinglichen, und das verflicht
uns von Anfang in Widersinn, woraus immer aufs neue die Neigung
zu widersinnigen Problemstellungen, zu falschen Forschungsrichtun-
30 gen entquillt. Überlegen wir uns das näher.

Die räumliche, zeitliche Körperwelt ist einzig und allein Natur im
prägnanten Sinne. Alles andere individuelle Dasein, das Psychische,
ist Natur in einem zweiten Sinn, und das bestimmt grundwesentli-
che Unterschiede naturwissenschaftlicher und psychologischer Me-
35 thode. Prinzipiell ist körperliches Dasein allein in einer Vielheit
direkter Erfahrungen, also Wahrnehmungen, als individuell Identisches erfahrbar. Es allein kann darum, wenn die Wahrnehmungen

---

26 *Handexemplar Randbemerkung* Prinzip der Methode

auf verschiedene „Subjekte" verteilt gedacht sind, von vielen Subjekten als individuell Identisches erfahren und als intersubjektiv Selbiges beschrieben werden. Dieselben Dinglichkeiten (Dinge, Vorgänge usw.) stehen uns allen vor Augen und können von uns allen nach
5 ihrer „Natur" bestimmt werden. Ihre „Natur" aber besagt: In der
Erfahrung in mannigfach wechselnden „subjektiven Erscheinungen"
sich darstellend, stehen sie doch als zeitliche Einheiten bleibender
oder wechselnder Eigenschaften da, und stehen sie als eingeknüpft
da in den sie alle verknüpfenden Zusammenhang der einen Körper-
10 welt mit dem einen Raum, der einen Zeit. Sie sind, was sie sind, nur
in dieser Einheit, nur in der kausalen Beziehung zu- oder Verknüpfung miteinander erhalten sie ihre individuelle Identität (Substanz)
und erhalten dieselbe als Trägerin von „realen Eigenschaften". Alle
dinglich-realen Eigenschaften sind kausale. Jedes körperlich Dasei-
15 ende steht unter Gesetzen möglicher Veränderungen, und diese Ge-
setze betreffen | das Identische, das Ding, nicht für sich, sondern das   [311]
Ding im einheitlichen, wirklichen und möglichen Zusammenhang
der einen Natur. Jedes Ding hat seine Natur (als Inbegriff dessen,
was es ist, es: das Identische) dadurch, daß es Einheitspunkt von
20 Kausalitäten innerhalb der einen Allnatur ist. Reale Eigenschaften
(dinglich-reale, körperliche) sind ein Titel für kausalgesetzlich vorgezeichnete Möglichkeiten der Veränderung eines Identischen, das
also, hinsichtlich dessen, was es ist, nur durch Rekurs auf diese
Gesetze bestimmbar ist. Dinglichkeiten sind aber gegeben als Ein-
25 heiten der unmittelbaren Erfahrung, als Einheiten mannigfaltiger
sinnlicher Erscheinungen. Die sinnlich faßbaren Unveränderungen,
Veränderungen und Änderungsabhängigkeiten geben überall der Erkenntnis die Leitung und fungieren für sie gleichsam als „vages"
Medium, in dem sich die wahre, objektive, physikalisch-exakte Na-
30 tur darstellt und durch das hindurch das Denken (als wissenschaftliches Erfahrungsdenken) das Wahre herausbestimmt, herauskon-
struiert.*

---

    * Es ist dabei zu beachten, daß dieses Medium der Phänomenalität, in dem sich naturwis-
senschaftliches Anschauen und Denken beständig bewegt, von dem letzteren selbst nicht zum
wissenschaftlichen Thema gemacht wird. Seiner bemächtigen sich neue Wissenschaften, die
Psychologie (zu der ein gut Teil Physiologie gehört) und die Phänomenologie.

---

  1 *Handexemplar* in Einfühlungszusammenhang stehende *Einfügung nach* verschiedene
  7 *Handexemplar* in Aspekten *Einfügung vor* sich
  24 *Handexemplar Randbemerkung* gegeben = originär gegeben

All das ist nicht etwas den Dingen der Erfahrung und der Erfahrung der Dinge Angedichtetes, sondern zu ihrem Wesen unaufhebbar Gehöriges, derart, daß jede intuitive und konsequente Forschung
nach dem, was das Ding in Wahrheit ist — das Ding, das als
5 Erfahrenes immerfort als Etwas, Seiendes, Bestimmtes und zugleich
Bestimmbares erscheint, aber im Wechsel seiner Erscheinungen und
der erscheinenden Umstände immer wieder als anders Seiendes
erscheint —, notwendig in kausale Zusammenhänge überleitet und
in der Bestimmung entsprechender objektiver Eigenschaften als ge-
10 setzmäßiger terminiert. Die Naturwissenschaft geht also dem Sinn
dessen nur konsequent nach, was das Ding selbst als erfahrenes zu
sein sozusagen prätendiert, und sie nennt das, undeutlich genug:
„Ausschaltung der sekundären Qualitäten“, „Ausschaltung des
bloß Subjektiven an der Erscheinung“ unter „Festhaltung der übrig-
15 bleibenden, der primären Qualitäten“. Doch ist das mehr als ein
undeutlicher Ausdruck, es ist eine schlechte Theorie für ihr gutes
Verfahren.
    Wenden wir uns nun der „Welt“ des „Psychischen“ zu, und
beschränken wir uns auf die „psychischen Phänomene“, die die
20 neue Psychologie als ihr Objektgebiet ansieht — d. h., wir lassen die
auf Seele und Ich bezüglichen Probleme zunächst aus dem Spiel.
Liegt, fragen wir also, wie im Sinne jeder physischen Erfahrung und
jeder Wahrnehmung von | Dinglichem, so auch in jeder Wahrneh- [312]
mung von Psychischem „Natur“objektivität beschlossen? Wir se-
25 hen bald, daß die Verhältnisse in der Sphäre des Psychischen total
andere sind als in der physischen Sphäre. Das Psychische verteilt
sich (im Gleichnis und nicht metaphysisch gesprochen) auf Monaden, die keine Fenster haben und nur durch Einfühlung im *commer-
cium* stehen. Das psychische Sein, das Sein als „Phänomen“, ist
30 prinzipiell nicht eine Einheit, die in mehreren gesonderten Wahrnehmungen als individuell identische erfahrbar wäre, nicht einmal

---

2 *Handexemplar* als dem wesenhaften Sinn der Dingwahrnehmung *Einfügung nach*
Wesen
23 *Handexemplar Bemerkung am unteren Rand der Seite* Die Gedankenführung ist
trotz mancher Mängel zu beachten. Das immanent Psychische wird zwar psychologisch-
natural apperzipiert, aber es erhält dadurch keine Änderung seines Wesens, sondern nur
Zuordnung und Einordnung bezüglich der Natur.
26 *Handexemplar Randbemerkung* Das Psychische (Phänomenale) als solches erscheint
nicht.

in Wahrnehmungen desselben Subjekts. In der psychischen Sphäre
gibt es m. a. W. keinen Unterschied zwischen Erscheinung und Sein,
und wenn die Natur ein Dasein ist, das in Erscheinungen erscheint,
so sind die Erscheinungen selbst (die ja der Psychologe zum Psychi-
5 schen rechnet) nicht selbst wieder ein Sein, das durch dahinterlie-
gende Erscheinungen erscheint — wie jede Reflexion auf die Wahrnehmung irgendeiner Erscheinung evident macht. So wird es schon
klar: Es gibt, eigentlich gesprochen, nur eine Natur, die in den
Dingerscheinungen erscheinende. Alles, was wir im weitesten Sinne
10 der Psychologie ein psychisches Phänomen nennen, ist, an und für
sich betrachtet, eben Phänomen und nicht Natur.

Ein Phänomen ist also keine „ substanzielle" Einheit, es hat keine
„ realen Eigenschaften", es kennt keine realen Teile, keine realen
Veränderungen und keine Kausalität: all diese Worte im naturwis-
15 senschaftlichen Sinne verstanden. Phänomenen eine Natur beimes-
sen, nach ihren realen Bestimmungsstücken, nach ihren kausalen
Zusammenhängen forschen — das ist ein reiner Widersinn, nicht
besser, als wenn man nach kausalen Eigenschaften, Zusammenhängen etc. der Zahlen fragen wollte. Es ist der Widersinn der Natura-
20 lisierung von etwas, dessen Wesen das Sein als Natur ausschließt.
Ein Ding ist, was es ist, und bleibt in seiner Identität für immer:
Natur ist ewig. Was einem Ding — dem Naturding, nicht dem sinnlichen Ding des praktischen Lebens, dem Ding, „ so wie es sinnlich
erscheint" — in Wahrheit zukommt an realen Eigenschaften oder
25 Eigenschaftsmodifikationen, das kann objektiv gültig bestimmt und
in immer neuen Erfahrungen bestätigt oder berichtigt werden. Andererseits, ein Psychisches, ein „ Phänomen" kommt und geht, es
bewahrt kein bleibendes, identisches Sein, das als solches im naturwissenschaftlichen Sinn objektiv bestimmbar wäre, z. B. als objektiv
30 teilbar in Komponenten, im eigentlichen Sinne „ analysierbar".

Was psychisches Sein „ ist", kann uns nicht Erfahrung in demselben Sinne sagen, der von dem Physischen gilt. Das Psychische ist ja
nicht erfahren als Erscheinendes; es ist „ Erlebnis" und in der Refle-
xion erschautes Erlebnis, erscheint als selbst durch sich selbst, in | [313]
35 einem absoluten Fluß, als Jetzt und schon „ abklingend", in schau-

---

1 *Handexemplar Ergänzung am Rand* nicht desselben, also auch nicht verschiedener
Subjekte
31 *Handexemplar Ergänzung am Rand* in sich selbst ist

barer Weise stetig zurücksinkend in eine Gewesenheit. Psychisches
kann auch Wiedererinnertes und so in gewisser modifizierter Weise
Erfahrenes sein, und im „Wiedererinnerten" liegt „Wahrgenom-
men-Gewesenes"; und es kann „wiederholt" Wiedererinnertes sein,
5 in Wiedererinnerungen, die einig sind in einem Bewußtsein, das die
Wiedererinnerungen selbst wieder als Wiedererinnertes oder als
noch Festgehaltenes bewußt hat. In diesem Zusammenhang, in diesem einzigen, als Identisches solcher „Wiederholungen", kann *a
priori* Psychisches als seiend „erfahren" und identifiziert sein. Alles
10 Psychische, das so Erfahrenes ist, hat dann, wie wir ebenso mit Evidenz sagen können, Einordnung in einen umfassenden Zusammenhang, in eine „monadische" Einheit des Bewußtseins, eine Einheit,
die in sich gar nichts mit Natur, mit Raum und Zeit, Substanzialität
und Kausalität zu tun, sondern ihre ganz einzigen „Formen" hat. Es
15 ist ein zweiseitig unbegrenzter Fluß von Phänomenen, mit einer
durchgehenden intentionalen Linie, die gleichsam der Index der all-
durchdringenden Einheit ist, nämlich der Linie der anfangs- und
endlosen immanenten „Zeit", einer Zeit, die keine Chronometer
messen.
20   Im immanenten Schauen dem Fluß der Phänomene nachschau-
end, kommen wir von Phänomen zu Phänomen (jedes eine Einheit
im Fluß und selbst im Fließen begriffen) und nie zu anderem als
Phänomenen. Erst wenn immanente Schauung und dingliche Erfahrung zur Synthese kommen, tritt geschautes Phänomen und erfahre-
25 nes Ding in eine Beziehung. Durch das Medium der Dingerfahrung
und solcher Beziehungserfahrung tritt zugleich Einfühlung als eine
Art mittelbaren Schauens von Psychischem auf, als Hineinschauen
in einen zweiten monadischen Zusammenhang in sich charakterisiert.
30   Wiefern ist nun in dieser Sphäre so etwas wie vernünftige Forschung, wie gültige Aussage möglich? Wiefern sind auch nur solche
Aussagen möglich, wie wir sie soeben als roheste (ganze Dimensionen verschweigende) Beschreibungen gegeben haben? Nun, selbstverständlich wird Forschung hier sinnvoll sein, wenn sie sich eben
35 rein dem Sinne der „Erfahrungen" hingibt, die sich als Erfahrungen
von „Psychischem" geben, und wenn sie das „Psychische" dabei

---

6 *Handexemplar Randbemerkung* Zeitkonstitution
25 *Handexemplar Randbemerkung* psychologische Apperzeption

genau als das nimmt und zu bestimmen sucht, als was es, dieses so
Geschaute, genommen und bestimmt zu sein gleichsam fordert.
Also wenn man vor allem nicht widersinnige Naturalisierungen zuläßt. Man muß, hieß es, die Phänomene so nehmen, wie sie sich
5 geben, d. i. als dieses fließende Bewußthaben, Meinen, Erscheinen,
das sie sind, als dieses Vordergrundbewußthaben und Hintergrund-
bewußthaben, als dieses Bewußthaben als Gegenwärtiges oder als
Vorgegenwärtiges, als Phantasiertes | oder Signitives oder Abgebilde-　[314]
tes, als Anschauliches oder Leervorstelliges usw. Dabei auch als im
10 Wechsel der oder jener Einstellungen, der oder jener attentionalen
Modi sich so oder so wendend und umgestaltend. All das führt den
Titel „ Bewußtsein von " und „ hat " eine „ Bedeutung " und
„ meint " ein „ Gegenständliches ", welch letzteres sich — heiße es
nun von irgendwelchem Standpunkt aus „ Fiktion " oder „ Wirklich-
15 keit " — beschreiben läßt als „ immanent Gegenständliches ", „ Vermeintes als solches ", und vermeint in dem oder jenem Modus des
Vermeinens.

　Daß man hier forschen, aussagen, in Evidenz aussagen kann, sich
dem Sinne dieser „ Erfahrungs"sphäre fügend, ist absolut evident.
20 Eben die Innehaltung der bezeichneten Forderung ist freilich die
Schwierigkeit. Von der Konsequenz und Reinheit der „ phänomenologischen " Einstellung hängt Einstimmigkeit oder Widersinnigkeit
der hier zu führenden Untersuchungen durchaus ab. Nicht leicht
überwinden wir die urwüchsige Gewohnheit, in naturalistischer Ein-
25 stellung zu leben und zu denken und so das Psychische naturalistisch
zu verfälschen. Es hängt ferner sehr viel an der Einsicht, daß in der
Tat eine „ rein immanente " Erforschung von Psychischem (in dem
hier benützten weitesten Wortsinn des Phänomenalen als solchen)
möglich ist, eine Forschung der Art, die soeben allgemein charakte-
30 risiert worden ist und die im Gegensatz steht zur psychophysischen
Erforschung desselben, die wir noch nicht in Erwägung gezogen
haben und die natürlich auch ihr Recht hat.

*

　Ist nun das immanent Psychische in sich selbst nicht Natur, sondern der Gegenwurf von Natur, was erforschen wir an ihm als sein
35 „ Sein "? Ist es nicht in „ objektiver " Identität bestimmbar als sub-
stanziale Einheit immer wieder zu erfassender, erfahrungswissen-

schaftlich zu bestimmender und zu bestätigender realer Eigenschaften; ist es nicht aus dem ewigen Fluß herauszuheben; und ist es
unfähig, zum Objekt einer intersubjektiven Geltung zu werden —
was können wir an ihm fassen, bestimmen, als objektive Einheit
5 fixieren? Dies aber so verstanden, daß wir in der reinen phänomenologischen Sphäre verbleiben und die Beziehungen zum dinglich
erfahrenen Leibe und zur Natur außer Rechnung lassen. Die Antwort lautet dann: Sind die Phänomene als solche keine Natur, so
haben sie ein in unmittelbarem Schauen faßbares und adäquat faß-
10 bares Wesen. Alle Aussagen, die Phänomene durch direkte Begriffe
beschreiben, tun es, soweit sie gültig sind, durch Wesensbegriffe, also
durch begriffliche Wortbedeutungen, die sich in Wesensschauung
einlösen lassen müssen.

| Es gilt, dies letzte Fundament aller psychologischen Methoden   [315]
15 richtig zu erfassen. Der Bann der naturalistischen Einstellung, in
dem wir alle zunächst stehen, der uns unfähig macht, von der Natur
abzusehen und somit auch das Psychische in der reinen statt in der
psychophysischen Einstellung zum Gegenstande der schauenden
Forschung zu machen, hat hier den Weg in eine große, beispiellos
20 folgenreiche Wissenschaft versperrt, die einerseits die Grundbedin-
gung für eine vollwissenschaftliche Psychologie und andererseits das Feld der echten Vernunftkritik ist. Der Bann des
urwüchsigen Naturalismus besteht auch darin, daß er es uns allen so
schwer macht, „Wesen", „Ideen" zu sehen oder vielmehr, da wir
25 sie ja doch sozusagen beständig sehen, sie in ihrer Eigenart gelten zu
lassen, statt sie widersinnig zu naturalisieren. Wesensschauung birgt
nicht mehr Schwierigkeiten oder „mystische" Geheimnisse als
Wahrnehmung. Wenn wir uns intuitiv zu voller Klarheit, zu voller
Gegebenheit bringen „Farbe", so ist das Gegebene ein „Wesen",
30 und wenn wir uns ebenso in reiner Schauung, etwa von Wahrnehmung zu Wahrnehmung blickend, zur Gegebenheit bringen, was
„Wahrnehmung", Wahrnehmung an sich selbst — dieses Identische
beliebiger fließender Wahrnehmungssingularitäten — ist, so haben
wir das Wesen Wahrnehmung schauend gefaßt. Soweit Intuition,
35 anschauliches Bewußthaben reicht, soweit reicht die Möglichkeit
entsprechender „Ideation" (wie ich in den *Logischen Untersuchun-*
gen zu sagen pflegte) oder der „Wesensschauung". Soweit die Intui-

---

31 *Handexemplar Randbemerkung* Wahrn⟨ehmung⟩ = Wahrnehmen

tion eine reine ist, die keine transienten Mitmeinungen befaßt,
soweit ist das erschaute Wesen ein adäquat Erschautes, ein absolut
Gegebenes. Also umspannt der Herrschaftsbereich der reinen Intuition auch die gesamte Sphäre, die sich der Psychologe als die der
5 „psychischen Phänomene" zueignet, wofern er sie nur rein für sich,
in reiner Immanenz nimmt. Daß die im Wesensschauen gefaßten
„Wesen" sich in festen Begriffen, in sehr weitem Umfange mindestens, fixieren lassen und damit Möglichkeiten für feste und in ihrer
Art objektiv und absolut gültige Aussagen abgeben, ist für jeden
10 Vorurteilslosen selbstverständlich. Die niedersten Farbendifferen-
zen, die letzten Nuancen mögen der Fixierung spotten, aber „Farbe" im Unterschied von „Ton" ist ein so sicherer Unterschied, wie
es in aller Welt nichts noch Sichereres gibt. Und solche absolut
unterscheidbare bzw. fixierbare Wesen sind nicht nur die der sinnli-
15 chen „Inhalte" und Erscheinungen („Sehdinge", Phantome u. dgl.),
sondern nicht minder die von allem Psychischen im prägnanten Sinne, von allen Ich-„Akten" und Ich-Zuständen, die bekannten Titeln
entsprechen wie z. B. Wahrnehmung, Phantasie, Erinnerung, Urteil,
Gefühl, Wille mit all ihren unzähligen Sondergestaltungen. Ausge-
20 schlossen blei|ben dabei die letzten „Nuancen", die dem Unbe- [316]
stimmbaren des „Flusses" angehören, während zugleich wieder die
beschreibbare Typik des Fließens ihre „Ideen" hat, die, schauend
gefaßt und fixiert, absolute Erkenntnis ermöglichen. Jeder psychologische Titel, wie Wahrnehmung oder Wille, ist Titel für eine höchst-
25 umfassende Domäne von „Bewußtseinsanalysen", d. i. von We-
sensforschungen. Es handelt sich hier um ein Gebiet von einer Weite, das in dieser Hinsicht nur mit der Naturwissenschaft verglichen
werden kann — so sonderbar dies klingen mag.
  Es ist nun aber die Erkenntnis von entscheidender Bedeutung, daß
30 Wesensschauung nichts weniger als „Erfahrung" im Sinne von
Wahrnehmung, Erinnerung oder gleichstehenden Akten ist und ferner nichts weniger als eine empirische Verallgemeinerung, die in
ihrem Sinn individuelles Dasein von Erfahrungseinzelheiten existen-
zial mitsetzt. Die Schauung erfaßt das Wesen als Wesenssein und
35 setzt in keiner Weise Dasein. Demgemäß ist Wesenserkenntnis keine *matter-of-fact*-Erkenntnis, nicht den leisesten Behauptungsgehalt
in betreff eines individuellen (etwa natürlichen) Daseins befassend.
Die Unterlage oder besser der Ausgangsakt einer Wesensschauung,
z. B. des Wesens von Wahrnehmung, von Erinnerung, von Urteil

etc., kann eine Wahrnehmung von einer Wahrnehmung, von einer
Erinnerung, von einem Urteil etc. sein, es kann aber auch eine bloße, nur „klare" Phantasie sein, die ja als solche keine Erfahrung ist,
kein Dasein erfaßt. Die Wesenserfassung ist dadurch gar nicht
5 berührt, sie ist schauende als Wesensfassung, und das ist eben ein
andersartiges Schauen als das Erfahren. Natürlich können Wesen
auch vage vorgestellt, etwa signifitiv vorgestellt, und fälschlich gesetzt werden — es sind dann bloß vermeinte Wesen, mit Widerstreit
behaftet, wie der Übergang zur Erschauung ihrer Unvereinbarkeit
10 lehrt; die vage Setzung kann aber auch als gültig bestätigt werden
durch Rückgang zur Intuition der Wesensgegebenheit.

Jedes Urteil, das zu adäquatem Ausdruck bringt, in festen adäquat
gebildeten Begriffen, was in Wesen liegt, wie Wesen gewisser Gattung oder Besonderung mit gewissen anderen zusammenhängen, wie
15 z. B. „Anschauung" und „leere Meinung", wie „Phantasie" und
„Wahrnehmung", wie „Begriff" und „Anschauung" usw. sich miteinander vereinen, auf Grund der und der Wesenskomponenten notwendig „vereinbar" sind, etwa zueinander als „Intention" und
„Erfüllung" passen, oder umgekehrt unvereinbar sind, ein „Be-
20 wußtsein der Enttäuschung" fundieren usw.: Jedes solche Urteil ist
eine absolute, generell gültige Erkenntnis und als Wesensurteil von
einer Art, die durch Erfahrung begründen, bestätigen oder widerlegen zu wollen ein Widersinn wäre. Es fixiert eine „ *relation of ideas* ",
ein Apriori in dem | echten Sinne, den Hume zwar vorschweben [317]
25 hatte, aber durch seine positivistische Vermengung von Wesen und
„ *idea* " — als Gegensatz zu „ *impression* " — verfehlen mußte.
Gleichwohl wagt selbst sein Skeptizismus nicht, hier konsequent zu
sein und an solcher Erkenntnis — soweit er sie sieht — zu rütteln.
Hätte ihn sein Sensualismus nicht für die ganze Sphäre der Intentio-
30 nalität des „Bewußtseins von" blind gemacht, hätte er sie in Wesensforschung genommen, dann wäre er nicht der große Skeptiker,
sondern der Begründer einer wahrhaft „positiven" Theorie der Vernunft geworden. All die Probleme, die ihn im *Treatise* so leidenschaftlich bewegen und von Verwirrung zu Verwirrung treiben, Pro-
35 bleme, die er in seiner Einstellung gar nicht angemessen und reinlich
formulieren kann, liegen durchaus in dem Herrschaftsbereich der
Phänomenologie. Sie sind durch Verfolgung der Wesenszusammen-

---

36 *Handexemplar Randbemerkung* also auch die Probleme der Genesis

hänge der Bewußtseinsgestaltungen sowie der ihnen korrelativ und wesentlich zugehörigen Gemeintheiten restlos zu lösen, in einem generell schauenden Verständnis, das keine sinnvolle Frage mehr offenläßt. So die gewaltigen Probleme der Identität des Gegenstan-
5 des gegenüber der Mannigfaltigkeit der Impressionen bzw. Perzeptionen von ihm. In der Tat: Wie mannigfaltige Wahrnehmungen bzw. Erscheinungen dazu kommen, einen und denselben Gegenstand „zur Erscheinung zu bringen", so daß er für sie selbst und für das sie verbindende Einheits- oder Identitätsbewußtsein „dersel-
10 be" sein kann, das ist eine Frage, die nur durch phänomenologische Wesensforschung klargestellt und beantwortet werden kann (auf die unsere Weise der Formulierung freilich schon vordeutet). Diese Frage empirisch naturwissenschaftlich beantworten zu wollen heißt, sie nicht verstehen und in eine widersinnige mißdeuten. Daß eine
15 Wahrnehmung, wie überhaupt eine Erfahrung, Wahrnehmung gerade von diesem, gerade so orientierten, gerade so gefärbten, geformten etc. Gegenstand ist, das ist eine Sache ihres Wesens, mag es mit der „Existenz" des Gegenstandes stehen wie immer. Daß diese Wahrnehmung sich in eine Wahrnehmungskontinuität, aber nicht in
20 eine beliebige schickt, in der stetig „derselbe Gegenstand sich in stetig anderer Orientierung usw. darstellt", das ist wieder rein Sache der Wesen. Kurz, hier liegen die großen, literarisch noch ganz unbebauten Felder der „Bewußtseinsanalyse", wobei der Titel Bewußtsein, so wie oben der Titel Psychisches, mag er ernstlich passen oder
25 nicht, so weit gespannt werden müßte, daß er alles Immanente, also auch alles Bewußtseins-Gemeinte als solches und in jedem Sinne, zu bezeichnen hätte. Die in Jahrhunderten so viel beredeten Ursprungsprobleme sind, von ihrem falschen, sie widersinnig verkehrenden Na|turalismus befreit, phänomenologische Probleme. So die [318]
30 Probleme vom Ursprung der „Raumvorstellung", der Zeit-, Ding-, Zahlvorstellung, der „Vorstellungen" von Ursache und Wirkung usw. Erst wenn diese reinen Probleme sinnvoll bestimmt, formuliert und gelöst sind, erhalten die empirischen Probleme der Entstehung solcher Vorstellungen als Vorkommnisse menschlichen Bewußtseins
35 einen wissenschaftlich faßbaren und für die Lösung anfaßbaren Sinn.

---

2 *Handexemplar Ergänzung am Rand* Noemata
30 *Handexemplar Ergänzung am Rand* also Genesis

Aber alles kommt darauf an, daß man sieht und es sich ganz zu eigen macht, daß man genau so unmittelbar wie einen Ton hören, so ein „Wesen", das Wesen „Ton", das Wesen „Dingerscheinung", das Wesen „Sehding", das Wesen „Bildvorstellung", das Wesen
5 „Urteil" oder „Wille" usw., schauen und im Schauen Wesensurteile fällen kann. Andererseits aber, daß man sich hütet vor der Humeschen Vermengung und demgemäß nicht phänomenologische Schauung mit „Selbstbeobachtung", mit innerer Erfahrung, kurzum mit Akten verwechselt, die statt Wesen vielmehr diesen entsprechende
10 individuelle Einzelheiten setzen.*

Reine Phänomenologie als Wissenschaft kann, solange sie rein ist und von der existenzialen Setzung der Natur keinen Gebrauch macht, n u r Wesensforschung und gar nicht Daseinsforschung sein, jede „Selbstbeobachtung" und jedes Urteil auf Grund solcher „Er-
15 fahrung" fällt außerhalb ihres Rahmens. Das einzelne in seiner Immanenz kann nur als „dies da!" — diese dahinfließende Wahrnehmung, Erinnerung u. dgl. — gesetzt und allenfalls unter die der Wesensanalyse verdankten strengen Wesensbegriffe gebracht werden. Denn das Individuum i s t zwar nicht Wesen, aber es „h a t" ein
20 Wesen, das von ihm evidentgültig aussagbar ist. Es aber als Individuum fixieren, ihm Stellung in einer „Welt" individuellen Daseins geben, das kann solche bloße Subsumption offenbar nicht leisten. Für sie ist das Singuläre ewig das ἄπειρον. Objektiv gültig kann sie nur Wesen und Wesensbeziehungen erkennen und damit alles lei-
25 sten und endgültig leisten, was zum aufklärenden Verständnis aller empirischen Erkenntnis und aller Erkenntnis überhaupt nötig ist:

---

* Immer wieder sind die *Logischen Untersuchungen,* die in ihren Bruchstücken einer systematischen Phänomenologie zum ersten Male Wesensanalyse in dem hier charakterisierten Sinne üben, als Versuche einer Rehabilitation der Methode der Selbstbeobachtung mißverstanden worden. Freilich ist daran die mangelhafte Kennzeichnung der Methode in der „Einleitung" zur 1. Untersuchung des II. Bandes, die Bezeichnung der Phänomenologie als deskriptive Psychologie mit schuld. Die nötigen Klarstellungen bringt schon mein dritter „Bericht über deutsche Schriften zur Logik in den Jahren 1895-99" im IX. Bande des *Archivs für systematische Philosophie,* 1903, S. 397-400 ⟨= *Husserliana,* Bd. XXII, S. 201 ff.⟩.

---

2 *Handexemplar Randbemerkung* Das „unmittelbar" bedarf einer Interpretation.
12 *Handexemplar* zumal *Einfügung nach* und
Randbemerkung undeutlich
15 *Randbemerkung* Gegensatz von phänomenologisch rein — Gegensatz von Wesen
21 *Handexemplar* objektiv = intersubjektiv *Einfügung nach* Individuum

die Aufklärung des „Ursprunges" aller formal-logisch und natur-
logisch und sonst irgend leitenden „Prinzipien" und aller damit
innig zusammenhängen|den Probleme der Korrelation von „Sein" [319]
(Natursein, Wertsein etc.) und „Bewußtsein".*

*

5   Gehen wir nun zur psychophysischen Einstellung über. In ihr
erhält das „Psychische" mit dem gesamten ihm eigenen Wesen
Zuordnung zu einem Leibe und zur Einheit der physischen Natur:
Das in immanenter Wahrnehmung Gefaßte und als wesensmäßig so
geartet Aufgefaßte tritt in Beziehung zu dem sinnlich Wahrgenom-
10   menen und damit zur Natur. Erst durch diese Zuordnung gewinnt es
eine indirekte naturhafte Objektivität, mittelbar eine Stellung im
Raume und in der Zeit der Natur, in derjenigen, die wir durch
Uhren messen. In einigem nicht näher bestimmten Umfang gibt die
erfahrungsmäßige „Abhängigkeit" vom Physischen ein Mittel, das
15   Psychische als individuelles Sein intersubjektiv zu bestimmen und
zugleich in fortschreitendem Maße die psychophysischen Beziehungen zu durchforschen. Das ist die Domäne der „Psychologie als
Naturwissenschaft", die dem wörtlichen Sinne nach psychophysische Psychologie und dabei natürlich, im Gegensatz zur Phänome-
20   nologie, empirische Wissenschaft ist.
    Es ist freilich nicht unbedenklich, die Psychologie, die Wissen-
schaft vom „Psychischen", nur als solche von den „psychischen
Phänomenen" und deren Verknüpfungen mit dem Leibe anzusehen.
De facto ist sie doch überall geleitet von jenen urwüchsigen und
25   unvermeidlichen Objektivierungen, deren Korrelate die empirischen
Einheiten Mensch und Tier, andererseits Seele, Persönlichkeit bzw.

---

* Die Bestimmtheit, mit der ich mich in einer Zeitumgebung ausdrücke, für welche die
Phänomenologie allenfalls ein Titel für Spezialitäten ist, für ganz nützliche Kleinarbeit in der
Sphäre der Selbstbeobachtung, anstatt der systematischen Fundamentalwissenschaft der Philosophie, der Eingangspforte in die echte Metaphysik der Natur, des Geistes, der Ideen, hat hier
überall ihren Hintergrund in vieljährigen und unablässigen Untersuchungen, auf deren fortschreitenden Ergebnissen meine Göttinger philosophischen Vorlesungen seit dem Jahre 1901
aufgebaut sind. Bei der innigen funktionellen Verflochtenheit aller phänomenologischen
Schichten, und somit auch der auf sie bezogenen Forschungen, und bei der außerordentlichen
Schwierigkeit, die die Ausbildung der reinen Methodik selbst mit sich führte, habe ich es nicht
für ersprießlich gehalten, vereinzelte und noch mit Fraglichkeiten behaftete Ergebnisse zu veröffentlichen. Ich hoffe die inzwischen allseitig gefestigten und zu umfassenden systematischen
Einheiten gediehenen Forschungen zur Phänomenologie und phänomenologischen Kritik der
Vernunft in nicht zu ferner Zeit der weiteren Öffentlichkeit vorlegen zu können.

Charakter, Disposition der Persönlichkeit sind. Indessen, für unsere
Zwecke ist es nicht nötig, der Wesensanalyse dieser Einheitsbildun-
gen nachzugehen und dem Problem, wie sie von sich aus die Aufgabe der Psychologie bestimmen. So viel wird nämlich alsbald klar,
5 daß diese Einheiten von prinzipiell anderer Artung sind als die
Dinglichkeiten der Natur, die ja ihrem Wesen nach Gegebenheiten
durch abschat|tende Erscheinungen sind, während dies von den frag-   [320]
lichen Einheiten in keiner Weise gilt. Nur die fundierende Unterlage
„ Menschenleib", nicht aber der Mensch selbst, ist eine Einheit
10 dinglicher Erscheinung, und erst recht nicht Persönlichkeit, Charakter usw. Offenbar werden wir mit all solchen Einheiten zurückgewie-
sen auf die immanente Lebenseinheit des jeweiligen Bewußtseins-
flusses und auf morphologische Eigentümlichkeiten, die verschiedene solche immanente Einheiten unterscheiden. Demgemäß sieht sich
15 auch alle psychologische Erkenntnis, selbst wo sie primär auf
menschliche Individualitäten, Charaktere, Dispositionen bezogen
ist, zurückverwiesen auf jene Einheiten des Bewußtseins und somit
auf das Studium der Phänomene selbst und ihrer Verflechtungen.
20   Man braucht nun, insbesondere nach all den gegebenen Ausführungen, keiner Umstände mehr, um klar und aus tiefsten Gründen
einzusehen, was oben schon dargelegt worden ist: daß alle im
gewöhnlichen Sinne psychologische Erkenntnis Wesenserkenntnis des Psychischen voraussetzt und daß die Hoffnung, durch
25 psychophysische Experimente und durch jene unabsichtlichen inneren Wahrnehmungen bzw. Erfahrungen das Wesen der Erinnerung,
des Urteils, des Willens u. dgl. erforschen zu wollen, um dadurch
die strengen Begriffe zu gewinnen, die der Bezeichnung des Psychischen in den psychophysischen Aussagen, und ihnen selbst, allein
30 wissenschaftlichen Wert geben können — der Gipfel der Verkehrt-
heit wäre.
    Der Grundfehler der modernen Psychologie, der sie hindert, Psy-
chologie im wahren, voll-wissenschaftlichen Sinn zu sein, ist, daß sie
diese phänomenologische Methode nicht erkannt und ausgebildet
35 hat. Sie ließ sich durch historische Vorurteile davon abhalten, die in

---

23 *Handexemplar Randbemerkung* ⟨vgl. S.⟩ 314. Psychologische Erkenntnis im gewöhnlichen Sinn setzt Wesenserkenntnis des Psychischen im Sinn des „ phänomenalen "
Immanenten voraus.

aller klärenden Begriffsanalyse gelegenen Ansätze zu solcher Methode zu nützen. Damit hängt es zusammen, daß die meisten Psychologen die schon vorliegenden Anfänge der Phänomenologie nicht
verstanden, ja öfters sogar die in rein intuitiver Einstellung vollzo-
5 gene Wesensforschung für — metaphysisch-scholastische Substrak-
tion gehalten haben. In der schauenden Haltung Erfaßtes und Be-
schriebenes kann aber nur in schauender Haltung verstanden und
nachgeprüft werden.

Es ist nach all dem Ausgeführten klar und wird, wie ich Grund
10 genug habe zu hoffen, bald allgemeiner anerkannt sein, daß eine
wirklich zureichende empirische Wissenschaft vom Psychischen in
seinen Naturbezügen erst dann im Werke sein kann, wenn die Psychologie sich auf eine systematische Phänomenologie baut; wenn
also die Wesensgestaltungen des Bewußtseins und seiner imma|nen- [321]
15 ten Korrelate, im systematischen Zusammenhange rein schauend
erforscht und fixiert, die Normen abgeben für den wissenschaftlichen
Sinn und Gehalt der Begriffe von jederlei Phänomenen, also der
Begriffe, mit denen der empirische Psychologe das Psychische selbst
in seinen psychophysischen Urteilen ausdrückt. Nur eine wirklich
20 radikale und systematische Phänomenologie, nicht nebenher und in
vereinzelten Reflexionen betrieben, sondern in ausschließlicher Hingabe an die höchst vielfältigen und verwickelten Probleme des Bewußtseins, und betrieben mit einem völlig freien, durch keine naturalistischen Vorurteile geblendeten Geiste, kann uns Verständnis
25 von „Psychischem“ — in der Sphäre des individuellen wie des
Gemeinschaftsbewußtseins — geben. Dann erst wird die gewaltige
experimentelle Arbeit unserer Zeit, die Fülle gesammelter empirischer Tatsachen und z. T. sehr interessanter Regelmäßigkeiten durch
auswertende Kritik und psychologische Interpretation ihre rechten
30 Früchte tragen. Dann wird man auch wieder zugestehen können,
was man für die heutige Psychologie in keiner Weise zugestehen
kann: daß Psychologie zu Philosophie in naher, ja nächster Beziehung stehe. Dann wird auch das Paradoxon des Antipsychologis-
mus, daß eine Theorie der Erkenntnis keine psychologische Theorie
35 sei, allen Anstoß verlieren, sofern jede wirkliche Erkenntnistheorie
notwendig auf Phänomenologie beruhen muß, die so das gemeinsame Fundament jeder Philosophie und Psychologie ausmacht. Und

---

25 *Handexemplar Randbemerkung* also auch des Gemeinschaftsbewußtseins

endlich wird dann auch jene Art philosophischer Scheinliteratur
nicht mehr möglich sein, die heutzutage so üppig wuchert und die
uns mit der Prätention auf ernsteste Wissenschaftlichkeit ihre Erkenntnistheorien, logischen Theorien, Ethiken, Naturphilosophien,
5 Pädagogiken auf naturwissenschaftlicher und vor allem „experimen-
tell-psychologischer Grundlage" darbietet.* In der Tat kann man
angesichts dieser Literatur nur staunen über den Verfall des Sinnes
für die abgrundtiefen Probleme und Schwierigkeiten, denen die
größten Geister der Menschheit ihre Lebensarbeit gewidmet haben,
10 und leider auch über den Verfall des Sinnes für echte Gründlichkeit,
die uns doch innerhalb der experimentellen Psychologie selbst —
trotz der prinzipiellen Mängel, die ihr nach unserer Auffassung
anhaften — so viel Achtung abnötigt. | Ich bin fest überzeugt, daß [322]
das historische Urteil über diese Literatur dereinst sehr viel härter
15 ausfallen wird als über die so viel getadelte Popularphilosophie des
18. Jahrhunderts.**

Wir verlassen nun das Streitfeld des psychologischen Naturalismus. Vielleicht dürfen wir sagen, daß der seit Lockes Zeiten vordrin-

---

* Nicht zum mindesten dankt sie Förderung dem Umstande, daß die Meinung, Psychologie
— und selbstverständlich „exakte" Psychologie — sei das Fundament der wissenschaftlichen
Philosophie, wenigstens in den naturwissenschaftlichen Gruppen der philosophischen Fakultäten zum festen Axiom geworden ist und diese nun, dem Drucke der Naturwissenschaftler
nachgebend, sehr eifrig dabei sind, eine philosophische Professur nach der andern Forschern zu
übertragen, die in ihrem Gebiete vielleicht sehr hervorragend sind, mit der Philosophie aber
nicht mehr innere Fühlung haben als etwa die Chemiker oder Physiker.
** Zufällig kommt mir, während ich diesen Aufsatz niederschreibe, das vortreffliche Referat
„Über das Wesen und die Bedeutung der Einfühlung" von Dr. M. Geiger - München im
Bericht über den IV. Kongreß für experimentelle Psychologie in Innsbruck, Leipzig 1911, zur
Hand. In sehr lehrreicher Weise bemüht sich der Verfasser, die echten psychologischen Probleme, die in den bisherigen Versuchen um eine Deskription und Theorie der Einfühlung teils
klar zutage getreten sind, teils sich unklar ineinander mengten, zu scheiden, und bespricht das,
was in Hinsicht auf ihre Lösung versucht und geleistet worden ist. Das wurde ihm von der
Versammlung, wie aus dem Bericht über die Diskussion (a.a.O. S. 66) zu ersehen, übel
gedankt. Unter lautem Beifall sagt Fräulein Martin: „Als ich hierherkam, habe ich erwartet,
etwas zu hören über die Experimente in dem Gebiet der Einfühlung. Aber was habe ich
eigentlich gehört — lauter alte, uralte Theorien. Nichts von Experimenten auf diesem Gebiet.
Das ist keine philosophische Gesellschaft. Es schien mir, daß die Zeit gekommen ist,
daß derjenige, welcher solche Theorien hierherbringen will, zeigen sollte, ob sie durch Experimente bestätigt sind. In dem Gebiet der Ästhetik sind solche Experimente gemacht, z. B. die
Experimente von Stratton über die ästhetische Bedeutung der Augenbewegungen, auch meine
Untersuchungen über diese Theorie von der inneren Wahrnehmung." Ferner: Marbe „sieht
die Bedeutung der Lehre von der Einfühlung in der Anregung zu experimentellen Untersuchungen, wie solche übrigens in diesem Gebiet auch schon angestellt wurden. Die Methode der
Vertreter der Lehre von der Einfühlung verhält sich zur experimentell-psychologischen vielfach
wie die Methode der Vorsokratiker zu der der modernen Naturwissenschaft". Ich habe zu
diesen Tatsachen nichts weiter zu sagen.

gende Psychologismus eigentlich nur eine getrübte Form war, in der sich die allein rechtmäßige philosophische Tendenz auf eine phäno-menologische Begründung der Philosophie durcharbeiten mußte. Zudem, sofern phänomenologische Forschung Wesensforschung,
5 also im echten Sinne apriorische ist, trägt sie zugleich allen berech-tigten Motiven des Apriorismus volle Rechnung. Jedenfalls dürfte unsere Kritik deutlich gemacht haben, daß den Naturalismus als eine prinzipiell verfehlte Philosophie erkennen noch nicht heißt, die Idee einer streng wissenschaftlichen Philosophie, einer ,,Philosophie
10 von unten", preisgeben. Die kritische Scheidung der psychologi-schen und phänomenologischen Methode weist in der letzteren den wahren Weg zu einer wissenschaftlichen Theorie der Vernunft und desgleichen zu einer ausreichenden Psychologie.

Unserem Plane gemäß gehen wir nun zur Kritik des Historizismus
15 und zur Erörterung der Weltanschauungsphilosophie über.

HISTORIZISMUS UND WELTANSCHAUUNGSPHILOSOPHIE   [323]

Der Historizismus nimmt seine Position in der Tatsachensphäre des empirischen Geisteslebens, und indem er es absolut setzt, ohne es gerade zu naturalisieren (zumal der spezifische Sinn von Natur
20 dem historischen Denken fernliegt und es jedenfalls nicht allgemein bestimmend beeinflußt), erwächst ein Relativismus, der seine nahe Verwandtschaft mit dem naturalistischen Psychologismus hat und der in analoge skeptische Schwierigkeiten verwickelt. Uns interes-siert hier nur das Eigentümliche der historizistischen Skepsis, mit
25 dem wir uns eingehender vertraut machen wollen.

Alle Geistesgestaltung — das Wort in einem möglichst weiten Sin-ne gedacht, der jede Art gesellschaftlicher Einheit, zuunterst die des Individuums selbst, aber auch jedwede Kulturgestaltung befassen mag — hat ihre innere Struktur, ihre Typik, ihren wunderbaren
30 Reichtum äußerer und innerer Formen, die im Strom des Geistesle-bens selbst erwachsen, sich wieder umwandeln und in der Art der Umwandlung selbst wieder strukturelle und typische Unterschiede hervortreten lassen. In der anschaulichen Außenwelt bieten uns Struktur und Typik des organischen Werdens genaue Analoga. Es
35 gibt da keine festen Spezies und keinen Bau derselben aus festen organischen Elementen. Alles scheinbar Feste ist ein Strom der Ent-

wicklung. Leben wir uns durch innerliche Intuition ein in die Einheit
des Geisteslebens, so können wir die in ihm waltenden Motivationen nachfühlen und damit auch Wesen und Entwicklung der jeweiligen Geistesgestalt in ihrer Abhängigkeit von den geistigen Einheits-
5 und Entwicklungsmotiven „ verstehen ". In dieser Art wird uns alles
Historische „ verständlich ", „ erklärlich ", in seiner Eigenart des
„ Seins ", das eben „ geistiges Sein ", Einheit innerlich sich fordern-
der Momente eines Sinnes ist und dabei Einheit des sich sinngemäß
nach innerer Motivation Gestaltens und Entwickelns. In dieser Art
10 kann also auch intuitiv erforscht werden die Kunst, die Religion, die
Sitte u. dgl. Ebenso die ihnen nahestehende und in ihnen zugleich
mit zum Ausdruck kommende Weltanschauung, welche, wenn sie
die Formen der Wissenschaft annimmt und in der Art der Wissenschaft Anspruch auf objektive Geltung erhebt, Metaphysik oder
15 auch Philosophie genannt zu werden pflegt. Es ergibt sich also in
Hinsicht auf solche Philosophien die große Aufgabe, die morphologische Struktur, die Typik derselben sowie ihre Entwicklungszusammenhänge zu durchforschen und durch innerstes Nachleben die ihr
Wesen bestimmenden Geistesmotivationen zu historischem Ver-
20 ständnis zu bringen. Wie Bedeutsames und in der Tat Bewunde-
rungswürdiges in dieser Hinsicht zu leisten ist, das zeigen W. Dil-
theys Schriften, insbe|sondere die jüngst erschienene Abhandlung [324]
über die Typen der Weltanschauung*.

Bisher war natürlich von Historie, nicht aber von Historizismus
25 die Rede. Wir erfassen die zu ihm hindrängenden Motive am leich-
testen, wenn wir in einigen Sätzen Diltheys Darstellung folgen. Wir
lesen: „ Unter den Gründen, welche dem Skeptizismus immer von
neuem Nahrung geben, ist einer der wirksamsten die Anarchie der
philosophischen Systeme " (3). „ Viel tiefer aber als die skeptischen
30 Schlüsse aus der Gegensätzlichkeit der menschlichen Meinungen reichen die Zweifel, welche der fortschreitenden Entwicklung des geschichtlichen Bewußtseins erwachsen sind " (4). „ Die Entwicklungslehre [als naturwissenschaftliche Evolutionslehre, verwoben mit der
entwicklungsgeschichtlichen Erkenntnis der Kulturgestaltungen] ist
35 notwendig verbunden mit der Erkenntnis der Relativität der geschichtlichen Lebensform. Vor dem Blick, der die Erde und alle
Vergangenheiten umspannt, schwindet die absolute Gültigkeit

---

* Vgl. den Sammelband *Weltanschauung. Philosophie und Religion in Darstellungen von
W. Dilthey, Bernhard Groethuysen, Georg Misch u.a.*, Berlin, Reichl & Co., 1911.

irgendeiner einzelnen Form von Lebensverfassung, Religion und
Philosophie. So zerstört die Ausbildung des geschichtlichen Bewußtseins gründlicher noch als der Überblick über den Streit der Systeme
den Glauben an die Allgemeingültigkeit irgendeiner der Philoso-
5 phien, welche den Weltzusammenhang in zwingender Weise durch
einen Zusammenhang von Begriffen auszusprechen unternommen
haben (6). "
   An der tatsächlichen Wahrheit des hierin Gesagten ist offenbar kein Zweifel. Die Frage ist aber, ob es, in prinzipieller All-
10 gemeinheit genommen, berechtigt sein kann. Gewiß, Weltanschauung und Weltanschauungsphilosophie sind Kulturgestaltungen,
die im Strom der Menschheitsentwicklung werden und verschwin-
den, wobei ihr Geistesgehalt ein unter den gegebenen historischen
Verhältnissen bestimmt motivierter ist. Dasselbe gilt aber auch von
15 den strengen Wissenschaften. Entbehren sie darum der objektiven
Gültigkeit? Ein ganz extremer Historizist wird dies vielleicht beja-
hen, er wird hier auf den Wandel der wissenschaftlichen Ansichten
hinweisen, wie das, was heute als bewiesene Theorie gilt, morgen als
nichtig erkannt wird, wie die einen von sicheren Gesetzen sprechen,
20 was die anderen bloße Hypothesen und die Dritten vage Einfälle
nennen. Usw. Hätten wir danach, angesichts dieses ständigen Wan-
dels der wissenschaftlichen Ansichten, wirklich kein Recht, von
Wissenschaften nicht nur als von Kulturgestaltungen, sondern als
von objektiven Geltungseinheiten zu sprechen? Man sieht leicht,
25 daß der Historizismus konsequent durchgeführt in den extremen
skeptischen Subjek|tivismus übergeht. Die Ideen Wahrheit, Theorie, [325]
Wissenschaft würden dann, wie alle Ideen, ihre absolute Gültigkeit
verlieren. Eine Idee habe Gültigkeit, bedeutete, sie sei ein faktisches
Geistesgebilde, das für geltend gehalten wird und in dieser Faktizität
30 des Geltens das Denken bestimmt. Gültigkeit schlechthin oder „an
sich", die ist, was sie ist, auch wenn niemand sie vollziehen mag
und keine historische Menschheit sie je vollziehen würde, das gäbe
es nicht. Dann also auch nicht für den Satz vom Widerspruch und
alle Logik, die ja ohnehin in unserer Zeit in vollem Flusse ist. Viel-
35 leicht ist das Ende, daß sich die logischen Prinzipien der Widerspruchslosigkeit in ihr Gegenteil verkehren. Und in weiterer Folge
hätten auch all die Sätze, die wir jetzt ausgesprochen, und selbst die
Möglichkeiten, die wir erwogen und als gültig bestehende in Anspruch genommen haben, an sich keine Gültigkeit. Usw. Es ist nicht

nötig, hierin weiterzugehen und Erörterungen zu wiederholen, die an
anderem Orte gegeben sind*. Es wird wohl genügen, um das Zuge-
ständnis zu gewinnen, daß — wie große Schwierigkeiten das Verhältnis zwischen fließendem Gelten und objektiver Gültigkeit, zwischen
5 Wissenschaft als Kulturerscheinung und Wissenschaft als System
gültiger Theorie dem aufklärenden Verständnis bieten mag — der
Unterschied und Gegensatz anerkannt werden müsse. Haben wir
aber Wissenschaft als gültige Idee zugestanden, welchen Grund hätten wir noch, ähnliche Unterschiede zwischen historisch Geltendem
10 und Gültigem nicht auch sonst mindestens für offen zu halten —
mögen wir sie „ vernunftkritisch “ verstehen können oder nicht?
Historie, empirische Geisteswissenschaft überhaupt, kann von sich
aus gar nichts darüber ausmachen, nicht in positivem und nicht in
negativem Sinn, ob zwischen Religion als Kulturgestaltung und Re-
15 ligion als Idee, d. i. als gültiger Religion, ob zwischen Kunst als Kulturgestaltung und gültiger Kunst, ob zwischen historischem und gültigem Recht und schließlich auch zwischen historischer und gültiger
Philosophie zu unterscheiden sei; ob oder ob nicht zwischen dem
einen und anderen, platonisch gesprochen, das Verhältnis bestehe
20 der Idee und ihrer getrübten Erscheinungsform. Und wenn Geistes-
gestaltungen in Wahrheit unter dem Gesichtspunkt solcher Gegensätze der Gültigkeit betrachtet und beurteilt werden können, so ist
die wissenschaftliche Entscheidung über die Gültigkeit selbst und
über ihre idealen normativen Prinzipien nichts weniger als Sache der
25 empirischen Wissenschaft. Der Mathematiker wird sich ja auch
nicht an die Historie wenden, um Belehrung über die Wahrheit
mathematischer Theorien zu gewinnen; es wird ihm nicht einfallen,
die historische Entwicklung der mathematischen Vorstellungen und
Urteile mit der Frage der | Wahrheit in Beziehung zu bringen. Wie [326]
30 sollte also der Historiker über die Wahrheit der gegebenen philosophischen Systeme und erst recht über die Möglichkeit einer an sich
gültigen philosophischen Wissenschaft überhaupt zu entscheiden haben? Und was hätte er je beizubringen, das den Philosophen im
Glauben an seine Idee, an die einer wahren Philosophie wankend
35 machen könnte? Wer ein bestimmtes System leugnet, nicht minder,
wer die ideale Möglichkeit eines philosophischen Systems überhaupt
leugnet, muß Gründe beibringen. Historische Tatsachen der Ent-

---

* Im I. Bande meiner *Logischen Untersuchungen.*

wicklung, auch allgemeinste der Entwicklungsart von Systemen überhaupt, mögen Gründe, gute Gründe sein. Aber historische Gründe können nur historische Folgen aus sich hergeben. Aus Tatsachen Ideen sei es begründen oder widerlegen wollen ist Widersinn
5 — *ex pumice aquam,* wie Kant zitierte.*

Die Historie kann danach wie gegen die Möglichkeit absoluter Gültigkeiten überhaupt, so im besondern gegen die Möglichkeit einer absoluten, d. i. wissenschaftlichen Metaphysik und sonstigen Philosophie nichts Relevantes vorbringen. Selbst die Behauptung,
10 daß es b i s h e r keine wissenschaftliche Philosophie gegeben habe, kann sie als Historie nimmermehr begründen, sie kann es nur aus anderen Erkenntnisquellen begründen, und das sind offenbar schon philosophische. Denn es ist klar, daß auch philosophische Kritik, sofern sie wirklich auf Gültigkeit Anspruch erheben soll, Philoso-
15 phie ist und in ihrem Sinne die ideale Möglichkeit einer systematischen Philosophie als strenger Wissenschaft impliziert. Die u n b e -d i n g t e Behauptung, jede wissenschaftliche Philosophie sei eine Chimäre, mit der Begründung, daß die angeblichen Versuche der Jahrtausende die innere Unmöglichkeit solcher Philosophie wahrschein-
20 lich machen, ist nicht nur darum verkehrt, weil ein Schluß von den paar Jahrtausenden höherer Kultur auf eine unbegrenzte Zukunft keine gute Induktion wäre, sondern verkehrt als ein absoluter Widersinn, wie $2 \times 2 = 5$. Und das aus dem angedeuteten Grunde: Entweder philosophische Kritik findet etwas vor, es objektiv gültig zu
25 widerlegen, dann ist auch ein Feld da, etwas objektiv gültig zu begründen. Sind die Probleme nachgewiesenermaßen „ schief" gestellt, so muß es | eine mögliche Zurechtstellung und gerade Proble- [327] me geben. Erweist Kritik, daß die historisch erwachsene Philosophie mit verworrenen Begriffen operiert, Begriffsmengungen, Trugschlüs-
30 se begangen habe, so liegt darin unleugbar, wenn man nicht in Sinnlosigkeiten verfallen möchte, daß sich, ideal gesprochen, die Begriffe verdeutlichen, klären, unterschieden erhalten, daß sich im gegebenen Felde richtige Schlüsse ziehen lassen usw. Jede rechte, tief dringende

---

* Dilthey lehnt a.a.O. ebenfalls den historizistischen Skeptizismus ab; ich verstehe aber nicht, wie er aus seiner so lehrreichen Analyse der Struktur und Typik der Weltanschauungen entscheidende Gründe g e g e n den Skeptizismus gewonnen zu haben glaubt. Denn, wie im Text ausgeführt, weder gegen noch für irgendetwas, das auf objektive Gültigkeit Anspruch erhebt, kann eine doch empirische Geisteswissenschaft argumentieren. Die Sache wird anders, und das scheint innerlich sein Denken zu bewegen, wenn die empirische Einstellung, die auf empirisches Verstehen geht, mit der phänomenologischen Wesenseinstellung vertauscht wird.

Kritik gibt selbst schon Mittel des Fortschrittes, weist *idealiter* auf
rechte Ziele und Wege hin und somit auf eine objektiv gültige Wissenschaft. Es wäre zu alldem natürlich auch zu sagen, daß die historische Unhaltbarkeit einer Geistesgestaltung als Tatsache gar nichts
5 zu tun hat mit der Unhaltbarkeit im Sinne der Gültigkeit; was, wie
alles bisher Ausgeführte, für jederlei Sphären prätendierter Gültigkeit
seine Anwendung findet.

Was den Historizisten noch irreführen mag, ist der Umstand, daß
wir durch Einleben in eine historisch rekonstruierte Geistesgestal-
10 tung, in das in ihr waltende Meinen bzw. Bedeuten sowie in die
zugehörigen Zusammenhänge der Motivation, nicht nur ihren inneren Sinn verstehen, sondern auch ihren relativen Wert beurteilen
können. Versetzen wir uns etwa assumptiv in die Prämissen hinein,
über welche ein historischer Philosoph zu verfügen hatte, so können
15 wir evtl. die relative „Konsequenz" seiner Philosophie anerkennen,
ja bewundern, in anderer Hinsicht die Inkonsequenzen mit Pro-
blemverschiebungen und Verwechslungen entschuldigen, die bei der
damaligen Stufe der Problematik und Bedeutungsanalyse unvermeidlich gewesen seien. Wir können die gelungene Lösung eines
20 wissenschaftlichen Problems als eine große Leistung einschätzen,
das heute einer Problemklasse angehört, die ein Gymnasiast leicht
bewältigen würde. Und Analoges gilt in allen Gebieten. Demgegenüber bleiben wir selbstverständlich dabei, daß die Prinzipien auch
solcher relativen Wertungen in den idealen Sphären liegen, die der
25 wertende Historiker, der nicht bloße Entwicklungen verstehen will,
nur voraussetzen, nicht aber — als Historiker — begründen kann.
Die Norm des Mathematischen liegt in der Mathematik, die des
Logischen in der Logik, die des Ethischen in der Ethik usw. In diesen Disziplinen hätte er Gründe und Begründungsmethoden zu su-
30 chen, wenn er eben wissenschaftlich auch in der Wertung verfahren
wollte. Gibt es in dieser Hinsicht keine streng entwickelten Wissenschaften, nun dann wertet er auf eigene Verantwortung, etwa als
ethischer oder religiösgläubiger Mensch und jedenfalls nicht als wissenschaftlicher Historiker.

35   Wenn ich danach den Historizismus als eine erkenntnistheoretische Verirrung ansehe, die vermöge ihrer widersinnigen Konsequenzen genau so schroff abgelehnt werden müsse wie der Naturalismus,
so | möchte ich doch ausdrücklich betonen, daß ich den ungeheuren [328]
Wert der Geschichte im weitesten Sinne für den Philosophen voll

anerkenne. Für ihn ist die Entdeckung des Gemeingeistes ebenso bedeutsam wie die Entdeckung der Natur. Ja dem Philosophen bietet die Vertiefung in das allgemeine Geistesleben ein ursprünglicheres und darum fundamentaleres Forschungsmaterial als diejenige in
5 die Natur. Denn das Reich der Phänomenologie, als einer Wesenslehre, erstreckt sich vom individuellen Geiste alsbald über das ganze Feld des allgemeinen Geistes, und wenn Dilthey in so eindrucksvoller Weise zur Geltung gebracht hat, daß die psychophysische Psychologie nicht diejenige sei, welche als „Grundlage der Geisteswis-
10 senschaften" dienen könne, so würde ich sagen, daß es einzig und allein die phänomenologische Wesenslehre ist, welche eine Philosophie des Geistes zu begründen vermag.

*

Wir gehen jetzt dazu über, den Sinn und das Recht der Weltanschauungsphilosophie zu erwägen, um sie nachher der Philosophie
15 als strenger Wissenschaft gegenüberzustellen. Die Weltanschauungsphilosophie der Neuzeit ist, wie schon angedeutet worden, ein Kind des historizistischen Skeptizismus. Normalerweise macht dieser halt vor den positiven Wissenschaften, denen er, inkonsequent wie er nach Art jedes Skeptizismus ist, wirklichen Geltungswert beimißt.
20 Die Weltanschauungsphilosophie setzt demgemäß die sämtlichen Einzelwissenschaften als Schatzkammern objektiver Wahrheit voraus, und sofern sie nun ihr Ziel darin findet, unserem Bedürfnis nach abschließender und vereinheitlichender, allbegreifender und allverstehender Erkenntnis nach Möglichkeit Genüge zu tun, sieht sie alle
25 Einzelwissenschaften als ihre Fundamente an. Sie nennt sich mit Rücksicht darauf mitunter selbst wissenschaftliche, eben auf festen Wissenschaften bauende Philosophie. Indessen, da recht verstanden zur Wissenschaftlichkeit einer Disziplin nicht nur gehört die Wissenschaftlichkeit der Grundlagen, sondern auch Wissenschaftlichkeit
30 der zielgebenden Probleme, Wissenschaftlichkeit der Methoden und insbesondere auch eine gewisse logische Harmonie zwischen den Leitproblemen auf der einen Seite und gerade solchen Grundlagen und Methoden auf der anderen, so hat die Bezeichnung wissen-

---

16 *Handexemplar Randbemerkung* Vgl. Lotzes Bestimmung der Aufgabe der Philosophie, Logikdiktate ⟨= R.H. Lotze, *Logik und Enzyklopädie der Philosophie*, 1883, S.⟩ 85: im wesentlichen Weltanschauungsphilosophie.

schaftliche Philosophie noch wenig zu besagen. Und in der Tat wird
sie allgemein nicht im vollen Ernst verstanden. Die meisten Weltanschauungsphilosophen fühlen sehr wohl, daß es bei ihrer Philosophie
mit dem Anspruch auf wissenschaftliche Strenge nicht sehr gut
5 bestellt sei, und manche von ihnen gestehen offen und ehrlich zum
mindesten den niederen wissenschaftlichen Rang ihrer Resultate zu.
Trotzdem schätzen sie den Wert solcher Art Philosophie, die | eben   [329]
mehr Weltanschauung als Weltwissenschaft sein will, sehr hoch ein,
und um so höher, je skeptischer sie, eben unter dem Einfluß des
10 Historizismus, dem Absehen auf strenge philosophische Weltwissenschaft gegenüberstehen. Ihre Motive, die zugleich den Sinn der Weltanschauungsphilosophie näher bestimmen, sind etwa folgende.

Jede große Philosophie ist nicht nur eine historische Tatsache,
sondern sie hat auch in der Entwicklung des Geisteslebens der
15 Menschheit eine große, ja einzigartige teleologische Funktion, nämlich als höchste Steigerung der Lebenserfahrung, der Bildung, der
Weisheit ihrer Zeit. Verweilen wir einen Augenblick bei der Klärung
dieser Begriffe.

Erfahrung als persönlicher Habitus ist der Niederschlag der im
20 Ablauf des Lebens vorangegangenen Akte natürlicher erfahrender
Stellungnahme. Er ist durch die Art wesentlich bedingt, wie die Persönlichkeit sich, als diese besondere Individualität, durch Akte eigenen Erfahrens motivieren, und nicht minder, wie sie fremde und
überkommene Erfahrungen in der Weise eigener Zustimmung oder
25 Ablehnung auf sich wirken läßt. Was die Erkenntnisakte anlangt, die
der Titel Erfahrung befaßt, so können es Erkenntnisse von natürli-
chem Dasein jeder Art sein, entweder schlichte Wahrnehmungen
und sonstige Akte unmittelbar anschaulicher Erkenntnis oder die
darauf gegründeten Denkakte in verschiedenen Stufen logischer Ver-
30 arbeitung und Berechtigung. Aber das reicht nicht hin. Erfahrungen
haben wir auch von Kunstwerken und von sonstigen Schönheitswer-
ten; nicht minder von ethischen Werten, sei es auf Grund unseres
eigenen ethischen Verhaltens oder der Hineinschauung in dasjenige
anderer; ebenso von Gütern, praktischen Nützlichkeiten, techni-
35 schen Verwendbarkeiten. Kurzum, wir machen nicht nur theoretische, sondern auch axiologische und praktische Erfahrungen. Die
Analyse zeigt, daß die letzteren auf wertendes und wollendes Erleben
als Anschauungsunterlagen zurückweisen. Auch auf solche Erfahrungen bauen sich Erfahrungserkenntnisse höherer, logischer Dignität.

Danach hat der allseitig Erfahrene, oder wie wir auch sagen „Gebildete", nicht nur Welterfahrung, sondern auch religiöse, ästhetische, ethische, politische, praktisch-technische u. a. Erfahrung oder
„Bildung". Indessen gebrauchen wir dieses freilich sehr abgegriffe-
5 ne Wort Bildung, sofern wir ja das Gegenwort Unbildung haben, nur
für die relativ höherwertigen Formen des beschriebenen Habitus.
Auf besonders hohe Wertstufen bezieht sich das altmodische Wort
Weisheit (Weltweisheit, Welt- und Lebensweisheit) und zumeist
auch der jetzt beliebte Ausdruck Welt- und Lebensanschauung oder
10 Weltanschauung schlechthin.

| Weisheit oder Weltanschauung in diesem Sinne werden wir als [330]
eine wesentliche Komponente jenes noch wertvolleren menschlichen
Habitus ansehen müssen, der uns in der Idee der vollkommenen
Tugend vorschwebt und der die habituelle Tüchtigkeit in Beziehung
15 auf alle möglichen Richtungen menschlicher Stellungnahme, auf erkennende, wertende und wollende, bezeichnet. Denn es geht offenbar mit dieser Tüchtigkeit Hand in Hand die wohlgebildete Fähigkeit, über die Gegenständlichkeiten solcher Stellungnahmen, über
Umwelt, Werte, Güter, Taten usw., vernünftig urteilen bzw. seine
20 Stellungnahmen ausdrücklich rechtfertigen zu können. Das aber
setzt Weisheit voraus und gehört mit zu deren höheren Formen.

Weisheit oder Weltanschauung in diesem bestimmten, obschon
eine Mannigfaltigkeit von Typen und Wertabstufungen beschließen-
den Sinne ist, wie nicht weiter ausgeführt zu werden braucht, keine
25 bloße Leistung der vereinzelten Persönlichkeit, die ohnehin eine
Abstraktion wäre; sie gehört zur Kulturgemeinschaft und Zeit, und
es hat mit Beziehung auf ihre ausgeprägtesten Formen einen guten
Sinn, nicht nur von Bildung und Weltanschauung eines bestimmten
Individuums, sondern von derjenigen der Zeit zu sprechen. Insbe-
30 sondere gilt das von den jetzt zu behandelnden Formen.

Die denkmäßige Fassung der in einer großen philosophischen Persönlichkeit lebendigen, innerlich reichsten, aber sich selbst noch
dunkeln, unbegriffenen Weisheit eröffnet die Möglichkeiten logischer Verarbeitung; auf höherer Kulturstufe die Anwendung der in
35 den strengen Wissenschaften ausgebildeten logischen Methodik. Daß
der Gesamtinhalt dieser Wissenschaften, die ja dem Individuum als
geltende Forderungen des Gemeingeistes gegenüberstehen, auf dieser
Stufe zum Unterbau einer wertvollen Bildung oder Weltanschauung
gehört, ist selbstverständlich. Indem nun die lebendigen und darum

überzeugungskräftigsten Bildungsmotive der Zeit nicht nur begriffliche Fassung, sondern auch logische Entfaltung und sonstige denkmäßige Verarbeitung erfahren und die so gewonnenen Ergebnisse im
Wechselspiel mit neu zufließenden Anschauungen und Einsichten zu
5 wissenschaftlicher Vereinheitlichung und konsequenter Vollendung
gebracht werden, erwächst eine außerordentliche Erweiterung und
Steigerung der ursprünglich unbegriffenen Weisheit. Es erwächst
eine Weltanschauungsphilosophie, die in den großen Systemen
die relativ vollkommenste Antwort auf die Rätsel des Lebens und
10 der Welt gibt, nämlich auf die bestmögliche Weise die theoretischen,
axiologischen, praktischen Unstimmigkeiten des Lebens, die Erfahrung, Weisheit, bloße Welt- und Lebensanschauung nur unvollkommen überwinden können, zur Auflösung und befriedigenden Klä-
rung bringt. Das Gei|stesleben der Menschheit mit seiner Fülle [331]
15 immer neuer Bildungen, neuer Geisteskämpfe, neuer Erfahrungen,
neuer Wertungen und Zielgebungen schreitet aber weiter; mit dem
erweiterten Horizont des Lebens, in den all die neuen Geistesgestal-
tungen eintreten, ändern sich Bildung, Weisheit und Weltanschauung, ändert sich die Philosophie, zu höheren und immer höheren
20 Gipfeln emporsteigend.

Sofern der Wert der Weltanschauungsphilosophie, und damit
auch des Strebens nach solcher Philosophie, zunächst bedingt ist
durch den Wert von Weisheit und von Weisheitsstreben, ist eine
besondere Erwägung des Zieles, das sie sich stellt, kaum nötig. Faßt
25 man den Begriff der Weisheit so weit, als wir es taten, so drückt sie
ja eine wesentliche Komponente des Ideals der nach Maßgabe der
jeweiligen Phase des Menschheitslebens erreichbaren vollkommenen
Tüchtigkeit aus, mit anderen Worten, einer relativ vollkommenen
konkreten Abschattung der Idee der Humanität. Es ist also klar,
30 wie jedermann danach streben soll, eine möglichst und allseitig
tüchtige Persönlichkeit zu sein, tüchtig nach allen Grundrichtungen
des Lebens, die ihrerseits den Grundarten möglicher Stellungnahmen entsprechen, so auch in jeder dieser Richtungen möglichst „erfahren", möglichst „weise" und darum auch möglichst „weisheits-
35 liebend". Der Idee nach ist jeder strebende Mensch notwendig
„Philosoph" im ursprünglichsten Wortsinne.

Aus den natürlichen Reflexionen über die besten Wege, das hohe
Ziel der Humanität und damit zugleich der vollkommenen Weisheit
zu erreichen, ist bekanntlich eine Kunstlehre erwachsen, die vom

tugendhaften oder tüchtigen Menschen. Wird sie, wie in der Regel, als Kunstlehre vom richtigen Handeln definiert, so kommt dies offenbar auf dasselbe hinaus. Denn das konsequent tüchtige Handeln, das ja gemeint ist, führt zurück auf den tüchtigen praktischen
5 Charakter, und dieser setzt habituelle Vollkommenheit in axiologischer und intellektueller Hinsicht voraus. Bewußtes Streben nach Vollkommenheit wieder setzt voraus Streben nach allseitiger Weisheit. In materialer Hinsicht verweist diese Disziplin den Strebenden auf die verschiedenen Gruppen von Werten, die in den Wissenschaf-
10 ten, Künsten, der Religion usw., die jedes handelnde Individuum als übersubjektive und bindende Geltungen anzuerkennen hat. Und einer der höchsten dieser Werte ist die Idee dieser Weisheit und vollkommenen Tüchtigkeit selbst. Natürlich tritt auch diese ob mehr populär oder wissenschaftlich gehaltene ethische Kunstlehre
15 mit in den Rahmen einer Weltanschauungsphilosophie hinein, die ihrerseits mit allen ihren Gebieten, sowie sie im Gemeinschaftsbewußtsein ihrer Zeit erwachsen ist und dem Individuum überzeugungskräftig als objektive Geltung | gegenübertritt, zu einer höchst [332] bedeutsamen Bildungsmacht werden muß, zu einem Ausstrahlungs-
20 punkt wertvollster Bildungsenergien für die wertvollsten Persönlichkeiten der Zeit.

*

Nachdem wir dem hohen Werte der Weltanschauungsphilosophie volle Gerechtigkeit haben angedeihen lassen, möchte es scheinen, daß nichts uns abhalten dürfte, das Streben nach solcher Philosophie
25 unbedingt zu empfehlen.

Vielleicht läßt sich doch zeigen, daß in Hinblick auf die Idee der Philosophie noch anderen und von gewissen Gesichtspunkten höheren Werten genugzutun ist, nämlich denjenigen einer philosophischen Wissenschaft. Es ist Folgendes zu bedenken. Unsere
30 Erwägung vollzieht sich von der Höhe der wissenschaftlichen Kultur unserer Zeit aus, die eine Zeit zu gewaltigen Mächten objektivierter strenger Wissenschaften ist. Für das neuzeitliche Bewußtsein haben sich die Ideen Bildung oder Weltanschauung und Wissenschaft — als praktische Idee verstanden — scharf getrennt, und sie bleiben
35 von nun ab für alle Ewigkeit getrennt. Wir mögen es beklagen, aber als eine fortwirkende Tatsache müssen wir es hinnehmen, die unsere praktischen Stellungnahmen entsprechend zu bestimmen hat. Die

historischen Philosophien waren sicherlich Weltanschauungsphilosophien, insofern als der Weisheitstrieb ihre Schöpfer beherrschte;
aber sie waren genau ebensosehr wissenschaftliche Philosophien,
insofern auch das Ziel strenger Wissenschaft in ihnen lebendig war.
5 Beide Ziele waren entweder noch gar nicht oder nicht scharf geschieden. Im praktischen Streben flossen sie zusammen; sie lagen auch in
endlichen Fernen, so hoch über sich der Strebende sie empfunden
haben mochte. Das hat sich seit der Konstitution einer überzeitli-
chen *universitas* strenger Wissenschaften gründlich geändert. Gene-
10 rationen um Generationen arbeiten mit Begeisterung an dem gewaltigen Bau der Wissenschaft und fügen ihm ihre bescheidenen Werk-
stücke ein, sich dessen immer bewußt, daß der Bau ein unendlicher,
nie und nimmer abzuschließender sei. Auch Weltanschauung ist
zwar eine „Idee", aber die eines im Endlichen liegenden Zieles, in
15 einem Einzelleben in der Weise steter Annäherung prinzipiell zu
verwirklichen, ebenso wie die Sittlichkeit, die ja ihren Sinn verlieren
würde, wenn sie die Idee von einem prinzipiell transfiniten Unendlichen wäre. Die „Idee" der Weltanschauung ist dabei für jede Zeit
eine andere, wie aus der obigen Analyse ihres Begriffes ohne weite-
20 res ersichtlich ist. Die „Idee" der Wissenschaft hingegen ist eine
überzeitliche, und das sagt hier, durch keine Relation auf den Geist
einer Zeit begrenzt. Mit diesen Unterschieden hängen nun wesentli-
che Unterschiede praktischer Zielrichtungen zu|sammen. Überhaupt [333]
sind ja unsere Lebensziele von doppelter Art, die einen für Zeit, die
25 anderen für Ewigkeit, die einen unserer eigenen Vollkommenheit
und der unserer Zeitgenossen dienend, die anderen der Vollkommenheit auch der Nachlebenden, bis in die fernsten Generationen.
Wissenschaft ist ein Titel für absolute, zeitlose Werte. Jeder solche
Wert, einmal entdeckt, gehört hinfort zum Wertschatze aller weite-
30 ren Menschheit und bestimmt offenbar sogleich den materialen
Gehalt der Idee der Bildung, Weisheit, Weltanschauung sowie den
der Weltanschauungsphilosophie.

Es treten also scharf auseinander: Weltanschauungsphilosophie
und wissenschaftliche Philosophie als zwei in gewisser Weise aufein-
35 ander bezogene, aber nicht zu vermengende Ideen. Es ist dabei auch
zu beachten, daß die erstere nicht etwa die unvollkommene Realisierung der letzteren in der Zeit ist. Denn wenn unsere Auffassung

---

10 *Handexemplar* als Ideen *Einfügung nach* Wissenschaften

richtig ist, so gibt es bisher überhaupt noch keine Realisierung jener
Idee, d. i. keine aktuell in Gang befindliche Philosophie als strenge
Wissenschaft, kein wenn auch unvollständiges „Lehrsystem", objektiv herausgestellt im einheitlichen Geiste der Forschergemein-
5 schaft unserer Zeit. Andererseits, Weltanschauungsphilosophien gab
es schon vor Jahrtausenden. Gleichwohl kann man sagen, daß die
Realisierungen dieser Ideen (von beiden solche vorausgesetzt) sich
im Unendlichen einander assymptotisch annähern und decken würden, wofern wir uns das Unendliche der Wissenschaft fiktiv als
10 einen „unendlich fernen Punkt" vorstellen wollten. Der Begriff der
Philosophie wäre dabei entsprechend weit zu fassen, so weit, daß er
neben den spezifisch philosophischen Wissenschaften alle Einzelwissenschaften umspannte, nachdem sie durch vernunftkritische Aufklärung und Auswertung in Philosophien verwandelt wären.
15   Nehmen wir die beiden unterschiedenen Ideen als Inhalte von
Lebenszielen, so ist danach gegenüber dem Weltanschauungsstreben
ein ganz anderes forschendes Streben möglich, welches, dessen völlig
bewußt, daß Wissenschaft nimmermehr vollendete Schöpfung des
einzelnen sein kann, gleichwohl die größten Energien daran setzt, in
20 Zusammenarbeit mit Gleichgesinnten einer wissenschaftlichen Philosophie zum Durchbruch und zu schrittweiser Fortentwicklung zu
verhelfen. Die große Frage der Gegenwart ist, neben der klaren
Scheidung, die relative Wertung dieser Ziele und hierbei auch die
ihrer praktischen Vereinbarkeit.
25   Von vornherein sei zugestanden, daß vom Standpunkt der philo-
sophierenden Individuen aus eine allgemeingültige praktische Entscheidung für die eine und andere Art des Philosophierens nicht
gegeben werden kann. Die einen sind vorwiegend theoretische Men-
schen, von | Natur aus geneigt, ihren Beruf in streng wissenschaftli-   [334]
30 cher Forschung zu suchen, wofern nur das sie anziehende Gebiet
solcher Forschung Aussichten darbietet. Dabei mag es sein, daß das
Interesse, sogar leidenschaftliche Interesse für dieses Gebiet aus Ge-
mütsbedürfnissen, etwa Weltanschauungsbedürfnissen, stammt. Hingegen für ästhetische und praktische Naturen (für Künstler, Theolo-
35 gen, Juristen usw.) verhält es sich anders. Ihren Beruf sehen sie in
der Realisierung ästhetischer oder praktischer Ideale, also von Idealen einer außertheoretischen Sphäre. Hierher rechnen wir auch theo-
logische, juristische, im weitesten Sinne technische Forscher und
Schriftsteller, sofern sie durch ihre Schriften nicht die reine Theorie

fördern, sondern primär die Praxis beeinflussen wollen. Freilich ganz
rein ist, in der Lebenswirklichkeit selbst, die Scheidung nicht; und
gerade in einer Zeit, in der praktische Motive übermächtig empor-
drängen, wird auch eine theoretische Natur der Kraft solcher Motive
5 stärker nachgeben können, als dies ihr theoretischer Beruf gestatten
würde. Hier liegt aber im besonderen für die Philosophie unserer
Zeit eine große Gefahr.

Die Frage ist aber nicht nur vom Standpunkte des Individuums,
sondern von dem der Menschheit und der Geschichte zu stellen,
10 sofern wir nämlich erwägen, was es für die Entwicklung der Kultur,
für die Möglichkeit einer stetig fortschreitenden Realisierung der
Ewigkeitsidee der Menschheit — nicht des Menschen *in individuo* —
bedeute, ob die Frage vorwiegend im einen oder anderen Sinne entschieden werde, m. a. W., ob die Tendenz zu der einen Art von Phi-
15 losophie die Zeit ganz beherrsche und die zur anderen — sagen wir
der wissenschaftlichen Philosophie — zum Absterben bringe. Auch
das ist eine praktische Frage. Denn bis zu den weitesten Weiten des
ethischen Ideals, bis zu denen, die die Idee der Menschheitsentwicklung bezeichnet, reichen unsere historischen Einflüsse und somit
20 auch unsere ethischen Verantwortungen.

Wie sich die fragliche Entscheidung für eine theoretische Natur
stellen würde, wenn schon zweifellose Anfänge philosophischer
Lehre vorlägen, ist klar. Blicken wir auf andere Wissenschaften hin.
Alle naturwüchsige mathematische oder naturwissenschaftliche
25 „Weisheit" und Weisheitslehre hat so weit ihr Recht eingebüßt, als
die entsprechende theoretische Lehre objektiv gültig begründet ist.
Die Wissenschaft hat gesprochen, die Weisheit hat von nun ab zu
lernen. Das naturwissenschaftliche Weisheitsstreben vor dem Dasein strenger Wissenschaft war nicht etwa unberechtigt, es wird
30 nachträglich nicht für seine Zeit diskreditiert. In dem Drange des
Lebens, in der praktischen Notwendigkeit, Stellung zu nehmen,
konnte der Mensch nicht warten, bis — etwa in Jahrtausenden —
Wissenschaft da sein würde, | selbst gesetzt, daß er überhaupt die [335]
Idee strenger Wissenschaft schon kannte.
35 Nun bietet andererseits jede noch so exakte Wissenschaft ein nur
begrenzt entwickeltes Lehrsystem, umgeben von einem unendlichen
Horizont noch nicht wirklich gewordener Wissenschaft. Was soll
nun für diesen Horizont als das rechte Ziel gelten, Fortbildung der
strengen Lehre oder „Anschauung", „Weisheit"? Der theoretische

Mensch, der Naturforscher von Beruf, wird mit der Antwort nicht zögern. Er wird, wo Wissenschaft sprechen kann, und sei es erst in Jahrhunderten, vage „Anschauungen" geringschätzig abweisen. Er würde es für eine Versündigung an der Wissenschaft halten, das Ent-
5 werfen von Natur„anschauungen" zu empfehlen. Sicherlich vertritt er damit ein Recht der künftigen Menschheit. Ihre Größe, die Kontinuität und Kraftfülle ihrer fortschreitenden Entwicklung verdanken die strengen Wissenschaften nicht zum mindesten gerade dem Radikalismus solcher Gesinnung. Gewiß, jeder exakte Forscher
10 bildet sich „Anschauungen", er blickt schauend, ahnend, vermutend über das fest Begründete hinaus; aber nur in methodischer Absicht, um neue Stücke strenger Lehre zu entwerfen. Diese Stellungnahme schließt nicht aus, daß, wie der Naturforscher selbst sehr wohl weiß, Erfahrung im vorwissenschaftlichen Sinne, obschon sich
15 verbindend mit Einsichten der Wissenschaft, innerhalb der naturwissenschaftlichen Technik eine große Rolle spielt. Die technischen Aufgaben wollen erledigt, das Haus, die Maschine soll gebaut sein; es kann nicht gewartet werden, bis die Naturwissenschaft über alles Einschlägige exakte Auskunft geben kann. Der Techniker als Prakti-
20 ker entscheidet darum anders als der naturwissenschaftliche Theoretiker. Von diesem nimmt er die Lehre, aus dem Leben die „Erfahrung".

Nicht ganz ebenso verhält es sich hinsichtlich der wissenschaftlichen Philosophie, eben weil noch nicht einmal ein Anfang wissen-
25 schaftlich strenger Lehre ausgebildet ist und die historisch überlieferte sowie die in lebendiger Entwicklung begriffene Philosophie, die für sie eintritt, höchstens ein wissenschaftliches Halbfabrikat ist oder ein ungeschiedenes Gemenge von Weltanschauung und theoretischer Erkenntnis. Andererseits können wir leider auch hier nicht warten.
30 Die philosophische Not als Weltanschauungsnot bezwingt uns. Sie wird nur immer größer, je weiter der Umkreis positiver Wissenschaften sich dehnt. Die ungeheure Fülle wissenschaftlich „erklärter" Tatsachen, mit denen sie uns beschenken, kann uns nicht helfen, da sie prinzipiell, mit den ganzen Wissenschaften, eine Dimen-
35 sion von Rätseln mit sich führen, deren Lösung uns zur Lebensfrage wird. Die Naturwissenschaften haben uns die aktuelle | Wirklichkeit, [336] die Wirklichkeit, in der wir leben, weben und sind, nicht enträtselt, an keinem einzigen Punkte. Der allgemeine Glaube, daß dies zu leisten ihre Funktion und sie nur noch nicht genug weit seien, die

Meinung, daß sie dies — prinzipiell — leisten können, hat sich Tie-
ferblickenden als ein Aberglaube enthüllt. Die notwendige Sonderung zwischen Naturwissenschaft und Philosophie — als prinzipiell
anders tendierter, obschon auf Naturwissenschaft in einigen Gebie-
5 ten wesentlich bezogener Wissenschaft — ist auf dem Wege sich
durchzusetzen und zu klären. Mit Lotze zu sprechen: „Den Weltlauf
berechnen heißt nicht, ihn verstehen". Nicht besser aber sind wir
daran mit den Geisteswissenschaften. Das Geistesleben der Menschheit „verstehen" ist sicherlich eine große und schöne Sache. Aber
10 leider kann auch dieses Verstehen uns nicht helfen und darf nicht
mit dem philosophischen verwechselt werden, das uns die Welt- und
Lebensrätsel enthüllen soll.

Die geistige Not unserer Zeit ist in der Tat unerträglich geworden.
Wäre es doch nur die theoretische Unklarheit über den Sinn der in
15 den Natur- und Geisteswissenschaften erforschten „Wirklichkeiten", was unsere Ruhe störte — inwiefern nämlich in ihnen Sein im
letzten Sinne erkannt, was als solches „absolutes" Sein anzusehen
und ob dergleichen überhaupt erkennbar sei. Es ist vielmehr die
radikalste Lebensnot, an der wir leiden, eine Not, die an keinem
20 Punkte unseres Lebens haltmacht. Alles Leben ist Stellungnehmen,
alles Stellungnehmen steht unter einem Sollen, einer Rechtspre-
chung über Gültigkeit oder Ungültigkeit, nach prätendierten Normen von absoluter Geltung. Solange diese Normen unangefochten,
durch keine Skepsis bedroht und verspottet waren, gab es nur eine
25 Lebensfrage, wie ihnen praktisch am besten zu genügen sei. Wie aber
jetzt, wo alle und jede Normen bestritten oder empirisch verfälscht
und ihrer idealen Geltung beraubt werden? Naturalisten und Historizisten kämpfen um die Weltanschauung, und doch sind beide von
verschiedenen Seiten am Werk, Ideen in Tatsachen umzudeuten und
30 alle Wirklichkeit, alles Leben in ein unverständliches ideenloses
Gemenge von „Tatsachen" zu verwandeln. Der Aberglaube der
Tatsache ist ihnen allen gemein.

Es ist sicher, daß wir nicht warten können. Wir müssen Stellung
nehmen, wir müssen uns mühen, die Disharmonien in unserer Stel-
35 lungnahme zur Wirklichkeit — zur Lebenswirklichkeit, die für uns
Bedeutung hat, in der wir Bedeutung haben sollen — auszugleichen
in einer vernünftigen, wenn auch unwissenschaftlichen „Welt- und
Lebensanschauung". Und wenn uns der Weltanschauungsphilosoph
darin hilfreich ist, sollten wir es ihm nicht danken?

| Soviel Wahrheit in dem soeben Geltendgemachten liegt, sowenig [337]
wir die Erhebung und Herzerquickung missen möchten, die uns alte
und neue Philosophien darbieten, so muß auf der anderen Seite darauf bestanden werden, daß wir auch der Verantwortung eingedenk
5 bleiben, die wir hinsichtlich der Menschheit haben. Um der Zeit
willen dürfen wir die Ewigkeit nicht preisgeben, unsere Not zu lin-
dern, dürfen wir nicht Not um Nöte unseren Nachkommen als ein
schließlich unausrottbares Übel vererben. Die Not stammt hier von
der Wissenschaft. Aber nur Wissenschaft kann die Not, die von
10 Wissenschaft stammt, endgültig überwinden. Löst die skeptische
Kritik der Naturalisten und Historizisten die echte objektive Gültigkeit in allen Sollensgebieten in Widersinn auf; hemmen unklare,
unstimmige, obschon natürlich erwachsene Begriffe der Reflexion,
hemmen infolge davon vieldeutige oder verkehrte Probleme ein
15 Verständnis der Wirklichkeit und die Möglichkeit vernünftiger Stellungnahme zu ihr; wird eine spezielle, aber für eine große Klasse
von Wissenschaften erforderliche methodische Einstellung, gewohn-
heitsmäßig geübt, zur Unfähigkeit, in andere Einstellungen überzugehen und hängen mit solchen Vorurteilen das Gemüt bedrängende
20 Widersinnigkeiten der Weltauffassung zusammen — so gibt es gegen
diese und alle ähnlichen Übel nur ein Heilmittel: wissenschaftliche
Kritik und dazu eine radikale, von unten anhebende, in sicheren
Fundamenten gründende und nach strengster Methode fortschreitende Wissenschaft: die philosophische Wissenschaft, für die wir
25 hier eintreten. Weltanschauungen können streiten, nur Wissenschaft
kann entscheiden, und ihre Entscheidung trägt den Stempel Ewigkeit.

*

Also wohin immer die neue Umwendung der Philosophie sich
richten mag, es ist außer Frage, daß sie den Willen auf strenge Wis-
30 senschaft nicht preisgeben darf, vielmehr sich dem praktischen
Weltanschauungsstreben als theoretische Wissenschaft gegenüberstellen und sich von ihm vollbewußt trennen muß. Denn hier müssen auch alle Vermittlungsversuche abgelehnt werden. Vielleicht
werfen ja die Befürworter der neuen Weltanschauungsphilosophie
35 ein, daß dieser nachgehen nicht heißen müsse, die Idee strenger Wissenschaft fahren zu lassen. Der rechte Weltanschauungsphilosoph

werde nicht nur wissenschaftlich in der Grundlegung sein, nämlich
alle Gegebenheiten der strengen Einzelwissenschaften als feste Bau-
steine brauchen, er werde auch wissenschaftliche Methode üben und
jede Möglichkeit streng wissenschaftlicher Förderung der philoso-
5 phischen Probleme gerne ergreifen. Nur werde er, im Gegensatz zur
metaphysischen Zaghaftigkeit und Skepsis der vorangegangenen
Epoche, | mit kühnem Wagemut auch den höchsten metaphysischen [338]
Problemen nachgehen, um das Ziel einer nach Lage der Zeit Intellekt und Gemüt harmonisch befriedigenden Weltanschauung zu ge-
10 winnen.

Sofern dies als Vermittlung gemeint ist, dazu bestimmt, die Linie
zwischen Weltanschauungsphilosophie und wissenschaftlicher Philosophie zu verwischen, müssen wir dagegen unsere Verwahrung einlegen. Es kann nur zu einer Verweichlichung und Schwächung des
15 wissenschaftlichen Triebes führen und eine scheinwissenschaftliche
Literatur fördern, der es an intellektueller Ehrlichkeit gebricht. Es
gibt hier keine Kompromisse, hier sowenig wie in jeder anderen
Wissenschaft. Theoretische Ergebnisse dürften wir nicht mehr erhoffen, wenn der Weltanschauungstrieb zum allherrschenden würde
20 und durch seine wissenschaftlichen Formen auch theoretische Naturen täuschte. Wo in Jahrtausenden die größten wissenschaftlichen
Geister, leidenschaftlich beherrscht vom Wissenschaftswillen, es in
der Philosophie zu keinem Stück reiner Lehre gebracht haben und
all das Große, das sie, wenn auch in unvollkommener Ausreifung,
25 geleistet, nur aus diesem Willen heraus geleistet haben, da werden
die Weltanschauungsphilosophen doch nicht meinen können, nebenher philosophische Wissenschaft fördern und endgültig begründen zu können. Sie, die das Ziel im Endlichen stellen, die ihr System
haben wollen, und zeitig genug, um auch danach leben zu können,
30 sind dazu in keiner Weise berufen. Es gibt hier nur eins: daß die
Weltanschauungsphilosophie selbst in voller Ehrlichkeit auf den
Anspruch, Wissenschaft zu sein, verzichtet und damit zugleich auf-
hört — was doch sicher ihren reinen Intentionen zuwider ist —, die
Geister zu verwirren und den Fortschritt der wissenschaftlichen Phi-
35 losophie zu hemmen.

Ihr ideales Ziel bleibe rein die Weltanschauung, die eben ihrem
Wesen nach nicht Wissenschaft ist. Sie darf sich hierin nicht durch
jenen Wissenschaftsfanatismus beirren lassen, der in unserer Zeit
nur zu sehr verbreitet ist und der alles nicht „wissenschaftlich-

exakt" zu demonstrierende als „unwissenschaftlich" abwertet. Wissenschaft ist ein Wert unter anderen, gleichberechtigten Werten. Daß insbesondere der Wert der Weltanschauung auf eigenem Grunde durchaus feststeht, daß sie als Habitus und Leistung der Einzel-
5 persönlichkeit zu beurteilen ist, die Wissenschaft aber als kollektive Arbeitsleistung der Forschergenerationen, das haben wir uns oben zur Klarheit gebracht. Und wie beide ihre verschiedenen Quellen des Wertes haben, so ihre verschiedenen Funktionen, ihre verschiedenen Weisen, zu wirken und zu lehren. Die Weltanschauungsphilo-
10 sophie lehrt, wie eben Weisheit lehrt: Persönlichkeit wendet sich an Persönlichkeit. | Lehrend darf sich daher im Stile solcher Philoso-   [339] phie an den weiteren Kreis der Öffentlichkeit nur wenden, wer dazu berufen ist durch eine besonders bedeutsame Eigenart und Eigenweisheit oder auch als Diener hoher praktischer — religiöser, ethi-
15 scher, juristischer u. a. Interessen. Die Wissenschaft aber ist unpersönlich. Ihr Mitarbeiter bedarf nicht der Weisheit, sondern theoretischer Begabung. Was er beiträgt, bereichert einen Schatz ewiger Gültigkeiten, welcher der Menschheit zum Segen gereichen muß. In einem ausnehmend hohen Maße gilt das aber, wie wir oben sahen,
20 von der philosophischen Wissenschaft.

Erst wenn die entschiedene Trennung der einen und anderen Philosophie sich im Zeitbewußtsein durchgesetzt hat, ist auch daran zu denken, daß die Philosophie Form und Sprache echter Wissenschaft annehme und als Unvollkommenheit erkenne, was an ihr vielfach
25 gerühmt und gar imitiert wird — den Tiefsinn. Tiefsinn ist ein Anzeichen des Chaos, das echte Wissenschaft in einen Kosmos verwandeln will, in eine einfache, völlig klare, aufgelöste Ordnung. Echte Wissenschaft kennt, soweit ihre wirkliche Lehre reicht, keinen Tiefsinn. Jedes Stück fertiger Wissenschaft ist ein Ganzes von den
30 Denkschritten, deren jeder unmittelbar einsichtig, also gar nicht tiefsinnig ist. Tiefsinn ist Sache der Weisheit, begriffliche Deutlichkeit und Klarheit Sache der strengen Theorie. Die Ahnungen des Tiefsinns in eindeutige rationale Gestaltungen umzuprägen, das ist der wesentliche Prozeß der Neukonstitution strenger Wissenschaften.
35 Auch die exakten Wissenschaften hatten ihre langen Perioden des Tiefsinns, und so wie sie in den Kämpfen der Renaissance, so wird sich — das wage ich zu hoffen — die Philosophie in den Kämpfen der Gegenwart von der Stufe des Tiefsinns zu derjenigen wissenschaftlicher Klarheit durchringen. Dazu aber bedarf es nur der rech-

ten Zielsicherheit und des großen, vollbewußt auf das Ziel gerichteten und alle verfügbaren wissenschaftlichen Energien anspannenden Willens. Man nennt unsere Zeit eine Zeit der *décadence*. Ich kann diesen Vorwurf nicht für gerechtfertigt halten. Man wird in der
5 Geschichte kaum eine Zeit finden, in welcher eine solche Summe von arbeitenden Kräften in Bewegung gesetzt und mit solchem Erfolge am Werke waren. Wir mögen die Ziele nicht immer billigen; wir mögen es auch beklagen, daß in stilleren, behaglicher dahinlebenden Epochen Blüten des Geisteslebens erwuchsen, wie wir ähnli-
10 che in der unsrigen nicht finden und erhoffen können. Und doch, mag zumal das Gewollte und immer wieder Gewollte in unserer Zeit den ästhetischen Sinn abstoßen, dem die naive Schönheit des frei Erwachsenen so viel näher geht, wie ungeheure Werte liegen doch | [340] in der Willenssphäre, wofern die großen Willen nur die rechten Ziele
15 finden. Es hieße unserer Zeit aber sehr Unrecht tun, wenn man ihr den Willen zum Niedrigen andichten wollte. Wer den Glauben zu wecken, wer für die Größe eines Ziels Verständnis und Begeisterung zu erregen vermag, wird die Kräfte leicht finden, die sich diesem zuwenden. Ich meine, unsere Zeit ist ihrem Berufe nach eine große
20 Zeit — nur leidet sie am Skeptizismus, der die alten, ungeklärten Ideale zersetzt hat. Und sie leidet eben darum an der zu geringen Entwicklung und Macht der Philosophie, die noch nicht weit, noch nicht wissenschaftlich genug ist, um den skeptischen Negativismus (der sich Positivismus nennt) durch den wahren Positivismus über-
25 winden zu können. Unsere Zeit will nur an „Realitäten" glauben. Nun, ihre stärkste Realität ist die Wissenschaft, und so ist die philosophische Wissenschaft das, was unserer Zeit am meisten not tut.

Wenn wir uns aber, den Sinn unserer Zeit deutend, diesem großen
30 Ziele zuwenden, so müssen wir uns auch klar machen, daß wir es nur in einer Weise erreichen können, nämlich wenn wir mit dem Radikalismus, der zum Wesen echter philosophischer Wissenschaft gehört, nichts Vorgegebenes hinnehmen, nichts Überliefertes als Anfang gelten und uns durch keinen noch so großen Namen blenden
35 lassen, vielmehr in freier Hingabe an die Probleme selbst und die von ihnen ausgehenden Forderungen die Anfänge zu gewinnen suchen.

Gewiß bedürfen wir auch der Geschichte. Nicht in der Weise der Historiker freilich, uns in die Entwicklungszusammenhänge zu ver-

lieren, in welchen die großen Philosophien erwachsen sind, sondern um sie selbst, nach ihrem eigenen Geistesgehalt auf uns anregend wirken zu lassen. In der Tat, aus diesen historischen Philosophien strömt uns, wenn wir in sie hineinzuschauen, in die Seele ihrer Wor-
5 te und Theorien zu dringen verstehen, philosophisches Leben entgegen, mit dem ganzen Reichtum und der Kraft lebendiger Motivationen. Aber zu Philosophen werden wir nicht durch Philosophien. Am Historischen hängenbleiben, sich daran in historisch-kritischer Betätigung zu schaffen machen und in eklektischer Verarbeitung
10 oder in anachronistischer Renaissance philosophische Wissenschaft erreichen zu wollen: das gibt nur hoffnungslose Versuche. Nicht von den Philosophien, sondern von den Sachen und Problemen muß der Antrieb zur Forschung ausgehen. Philosophie ist aber ihrem Wesen nach Wissenschaft von den wahren
15 Anfängen, von den Ursprüngen, von den ῥιζώματα πάντων. Die Wissenschaft vom Radikalen muß auch in ihrem Verfahren radikal sein, und das in jeder Hinsicht. Vor allem darf sie nicht ruhen, bis sie ihre absolut klaren Anfänge, d. i. ihre absolut klaren Probleme, die im eigenen Sinn dieser Probleme | vorgezeichneten Methoden [341]
20 und das unterste Arbeitsfeld absolut klar gegebener Sachen gewonnen hat. Nur darf man sich nirgends der radikalen Vorurteilslosigkeit begeben und etwa von vornherein solche „Sachen" mit empirischen „Tatsachen" identifizieren, also sich gegenüber den Ideen blind stellen, die doch in so großem Umfang in unmittelbarer An-
25 schauung absolut gegeben sind. Wir stehen zu sehr unter dem Banne von Vorurteilen, die noch aus der Renaissance stammen. Dem wahrhaft Vorurteilslosen ist es gleichgültig, ob eine Feststellung von Kant oder Thomas von Aquino, ob sie von Darwin oder von Aristoteles, von Helmholtz oder Paracelsus herstamme. Es bedarf nicht
30 der Forderung, mit eigenen Augen zu sehen, vielmehr: das Gesehene nicht unter dem Zwange der Vorurteile wegzudeuten. Da in den eindrucksvollsten Wissenschaften der Neuzeit, den mathematisch-physikalischen, der äußerlich größte Teil der Arbeit nach indirekten Methoden erfolgt, sind wir nur zu sehr geneigt, indirekte Methoden
35 zu überschätzen und den Wert direkter Erfassungen zu mißkennen. Es liegt aber gerade im Wesen der Philosophie, sofern sie auf die letzten Ursprünge zurückgeht, daß ihre wissenschaftliche Arbeit sich in Sphären direkter Intuition bewegt, und es ist der größte Schritt, den unsere Zeit zu machen hat, zu erkennen, daß mit der im rechten

Sinne philosophischen Intuition, der phänomenologischen Wesenserfassung, ein endloses Arbeitsfeld sich auftut und eine Wissenschaft, die ohne alle indirekt symbolisierenden und mathemati-
sierenden Methoden, ohne den Apparat der Schlüsse und Beweise,
5 doch eine Fülle strengster und für alle weitere Philosophie entscheidender Erkenntnisse gewinnt.

<VORWORT>

<zum *Jahrbuch für Philosophie und phänomenologische Forschung,* 1, 1913>

| Das Interesse für Phänomenologie und phänomenologisch fun- [V]
5 dierte Philosophie hat in den letzten Jahren unverkennbar an Ausdehnung gewonnen, die Zahl der Forscher, die auf den verschiedenen phänomenologischer Methode zugänglichen Gebieten selbständig arbeiten, ist rasch gewachsen. Immer mehr sieht man sich nicht
nur um der eigentlich philosophischen Probleme willen, sondern
10 auch im Interesse einer Grundlegung außerphilosophischer Wissenschaften zu phänomenologischen Wesensklärungen und Wesensanalysen hingedrängt. Im Zusammenhang damit bekundet sich in weiten Kreisen ein lebhaftes Verlangen, die Eigenart phänomenologischer Methode und die Tragweite ihrer Leistungen kennenzuler-
15 nen.

Diesen regen Bedürfnissen soll die neue Zeitschrift dienen. Sie soll
in erster Linie diejenigen zu gemeinsamer Arbeit vereinigen, welche
von der reinen und strengen Durchführung phänomenologischer
Methode eine prinzipielle Umgestaltung der Philosophie erhoffen —
20 auf den Wegen einer sicher fundierten, sich stetig fortentwickelnden
Wissenschaft.

In zweiter Linie will sie auch allen Bestrebungen angewandter
Phänomenologie und Philosophie einen Vereinigungspunkt bieten.

Es ist nicht ein Schulsystem, das die Herausgeber verbindet und
25 das gar bei allen künftigen Mitarbeitern vorausgesetzt werden soll;
was sie vereint, ist vielmehr die gemeinsame Überzeugung, daß nur
durch Rückgang auf die originären Quellen der Anschauung und auf
die aus ihr zu schöpfenden Wesenseinsichten die großen Traditionen
der Philosophie nach Begriffen und Problemen auszuwerten sind,
30 daß nur auf diesem Wege die Begriffe intuitiv geklärt, die Probleme | [VI]

auf intuitivem Grunde neu gestellt und dann auch prinzipiell gelöst
werden können. Sie sind der gemeinsamen Überzeugung, daß der
Phänomenologie ein unbegrenztes Feld streng wissenschaftlicher
und höchst folgenreicher Forschung eigentümlich ist, das, wie für die
5 Philosophie selbst, so für alle anderen Wissenschaften fruchtbar
gemacht werden muß — wo immer Prinzipielles in ihnen in Frage
steht.

   So soll diese Zeitschrift nicht ein Tummelplatz vager reformatori-
scher Einfälle, sondern eine Stätte ernster wissenschaftlicher Arbeit
10 werden.

⟨zum *Jahrbuch für Philosophie und
phänomenologische Forschung,* 2, 1916⟩

Der Herausgeber dieses Jahrbuchs hat geglaubt, mit der Veröf-
5 fentlichung der seit dem Erscheinen des ersten Bandes eingelaufenen
und zum Teil schon im Herbst 1913 in den Druck gegebenen Arbeiten nicht länger zögern zu dürfen. So viele geistige Kräfte dieser
unheilvolle Krieg fesselt und leider auch zerstört, wirklich unterbin-
den kann und wird er das deutsche Geistesleben nicht. Nach wie vor
10 ist es beseelt von der ererbten Liebe zu den Ewigkeitswerten der
Kultur, und immerfort wirkt es sich aus in treuer Arbeit an ihren
großen Aufgaben. Im besonderen unsere phänomenologische Philosophie hat nicht geruht, auch ist ihr unverkennbar das warme Interesse wissenschaftlicher Kreise erhalten geblieben. So dürften die bei-
15 den Bände, in die wir die bereitliegenden Arbeiten verteilt haben,
nicht unwillkommen geheißen werden. Die neuen Jahrbuchsarbeiten
unterscheiden sich ganz so wie die des ersten Bandes nicht nur durch
ihre Themen, sondern auch durch die merklich nuancierten Auffassungen, die sich ihre Verfasser über Ziele, Methoden und mancherlei
20 Einzelfragen der phänomenologischen Forschung gebildet haben. Es
brauchte eigentlich nicht gesagt zu werden und muß es doch angesichts vorgekommener Mißverständnisse, daß der Herausgeber nur
für seine eigenen Arbeiten die Verantwortung übernimmt so wie
jeder Mitarbeiter für die seinen. Sicherlich ist die innere Gemein-
25 samkeit der „Phänomenologen" darum doch keine geringere, ja
eher eine größere als inner|halb irgendwelcher sonstigen Forschungs- [VI]
gemeinschaften, z. B. der der Experimental-Psychologen.
Es sei an dieser Stelle noch auf eine Beigabe des zweiten Bandes
hingewiesen. Es hat sich im ersten Bande der Mangel eines bis in die
30 untersten Teilungen meiner einleitenden Arbeit *Ideen zu einer rei-*

nen Phänomenologie und phänomenologischen Philosophie reichen-
den Inhaltsverzeichnisses fühlbar gemacht. Dem ist durch die Beigabe abgeholfen worden, die zudem herauslösbar ist, so daß sie auch
nachträglich dem ersten Bande im I. Teile eingeheftet werden kann.
5 Sie ist auch als Sonderdruck von dem Herrn Verleger zu beziehen.

Göttingen, im Februar 1916

E. Husserl

VORWORT

⟨zum *Jahrbuch für Philosophie und
phänomenologische Forschung,* 4, 1921⟩

Erst nach fünf Jahren kann das Jahrbuch wieder erscheinen. In
5 unseren schweren Zeiten bedarf dies keiner besonderen Rechtferti-
gung. Die geregelte Fortführung der Jahrbuchsreihe ist für die folgenden Jahre gesichert.

Mit schwerem Herzen mußte ich im Titel dieses Bandes den
Namen unseres Mitherausgebers A. Reinach fortlassen. Auch er
10 starb den Kriegertod für sein geliebtes Vaterland. Wie sehr ich ihn
schätzte, welch große Hoffnungen ich auf seine weitere Entwicklung
setzte, habe ich in meinem Nachruf in den *Kant-Studien* (Bd. XXIII,
1918, S. 147 ff.)[1] zum Ausdruck gebracht. Die soeben erscheinenden
gesammelten Schriften Reinachs geben ein Bild von der Gediegen-
15 heit seiner allzu früh abgebrochenen Forschungsarbeit.

Freiburg i. Br., 8. Februar 1921

E. Husserl

---

[1] Siehe unten S. 300 ff.

DIE REINE PHÄNOMENOLOGIE,
IHR FORSCHUNGSGEBIET
UND IHRE METHODE

⟨ Freiburger Antrittsrede ⟩[1]

5 Hochansehnliche Versammlung, verehrte Kollegen,
liebe Kommilitonen!

Die historische Epoche, in die das Schicksal uns und unsere
Lebensarbeit hineingestellt hat, ist in allen Gebieten, in denen das
Geistesleben der Menschheit sich auswirkt, eine Epoche gewaltigen
10 Werdens. Was in den Mühen und Kämpfen vergangener Geschlech-
ter zu harmonischer Geschlossenheit herangereift, was in jeder Kul-
tursphäre als bleibender Stil, als Methode und Norm gefestigt erschien, gerät wieder in Fluß. Es sucht nach neuen Formen, in denen
die unbefriedigte Vernunft sich freier entfalten könnte. So in der
15 Politik, im wirtschaftlichen Leben, in der Technik, in den schönen
Künsten und nicht zum mindesten auch in den Wissenschaften. Wie
haben doch selbst die mathematischen Naturwissenschaften, diese
alten Musterbilder theoretischer Vollendung, in wenigen Jahrzehnten ihren ganzen Habitus verwandelt!
20 Auch die Philosophie fügt sich diesem Bilde ein. Die Formen, in
denen sich in ihr seit der Entthronung der Hegelschen Philosophie
die Energien entspannten, waren im wesentlichen die einer Renaissance; also die einer Neuaufnahme und kritischen Fortbildung von
Philosophien, die nach ihrem methodischen Typus und einem we-
25 sentlichen Gedankengehalt von großen Denkern der Vergangenheit
geschaffen waren.

---

[1] Vorgetragen am 3. Mai 1917.

Gegenüber dieser sekundären Produktivität der Renaissance-Philosophien bricht sich in jüngster Zeit wieder das Bedürfnis nach einer völlig ursprünglichen Philosophie die Bahn, einer Philosophie, die durch radikale Klärung des Sinnes und der Motive der philoso-
5 phischen Problematik zu dem Urboden zu dringen sucht, auf dem solche Probleme eine echt wissenschaftliche Lösung finden müssen.

Eine neue philosophische Grundwissenschaft ist erwachsen, die reine Phänomenologie. Es ist eine Wissenschaft von einem durchaus
10 neuartigen Typus und von endloser Ausdehnung. Sie ist von einer methodischen Strenge, die keiner der neuzeitlichen Wissenschaften nachsteht. Alle philosophischen Disziplinen sind in ihr verwurzelt, erst ihre Ausbildung gibt ihnen die rechte Kraft. Sie macht Philosophie als strenge Wissenschaft überhaupt erst möglich. — Von der
15 reinen Phänomenologie, von ihrem dem natürlich gerichteten Blick zunächst unsichtbaren Forschungsgebiet und ihrer methodischen Eigenart will ich hier sprechen.

Sie nennt sich Wissenschaft von den reinen Phänomenen. Den hier maßgebenden Begriff des Phänomens, der übrigens, ungeklärt
20 und in wechselnder Bezeichnung, schon im 18. Jahrhundert erwachsen ist, gilt es vor allem zu entwickeln.

Wir nehmen unseren Ausgang von der notwendigen Korrelation von Gegenstand, Wahrheit und Erkenntnis — diese Worte im allerweitesten Sinn gebraucht. Jedem Gegenstand entspricht ein ideell
25 geschlossenes System von Wahrheiten, die für ihn gelten, andererseits ein ideelles System möglicher Erkenntniserlebnisse, vermöge deren dieser Gegenstand und die ihm zugehörigen Wahrheiten einem Erkennenden zur Gegebenheit kämen. Achten wir auf diese Erlebnisse. Sie sind auf unterster Erkenntnisstufe Erlebnisse des
30 Erfahrens, allgemeiner gesprochen, des im Original erfassenden Anschauens.

Offenbar gilt Ähnliches von allen Arten von Anschauungen und sonstigen Vorstellungen, mögen sie auch den Charakter von bloßen Vergegenwärtigungen haben, die (wie Erinnerungen oder bildliche
35 Anschauungen oder symbolische Vorstellungen) in sich selbst das Angeschaute nicht als leibhaft da bewußt haben, sondern als wiedererinnert, als im Bilde oder durch symbolische Anzeige vergegenwärtigt u. dgl., und möge dabei die Wirklichkeitsbewertung eine wie immer wechselnde sein. Also selbst fingierende Anschauungen sind

in sich selbst Anschauungen von Gegenständen und bergen in sich
„ Gegenstandsphänomene", die hier freilich nicht als Wirklichkeiten
charakterisiert sind. Damit höhere, theoretische Erkenntnis überhaupt anfangen kann, müssen Gegenstände des jeweiligen Gebietes
5 im Original angeschaut, z. B. Naturobjekte müssen vor aller Theorie
erfahren sein. Erfahren ist ein anschauendes und als wirklich bewer-
tendes Bewußtsein, das in sich selbst Bewußtsein ist von dem betreffenden Naturobjekt, und zwar von ihm als Original; als leibhaftig da
seiend ist es bewußt. Ein anderer Ausdruck dafür ist, daß Gegenstän-
10 de überhaupt für den Erkennenden nichts wären, wenn sie ihm nicht
„ erschienen", wenn er von ihnen kein „ Phänomen" hätte. Phänomen besagt hier also einen gewissen, dem betreffenden anschauenden Bewußtsein selbst einwohnenden Gehalt, der das Substrat ist
der jeweiligen Wirklichkeitsbewertung.
15   Wieder Ähnliches gilt von Abläufen mannigfaltiger Anschauungen, die zusammengehen zur Einheit eines kontinuierlichen Bewußtseins von dem einen und selben Gegenstand. Die Gegebenheitsweise des Gegenstandes in den einzelnen Anschauungen mag
sich beständig wandeln, es mag z. B. im Übergange von einer Wahr-
20 nehmung zu immer neuen Wahrnehmungen sein sinnlicher „ Anblick" ein immer wieder neuer sein: die Weise, wie er mit jeder
Annäherung oder Entfernung, jeder Drehung oder Wendung von
oben und unten, von rechts oder links immer wieder anders „ aussieht". Gleichwohl haben wir im Durchlaufen solcher Wahrneh-
25 mungsreihen mit ihren wandelbaren sinnlichen Bildern nicht das
anschauliche Bewußtsein einer wechselnden Vielheit, sondern das
von dem einen und selben, sich nur wechselnd darstellenden Objekte. Anders ausgedrückt: Durch alle Mannigfaltigkeiten phänomenaler Darstellung geht hindurch, und zwar in der reinen Immanenz des
30 Bewußtseins, eine phänomenale Einheit, ein einheitliches „ Phänomen". Aus der Eigenheit solcher Sachlagen versteht sich die
natürliche Tendenz zur Verschiebung des Begriffes Phänomen.
Nicht nur die durchgehende anschauliche Einheit, sondern auch
die sich mannigfach wandelnden Modi ihrer Darstellung, z. B. die
35 immerfort wechselnden perspektivischen Anblicke von dem Ding-
gegenstand, heißen „ Phänomene".
Der Bereich dieses Begriffes erweitert sich von neuem, wenn wir
uns den höheren Erkenntnisfunktionen zuwenden, den vielgestaltigen Akten und Zusammenhängen des beziehenden, verknüpfenden,

begreifenden, theoretisierenden Erkennens. Jedes einzelne dieser Erlebnisse ist dabei, wieder in sich selbst, Bewußtsein von seinem
denkmäßig so und so charakterisierten Gegenstand, z. B. charakterisiert als Verknüpfungsglied, als Relationssubjekt oder Relationsob-
5 jekt usw. Andererseits schließen sich die einzelnen Erlebnisse zur
Einheit eines Bewußtseins zusammen, das in sich eine synthetische
Gegenständlichkeit konstituiert, also etwa einen prädikativen Sachverhalt oder theoretischen Zusammenhang, also was sich sprachlich
in Sätzen ausspricht wie: Der Gegenstand hat die und die Beschaf-
10 fenheiten, er ist ein Ganzes aus den und den Teilen, aus den Verhältnissen A geht das Verhältnis B hervor usw. Alle dergleichen synthetisch gegenständlichen Gebilde sind also in solchen vielglied-
rigen, zu höherer Bewußtseinseinheit zusammengeschlossenen Akten bewußt, und zwar bewußt durch immanent konstituierte Phäno-
15 mene, die dabei als Substrat für verschiedene Bewertungen wie:
gewisse Wahrheit oder Wahrscheinlichkeit, Möglichkeit usw. dienen.

Wieder überträgt sich der Begriff des Phänomens auch auf die
wechselnden Bewußtseinsweisen, z. B. die Weisen der Klarheit und
20 Unklarheit, Einsichtigkeit und Blindheit, mit denen ein und dieselbe
Beziehung oder Verknüpfung, ein und derselbe Sachverhalt, ein und
derselbe logische Zusammenhang u. dgl. jeweils bewußt sein kann.

Fassen wir zusammen: Der erste und älteste Begriff des Phänomens bezog sich auf die beschränkte Sphäre der sinnendinglichen
25 Gegebenheiten, mit denen sich die Natur im Wahrnehmen bekundet. Er erweiterte sich unvermerkt auf jederlei sinnlich Vorgestelltes
als solches. Dann aber auch auf die Sphäre der in beziehenden und
verknüpfenden Bewußtseinssynthesen bewußt werdenden syntheti-
schen Gegenständlichkeiten, so wie sie darin bewußte sind, er über-
30 griff dabei überall die Modi bewußtseinsmäßiger Gegebenheit, und
schließlich umspannte er das ganze Reich des Bewußtseins überhaupt nach allen Bewußtseinsarten und in denselben immanent
aufweisbaren Beständen. Ich sagte, nach allen Bewußtseinsarten:
Also mitbefaßt ist auch jederlei Fühlen, Begehren, Wollen mit sei-
35 nen immanenten „Inhalten". Das ist eine wohl verständliche Be-
griffserweiterung, wenn man dessen gedenkt, daß auch die Gemüts-
und Willenserlebnisse in sich selbst den Charakter des Bewußtseins
von etwas haben und die großen Kategorien von Gegenständen, wie
alle Kulturgegenstände, alle Werte, Güter, Werke als solche nur

durch Beteiligung des Gemüts- und Willensbewußtseins erfahrbar bzw. nachverstehbar, vorstellbar sind. Beispielsweise könnte ja in der Vorstellungswelt eines Wesens, das jeder ästhetischen Regung entbehrte (also gleichsam ästhetisch blind wäre), kein Gegenstand
5 der Kategorie Kunstwerk vorkommen.

    Mit der Klarlegung des Begriffes Phänomen gewinnen wir eine erste Vorstellung von einer allgemeinen Phänomenologie: Sie wäre danach eine Wissenschaft von jederlei Gegenstandsphänomenen, die Wissenschaft von jederlei Gegenständen, rein als etwas, als wie
10 bestimmbar sie sich im Bewußtsein selbst darbieten und in welchen wechselnden Modi sie es tun. Sie hätte also zu erforschen, wie ein Wahrgenommenes, Erinnertes, Phantasiertes, bildlich Vorgestelltes, Symbolisiertes als solches aussieht, nämlich gemäß den Sinngebungen und Charakterisierungen, die das Wahrnehmen, Erinnern, Phan-
15 tasieren, bildlich Vorstellen usw. in sich selbst vollzieht. Ebenso natürlich, wie im Kolligieren das Kolligierte, im Disjungieren das Disjungierte, im Prädizieren das Prädizierte als solches aussieht und so, wie jedes Denken das Gedachte phänomenal in sich „hat"; wie im ästhetischen Werten das Gewertete, im handelnden Gestalten das
20 Gestaltete als solches aussieht usw. Was sich in dieser Hinsicht in theoretisch allgemeiner Gültigkeit aussagen läßt, das will sie feststellen. Dabei wird aber selbstverständlich die Untersuchung sich auch auf das eigene Wesen des Wahrnehmens selbst, des Erinnerns und sonstigen Vorstellens selbst, des Denkens, Wertens, Wollens und
25 Handelns selbst beziehen müssen, auf das eigene Wesen, d. h. diese Akte so genommen, wie sie sich in der immanent anschauenden Reflexion darbieten. Cartesianisch gesprochen: Die Untersuchung wird ebensowohl das *cogito* in sich selbst wie das *cogitatum qua cogitatum* betreffen. Selbstverständlich ist das eine und das andere
30 wie im Sein, so in der Forschung untrennbar verflochten.
    Sind das die Themen der Phänomenologie, so kann sie danach auch als Wissenschaft vom Bewußtsein überhaupt und rein als solchem bezeichnet werden.
    Zur näheren Charakteristik dieser Wissenschaft und ihrer Metho-
35 de führen wir zunächst eine einfache Unterscheidung ein, nämlich die zwischen Phänomenen und Objekten im prägnanten Wortsinn. Allgemein logisch gesprochen ist Gegenstand überhaupt irgendein Subjekt wahrer Prädikationen. So verstanden ist also auch jedes

Phänomen ein Gegenstand. Nun aber kontrastieren sich innerhalb
dieses weitesten Gegenstandsbegriffes, und spezieller innerhalb des
Begriffes „individueller Gegenstand", Objekte und Phänomene.
Objekte, z. B. alle Naturobjekte, sind bewußtseinsfremde Gegenstän-
5 de. Sie sind zwar im Bewußtsein vorgestellte und als wirklich gesetzte Gegenstände; aber so wunderbar ist das sie erfahrende und erkennende Bewußtsein, daß es ihm selbst eigenen Phänomenen den Sinn
gibt von Erscheinungen bewußtseinsfremder Objekte und diese „äußeren" Objekte in sinnerkennenden Prozessen erkennt. Gegenstände
10 also, die nicht selbst Bewußtseinserlebnisse oder deren immanente
Bestände sind, nennen wir Objekte im prägnanten Sinn.

Hiermit treten zweierlei Wissenschaften in schärfsten Kontrast:
auf der einen Seite die Wissenschaft vom Bewußtsein in sich selbst,
die Phänomenologie, auf der anderen die Gesamtheit der „objek-
15 tiven" Wissenschaften. Den offenbar korrelativ aufeinander bezogenen Gegenständen der gegenübergestellten Wissenschaften entsprechen zwei grundverschiedene Arten der Erfahrung und dann
Anschauung überhaupt: die immanente Erfahrung und die objektive, auch „äußere" oder transzendente Erfahrung. Die imma-
20 nente Erfahrung besteht in dem bloß schauenden Blick der Reflexion, die Bewußtsein und Bewußtes als solches in seiner absoluten
Selbstheit erfaßt. Z. B. ein Gefallen oder Begehren, das ich gerade
vollziehe, tritt in meine Erfahrung durch einen bloß rückschauenden
Blick und ist durch ihn absolut gegeben. Was dieses „absolut"
25 besagt, lehrt der Kontrast: Ein äußeres Ding erfahren wir nur
dadurch, daß es sich uns in der oder jener Abschattung sinnlich
darstellt. Ein Gefallen hat keine wechselnden Darstellungen, es hat
keine wechselnden Perspektiven oder „Anblicke", als ob es von
oben und unten, nah und fern gesehen werden könnte. Es ist eben
30 nichts Bewußtseinsfremdes, das sich durch von ihm verschiedene Phänomene allererst darzustellen hätte, es ist ja selbst Bewußtsein.

Damit hängt zusammen, daß das in immanenter Reflexion Gegebene seinem Dasein nach zweifellos ist, während hinsichtlich des in
35 „äußerer" Erfahrung Erfahrenen jederzeit die Möglichkeit besteht,
daß es sich im Fortgang zu neuen Erfahrungen als Trugobjekt, als
illusionär herausstellt.

Dabei hängen immanente und transzendente Erfahrung in merkwürdiger Weise zusammen: In freier Änderung der Einstellung kön-

nen wir von der einen zur anderen übergehen. In der natürlichen
Einstellung erfahren wir z. B. Vorgänge der Natur, wir sind ihnen
zugewandt, beobachten sie, beschreiben, bestimmen sie. Dabei laufen in unserem erfahrenden und theoretisierenden Bewußtsein viel-
5 gestaltige Bewußtseinserlebnisse ab mit ständig wechselnden immanenten Beständen. Die beteiligten Dinge stellen sich in kontinuierlich fließenden Aspekten dar, ihre Gestalten schatten sich in bestimmten Weisen perspektivisch ab, die Sinnesdaten der verschiedenen Sinne werden in bestimmten Weisen aufgefaßt, z. B. als einheit-
10 liche Färbungen der erfahrenen Gestalten oder als von ihnen ausströmende Wärme, die aufgefaßten sinnlichen Qualitäten in bezie-
hender kausaler Auffassung auf reale Umstände bezogen usw. Alle
diese Sinngebungen vollziehen sich im Bewußtsein in bestimmt
dahinflutenden Erlebnisreihen. Der natürlich Eingestellte weiß aber
15 davon nichts. Er vollzieht die erfahrenden, beziehenden, verknüpfenden Akte, aber während er sie vollzieht, liegen nicht sie selbst,
sondern die durch sie bewußten Gegenstände in der Richtung seines
Blickes.

Andererseits kann er jederzeit seine natürliche Blickstellung in die
20 phänomenologisch reflektive umwenden, er kann das jeweilige flu-
tende Bewußtsein und so überhaupt die unendlich vielgestaltige
Welt der Phänomene zum Thema seiner fixierenden Beobachtungen,
Beschreibungen, theoretischen Forschungen machen, kurzum der
Forschungen, die wir phänomenologische nennen.

25   Doch nun drängt sich die Frage auf, die als eine der entscheidend-
sten in der gegenwärtigen Lage der Philosophie bezeichnet werden
kann. Ist nicht, was soeben als immanente Reflexion beschrieben
worden ist, ohne weiteres identisch mit der inneren, psychologischen
Erfahrung? Ist also nicht der gegebene Standort für die Erforschung
30 des Bewußtseins mit all seinen Phänomenen die Psychologie? Wie
sehr die bisherige Psychologie es auch an einer systematischen Erforschung des Bewußtseins hat fehlen lassen, wie blind sie an allen
radikalen Problemen der in der Immanenz des Bewußtseins sich
vollziehenden gegenständlichen Sinngebungen vorübergegangen ist:
35 das scheint doch klar, daß dergleichen Forschungen in die Psychologie hineingehören, ja für sie grundlegend sein müssen.

Mit der Beantwortung dieser Frage wird sich uns erst die Idee
einer reinen Phänomenologie vollenden, sie wird sich als solche

scharf sondern von der Psychologie überhaupt und speziell von der deskriptiven Psychologie der Bewußtseinsphänomene. Erst mit dieser Scheidung erreicht der jahrhundertelange Streit um den „Psychologismus" seinen endgültigen Abschluß — ein Streit, der eigent-
5 lich nichts Geringerem gilt als der wahren philosophischen Methode und der Begründung einer Philosophie als echter und strenger Wissenschaft.

Voraus stellen wir den Satz: Die reine Phänomenologie ist die Wissenschaft vom reinen Bewußtsein. Das sagt, sie schöpft aus-
10 schließlich aus der reinen Reflexion, die als solche jederlei äußere Erfahrung ausschließt, also jede Mitsetzung von bewußtseinsfremden Gegenständen. Die Psychologie aber ist Wissenschaft von der psychischen Natur und darin beschlossen vom Bewußtsein als Natur oder als realem Vorkommnis in der räumlich-zeitlichen Welt.
15 Sie schöpft aus der psychologischen Erfahrung, welche eine immanente Reflexion mit äußerer Erfahrung verknüpfende Apperzeption ist. Näher ausgeführt ist das Psychische in der psychologischen Erfahrung gegeben als Vorkommnis im Zusammenhang der Natur. Speziell sind die Bewußtseinserlebnisse für die Psychologie, als der
20 Naturwissenschaft vom Seelenleben, animalische Erlebnisse, realkausale Annexe an animalischen Leibern. Zwar bedarf auch der Psychologe der Reflexion, um sich Bewußtseinserlebnisse zu erfahrungsmäßiger Gegebenheit zu bringen. Aber diese Reflexion verbleibt nicht reine Reflexion: Denn eben mit der objektiven Auffassung der
25 Erlebnisse als real zugehörig zu der betreffenden animalischen Leiblichkeit vollzieht sich eine Verknüpfung der Reflexion mit äußerer Erfahrung. Dementsprechend ist das psychologisch erfahrene Bewußtsein nicht mehr reines Bewußtsein: Durch die objektive Deutung wird es selbst zu einem Transzendenten, eben einem Vor-
30 kommnis der räumlichen Welt, die im Bewußtsein transzendent erscheinende ist.

Demgegenüber gibt es, das ist die fundamentale Tatsache, auch ein Anschauen in der Einstellung der reinen Reflexion, für welche alle Gegebenheiten der natürlichen Einstellung, also die gesamte
35 Natur, ausgeschaltet bleiben. Das Bewußtsein wird rein als es selbst und nach seinen Eigenbeständen genommen, und kein bewußtseinstranszendentes Sein wird mitgesetzt. Nur was die pure Reflexion gibt, wird so absolut, wie es sich in ihr gibt, thematisch gesetzt, nach allen immanenten Wesensmomenten und Wesenszusammenhängen.

Schon Descartes kam der Entdeckung der rein phänomenologischen Sphäre nah. Das geschah in seiner berühmten, aber im Grunde genommen fruchtlos gebliebenen fundamentalen Betrachtung, die mit dem vielzitierten *ego cogito, ego sum* kulminiert. Eine Modifi-
5 kation seiner Methode, eine Reinigung und konsequente Durchführung derselben unter Absehen von allen Cartesianischen Abzweckungen ergibt die sogenannte phänomenologische Reduktion: Es ist die Methode der radikalen Reinigung und Reinerhaltung des phänomenologischen Bewußtseinsfeldes von allen Einbrüchen ob-
10 jektiver Wirklichkeiten. Stellen wir folgende Überlegung an: Die Natur, das Weltall räumlich-zeitlicher Objektivität, ist uns beständig gegeben; fortdauernd erscheint sie, in der natürlichen Einstellung ist sie bereits Feld unserer naturwissenschaftlichen Nachforschungen oder unserer praktischen Abzweckungen. Aber nichts hindert uns,
15 den Wirklichkeitsglauben, den wir hierbei immerfort erleben, sozusagen außer Spiel zu setzen. Denn ganz allgemein gesprochen gehört es zum Wesen eines jeden Glaubens, einer jeden noch so evidenten Überzeugung, sich in gewisser Weise außer Kraft setzen zu lassen. Was das besagt, kann uns jeder Fall lehren, wo wir eine unserer
20 Überzeugungen nachprüfen, evtl. gegen Einwände verteidigen oder neu begründen wollen. Sie mag uns dabei völlig außer Zweifel sein. Offenbar ändern wir dann, und für den ganzen Verlauf dieser Nachprüfung, unser Verhalten zu dieser Überzeugung. Ohne sie irgend preiszugeben, machen wir sie innerlich gleichsam nicht mit; wir ver-
25 sagen es uns, was sie als Wahrheit schlechthin setzte, als Wahrheit hinzunehmen. Diese Wahrheit steht ja während der Nachprüfung in Frage, soll während derselben dahingestellt bleiben. Nun ist es in unserem Fall phänomenologisch reiner Reflexion nicht auf ein Infragestellen und Nachprüfen unseres Glaubens an bewußtseinsfrem-
30 de Wirklichkeiten abgesehen. Aber ein ähnliches Außerspielsetzen jenes Wirklichkeitsbewußtseins, durch welches die gesamte Natur für uns gegebenes Dasein ist, können wir doch, und in voller Freiheit, vollziehen. Wir setzen uns also vor, und zwar einzig zu dem Zweck, die Domäne des reinen Bewußtseins zu gewinnen und sie
35 rein zu erhalten, keinen objektiven Erfahrungsglauben zu übernehmen, also auch von keiner Feststellung aus objektiver Erfahrung den leisesten Gebrauch zu machen. Außer Spiel bleibt damit die Wirklichkeit der gesamten materiellen Natur, also auch aller Leiblichkeit, einschließlich meines, des Erkennenden Leibes.

Es ist nun klar, daß in Konsequenz davon auch jede psychologische Erfahrung außer Spiel gesetzt ⟨ist⟩. Denn haben wir es uns
schlechthin verwehrt, Natur und Leiblichkeit überhaupt als gegebene Wirklichkeit zu behandeln, so entfällt nun von selbst jede Mög-
5 lichkeit, irgendein Bewußtseinserlebnis als leiblich gebundenes, in
die Natur hineingehöriges Vorkommnis zu setzen.

Was ist nach dieser radikalen methodischen Ausschaltung aller
objektiven Wirklichkeiten verblieben? Die Antwort ist klar. Setzen
wir jede erfahrene Wirklichkeit außer Spiel, so bleibt uns doch zwei-
10 fellos gegeben jedes Erfahrungsphänomen. So also für die gesamte
objektive Welt. Von der Wirklichkeit der objektiven Welt Gebrauch zu machen ist uns versagt, sie ist für uns gleichsam eingeklammert. Was uns aber verbleibt, ist die Gesamtheit der Phänomene von der Welt, die in ihrer absoluten Selbstheit der Blick der Re-
15 flexion erfaßt. Denn alle die Erlebnisse, durch die sich die Welt
bewußtseinsmäßig konstituiert, bleiben in sich, was sie waren. Sie
leiden, was ihren eigenen phänomenalen Gehalt anlangt, in keiner
Weise durch jenes Außerspielsetzen des objektiven Wirklichkeitsglaubens, auch die Reflexion leidet nicht, soweit sie die Phänomene
20 nach ihrem eigenen Wesen schauend erfaßt: Ja nun erst gewinnt sie
ihre Reinheit und Geschlossenheit. Übrigens auch jeder objektive
Glaube, der der schlichten Erfahrung und der Erfahrungstheorie,
geht uns nicht verloren: Nämlich als Erlebnis, so wie er in sich
selbst ist, und nach dem, was er in sich selbst als Sinn und als Sub-
25 strat seiner Setzung birgt, wird er unser Thema, wir sehen uns ihn
an, wir analysieren seine immanenten Charaktere, wir verfolgen seine möglichen Zusammenhänge und speziell etwa die Begründungszusammenhänge: Wir studieren in der reinen Reflexion, was in den
Übergängen zur erfüllenden Einsicht vorgeht, was sich da als ver-
30 meinter Sinn erhält, was dazu die Fülle der Anschauung leistet, welche Wandlung und Bereicherung die sogenannte Evidenz hereinbringt und wie sich das macht, was da „Erzielung der objektiven
Wahrheit in der Einsicht" genannt wird. In dieser Art können wir
nach der Methode der phänomenologischen Reduktion (also unter
35 Außerspielsetzung jedes transzendenten Glaubens) theoretisches,
wertendes, praktisches Bewußtsein jeder Art zum Thema machen,
und das nach allen Objektivitäten, die sich in ihm konstituieren.
Diese Objektivitäten nehmen wir dabei nur als Bewußtseinskorrelate, rein nach dem Was und Wie ihrer aus den betreffenden Bewußt-

seinserlebnissen und -zusammenhängen zu entnehmenden Phänomene. Dinge der Natur, Personen und personale Gemeinschaften,
soziale Formen und Gebilde, dichterische und bildnerische Gestaltungen, Kulturwerke jeder Art werden so als Bewußtseinskorrelate
5 Titel für die phänomenologischen Forschungen: also nicht als objektive Wirklichkeiten, so wie sie Themen sind der entsprechenden
objektiven Wissenschaften, sondern in Hinsicht auf das Bewußtsein,
das in einem zunächst verwirrenden Reichtum von Bewußtseinsstrukturen solche Gegenständlichkeiten für das jeweilige Bewußt-
10 seinssubjekt konstituiert. Also Bewußtsein und Bewußtes, die endlose Mannigfaltigkeit von Bewußtseinsarten und möglichen Bewußtseinssynthesen einerseits und die Unendlichkeit von intentionalen
Korrelaten andererseits — das ist es, was nach der phänomenologischen Reduktion als Feld der reinen Reflexion uns verbleibt. Vor
15 der Überschreitung dieses Feldes behütet uns aber der methodische
Index, den jeder bewußtseinsmäßig auftauchende objektive Glaube
sofort und eben dank der Methode der phänomenologischen Reduktion erhält und der uns gleichsam zuruft: Mache diesen Glauben
nicht mit, verfalle nicht in die Einstellung der objektiven Wissen-
20 schaft, halte dich an das reine Phänomen! Dieser Index schaltet in
universeller Umfassung selbstverständlich die objektiven Wissenschaften selbst aus als Geltungen: und darin beschlossen die Psychologie. Für ihn verwandeln sich alle Wissenschaften in Wissenschafts-
Phänomene, und als solche bilden sie für ihn große Themen. Aber
25 sowie irgendein objektiver Satz, und sei es die zweifelloseste Wahrheit, als geltende Wahrheit in Anspruch genommen und zur Prämis-
se wird, ist der Boden der reinen Phänomenologie verlassen. Wir
stehen dann auf einem objektiven Boden und treiben statt Phänomenologie vielmehr Psychologie oder sonstige objektive Wissen-
30 schaft.
　　Freilich steht diese radikale Ausschaltung der Natur im Kampfe
mit unseren tiefstverwurzelten Erfahrungs- und Denkgewohnheiten.
Aber gerade darum bedarf es, wenn überhaupt das Bewußtsein in
seiner reinen Immanenz systematisch erforscht werden soll, der voll-
35 bewußten phänomenologischen Reduktion.

　　Aber nun kommen neue Bedenken. Ist wirklich und wie ist reine
Phänomenologie als Wissenschaft möglich? Nach der Ausschaltung
verbleibt uns das reine Bewußtsein. Aber da finden wir uns in einem

nie standhaltenden Fluß nie wiederkehrender Phänomene. Mögen
sie auch im reflektiven Erfahren zweifellos gegeben sein, bloße
Erfahrung ist keine Wissenschaft. Wie soll, da der Erkennende nur
seine fließenden Phänomene wirklich hat und jeder andere Erken-
5 nende wie nach seiner Leiblichkeit, so nach seinem Erleben der Ausschaltung verfällt, eine Erfahrungswissenschaft möglich werden?
Wissenschaft kann nicht solipsistisch sein. Sie soll für jeden Erfahrenden gelten.

Wäre Erfahrungswissenschaft die einzig mögliche Art von Wissen-
10 schaft, so wären wir in der Tat in einer üblen Lage. Denn eine
Beantwortung der gestellten Frage führt auf tiefste und noch ungelö-
ste philosophische Probleme. Indessen, die reine Phänomenologie
ist nicht als Erfahrungswissenschaft begründet worden, und die
Reinheit, nach der sie sich nennt, ist nicht bloß diejenige der reinen
15 Reflexion, sondern zugleich jene ganz andere Reinheit, die uns in
den Titeln anderer Wissenschaften begegnet.

Man spricht allgemein und in einem wohlverständlichen Sinn von
reiner Mathematik, reiner Arithmetik, reiner Geometrie, reiner Bewegungslehre usw., Wissenschaften, die man auch als apriorische
20 Wissenschaften den Wissenschaften aus Erfahrung und Induktion,
z. B. den Naturwissenschaften, gegenüberstellt. In diesem Sinn reine
oder apriorische Wissenschaften sind rein von allen Behauptungen
über empirische Wirklichkeit. Sie haben es, ihrem eigenen Sinn
gemäß, statt mit Wirklichkeiten mit idealen Möglichkeiten zu tun
25 und auf sie bezüglichen reinen Gesetzen. Ihnen gegenüber sind die
Erfahrungswissenschaften Wissenschaften der faktischen (und als
das durch Erfahrung gegebenen) Wirklichkeit.

Ganz so, wie nun die reine Analysis nicht von wirklichen Dingen
und ihren faktischen Größen handelt, sondern die zum Wesen mög-
30 licher Größen überhaupt gehörigen Wesensgesetze erforscht, oder so,
wie die reine Geometrie sich nicht an die in wirklicher Erfahrung
beobachteten Gestalten bindet, sondern in frei konstruierender geometrischer Phantasie den möglichen Gestalten und Gestaltwandlun-
gen nachgeht und ihre Wesensgesetze feststellt: genau so will die
35 reine Phänomenologie das Reich des reinen Bewußtseins und
seiner Phänomene nicht nach faktischem Dasein, sondern nach
reinen Möglichkeiten und Gesetzen erforschen. In der Tat, sowie
man auf dem Boden reiner Reflexion heimisch geworden ist, drängt
sich die Einsicht auf, daß auch hier die reinen Bewußtseinsmög-

lichkeiten unter idealen Gesetzen stehen. So z. B., daß die reinen
Phänomene, in denen sich ein mögliches Raumobjekt bewußtseinsmäßig darstellt, ihr apriorisch festes System notwendiger Gestaltungen haben, an das jedes erkennende Bewußtsein, wenn es Raum-
5 dinglichkeit anschauendes soll sein können, unbedingt gebunden ist.
So schreibt also die Idee eines Raumdinges *a priori* dem möglichen
Bewußtsein von ihm eine feste Regel vor, die sich anschaulich verfolgen und nach der Typik der phänomenalen Gestaltungen auf reine Begriffe bringen läßt. Und dasselbe gilt für jede oberste Katego-
10 rie von Gegenständlichkeiten. — Der Ausdruck *a priori* ist also nicht
ein Deckmantel für irgendwelche ideologischen Verstiegenheiten,
sondern besagt genausoviel wie die „Reinheit" mathematischer
Analysis oder Geometrie.

Freilich, mehr als diese hilfreiche Analogie kann ich hier, begreif-
15 licherweise, nicht darbieten. Niemand kann ohne mühselige Arbeit
eine konkrete, volle Vorstellung der Art rein mathematischer Forschung und von der Fülle der durch sie zu erzielenden Einsichten
gewinnen. Ebenso bedarf es für das konkrete Verständnis phänom-
nologischer Wissenschaft eindringender Arbeit, die durch keine all-
20 gemeine Charakteristik ausreichend ersetzt werden kann. Daß aber
diese Arbeit lohnt, ist bei der einzigartigen Stellung der Phänomenologie zur Philosophie einerseits und Psychologie andererseits selbstverständlich. Zunächst, die ungeheure Bedeutung einer reinen Phänomenologie für eine exakte Begründung der Psychologie ist von
25 vornherein klar. Steht Bewußtsein überhaupt unter Wesensgesetzen,
ähnlich wie Raumdinglichkeit unter mathematischen Gesetzen
steht, so müssen diese Wesensgesetze von fruchtbarster Bedeutung
für die Erforschung der Faktizitäten menschlichen und tierischen
Bewußtseinslebens sein.

30   Was aber die Philosophie anbelangt, so genügt es, darauf hinzuweisen, daß alle vernunfttheoretischen Probleme, die der
sogenannten Kritik der theoretischen, wertenden, praktischen Vernunft, durchaus Wesenszusammenhänge betreffen, welche zwischen theoretischer, axiologischer oder praktischer Objektivität und
35 andererseits dem Bewußtsein, in dem sie sich immanent konstituiert, obwalten. Es ist leicht nachzuweisen, daß erst auf dem Boden
des phänomenologisch reinen Bewußtseins und im Rahmen einer
reinen Phänomenologie alle vernunfttheoretischen Probleme wissenschaftlich streng formuliert und dann in ihrem systematischen Zu-

sammenhang wirklich gelöst werden können. — Nicht ein aus Wortbegriffen herausspinnendes Denken, ein Spiel anschauungsferner
Konstruktionen, sondern eine aus den phänomenologischen Gegebenheiten anschaulich schöpfende Forschung kann die Ver-
5 nunftkritik und damit alle Philosophie auf die Bahn einer strengen
Wissenschaft bringen.

Vorläufig lieben es die Philosophen noch zu sehr, von oben her zu
kritisieren anstatt von innen zu verstehen und zu studieren. Sie verhalten sich gegenüber der Phänomenologie vielfach so wie vor zwei
10 Jahrhunderten Berkeley (sonst ein genialer Philosoph und Psychologe) gegenüber der neubegründeten Infinitesimalrechnung. Er glaubte
durch seine logisch zugespitzte, aber äußerliche Kritik erweisen zu
können, daß diese mathematische Analysis durchaus eine bodenlose
Überschwenglichkeit, ein leeres Spiel mit hohlen Abstraktionen sei.
15 Es ist aber völlig außer Zweifel, daß die neue und höchst fruchtbare
Phänomenologie allen Widerstand und Unverstand ebenso überwinden und daß sie eine ebenso große Entwicklung nehmen wird wie
die ihren Zeitgenossen so fremdartige Mathematik des Infinitesimals
oder wie gegenüber der genial unklaren Naturphilosophie der Re-
20 naissance die exakte Physik seit Galilei.

PHÄNOMENOLOGIE UND PSYCHOLOGIE
⟨1917⟩

⟨§ 1. Der naturwissenschaftliche Begriff des "Phänomens"⟩

Die Phänomenologie ist die Wissenschaft von den reinen Phäno-
5 menen. Es wird also darauf ankommen, den für sie maßgeblichen
Begriff des Phänomens klarzulegen. Denn wie alle philosophischen
Termini, so hat auch dieser durch fortgesetzte Bedeutungsverschie-
bung eine Mehrheit von Bedeutungen angenommen. Knüpfen wir an
den uns allen wohl nächstliegenden, an den naturwissenschaftli-
10 chen Begriff von Phänomen an. Im wesentlichen lebt in ihm noch
der ursprünglichste Phänomenbegriff fort, der schon in den Anfängen der griechischen Philosophie erwachsen ist. Was versteht also
die Naturwissenschaft, die sich seit Galilei geradezu als Wissenschaft von den Phänomenen der Natur zu bezeichnen liebt, unter
15 Phänomen? Die bereite Antwort lautet: Eben dasselbe, was der
natürliche Mensch vor der Wissenschaft und was wir alle im praktischen Leben als die Dinge schlechthin gelten lassen: nämlich die
Dinge so genommen, wie sie nach Eigenschaften, Zusammenhängen,
Verhältnissen sich unmittelbar in der sinnlichen Erfahrung geben:
20 die farbigen, glänzenden, tönenden, warmen und wie immer sonst
sinnlich bestimmten Dinge. Aber im Medium der Sinnlichkeit erfahren wir die Dinge nicht, wie sie in objektiver Wahrheit sind. Die
Sinnendinge sind bloße Erscheinungen. Sie sind nicht leerer Schein,
vielmehr bekundet sich in ihren sinnlichen Beschaffenheiten und
25 Veränderungen im Zusammenhang der Erfahrung die wahre, un-
sinnliche Natur, die nur nach der exakten Methodik der Physik
erkennbar, nur als Substrat mathematischer Theorien bestimmbar
ist. Ohne diese Lehre erkenntnistheoretisch weiter auszuwerten,
können wir soviel sagen, daß der Naturforscher doch in einem
30 Punkt der sinnlichen Erfahrung treu bleibt und sich von ihr sogar

beständig den Boden für alle seine Nachforschungen liefern läßt.
Erfahrung, und zunächst Wahrnehmung, ist Wirklichkeitsglau-
be. In ihr gibt sich das Wahrgenommene als daseiende Wirklichkeit.
Diesen Glauben bzw. die in ihm gesetzte Wirklichkeit der wahrge-
5 nommenen Dinge, Vorgänge, Zusammenhänge gibt der Naturforscher nicht preis; nämlich soweit irgend „normale" Erfahrung
reicht, soweit reicht auch für ihn die gegebene Wirklichkeit. Nur daß
er den sinnlich anschaulichen Gehalt, mit dem sie sich gibt, als bloß
subjektiv-relativ einschätzt. Dasein und Beschaffensein treten für
10 ihn auseinander. Ist auch das Dasein gegeben, so ist doch in seinen
Augen die sinnliche Beschaffenheit dieses Daseienden bloße Erscheinung für die erst durch die wissenschaftliche Arbeit zu bestimmende
objektive Beschaffenheit.

Nur die normale Erfahrung, das ist die in beständiger Einstimmig-
15 keit fortschreitende Erfahrung, ist beseelt von dem festen Wirklichkeitsbewußtsein, das die Naturwissenschaft zu tragen berufen ist.
Wo in irgendeiner Form Erfahrungen gegen Erfahrungen zeugen,
einander überstimmen, einander die Waage halten, wo also der
schlichte Charakter daseiender Wirklichkeit seine Umwertung er-
20 fährt in Charaktere wie zweifelhaft, vermutlich, nichtiger Schein, da
hat der Naturforscher nicht oder noch nicht seinen Erfahrungsboden. Als nichtig charakterisierte Dingphänomene scheiden für ihn
aus, die in Beziehung auf Sein und Schein noch unentschiedenen
müssen erst zur Entscheidung gebracht und der Boden der normalen
25 Erfahrung erst hergestellt werden. In niederer Stufe vollzieht sich
dieser Prozeß im Erfahren des vereinzelten Subjekts, in höherer Stufe im Austausch der Erfahrungen verschiedener Subjekte durch
Wechselverständigung.

⟨§ 2. Ausdehnung des Phänomenbegriffs auf Trugwahrnehmungen
30   und auf die weiteste Sphäre der sinnlichen Anschauungen⟩

Diese Betrachtung zeigt uns die bestimmten Grenzen, in denen
sich die naturwissenschaftliche Rede von Phänomen bewegt, und
sie macht zugleich die natürlichen Tendenzen empfindlich, die zu
ihrer Erweiterung drängen. In der Tat ist es üblich, und üblich, weil
35 es so naheliegend ist, nicht nur die anschaulichen Dinggegebenheiten
der normalen Wahrnehmung, in denen sich uns gegenwärtige Ding-
wirklichkeiten darstellen und in einstimmiger Bestätigung durchhal-

ten, sondern auch die Sinnendinge der Trugwahrnehmung, obschon sie im Charakter der Nichtigkeit gegeben sind, als Dingerscheinungen zu bezeichnen, ebenso von Erscheinungen der normalen wie der Trugerinnerung zu sprechen, weiter von Traumerscheinungen,
5 Phantasieerscheinungen, von Bilderscheinungen, wie sie photographische, gemalte und ebenso künstlerische Bilder jeder Art darbieten usw.

Weiten wir in dieser Weise den Begriff des Phänomens über die sinnendinglichen Erscheinungen aller Modi anschaulicher Vorstel-
10 lungen aus, mögen sie dabei unter den Titel Erfahrung fallen und somit vom objektiven Geltungsbewußtsein getragen sein oder nicht, so leitet uns offenbar eine durchgehende Wesensverwandtschaft. Soweit diese irgend noch reichen mag, soweit werden wir den allgemeinen Begriff des Phänomens spannen müssen. Ich brauche nicht zu
15 sagen, welche Bedeutung diese Bemerkung für meine Absicht hat, die Idee einer allgemeinen Phänomenologie als einer Wissenschaft von den Phänomenen als solchen klarzulegen.

Phänomen besagt bisher einen gewissen, z. B. dem jeweiligen Erfahrungsbewußtsein selbst einwohnenden Gehalt. In sich selbst hat
20 das Erfahren als sein Erfahrenes das Gegenstandsphänomen, und daran knüpft es wieder in sich selbst die Wirklichkeitsbewertung. Offenbar gilt Ähnliches von allen Anschauungen, mögen sie auch den Charakter von bloßen Vergegenwärtigungen des Gegenstandes (von Erinnerungen, Bildanschauungen, Phantasien) haben und möge
25 die Wirklichkeitsbewertung wie immer sich wandeln. Also selbst fingierende Anschauungen sind in sich selbst Anschauungen von Gegenständen und bergen in sich „Phänomene".

Wieder gilt dasselbe von Abläufen mannigfaltiger Anschauungen, die zusammengehen zur Einheit eines sie übergreifenden Bewußt-
30 seins von dem einen und selben Gegenstand. Wie immer die Gegebenheitsweise des Gegenstandes in den einzelnen Anschauungen sich wandeln, wie z. B. im Übergang von Wahrnehmungen zu immer neuen Wahrnehmungen von demselben Gegenstand sein Anblick, die ganze sinnliche Darstellung, die Perspektive, in der er sich
35 darbietet, wechseln mag — wir haben doch in solchen Übergängen nicht die Anschauung einer Vielheit, sondern eben die von ⟨dem⟩ einen und selben, sich nur immer wieder anders darstellenden Objekte. Anders ausgedrückt: Durch alle Mannigfaltigkeiten phänomenaler Darstellung geht hindurch, und zwar in der reinen Immanenz

des Bewußtseins, die phänomenale Einheit, die Einheit eines „Phänomens". Aus der Eigenheit dieser Sachlagen versteht sich die
natürliche Tendenz zur Verschiebung des Begriffs Phänomen. Nicht
nur die durch den Wandel der Anschauungen bewußtseinsmäßig
5 hindurchgehende anschauliche Einheit, sondern auch die wechselnden Modi ihrer Darstellung, z. B. die immerfort wechselnden „Anblicke" von dem Gegenstand, heißen Phänomene.

Ähnliches gilt, wenn wir uns den höheren Erkenntnisfunktionen zuwenden, den vielgestaltigen Zusammenhängen des bezie-
10 henden, verknüpfenden, begreifenden, prädizierenden Erkennens.
Jedes einzelne Erlebnis ist dabei in sich selbst Bewußtsein von den
in ihm konstituierten Gegenständen, z. B. von dem Beziehungsglied,
vom Subjekt, vom Prädikat usw. Andererseits schließen sich diese
einzelnen Erlebnisse einheitlich zu einem Bewußtsein zusammen,
15 das in sich selbst dasjenige konstituiert, was wir umschreibend mit
den Worten ausdrücken: So sind die Gegenstände beschaffen, in
solchen Beziehungen stehen sie, so geht der erschlossene Sachverhalt
aus den Prämissen hervor usw. All das ist also in diesen höher fundierten Bewußtseinsarten beschlossen als Phänomen und trägt darin
20 seine verschiedenen Bewertungen: als gewisse Wirklichkeit, als
Wahrscheinlichkeit, Möglichkeit usw. Wieder überträgt sich der Begriff des Phänomens auf die auch hier sehr vielfältig wechselnden
Modi der Bewußtseinsweisen, z. B. die Weisen des klaren oder die
des verworrenen Wahrnehmens.

25   Durch die bisherigen Betrachtungen wird uns eine einfache und
wichtige Unterscheidung zugänglich, nämlich die zwischen Phänomenen und Objekten in prägnantem Wortsinn. „Gegenstand",
„Seiendes" im weitesten Sinn der Logik besagt Subjekt für wahre
Prädikationen. So verstanden ist auch jedes Phänomen, also jederlei
30 Bewußtsein und Bewußtseinsimmanentes ein Gegenstand. Aber nun
kontrastieren sich innerhalb des weitesten Gegenstandsbegriffs Gegenstände der Art, wie es z. B. Naturobjekte sind, und Phänomene.
Naturobjekte sind bewußtseinsjenseitige Objekte. Sie sind zwar im
Bewußtsein mittels sinnendinglicher Phänomene vorgestellt und als
35 Wirklichkeiten gesetzt, aber so wunderbar ist dieses sinnlich erfahrende Bewußtsein, daß es den ihm immanenten Phänomenen den
Sinn gibt von Erscheinungen bewußtseinsfremder Gegenstände. Solche Gegenstände, die also selbst nicht Bewußtseinserlebnisse oder
deren immanente Bestände sind, heißen Objekte im prägnanten

Sinn. Es treten damit auch zweierlei Wissenschaften in Kontrast: auf der einen Seite die Wissenschaft vom Bewußtsein in sich
selbst und auf der anderen die Gesamtheit der „objektiven" Wissenschaften. Ihren grundverschiedenen, obschon korrelativ aufein-
5 ander bezogenen Gegenständen entsprechen ferner zwei grundverschiedene Arten der Erfahrung, die immanente Erfahrung
und die objektive oder transzendente Erfahrung. Die immanente
Erfahrung besteht in dem bloßen schauenden Blick der Reflexion,
die die Phänomene in ihrer absoluten Selbstheit erfaßt. Z. B. ein
10 Gefallen oder Wollen, das ich vollziehe, tritt in meine Erfahrung
durch einen bloß rückschauenden Blick und ist ihm dann absolut
gegeben. Was dieses „absolut" besagt, lehrt der Vergleich. Ein äußeres Ding erfahre ich nur dadurch, daß es sich mir in der Sinnlichkeit bald so, bald so darstellt, wobei es bald diesen, bald jenen
15 Anblick darbietet. Ein Gefallen hat keine wechselnden Anblicke,
keine perspektivischen Darstellungen und dergleichen, es ist nicht
ein Bewußtseinsfremdes, das sich erst durch mannigfaltige perspektivische Phänomene darzustellen hat.
    Damit hängt zusammen, daß das immanent Erfahrene seinem
20 Dasein nach absolut zweifellos ist, das transzendent Erfahrene nicht.
Das Sein des jeweiligen Gefallens, Wollens, Vorstellens, Denkens,
das ich im reflektierenden Blick erfasse, zu bezweifeln wäre widersinnig. Ganz anders hinsichtlich der transzendenten Erfahrung. Im
Fortgang zu immer neuen Erfahrungen kann es kommen, daß sich
25 das erfahrene Außending als Trugobjekt, als Illusion u. dgl. herausstellt. Dabei hängen immanente und transzendente Erfahrung in
merkwürdiger Weise zusammen, in freier Änderung der Einstellung
können wir von der einen zur anderen übergehen. In der natürlichen Einstellung erfahren wir z. B. Vorgänge der Natur, wir sind
30 ihnen zugewandt, beobachten sie, machen daraufhin über sie Aussagen usw. Dabei laufen aber in unserem erfahrenden und sonstwie
erkennenden Bewußtsein vielgestaltige Bewußtseinserlebnisse ab mit
ständig wechselnden immanenten Beständen. Die beteiligten Dinge
stellen sich in kontinuierlich fließenden Aspekten dar, ihre Gestalten
35 schatten sich in bestimmten Weisen ab, die mannigfaltigen Sinnesdaten der verschiedenen Sinne werden in bestimmten Weisen aufgefaßt als einheitliche Färbungen der erfahrenen Gestalten, als Rauhig-
keit, als von dem Ding ausströmende Wärme usw. All das geht im
Bewußtsein vor sich in flutenden Mannigfaltigkeiten zusammenhän-

gender Vorkommnisse: Aber der natürlich Eingestellte weiß davon
nichts. Er vollzieht die erfahrenden, beziehenden, auch vergleichenden, begreifenden Akte, aber während er sie vollzieht, liegen nicht
sie, sondern die Gegenständlichkeiten in der Richtung seines Blik-
5 kes. Andererseits: Jederzeit kann er die natürliche Blickstellung in
die phänomenologisch-reflektive umwenden und kann das jeweilige
Bewußtsein und so überhaupt die unendlich vielgestaltige Welt der
Phänomene zum Thema fixierender Beobachtungen, Beschreibungen und theoretischer Forschungen machen. Die Phänomenologie ist
10 also die Wissenschaft auf dem zweifellosen Grund der immanenten
Reflexion.

Doch muß ich hier auf einen Einwand gefaßt sein. Nur vom
Seienden kann es eine Wissenschaft geben, und diese Wissenschaft
kann hier nur die Naturwissenschaft sein. Sie geht eben auf die rea-
15 len Phänomene, das ist auf die Erfahrungsphänomene, sofern sie
wirkliches Sein bekunden. Die sinnendinglichen Phänomene selbst,
und nun gar die Trug- und Phantasiephänomene, die halluzinierten
Geister, die phantasierten Zentauren, sind (mögen sie sich gelegentlich auch im menschlichen Bewußtsein als Wirklichkeiten ausgeben)
20 nichts.

Indessen, ist das in jedem Sinne richtig? Die Erscheinungen als
Erscheinungen des jeweiligen Bewußtseins, des jeweiligen Wahrnehmens, Erinnerns, Phantasierens, Halluzinierens, sind doch sehr wohl
etwas und haben ihre Existenz. Gewiß sind sie, was sie sind, nur als
25 Erscheinungen, nur als Vorgestelltes der jeweiligen Vorstellung. Aber
genau so, wie sie da sind, in dieser konkreten Korrelation, genau mit
dem Eigengehalt, mit dem sie auftreten, und in den Zusammenhängen, die sie voraussetzen, können sie doch theoretisches Interesse
erregen und zu Themen wissenschaftlichen Studiums werden.

30 Ist das richtig, so kann die Naturwissenschaft, eine so große und
beständige Rolle in ihrem Forschen die Phänomene spielen, im
eigentlichen Sinn überhaupt nicht eine Wissenschaft von Phänomenen sein. Naturwissenschaft sagt richtig Wissenschaft von der
Natur. Die Natur gibt sich freilich im erfahrenden Bewußtsein
35 durch Phänomene. Sie erscheint in ihm, und das in mannigfach
zusammenhängenden Erscheinungen Erscheinende soll in naturwissenschaftlicher Objektivität bestimmt werden. Aber eben damit ist
gesagt, daß nicht die Phänomene, als was sie selbst sind, das ist als
Bestand des erfahrenden Bewußtseins, sondern die phänomenal sich

bekundenden Wirklichkeiten die eigentlichen Themen der Naturwissenschaft sind, während die Phänomene selbst Themen sind der Phänomenologie.

⟨§ 3. Natur als Objekt der Naturwissenschaft,
5   die Phänomene als Objekte der Phänomenologie⟩

Zwei scharf voneinander gesonderte, aber korrelativ bezogene Seinssphären heben sich hier voneinander ab, und ihnen entsprechen zwei grundverschiedene Einstellungen, zwischen denen wir vermöge ihrer Korrelation in freier Willkür abwechseln können. In der
10 erfahrenden Einstellung, wie sie im natürlich-praktischen Leben waltet und wie sie im theoretischen Interesse auch der erfahrungswissenschaftliche Forscher übt, leben wir im Erfahren, wir vollziehen es einfach. Das sagt: Die mannigfachen Phänomene, in denen sich im „ich erfahre" das eine und selbe Reale der Natur darstellt
15 und die schon im wandernden Blick der Augen unaufhörlich wechseln, laufen im Bewußtsein ab, aber während sie das tun, sind sie nicht unsere Objekte, geschweige denn unsere theoretischen Themen. Wir leben im Vollzug des durch alle diese Phänomene hindurchgehenden Bewußtseins von demselben Ding, demselben Na-
20 turvorgang usw. Und wir leben dabei im durchgehenden Erfahrungsglauben, der Natur als Wirklichkeit setzt. Aber das Erlebnis ist nicht Objekt, es hat sein Thema in der Natur, ist aber nicht selbst Thema.

Gehen wir in die phänomenologische Einstellung über, so wendet
25 sich unsere Blickrichtung und die Richtung unseres theoretischen Interesses von den erfahrenen Wirklichkeiten auf das Erfahren selbst.

Unser Blick richtet sich also auf die Weise, wie im naturwissenschaftlichen Erfahrungsbewußtsein sein Thema, genannt Naturvor-
30 gang, erscheint, welche Bewußtseinsbestände dazu wesentlich beitragen, wie sie Einheit der Auffassung und Einheit der Wirklichkeitsmeinung in sich begründen und tragen, wie dann nicht nur die Einheit der sinnendinglichen Gegebenheiten sich konstituiert und das Bewußtsein in sich selbst Einheit der Sinnenwelt erscheinen läßt,
35 sondern wie dann auch die höhere Objektivierung aussieht, die sich in den eigentlichen naturwissenschaftlichen Theoretisierungen erleb-

nismäßig vollzieht. Etwas ganz anderes setzt also der Phänomenologe als Wirklichkeit denn der Naturforscher. Beider Thema ist ein
grundverschiedenes, entsprechend der geänderten Einstellung. Der
Naturforscher erforscht die Natur, die sich im Bewußtsein bekundet,
5 aber nicht das bekundende Bewußtsein. Er erforscht das erscheinende Objektive, nicht das Erscheinen und die Erscheinung in sich
selbst, als Bewußtseinserlebnis, als „Immanentes". Erfahrungen
machen ist eben etwas ganz anderes, als auf dieses Erfahrungen-
Machen, auf Erfahren und Erfahrenes als solches reflektieren. Was
10 vom Erfahren gilt, gilt offenbar in völlig gleicher Weise vom Phantasieren, vom Anschauen im Bilde, vom symbolischen Vorstellen
durch Zeichen, es gilt von jederlei Gegenstandsbewußtsein. Überall
ist ein Unterschied zwischen dem aktuellen Leben, in dem das Subjekt seinen Gegenstand vorstellig hat und evtl. mit dem Bewußtsein
15 der Nichtigkeit fixierend auf sie gerichtet ist, und dem Reflektieren
auf dieses Leben, auf die vorstelligen Gegenstände als solche und all
die Modi von Vorstellen und Vorgestelltheiten, die hierbei irgendeine Rolle spielen können. Das aktuelle Leben und Erleben ist zwar
immer bewußt, aber es ist darum nicht schon erfahren und gewußt.
20 Dazu bedarf es eines neuen Pulses aktuellen Lebens, der sogenannten reflektiven oder immanenten Erfahrung. Diese tritt aber nicht
bloß summatorisch zu dem früheren Leben hinzu, etwa zu dem
jeweiligen äußeren Erfahren oder Erfahrungsdenken, sondern sie
wandelt es eigentümlich. Die immanente Objektivierung löscht das
25 aktuelle Leben, das sie zum Objekt macht, aus. Bewußtsein und
Bewußtseinsgehalt als Objekt ist nicht mehr lebendiges Bewußtsein,
sondern eben Reflex desselben und evtl. theoretisches Thema eines
neuen aktuellen Lebens, genannt phänomenologische Forschung —
darin gleichsam Erscheinendes und zu Bestimmendes.

30   ⟨§ 4. Natürliche und phänomenologische Einstellung⟩

Von großer, ja den Folgen nach unermeßlicher Bedeutung ist eine
Differenz der phänomenologischen gegenüber der natürlichen Einstellung, die in dem schon Ausgeführten zutage trat, aber hier noch
unterstrichen werden muß. Indem der natürlich Erfahrende Erfah-
35 rung und Erfahrungsglauben vollzieht, gibt sich ihm Erscheinendes
als objektive Wirklichkeit. Und er nimmt die Wirklichkeit als Wirk-

lichkeit hin eben damit, daß er einfach erfährt. In der phänomenologischen Einstellung wird die erscheinende Wirklichkeit als Inhalt
des betreffenden Erfahrens gesetzt. Halten wir rein, was der
phänomenologischen Einstellung selbst sich als Phänomen bietet,
5 halten wir uns also frei von Vermischungen mit Seinssetzungen, die
aus der natürlichen Einstellung stammen, so ist nun aber die erscheinende Wirklichkeit als solche nicht mehr aktuell geglaubte und
gesetzte Wirklichkeit, sondern was phänomenologisch vorliegt, ist
das so und so im betreffenden Erfahren Erscheinende, ausgestattet
10 mit dem Bewußtseinscharakter „objektiv wirklich", und korrelativ
dazu das Moment des Wirklichkeitsglaubens im Erfahren. Damit ist
gesagt, daß der Phänomenologe der Naturerkenntnis, solange er reine Phänomenologie treibt, über die Natur selbst in keiner Weise
urteilt. Nicht über die Natur, sondern über das Phänomen Natur
15 mit allen Bewußtseinsmodi, in denen es charakterisiert sein mag, hat
er zu urteilen. Wäre die Natur eine Phantasmagorie und so etwas
wie objektive Naturwissenschaft ein leerer Wahn, etwa wie Alche-
mie oder Astrologie, so würde darunter die rein phänomenologische
Forschung und ihr Eigenrecht nicht im mindesten leiden.

20   ⟨§ 5. Differenzierung des Phänomenbegriffs
            nach den Schichten der Gegenstandskonstitution⟩

    Es ist hier nicht möglich, auf die übergewaltige Fülle von Analy-
sen einzugehen, die sich mit dem Augenblick eröffnen, in dem man
sich entschließt, die Welt der reinen Phänomene zu einem eigenen
25 Feld der Forschung zu machen. Schon die engere Sphäre der anschaulichen Vorstellungen von Sinnendingen, mögen sie als Wirklichkeiten oder Fiktionen sich geben, ist in dieser Hinsicht überreich
an stufenweise ineinander fundierten Phänomenen, die bis zur Begründung der neuen Phänomenologie jeder systematischen For-
30 schung entbehrten, ja zum Vergleich größtenteils gar nicht gesehen
waren. Und doch handelt es sich, wie im phänomenologischen Gebiet überhaupt, um Gegebenheiten, die im reflektiv eingestellten und
methodisch geschärften Blick jedermann zugänglich sind. Beispielsweise sei auf eine Serie von Unterschieden hingewiesen, die durch
35 alle Modi anschaulichen Vorstellens hindurchgehen und die Weise
betreffen, wie sich prinzipiell ein Sinnending in einer Anschauung

darstellen muß. Ein jedes nämlich stellt sich notwendig in einer
ideell unendlichen Mannigfaltigkeit von Aspekten dar. Jedes Gesehene ist, wie es in der allgemeinen Sprache heißt, von unten oder
oben, von rechts oder links, von vorn oder hinten gesehen, und
5 dabei „sieht es" immer wieder „anders aus", dasselbe (und wie wir
der Einfachheit halber annehmen wollen, das selbst unveränderte)
Ding, das sich in diesem beständigen Wandel der Darstellungsweise
bewußtseinsmäßig als dasselbe unveränderte gibt. Schon der wan-
dernde Blick der Augen (in der Sprache der natürlichen Einstellung
10 gesprochen) bringt eine Kontinuität von Erscheinungswandlungen
mit sich, ⟨einen⟩ Ablauf von Aspekten, auf die wir in einer leicht
einzuübenden Reflexion achten, die wir fixierend unterscheiden lernen.

Was vom konkret vollen Ding gilt, gilt von allen sinnlichen
15 Beschaffenheiten desselben, so von seiner Gestalt und damit funktionellen Zusammenhängen, von seiner Farbe und so von allen sonstigen Eigenschaften. Das ist eine prinzipielle Notwendigkeit. Die
gesehene Dinggestalt stellt sich in wechselnden Gestaltabschattungen
dar, die sich einem festen Kontinuum einordnen. Keine dieser Ab-
20 schattungen ist die Gestalt selbst; jede gibt sich, wenn wir auf sie
achten, nicht bloß überhaupt als Erlebnisdatum. Es ist nicht nur, es
ist damit etwas über sich hinaus gemeint. Es gibt sich als Darstellung, als Repräsentation der einen und selben Dinggestalt. Parallel
mit der Gestalt schattet sich die gesamte Färbung derselben ab, für
25 die dasselbe gilt. Im Ablauf der Abschattungsmannigfaltigkeiten und
der sie beseelenden Charaktere der Darstellung, der „gegenständlichen Auffassung", konstituiert sich bewußtseinsmäßig die jeweilige
Dingeigenschaft und so in seiner Weise das ganze Ding als dargestellte Einheit. Und es ist klar: Für das Bewußtsein ist das Ding, was
30 es ist, nur als diese dargestellte Einheit. Das alles gilt nicht bloß für
die Wahrnehmung, sondern auch für jede Erinnerung, jedes bewußt
illusionäre Bewußtsein, jede freie Phantasie usw. Auch in ihnen
erscheinen die erinnerten, illusionären, phantasierten Dinge in irgendeiner räumlichen Orientierung und damit in irgendeiner Dar-
35 stellung, nur daß sich die Unterschiede der Darstellung mit den neu-
en Unterschieden kreuzen und evtl. durch sie innerlich tangiert werden. Das Dargestellte im jeweiligen Darstellungsmodus ist z. B., je
nachdem es sich um erfahrende Wahrnehmung oder um Trugwahrnehmung handelt (bewußtseinsmäßig als solche gekennzeichnet), in

verschiedenem doxischen Modus gegeben, als wirklich oder als nichtig. In der puren Phantasie tritt dafür dann etwa ein „quasiwirklich" oder „quasinichtig" (nämlich diese Unterschiede im Modus „eingebildet").

5   Im konstitutiven Bestand der sinnendinglichen Anschauungen spielen aber noch andere modale Abwandlungen ihre notwendige Rolle, die sich abermals mit den bisher besprochenen kreuzen. Angenommen, eine Sinnendinglichkeit sei irgend anschaulich vorstellig, gleichgültig ob in Wahrnehmungen oder sonstigen Modi der 10 Anschauung. Sie stellt sich dabei in irgendeinem Ablauf von Aspekten, von „Ansichten" dar. Dann kann sie immer noch in phänomenologisch sehr verschiedenen Modi auftreten; sie kann gleichsam in einem neuen Sinn noch ein mannigfaltiges Aussehen haben. Ich denke hier an die Modi der Aufmerksamkeit, die nicht nur Modi des 15 Subjektverhaltens sind, sondern dem Erscheinenden als solchem, z. B. dem Wahrnehmungsding in der Darstellung seines Aspekts und dabei dem Aspekt selbst, einen verschiedenen Charakter erteilen. Das Ding, das im Zentrum, Brennpunkt der Aufmerksamkeit steht, gleichsam von einem inneren Lichte erhellt, hat bewußtseinsmäßig 20 einen anderen Charakter als ein Ding, das nur nebenbei bemerkt ist, und erst recht als ein sinnendinglicher Hintergrund, der sozusagen im Modus negativer Aufmerksamkeit zwar erscheint, aber völlig unbeachtet ist. Offenbar betrifft das mit jeden der darstellenden Aspekte, die davon in verschiedenen attentionalen Modi in ihrer Art 25 mitbetroffen werden. Wir können daher auch sagen, jeder Aspekt ist eine Bewußtseinseinheit gegenüber einer Mehrheit von attentionalen Gegebenheitsweisen, in denen er gleichsam erscheint.

Wir ersehen zugleich aus diesen exemplarischen Betrachtungen, wie sich Gegenstände im Bewußtsein und für das Bewußtseinssub- 30 jekt nach verschiedenen Dimensionen und evtl. stufenweise als Einheiten von Mannigfaltigkeiten konstituieren, derart, daß dabei die Glieder der konstituierenden Mannigfaltigkeiten selbst konstituiert sind als Einheiten von höherliegenden Mannigfaltigkeiten usw. Dem entspricht in der sinnendinglichen Sphäre eine stetige natürliche 35 Erweiterung des Phänomenbegriffs. Das anschauliche Ding als Phänomen ist in jedem Anschauungsmodus gegeben als identische Einheit gegenüber mannigfaltigen Aspekten, es ist wieder gegeben als Identisches gegenüber mannigfaltigen attentionalen Modi und wieder als Identisches gegenüber mannigfaltigen Anschauungsmodi, als dasselbe, das jetzt wahrgenommen ist, vorher erinnert worden oder erwartet worden ist usw. All das heißt Phänomen, es umspannt alle Gegebenheitsweisen der Sinnendinge.

⟨§ 6. Differenzierung des Phänomenbegriffs nach
Noesis und Noema⟩

5

All diese und ähnliche Modi liegen sozusagen auf der Gegenstandsseite des Bewußtseins, als Modi eben der Weise, wie der erscheinende Gegenstand als solcher sich im jeweiligen Bewußtseinserleben bietet. Untrennbar verknüpft mit diesen sind aber an-
10 dere korrelative Modi, die die Subjektseite des Bewußtseins betreffen und in neu und entgegengesetzt gerichteten Reflexionen hervortreten, die den Affektionen und Tätigkeiten des vorstellenden Subjekts gelten. Z. B. daß ein sinnendinglicher Vorgang, dem ich mich zuwende, etwa das mißtönige Rollen eines Lastwagens, mich schon
15 vordem affiziert hat, daß von ihm in steigendem Maß Tendenzen zur Zuwendung meines Ich ausgingen, daß gegenwirkende Tendenzen des mich erfüllenden anderweitigen Interesses allmählich überwunden wurden und ich schließlich hemmungslos nachgab: das sind reflektiv faßbare Tatsachen. Ebenso der Vollzug der nach der Zu-
20 wendung zusammenschießenden Auffassungen und des sie verknüpfenden Einheitsbewußtseins oder gar der Vollzug der auf das vielseitig erfahrene Dingliche bezogenen Akte höherer Stufe, z. B. der Denkakte mit ihrem Beziehen, Verbinden, Schließen usw. Natürlich würde dasselbe von Wertungen, Zweck- und Mittelerwägungen und
25 sonstigen spontanen Tätigkeiten gelten. Es scheiden sich da, wie wir sehen, den korrelativen Reflexionsrichtungen entsprechend zweierlei korrelative Gegebenheiten, die auf der Gegenstandsseite liegenden noematischen, die auf Subjektseite liegenden noetischen. Auf beide erweitert sich der Begriff des Phänomens im Sinn der Phänomeno-
30 logie.

⟨§ 7. Erweiterung des Phänomenbegriffs auf das
Gebiet des prädikativen Denkens⟩

Doch werfen wir noch einen genaueren Blick auf die mit den letztgenannten Akten angedeuteten höheren Bewußtseinsstufen, hö-

her gegenüber der Stufe des bloß anschaulichen Vorstellens, das
übrigens durch ein derselben Stufe angehöriges unanschauliches
Vorstellen begrenzt werden müßte, etwa die des prädizierenden und
theoretisierenden Denkens des Naturforschers. Wir beobachten da-
5 bei, wie diese Spontaneitäten in merkwürdiger Weise produktiv
sind, wie sie schon im Aufbau des einfachsten deskriptiven Wahr-
nehmungsurteils auf dem Untergrund der sinnendinglichen Gegebenheit eine neue höherstufige Gegenständlichkeit sozusagen produzieren; der Erfahrungsgegenstand erhält den Charakter des als Sub-
10 jekt Gemeinten und Gesetzten, das an ihm erfaßte Bestimmungs-
stück den Charakter des Prädikats und dabei zugleich eine gewisse
begriffliche Fassung und in begleitenden sprachlichen Akten einen
verbalen Ausdruck. Es konstituiert sich etwa der prädikative Sachverhalt, etwa ganz einfach „dies ist rot". Der Satz ist aber eine Art
15 Gegenstand, er ist derselbe, ob ich ihn aussage oder ob irgendein
anderer, der in seinem Vorstellen auf dieses selbe rote Ding bezogen
ist, ihn aussagt. Wir unterscheiden dabei das vom Ich ausgehende
Urteilen mit seinen Subjektsetzungen, Prädikatsetzungen u. dgl., die
erst in der Aktreflexion hervortreten, und die eben in der objektiven
20 Gegenrichtung liegenden Sachverhaltsgegenständlichkeiten selbst.
Auch diese Gegenständlichkeiten, die da Sätze heißen, geben sich
durch „Phänomene". Dem Sinnending als Gegebenheit der Wahrnehmung entspricht als Parallele der sinnendingliche prädikative
Sachverhalt (der sinnliche Satz), so wie er im Wahrnehmungsurteil
25 das Thema ist. Nennt der Naturforscher das erfahrene Sinnending
bloße „Erscheinung" in bezug auf das naturwissenschaftlich zu bestimmende wahre Ding, so müßte eigentlich der sinnendingliche
Satz analog auch bloße „Erscheinung", „Phänomen" heißen gegenüber den durch naturwissenschaftliche Denkarbeit zu gewinnenden
30 wahren Prädikationen, die eben den objektiven Sachverhalt herausstellen, der sich in dem Wahrnehmungsinhalt bekundet. Offenbar
besteht hier ein Verhältnis der Korrelation: Wie das Sinnending
Subjekt ist der Wahrnehmungsprädikation, so ist das ihm entsprechende naturwissenschaftlich wahre Seiende Subjekt der „objektiv
35 wahren" Prädikationen, die in der Wahrnehmungsprädikation „erscheinen". Doch ist diese Extension des Wortes Erscheinung nicht
sprachüblich, wohl aber die Übertragung der Reden von Schein,
Trugbild, Einbildung auf die Sphäre der prädikativen Gegebenheiten. Gehen wir von der natürlichen Einstellung in die phäno-

menologische über, so finden wir wieder, daß der sinnendingliche
Satz in verschiedener Weise, in Mannigfaltigkeiten phänomenologisch aufweisbarer Modi bewußtseinsmäßig gegeben ist. Alle Gegebenheitsmodi des Sinnendinges bestimmen ja *eo ipso* mit die Gege-
5 benheitsmodi der anschaulichen und dann auch unanschaulichen
Urteilsvermeintheiten. Im Wahrnehmungsurteil beispielsweise bildet ja die Wahrnehmung, im Wahrnehmungssachverhalt also das
Sinnending, so wie es in dieser Wahrnehmung sich darstellt, die
phänomenologische Unterschicht. Natürlich treten hier auch die
10 verschiedenen doxischen Modi (die Korrelate der Glaubensmodali-
täten) auf, es scheidet sich als Kern der phänomenale Sachverhalt als
solcher in seiner „Darstellung" gegenüber den Charakteren „gewiß", „möglich", „wahrscheinlich" usw. Auch neue Modi treten
hier auf: der Satz im Gegebenheitsmodus der ursprünglichen „Er-
15 zeugung", in schrittweiser Subjektsetzung, Prädikatsetzung u. dgl.
sich konstituierend, gegenüber dem im eben gefällten Urteil „noch"
bewußten Satz, dieser wieder gegenüber dem im Bewußtseinshintergrund als „Einfall" auftauchenden und dann etwa in einem Hinblick erfaßten und evtl. nachher in Schritten der dieser einheitlichen
20 Anzeige entsprechenden Erzeugung zur Stufe eigentlicher Gegebenheit erhobenen Satz usw.

Selbstverständlich kehren auch hier die beiden großen Titel Noesis und Noema wieder, der letztere als Titel für die ontisch gerichteten Phänomene, die Gegebenheitsmodi des Satzes selbst, der erste-
25 re Titel für die dem Subjekt bzw. den Subjektaktionen und -affek-
tionen zugerichteten. Dem Subjekt als solchen entspricht die Sub-
jekt- oder Substratsetzung, dem Prädikat die Prädikatsetzung, dem
als Einfall Auftauchenden (einer Art sekundärer Sinnlichkeit) und in
der Affektion die Zuwendung Bestimmenden entspricht eben die auf
30 das Subjekt gerichtete Tendenz und dessen Nachgeben und zuwen-
dendes Erfassen usw. Es lag übrigens zum größten Teil an dem Mangel an solchen immanenten Scheidungen (insbesondere ist die Vermengung von Noesis und Noema ein Erbübel der Philosophie), daß
alle solchen Vorkommnisse, nämlich all das, was gegenüber den
35 wahren Dingen, Sachverhalten, Verbindungen, auch theoretischen
Zusammenhängen als „subjektiv" bezeichnet werden konnte, dem
Titel Phänomen untergeordnet wurde, während doch die ursprüngliche Tendenz dieses Begriffs offenbar nur dahin ging, die auf ontischer Seite ⟨liegenden⟩, also die noematischen Gegebenheiten

schrittweise ihm zuzueignen. Doch hatte dieser Sprachgebrauch auch weitere, obschon damit zusammenhängende Motive, nämlich darin, daß alles im weitesten Sinn als „subjektiv" zu Bezeichnende (möge es gleich Ichakten und -zuständen auf der Ichseite liegen oder
5 gleich den Gegebenheiten am Erscheinenden als solchem auf der Gegenstandsseite) in empirischen Zusammenhängen aufgefaßt ist als Bekundung einer „Seele" oder empirischen „Person", die also gewissermaßen in diesen Subjektivitäten erscheint, in ihnen ihre „Phänomene" hat.
10 In dieser Weite ist der Begriff des Phänomens philosophisch herrschend geworden.

Was wir in der niederen Stufe der naturwissenschaftlichen Denksphäre (der Sphäre des prädikativen Urteils und all seiner höheren Bildungen) gezeigt haben, ließe sich offenbar auf alle höheren Stufen
15 übertragen, auf den gesamten logischen Gehalt der Naturwissenschaft und korrelativ auf die „Phänomene" des wissenschaftlichen Forschens und Denkens selbst. Dann weiter auf alle anderen Wissenschaften und die ihnen zugeordneten Sphären des Anschauens und Denkens.

20 ⟨§ 8. Erfahrung und Phänomene außerhalb der Natursphäre⟩

Jede Wissenschaft hat in gewisser Weise ihr Gebiet vorgegeben: Nämlich vor allem theoretischen Denken muß es gegeben sein durch entsprechende Anschauungen, durch gewisse Wahrnehmungen und Erfahrungen (in einem allerdings sehr weit gefaßten Sinn). Was wir
25 Natur zu nennen pflegen, ist Korrelat einer gewissen sehr engen Klasse von Wahrnehmungen, die eigentlich in Reinheit gar nicht vorkommen, wie dann Natur im modernen Sinn ein Abstraktionsprodukt ist. In der gemeinen Erfahrung ist nie ein pures materielles Ding erfahren, nie so, wie es zum Thema der Naturforschung ward.
30 Es ist immer auch irgend gewertet und gibt sich als ein ästhetischer oder wirschaftlicher oder sonstiger Wert. Kulturobjekte geben sich als Gebilde zwecktätiger Gestaltung, als bebautes Feld, als Werkzeug, Maschine, Gebäude usw. Andere Objekte geben sich als Nutzobjekte, als Brennmaterialien, als Nahrungsmittel u. dgl. Als dergleichen
35 chen sind die betreffenden Objekte auch originär erfahrbar, und die originären Erfahrungen, die „Wahrnehmungen", schließen bei ih-

nen wesentlich Akte der Wertung, der Zwecksetzung, der technischen Gestaltung ein. Demgemäß spricht man mit Recht gegenüber
der Erfahrung bloßer Natur auch von ästhetischer, kulinarischer,
künstlerischer, kaufmännischer, landwirtschaftlicher, politischer und
5 sonstiger Erfahrung. Und damit sind Akte und Aktzusammenhänge
bezeichnet, in denen das Erfahrene nicht als bloße Natursache, sondern eben als ästhetischer oder wirtschaftlicher Wert, als Werk und
Werkzeug u. dgl. erfahren ist. So wie nun die Natur als bloße
Sachenwelt, so ist auch die in solchen höherstufigen Akten konstitu-
10 ierte Welt der Kultur und der sonstigen hierher gehörigen Gegenständlichkeiten Thema möglicher Wissenschaften wie der Kunstwis-
senschaft, der Wirtschaftswissenschaft, der Ingenieurwissenschaft
usw. Damit bezeichnet sich aber nicht bloß ein Hinausgreifen über
die Natur im ersten und engeren Sinn der materiellen Natur, son-
15 dern auch über die Natur im erweiterten Sinn der organischen und
psychophysischen Natur. Mensch und Tier und in Beziehung auf sie
menschliches und tierisches Seelen- oder Personenleben können zunächst in purer Sachhaltigkeit erfahren und erforscht werden: eben
als „bloße Natur". Sie können aber auch in verschiedener Weise
20 gewertet und praktisch-technisch behandelt werden, können dadurch
neue gegenständliche Charaktere annehmen und mit ihnen erfahren
sein, also auch in dieser Hinsicht zu Objekten neuer Wissenschaften
werden, z. B. von Wirtschaftswissenschaften (Tierzuchtlehre), von
pädagogischen Disziplinen, praktischer Ästhetik, Logik, Ethik usw.
25 So baut sich also das System aller möglichen Erfahrungswissenschaften (in dem bezeichneten erweiterten Sinn) auf das Gesamtsystem
möglicher Erfahrung, dessen Korrelat nicht die bloße Natur, sondern
die voll anschauliche Welt, die Welt der möglichen Lebensaktualität,
die nur in ihrer untersten Schichte sachhaft erfahrene, in ihren höhe-
30 ren zugleich mannigfach gewertete und mannigfach als Zweck und
Mittel aufgefaßte oder gestaltete Welt ist.

⟨§ 9. Die Phänomenologie als Parallelwissenschaft zum
System der objektiven Wissenschaften⟩

Es ist nun klar, daß sich alle uns hier zuwachsenden Gegenstands-
35 gebiete und sie gebenden Anschauungen, die erfahrenden und ihre
reproduktiven und sonstigen Modifikationen, mitsamt den darauf zu

bauenden theoretischen Akten und Theorien genau in dem Sinn
phänomenologischer Forschung unterliegen müssen, wie wir es relativ ausführlich an den Anschauungen und Denkakten, an den Gegenständen und theoretischen Inhalten der niedersten Stufe, der der
5 Natur und Naturforschung, aufgewiesen haben. Was von den sogenannten Realwissenschaften (den Tatsachenwissenschaften) gilt, gilt
dann *eo ipso* auch von den Idealwissenschaften, z. B. von der Arithmetik, der Geometrie, von der reinen Logik und was immer hier
aufgezählt werden mag. Auch ideale Gegenstände und gegenständli-
10 che Verhältnisse, wie die der reinen Zahlen und zahlenmäßigen
Sachverhalte, haben ihre Modi der originär gebenden Anschauung
(das Analogon der Wahrnehmung), ihre Modi der Gegebenheit, ihre
doxischen Modi usw. Überall ist die jeweilige Objektivität für das
anschauende oder denkende Subjekt in einer Mannigfaltigkeit noe-
15 matischer Strukturen konstituiert, und, zu diesen in die Gegenrichtung gehörig, mannigfaltige Noesen, Weisen der Subjektaffektion
und Aktion. Überall konstituiert sich die Welt im *cogito,* aber dem
cogitare als Titel für ein System von reflektiv schaubaren und
beschreibbaren Akten entspricht ein *cogitatum* als ein System schau-
20 barer und beschreibbarer Gehalte auf ontischer Seite. Ist die Phänomenologie die Wissenschaft von den reinen Phänomenen überhaupt,
so gibt es also parallel zu den Wissenschaften von den Gegenständen
schlechthin, den gegenständlichen Wirklichkeiten, Phänomenologien
als Wissenschaften nicht von den Wirklichkeiten, die sich in den
25 Phänomenen bekunden, sondern von den Phänomenen selbst, den
noematischen und noetischen. Alle diese Phänomenologien sind
aber nicht getrennt, sondern bilden eine notwendige Einheit, entsprechend der Einheit aller Akte und Gebilde des reinen Bewußtseins. Es ist insbesondere klar, daß es Sphären phänomenologischer
30 Forschungen geben muß, die sich in einer Höhe allübergreifender
Allgemeinheit halten, sofern gewisse Unterschiede und Strukturen
durch alle Regionen von Gegenständen des Bewußtseins bzw. von
Bewußtseinserlebnissen, in denen diese Gegenstände bewußt sind,
hindurchgehen müssen. Eine solche Schicht übergreifender Allge-
35 meinheit bildet z. B. die der allgemeinen logischen Formen. Jede
Wissenschaft ist konkrete Logik für das ihr vorlogisch durch „erfahrende" Anschauungen gegebene Gebiet: Es logisch, das ist prädika-
tiv zu bestimmen und die Bestimmung (was das Seiende ist) auf die
Stufe objektiver Wahrheit zu erheben ist ihr Ziel. Dieser λόγος des

Gebietes bzw. die allgemein bestimmende und das jeweils gegebene einzelne erklärende Theorie ist Korrelat und praktisch gesprochen Werk des theoretischen Denkens auf dem Grund der gebenden Anschauungen*. Über alle Besonderheiten dieser Anschauungen
5 bzw. der entsprechenden gegenständlichen Gebiete ragt aber die Allgemeinheit des Begreifens, des Subjizierens, Prädizierens, Kolligierens, Disjungierens, hypothetischen Annehmens und daraufhin Folgen Setzens usw. Und alldem entsprechen Formen von Sätzen und Satzzusammenhängen, Formen von möglichen Wahrheiten und
10 möglichen Theorien, die in dieser Korrelation phänomenologisch und in entsprechender Allgemeinheit studiert werden können. Neben diesen Allgemeinheiten bietet aber jedes Gebiet seine Besonderheiten, und je nach der Stufe der Fundierung von Gegenständen höherer Stufe in solchen niederer (wie das Mineral als wirtschaftli-
15 ches Objekt fundiert ist im Mineral als bloßer Sache) sind die phänomenologischen Untersuchungen auch entsprechend ineinander fundiert. So bieten also die Titel aller Wissenschaften, insbesondere das Allgemeine der in wurzelhafter Allgemeinheit sich sondernden Wissenschaftsregionen, Titel für phänomenologische Gebiete und
20 Untersuchungen. Also sprechen wir von Phänomenologie der sinnlichen Natur (z. B. als Thema der deskriptiven Naturwissenschaften), von Phänomenologie der objektiven Natur (Thema der exakten Naturwissenschaft), aber auch von Phänomenologie des Raumes und der geometrischen Gegebenheiten (die eine Struktur in der Phä-
25 nomenologie der Natur ausmachen müssen), von einer Phänomenologie der im sozialen Bewußtsein sich konstituierenden sozialen Gegenständlichkeiten nach Gegebenheitsweisen und konstituierenden Bewußtseinsakten usw. Überall werden die Gegenständlichkeiten nicht als Wirklichkeiten hingenommen, der Phänomenologe
30 stellt sich nicht auf den Boden der jeweiligen Erfahrungen, wie das der entsprechende Wirklichkeitsforscher tut, sondern er faßt die betreffenden Gegenstände als Phänomene, er betrachtet die angeschauten, gedachten Gegenstände als solche, in den jeweiligen Modi ihrer Gegebenheit. Und ihn interessieren nicht nur die sich als
35 „Wirklichkeiten" gebenden, sondern nicht minder die Quasiwirk-

---

* Der Gegenstand als theoretisch bestimmter, das Worüber der Theorie ist nicht die Theorie selbst. Das forschende Interesse, obschon primär und ursprünglich auf die Gegenstände-worüber gerichtet, wendet sich begreiflicherweise oft auf die Theorie selbst, ihre Geltungsform u. dgl. Beides sind natürlich Korrelate.

lichkeiten der Phantasie, die Scheine wie die ästhetischen Scheine
und das sie konstituierende Bewußtsein usw. Wertcharakter und
Unwertcharakter nimmt er, wie sie sich bewußtseinsmäßig im Angeschauten oder unanschaulich Vorgestellten als solchen geben. Ver-
5 nunft und Unvernunft sind für ihn Titel für gewisse Bewußtseinsmodi, die als solche im reflektiven Blick gefaßt, unterschieden, beschrieben, klassifiziert, aber auch nach den wesentlichen Zusammenhängen, die sie für ihr Auftreten voraussetzen, und nach den hierbei
geltenden Bewußtseinsgesetzen studiert werden müssen.

10   ⟨§ 10. Die Phänomenologie und die Cartesianische
Zweifelsbetrachtung⟩

Aus den bisherigen Darlegungen ist zu entnehmen, daß die Phänomenologie nicht nur als Wissenschaft von den Phänomenen —
den reinen Phänomenen, den Phänomenen in sich selbst —, sondern
15 auch als Wissenschaft vom reinen Bewußtsein — dem Bewußtsein
rein in sich selbst — bezeichnet werden kann. Der hierbei maßgebli-
che Begriff des reinen Bewußtseins ist im Grund kein anderer als der
Cartesianische Begriff der *cogitatio* oder vielleicht noch besser der
des *cogito* als des durch Reflexion zu erfassenden „ich nehme wahr,
20 ich stelle vor", „ich erinnere mich", „ich erwarte", „ich urteile,
schließe", „ich fühle Freude oder Trauer", „ich begehre", „ich
will" usw., das alles aber so genommen, wie es in der (nur passend
geklärten, gereinigten, von den eigenen Cartesianischen Abzweckungen losgelösten) Methode der Ausschaltung alles möglichem „Zwei-
25 fel" Zugang Gestattenden sich ergibt. Die Ausschaltung betrifft alle
„phänomenale" Wirklichkeit, alle sich eben bewußtseinsmäßig bekundende, so daß übrigbleibt das reine Bewußtseinsleben selbst, das
Worin und Wodurch ⟨sie⟩ sich bekundet. Das *cogito* beschließt aber
in sich, was Descartes nicht verborgen war, worüber er aber flüchtig
30 hinweggeht, das *cogitatum qua cogitatum*. Bewußtsein jeder Art ist
Bewußtsein von etwas, und dieses Etwas ist in dem Merkmalsgehalt,
mit dem es bewußt ist, aber auch in seiner jeweiligen Bestimmtheit
oder Unbestimmtheit, seiner vermeinten Wirklichkeit oder Unwirklichkeit usw., kurz, in seinen Gegebenheitsmodi, immanent und
35 adäquat beschreibbar und ist so genommen, wie es eben Bewußtes
ist, Wesensbestand des Bewußtseins. Das *cogito* sagt „ich bin be-

wußt", bezeichnet also in der Weite der Cartesianischen Fassung
das „ich bin affiziert" (z. B. sinnlich), „ich bin tätig-passiv als mich
zuwendend, dem Zug der Affektion nachgebend", „ich bin betrach-
tend, allseitig vorstellend" usw. Aber auch „ich bin tätig-spontan",
5 „ich verknüpfe, beziehe", „ich denke". Wieder „ich bin durch Lust
und Schmerz, durch wirklichen oder zu erwartenden oder möglichen
affiziert", „ich wende mich dagegen oder wende mich zu in Mißfallen oder Gefallen, in Begierde und Abscheu", „ich bin tätig-spontan
in Zwecksetzungen und Mittelsetzungen" usw. Man sieht, daß hier
10 die Ichreflexion, die noetische, maßgebend ist, also auch, es ist für
die Bezeichnung der sich eröffnenden Wissenschaft als Wissenschaft
vom reinen Bewußtsein ebenso wie für die Bezeichnung Phänomenologie, die geleitet ist durch den Ausgang vom Sinnending, dem
sinnlich Erscheinenden als solchem, maßgebend der Hinblick auf
15 die noematischen Bestände. Beides aber gehört untrennbar zusammen. Die Wesensanalyse des *cogito* führt auf das *cogitatum,* die des
cogitatum zurück auf das *cogito,* dessen *cogitatum* es ist. Die Eröff-
nung des phänomenologischen Feldes durch Descartes ist bis in
unsere Tage ohne Wirkung geblieben, da weder er noch seine Nach-
20 folger es erkannt haben, daß hiermit ein Feld einer unendlichen und
der für die letzte und höchste Erkenntnisbegründung fundamental-
sten Wissenschaft bloßgelegt ist. Auch die reinen Phänomene haben
ihren λόγος und fordern ihre immanente Theorie, fordern ihre Wissenschaft.

25   Wir haben bis jetzt mancherlei zur Erweckung der Idee einer reinen Phänomenologie ausgeführt, aber noch ist die Eigenart dieser
Wissenschaft nicht voll geklärt. Sie wurde der Gesamtheit der objektiven Wissenschaften gegenübergestellt, deren Gegenstände zwar im
Bewußtsein in mannigfachen möglichen Gegebenheitsweisen bewußt
30 sind, in ihren jeweiligen möglichen Erscheinungsweisen Zielpunkt
von möglichen Zuwendungen, Erfassungen, Stellungnahmen usw. —
während sie selbst doch nicht dergleichen sind, nicht Bewußtsein
und Bewußtes als solches. Die Phänomenologie gäbe sich danach als
eine Parallelwissenschaft zum System aller objektiven Wissenschaf-
35 ten: als eine Parallelwissenschaft, sofern jede mögliche Gegenständlichkeit nicht nur ist, sondern zugleich Titel ist für ein erforschbares
System möglichen Bewußtseins, das als seine „Parallele" ein korre-
latives Thema wissenschaftlicher Forschungen darstellt. Freilich, sofern reines Bewußtsein ein Thema der Reflexion und der darauf

gebauten Wissenschaft wird, ist es für diese selbst Objekt, im allgemeinsten Sinn ist jede Wissenschaft objektive Wissenschaft. Aber es
scheiden sich dann eben die Objekte in solche, die nicht reines Ich
und Bewußtsein sind, und solche, die es sind, und vermöge jenes
5 Parallelismus hat eben jedes Objektive sein paralleles Bewußtseins-
system. Nur das Bewußtseinsgebiet hat das eigen, daß seine Parallele
wieder Bewußtsein ist und daß also die Bewußtseinswissenschaft
eine in gewisser Weise auf sich selbst zurückbezogene Wissenschaft
ist, die Erlebnisse, in denen Bewußtsein objektiviert wird in reflek-
10 tiven Erfahrungen, Phantasien u. dgl., in darauf gegründeten Denkakten, sind eben wieder „Erlebnisse", gehören selbst als Themen
möglicher Reflexion zu der Domäne der Bewußtseinswissenschaft.
So scheidet sich ja auch im engeren Sinn objektiv gerichtetes Werten
und praktisches Gestalten von dem subjektiv auf das Ich und sein
15 Werten und mögliches praktisches Gestalten gerichteten Werten und
Gestalten, wie in der Selbsterziehung u. dgl.

⟨§ 11. Die Bedeutung der Bewußtseinsanalysen
für die erklärende Psychologie⟩

Hier erhebt sich aber eine Schwierigkeit, deren Klärung für das
20 Verständnis der reinen Phänomenologie geradezu entscheidend ist.
Einer eigenen Phänomenologie, einer angeblich neuen Wissenschaft
bedarf es, wird man nämlich einwenden, nicht, da schon längst die
Psychologie am Platz ist, die Wissenschaft vom menschlichen und
tierischen Seelenleben, die ja *eo ipso* auch Wissenschaft von allen
25 Arten von Bewußtseinsgestaltungen ist. Daher kann auch von einer
Selbständigkeit der Phänomenologie gegenüber allen objektiven
Wissenschaften gar keine Rede sein. Die Psychologie ist freilich
Wissenschaft von der Subjektivität, aber diese ist mit einer Leiblichkeit verflochten, steht im Zusammenhang der Natur und kann nur
30 in diesem Zusammenhang vollständig erforscht werden. Sieht man
aber von diesen Zusammenhängen ab und beschränkt sich auf die
bloße Analyse und Beschreibung der in der inneren Erfahrung
(Selbsterfahrung) gegebenen Bewußtseinserlebnisse, so hat man damit noch keine Wissenschaft, sondern nur eine freilich unentbehrli-
35 che deskriptive Vorbereitung für die Stufe eigentlicher Wissenschaft,
die in der theoretischen Verarbeitung besteht. Diese Gedanken ha-

ben eine solche Kraft, daß in der jüngsten psychologischen und philosophischen Literatur das Beiwort phänomenologisch immerfort
zur Bezeichnung von Feststellungen gebraucht wird, in denen Bewußtseinsbestände auf Grund der Selbsterfahrung (inneren Erfah-
5 rung, sei es Selbstwahrnehmung oder frische Erinnerung) einer di-
rekten Analyse und Deskription unterzogen werden.

Wir rühren damit zugleich an eines der größten wissenschaftstheoretischen und wissenschaftspraktischen Probleme unserer Zeit, an
die brennende Frage nach den unmittelbaren Gegebenheiten, theore-
10 tischen Zielen und Methoden der Psychologie. Noch herrscht inter-
national der psychologische Sensualismus, dessen Bahnbrecher die
großen englischen Empiristen des 18. Jahrhunderts waren, ein
Locke, Berkeley und Hume. Noch ist die Seelenblindheit für das
eigentümliche Wesen allen Bewußtseins nicht überwunden, noch
15 erschöpft sich fast alles Bemühen um die kausale Erforschung der
seelischen Erlebnisse, während die unendlich reichen Bestände, die
das Bewußtsein vermöge seiner Intentionalität, als Bewußtsein von
etwas, in sich birgt, die vielgestaltigen noematischen Gegebenheiten
und noematischen Charaktere und andererseits die nicht minder
20 vielgestaltigen noetischen nicht gesehen, geschweige denn die diesen
einzigartigen Implikationen entsprechenden Methoden der Analyse
und Deskription (die die neue Phänomenologie ausgebildet hat)
ergriffen und genützt werden. Wie unzureichend muß eine Kausal-
forschung sein, welche die unmittelbaren Bestände seelischer Gege-
25 benheiten überhaupt nicht wissenschaftlich kennt und bei höchster
Prätention auf wissenschaftliche Strenge mit vagen statt analytisch
geklärten und umgrenzten inneren Erfahrungen operiert und nach
ihnen orientierten unwissenschaftlichen Begriffen anstelle strenger
Erfahrungsbegriffe. Die Wirkung Brentanos, der durch Hinweis auf
30 die Eigenheit der Intentionalität einen epochemachenden Anstoß
gegeben hat (aber selbst leider zu einer reinen Phänomenologie nicht
fortgeschritten ist), und weiterhin die Wirkung der neuen Phänomenologie beschränken sich zumeist noch darauf, daß in leerer Allgemeinheit von Intentionalität, von Gegenstandsbewußtsein u. dgl. ge-
35 sprochen wird, aber was allein Bestimmtheit in die konkreten Gegebenheiten hereinbringt, die Wesensanalyse, die die intentionalen
Implikationen auseinanderlegt, die grundverschiedene Typen unterscheidet, die strenge Wesensbegriffe schafft, das bleibt außer Spiel.
Die Füllen noetischer und noematischer Bestände, die durch phäno-

menologische Arbeit als direkt schaubar oder aus direkt Geschautem
in neuem Schauen enthüllbar schon aufgewiesen sind, schiebt man
achtlos beiseite, da man, durch starre Denk- und Arbeitsgewöhnun-
gen gehemmt, die mühselige und fremdartige Methode (wie sehr sie
5 in zweifelloser Evidenz durch die Eigenart des Bewußtseins gefordert
ist) nicht verstehen will.

Die neue Psychologie liebt es zeitweise, sich Psychologie ohne
Seele zu nennen, sie ist aber in der Hauptsache auch Psychologie
ohne Bewußtsein. Psychophysische, experimentelle, statistische Me-
10 thoden können nie und nimmer den Mangel an intuitiver Beschäftigung mit den intentionalen Bewußtseinsbeständen ausgleichen. Intentionalität, dieses deskriptive Generalthema der Psychologie (da
schließlich auch alles Sensuale nicht nur ist, sondern in Funktionen
des Bewußtseins verflochten ist), muß erst in umfassendster For-
15 schung behandelt, es, das seelische Bewußtsein, muß erst nach allen
Wesensstrukturen klargelegt sein, ehe die Erfahrungstheorie und die
sie vorbereitenden induktiven Methoden zu eigentlich wissenschaftlichen Ergebnissen sollen kommen können. Sonst hat man eine Psychologie, die prinzipiell nicht höhere Stufen erklimmen könnte als
20 eine sorgfältig beobachtende Metrologie vor einer wissenschaftlichen
Physik. So wie die Sachen heute stehen, entbehren selbst die niedersten Bewußtseinsarten wie die Wahrnehmungen der Raumdinglichkeit von seiten der Psychologie einer wirklich immanenten Bewußtseinsanalyse, anstelle der Wesensanalyse finden wir eine Fülle kau-
25 saler Theorien, die aller Voraussetzung entbehren und an allen wesentlichen Problemen vorbeisehen (ich ziele hier auf die berühmten
Theorien vom psychologischen Ursprung der Raumvorstellungen
und weiterhin der Dingvorstellungen).

⟨§ 12. Abgrenzung der Phänomenologie von der Psychologie
30   und die transzendentale Reduktion⟩

Doch wie immer, solche Mängel werden verbessert werden. Im
entscheidenden Punkt aber wird nichts verschoben. Die Wesensanalysen des Erfahrungsbewußtseins, des der äußeren Erfahrung und
jeder Erfahrung, und so fortgeführt die Wesensanalysen aller Be-
35 wußtseinsarten mögen noch so weit geführt sein: Wir verbleiben
doch auf dem Boden der Psychologie. Das beste Studium des Be-

wußtseins ist immer und selbstverständlich ein psychologisches Studium. Vorstellen, Urteilen, Fühlen, Wollen, was sind es anderes als
Titel für Erlebnisse der Subjektivität, und diese ist menschliche oder
tierische, ist Faktum im Naturzusammenhang und muß in ihm
5 erforscht werden. Das aber ist die Aufgabe der Psychologie.
   Selbstverständlich gedenken wir unsererseits das nicht zu bezweifeln. In der Tat, menschliches Bewußtsein, tierisches und, wenn wir
Erfahrungsgrund in dieser Hinsicht finden, pflanzliches Bewußtsein
ist ein zweifellos wissenschaftliches Thema, ein deskriptives und
10 theoretisch zu bestimmendes. In der Tat ist hier die Stelle, wo insbesondere die immanent-deskriptive Psychologie und Phänomenologie sich so innig berühren, daß sich die letztere, zu einem Teil
selbst aus psychologischem Interesse hervorgegangen, in ihrem ersten Entstehen von jener nicht klar zu scheiden vermochte.
15   Die entscheidende Eigentümlichkeit der phänomenologischen Bewußtseinsforschung, die sie von aller psychologischen scharf unterscheidet, haben wir in unseren bisherigen Ausführungen schon angedeutet. Nicht umsonst haben wir wiederholt den Ausdruck reine
Phänomenologie gebraucht und haben zu Zwecken der Kontra-
20 stierung objektiver Wissenschaft, wie z. B. jeder Naturwissenschaft,
und phänomenologischer Wissenschaft zwei grundverschiedene Einstellungen kontrastiert. Die eine, sagten wir, läßt sich durch objektive Erfahrung ihren Wirklichkeitsboden geben, sie lebt in der Erfahrung und vollzieht so das Wirklichkeitsbewußtsein, in dem in wech-
25 selnden Erlebnissen, genannt Phänomenen, eine objektive Welt sich
bekundet und als Wirklichkeit gesetzt wird. Die andere schaltet diese transzendente Wirklichkeitssetzung aus und dadurch aus, daß sie
ausschließlich auf die Erlebnisse selbst, die Phänomene selbst hin-
sieht und sich nur durch diese reflektierte Erfahrung ihren Boden
30 geben läßt. Ob die betreffenden Erlebnisse sich als Erscheinungen
einer außerbewußten Wirklichkeit rechtmäßig geben oder nicht, ob
sie sich überhaupt dafür geben oder sich für Schein geben, für freie
Phantasien und was immer, das sei gleichgültig. Bewußtsein in der
Reflexion setzen als es selbst und nichts anderes besagt nicht, auch
35 nicht implizite, eine außerbewußte Wirklichkeit setzen, derart, wie
jede schlichte Dingerfahrung es tut. Man hat reine Phänomene,
wenn man die Phänomene selbst genau so, wie sie in immanenter
Reflexion geschaut sind, nimmt und jeden Wirklichkeitsglauben
hinsichtlich jeder in den betreffenden Phänomenen erscheinenden

außerbewußten Objektivität (z. B. der Natur, des Alls der realen
Wirklichkeiten) unterläßt bzw. außer Spiel setzt durch ausdrückliche
Verwahrung.

Ist Erfahrung der Natur phänomenologisches Thema, so ist zwar
5 das Phänomen Natur, nämlich die erfahrene Natur als solche, Thema; aber in keiner Weise ist damit die Natur als wirkliche Natur
gesetzt, über diese Wirklichkeit die leiseste Entscheidung getroffen.
Im „ich erfahre" liegt „ich habe gewisse Naturerscheinungen",
„ich habe dabei ein Bewußtsein von Wirklichkeit" usw. Das Was
10 und Wie dieser subjektiven Habe, das Was und Wie meiner natur-
erfahrenden Aktionen und Affektionen, mit ihren Aspekten usw.,
das ist das einzige, was jetzt meine Wirklichkeit ist.

Es ist nun klar, daß die Psychologie keine Wissenschaft von reinen
Phänomenen ist, vielmehr daß sie wie die Naturwissenschaft und in
15 demselben Sinn o b j e k t i v e W i s s e n s c h a f t ist, daß sie also durchaus auf Erfahrungen fußt, in denen eine dem Bewußtsein äußere
Wirklichkeit durch Erscheinungen gegeben und hingenommen wird.
Paradox und doch mit vollem Rechte kann man sagen: Die Psychologie ist, so wie die Naturwissenschaft im gewöhnlichen engeren
20 Sinn, durchaus Wissenschaft aus äußerer Erfahrung. Zunächst gilt
das offenbar insofern, als sie die ganze materielle Welt als vorgegebene Wirklichkeit übernimmt; denn sie ist nicht eine von der physischen Wissenschaft unabhängige, sondern auf sie gegründete, sie
also voraussetzende Wissenschaft. Innerhalb der erfahrenen räum-
25 lich-zeitlich materiellen Wirklichkeit treten materielle Dinge, genannt menschliche und tierische Leiber, auf, und in Zusammenhang
mit diesen werden sogenannte seelische Erlebnisse erfahren. Und so
sind durch psychophysische Gesamterfahrung für uns da und uns als
psychologischer, als thematischer Boden gegeben Menschen und
30 Tiere, Bewußtseinsleben aber als menschliches und tierisches, eingeordnet in die objektive Zeit (die Zeit der Natur) und in den Raum
der Natur eben durch die erfahrungsmäßige leibliche Anknüpfung.
Nun wissen wir freilich, daß von alters her der äußeren die innere
Erfahrung gegenübergestellt wird. Aber ebenso alt als die Scheidung
35 ist die V e r m e n g u n g d e r r e i n i m m a n e n t e n E r f a h r u n g, die
allein jener Evidenz des Cartesianischen *cogito* (oder vielmehr der
Reflexion auf das eben vollzogene *cogito*) teilhaftig ist, die jeden
Zweifel absolut ausschließt, m i t d e r p s y c h o l o g i s c h e n S e l b s t -
e r f a h r u n g, in der ich dieses menschliche Subjekt, mein *cogito*,

als Vorgang in mir und somit in der Erfahrungswelt, in der ich als
Mensch mich unmittelbar finde, feststelle. Diese „innere" Erfahrung setzt die physische Erfahrung voraus und ist selbst „äußere
Erfahrung" im guten Sinn, sofern sie in ihrem Sinn sowohl Leiblich-
5 keit und Natur als auch Personalität, also auch in dieser Hinsicht
eine über das Bewußtseinserlebnis hinaus gemeinte, ihm äußere
Wirklichkeit setzt. Darüber war ⟨sich⟩ schon Kant klar, aber man
war hier wie sonst wenig geneigt, solche von seiner systematischen
Philosophie sehr wohl ablösbaren Einzelfeststellungen fruchtbar zu
10 machen. Was für uns also entscheidend ist, ist diese fundamentale
Tatsache, daß das Bewußtsein, daß jedwedes Subjekterleben mit seinen intentionalen Beständen in der Weise der psychologischen Erfahrung, einer bewußtseinstranszendenten Erfahrung, gemeint und
thematisch behandelt wird. Es gibt eine Natur und in der Natur
15 menschliches Bewußtsein als eine Zuständlichkeit, in der sich abhängig von der Leiblichkeit nach Erfahrungsgesetzen reales seelisches und geistiges Sein bekundet. Das ist Aussage der Erfahrung,
und darauf fußt alle Psychologie, mag sie noch so sehr ihren forschenden Blick in deskriptive Bewußtseinsbestände hineinsenden
20 und streckenweise von psychophysischen Kausalzusammenhängen
absehen. Ihren Charakter als Naturwirklichkeiten verlieren sie darum nicht — solange noch im historischen und täglich aktuell geübten Sinn von Psychologie die Rede sein kann. Die Psychologie ist
also objektive Erfahrungswissenschaft. Und das ist gerade die Phä-
25 nomenologie nie und nirgends. Jede bewußtseinsäußere Wirklichkeit, mag die Äußerlichkeit besagen sinnlich erscheinende materielle
Natur, und darunter materielle Leiblichkeit, oder mag sie besagen
Personalität, d. h. das identische reale Subjekt der gegenüber dem
Wechsel der Erlebnisse sich erhaltenden oder veränderlichen Cha-
30 raktereigenschaften, Kenntnisse, Fertigkeiten, Dispositionen jeder
Art, gilt dem Phänomenologen als ein Adiaphoron, er nimmt dazu
keine Stellung, er setzt sie nicht und lehnt sie nicht ab; jedwede
bewußtseinsäußere Wirklichkeit übersetzt er sozusagen ins Phänomenale; nicht Wirklichkeit, sondern erscheinende Wirklichkeit
35 als solche gehört zu seinem Thema, erfahrene, phantasierte, leer
vorgestellte, begriffene, gewertete usw. als solche: eben das Bewußtsein und Bewußte in sich selbst, rein von allen
Wirklichkeitsthesen, die ein Bewußtseinsäußeres, ein im weitesten Sinn erscheinendes Bewußtes als äußere Wirklichkeit setzt oder

übernimmt. Höchste Erkenntnisinteressen fordern es, sich darüber
klar zu werden und darum voll bewußt und klar und ausdrücklich
die „phänomenologische Reduktion" zu vollziehen, das Fundament
oder vielmehr die methodische Grundform aller phänomenologi-
5 schen Methode.

Die phänomenologische Methode kann als Modifikation
und dabei zugleich als eine Erweiterung und Verschärfung der Cartesianischen Zweifelsmethode aufgefaßt werden. Dem Zweifel
(oder vielmehr dem Zweifels- und Negationsversuch) substituiert
10 der Phänomenologe eine im Rahmen seiner Wissenschaft streng
innezuhaltende Urteilsenthaltung, die es ihm verbietet, sich auf den
Boden irgendeiner objektiven Erfahrung zu stellen und demgemäß
irgendeinen Lehrsatz irgendeiner objektiven Wissenschaft als Prä-
misse zu benützen, zu ihrer Wahrheit oder Falschheit irgendwelche
15 Stellung zu nehmen: Dem Phänomenologen kommt es also nicht
darauf an, den Streit mit dem Skeptizismus durchzufechten, wie
immer er die Möglichkeit objektiver Wissenschaft angreifen mag. Er
hat es nicht, als Phänomenologe, so wie Descartes auf die Begründung einer im höchsten Sinn strengen und echten Wissenschaft,
20 einer absoluten, wie wir sagen könnten, abgesehen, einer Wissenschaft, die, womöglich über alle Erkenntnisgebiete sich ausbreitend,
von einem absolut gegebenen Boden aus fortschreitend, keinen
Schritt vollzieht, der nicht als absolut zweifellos eingesehen werden
kann. Mag objektive Erkenntnis und Wissenschaft anerkannt oder
25 bestritten werden: Er wählt als sein Thema das allerdings absolut zu
gebende Feld der reinen Phänomene. Seine Epoché, die er also dem
Zweifel substituiert, betrifft alles, was dieses Feld überschreitet, die
in Phänomenen sich mit Recht oder Unrecht bekundende objektive
(bewußtseinstranszendente) Wirklichkeit, mag sie übrigens Natur
30 heißen oder noch eine hinter der Natur anzunehmende „metaphysische" Wirklichkeit von „Dingen an sich". Descartes' Zweifelsmethode vollzog, und das war ein Grundgebrechen seiner Darstellungen, keine allseitige Ausschaltung der objektiven Transzendenzen.
Die physische Natur, einschließlich der Leiblichkeit, verfiel dem
35 methodischen Zweifelsversuch. Aber im *ego cogito,* mit dem er allzu
schnell endet, vertritt ihm das *ego mens sive animus sive intellectus,*
die empirische Personalität, das Subjekt der Charaktereigenschaften,
Dispositionen. Die Seele, den Geist im natürlichen Sinn, unter-
zog er nicht der methodischen Reduktion, und so wird es

begreiflich, daß Locke und ihm folgend der empirische Psychologismus bis zur Gegenwart die Evidenz des *cogito*, oder wie es besser heißen müßte, die Evidenz der Reflexion auf das *cogito*, als Evidenz der psychologischen Selbsterfahrung deutet. Der Mensch erfaßt in
5 der inneren Erfahrung sein aktuelles Erleben, sein Vorstellen, Urteilen usw. in seiner originären Gegenwart, einer Gegenwart, die ohne weiteres einen in der objektiven Zeit zu bestimmenden Zeitpunkt vertritt, wie das Erlebnis selbst ein Vorkommnis ist in der räumlich-zeitlichen Wirklichkeit. Der Phänomenologe aber erfaßt in seiner
10 phänomenologischen Reflexion keine objektive Zeit, kein Vorkommnis des Menschen, auch nicht des Menschen, der er selbst ist. Die Welt, die ganze Natur, die Menschen, er selbst — alles Objektive verfällt der phänomenologischen Reduktion, und alles tritt in die phänomenologische Forschungssphäre in Form einer grundwe-
15 sentlichen Modifikation, in Form der Bewußtseinsparallelen, der Erscheinungen, Meinungen, Stellungnahmen usw., die in sich selbst Bewußtsein von diesen Objektivitäten sind. Wo der Phänomenologe gegenüber den Phänomenen von Menschen, von Ich und anderen, in unmodifiziertem Sinn von einem reinen Ich spricht, da handelt es
20 sich für ihn um eine in Erlebnissen der Form *cogito* aufweisbare Struktur, wie z. B., wenn er beschreibend sagt, von einem aus dem Bewußtseinshintergrund sich vordrängenden Phänomen geht eine auf das „Ich" gerichtete Affektion aus oder dadurch „bestimmt" wendet sich das Ich aufmerkend dem Affizierenden zu, nimmt dazu
25 Stellung u. dgl. Die beständige Vermengung zwischen psychologischem und reinem Bewußtsein bzw. psychologischen und reinen Phänomenen in jederlei Sinn ist also dahin zu charakterisieren, daß die um ein Verständnis der Phänomenologie Bemühten sich zwar bereit finden, die phänomenologische Reduktion auf seiten der Na-
30 tur zu vollziehen, aber es sich nicht klarmachen, daß auch auf der Ich-Seite und damit hinsichtlich alles Psychischen diese Reduktion vollzogen werden muß, da doch alle Auffassung von Phänomenen irgendwelcher Subjekte als Phänomene in der Welt, ja schon als Phänomene, die unterschiedenen Menschenseelen zugehören, eine
35 bewußtseinstranszendierende Auffassung ist. Insofern wiederhole ich das paradoxe und doch wohlverstanden richtige Wort: Psychologisches Bewußtsein ist gegeben in der psychologischen Erfahrung, die prinzipiell eine „äußere" Erfahrung ist. Jedes Bewußtsein kann, es muß aber nicht psychologisch aufgefaßt sein. Vollziehe ich radikale

phänomenologische Reduktion, so bleibt nicht nichts übrig, sondern das volle Erlebnis als das, was es in sich selbst ist. Und ist es dazu aufgefaßt als Natur, so ist diese Auffassungsschicht phänomenologisch dazuzunehmen, es ist dann in dieser Auffassung das Thema;

5 nur „ mitgemacht " wird die Natursetzung nicht, sowenig wie im Fall der phänomenologischen Betrachtung der äußeren Dingerfahrung und ihres Erfahrenen als solchen mitgemacht wird die transzendente Thesis dieser Erfahrung. Es ist kein Einwand, daß auch der Psychologe reine Phänomene kennt und von ihnen handelt, nämlich Phä-

10 nomene, die das Bewußtseinsubjekt erlebt, aber nicht als Vorkommnisse der animalischen und raum-dinglichen Welt apperzipiert. Sind doch alle aktuellen Erlebnisse eines Bewußtseinsubjekts vor der Reflexion nicht natural-objektivierte. Aber was das jeweilige Bewußtseinsubjekt nicht naturalisiert, das objektiviert und natura-

15 lisiert der Psychologe als Psychologe. Sein Thema ist eben animalisches, leiblich bezogenes, naturales Seelenleben.

⟨§ 13. Die phänomenologische Methode als
immanente Wesensanschauung⟩

Aber nun erhebt sich die weitere Frage: Wie soll der Phänomeno-

20 loge im Rahmen seiner Methode Phänomene feststellen, und welcher Art soll die theoretische Erkenntnis über dieselben sein, die er gewinnen kann? Seine reduzierte Erfahrung ist rein immanente Erfahrung: Nur was im Rahmen seines Bewußtseins an Phänomenen auftritt, ist dieser Erfahrung zugänglich. Was ein fremdes Subjekt

25 immanent vorfindet, kann der Phänomenologe nicht gelten lassen. Fremde Subjektivität kann ihm ja nur gegeben sein auf dem Weg der Einfühlung, derart, daß er das fremde Seelenleben im weitesten Sinn als uns fremde Leiblichkeit erfaßt. Das aber setzt voraus, daß er den fremden Leib als Wirklichkeit setzt, während doch alle sei-

30 nem Bewußtsein transzendente Wirklichkeit der phänomenologischen Reduktion verfällt. Demgegenüber ist aber zu sagen, und damit vollziehen wir einen neuen Schritt zur Charakteristik der reinen Phänomenologie, daß diese nicht begründet worden ist als „ Tatsachen"-Wissenschaft, sondern als Wesenswissenschaft,

35 oder was dasselbe, nicht als Wissenschaft aus phänomenologischer „ Erfahrung", sondern aus phänomenologischer „reiner An-

schauung", oder wie ich zu sagen pflege, Wesenserschauung.
Diese aber ist nichts Mystisches, nichts Erfundenes, nicht aus verbalen, also leeren Begriffen Herausgesponnenes, sondern uns aus anderen Wissenschaften her längst Vertrautes: aus sogenannten apriori-
5 schen und doch intuitiv verfahrenden Wissenschaften, die ich, um
der Hereinziehung verkehrter Begriffe von Apriori, mit denen wir
alle nichts zu tun haben wollen, zu steuern, eben Wesenswissenschaften oder eidetische nenne. Beispielsweise die Geometrie ist
eine Wissenschaft von Raumgestaltungen überhaupt, die ihr durch
10 sogenannte geometrische Anschauung gegeben sind. Sie handelt aber
nicht von tatsächlichen Raumgestaltungen als Wirklichkeiten, die
durch Erfahrung festgestellt werden. Die Existenz von räumlichem
Dasein ist bekanntlich in der Geometrie völlig ausgeschaltet, ob es
Dreieck oder Kreis an räumlichen Wirklichkeiten, etwa an wirkli-
15 chen Naturdingen gibt, das ist für sie keine Frage und kein Thema
einer Feststellung, keine stillschweigende Voraussetzung. Sie würde
es nicht stören, wenn es gar keine räumliche Natur gäbe, wenn statt
materieller Dinge im anschaulichen Raum immaterieller Schein auftreten würde, sinnlich qualifizierte geometrische Körper ohne Spur
20 physikalischer, also real-kausaler Eigenschaften; oder auch, wenn
der Raum nur ein Titel wäre für die Form gestalteter Phantasiege-
genständlichkeiten. All dergleichen ist für sie gleichgültig, weil Geometrie eben keine „Wirklichkeiten", „Tatsachen", kein individuelles Dasein als Forschungsgebiet hat, sondern eine Idee, die der Rah-
25 men ist für eine Unendlichkeit von Ideen oder Wesen mit den zu
ihnen gehörigen Wesensverhältnissen und Wesensgesetzen. All diese
Wesen schöpft der Geometer aus der „Anschauung". Das ist keine
Erfahrung; denn Erfahrung ist Erfassen von individuellen Tatsachen
als daseienden Wirklichkeiten, und wenn dem Geometer gelegent-
30 lich doch Erfahrungen dienen, so dienen sie doch nur als anschauliche Exempel, bei denen gerade die Daseinssetzung für ihn wie nicht
vorhanden ist. Eine sehr viel größere Rolle spielt für ihn die freie
Phantasie, wobei wieder das evtl. begleitende Bewußtsein des Nichtseins, des bloßen Phantasiertseins oder des vorschwebenden Scheins
35 für ihn außer Spiel bleibt. Das so oder so, in welchem doxischen
Modus immer vorschwebende oder perzeptiv erscheinende einzelne
faßt er als Exempel einer da erschauten Idee, eines Dreiecks überhaupt oder eines in bestimmter Einzelheit gedachten Dreiecks überhaupt usw. All dergleichen ordnet sich in eine allumfassende ideale

Form solcher idealen und von allem Qualitativen abstrahierenden
Gestaltungen, in den Raum, das freie Feld der geometrischen Intuition, selbst in seiner Weise intuitiv gegebene Form. Für die geometrischen Gebilde, die nicht die an den sinnenanschaulichen Exem-
5 peln sinnlich abstrahierbaren Kanten, Ränder, Oberflächen sind, sondern durch idealisierende Intuition herausgedachte Limites, exakte
Geraden, exakte Kreise usw., gelten ebenfalls intuitiv erfaßbare
Axiome, zu den idealen Wesen gehörige Wesensgesetze, die eine
Fülle von Folgesätzen in sich schließen. Ausschließlich solche Ideal-
10 gesetze, die ausdrücken, ohne was kein erdenkliches einzelnes, das
unter geometrischen Ideen steht, denkbar ist, spricht der Geometer
aus. Wenn es eine Natur geben sollte, die der geometrischen Raum-
idee entspricht, so müßte diese Natur in unbedingter Notwendigkeit
den geometrischen Gesetzen gemäß sein, also ihre Anwendung für
15 die Naturwissenschaft fordern.

Dieser Sinn eidetischer Wissenschaft ist keineswegs an die Sphäre
geometrischer Anschauung gebunden. Auch die reine Phänomenologie ist „rein" von allem Tatsächlichen, auch sie will ausschließlich
eidetische Wissenschaft von den Phänomenen sein: nicht Wissen-
20 schaft von meinen zufälligen Phänomenen und gar von meinen als
dieses empirischen Ich-Individuums Phänomenen, sondern von
Phänomenen überhaupt in jener unbedingten Notwendigkeit und
Allgemeinheit, die in eidetischer Intuition auf Grund beliebiger ein-
zel-anschaulicher Exempel zu schöpfen ist. Für sie charakteristisch
25 ist also eine doppelte Reinheit: die der transzendentalen
Reduktion, die ihr ausschließlich eigen ist, und die der eidetischen Intuition, die sie mit der reinen Geometrie gemein hat.
Also jeder phänomenologische Satz drückt einen Wesenszusammen-
hang aus und damit eine unbedingt gültige Gesetzmäßigkeit mögli-
30 cher transzendentaler Phänomene überhaupt, die unter den begrifflich fixierten Wesen stehen. Auch der Phänomenologe vollzieht also
für Bewußtsein und Bewußtes als solches und alle seine analytischen
Bestände keine Erfahrungen als Erfahrungen, als ob er je die darin
beschlossene Thesis der immanenten Existenz benutzen dürfte; ne-
35 ben phänomenologischer Reduktion aller objektiven Existenz vollzieht er überall als eidetischer Phänomenologe die Reduktion auf
das Eidos. In letzterer Hinsicht ist sein Verfahren genau wie das der
geometrischen Intuition ein auf Grund frei abwandelbarer Phantasie
vollzogenes Ideieren und Erfassen von idealen Verträglichkeiten und

Unverträglichkeiten, von idealen Notwendigkeiten und Gesetzen
des Zusammenhangs usw. Z. B. phänomenologische Feststellungen
unter dem Titel einer Phänomenologie der äußeren Wahrnehmung
sind also keine Erfahrungsfeststellungen, sie beruhen nicht auf „in-
5 nerer" oder „Selbsterfahrung", sie beruhen ebensowenig auf transzendental reduzierter immanenter Erfahrung. Vielmehr auf Grund
von Exempeln äußerer Wahrnehmung, die etwa in der Phantasie
vorschweben und jedenfalls in der Phantasie unter Erhaltung ihres
Typus frei gewandelt werden, wird eben ein Wesenstypus, eine Idee
10 äußerer Wahrnehmung fixiert, im Verfolge möglicher Abwandlungen evtl. unter diesem allgemeinen Wesen eine Sonderung in Arten
vollzogen und nun, was an wesensgesetzlichen Verhältnissen in diesen gattungsmäßigen oder artmäßigen Wesen gründet, systematisch
erforscht. Spezieller z. B., was in der raumdinglichen Wahrnehmung
15 nach noematischer Seite *a priori* beschlossen ist, welche Modi der
möglichen Gegebenheit durch die noematische Idee des Raumdinges
überhaupt vorgezeichnet sind, welche Zusammenhangsformen im
Ablauf der verschiedenen Modi usw. Ebenso wird in Wesenseinstellung untersucht, wie sich „Wahrnehmung" zu „Erinnerung", zu
20 reproduktiver Erfahrung überhaupt verhält, wie alle Modi der Erfahrung sich von entsprechenden Modi der Phantasie unterscheiden,
wie von den Modi des Abbild- und Zeichenbewußtseins usw.
Schließlich ist eine systematische Erforschung des gesamten Bewußtseins nach allen seinen gattungs- und artmäßigen Beständen in eide-
25 tischer Einstellung möglich. Das Bewußtsein überhaupt ist dabei
nicht nur ein Titel für eine Gattungsidee, unter der Wesensarten sich
ordnen, sondern auch ein Titel für eine umfassende Form üblichen
Bewußtseinserlebens überhaupt, in entfernter Analogie eine Art
Raum für noetische und noematische Erlebnisse, eine ideale Form,
30 die auch ihr Apriori hat und möglicher Koexistenz und Sukzession
(in der letzteren Hinsicht unter dem Titel phänomenologischer Genesis) unbedingte Gesetze vorschreibt.

Natürlich können solche allgemeinen Charakteristiken nicht dazu
dienen, von der Art phänomenologischer Wissenschaft eine konkre-
35 te Anschauung zu vermitteln. Dazu bedarf es eines Studiums der
Phänomenologie selbst, so wie sie in Anfangsstücken und in der
geforderten Reinheit bisher zutage getreten ist. So könnte ja auch
dem, der nie Geometrie oder Physik studiert hat, keine allgemeine
Charakteristik ihres Gebiets und ihrer Forschungsweise eine an-

schauliche Vorstellung von der endlosen Fülle schönster und wertvollster Einsichten dieser Wissenschaften erwecken. Bemerken
möchte ich noch, daß es ein Mißverständnis ist, aus der Parallelisierung der reinen Phänomenologie mit der reinen Geometrie die
5 Erwartung zu schöpfen, daß sozusagen der wissenschaftliche Stil beiderseits in jedem Sinn der gleiche und insbesondere, daß auch die
Phänomenologie eine sogenannte deduktive Wissenschaft sein wolle
und sein könne. Die methodische Struktur einer Wissenschaft und
speziell einer eidetischen Wissenschaft ist bestimmt durch die We-
10 sensart ihres Gebietes. Dieses Gebiet bezeichnet für die Geometrie
der reine Raum, dessen analytisch-mathematische Form einer durch
Zahl- und Größenbegriffe bestimmbaren Mannigfaltigkeit näher als
euklidische Mannigfaltigkeit von drei Dimensionen charakterisiert
ist. Es wäre aber ein durch nichts begründetes Vorurteil zu fordern,
15 daß eine eidetische Wissenschaft nur auf einem Gebiet zu etablieren
ist, das in der Weise einer arithmetisierbaren geordneten „Mannigfaltigkeit" bestimmbar ist. Ist nun auch der Begriff einer mathematischen Mannigfaltigkeit über die Quantitätssphäre zu erweitern, so
ist auch der verallgemeinerte Begriff ein begrenzter. D. h., es ist
20 nicht minder ein Vorurteil zu meinen, jedes der Wesensforschung
unterliegende Gebiet müsse der analytischen Formalisierung unter
der Idee einer definiten Mannigfaltigkeit unterliegen, d. h., es müsse
möglich sein, alle Wesenswahrheiten zurückzuführen auf eine endli-
che Anzahl von formal definierbaren Grundbegriffen und „Axio-
25 men", auf Grund welcher jede für das Gebiet formulierbare Prädi-
kation nach Wahrheit oder als Falschheit in rein logischer Folgerung
entschieden ist. Eben damit erst ergibt sich die Form deduktiver
Wissenschaft, wonach an der Spitze ein endliches System von Definitionen und Axiomen steht, aus welchen in rein analytischer Kon-
30 sequenz in axiomatisch geregelter Begriffskonstruktion und Schluß-
folgerung die Unendlichkeit von Folgesätzen (Lehrsätzen) des Gebiets zu gewinnen ist. Die Phänomenologie ist eine eidetische Wissenschaft, aber nicht eine mathematische. Das liegt aber im Wesen
des Bewußtseins, an das man nicht Vorausforderungen stellen, son-
35 dern das man sich erst ansehen muß, da die Forderungen zu zeigen,
die es von sich aus stellt. So ist ja jedes mathematische Gebiet mit
seinen evident zu erfassenden Gebilden und auf sie bezüglichen
theoretischen Formen gegeben und gedacht im mathematischen Bewußtsein. Das Bewußtsein vom Mathematischen ist aber nicht

selbst etwas Mathematisches, das Bewußtsein vom „Exakten" nicht
selbst ein in demselben Sinn Exaktes: Und doch hat es sein ideativ
zu fassendes Wesen, das ist, es hat seine Typik, die sich in reinen
Begriffen fassen und aus denen sich in apodiktischer Einsicht be-
5 schreiben läßt, was für mögliches mathematisches Bewußtsein überhaupt notwendig gilt. Vollzieht der Mathematiker dieses Bewußtsein, die vielgestaltigen Erlebnisse des mathematischen Anschauens,
des mathematischen Prädizierens und Theoretisierens, so daß er
schrittweise mathematische Wahrheiten, in mathematisch strengen
10 Schlüssen, Beweisen, Theorien gewinnt und als Substrat derselben
die mathematischen Gegenstände, Bestimmungen, Verhältnisse, so
sind diese mathematischen Erlebnisverläufe selbst nicht von zufälliger Gestaltung. Sie haben ihre festen Wesensstrukturen, die in der
Reflexion studiert und als Notwendigkeiten der Bewußtseinsweise
15 eingesehen werden können, wenn eben die betreffenden Bewußtseinsphänomene die Wesensgestaltung von solchen sollen haben, in
denen mathematische Wahrheit und Theorie einsehbar bewußt
⟨werden⟩. Es ist ein ungeheurer Fortschritt unserer wissenschaftlichen Einsicht, der allein der Phänomenologie verdankt war, daß auf
20 Bewußtseinsseite über alle in empirischer Einstellung als psychologisch zu charakterisierenden Bewußtseinsfaktizitäten hinaus eine er-
forschbare Wesensstruktur waltet, die einer systematischen Forschung durchaus zugänglich ist. Natürlich hat wie das wahre mathematische Denken auch das falsche seine Wesensstrukturen bzw. das
25 sich möglicherweise als falsch Ausweisende, mathematische Unvernunft wie mathematische Vernunft ist ein Titel für Wesensgesetze.
Naturgemäß knüpft die Untersuchung an die Grundbegriffe und
Grundsätze an. Jedes mathematische, und ich füge gleich bei, jedes
logische Axiom, da formale Mathematik und formale Logik un-
30 trennbar eins sind, das in der Wissenschaft der Mathematik oder
Logik als objektiv geltender Sachverhalt hingestellt wird, drückt
phänomenologisch ⟨eine⟩ Regel möglichen Urteilens, nämlich eine
Bedingung der Möglichkeit evidenten Urteilens für eine ganze Ur-
teilsklasse aus — wie denn überhaupt Wahrheit an sich und Mög-
35 lichkeit der Evidenz, der Einsicht ideale Korrelate sind. Aber bei
dieser leeren Allgemeinheit darf man nicht stehenbleiben. Wie sieht
überall mögliches Evidenzbewußtsein aus, und zwar nicht in dieser
leeren Allgemeinheit, sondern für jede Grundklasse evidenter Urteile? Wenn zu jedem wahren Satz die ideale Möglichkeit gehört, daß

er uneinsichtig, aber auch einsichtig geurteilt sein kann, und zu
jedem falschen Satz, daß er neben dem Modus des uneinsichtigen
Urteilens den Modus des in negativer Einsicht sich als absurd her-
ausstellenden haben kann, und wenn *idealiter* für jeden Satz mögli-
5 che Prozesse der Ausweisung der Begründung oder Entgründung
„bestehen" — so dürfen nicht nur vage Prinzipien bleiben, zurei-
chend für allgemein logische Praxis, sondern es muß die Frage
gestellt werden: Wie sehen beiderseits die logischen Erlebnisse gemäß den wesentlichen Gegenstandsregionen, den wissenschaftlichen
10 Hauptgebieten aus und näher z. B. die mathematisch korrekten oder
verkehrten aus, und welche Notwendigkeiten der Bewußtseinsform
sind konstitutiv nach noetischer und noematischer Hinsicht, damit
so etwas wie objektive Wahrheit oder objektive Falschheit als ausgezeichnete noematische Gestaltungen auftreten können? Eben dies
15 gilt nicht nur für die allgemein logische und die allgemein mathematische Sphäre, sondern für jede wissenschaftliche Sphäre überhaupt,
und man überzeugt sich, daß jedes gegenständliche Apriori, jedes
Prinzip gegenständlicher Notwendigkeit, das in einer Wissenschaft
als Prinzip der Methode zu fungieren berufen ist, in der Naturwis-
20 senschaft etwa das Kausalprinzip, einen Leitfaden dafür abgibt oder
abzugeben berufen ist, die phänomenologischen Zusammenhänge
aufzusuchen und einem Wesensstudium zu unterwerfen, die für jede
gegenständliche Wahrheit des Gebietes in der betreffenden axioma-
tischen Hinsicht konstitutiv sind. Jedes Gebiet von Gegenständen,
25 abgeschlossen, wie es ist, durch seinen umfassenden Gegenstands-
begriff, hat notwendig sein gegenständliches Apriori und hat sein
sachliches Apriori, abgesehen von dem formalen, das zu ⟨er⟩for-
schen eigenes Thema ist der formalen Logik in ihrer natürlichen
Erweiterung zur *mathesis universalis* (der formalen apriorischen Ge-
30 genstandslehre). Das gegenständliche Apriori, das ist das, was zum
eigentlichen Wesen der betreffenden Gegenstandsgattung sinngemäß
und unabtrennbar gehört, gibt dem Phänomenologen einen Index für
ein geschlossenes System teleologischer Untersuchungen der bestimmt zu charakterisierenden und in ihrer notwendigen Gestaltung
35 vorzuzeichnenden Bewußtseinserlebnisse, in denen die Bedingungen
der Möglichkeit der anschaulichen Gegebenheit und theoretisch gültigen Bestimmung für solche Gegenständlichkeiten *a priori* beschlossen sind. So ist die Phänomenologie, trotzdem sie von allen anderen
Wissenschaften scharf getrennt ist, in Hinsicht darauf nämlich, daß

sie keinen Satz derselben benützen kann, und trotzdem sie von allen
Erfahrungsgebiete getrennt ist, sofern sie keine ihnen zugehörigen
Erfahrungen als Tatsachen gebende hinnehmen darf, doch auf alle
mögliche Erfahrung und alle mögliche Wissenschaft bezogen. Wahr-
5 haft Seiendes und Wahrheit selbst sind eben korrelativ auf erfahrendes und denkendes Bewußtsein bezogen, und wie ⟨sie⟩ sich darin
geben, durch welche Bewußtseinscharaktere und in welchen Akten,
das ist in phänomenologischer Einstellung eidetisch zu erforschen.
Das ist ja der Parallelismus, von dem wir oben schon gesprochen
10 haben.

⟨§ 14. Rationale Psychologie und Phänomenologie⟩

Speziell für die Psychologie ergibt sich eine eigentümliche Folge.
Die Phänomenologie der psychologischen Erfahrung und des psychologische Wahrheit konstituierenden Denkens ist ein Thema so
15 gut wie ein anderes. Andererseits ist es klar, daß jede phänomenologische Feststellung als eine Wesensfeststellung über Bewußtsein
und Bewußtes in eine psychologische Feststellung umzuwerten ist.
Das psychologische Bewußtsein ist nicht reines Bewußtsein, es ist
Bewußtsein in der natürlichen Apperzeption, die das Seelische als
20 naturhaftes, an physischen Leibern Vorkommendes, der Welt raum-
zeitlich-kausal Zugehöriges auffaßt. Aber diese Auffassung behält als
Kern das jeweilige Bewußtseinserleben mit seinem Bewußtseinsin-
halt selbst, ohne seinen eigenen Wesensbestand zu modifizieren.
Wenn der Psychologe von Phantasie spricht, so ist Phantasie ein
25 Titel für innerlich erfahrene Erlebnisse. Diese Erlebnisse rein in sich
selbst, nach einem eigenen typischen Wesen, erfaßt der Phänomenologe, ohne sie zu psychologisieren, also als Naturwirklichkeiten zu
objektivieren. Genau dieses Wesen aber bleibt erhalten, wenn die
psychologische Objektivierung das immanent gegebene Phänomen
30 als menschliche oder tierische Phantasie und so als Naturfaktum
auffaßt. Das gilt von jedem Erlebnis, auch von dem Erlebnis psychologischer Apperzeption von einem Erlebnis. Ein jedes kann in
phänomenologischer Einstellung immanent als reines Phänomen,
jedes auch in hinzutretender psychologischer Einstellung transzen-
35 dent als psychophysisches Naturphänomen aufgefaßt werden. Demnach kann jedes Ergebnis der reinen Phänomenologie umgedeutet

werden in ein Ergebnis apriorischer oder rationaler Psychologie. In dieser Umdeutung realisiert also die Phänomenologie zugleich und von neuem die verpönte Idee einer rationalen Psychologie (ohne diese freilich zu erschöpfen), und es wird dereinst als einer der
5 größten Fortschritte psychologischer Erkenntnis unserer Zeit und der methodischen Reform der Psychologie eingesehen werden, daß die psychologische Sphäre ein ungeheures Feld rationaler Erkenntnis ist und von nicht minderer, sondern größerer Tragweite für die Ermöglichung psychologisch-empirischer Erkenntnis, wie das natur-
10 wissenschaftliche Apriori in Form der reinen Geometrie (abgesehen von der formal allgemeinen Analysis) und der an Beständen ärmeren „reinen Naturwissenschaft" (reine Ontologie der Materialität) es für die empirische Naturwissenschaft ist. Die heutige Psychologie ist über das Niveau einer rohen empirischen Beobachtungs- und Expe-
15 rimentlehre nicht hinausgekommen, sie gleicht im Prinzip der beobachtenden Astronomie vor dem Auftreten der exakten, auf die neue mathematische Physik gegründeten Astronomie, ja vor dem Auftreten der reinen Geometrie. Die Hinzunahme von Bestandstücken naturwissenschaftlicher Methodik wie der statistischen und der zu-
20 gehörigen Wahrscheinlichkeitsbetrachtungen, der Methodik des Experiments und alles Schönen und Wertvollen, das sie sonst auszeichnet, kann an diesem von der Zukunft zweifellos zu bestätigenden Urteil nichts ändern. Jede strenge Wissenschaft bedarf der durch die Eigenart ihres Gebietes geforderten strengen Begriffe: Begriffe, die
25 eben diese Eigenart ausdrücken. Daß das Psychische eine Eigenart hat, ein Eigenwesen, das sich in einer Unzahl von Gestaltungen auseinanderlegt, und daß eine systematische Wesensanalyse und ihr folgend systematische und exakte Begriffsbildung notwendig sind, dann aber auch eine Auseinanderlegung der zu diesen Begriffen gehörigen
30 Wesenszusammenhänge — dafür ist die Psychologie des neuzeitlichen Empirismus allzeit blind gewesen, und das hat man bis zur Phänomenologie hin überhaupt nicht gesehen.

Zwar lag eigentlich in Humes Lehre von den Ideenrelationen der Gedanke beschlossen, daß zur immanenten Erlebnissphäre apriori-
35 sche Gesetze gehören. Aber er sah in den Erlebnissen sozusagen seelenlose sensuelle Daten, das Verständnis des eigentlichen Bewußtseins als Bewußtseins von etwas mit noetischen und noematischen Wesensbeständen blieb ihm versagt, und selbst seine Darstellung des Apriori als Faktum zu den „Ideen" in seinem Sinn, der nicht der

Wesenssinn ist, unabänderlich gehöriger Relationsdaten hinderte die späteren Zeiten, seine unklaren, in ihrer bedenklichen Fassung unverwertbaren Ahnungen zu nützen. Nur ein auf die psychische Sphäre bezogenes echtes Apriori erkannte man, soweit die Einflüsse des
5 Rationalismus (auch in den Empirismus hinein) reichten, allgemein an, die normativen Gesetze der Logik und Ethik und Ästhetik, verstanden als Sollensgesetze des Denkens, Fühlens und Wollens: Aber von einer Klärung dieser Gesetze und ihrer Rückbeziehung auf Wesensgesetze der Bewußtseinsphänomene überhaupt, ja von der
10 Art und Möglichkeit solcher auf den Eigenbestand des Bewußtseins bezogenen und aus ihm intuitiv zu schöpfenden Wesensnotwendigkeiten hatte man keine Ahnung. In dieser Hinsicht versagte auch Kants Lehre vom Apriori vollkommen. So große Probleme innerlich seine Vernunftkritik bewegen, so weit entfernt davon ist er, ein
15 Wesensgesetz des Bewußtseins als solchen zu denken und durch Beziehung auf es die echten vernunftkritischen Probleme zu formulieren.

Doch ehe ich in dieser Richtung weitergehend das Verhältnis von transzendental-eidetischer Phänomenologie und Erkenntnistheo-
20 rie erörtere, muß ich noch ausdrücklich betonen, daß es grundfalsch ist, Phänomenologie und rationale Psychologie (Wesenswissenschaft vom Psychischen) zu identifizieren, trotz ihrer Zusammenhänge, die so nah sind, daß, wie oben gesagt wurde, jede phänomenologische Erkenntnis durch entsprechende und jederzeit mög-
25 liche Umdeutung in eine rational-psychologische zu verwandeln und dann empirisch-psychologische zu verwandeln ist. So wie rationale Ontologie der Natur die im Wesen der Natur, z. B. im Wesen der Zeit, des Raums, der Bewegung, der Materie mit ihren Kräften gehörigen Wesensverhältnisse auseinanderlegt, so erforscht die Ontologie
30 der Animalität und speziell der animalischen Subjektivität das eben dieser neuen Region von Objektivitäten zugehörige Apriori. Beiderseits erforschen die apriorischen Disziplinen die unbedingt notwendig geltenden Gesetze, die für mögliche materielle Natur und mögliche Animalität überhaupt und als solche gelten müssen. Die reine
35 Phänomenologie ist aber Wissenschaft von Bewußtsein und Bewußtem als solchem, die Idee der Natur gehört ihr zu als Titel für Bewußtseinsvermeintheiten, für noematische Korrelate. Die Idee einer seienden Natur überhaupt mit den ihr zugehörigen Gesetzen gilt ihr als Index für Zusammenhänge möglichen Anschauens und Den-

kens, einstimmig zusammenhängend und ihrem bestimmten Wesen
nach mit dem Charakter der „evidenten Geltung" verknüpft. Sie
urteilt selbst nicht über Natur, weder über die wirkliche Natur noch
über eine Natur überhaupt und die ihr zugehörigen Wesensgesetze.
5 Sie geht hier wie sonst, wo sie Objektivität und objektive Wissenschaft zum phänomenologischen Thema macht, von der natürlichen
Einstellung, in der Objektivität gegeben ist, in die phänomenologische Einstellung über. So auch für die Idee einer Natur überhaupt.
Von der Einstellung der Evidenz, in der die Idee der Natur zur
10 Gegebenheit und zur rational-wissenschaftlichen Entfaltung kommt,
geht sie über — und damit erst beginnt das phänomenologische
Urteilen — in die Reflexion auf das Bewußtsein dieser Evidenz und
seines Gehalts. Wenn zu ihrem Thema auch das gehört, Bedingungen der Möglichkeit einer auf Natur überhaupt als Noema bezoge-
15 nen Evidenz zu erforschen und die bezüglichen Bewußtseinszusammenhänge nach ihren Wesenscharakteren zu bestimmen, so sind
ihre Erkenntnisse allerdings so geartet, daß eine bloße Einstellungsänderung Erkenntnis über mögliche Natur überhaupt und deren
Gesetze bzw. über Beziehungen derselben zu Bewußtseinsgesetzen
20 überführt. Aber die Thesis weder der faktischen Natur noch der
möglichen ist phänomenologische Thesis. Genau dasselbe gilt von
allen rationalen Wissenschaften einer Objektivität überhaupt.
   Die Phänomenologie als reine Wissenschaft von den transzendentalen Phänomenen ist auch Wissenschaft vom Phänomen „eine
25 Natur überhaupt", ebenso wie sie Wissenschaft ist vom Phänomen
„diese existierende Natur". Sowenig die wirkliche Natur zu verwechseln ist mit dem Phänomen dieser Natur bzw. der ideellen
Gesamtheit von möglichen Phänomenen, in denen sie sich bewußtseinsmäßig gibt, ausweist, bestimmt, sowenig ist die Idee einer „Na-
30 tur überhaupt" zu verwechseln mit dem ideellen Gesamtinbegriff
möglicher Phänomene, in denen diese Idee sich gibt, ausweist, bestimmt, Phänomene, die in ihrer idealen Allgemeinheit die möglichen singulären Phänomene und phänomenalen Inbegriffe umspannen, in denen jede beliebige besondere mögliche Natur zur Bewußt-
35 seinskonstitution käme. Also gilt speziell dasselbe von der Idee
Mensch überhaupt, Seele überhaupt, menschliches Subjekt überhaupt. Also ist eidetische Psychologie nicht Phänomenologie. Und
das gilt dann natürlich auch für die Eidetik des Bewußtseins überhaupt, das zu einer menschlichen Subjektivität überhaupt gehört,

also für das psychologische Bewußtsein überhaupt. Nur das reine Bewußtsein und seine Bestände befaßt der Titel Phänomen im Sinne der Phänomenologie.

Das Apriori z. B., das zur Idee animalischer Subjektivität oder zur
5 Idee der Persönlichkeit im engeren Sinne, wiederum zur Idee eines sozialen Zusammenhangs personaler Einheiten, zur Idee einer Personalität höherer Stufe, gehört und was dergleichen mehr, haben solche notwendig ontologischen Disziplinen zu erforschen als Prinzipienwissenschaften für die entsprechenden empirischen Diszipli-
10 nen Psychologie, Anthropologie, Geisteswissenschaften usw. Die Phänomenologie aber hat es mit Bewußtseinsakten und den darin als Immanenzen angeschauten, so und so erscheinenden, gedachten, erkannten (oder mißkannten) Gegenständlichkeiten als solchen zu tun, kurzum mit Phänomenen im Sinne eben der Phänomenologie.
15 Hinsichtlich der Psychologie ändert das aber nichts daran, daß alles psychologisch apperzipierte Bewußtsein in sich selbst Bewußtsein ist, seinen Wesenscharakter behält trotz dieser Naturalisierung und daß darum jede phänomenologische Erkenntnis in entsprechender Umwertung (nämlich in Fassung der psychologischen Apperzeption)
20 sich in eine rational-psychologische verwandelt. Dem Psychologen mögen solche jederzeit zu vollziehenden, ja vermöge der natürlichen Entwicklung des menschlichen Seelenlebens immerfort ohne weiteres vollzogenen Naturalisierungen (von denen uns die phänomenologische Reduktion allererst befreien muß) sehr gleichgültig sein,
25 aber von einer höheren Warte aus, der der Philosophie, sind solche Differenzen von fundamentaler Bedeutung. Mit ihrer Beachtung bewährt sich die absolute Independenz der Begründung und Durchführung der Phänomenologie von allen objektiven Wissenschaften, die zwar vielfältig einander, aber niemals der Phänomenologie irgend-
30 welche Prämissen hergeben können.

〈§ 15. Die Entwicklung von der deskriptiven Psychologie
zur Phänomenologie〉

Der nahe Zusammenhang der Psychologie mit der Phänomenologie macht es erklärlich, daß psychologische Interessen bei der Be-
35 gründung der Phänomenologie eine wirksame Rolle spielen konnten. Die neuzeitliche, aus psychophysischen Problemen herausgewachse-

ne experimentelle Psychologie bevorzugte die „objektiven Methoden" und konnte sich nicht genug daran tun, die Mängel der inneren
Beobachtung zu schildern, zumal sie die Unwissenschaftlichkeit der
vorangegangenen empirischen Psychologie darin sehen zu dürfen
5 glaubte, daß diese auf bloß vager innerer Erfahrung fuße. Damit
aber wurde man von einer für die Begründung einer wirklich fruchtbaren Psychologie unerläßlichen deskriptiven Analyse der Gegebenheiten der inneren Erfahrung abgeführt. Es war daher eine notwendige und schon in den siebziger Jahren anhebende Reaktion (Bren-
10 tanosche Schule, dann Volkelt und andere), wenn eine immanente
Deskription und Klassifikation der Gegebenheiten des Bewußtseins
gefordert wurde. Auch von deskriptiver Psychologie wurde als Titel
für solche Untersuchungen gelegentlich gesprochen (bei Brentano
von Psychognosie), obschon man nicht sagen kann, daß damit eine
15 eigene Disziplin zur Begründung gekommen wäre. Eine deskriptive
Psychologie im eigentlichen und vollen Sinn hätte eine systematische Deskription der gesamten psychologischen Tatsachensphäre
sein müssen, einerseits eine Deskription der in der umfassenden
Erfahrung von Menschen und Tieren aufweisbaren empirischen
20 Gattung und Arten von Bewußtseinserlebnissen in der konkreten
Komplexion, in der sie wirklich auftreten, und eine zu Zwecken der
Deskription nötige Analyse der Komplexe in ihre erfahrungsmäßigen Bestandstücke und Merkmale; andererseits eine Deskription der
Gesamttypen von menschlichen und tierischen „Geistern" oder,
25 wenn man will, seelischen Individualitäten, so wie sie sich in der
Erfahrung wirklich geben, mit ihren typischen Charaktereigenschaften, Temperamenten, ihren mannigfaltigen, erfahrungsmäßig beschreibbaren Dispositionen wie geistigen Fähigkeiten, Fertigkeiten,
Kenntnissen etc., und endlich der typischen Weise der Einheit dieses
30 Geistigen mit der Leiblichkeit und die Deskription der Leiblichkeit
als Leiblichkeit, als „Träger" der Geistigkeit, hätte nicht fehlen
können. Eine solche deskriptive Psychologie im vollen Sinn wäre ein
Stück der deskriptiven Anthropologie und Biologie gewesen, und sie
hätte ihr Recht gehabt in demselben Sinn, wie diese und wie es die
35 Zoologie und Botanik haben. Es lag aber an historischen Zusammenhängen von Psychologie, Physiologie und Philosophie, daß von
vornherein der Blick fast ausschließlich gerichtet blieb auf die Bewußtseinssphäre und mindestens literarisch eine allseitige und gesonderte Entwicklung einer deskriptiven Psychologie unterblieb. Die

Einstellung auf eine deskriptive Psychologie beschloß in sich die
Einstellung auf Tatsächlichkeiten, und zwar auf Tatsächlichkeiten, die aufgefaßt bleiben mußten als solche der Menschen- und
Weltwirklichkeit. Das aber mußte notwendig der Einsicht im Wege
5 stehen, daß in der empirisch-deskriptiven Bewußtseinssphäre in
dem bezeichneten eigentlichen Sinn geschieden werden könne und
müsse zwischen dem eigentlich Empirischen und dem uneigentlich
Empirischen, und das sagt in letzterer Hinsicht, dem eidetisch Gültigen, dem im Faktum Vorhandenen, weil *a priori* und aus Wesens-
10 gründen in jedem Faktum, das Vereinzelung der entsprechenden
Ideen ist, notwendig Vorfindlichen. Man mußte es bei dem Mangel
transzendentaler und eidetischer Reduktion und zugleich infolge der
anfangs begreiflichen Unfähigkeit intentionaler Analyse der Phantasie übersehen, daß ein Teil der Deskriptionen von vornherein nicht
15 in der Erfahrung faktisch beobachtet, sondern auf Grund von freier
Phantasie gestaltet war. Die Sachlage wird ein wenig verständlicher,
wenn wir wieder das Beispiel der Geometrie heranziehen. In der
vorplatonischen Geometrie, die noch nicht erleuchtet war durch die
Entdeckungen der Ideenerkenntnis, also die Entdeckung des „Exak-
20 ten", „Reinen", das allen Raumgestaltungen „beiwohnt", wurden
alle geometrischen Begriffe als empirische Begriffe aus der Erfahrung, z. B. des Feldmessens, gezogen, und alle geometrischen Sätze
galten als Ausdruck empirischer Zusammenhänge. Selbst wo das
natürliche empirische Denken, wie es wohl unvermeidlich war,
25 schon das Exakte unterlegte und dieses nicht als solches erkannte —
es fehlte die Platonische Reflexion, die das Reine, das Ideale abson-
derte und das Empirische als Vereinzelung des Reinen und zugleich
als notwendig unvollkommene Approximation auffaßte, und die
Erkenntnis, daß die empirisch ausgesprochenen geometrischen Sätze
30 nur Übertragungen im reinen Anschauen und Denken an der Idee
gewonnener Sätze auf die empirischen Annäherungen sind. Ebenso
in der deskriptiven Psychologie. Man kam gar nicht auf den Gedanken, daß das Psychische Feld einer Wesensbetrachtung werden könne, und das um so weniger, als der grassierende Empirismus in der
35 zweiten Hälfte des 19. Jahrhunderts überall auch das Ideale der Mathematik empiristisch umdeutete; es war ja die Zeit, in der Mill und
Hume die herrschenden Denker waren und auch diejenigen aufs
stärkste beeinflußten, die lebhaft gegen sie opponierten. Erst unter
dem Druck erkenntnistheoretischer Motive, erst im Kampf gegen

den logischen und dann weitergehend gegen den erkenntnistheoretischen Psychologismus, erst durch Wiedererinnerung der Platonischen Idee in ihrer wertvollen, außermetaphysischen Begrenzung,
die uns das Reich der Wesenserkenntnis schenkte, und durch Ver-
5 bindung dieser Wesenserkenntnis mit den Motiven zu einer transzendentalen Reduktion, die in der Cartesianischen Zweifelsbetrachtung lagen, konnte das Feld einer deskriptiven Wesenslehre des
Bewußtseins freigelegt, seine Methode ausgebildet und das Feld der
Phänomenologie gewonnen werden. Erst damit aber war auch der
10 Psychologie das reine psychologische Apriori und vor allem das des
Bewußtseins selbst als Fundamentalstück ihrer notwendigen künftigen Methode gewonnen.

PHÄNOMENOLOGIE UND ERKENNTNISTHEORIE
⟨1917⟩

⟨Einleitung:
Der Ursprung erkenntnistheoretischer Überlegungen
5   aus dem Gegensatz von Vernunft und Sinnlichkeit⟩

Wir sprachen von erkenntnistheoretischen Motiven, welche zur
Begründung einer reinen Phänomenologie drängten. Das weist auf
einen nahen Zusammenhang der Erkenntnistheorie — oder gleich
allgemeiner gesprochen, der Theorie der Vernunft überhaupt — mit
10 der reinen Phänomenologie hin. Dem wollen wir jetzt nachgehen.
Wir knüpfen zunächst an Bekanntes an, seinen Sinn unter dem Lichte der neuen Einsichten deutend. Die ersten Anfänge erkenntnistheoretischer Forschungen sind fast so alt als die Anfänge der Wissenschaft. Denn die früh empfindlich gewordene Unvollkommenheit
15 dieser Anfänge mußte notwendig die Reflexion auf die Vernunft als
Vermögen ⟨der⟩ Wissenschaft und auf die Eigenheit und das Eigenrecht der Wissenschaft als objektiv gültiger Theorie drängen. Durch
Verselbständigung des theoretischen Interesses und damit des theoretischen Triebes, der sich im reinen und freien Walten der Denk-
20 funktionen auswirken und das ihnen eigentümliche Telos erzielen
will, konstituierte sich Wissenschaft als ein System nach Gründen
und Folgen geordneter Sätze, die in dieser Aufeinanderbeziehung
sowie auch als Ganzes der Theorie den Anspruch auf objektive
Wahrheit erheben. Die Vernunft, das spezifische Vermögen der
25 Theoretisierung, stellte sich der Sinnlichkeit, dem Vermögen bloß
sinnlicher Erfahrung und der durch sie bestimmten Alltagsmeinung,
gegenüber; sie schien Seinsbestimmungen zu fordern, die mit den
sinnlich gegebenen stritten. Vermöge ihrer höheren Autorität wurden die letzteren als Sinnenschein degradiert. Die theoretische
30 Wahrheit und nur sie ist Wahrheit an sich, die eine ist für alle ver-

nünftig Urteilenden, und als ihr Korrelat ist das Seiende an sich bestimmt, bestimmt durch an sich wahre Prädikate.

Andererseits sind die Aussagen der Sinnlichkeit bloß subjektiv, nach den urteilenden Subjekten wechselnd. Mit solcher Prätention
5 stritt es aber, daß die Vernunft zu einer Vielheit miteinander unverträglicher Theorien der Objektivität führte, deren jede auf ihr Recht auf übersubjektive Geltung pochte. Hier lagen von vornherein Motive zu einer Kritik der Vernunft und der Sinnlichkeit sowie korrelativ zu einer Kritik theoretischer Wahrheit als solcher und ihres
10 Gegenstückes, der vorwissenschaftlichen Wahrheit der bloßen Erfahrung.

⟨I. Die entstehung der logik und wissenschaftstheorie⟩

⟨§ 1. Die skeptische Leugnung objektiver Wahrheit⟩

Die erste Kritik vollzog sich in Form des skeptischen Negativis-
15 mus der Sophisten. Eine Vernunft als Organ der Erkenntnis objektiv gültiger Wahrheit wird bestritten und wie bei Protagoras die entwertete Sinnlichkeit auf den Thron erhoben. Es gibt nur sinnliche, also bloß subjektiv relative Wahrheit. Die Bestreitung der Vernunft spricht sich im Prinzip der sophistischen Dialektik aus: Man kann
20 alles beweisen und alles widerlegen. D. h., für jeden Satz kann man theoretische Gründe finden, die ihn beweisen, und zugleich genau ebenso kräftige Gründe, die ihn widerlegen.

⟨§ 2. Die Anfänge der formalen Logik in der Platonischen
Dialektik. Die Methode der Begriffsbildung⟩

25   Gegen die sophistische Dialektik reagiert die für ihre Selbsterhaltung kämpfende, für die Realisierung ihrer Idee ringende objektive Wissenschaft durch die Begründung der positiven, nämlich der Platonischen Dialektik und ihrer Fortbildungen. Vermöge der formalen Allgemeinheit, in der sich sophistische und antisophistische
30 Dialektik bewegen, können wir auch sagen: Es handelt sich um die Anfänge einer reinen und dabei formalen Logik und Gegenstandslehre. Modern ausgedrückt, eine Wissenschaftstheorie als Theorie

der Theorie, als Wissenschaft von den Prinzipien und Gesetzen, unter denen Theorie überhaupt steht, wird geschaffen.

Der große philosophische Sinn, mit dem Platon auf eine völlig radikale Methodenlehre ⟨der⟩ Erkenntnis ausging, verlor sich als-
5 bald bei seinen Nachfolgern. Und das um so leichter, als er die in der Gorgiasschen Skepsis (wie wir weiter unten erörtern werden) lie-genden Keimpunkte einer transzendentalen Philosophie nicht ergriff. Was tatsächlich zur Entwicklung kam, barg zunächst ganz ungeschieden in sich einerseits die Anfänge einer allgemeinen und
10 der Hauptsache nach noetischen Logik als einer Rechtslehre des objektive Gültigkeiten begründenden Erkennens überhaupt, an-dererseits Anfänge einer formalen noematischen Logik, einer Lo-gik der „Aussageinhalte", der Begriffe, Sätze, Beweise, oder wie wir auch sagen können, der Elemente, der Formen und Gesetze, die zum
15 Wesen gültiger Theorie überhaupt konstitutiv gehören. Mit dieser noematischen Logik verflechten sich zugleich Anfänge einer forma-len Gegenstandslehre, erste Theorien über das wahrhaft Seiende überhaupt (als das Korrelat der es bestimmenden objektiven Wahr-heiten bzw. der es rechtmäßig beurteilenden Erkenntnis). Es ist das
20 große Verdienst der Stoa, zur Einsicht in die Notwendigkeit dieser fundamentalen Scheidung zwischen einer Rechtslehre der Erkennt-nisakte und einer Gültigkeitslehre der Erkenntnissätze (der Erkennt-nis als Sätze eines gewissen Sinnes) durchgedrungen ⟨zu sein⟩ und die Aristotelische Analytik in ihrem wesentlichen noematischen
25 Charakter erkannt und in diesem Sinn (zugleich unter Ablösung von allen Beimengungen metaphysischer Elemente) rein fortgebildet zu haben.

Speziell in der sprachlichen Sphäre erfaßte sie den Unterschied zwischen den zu den aussagenden Reden (als sprachlichen Zeichen)
30 gehörigen Erlebnissen des aussagenden Vorstellens, Urteilens, Schließens etc. und andererseits den jeweiligen Begriffen, Urteilssät-zen, Schlüssen. Der Satz oder das Urteil als das ausgesagte, geurteilte Was (Urteil im noematischen Sinn) ist nicht der mit dem jeweiligen Erlebnisgehalt sich vollziehende Akt des Urteilens (Urteil im noeti-
35 schen Sinn). Die Stoa also bildete zuerst die Idee einer „formalen Logik" als einer Geltungslehre dieser „λεκτά" aus. Freilich ist die stoische Scheidung nicht von eingreifender Nachwirkung gewesen. Sie ist von Herbart und Bolzano wieder entdeckt und in der Wissenschaftslehre des letzteren großen Logikers für die umfassende

(obschon immer noch viel zu beschränkte) Ausführung einer rein
noematischen Logik fruchtbar gemacht worden.

Die Vernunft als das Vermögen der Theorie betätigt sich in Funktionen der Begriffs- und Urteilsbildung. Aber echte Vernunft betätigt

5 sich nicht in einem beliebigen Walten dieser Funktionen und bezeugt sich in der Art und Form ihrer Ergebnisse.

Die im gewöhnlichen Reden und Meinen auftretenden Begriffe
und Sätze, schließenden und beweisenden Zusammenhänge sind vage
Meinungen. Der eigene Sinnesgehalt dieser Meinungen gibt aber ein

10 methodisches Verfahren an die Hand, sie entweder durch einsichtige
Herausstellung des gemeinten Wahren zu bestätigen, also in diesem
selbst ihre klare und bestimmte Wahrheit herauszustellen, oder aber
es führt auf eine gegensätzliche Wahrheit, an der die Meinung durch
Widerstreit zerschellt. So entsprechen reinen Begriffen (nämlich rein

15 von aller Setzung irgendeines individuellen Daseins, wie sie z. B.
etwa als Wortbedeutungen im sprachlich mathematischen Denken
auftreten) wahre begriffliche Wesen, oder Ideen, als das „Ansich",
auf das sie hinzielen und das in methodischer „Begriffsbildung" zur
schauenden (einsichtigen) Erfassung kommt. Es ist die Norm, aus

20 der der vage Begriff sein Maß, seinen gültigen Sinn und seine strenge
Bestimmtheit schöpft. Andere solche Begriffe erweisen sich als
falsch, wenn in der Methode der Ideenschau zwar Teilbegriffe auf
ihr wahres Wesen zurückgeführt werden, während die Intention des
ganzen Begriffs durch Unverträglichkeit dieser Teilbegriffe sich auf-

25 hebt in evidenter Negation. Dieselbe Methode überträgt sich auf die
Auswertung gewisser Urteile, die sich als „unmittelbare Selbstverständlichkeit" geben und die sich evtl. durch Rückgang auf die
„Evidenz" wirklich als unmittelbare Wahrheiten, z. B. als axioma-
tische Notwendigkeiten herausstellen, und wieder auf Urteile (Sät-

30 ze), die sich als erschlossen oder sehr mittelbar erwiesen geben, bzw.
auch auf Schlüsse und Beweise selbst, das Korrelat des schließenden
und beweisenden Denkens. In der auswertenden Einsicht werden
diese Funktionen in einer Weise gewürdigt, daß der wahre Schluß
oder Beweis hervortritt: als das im entsprechenden vagen Schließen

35 und Beweisen Gemeinte „selbst", darin seinen echten gültigen bestimmten Sinn herausstellend — wofern nicht in der Auswirkung
der auswertenden Intention als Erfüllungstendenz des Gemeinten ein
anderes Wahres hervorspringt, das die Intention durch Widerspruch
aufhebt: wie wenn statt des intendierten Schlußsatzes in der Wahr-

heit ein anderer hervortritt, der den ersteren als nichtige Meinung erkennen läßt. Durch näheres Studium der Wahrheiten selbst, wie sie als Korrelate einsichtigen Urteilens gegeben sind, und der einsichtigen Schlüsse und Beweise selbst, treten gewisse Formen und
5 zugehörige Formgesetze hervor, selbst als einsichtig zu erschauende Wahrheiten, in denen sich gesetzmäßige Bedingungen der Möglichkeit von Wahrheiten überhaupt bzw. von wahren Schlüssen und Beweisen darstellen. Alle Sätze und Schlüsse, deren Formen mit diesen Gesetzen streiten, erweisen sich als Falschheiten. — Bei dieser
10 Vernunftforschung wurde eine Kritik der Vernunft in Hinsicht auf ihren Sinnesgehalt, mit Beziehung auf die sprachlichen Erfahrungsweisen ihren Bedeutungsgehalt vollzogen. Kritisiert wurde nicht das Reden und Denken, sondern das Was der Rede, der Sätze, das Ausgesagte, Geurteilte. In dieser Art kritisieren wir auch im gewöhnli-
15 chen Leben bestimmte Aussagen, eben in der Frage nach ihrer Wahrheit und Falschheit, und die Kritik ist zu Ende, wenn der Übergang vom vermeinten Satz, dem vermeinten „so ist es", zur Wahrheit selbst als entsprechender oder widersprechender in der Einsicht vollzogen ist. Diese Einsicht ist die originäre Produktion
20 der Vernunftfunktionen, in denen das Wahre originär bewußt wird. Damit verflicht sich dann schrittweise die parallele Einsicht im Bewußtsein der Erfüllung oder Enttäuschung des vordem vagen sprachlichen Meinens durch die gegebene Wahrheit. Radikaler, weil prinzipiell, vollzieht sich die Kritik der Begriffe, Urteile, Schlüsse,
25 kurz aller noematischen Vernunftbestände, mit denen sich Wissenschaft als Theorie aufbaut, in „logischer" Allgemeinheit, also im Vollzug einsichtiger Erkenntnis der Prinzipien, die Bedingungen der Möglichkeit der Theorie überhaupt sind; und durch bewußt einsichtigen Rekurs auf sie vollzieht sich auch die Kritik bestimmter Sätze,
30 Beweise, Theorien als prinzipielle Kritik.

Also diese ganze Forschung betrifft das Denken, das vage und einsichtige, nur, sofern es das Gedachte und seine Eigenheiten betrifft. Wie das Denken aussieht, das vage als vages, das einsichtige als einsichtiges, welche Rolle dabei sensuelle Bestände spie-
35 len, in welchem Sinn das Einsichtige anschauliche Vorstellungen und gar aktuelle Erfahrungen der Gegenständlichkeiten, auf die es sich bezieht, und der Merkmale, die es begrifflich faßt, fordert und was dergleichen mehr, das bleibt ganz außer Frage. Nur dem ausgesagten, dem bedeuteten Was, dem „so ist es!" ist der Blick zuge-

wandt. Nicht dem als seiend und so seiend Setzen, sondern dem
Satz, nicht dem für wahr Einsehen, sondern der eingesehenen Wahrheit, nicht dem Erschließen der Folge, sondern der Folge selbst und
als solcher usw. Das war es auch, was die Wissenschaft zunächst und
5 allein brauchte: einsichtige Herausarbeitung der Idee der Theorie,
die konkret zu realisieren jede Wissenschaft als solche berufen ist.
Diese ist nur Explikation der Idee der Wahrheit an sich, die ihrem
Wesen nach unmittelbar oder mittelbar ist, und demnach auf Prinzipien zurückgeführt, die einsehbar sind als Bedingungen der Mög-
10 lichkeit an sich geltender, nicht bloß unmittelbarer, sondern auch
mittelbarer Wahrheit bzw. von Wahrheitssystemen, die nach Prinzipien von Grund und Folge verknüpft sind. Als Korrelat der Wahrheit an sich steht und bestimmt sich mit die Idee des Seins an sich
als Substrates an sich wahrer Seinsbestimmungen, und den idealen
15 Wahrheiten, die die Möglichkeit der Wahrheit an sich umgrenzen,
entsprechen korrelative Wahrheiten, die ideale Bedingungen der
Möglichkeit eines Seins an sich als Substrates von Bestimmungen an
sich ausdrücken. Sein an sich heißt hier also soviel wie wahrhaft
seiender Gegenstand.

20   ⟨§ 3. Die formale Ontologie (*mathesis universalis*)⟩

Im weiteren Verfolg dieser auf Bedeutung und Gegenstand bezogenen Wissenschaftstheorie erwächst nicht nur die eng begrenzte alte
formale Logik, sondern auch die formale Arithmetik, in späteren
Zeiten der Komplex von Disziplinen der formalen mathematischen
25 Analysis bis hinauf zu der Mannigfaltigkeitslehre. Es sind das Wissenschaften, die sich sämtlich auf Gegenstände überhaupt beziehen
lassen, gleichgültig welchem sachlich bestimmten, durch sachhaltige
Begriffe bestimmten Gebiet sie angehören mögen, und die selbst
Gegenstände ausschließlich durch Begriffe bestimmen, die wie die
30 Begriffe der Menge, der Reihe, der Ordnung überhaupt, der Anzahl,
Ordinalzahl, der Größe und Größenzahl, des Ganzen, der Verbindung, der Relation usw. auf jede erdenkliche Gegenstandssphäre
überhaupt anwendbar und somit selbst von sachhaltigen Merkma-
len, die an eine bestimmte Gegenstandssphäre binden könnten, frei
35 sind. Wir fassen diese innig miteinander zusammenhängenden Disziplinen unter dem Titel for m a l e On t o l o g i e zusammen und ord-

nen ihr also auch, und aus naheliegenden Gründen, die formale
Logik als formale Disziplin gültiger Begriffe und Sätze ein. Wir hätten ebensogut den erweiterten Titel reine oder formale Logik oder
auch den erweiterten Titel formale Mathematik wählen können. In
5 der Tat können Leibnizens Andeutungen über seine Idee einer
„ *mathesis universalis* " in dem Sinn unserer formalen Ontologie verstanden werden.

Auch unter den Titel formale Wissenschaftstheorie können wir
alle diese Disziplinen stellen, nämlich sofern sie einen Fonds von
10 Gesetzeswahrheiten zusammenordnen, die allen Wissenschaften
vorangehen, von allen also völlig independent sind und zugleich für
sie alle ein gemeinschaftlicher Schatz der Methode. Sie gehen allen
voran, sofern sie prinzipiell vermöge ihrer formalen Allgemeinheit
von keiner Wahrheit irgendwelcher anderen Wissenschaften Ge-
15 brauch machen und Gebrauch machen können; sie sind Gemeingut
für alle Wissenschaften aus demselben Grund: weil die Gegenstände
aller Wissenschaften eben Gegenstände, ihre Sätze Sätze, ihre Wahrheiten Wahrheiten sind usw. Damit hängt zusammen, daß die formale Wissenschaftstheorie selbst vorangeht, daß sie auf sich selbst
20 zurückbezogen ist, daß alle Begriffe, Sätze, Wahrheiten, Theorien,
aus denen sie sich aufbaut, unter den Gesetzen stehen, die sie selbst
durch ihre Theorien begründet. Ich nannte diese Wissenschaft einen
Schatz der M e t h o d e aller Wissenschaften. Damit ist auf ihren universellen Beruf hingewiesen, der Kritik bzw. der Methode in allen
25 Wissenschaften zu dienen. Die formale Ontologie oder Wissenschaftstheorie ist Theorie, in sich selbst ist sie also kein normatives
oder praktisches Regelsystem. Sie spricht keine Sollenssätze aus und
handelt selbst nicht von Methode, von praktischen Denkanweisun-
gen. Aber der Kritik und Methode zu d i e n e n ist sie berufen, sofern
30 jedes wissenschaftliche Streben, wie es den Forscher in allen Gebieten bewegt, geleitet ist von der positiven Wertung der Wahrheit; die
Wahrheit ist also, und speziell die Wahrheit des jeweiligen Gebietes,
ein zielgebender Wert, dessen Realisierung in der Erkenntnis Zweck
ist. Diese Realisierung ist nur möglich, wenn die für Sein überhaupt
35 und Wahrheit überhaupt gültigen Gesetze beachtet werden: Sie bilden die radikalsten Prinzipien der Normierung, vor allem anderen
dürfen sie nicht verletzt werden. Freilich erschöpft das nicht ihre
ungeheure methodische Bedeutung, die noch andere hier nicht zu
erörternde Quellen hat: Die Natur ist mathematische Natur, und

alles Mathematische hat seine Form, die in Reinheit Thema ist der
universellen formalen *mathesis.*

⟨§ 4. Die Ausbildung der materialen Ontologien⟩

Ist die voll umfassende und reine Idee dieser Wissenschaft erst im
5 18. Jahrhundert durch Leibniz und Lambert konzipiert, obschon
nicht ernstlich wirksam geworden (später verfiel sie völliger Verges-
senheit, um dann erst aus den lebendigen Motiven der Gegenwart in
meinen *Logischen Untersuchungen* von neuem zu erwachen), so
blieb die Entwicklung noch viel mehr zurück in der Erfüllung eines
10 nicht minder dringenden Postulats, nämlich in der Entwicklung und
konkreten Realisierung der Idee materialer (sachhaltiger) Ontologien
bzw. Wissenschaftstheorien.

Die ersten Anfänge liegen auch hier im Platonismus, nach der
Entdeckung der reinen Ideen und formalen Grundbedingungen der
15 Möglichkeit wahrhaften Seins und streng gültiger Theorie waren die
nächst zugänglichen Wahrheiten und Theorien eidetische. In der Tat
kamen nicht nur Stücke der formalen Logik selbst (als eidetischer
theoretischer Disziplin) zur Entwicklung, sondern es erfolgte als eine
weitere, über alle Maßen bedeutungsvolle Frucht der Platonischen
20 Ideenlehre die Begründung der reinen Geometrie. Sie behandelte in
idealer Reinheit Raum und räumliche Gebilde, also die ideale Form
aller möglichen physischen Gegenständlichkeiten. Ein sachhaltiges
Wesensmoment war für sie also bestimmend, nicht der formalen
Idee Gegenständlichkeit überhaupt gehörte dieses Moment zu, son-
25 dern der materialen Idee der Raumdinglichkeit, die *eo ipso* auch
zeitlich extendiert, also in ihrer Dauer sich veränderliches Individuum ist.

Die Entdeckung der reinen Logik eröffnete die Möglichkeit der
Entdeckung der exakten Naturwissenschaften, auch diejenige zur
30 Entdeckung der „reinen" Naturwissenschaft, als der eidetischen
Ontologie der Natur überhaupt. Doch zur Realisierung dieser durchaus notwendigen Idee kam es, abgesehen von unklaren und ihres
eigentümlichen Sinnes und Zieles nicht sicheren Versuchen, nicht.
Das in idealer Reinheit oder „Exaktheit" gefaßte Räumliche und
35 Zeitliche in Geometrie und Phoronomie umspannt nicht das volle
Eidos eines Naturobjekts überhaupt und die Entfaltung aller We-

sensmomente und Wesensgesetze, die in dieser Idee vorgezeichnet sind, eine große Aufgabe, eben die der Ontologie der Natur. Ähnliches muß für jede oberste „Region" des sachhaltigen individuellen Seins gelten, so für die Idee eines individuellen Geistes, die Idee der
5 psychophysischen Einheit *animal* usw. Wie die formale Idee eines Gegenstandes überhaupt und darunter eines individuellen überhaupt in der formalen Ontologie ihre eidetische Theoretisierung findet, so müssen die sachhaltigen Ideen eines Zeitgegenstandes überhaupt, eines Realen überhaupt, näher eines physischen, eines geistigen,
10 eines psychophysischen Realen eidetisch theoretisiert werden. Die entsprechenden Wissenschaften werden offenbar auch als logische Disziplinen oder als „Wissenschaftstheorien", obschon als sachhaltig gebundene, bezeichnet werden, zumal wenn wir auch hier wieder die sachhaltig bestimmten universellen Satzformen, Bedeutungsfor-
15 men, Theorienformen mit in die apriorische Betrachtung ziehen: Vor allen empirischen naturwissenschaftlichen Disziplinen als Wissenschaften von der faktischen, erfahrungsmäßig gegebenen Natur steht die von ihnen theoretisch völlig independente Wissenschaft von der einen Natur als solcher, als Idee, deren reine Erkenntnisse
20 für dieselben die Funktion von idealen Normen und als Quellen ihrer Methode übernehmen werden. In demselben Sinn wie die formale Ontologie für alle Wissenschaften überhaupt müssen die materialen Ontologien für ihre zugeordneten empirischen Disziplinen eine vernunftkritische Bedeutung in einem gewissen guten Sinn be-
25 sitzen. Sie lassen sich normativ wenden und dienen dann dazu, das vernünftige Urteilen, das vernünftige Theoretisieren in den betreffenden Disziplinen nach seiten des geurteilten Seins, der geurteilten Wahrheiten und Theorien prinzipiell zu kritisieren, nämlich durch Rekurs auf die für das Eidos des betreffenden Gebietes regional gül-
30 tigen Prinzipien. Freilich nicht die Vernunft selbst, nicht das vernünftige Denken, nicht die Weisen, wie es sich prinzipiell auf Erfahren zu gründen hat, nicht die Wesensbestände, die solchem methodischen Denkverfahren immanent zugehören, sind hier das theoretische Thema, sondern das in solchem vernünftigen Erleben Gedachte
35 nach seiner prinzipiellen Gesetzesgestalt.

⟨II. Die Entwicklung der Erkenntnistheorie⟩

⟨§ 5. Die Scheidung von Noesis, Noema und noematischer Gegenständlichkeit⟩

Nun aber wenden wir uns einer ganz anders gerichteten Wissen-
5 schaftstheorie und Vernunftkritik zu, einer wirklichen Theorie der
Vernunft und speziell der wissenschaftlichen, theoretischen Vernunft, einer Wissenschaft, die also berufen ist zur Kritik der Vernunft selbst in allen ihren Akten und den wesensmäßig zu solchen
Akten gehörigen Beständen. In der Geschichte der Philosophie sind
10 die eigentlichen vernunfttheoretischen Probleme immerfort mit den
vorhin erörterten logischen (formallogischen und sachlogischen) ver-
mengt worden. Seit Jahrtausenden geht unter dem Titel „Logik"
Logik selbst und Erkenntnislehre, geht Vorstellen und Vorstellung
(Vorgestelltes als solches), Denken und Gedanke (bedeutungsmäßi-
15 ger Sinn und Satz), Erkennen und Erkenntnis (eingesehene, begründete Wahrheit) durcheinander. Die formale Logik, die in Wirklichkeit nach ihrem theoretischen Bestand eine Theorie der Wahrheit,
näher der Begriffe, Sätze, Wahrheiten, Beweise, Theorien ist bzw.
eine Theorie des Seienden als Korrelates der Wahrheit, wird immer
20 wieder als eine Theorie des Denkens bezeichnet, die logischen Gesetze als Denkgesetze, die logischen Formen als Denkformen, die
Schlußformen als Formen des Schließens usw. Schon im Worte
Wahrheit zeigt sich der Doppelsinn, Wahrheit der Sätze und Richtigkeit des Urteilens geht beständig durcheinander. Natürlich hat
25 dieser logische Psychologismus, der keineswegs bloß ein solcher der
äquivoken Ausdrucksweisen, sondern der Verwechselung der Sachen
selbst ist, seinen Grund in der Wesenskorrelation von logischen
Erlebnissen, sagen wir einfach von Denkakten und gedachten „Inhalten" als Denkbedeutungen, die ihrerseits von den gemäß
30 einer zweiten Korrelation zugehörigen gedachten Gegenständen
nicht geschieden wurden. Diese letztere Verwechselung dokumen-
tiert sich in der schier unausrottbaren Äquivokation des Wortes
Bedeutung. Bekanntlich ist es das unvergängliche Verdienst von Bolzano, diese Scheidungen energisch geltend gemacht und in den beiden
35 ersten Bänden seiner *Wissenschaftslehre* reinlich durchgeführt zu
haben: obschon ihm andererseits völlig die Fähigkeit mangelte, den

Wesensbeziehungen zwischen Noesis, Noema und noematischer Gegenständlichkeit nachzugehen und auch nur den Sinn einer echten
Theorie der Vernunft und ihrer radikalen Probleme zu verstehen.
Damit hängt es zusammen, daß ihm die Idee der Phänomenologie
5 völlig verborgen geblieben ist, geschweige denn, daß er irgendeine
besondere phänomenologische Untersuchung geführt hätte. Damit
rühren wir schon an die Zusammengehörigkeit von Phänomenologie
und Vernunftkritik, die unser besonderes Thema ist.

⟨§ 6. Das Transzendenzproblem bei Parmenides
10   und den Sophisten⟩

Die ersten Keime eigentlicher vernunftkritischer Problematik, die
wir vor allem uns etwas näherbringen müssen, einer Problematik,
die nicht auf Wahrheit und Sein, nicht auf Theorie und Wissenschaft im Sinn eines theoretischen Systems gerichtet ist, sondern
15 eben auf das Vernunftbewußtsein selbst, treten uns im Altertum bei
Parmenides und vor allem in wirksamer negativistischer Form in
der Sophistik entgegen. Ihr Skeptizismus hinsichtlich der Wahrheit
und des Seins als Korrelates der Wahrheit hat seine Parallele in
einem Skeptizismus hinsichtlich des Erkennens, nämlich hinsicht-
20 lich der Möglichkeit eines auf Seiendes im Sinne einer bewußtseinstranszendenten Objektivität gerichteten Erkennens.
Gegen die Parmenideische These von der „Identität" von Denken (νοεῖν) und Sein, deren Sinn offenbar der war, daß das im „vernünftigen" Denken Gedachte und das wahrhaft Seiende unabtrenn-
25 bare Korrelate sind, wendet Gorgias, indem er das Sein im natürlichen Sinn als objektives (bewußtseinsjenseitiges) Sein versteht, ein:
Denken ist Vorstellen, Vorstellen ist aber nicht Vorgestelltes. Sonst
müßte auch ein Wagenkampf auf dem Meer, wenn ich mir einen
solchen vorstelle, sein. Darin scheint gegen die Möglichkeit vernünf-
30 tiger Erkenntnis eine ganz andere Kritik geführt zu sein als in den
sonstigen sophistischen Argumentationen (z. B. in Form des dialektischen Prinzips: Man kann alles beweisen und alles widerlegen).
Natürlich kann man hier wie sonst die spielerische Art des Sophisten tadeln, die jedenfalls den überlieferten Formen des Arguments
35 anhaftet. Man kann auch einwenden, daß es ein starkes Stück sei,
unter dem Titel Vorstellen das fingierende Phantasieren, das norma-

le, seine Zuverlässigkeit in einstimmigen Akten und Erscheinungen
bekundende Erfahren und wieder das Erfahren und das vernünftige
Denken durcheinanderzumengen — aber vermutlich war es gerade
der Sinn des Arguments, schlechthin zu leugnen, daß alle solche
5 Unterschiede im mindesten etwas zu bedeuten hätten für Erweis und
Bestimmung irgendwelchen transzendenten Seins. Wie immer diese
Unterschiede bestimmter zu fassen wären, es sind durchaus Unterschiede innerhalb der Subjektivität. Wie kommen aber immanente
Erlebnisse bzw. immanente Charaktere an Erlebnissen, und heißen
10 sie auch Charaktere der „Vernünftigkeit" — modern ausgesprochen
„Gefühle der Evidenz, der Denknotwendigkeit" u. dgl. —, dazu,
über die immanente Sphäre hinaus und rechtmäßig etwas zu bedeuten? Bleibt die erkennende Subjektivität immer und notwendig bei
sich, so ist Erkenntnis ein Titel für Abläufe subjektiver Erscheinun-
15 gen, subjektiv erzeugter theoretischer Gebilde. Eine transzendente
Objektivität aber (gesetzt, daß eine solche wäre) soll an sich sein.
Was kümmert sich das Sein um unser Erkennen, was richtet unser
Erkennen nach dem Sein, wie kann prinzipiell so ein Sich-Richten
erkannt werden? Und natürlich können keine Theorien, wie theolo-
20 gische, die selbst Transzendenzen voraussetzen, hier etwas nützen.

Ist das die wirkliche Meinung des Sophisten, so ist er der Entdek-
ker des vernunftkritischen Problems von der Möglichkeit transzendenter Erkenntnis, und Tadel verdient nur die Leichtfertigkeit, mit
der er es ohne Untersuchung negativistisch beiseite tut. Der Sinn des
25 Problems setzt offenbar einen unbestrittenen und in der Tat absolut
unbestreitbaren Boden voraus: Jeder Erkennende hat unmittelbar
gegeben seine eigenen Erlebnisse; auf sie kann er hinsehen, sie in
ihrer unmittelbaren Wirklichkeit zweifellos erfassen, sie mit allen
herausfaßbaren inneren Beständen und Zusammenhangscharakte-
30 ren. Die darauf bezüglichen Wahrheiten sind aber bloß subjektive
Wahrheiten. Es gibt keine objektive Wahrheit bzw. wenn es solche
gäbe, so bestände nie die Möglichkeit ihrer Erkenntnis, es kann nicht
den leisesten Grund geben, sie zu behaupten.

Wir ersehen zugleich, daß die Bestreitung der objektiven Wahrheit
35 durch den antiken Skeptizismus in einem doppelten Sinn, und
einem scharf abtrennbaren, schillert: Objektive Wahrheit kann besagen Wahrheit, die an sich gilt. Und es kann fürs zweite besagen
eine Wahrheit, die „Objektives", nämlich außersubjektive Gegenstände, betrifft. Es könnte eine auf immanente subjektive Bestände

als Substrate des Urteilens bezogene Wahrheit im ersten Sinn als
objektiv zugestanden werden, sofern der Erkennende seine Einsicht
als schlechthin gültige (eben als Wahrheit im echten Sinn) erfaßt,
ebenso wie er eine sie negierende Aussage als schlechthin ungültig
5 erkennt; während doch die Möglichkeit einer objektiven Wahrheit
im zweiten Sinn geleugnet werden könnte.

Die Logik, die aus der Platonischen Dialektik erwuchs, mochte
durch ihren Rekurs auf einsichtige Prinzipien, unter denen Wahrheit
und Falschheit an sich stehen und ihre Grenzen scharf sondern, den
10 Skeptizismus, der sich gegen die Möglichkeit dieser ersten Objektivität der Wahrheit ⟨wendet⟩, bekämpfen und der auf die Begründung von Wissenschaft gerichteten Weisheitsliebe Selbstvertrauen
verleihen: Gegen die aus dem rätselhaften Wesen des Erkenntnisbewußtseins geschöpften Einwände gegen die Möglichkeit der Erkennt-
15 nis objektiver Wahrheit — als eines Bewußtseins, das ihm fremde
Gegenständlichkeiten triftig erfassen soll — war sie machtlos. Alle
Tendenz auf einen immanenten Positivismus und jede Art eines
immanenten metaphysischen „Idealismus" geht auf die Motive zurück, die sich, wenn auch in spielerischer Weise, im Argument des
20 Gorgias einen Ausdruck zu verschaffen suchen.

⟨§ 7. Scheidung zwischen anthropologischer und
radikaler Fassung des Transzendenzproblems⟩

Das Problem der Bewußtseinstranszendenz tritt bei seinem Ursprung begreiflicherweise nicht gleich mit der Scheidung zwischen
25 radikaler und anthropologisch irradikaler (naturalistischer, psychologistischer) Fassung auf. Z. B. in der anthropologistischen Fassung
ist die Frage: Wie ist uns Menschen eine Erkenntnis des (oder eines
etwaigen) Bewußtseinstranszendenten möglich? In der radikalen
Fassung aber heißt es: Wie ist es möglich, daß im erkennenden
30 Bewußtsein ein diesem Transzendentes erkennbar wird?

Ein bloßer Hinweis macht es ja klar, daß im ersten Fall der Fra-
gende mit dem „wir Menschen" transzendente Gegenständlichkeiten, also vom Problem selbst betroffene, als Wirklichkeiten voraussetzt, und das würde auch gelten, wenn er im Singular fragend das
35 „ich Mensch" einführte. Dazu gehört ja der bewußtseinstranszen-

dente Leib und nicht minder die Person, das Subjekt der Dispositionen, der Charaktereigenschaften usw., die sämtlich den aktuellen
Erlebnissen transzendent sind, also wiederum vom Problem implizite mit betroffen werden. Das radikale oder reine Problem ist dem-
5 gegenüber so gestellt, daß nichts aus dem Umfang, den die Universalität der Fragestellung umspannt, im besonderen und stillschwei-
gend als gegebene Wirklichkeit vorausgesetzt wird. Daß in der Tat
die oben angegebene Formulierung in einem reinen Sinn verstanden
werden kann, der eine solche Voraussetzungslosigkeit mit sich führt,
10 werden wir noch in ausführlicheren Erörterungen nachweisen können.

⟨§ 8. Das Transzendenzproblem bei Descartes⟩

Das Erkenntnisproblem im Sinne des besprochenen Transzen-
denzproblems — das also ebensowohl die Transzendenz der Natur
15 und aller animalischen Subjekte als die etwa „hinter" diesen natürlichen Transzendenzen anzunehmenden „metaphysischen" betrifft
— tritt als ernstes und die ganze weitere Entwicklung der Philosophie bestimmendes Problem erst in der neuzeitlichen Philosophie
hervor, welche durch Descartes' *Meditationes* inauguriert wird. Des-
20 cartes selbst ist schon nah daran, bis zur radikalen Problemstellung
durchzudringen, durch die Herausarbeitung des Feldes der reinen
cogitationes hat er sogar schon die wesentliche Vorbedingung für
dessen wissenschaftliche Behandlung vorbereitet: Aber er hat doch
nicht entschieden genug zugefaßt, es nicht in den Mittelpunkt der
25 Betrachtung gestellt, sich auch nicht hinreichend in seinen Sinn vertieft. So wird er nicht zum Begründer der Erkenntnistheorie als Wissenschaft, an deren Anfängen er doch als Bahnbrecher steht. Von der
eigentlichen Tragweite seiner Entdeckung der reinen *cogitationes,*
davon, daß damit das Feld einer unendlich fruchtbaren und für alle
30 Vernunftkritik und Philosophie fundamentalen Wissenschaft gewonnen sei, hat er keine Ahnung. Zu einer völligen Reinheit hat er übrigens dieses Bewußtseinsfeld nicht gebracht, da er es versäumt hat,
die Zweifelsbetrachtung wie auf die Sphäre der äußeren Transzendenzen, so auf die Transzendenz der „Seele" und des personalen
35 empirischen Subjekts zu beziehen. Sie hätte alsbald zum Ergebnis
geführt, daß auch die Selbsterfahrung als Erfahrung vom eigenen

personalen Selbst prinzipiell Zweifels- oder Nichtseinsmöglichkeiten
offenläßt und daß somit die Leugnung der Existenz der Ich-Person,
als Subjekts von Kenntnissen, Fertigkeiten, auch ursprünglichen
Anlagen, von jederlei Charaktereigenschaften, mit denen es in der
5 empirischen Apperzeption aufgefaßt ist, nicht widersinnig, seine
methodische Ausschaltung also gefordert sei. Das reine Bewußtsein
(des zweifellosen *ego cogito*) durfte also nicht als Bewußtsein des *ego*
im natürlichen Sinn, von *„ mens, sive animus sive intellectus "* gefaßt
werden, wie Descartes es tat, damit den tieferen Sinn verletzend, auf
10 den seine Zweifelsmethode angelegt war. Immerhin ist dieses *ego*
nicht der Mensch in der Welt, der ja mitsamt der Leiblichkeit als
nichtseiend angesetzt ist.

⟨§ 9. Naturalistische Umdeutung des Problems
im englischen Empirismus⟩

15   In der weiteren Entwicklung findet die in den Cartesianischen
Meditationen wirksame, aber ungeklärte Tendenz auf eine wirklich
radikale Erkenntnistheorie keine Erfüllung. Die echte Cartesianische
Methode wird fallengelassen, sie wird durch Übertragung auf den
Standpunkt des natürlichen Bewußtseins, dem die Welt und in der
20 Welt das eigene Ich vorgegeben ist, ihres echten Sinnes beraubt. Das
zeigt sich schon bei Locke. Sein *Essay* (der als Quellenwerk der neuzeitlichen Erkenntnistheorie gewiß von einer nicht zu überschätzen-
den historischen Bedeutung ist, aber an bleibenden Werten tief unter
den Cartesianischen Grundschriften steht) versetzt das Erkenntnis-
25 problem der Transzendenz und versetzt die Vernunftwissenschaft
überhaupt auf den naturalistischen (anthropologistischen, psycholo-
gistischen) Boden, an den es in der Folgezeit im wesentlichen verhaftet bleibt. Zwar nimmt es bei Hume wieder eine radikalere
Gestalt an, sofern er die gesamte physische Natur mit ihren Daseins-
30 formen, aber auch die Personalitäten in immanente Fiktionen des
Bewußtseins umdeutet und in dieser Art alle bewußtseinstranszendenten Realitäten (von den im besonderen Sinne metaphysischen
ganz zu schweigen) wegstreicht, so daß ihm eine reine Bewußtseinssphäre als Feld wirklicher und wirklich gegebener Existenz zurück-
35 bleibt. Aber die Voraussetzungen seiner Deutung liegen nicht bloß
in diesen immanenten Gegebenheiten, in dem puren Bewußtseins-

bündel und Bewußtseinsfluß, sondern auch in den dazugehörigen psychischen Urvermögen, charakterisiert durch psychologische Gesetze wie die der Ideenassoziation und Gewohnheit. Den gewöhnlichen Naturalismus und Psychologismus sucht er zu überwinden
5 durch einen neuartigen Psychologismus, den positivistischen, der nicht minder mit Transzendenzen operiert, obschon nicht mit denen der natürlichen Weltauffassung, nämlich mit transzendenten Vermögen bzw. Gesetzen, die den Bewußtseinslauf als Faktum regeln sollen, während dieses Faktum selbst hinsichtlich seiner Erkenntnis-
10 möglichkeit prinzipiell die gleichen Schwierigkeiten mit sich führen muß wie die Erkenntnismöglichkeit der naturalen Transzendenzen. Doch davon abgesehen hat gerade die Humesche Tendenz zu einem immanenten Positivismus und haben seine relativ zum gemeinen Naturalismus radikaleren Problemfassungen zunächst die Entwick-
15 lungen nicht bestimmt, und was auf Kant in so entscheidendem Maß als Humes Problem eingewirkt hat, steht hinter dem positivistischen Radikalismus, in dem Hume selbst es verstand, weit zurück. Der nachkommende positivistische Radikalismus ist aber nach dem schon Angedeuteten nicht derjenige des völlig reinen Erkennt-
20 nisproblems, dessen echte Fassung erst in unseren Tagen durchgedrungen ist und die weiteren Entwicklungen neu bestimmen muß.

⟨§ 10. Transzendente Voraussetzungen in
Kants Problemstellung⟩

Was Kant selbst anlangt, so klingt es freilich hart, wenn man
25 selbst ihn zu den Psychologisten rechnet. Man braucht aber nur die ursprüngliche Problemfassung seiner Vernunftkritik, wie sie im Brief an M. Herz vom 21.II.⟨1772⟩ in klarster Darstellung dokumentarisch vorliegt, zu lesen und mit der Problementwicklung in der zweiten Auflage des ausgeführten Werkes und mit allen Ausführungen
30 desselben zu vergleichen, um sich davon zu überzeugen, daß er dem radikalen Erkenntnisproblem dauernd ferngeblieben ist. Immerfort operiert er mit transzendenten Voraussetzungen, die der natürlichen Weltauffassung entstammen, sich zwar mit der Ausbildung der Kantischen Theorien mancherlei Einschränkungen und Modifikationen
35 gefallen lassen müssen, während doch ein Kern von Transzendenz,

eben weil er schon in der Problemstellung vorausgesetzt war, notwendig erhalten bleibt; es sind Transzendenzen, die unter dem Titel
affizierendes Ding an sich aus natürlicher Thesis der außersubjekti-
ven Welt abgeleitet sind, teils aus der natürlich gegebenen materiel-
5 len Außenwelt, teils unter dem Titel transzendentale Vermögen und
Funktionsgesetze aus der natürlichen Realität des Subjekts, als eines
sich im aktuellen Bewußtseinsverhalten bekundenden Vermögens-
subjekts, einer menschlichen Person.

Man kann wohl sagen, daß es eine große Tendenz der von Kant
10 ausgehenden transzendentalphilosophischen Bewegungen war, die
Schwierigkeiten, die mit diesen transzendenten Suppositionen zusammenhängen, durch möglichste Ausschaltung derselben zu überwinden, im übrigen unter möglichster Verhaltung der eindrucksvollen
Problematik Kants und der nicht minder eindrucksvollen Typik
15 ihrer Lösungen. Daß Kant selbst den Schritt vom voraussetzungs-
vollen zum radikalen Problem nie gemacht hat und alle Umdeu-
tungsversuche in dieser Hinsicht hoffnungslos sind, dürfen wir als
sicher hinstellen. Der Schritt vom naturalistisch belasteten zum
radikalen Problem ist nicht eine unwesentliche, sich möglicherweise
20 unvermerkt vollziehende Positionsänderung, sondern er muß, wenn
er überhaupt durch innere Motive gefordert wird, als so bedeutungs-
voller, ja sozusagen aufregender erscheinen, daß es undenkbar wäre,
daß ein Autor, der ihn einmal vollzogen hat, es hätte unterlassen
können, sich darüber auszusprechen und die entscheidenden Pro-
25 blemdifferenzen in den Brennpunkt der Erörterungen zu rücken.
Was immer Kant am Herzen liegt, das spricht er ja sonst oft und
nachdrücklich und in vielfachen Wendungen aus.

⟨§ 11. Die Notwendigkeit, den naturalistischen Boden
und die Kantischen Einschränkungen
30   des Problems aufzugeben⟩[1]

Doch warum soll diese Differenz zwischen radikalem und nicht
radikalem Problem (die ohnehin flüchtig angedeutet, wie sie bisher
war, nicht ohne weiteres anerkannt werden wird) so hoch bewertet,

---

[1] Vgl. hierzu Beilage I, S. 206.

warum dem letzteren ein Makel angeheftet werden? Die anfangende
erkenntnistheoretische Reflexion findet uns auf dem Boden der natürlichen Einstellung und der natürlich erwachsenen, in gewissem
Sinn naiv theoretisierenden Wissenschaften. Die Logik, die ihnen
5 hilft, ist selbst in diesem Sinn naiv. Verloren geht diese Naivität,
sowie die auf das erkennende Bewußtsein gerichtete Reflexion die
mannigfaltigen Erlebnisse des Erkennens nicht nur in der Weise der
(selbst „naiven") Psychologie als reale Vorgänge in der Natur, also
naturwissenschaftlich betrachtet, sondern in der Beziehung dieser
10 Erlebnisse auf ein objektives Sein und eine objektive Wahrheit
durch Probleme der „Erkenntnismöglichkeit" beunruhigt wird.
Warum dürften wir die Probleme nun nicht so nehmen, wie sie sich
in der Motivation der Anfänge naturgemäß darbieten? Also z. B. in
folgender Form: Ich bin ein erkennendes Ding im großen Zusam-
15 menhang der Natur. Mein Erkennen vollzieht sich ausschließlich in
meiner seelischen Innerlichkeit, als ein Zusammenhang meiner „cogitationes", deren Bestände den Bereich des für mich unmittelbar
und zweifellos Gegebenen abschließen. Was kann aber eine rechtmäßige Gewißheit zweifellos begründen oder verständlich machen, daß
20 solchen immanenten seelischen Zusammenhängen wirklich eine objektive Welt und eine solche, wie ich sie in Leben und Wissenschaft
zu erkennen vermeine, entspricht? Zwar meine ich in der Erfahrung,
zunächst in der Wahrnehmung, ein außer meines Seelischen Seiendes, eine objektive Realität, direkt zu erfassen. Aber das Äußere
25 selbst ist doch nicht im mindesten ein meinem wahrnehmenden
Erleben immanent Einwohnendes, wie viele Wahrnehmungen ich
auch unter dem Titel Einstimmigkeit der Erfahrung zusammenordnen mag. Die Scheidung zwischen normalen Wahrnehmungen und
sonstigen normalen Erfahrungen auf der einen Seite und Halluzina-
30 tionen, Illusionen, Traumvorstellungen und gar fingierenden Phantasievorstellungen auf der anderen, die ich wie jedermann mache,
hilft mir wenig, da doch alle solche Unterschiede für mich nur bestehen, sofern ich sie in meiner Innerlichkeit vorfinde, in meinem
Erkenntniserleben vollziehe — könnte übrigens nicht diese wirkliche
35 Welt der Erfahrung eine Art nur immerfort einstimmig zusammen-
hängender Traumwelt sein? Und was soll das Denken, auch das
Denken der Wissenschaft daran bessern, da es nur ein nach innerlich
anerkannten, aus mir selbst geschöpften Gesetzen, an innerseeli-
schen Erlebnissen vollzogenes Gestalten ist, dessen Ergebnisse na-

türlich nur wieder innerseelische Bedeutung haben können? Alles in
allem: „Auf welchem Grunde beruhet die Beziehung desjenigen,
was man in uns Vorstellung nennt, auf einen Gegenstand?" Bekanntlich hat Kant in seinem Brief an M. Herz das Problem so for-
5 muliert. Warum sollen wir es also nicht mit ihm als auf dem natürlichen Boden stehendes hinnehmen? Warum uns dann nicht seinen,
es einschränkenden Überlegungen anschließen, die uns im Stadium
der Anfänge in der Tat wohlmotiviert erscheinen müssen? In der
Tat, wie die „sinnlichen Vorstellungen" sich auf Gegenstände bezie-
10 hen können — und somit auch die sinnlichen Wahrnehmungs- und
Erfahrungsurteile —, das scheint bei nächster Besinnung kein allzu
ernstes Problem zu bieten. Enthalten diese Vorstellungen doch „nur
die Art, wie das Subject vom Gegenstande afficirt wird". Es ist also
„leicht einzusehen", wie sie „als Wirkungen ihrer Ursache gemäß
15 sein müssen". Mit anderen Worten, und wie das schon längst Locke,
Berkeley und andere geltend gemacht hatten, wir fühlen uns in der
sinnlichen Erfahrung „affiziert", die Empfindungsgehalte unterste-
hen nicht unserer freien Willkür, sie weisen damit auf außerpsychi-
sche Ursachen, und es ist (wie hier der Realismus fortfahren dürfte)
20 vorauszusehen, daß wir aus der Anordnung der Empfindung in Koexistenz und Sukzession werden Schlüsse machen können auf die
selbst unanschaulichen außerbewußten Dinge an sich. Und wenn
darin schwierige Probleme sich ergeben sollten, mindestens die Existenz des Affizierenden ist im voraus sicher. Wie steht es aber, um
25 uns wieder enger an Kant anzuschließen, mit den „intellektualen
Vorstellungen", den reinen Verstandesbegriffen und den ihnen zugehörigen „Axiomata der reinen Vernunft"? Woher stimmen sie mit
den Dingen überein, „ohne daß ihre Übereinstimmung von der
Erfahrung hat dürfen Hülfe entlehnen?" Wie kann eine Vorstellung
30 auf einen Gegenstand sich beziehen, ohne von ihm auf einige Weise
affiziert zu sein? Unser Intellekt ist doch kein archetypischer, der,
was er selbsttätig in sich vorstellt und ohne alle Affektion rein aus
sich heraus erzeugt, in eins damit auch schafft. Sollen wir auf Gott
rekurrieren und auf eine von ihm prästabilierte Harmonie unserer
35 reinen Gedankenbildungen und der von ihnen geleiteten empirischen Schlußfolgerungen mit den Dingen selbst? Oder auf die Lehre
des Mallebranche, daß wir alle Dinge in Gott schauen? In den Einstellungen, denen solche Fragen entspringen, liegt es auch nah, die
rein logische Sphäre mit einzubeziehen und so mit Lotze und in

allem Ernste das Problem von der „realen und formalen Bedeutung
des Logischen" zu erwägen.

Das alles sind Probleme, die sich sehr „naturgemäß" darbieten,
so sehr, daß jeder Anfänger (und eine systematische Erkenntnistheo-
5 rie muß doch selbst mit dem Standpunkt des Anfängers anfangen)
sich von der Schwere solcher Probleme bedrückt fühlen muß.

Indessen, in diesem Sinn naturgemäße Fragen sind noch lange
nicht wertvolle, ja vernünftige Fragen. Es gibt genug an wissenschaftlich ernstgenommenen und doch im härtesten Sinn widersin-
10 nigen Fragen — wie jeder Kenner der Geschichte und sogar der
Geschichte der exaktesten Wissenschaft, der Mathematik, weiß.
Freilich weiß er auch, daß, vermöge der immanenten Teleologie, die
in allen Geistesentwicklungen waltet, die Wissenschaft schließlich
doch aus den leidenschaftlichen Bemühungen um die Lösung der in
15 ihrer Widersinnigkeit unlösbaren Probleme Nutzen gezogen ⟨hat⟩
und dabei auf höchst wertvolle Einsichten gestoßen ist, die auf die
höhere Erkenntnisstufe mit den errungenen klaren, einstimmig ge-
stalteten und gelösten Problemen nach entsprechender Reinigung in
den bleibenden Bestand der wissenschaftlichen Theorien aufgenom-
20 men werden konnten. So verhält es sich vielleicht auch hier mit
jenen naturgemäßen und selbst den Kantischen Problemen: ausdrücklich sei es gesagt, auch denen der *Kritik der reinen Vernunft*,
dieses Werkes größter, aber ungeklärter Vorahnungen und Vorent-
deckungen tiefster Wahrheiten.

25   ⟨III. Das ursprungsgebiet des radikalen
              Transzendenzproblems⟩

        ⟨§ 12. Der Standpunkt der natürlichen Einstellung⟩

Stellen wir, um zur Klarheit zu kommen, eine gründliche Überlegung an. Halten wir uns dabei alle historischen Problemmotivatio-
30 nen und Problemformulierungen vom Leibe, die unser eigenes
Nachdenken bisher bestimmt ⟨haben⟩ und uns vielleicht Schein-
klarheiten und Scheinselbstverständlichkeiten hinnehmen, ja ge-
wohnheitsmäßig sich verfestigen ließen, gegen die gerade in der
historischen Anknüpfung am schwersten anzukämpfen ist.

Beständig ist uns die Natur gegeben, und wir selbst, die Personen, sind uns für uns, für andere gegeben, als eingeordnet der Natur. Über diese Natur, die physische Natur, und die Menschenwelt mit ihren sozialen Formen, ihren Kulturgebilden usw. machen wir unsere
5 Erfahrungen, vollziehen wir unsere Aussagen, arbeiten wissenschaftlich denkend unsere Theorien aus; wir verständigen uns, wir vollziehen logisch-wissenschaftliche Kritik und erreichen die Werte der bleibenden Theorie. In alldem — genauso wie auch ⟨in⟩ unserem ästhetischen oder sonstigen Werten, in unserem künstlerischen und
10 sonstigen werktätigen Schaffen — betätigt sich unser aktuelles Leben. Also bei alldem leben wir im Erfahren und Erfahrungsdenken, im Schließen und Beweisen, im Werten und werktätigen Schaffen jeder Art. So zu leben ist aber (was durchaus schon Aussagen der Reflexion sind) in gewissem Sinn ein Erleben. Es ist Bewußtseinsle-
15 ben und als solches Bewußtsein von etwas, von den oder jenen Dingen, Veränderungen, Kausalitäten der Natur, und im Denkleben von Sätzen über die Natur, von Folgesätzen, die aus Prämissensätzen hervorgehen, von Beweisen, von Theorien usw.

⟨§ 13. Der Standpunkt der Reflexion.
20   Parallelismus von objektiven Einheiten und
konstituierenden Bewußtseinsmannigfaltigkeiten⟩

Kurzum, alles, was in der natürlichen Einstellung für uns einfach da ist oder vermöge unserer Denkarbeit als theoretische Einheit in unseren wissenschaftlichen Blick tritt, gibt sich in der Reflexion auf
25 das erlebende Bewußtsein in einer verwirrenden Mannigfaltigkeit von Bewußtseinsweisen: von Ichaffektionen und Ichaktionen, von Empfindungsdaten, sinngebenden Auffassungen, von wechselnden Aspekten, von Erscheinungen, wechselnd nach eigentlich intuitiven Komponenten und Komponenten der vagen oder leeren, aber doch
30 sinnumgrenzten Unbestimmtheit; von Gegebenheitsweisen in Form perzeptiver Vergegenwärtigungen oder erinnerungsmäßiger oder einfühlungsmäßiger Vergegenwärtigungen; oder in der Denksphäre, wo die theoretischen Themata bald bewußt sind durch symbolisches Denken oder durch anschaulich mehr oder minder gesättigtes Den-
35 ken; im erkennenden Denken, wie es im lebendigen Begründungszusammenhang fungiert, oder im gewissen Wissen, das auf einen Be-

gründungszusammenhang in dem „ich kann es begründen" zurückweist; usw.

Wir stoßen also auf einen wundersamen Parallelismus, wonach
alles, was in der natürlichen Einstellung der Erfahrung und Theorie
5 als eins erfahren oder als ein Satz, als eine Wahrheit, als ein Beweis,
als eine Theorie erkenntnismäßig bewußt ist, sowie wir in die
Erkenntnisreflexion übergehen, uns auf Mannigfaltigkeit — *idealiter*
gesprochen auf unendliche Mannigfaltigkeit — des Erlebens und,
darin beschlossen, Erlebtheiten zurückführt, und zwar jede solche
10 Einheit auf ihre ihr eigens zugehörigen unendlichen Mannigfaltigkeiten. Dieser Baum hier, dieser eine — ich weiß jetzt nichts davon,
daß ich ihn unter beständiger Augenbewegung, in wechselnder Kör-
perstellung betrachte, daß er mein „Interesse" fesselt, meine Aufmerksamkeit reizt, daß ich diesen Reizen nachgebe, daß ich ihn
15 begrifflich bestimme und beschreibe — wobei doch, während ich das
tue, eine Unzahl wechselnder Erlebnisse mit einer Unzahl noematischer Bestände ablaufen — ich tue es, und er, dieser Baum, steht da
als diese beständige noematische Einheit und als Subjekt von begrifflich so und so hervortretenden Prädikaten. Dieser Baum aber als
20 Gegenstand dieser wirklichen, aber auch möglichen Erfahrungen ist
gegeben und kann nur gegeben sein durch gewisse und nicht etwa
beliebige Empfindungsdaten, die so und so aufgefaßt sind durch
Aspekte bzw. Erscheinungen, die gerade diesen Typus, gerade dieses
Ordnungssystem innehalten, die gerade diesem Erscheinungssystem
25 zugehören. Nur dieses und allgemeiner nur ein Erscheinungssystem
dieses Typus kann in der Aktualisierung beseelt sein von dem
durchgehenden Bewußtsein „dasselbe Ding", wie wir in der Einstellung der Reflexion einsehen. So hat jeder Gegenstand als Bewußtseinseinheit seine Mannigfaltigkeiten und seiner gegenständli-
30 chen Gattung (Region) nach seine eigenartigen, ihm als Gegenstand
dieser Gattung zugehörigen Gegebenheitsweisen. Es gilt also auch für
die auf die Erfahrungsgegenstände bezogenen theoretischen Gegenständlichkeiten, die ihrerseits hinsichtlich jedes einzelnen theoretisch durch sie zu bestimmenden Erfahrungsgegenstandes ein System
35 ausmachen. Erheben wir uns zur Stufe der „*idea*", so haben wir also
diesen großen und offenbar mehrfältigen Parallelismus der Ideen:
auf der einen Seite die Natur selbst, als All des realen Seins selbst,
und die ideal vollendete Wissenschaft von der Natur: das ideal
abgeschlossene System von wahren Sätzen und Theorien, die, sich

zur Einheit der wahren und vollendeten Theorie über die Natur
zusammenschließend, deren theoretische Parallele ausmachen. Auf
der anderen Seite haben wir wieder als Idee das Gesamtsystem möglicher einstimmiger, sich durchaus bestätigender Erfahrungen von
5 der Natur; dann weiter die Idee des gesamten möglichen wissenschaftlichen oder "Vernunft"-Bewußtseins mit seinen noetischen
und noematischen Bewußtseinsbeständen: als Korrelat der Idee der
Wissenschaft als Einheit der Theorie. Auf diesen letzteren Seiten,
denen des Bewußtseins, haben wir die überschwenglichen Unend-
10 lichkeiten, da jeder Einheit der Natur (die in Raum, Zeit, real-kau-
salem Zusammenhang als eine offene Unendlichkeit dasteht) selbst
vielfältige Unendlichkeiten des Bewußtseins nach Noesis und Noema als „konstituierende" entsprechen und ⟨sie⟩ gleichsam jeweils
einen Brennpunkt darstellt, in dem unendliche Strahlenbündel zu-
15 sammenlaufen.

⟨§ 14. Bewußtsein als vernünftiges, unvernünftiges und neutrales⟩

Bisher haben wir von dem idealen Parallelismus gesprochen, der
zwischen Sein und Wahrheit auf der einen Seite (wobei zwischen
diesen beiden selbst schon ein merkwürdiger idealer Parallelismus
20 waltet) und den ihnen zugehörigen Bewußtseinsmannigfaltigkeiten
auf der anderen Seite statthat. Auf diese Mannigfaltigkeiten weist
der Titel Vernunft hin, dem wir hier aber nicht mehr zumuten
wollen als dem in idealer Weite gefaßten Inbegriff dieser Mannigfaltigkeiten selbst. Das Vernunftbewußtsein ist aber nicht das Bewußt-
25 sein überhaupt. Und das gilt für jederlei Art von Vernunftbewußtsein — denn vielleicht ist (unbeschadet übergreifender Beziehungen)
in wesentlicher Analogie dem theoretischen oder besser überhaupt
dem doxischen Vernunftbewußtsein ein axiotisches (Werte konstituierendes) und praktisches mit mannigfaltigen eigentümlichen Gestal-
30 tungen beizuordnen. In der Enge und Begrenzung, in der wir unsere
Betrachtungen hier vollziehen, immerfort auf Natur und Theorie der
Natur hinblickend, beachten wir, daß *de facto* sowie der Idee nach
der Titel Vernunft einen bloßen Ausschnitt bezeichnet aus dem weiteren und weitesten Rahmen des möglichen Bewußtseins überhaupt.
35 Nicht nur, daß wir der Vernunft im positiven Sinn die Vernunft im
negativen, die „Unvernunft", gegenüberstellen (korrelativ zu

Nichtsein und Unwahrheit als Negaten von Sein und Wahrheit),
sondern auch die ideell unendlichen Sphären des Spiegelbildes von
Vernunft und Unvernunft, nämlich des neutralen Bewußtseins,
müssen wir beachten: z. B. das Bewußtsein des sich in eine Phanta-
5 siewelt und in mögliche Beschreibungen, Theoretisierungen derselben „Hineinphantasierens" — Bewußtseinsweisen, die ihre Korrelate haben in Quasisein und Quasiwahrheit mit ihren quasimodalen
Abwandlungen. Ist dabei diese Quasiwelt, was gerade nicht erforderlich ist, nicht Mischung aus gegebener Welt und Phantasie, bleibt sie
10 also rein von allen regulären Seinsthesen, dann ist auch korrelativ
das Bewußtsein als solches einer Quasivernunft und -unvernunft
von dem regulären Vernunftbewußtsein rein geschieden.

Jedes Bewußtsein, möge es der einen oder anderen Sphäre angehören, ist aber in sich selbst Bewußtsein von etwas, und das sagt vor
15 allem Bewußtsein von „Gegenständlichem". Scheine, Truggegen-
stände sind nicht, und wiederum reine oder vermischte Phantasiegegenstände sind nicht: aber sie „erscheinen" doch und in wesentlich gleich zu beschreibenden Bewußtseinsmannigfaltigkeiten wie die
für seiende Dinge konstitutiven. Freilich mit einigen Abweichungen,
20 mit manchen modifizierten Bewußtseinscharakteren. Scheine sind
vielleicht erfahren, stehen als wirkliche Dinge da: aber im Fortgang
der Erfahrung wird die Einstimmigkeit durchbrochen, der Seinscharakter der empirischen Doxa nimmt die Form der Durchstrichen-
heit, des „nichtig" an. Phantasiegegenstände aber haben von vorn-
25 herein als Korrelat des „freien Phantasierens" den Charakter der
Fiktion, der keineswegs mit dem des „nichtig" zusammenfällt. Wir
sehen dabei überall, daß es keineswegs in unserer freien Willkür
steht, obschon wir uns durchaus in der Sphäre des „bloß Subjektiven" bewegen, die Bewußtseinserlebnisse mit ihren immanenten
30 Beständen, Anordnungen, Vermeintheiten, Setzungscharakteren
usw. frei abzuwandeln und somit z. B. dem bewußten Gegenständlichen, den theoretischen Gebilden nach Willkür doxische Modalitäten zu geben oder zu nehmen, Möglichkeit in Wirklichkeit, Notwendigkeit in Unmöglichkeit, Gewißheit in Vermutlichkeit, das „wirk-
35 lich" in „nichtig", das „gewißlich" in „evident" zu verwandeln
und was dergleichen mehr. Vielmehr besagt Vernunft eine die freie
Willkür bindende Regel und eine bestimmte für jeden Fall und eine
allgemeine für jeden ontologischen und logischen Titel. Oder anders
ausgedrückt: Wirklich seiender Gegenstand bzw. Wahrheit

besagen hinsichtlich des möglichen Bewußtseins von ihnen Bestände
an fest geregelten Bewußtseinsmöglichkeiten mit bestimmtem Gehalt, an ⟨den⟩ wir unweigerlich gebunden sind, und nur innerhalb
dieser Bindung, innerhalb des ideellen und geordneten Systems die-
5 ser Möglichkeiten besteht eine Freiheit des Erfahrens und des Denkens. Z. B. irgendein Ding der Naturwirklichkeit, z. B. die Sonne
oder dieser Tisch hier, hat als Korrelat im Vernunftbewußtsein eine
bestimmte Regel möglicher Abläufe von Erscheinungen, von Erfahrungen, die auf dieses Ding in sich selbst „gerichtet" und in ihrem
10 kontinuierlichen Ablauf einstimmiges, leibhaft gebendes Bewußtsein
von ihm sind. Ebenso entspricht jeder objektiv gültigen theoretischen Bestimmung dieses Dinges eine Regel des möglichen Denkbewußtseins und speziell eine Regel der Überführung aller sonstigen
Bewußtseinsmodi von ihr in den Status der Einsicht.

15   ⟨§ 15. Die Schlüsselstellung der Reflexion⟩[1]

Solche Überlegungen oder vielmehr Konstatierungen bieten sich
also im Übergang von der natürlichen Einstellung in die Bewußtseinsreflexion dar. Sie sind, so geführt, wie wir sie bisher geführt
20 haben, völlig legitim. Es ist ja evident, daß sich auf dem Boden
solcher Reflexion bei entsprechender Vorsicht und bei peinlicher
Treue der Beschreibungen evtl. sogar völlig zweifellose Wahrheitsbe-
stände eröffnen und daß wohl dieser Boden selbst, durch Überlegungen analog denen der Cartesianischen ersten Meditationen, — bei
25 passender Reinigung — als ein absolut gegebener gestaltet werden
kann. Das gilt wie für das Bewußtseinserleben selbst, so für das darin
Erscheinende und Gemeinte als solches. Ob ich fingiere oder erfahre,
das Fingierte als solches im Wie der fiktiven Gegebenheit ist genau
ebenso evidenter Wesensbestand des Erlebnisses, wie das Erfahrene
30 als solches und im Wie seiner Gegebenheitsweise es ist für das
Bewußtsein, das wir erfahren können. Was diese Reinigung besagt,
soll nachher gleich zutage treten.

Es kommt nun aber alles darauf an, der Eigentümlichkeit dieser
Reflexion, der phänomenologischen, gerecht zu werden. Allgemein

---

[1] Vgl. hierzu Beilage II, S. 208.

können wir sagen: Alle sinnvollen Probleme der Erkenntnismöglichkeit überhaupt und insbesondere alle Probleme der Möglichkeit
einer transzendenten, über das Eigenwesen und Eigensein des Bewußtseins hinausreichenden Erkenntnis haben ihre Quelle in der
5 Reflexion. Und schon die wissenschaftliche Formulierung und prinzipielle Scheidung dieser Probleme ist unmöglich, wenn man nicht
gelernt hat, zwischen naturaler (oder psychologischer) und phänomenologischer (oder tranzendentaler) Reflexion zu sondern und
nachher diese Sonderung mit derjenigen zwischen empirischen und
10 eidetischen Fragestellungen zu verbinden. Durch Vermengung der
auf den Titel Erkenntnis und seinen korrelativen Titel bezogenen
und prinzipiell auseinanderzuhaltenden Problemmotiven erwachsen
schillernde, scheinbar wohlberechtigte, in Wahrheit aber widersinnige Probleme, an deren Lösung sich die Anstrengungen auch bedeu-
15 tender Geister vergeblich erschöpfen mußten. Erkenntnis soll ein
Thema wissenschaftlicher Probleme und von Wissenschaften selbst
bezeichnen. Überlegen wir, welcher Art wissenschaftliche Fragen an
sie gestellt werden können.

⟨§ 16. Die Reflexion als natürliche (psychologische) Reflexion⟩

20   Erkennen als Bewußtsein ist gegeben durch Reflexion. Diese Reflexion kann und wird zunächst sein eine „naturale" Reflexion, das
ist eine Reflexion, die in naturalistischer Weise apperzipiert. Jede
Apperzeption, die in ihrem Sinn „Natur" befaßt und sie in ihrer
Setzung mitsetzt, ist eine naturale Apperzeption. Die Worte Wahr-
25 nehmung und Erfahrung und alle ihr zugehörigen Modifikationen
von Anschauungen (natürlich auch dieses Wort selbst) bezeichnen in
der üblichen Bedeutung, auch in der Wissenschaft, naturale Apperzeptionen. Die aus dem Weiteren leicht verständliche überwältigende Kraft dieser signitiven Tendenz ist für notwendige Erweiterungen
30 der Begriffe Wahrnehmung, Erfahrung usw., also auch für die Erkenntnis koordinierter Spezies der allgemeineren Begriffe ein großes
Hemmnis. Der natürlich eingestellte Mensch hat beständig Natur in
seinem sinnlichen und geistigen Gesichtskreis, und sie ist für ihn
beständig daseiende, schlechthin gesetzte Natur. Dabei bleibt es
35 auch, wenn er reflektiert. Fange ich also im natürlichen Vorstel-
lungs- und Denkleben mit einer naturalen Apperzeption an, etwa

diesen Baum hier wahrnehmend (wobei das Wahrnehmen selbst vollzogen, aber nicht Gegenstand ist), und schreite ich dann fort zur Reflexion, dann werde ich natürlich, allgewohnterweise, wieder eine naturale Apperzeption vollziehen. D. h., das nun zum Objekt gewor-
5 dene Bewußtsein ist in dieser Reflexion aufgefaßt, gemeint, gesetzt als Natur. Umschreibend tritt ihr Sinn auch in folgendem Zusammenhang zutage: Ich, der Mensch, der hier im Raum ist, habe mir gegenüber unter anderen Dingen der Natur auch diesen Baum, und zwar bin ich auf diesen durch meine „äußere Wahrnehmung", die
10 meine seelische Zuständlichkeit ist, bezogen. Von dieser Wahrnehmung weiß ich ursprünglich durch einen neuen Bewußtseinszustand, nämlich durch eine sie erfassende „innere" Wahrnehmung, die sich dem Titel „Selbsterfahrung" oder enger, nämlich auf das Seelische beschränkt, „psychische Erfahrung" einordnet. Sie heißt psycho-
15 logische Erfahrung, wenn in ihr ein ausschließlich theoretisches Interesse für das Psychische waltet. So für jederlei Bewußtseinserlebnisse. In der psychologischen Erfahrung (als naturaler Apperzeption) ist jedes Bewußtsein aufgefaßt und somit erfahren als psychischer Zustand eines animalischen Wesens oder genauer eines mit einer
20 realen Leibkörperlichkeit verbundenen seelischen Subjekts. Dieses ist, sei es überhaupt, sei es in den höheren animalischen Spezies, auch als personales Subjekt (in einem weitesten Sinn) zu bezeichnen. Die Psychologie heißt nicht nur, sondern ist Wissenschaft von der „Seele" oder Wissenschaft von diesem seelischen oder personalen
25 Subjekt, das logisch gesprochen Subjekt oder Substrat ist für die mannigfachen niederen und höheren realen psychischen Eigenschaften, die da seelische Vermögen, Dispositionen, Charaktere u. dgl. heißen. Diese Eigenschaften der seelischen Realitäten bekunden sich in dem aktuellen Bewußtseinsleben dieser Seelen, das ist in den
30 mannigfaltigen, auf ihre realen Umstände bezogenen Bewußtseinserlebnissen. Als so bezogen und so bekundend in der Reflexion aufgefaßt (oder psychologisch erfahren), haben sie die logische Form von realen „Zuständen" des betreffenden realen Subjekts oder, wenn man das gleichstellen will, der Seele. Daraus ist zu entnehmen, in
35 welchem Sinn das Gesamtfeld des animalischen Bewußtseins in dieser Apperzeption seelischer Zuständlichkeiten und in beständiger Verbindung mit den korrelativen Titeln seelisches Subjekt und seelisch reale Eigenschaft (Disposition, Charakter) das große Thema der Psychologie als Erfahrungsseelenlehre (wie der gute alte Ausdruck

lautet) ausmacht. Das All der Realitäten, das in sich selbst Einheit
der Realität ist, heißt Weltall oder Natur und ist das umspannende
Feld aller Naturwissenschaften, der Psychologie ebensowohl als der
Physik und sonstiger spezieller Naturwissenschaften. Für sie alle ist
5 „die" Natur vom ersten Schritte an und so in allem Fortgang ein
durch naturale Erfahrung gegebener Boden. Der naturwissenschaftlich Forschende vollzieht die für seine Natursphäre in Betracht kommenden (ihrem weiteren Horizont nach aber auf die gesamte Natur
bezogenen) naturalen Erfahrungen und die darauf gegründeten
10 Denkakte, er lebt in ihren Setzungen und ist ausschließlich von den
in diesen Erkenntnisintentionen selbst liegenden Motiven geleitet
(ausschließlich übrigens auch, insofern er als wissenschaftlicher Forscher ausschließlich theoretisch interessiert ist, womit alle Gemüts-
wertungen, praktischen Abzweckungen u. dgl. ausgeschaltet sind).
15 Das Recht solcher Forschung ist, solange nicht skeptische und damit
erkenntnistheoretische Motive in einem neuen Sinn hereinspielen
und Verwirrungen erzeugen, außer Zweifel.

⟨§ 17. Möglichkeit und Grenzen einer psychologischen
Theorie der Erkenntnis⟩

20   Somit ist hiermit auch ein Horizont vernünftiger Fragestellungen
an die Erkenntnis fest umgrenzt. Psychologische Erkenntnisfragen
sind — bei richtiger Formulierung — so klare und bestimmte Fragen
als nur irgend welche der sonstigen Natur. Und daß, soweit irgend
die Natur reicht, notwendig richtige und exakte Formulierungen
25 möglich sein müssen, wird niemand bezweifeln. Somit besteht gegen
eine psychologische Theorie der Erkenntnis — wofern man
nur den rechtmäßigen Begriff der Psychologie als einer Naturwissenschaft nicht verfälscht — selbstverständlich kein Einwand. Ihre Idee
ist fest umrissen. In einem gewissen Sinn gehören auch Probleme
30 möglicher Erkenntnisgeltung in ihre Domäne, und das nicht nur in
dem Sinn, in dem jede wissenschaftliche Wahrheit eine Regel für
mögliche Erkenntnis derselben ausdrückt. Es gibt in einem guten
Sinn psychologische Bedingungen der Möglichkeit objektiver Geltung, und es wird nützlich sein, diesen Sinn hier herauszustellen.
35   Die Psychologie hat hinsichtlich der Erkenntnis eine eigentümliche Stellung insofern, als es doch selbst psychische Funktionen sind,

in denen sie sich konstituiert und die als solche demnach mitgehören in den allgemeinen Rahmen ihrer Forschungen. Z. B. die Erfahrungen, die dem Psychologen die Natur im weiteren Sinn und, als in
ihren Zusammenhang gehörig, die seelische Natur zur Gegebenheit
5 bringen, werden, wenn er auf sie in der Weise psychologischer Erfahrung reflektiert, selbst wieder der Natur, seinem thematischen Feld,
apperzeptiv eingeordnet. Daraus erwachsen eigentümliche Probleme. Die natural erfahrenden Akte eines Menschen richten sich in
sich selbst, ihrem eigenen Erfahrungssinn gemäß, auf naturale Ob-
10 jekte. Dem Psychologen sind diese Akte als Akte des Menschen (also
in der Natur) durch Selbsterfahrungen oder durch Einfühlungserfah-
rungen gegeben. Andererseits aber ist ihm auch sonst die Natur
gegeben bzw. seiner Erfahrung zugänglich. Also er kann sich von der
Übereinstimmung oder Nichtübereinstimmung der rechtmäßigen
15 oder prätendierten Erfahrungen des jeweiligen Menschen, dessen
Seelensein sein psychologisches Thema ist, mit der Natur selbst
überzeugen. Er kann nun die Frage stellen: Wie verhalten sich diese
beiden realen Tatsachen, etwa menschliche Wahrnehmung eines
Berges und der Berg selbst in dem Fall der Wirklichkeit des Berges
20 zueinander? Bestehen zwischen ihnen real-kausale Zusammenhänge? Bestehen in solchen Fällen gültiger Wahrnehmung überhaupt
naturgesetzliche Beziehungen zwischen Wahrnehmungen und wahrgenommenen Dingen (von deren beider Existenz der Psychologe
sich jeweils überzeugen kann), die sich also nach Art und Gesetz
25 wissenschaftlich bestimmen lassen müssen? Dann könnten wir sagen (und wir sagen es in der Tat, da diese Fragen bekanntlich in
bejahendem Sinn entschieden sind), daß psychologische Bedingungen der Möglichkeit der Gültigkeit von Erfahrungen bestehen. Wenn
eine Wahrnehmung eine gültige soll sein können, so müssen, heißt
30 es, zwischen der Wahrnehmung bzw. zwischen dem seelischen Subjekt derselben, seinen psychischen Dispositionen, den physiologischen Prozessen seiner Leiblichkeit und den physischen, vom Wahrnehmungsding auslaufenden Reizprozessen gewisse gesetzlich bestimmte real-kausale Verhältnisse bestehen; es müssen also für die
35 Möglichkeit der gültigen Wahrnehmung, ja überhaupt für die Möglichkeit von Wahrnehmungen überhaupt (bei Menschen oder Tieren, an denen sie empirische Realitäten sind) gewisse Bedingungen
erfüllt sein, wie in rohester Weise schließlich schon der gemeine
Mann weiß: Wer blind ist, kann nicht Gesichtswahrnehmungen

haben, wer taub, nicht Gehörswahrnehmungen, wer keine Sinne hätte, könnte überhaupt nicht natural erfahren usw. Ein Teil dieser
Bedingungen betrifft alle Wahrnehmungen, ein Teil Wahrnehmungen, die dazu noch die „normale" Beziehung auf wirkliche, in ihnen
5 wahrgenommene Natur sollen haben können. In der Welt, die wir
uns mit Grund als einen einheitlichen realen Zusammenhang denken müssen, in welchem alles unter Naturgesetzen steht, treten eben
auch psychische Wesen mit psychischen Erlebnissen auf, und dabei
Erlebnissen, die sich selbst in der Weise der Wahrnehmung und
10 sonstigen Erkenntnis auf die Natur beziehen. Diese Gesetze und speziell die Gesetzmäßigkeiten, die Erkenntnis und das Wirkliche, das
erkannt ist, regeln — als reale Naturfakta regeln —, sind für uns,
nachdem wir sie einmal herausgefunden haben, natürlich auch Normen; wir wissen im voraus, daß keine Wahrnehmung eine gültige
15 sein kann, wenn sie in realen Zusammenhängen angenommen würde, welche den betreffenden Gesetzmäßigkeiten, die normale Wahrnehmungen gegenüber Träumen oder Halluzinationen auszeichnen,
zuwider sind.

Diese und alle Probleme einer psychologischen Theorie der Er-
20 kenntnis haben mit der „Erkenntnistheorie" in dem spezifisch
transzendentalphilosophischen Sinn und dann weiter mit aller Philosophie genausoviel und genausowenig zu tun als die Probleme der
Chemie des Gehirns und sonstige naturwissenschaftliche Probleme.
Es sind durchaus unphilosophische Probleme, und wer die Natur-
25 wissenschaft preist und speziell die Physiologie um ihrer Leistungen
um eine philosophische Erkenntnistheorie, der hat die Probleme der
letzteren noch nicht verstanden.

⟨§ 18. Empirische und eidetische Psychologie⟩

Ich setze dabei immer voraus, daß wir schon den Mut gefunden
30 haben, das empiristische Vorurteil, in dem wir alle erzogen worden
sind, abzulegen und uns damit von der uns aufsuggerierten Blindheit
für alles Eidetische zu befreien. Ist damit doch eine Sphäre ursprünglich gegebener, in klarster Einsicht zu erfassender Gegebenheiten
bezeichnet und somit auch die Scheidung zwischen Eidos und Tat-
35 sache ⟨als⟩ eine vor aller Theorie liegende Gegebenheit in Anspruch
zu nehmen. Ziehen wir sie heran, so werden wir der faktischen

Natur mit all ihren physischen und psychophysischen Wirklichkeiten gegenüberstellen das Eidos Natur, die reine und allgemeine
Idee einer möglichen Natur überhaupt. Naturwissenschaft bedeutete
uns bisher, wie allgemein üblich, die Wissenschaft von der Natur,
5 die Tatsachenwissenschaft, die Wissenschaft aus aktueller natürlicher Erfahrung. Aber diese Wissenschaft ist als singuläre Vereinzelung unterzuordnen der Idee möglicher Tatsachenwissenschaft überhaupt von einer Natur überhaupt, das „überhaupt" im Sinne reiner
Allgemeinheit verstanden. Oder was äquivalent damit ist: Der Na-
10 turwissenschaft im gewöhnlichen Sinn muß gegenüber oder vielmehr
vorangesetzt werden eine eidetische Wissenschaft, bezogen auf Natur überhaupt, die also in reiner („unbeschränkter") Allgemeinheit
von jeder möglichen Natur als solcher handelt. Damit ist gesagt, daß
wie die physische Natur (die Unterschicht sozusagen der Allnatur),
15 so auch die animalische und psychische Natur ihr Eidos haben muß,
das in Reinheit gefaßt und nach dem, was darin in eidetischer Notwendigkeit („a priori") beschlossen ist, durchforscht werden muß.
Wir stoßen damit auf die notwendige Idee einer „rationalen"
Psychologie, einer Wesenslehre des Psychischen (Psychologi-
20 schen). Von alters her waren Raum, Zeit und Bewegung Themen
wesenswissenschaftlicher Forschung (in den eidetischen Wissenschaften reine Geometrie, reine Chronologie, reine Kinematik). Im
Rahmen dieser Forschungen war niemals von Gegebenheiten unserer aktuellen Erfahrung, niemals von dem Wirklichkeitsraum mit in
25 der Wirklichkeit vorkommenden Raumgestalten, Bewegungen usw.
die Rede, vielmehr ausschließlich von dem idealen System möglicher Raumgestalten überhaupt, Bewegungen überhaupt usw. und
den zu ihrer reinen Möglichkeit wesensmäßig gehörigen Formen
oder Gesetzen. Es ist klar, daß auch darüber hinaus und in weitester
30 Weite Natur überhaupt als Eidos zu fassen ⟨ist⟩, daß auch das
„Wesen" von Realität überhaupt, von Kausalität überhaupt, Materialität usw. erforschbar und Thema für apriorische Einsichten werden muß. Dasselbe muß dann hinsichtlich der Idee der Leiblichkeit
und der Idee des Psychischen als Bestandstückes einer psychophysi-
35 schen Natur überhaupt gelten. Natürlich spielen Erfassungen idealer
Möglichkeiten schon vor der Konstitution entsprechender, in sich
rein abgeschlossener eidetischer Wissenschaften im empirischen
Denken vermischt ihre Rolle. Wie Großes aber die wirklich konstituierten eidetischen Wissenschaften für die entsprechenden empri-

schen leisten können und zu leisten berufen sind, wie sehr sie überall
die Umwandlung empirischer Forschung niederer Stufe in „exakte"
Naturforschung überhaupt erst möglich gemacht haben, das lehrt
der Hinblick auf die vorhin genannten eidetischen Disziplinen, die
5 Geometrie und reine Zeit- und Bewegungslehre. Damit haben wir
also auch ein zweites Gebiet bestimmter und zweifellos berechtigter
Erkenntnisprobleme (und Vernunftprobleme überhaupt) aufgewiesen, gegenüber den empirisch psychologischen diejenigen der eidetischen Psychologie.

10   ⟨§ 19. Die eidetische Psychologie als Wissenschaft
                    aus möglicher Erfahrung⟩

    Indessen, abgeschlossen sind damit die möglichen Erkenntnis-
probleme nicht, und die eben angedeuteten prinzipiellen Probleme
sind nicht die in der eidetischen Psychologie behandelten, so nahe
15 Zusammenhänge hier auch bestehen mögen. Die empirische Psychologie war, als Zweig der allgemeinen empirischen Naturwissenschaft,
Forschung auf dem gegebenen Boden der Natur oder Forschung im
Rahmen des beständigen Vollzugs in gebender (aktueller) naturaler
Erfahrung. Die eidetische Psychologie, wie die eidetische Naturwis-
20 senschaft überhaupt, ist Forschung auf dem beständig gegebenen
Boden einer ideal möglichen Natur überhaupt, oder was wieder dasselbe, Forschung im beständigen Vollzuge möglicher Erfahrungen
überhaupt, eben der mögliche Natur überhaupt gebenden. Was sagt
nun das letztere? Ist „mögliche Erfahrung" ein wirklicher Erfahrung
25 paralleles, wie jene Wirklichkeiten, so diese Möglichkeiten gebendes
Bewußtsein? Die Antwort ist klar. Was da mögliche Erfahrung
heißt, ist fürs erste ein „Sich-Hineindenken" und ein gleichsam
Hineinleben in ein Erfahren, ohne daß man wirklich erfährt, und
korrelativ ausgedrückt: Es ist zunächst ein freies Phantasieren von
30 Natur und Naturobjekten. Die phantasierte Natur ist nicht die aktuell erfahrene, sie hat mindestens insgesamt und konkret genommen
nicht die durch wirkliche Erfahrung erteilte Thesis aktueller Wirklichkeit. Ist sie ein Gemenge oder Mischung von wirklich Erfahrenem
und Hineinfingiertem, so hat zwar das eine den Wirklichkeitscha-
35 rakter, aber dieser ist durch die natureinheitliche Verbindung der
erfahrenen Gegenstände oder gegenständlichen Momente mit den

fingierten entwertet; das konkrete Ganze hat den Charakter „Fiktion", und erst recht gilt das, wo von vornherein kein individuelles Stück oder Moment des Fingierten Wahrgenommenes und Erinnertes ist. Ist die Phantasie-Natur nicht wirkliche, korrelativ ausge-
5 drückt, aktuell erfahrene Natur, so ist sie doch quasierfahrene Natur: Das Phantasieren ist eben in sich selbst charakterisiert als ein Gleichsam-Erfahren, „als ob man wahrnähme" oder „als ob man sich erinnerte" usw., es ist aber auch charakterisiert als ein freies Gestalten, die phantasierten Wirklichkeiten geben sich als frei gebil-
10 dete, aber auch frei abwandelbare Wirklichkeiten-als-ob. Diese Freiheit der Wandlung kann besagen die „zuchtlose" Freiheit des Übergangs von einem Phantasieren in ein anderes, von einer Phantasiegestalt in eine andere, der in der Parallelsphäre der aktuellen Erfahrung entspricht das zuchtlose, nämlich unstimmige Überspringen
15 von Erfahrungen in Erfahrungen, mit dem Streit der Wirklichkeitssetzungen, worin eine Einheit der Gegenständlichkeiten nicht durchhaltbar ist. Andererseits entspricht der Einstimmigkeit „normaler" Erfahrungen, in deren Vollzug wir, wie in allem Erfahren überhaupt, gebunden („affiziert") sind, in der freien Phantasie das freie Gestal-
20 ten von Gegenständlichkeiten, die, in ihrer Identität festgehalten, sich also in einstimmig ineinandergehenden, sich beständig quasibestätigenden und ihre Gegenstände quasi näher bestimmenden Quasierfahrungen konstituieren. So konstituieren oder konstruieren wir in Freiheit und evtl. willkürlich eine „mögliche Natur". Denn in
25 einstimmiger Anschaulichkeit vollzogenes Phantasieren hat zugleich die Wesenseigenschaft, sich in ein originär gebendes Bewußtsein wenden zu lassen, nämlich dasjenige, in dem Möglichkeit eines Gegenstandes (des jeweils quasierfahrenen) zur ursprünglichen Erfassung kommt. Eine mögliche Naturgegenständlichkeit in einer Ein-
30 heit einer möglichen Natur kann aber in mannigfaltiger Weise in freier Phantasie intendiert und streckenweise anschaulich durchgeführt werden: Die mögliche Natur ist nicht eine wie die Natur, die wirklich erfahrene, sie ist ein Titel für endlos mannigfaltige mögliche Naturen und mögliche Gegenständlichkeiten in ihnen. Das ist nun
35 das Bewußtseinsfundament für alle Eidetik von Natur überhaupt. Denn im reinen Bewußtsein dieses „überhaupt", eben in dem der eidetischen Allgemeinheit, können die freien Möglichkeiten systematisch durchlaufen und begrifflich bestimmt werden nach notwendigem Stil, nach Regel und Gesetz. Das sagt, daß die Möglichkeiten,

obschon freie, doch gesetzlich, und zwar *a priori,* gebunden sind und
daß dieses Apriori wissenschaftlich, also einsichtig zu fassen und zu
bestimmen ist. Eine Schichte der möglichen Natur überhaupt ist der
mögliche Raum, mit seinen ideal möglichen Raumgestalten, das
5 Thema der Geometrie, die also ein Grundstück einer Eidetik der
Natur ist, eine ihrer fundamentalen Disziplinen. Was der Geometer tut, ist nicht, den wirklichen Raum, das ist den Raum der Wirklichkeit, zu studieren, als ob er in der Erfahrung von Raum und
räumlichem Sein bzw. der Raumgestalten von ihnen lebte und deren
10 Wirklichkeitsthese für sie den Boden gäbe, sondern in einem freien
Sich-Hineinphantasieren in mögliche Erfahrungen von Raumgestalten (sei es anknüpfend an wirkliche Erfahrungen, deren bindende
These aber nicht mitgemacht, deren Gegenstände daher phantasie-
mäßig in freier Willkür gewandelt werden; sei es von vornherein
15 anknüpfend an reine Fiktionen) erfaßt sie ideale Möglichkeiten und
erfaßt sie als eidetische Wissenschaft Ideen von Möglichkeiten überhaupt, von Gattung und Arten möglicher Raumgestaltungen und
ihren zugehörigen Wesensgesetzen. In ihrem freien Wandeln hält der
Geometer natürlich die Identität der phantasierten Raumgestalt, die
20 ihm als „repräsentierendes" Exempel für seine Wesenskonzeption
dient, fest. Das aber sagt: Er hält an der Quasithesis, die die Phantasie als Quasiwahrnehmung dieser Raumgestalt vollzieht, fest und
durchläuft dann nur solche Phantasiewandlungen, die in ihrer Qua-
sieinstimmigkeit diese Quasithesis durchzuhalten gestatten. Also auf
25 dem Boden dieser durch die beständige und einstimmige Quasithesis gebundenen Freiheit vollzieht sich alles geometrische und so alles
eidetische Anschauen und Denken. So werden die apriorischen Gesetze möglichen Raumes überhaupt und möglicher Natur überhaupt
(des reinen Eidos Natur) gewonnen, Gesetze, von denen wir offen-
30 bar auch sagen können, daß sie prinzipielle Bedingungen der Möglichkeit einer Natur überhaupt, oder was dasselbe ist, für jede mögliche Naturwirklichkeit aussprechen. Vor aller Existenz, vor allem tatsächlichen Dasein und allen Tatsachengesetzen steht die Essenz, das Eidos und seine Gesetze, die ⟨zu⟩ einem so gearteten Sein
35 überhaupt, zu seinem allgemeinen Wesen, zu der regionalen Idee
gehören, die alle Seinsmöglichkeiten dieser Region *a priori* umspannen. Doch die Hauptsache ist für uns, daß in der Tat „mögliche
Erfahrung" einen Seinsboden, nämlich Möglichkeit einer Natur
konstituiert. Auch Möglichkeiten „sind" oder „sind" nicht, und sie

kommen zur Gegebenheit eben durch ein ursprünglich gebendes Bewußtsein, und als das fungiert die Phantasiemodifikation aktueller Erfahrung: die naturale Quasierfahrung.

⟨§ 20. Die Unzulänglichkeit der eidetischen Psychologie
5   für die prinzipiellen Erkenntnisfragen⟩

Nach diesen Feststellungen erhebt sich aber die Frage, ob prinzipielle Probleme von der Art, wie wir eingangs dieselben andeuteten, nämlich wie es zu verstehen ist, daß ein notwendig in Immanenz verbleibendes Erkenntnisbewußtsein und speziell ein erfahrendes in
10 sich Transzendentes setzt und über sein Sein oder Nichtsein sein *dictum* spricht, in den Rahmen der Eidetik der Natur und näher der eidetischen Psychologie fallen. Also kommen wir an solche Probleme überhaupt heran, wenn wir uns im angegebenen Sinn und dem dieser Psychologie auf den Boden möglicher Erfahrung stellen und
15 Gesetze suchen, die doch alle mögliche Erfahrung umspannen? Die Antwort ist klar: Für die eidetische Psychologie kann die Geltung möglicher Erfahrung überhaupt, die Geltung einer transzendenten Wirklichkeitsthesis überhaupt darum kein Problem sein, weil sie in ihr die beständige „Voraussetzung" ist. Die Naturwissenschaft und
20 speziell empirische Psychologie stellen sich auf den Boden wirklicher Erfahrung, die eidetische auf den Boden möglicher Erfahrung. Indem sie auf Grund ihrer exemplarischen Phantasien die reinen Möglichkeiten von Naturgestaltungen überhaupt, näher von psychologischen Gestaltungen erfaßt, vollzieht sie immerfort ein Allge-
25 meinheitsbewußtsein (das eidetische Allgemeinheit konstituierende), das in seiner eidetisch allgemeinen Thesis diese generellen Möglichkeiten setzt und ihr so ihren Boden gibt. Diese Thesis umspannt aber in ihrer eidetischen Allgemeinheit jede mögliche besondere Thesis möglicher Besonderungserfahrung: Wie denn jedes vor-
30 schwebende Exempel des eidetischen Naturforschers, etwa einer Raumgestalt, woran der Geometer seine geometrische Wesensallgemeinheit konzipiert, für ihn eine s e i e n d e geometrische Einzelmöglichkeit darstellt, seiend eben als exemplarischer, mindestens hypothetisch in unbestimmter Weise gesetzter Einzelfall. Wer auf dem
35 Boden einer Wesensgattung von Möglichkeiten steht, kann nicht irgendeine darunterfallende besondere Möglichkeit ausschließen;

korrelativ, wer das eidetische Bewußtsein möglicher Erfahrung überhaupt gelten läßt (indem er es vollzieht und sich dadurch jenen
Boden geben läßt), kann nicht irgendein besonderes Bewußtsein
einer bestimmten möglichen Erfahrung in Frage stellen. So gehört in
5 der Tat kein prinzipielles Problem der angedeuteten Klasse, kein
Problem, das mögliche Erfahrung als solche (und mögliche Erkenntnis überhaupt und als solche), und zwar hinsichtlich der Möglichkeit
ihrer Geltung, betrifft oder das mit anderen Worten ihre Möglichkeit
betrifft, sich in sich auf eine gegenständliche Wirklichkeit zu bezie-
10 hen und für sie zu entscheiden, in die eidetische Psychologie hinein:
Wir werden aber sehen, daß das nicht ausschließt, daß jede auf solche Probleme bezügliche Erkenntnis — aber in einer apperzeptiven,
obschon immer möglichen Umwandlung — für die eidetische Psychologie verwertbar wird: nämlich sofern sie durch diese Umwand-
15 lung selbst in eine eidetisch-psychologische Erkenntnis verwandelt ist.

⟨§ 21. Das reine Bewußtsein als das gesuchte Ursprungsgebiet
der transzendentalen Fragen⟩

Wo ist also, so fragen wir von neuem, die Stelle, an der die prinzipiellen Zweifel oder Unklarheiten erwachsen, die sich auf die kor-
20 relativen Verhältnisse von Erkenntnissen überhaupt und wahrhaft
seienden Gegenständlichkeiten überhaupt beziehen und die jedes
Erkenntnisbewußtsein, inwiefern es den Anspruch erhebt, einen
Wirklichkeitsboden ursprünglich zu geben oder sich vermittelt auf
einen solchen zu beziehen, in Frage stellen, und was für eine Vor-
25 stellung haben wir von einer Wissenschaft zu entwerfen, die solche
Probleme zu lösen hat? Wir sahen schon, diese Stelle liegt an dem
Wendepunkt von der naturalen Apperzeption zur gewissermaßen
supranaturalen, das ist zur reinen, tranzendentalen, phänomenologischen Apperzeption, was alles hier dasselbe bedeuten muß und sei-
30 nem Sinn nach näher bestimmt werden muß. In der naturalen Einstellung ist für uns beständig die Natur da, und irgendwelche besonderen Naturgegenständlichkeiten sind in ihr gegeben und gesetzt,
ursprünglich gegeben durch naturale Wahrnehmungen. Diese ist die
Einstellung, in der das reine Bewußtsein und Bewußtseinssubjekt
35 „verborgen" ist. Es wird offenkundiges, originär oder durch Vergegenwärtigung angeschautes (und daraufhin dann logisch zu fassendes

und theoretisierendes) in der Einstellung, die wir die phänomenologische nennen. In ihr tritt, betone ich, das reine Bewußtsein des reinen Bewußtseinssubjekts in den erfassenden Blick der Reflexion, die
im Unterschied von der psychologischen die transzendental-reine
5 heißt. Es kommt nun alles darauf an, was sich hier mengen will, sich
nicht mengen zu lassen, sondern es zu sondern und durch Begriffe
gesondert zu fassen.

⟨IV. Phänomenologie und Erkenntnistheorie⟩

Terminologisches: Die allgemeine Rede gebraucht das Wort
10 Erfahrung für jede ursprünglich gebende individuelle Anschauung
und dann weiter auch für alle ihre vergegenwärtigenden und hinsichtlich ihrer Setzung nicht in der Art freier Phantasie modifizierten („neutralisierten") Parallelen (Erinnerung, Einfühlung usw.). Zugleich identifiziert sie aber, vermöge der Allherrschaft der naturalen
15 Einstellung, Erfahrung und naturale Erfahrung, demnach auch Erfahrung von Bewußtseinserlebnissen und vom Bewußtseinssubjekt
mit dem, was wir in unserer scharfen sachlichen und terminologi-
schen Scheidung als psychologische Bewußtseinserfahrung (naturale
Erfahrung von Bewußtsein, von „Psychischem") bezeichnet haben.
20 Wollen wir das höchst gefährliche Wort Erfahrung und die parallelen
Worte über die naturale Sphäre hinaus überhaupt gebrauchen, so
müssen wir der naturalen Erfahrung gegenüberstellen die phänomenologische, die mit Beziehung auf ihre spezifisch transzendentale
Bedeutung (nämlich ihre Bedeutung für die im echten Sinn transzen-
25 dentale Vernunftwissenschaft) auch transzendentale heißt. Doch
wird man in der gegenwärtigen wissenschaftlichen Lage für die phänomenologischen Anschauungen das Wort Erfahrung am besten ganz
vermeiden, so unbequem es ist. Wir sprechen also mit Vorliebe von
einer (originär gebenden oder vergegenwärtigenden) Anschauung
30 von individuell einzelnen Bewußtseinsgestaltungen (oder „Phänomenen", die in ihrer Reinigung durch die phänomenologische Reduktion auch transzendental reine Phänomene heißen) und reihen
ihr dann selbstverständlich die Anschauung und speziell originär
gebende Anschauung von entsprechenden eidetischen „Wesen" ein,
35 in welcher Hinsicht wir schon früher von „Erschauung" gesprochen

haben, ein Wort, das wir auch für das ursprünglich gebende Bewußtsein von Wesensallgemeinheiten im Modus des „ überhaupt ", wie es
bei aller „ Einsicht " von prädikativen Sinn-, Wesensinhalten zugrunde liegt, verwenden, übrigens ohne je solche Wandlungen zu
5 übersehen.[1]

⟨§ 22. Das reine Bewußtsein und die
phänomenologische Reflexion⟩

Doch wieder zu den Sachen. Es gibt, das ist unser nächstes Thema, gegenüber dem psychologischen, dem natürlich apperzipieren-
10 den Bewußtsein ein „ reines " Bewußtsein, rein von jeder psychologischen Objektivierung. Und es gibt eine reine Apperzeption, eine
transzendental-phänomenologische, ⟨in der⟩ das reine Bewußtsein
zur Gegebenheit kommt. Ein Beispiel reinen Bewußtseins bietet
jedes nicht reflektierte Bewußtsein. Jedes Bewußtsein ist für das
15 Bewußtseinssubjekt das seine, seine Habe, auch wenn es nicht gegenständlich erfaßt ist, zu seiner Verfügung. D. h., auf jedes kann
sich ein erfassender Blick desselben richten, und es kommt dazu,
sofern es seinerseits das Subjekt (was ein aufweisbarer Charakter ist)
affiziert, zu sich heranzieht und es schließlich bei sich hat. Es ist
20 dann vergegenständlichtes, apperzipiertes, näher reflektiv „ wahrgenommenes " Bewußtsein. Aber nicht jedes Bewußtsein ist dies wirklich, nicht jedes können wir als reflektiertes voraussetzen. Denn die
reflektive Wahrnehmung ist ein neues Bewußtsein, und so kämen
wir auf eine aktuale Unendlichkeit von koexistenten Bewußtseinser-
25 lebnissen, wenn auch dieses reflektiv wahrgenommen sein müßte,
dessen reflektives Wahrnehmen abermals und so *in infinitum*. Jedes
nicht reflektierte Bewußtsein, wohin auch jedes schlichte Reflektieren selbst gehört, ist, sehen wir nun, „ reines " Bewußtsein; es ist
nicht naturales, also nicht Vorkommnis in der Natur, Bewußtseins-
30 zustand eines psychophysischen Wesens, da erst für eine naturale
Erfahrung Natur und speziell für eine psychologische Erfahrung ein
psychischer Zustand eines psychophysischen Wesens da ist. Von
dem reinen Bewußtsein wissen wir durch die reine „ phänomenolo-

---

[1] Vgl. hierzu auch Beilage III, S. 209.

gische Reflexion", deren Wesen es ist, zwar aufzufassen, aber nicht
natural aufzufassen. Letzteres setzt unter allen Umständen ein
grundlegendes Auffassen physischer Natur voraus. Jede „innere
Erfahrung" (deutlicher: psychologische) setzt „äußere Erfahrung"
5 (Erfahrung von der physischen Natur) voraus. Es liegt schon an der
Verwechselung der hier zu scheidenden beiderlei Reflexionen, wenn
man das nicht sieht. Mag das primäre Interesse des Psychologen
nicht auf die physische Natur, sondern nur auf die seelische Natur
gehen, so gehört doch zur Apperzeption „menschliche Seele" und
10 „seelischer Zustand" (sei es als mein eigener oder irgendeines anderen Menschen) unabtrennbar als Unterlage die Apperzeption
„Leib", und Leib ist dabei zunächst auch Körper in der räumlich-
zeitlich materiellen Welt. Solche Naturalisierung in eins mit der Reflexion ist aber keineswegs notwendig. Reflektiere ich auf mein
15 Anschauen oder Denken, auf mein „ich nehme wahr", „ich phan-
tasiere", „ich urteile", auf mein beliebiges Fühlen, Begehren, Wollen, so mag mein Blick gerichtet sein auf die Bewußtseinsbestände,
so wie sie in „reiner Immanenz", „absolut" gegeben sind. Es kann
dabei sein, daß sich die naturale Apperzeption „ich Mensch" her-
20 eindrängt und daß ich nun dem ⟨in⟩ absoluter Immanenz Erfaßten
alsbald den naturalen Wert „mein, dieses menschlichen Subjekts,
Bewußtseinszustand" verleihe. Aber einerseits ist das nicht notwendig und andererseits, selbst wenn es statthat, so kann ich den Blick
auf das absolut Gegebene fixiert halten und beobachten, daß die
25 Apperzeption mit ihrer naturalisierenden Deutung es selbst, als was
es absolut ist, nicht ändert und ändern kann. Ich kann auch dessen
mit Evidenz inne werden, daß ich diese apperzeptive Auffassung bei
solcher Reflexion in gewisser Weise völlig unwirksam machen kann,
derart, daß ich mich nicht auf ihren Boden stelle, ihre naturale The-
30 sis nicht mitmache, sondern sie, wie die gesamte naturale Auffassung und ihr Aufgefaßtes und Gesetztes als solches, als „unbeteilig-
ter Zuschauer" betrachte. Das Naturale, das im Vollzug der Erfahrung für mich da war, ist jetzt, wo ich die Erfahrung selbst und rein,
was sie in sich selbst ist und absolut gegeben ist, setze, verwandelt in
35 „in der Erfahrung so und so Erfahrenes" und „als da, als daseiende
Wirklichkeit Gesetztes". Das „da" und der Gegenstand, der da ist,
stehen jetzt unter Anführungszeichen. Verfahre ich so mit der schlichten Reflexion auf die mit den absoluten Bewußtseinsbeständen sich
verflechtenden naturalen Apperzeptionen, so tritt sie selbst in den

Kreis meiner reinen Reflexion. Sie und ihr Erfahrenes — dieses aber
in der bezeichneten Modifikation des Anführungszeichens — erweitern den Gehalt an absoluten Gegebenheiten. Die apperzeptive Deutung, die ich vorhin sozusagen naiv vollzog, wird jetzt mein Thema,
5 die Natur, die ich vorhin als festen Boden hatte, wird jetzt aufgefaßte, wahrgenommene, ebenso erinnerte, gedachte, theoretisierte Natur
„als solche". Dieses Modifikat ist nur ein in absoluter Gewißheit,
absoluter Immanenz Gegebenes. Jede erdenkliche Art von Bewußt-
seinsthesen, mit welchem Was (Materie, Sinn) sie verbunden sein
10 mögen, läßt die beschriebene „Ausschaltung", Neutralisierung zu,
jede kann so „außer Aktualität gesetzt" werden, und durch eine
geänderte Blickstellung tritt dann einerseits die absolute Gegebenheit des „ich erfahre", „ich denke" usw. und andererseits die korrelative absolute Gegebenheit des darin Erfahrenen, Gedachten usw.
15 als solchen hervor, wobei alles, was auf dieser „noematischen" Seite
steht, den Charakter des „intentionalen Seins als solchen", des
Seins in Anführungszeichen hat.

⟨§ 23. Bezweifelbarkeit der natürlichen, Unbezweifelbarkeit
der phänomenologischen Reflexion.
20   Die phänomenologische Reduktion⟩[1]

Von absoluten Gegebenheiten ist hier also stets die Rede. Das
„reine" Bewußtsein und durch es sein Gemeintes als solches soll
der reinen Reflexion in besonderer Weise „immanent", es soll in
ihr „absolut gegeben" sein. Und das soll ein radikaler Unterschied
25 sein gegenüber der Immanenz des psychologisch Erfahrenen (innerlich Erfahrenen) in der psychologischen Erfahrung und gegenüber
allem naturalen Bewußt- und Gegebensein überhaupt. Wie ist das zu
verstehen? Die Antwort lautet: Alles Naturale ist gegeben, aber in
einem gewissen Sinn nur relativ gegeben. Nämlich im Sinn seines
30 Gegebenseins liegt notwendig, daß es gleichsam nur unter Vorbehal-
ten gegeben sein kann. D. h., eine naturale Erfahrung, auch wenn
sie in voller Gewißheit vollzogen ist, auch wenn nicht das leiseste
Motiv des Zweifels oder der Negation wirksam ist, läßt doch die
prinzipielle Möglichkeit von Zweifeln, ob das Erfahrene sei, also

---

[1] Vgl. hierzu Beilage IV, S. 210.

„wirklich" gegeben sei, und wieder die prinzipielle Möglichkeit von Negationen offen. Obschon das Objekt erfahren, also im Charakter ursprünglicher Gegebenheit, leibhaftiger Wirklichkeit bewußt ist, „ist es vielleicht doch nicht". Es wäre also auch möglich, daß Zweifels-
5 gründe auftauchten, daß es in der Tat „zweifelhaft" wäre. Jede Erfahrung kann durch neue Erfahrungen bestätigt, aber auch über-mächtigt werden oder auch durch neue Erfahrungen in Zweifelsmo-difikationen verwandelt werden. Das sind für alle Erfahrungen — naturale Erfahrungen — und immerfort prinzipielle Möglichkeiten.
10 Das Gegenteil gilt für jenes originär gebende Bewußtsein, das wir unter dem Titel reine Reflexion der naturalen Erfahrung und speziell der psychologischen Reflexion gegenüberstellen. Hier gibt es keine Vorbehalte; was in ihr erschaut ist, ist nicht bloß vorbehaltlich gege-ben, sondern „absolut gegeben", gegeben als es selbst, in absoluter
15 Selbstheit, schlechthin zweifellos. Jede Möglichkeit des Zweifels, jede Möglichkeit eines Nichtseins ist prinzipiell ausgeschlossen. Da-mit rühren wir an methodische Überlegungen, die sich, wie man sieht, als leichte, obschon wesentliche Modifikationen und prinzi-pielle Verschärfung der Cartesianischen Zweifelsmethode darstellen.
20 Obschon Kontrastierungen der beiden Reflexionen nach dem Ge-sichtspunkt absoluter Zweifellosigkeit nicht gerade im Brennpunkt unserer Interessen stehen, da sie die Scheidung dieser Reflexionen schon voraussetzen, während wir noch daran sind, sie sichtlich zu machen, so ist es doch gut, wenn wir in diesem Gedankenzug noch
25 bleiben, da die umgebildete Cartesianische Methode vortrefflich hilfreich ⟨sein⟩ kann, zum Erschauen der Scheidung selbst empor-zuleiten und korrelativ die den grundverschiedenen Reflexionen ent-sprechenden Forschungsgebiete in ihrer prinzipiellen Trennung klar-zumachen. Kurz angedeutet würde unser Gedankengang so zu laufen
30 haben:
    Zunächst ist eingesehen (was nicht schwierig ist), daß in der Tat jede naturale Erfahrung, auch wenn sie nicht als zweifelhafte vollzo-gen ist, doch prinzipielle Möglichkeiten dafür offenläßt, daß das Erfahrene nicht sei und daß es hinterher Zweifeln unterliege. Das gilt
35 vorerst für alle physische Erfahrung, jedes physische Objekt ist in ihr „unvollkommen" gegeben, es ist, was es ist, als Einheit einer ideell unendlichen Mannigfaltigkeit möglicher Erfahrungen. Wie weit die aktuelle Erfahrung auch läuft, immer neue Erfahrungen von demsel-ben bleiben offen, und offen bleibt, daß neue Erfahrungen unstim-

mig sich anschließen; und dies sogar in der Art, daß sie das vordem
einstimmig Erfahrene preiszugeben, als nicht seiend zu setzen nötigen. Nicht anders steht es mit der psychologischen Erfahrung.
Das animalische und speziell menschliche Subjekt ist erfahren als
5 Subjekt von Dispositionen, Charakteranlagen usw., aber wie weit die
Erfahrung in bezug auf sie auch reiche und wie einstimmig sie sich
auch bestätigt haben mag, neue Erfahrungen können auftreten, die
das erfahrene Subjekt hinterher als anders erscheinen lassen, als es
in der Erfahrung gesetzt war. Daß die Erfahrung vom Dasein einer
10 Person auch völlige Durchstreichung zuläßt, derart, daß sie sich
möglicherweise als überhaupt nicht seiend herausstellt, das exempli-
fizieren uns bekannte Typen von Täuschungen. Das überträgt sich
natürlich auch auf Bewußtseinszustände, sofern sie eben als animalische, menschliche Zustände aufgefaßt sind — somit gilt es von
15 allem Psychologischen. Es ist grundverkehrt, der „inneren Erfahrung", solange sie irgend mit psychologischer Erfahrung identifiziert
wird, — im Sinne traditioneller Lehren — einen Evidenzvorzug vor
der „äußeren Erfahrung" einzuräumen. Man überzeugt sich, daß
dies überall nicht nur gelegentliche Fakta, sondern prinzipiell im
20 Wesen der naturalen Erfahrung von psychischen Subjekten gründende Möglichkeiten sind. Fügen wir nun analog wie die Cartesianische
Betrachtung bei: Zwar an allem Naturalen „könnte" ich zweifeln;
jede erfahrene Natur könnte auch nicht sein, obschon ich sie erfahre
und obschon ich hinsichtlich so vieles Naturalen gar keine Vernunft-
25 gründe habe, zu zweifeln oder das Nichtsein zu behaupten. Das
natural Erfahrbare ist aber nicht das Erfahrbare, das originär Anzu-
schauende überhaupt. Reflektiere ich auf ein eben vollzogenes
Erfahren oder auch auf ein Denken, auf ein Fühlen, auf ein beliebiges „cogito", so mag das Reale, das ich darin gesetzt hatte, sich
30 vielleicht als fälschlich gesetztes herausstellen. Es mag der darin
gesetzte Wert vielleicht ein Unwert sein usw. Aber wie immer, eines
ist gewiß, daß ich hier dessen absolut sicher sein kann, daß dieses
„ich erfahre", „ich denke" usw. ist, wofern ich es nehme, so wie es
in diesem reflektierenden Blick wirklich und leibhaftig gegeben ist.
35 Hier ist es — wenn ich mich an das rein Gegebene halte — offenbar,
daß jede Negationsmöglichkeit und Zweifelsmöglichkeit prinzipiell
ausgeschlossen ist. Das ego cogito ist „absolut gegeben". Und im
cogito das cogitatum qua cogitatum. Wir brauchen nun bloß zu fragen (kritischer als Descartes in diesem Punkt gewesen ist), was dann

diese absolute Gegebenheit bedeutet und worauf sie sich eigentlich
bezieht, und wir erkennen, daß das *ego* nicht *mens sive animus sive
intellectus,* nicht die Person, nicht das empirische Subjekt ist, das ich
in der naturalen Einstellung als Ich bezeichne und dem Du und
5 anderen Menschen gleichsetze, also in gleichem Sinn eben als Menschen auffasse. Dieses naturale Ich schließt, stellen wir fest, Zweifelsmöglichkeit und Nichtseinsmöglichkeit keineswegs aus, es kann
also nicht das Ich der echten Cartesianischen Evidenz sein.
    Descartes schied die gesamte Natur, aber nicht den „Geist" als
10 „zweifelhaft" aus; wir scheiden in strengster Konsequenz und in
strengstem Sinn alles Naturale aus, und d. h. offenbar in dem Sinn,
daß wir uns nicht auf den Boden irgendeiner Erfahrung (naturalen
Setzung) stellen, daß wir sie nicht mitmachen, sie außer Aktion setzen. Dann bleibt uns jedes reine *cogito* und die Gesamtfülle der
15 *cogitata,* nur daß auf dieser korrelativen Seite nicht Natur und sonstige naive Gesetztheiten, sondern Natur in Anführungszeichen,
überhaupt vorgestellte, gedachte, gewertete etc. „als solche" steht.
Es ist nun klar nicht nur, was da zur absoluten Gegebenheit kommt,
sondern auch, was die reine Reflexion ist, die es zur Gegebenheit
20 bringt. Es ist eben eine Bewußtseinsreflexion, die schauend das reine
eigene Sein des Bewußtseins und alles, was in ihm als seine Intentionalität liegt und von seinem Eigenwesen unabtrennbar ist, umspannt und zum Thema macht, aber keine der Setzungen mitvoll-
zieht, die in diesem Bewußtsein als aktuellem, vor der Reflexion,
25 vollzogen waren. Dabei trübt sich die Reinheit der Reflexion sofort,
sobald wir die absoluten Gegebenheiten, die sie erfaßt, wie wir es
immer wieder können, als animalisch-seelische Zustände auffassen
und sie, die Erfahrungsthesis vollziehend, natural objektivieren.
Eine wirklich absolute Gegebenheit ist nur das reflektierte Bewußt-
30 sein, das nicht natural aufgefaßt und gesetzt ist. Dagegen erhält sich
die absolute Gegebenheit, wenn, gemäß unserer oben gegebenen
Beschreibung, von einer evtl. sich andrängenden psychologischen
Auffassung kein Gebrauch gemacht wird und, während sie da ist,
doch nur das absolut Gegebene und so, wie es das ist, gesetzt wird.
35 Man versteht danach den Sinn der „phänomenologischen Reduktion" als der Methode prinzipieller Ausschaltung oder „Einklammerung" aller psychologischen und naturalen Apperzeptionen und
der von ihnen gesetzten Wirklichkeiten — ⟨sie werden berücksich-
tigt⟩ nur als Themen, nämlich als was sie in sich selbst sind und

intentional beschlossen sie in Betracht kommen, nicht aber als Akte,
die selbst Gegenstände geben.

Nur durch sie kommen wir in den sicheren Besitz der unendlichen
Sphäre des reinen Bewußtseins, nach allen sich absolut darbietenden
5 Gestaltungen. Die Welt, die Natur und evtl. Transzendenzen welcher metaphysischen und sonstigen Art immer kommen in dieser
Sphäre zwar beständig vor, aber sie kommen nur vor als gemeinte,
als so oder so erscheinende, als klar oder unklar vorgestellte, als
aufgemerkte oder nebenbei bemerkte, als uneinsichtig oder einsich-
10 tig, als wirklich, möglich, wahrscheinlich usw. gesetzte, als schön,
nützlich, gut und wie immer sonst bewertete — wobei aber alle solchen Thesen im angegebenen Sinn ausgeschaltet werden, wir machen sie jetzt nicht mit, wir lassen uns durch sie keinen Seinsboden
geben, auf dem stehend wir forschten. Wir machen also keine
15 ernstliche Aussage über Natur, sondern Aussagen derart wie: Das
oder jenes Aussagen ist Aussagen über „Natur", diese Wahrnehmung ist Wahrnehmung von „diesem Baum" usw. Wir verhalten
uns ähnlich wie in Fällen, wo wir durch Einfühlung das Bewußtsein
eines anderen und sein Bewußtes nachverstehend seine Thesen nicht
20 mitmachen, zu dem, was er erfährt, glaubt, prädiziert, keine Stellung nehmen, also nicht etwa wie in gewöhnlichen Fällen im Nachverstehen auch mitglauben, so daß, was für ihn wahrnehmungsmäßig „wirklich da" ist, auch für uns, die wir gerade nicht dasselbe
wahrnehmen, wirklich da ist, das, was er aus der Erinnerung als
25 Gewesenes uns mitteilt, ohne weiteres als Gewesenes mitsetzen usw.
So ähnlich, nur viel radikaler, machen wir unser eigenes Bewußtsein
in der Reflexion zum Thema, wir betrachten es, ohne daß, was es
selbst zum Thema machte und somit als wirklich, möglich, wertvoll
usw. setzte, unser Thema wäre, während unser Thema gleichwohl
30 und ganz besonders dies befaßt, daß dieses Bewußtsein den und den
Gehalt hat und so und so setzt, wertet usw. Ich beschränke aber das
reine Bewußtseinsfeld bzw. die es konstituierende phänomenologische Reduktion nicht auf die Sphäre der originär gebenden reinen
Reflexion und überhaupt nicht auf die Sphäre der reflektiven reinen
35 Bewußtseinserfahrung als eines Bewußtseins, das reines Bewußtsein
als Feld absoluter Wirklichkeiten gibt. Korrelativ gesprochen,
unser Feld soll nicht beschränkt sein ⟨auf⟩ die wirklich von mir
vollzogenen und nachher reflektiv betrachteten Akte, nicht auf das
zufällige, wirkliche Bewußtsein, das ich in immanent reiner Erfah-

rung (die nicht naturalistische Selbsterfahrung ist) als ein momentanes „dies!" vorfinde; oder wenn es Erinnerung war, als ein Vergangenes erfasse bzw. als ein mir gegenwärtiges Gewesenes. Ich habe ja die Freiheit fingierender Phantasie und damit die Freiheit, mannig-
5 faltiges „mögliches Bewußtsein" — in dem aktuellen Bewußtsein, das da phantasierendes heißt — zu gestalten.

⟨§ 24. Reflexion in der Phantasie.
Ausdehnung des phänomenologischen Feldes
auf das „mögliche Bewußtsein"⟩[1]

10   Phantasie ist in sich selbst charakterisiert als eine gewisse Modifikation von „originärem" Bewußtsein. Dem erfahrenden Bewußtsein steht so gegenüber das phantasierende als „gleichsam" erfahrendes. An sich selbst ist das erfahrende Bewußtsein ein wirkliches, das in einer Reflexion wahrgenommen und als gegenwärtige Wirk-
15 lichkeit erfaßt werden kann. Aber das ist sein Wesen, daß, was es gegenständlich bewußt macht, nicht charakterisiert ist als wirklicher Gegenstand, sondern als „gleichsam" wirklicher, z. B. der phantasierte Zentauer als „gleichsam" dort seiend, „vorschwebend" im Modus einer Wirklichkeit-als-ob, wenn wir Vaihingers Ausdruck
20 verwenden wollen. Aber nicht nur das. Wir können (in prinzipieller Allgemeinheit gesprochen) nicht nur reflektieren auf das Phantasiebewußtsein als aktuelles Erleben (wie vorhin), sondern auch reflektieren in der Phantasie. Wie die Reflexion von dem wahrgenommenen Tisch hier und seiner Wirklichkeit uns zurückführt auf das
25 Wahrnehmungserlebnis des Tisches, so führt die Reflexion „in" der Phantasie von dem gleichsam wahrgenommenen Zentauren und seiner „Wirklichkeit-als-ob" zurück zu seinem Gleichsam-Wahrnehmen, das selbst kein wirkliches Bewußtsein, sondern ein „als ob" ist. Es liegt also im aktuell wirklichen Phantasiebewußtsein notwen-
30 dig beschlossen als ein durch jene interne Reflexion herauszuschauendes. Ähnliches gilt ja für jede thetische und modifizierte Vergegenwärtigung, z. B. eine Erinnerung. Sie gleicht der Phantasie darin, daß auch ihr Gegebenes, das Erinnerte, im „als ob" bewußt ist, als ob es

---

[1] Vgl. hierzu Beilage V, S. 219.

da wäre. Es schwebt auch nur vor. Aber die Modifikation des „als
ob" greift nicht in der Weise wie bei der Phantasie die Thesis der
Wirklichkeit an. Die Erinnerung setzt; das gleichsam wahrnehmungsmäßig Dastehende, nämlich Vergegenwärtigte, ist doch ge-
5 setzt, nicht als Gegenwart (denn es ist nur gleichsam Gegenwart),
sondern als Vergangenheit oder in der Erwartung als Zukunft. Ohne
hier auf nähere Analysen einzugehen, ist soviel klar, daß auch hier
und so bei jedem Vergegenwärtigungsbewußtsein eine aktuelle Reflexion dieses Bewußtsein als aktuell gegenwärtige Wirklichkeit er-
10 fassen kann, daß aber prinzipiell auch möglich ist eine Reflexion in
der Vergegenwärtigung, hier in der Erinnerung, in der als Korrelat
zur gewesenen Wirklichkeit des Gegenstandes die gewesene Wahrnehmung desselben erfaßbar ist: Daher Jetzt-erinnert-Sein gleichwertig ist mit Wahrgenommen-gewesen-Sein. Ähnliches also gilt von
15 der Phantasie in allen ihren Gestalten (wozu natürlich auch das
Sich-Hineinphantasieren in eine Erinnerung, in eine Erwartung, in
eine Einfühlung usw. gehört). Zum Wesen der Phantasie gehört nun
auch, daß sie zwar hinsichtlich des Phantasierten nicht wirklich,
sondern nur modifiziert gebend ist, also nur gleichsam gebend, daß
20 sie aber in einer prinzipiell möglichen Einstellungsänderung in einen
wirklich gebenden Akt übergeht, nämlich in den, der die „Möglichkeit" des phantasierten Gegenständlichen erfaßt. Diese Möglichkeit
ist ein Gegebenes, also als seiend Bewußtes: Auch Möglichkeiten
können übrigens, was nicht zu vergessen, sein oder nicht, können
25 fälschlich gemeint, aber auch originär gegeben und evident gegeben
sein. Die Phantasie ergibt Möglichkeiten originär. Die Reflexion in
der Phantasie, jedes Bewußtsein überhaupt, das als Phantasierendes
auf Bewußtsein gerichtet ist, ergibt also Bewußtseinsmöglichkeiten originär und gibt sie absolut, außerhalb jeder Zweifelsmög-
30 lichkeit, wenn die Reflexion (evtl. als Reflexion in einer naturalen
Phantasie) reine Reflexion ist. Mit anderen Worten: Auch im unendlichen Reich der Phantasie können wir phänomenologische Reduktion üben, und zwar nicht nur hinsichtlich der Herausstellung
der reinen Aktualität des Phantasierens, sondern auch hinsichtlich
35 der Reflexionen in den Phantasien. Und damit erweitert sich unser
Feld absoluter Gegebenheiten über das ganze unendliche Reich der
Sphäre absolut gegebenen „möglichen" Bewußtseins als einer Sphäre transzendental gereinigter Möglichkeiten. Führen wir das noch
näher aus:

Fingiere ich einen Zentauren, so hat das die Bedeutung: Ich versetze mich in ein mögliches Wahrnehmen, und zwar Wahrnehmen
dieses Zentauren; reflektiere ich in diesem Phantasiebewußtsein, so
finde ich dieses Quasiwahrnehmen und seine Beziehung auf sein
5 Wahrgenommenes, ich finde die Quasiempfindungsdaten (Phantas-
men), die entsprechend modifizierten Auffassungen usw. Ich mache
nun nicht die wirklichen naturalen Thesen mit, die sich auf meine
jetzige aktuelle Welt beziehen und die evtl. auch den Zentauren
angehen, nämlich wenn ich ihn mir hier auf dieser Straße heran-
10 springend fingierte. Ich stelle mich natürlich aber auch nicht auf den
Boden der Phantasie, wie ich es tue, wenn ich mich der Phantasie „hingebe" und aktuell phantasierend und träumend die phantasierten Ereignisse quasierlebe, über sie quasiurteile, zu ihnen in
Gefallen und Mißfallen, in tätigem Handeln Stellung nehme — in
15 der Modifikation der „träumenden" Phantasie. Ich versetze also
auch die modifizierten Erlebnisse, das modifizierte Wahrnehmen,
Urteilen, Gefallen usw. nicht in die phantasierte Natur. Ich vollziehe
keine Quasiapperzeptionen und Quasierfahrungssetzungen derart,
wie wenn ich in träumender Phantasie, also im Modus des „gleich-
20 sam" mich in der Zentaurenwelt betätigte und ihr mich leiblich-
geistig, also auch nach allen meinen Bewußtseinszuständen einord-
nete. Vielmehr, ich, das aktuelle Subjekt, aber das reine Subjekt,
vollziehe reine Reflexion „in" der Phantasie, in ihr also vollziehe
ich phänomenologische Reduktion, durch den Vollzug der reinen
25 Reflexion auf die reinen Quasibewußtseinsakte erfasse ich an diesen
zugleich absolute Gegebenheiten, nämlich konkrete, singuläre Bewußtseinsmöglichkeiten. In jedem vorschwebenden und rein gefaßten Bewußtsein habe ich absolut gegeben ein mögliches Bewußtsein mit seinen möglichen Thesen, bezogen auf die jeweiligen
30 fingierten Bewußtseinsobjekte.

In dieser Art vollziehen wir phänomenologische Reduktion nicht
nur in jeder wahrnehmenden Reflexion, in jeder erinnernden und
sonst vergegenwärtigenden Reflexion, sondern auch in jeder Phantasiemodifikation all solcher Reflexionen oder in jeder Phantasie über-
35 haupt. Demgemäß haben wir zwei Reiche reinen Bewußtseins: das
Reich der Bewußtseinswirklichkeiten und das der Bewußtseinsmöglichkeiten, oder um die Äquivokationen der Ausdrücke minder
schädlich zu machen: das Universum der reinen Icherlebnisse, die
wirklich sind (gegeben durch phänomenologische Wahrnehmung,

phänomenologische Erinnerung und sonstige thetische Anschauungen), und das Universum der Möglichkeiten reiner Icherlebnisse.

⟨§ 25. Phänomenologie als eidetische Wissenschaft
vom reinen Bewußtsein⟩

5   Jedes durch eine o b e r s t e sachhaltige Gattung (d. h. eine prinzipiell nicht mehr zu verallgemeinernde und nur noch dem Etwas
überhaupt, der leeren logischen Form Gegenstand unterzuordnende
Gattung) umgrenzte Gebiet nenne ich ein regionales, als Umfang der
entsprechenden Region, das ist dieser bestimmt definierten obersten
10   Gattung selbst. Der Begriff der Sachhaltigkeit bestimmt sich dabei
durch den Kontrast gegen die Unsachhaltigkeit der logischen Wesen,
der Modi des Etwas überhaupt.
    Jede Region bietet eine doppelte Möglichkeit für die Wissenschaf-
ten: Entweder wir betrachten ihr Wirklichkeitsgebiet (das gemeint
15   ist, wo von Gebiet schlechthin die Rede ist), den Wirlichkeitsum-
fang der Region, oder ihr Quasigebiet bzw. den Möglichkeitsumfang
derselben Region. Die einen wissenschaftlichen Disziplinen betreffen also wirkliche Gegenstände der Region und universell das All
dieser Gegenstände, gegeben durch originär gebende Anschauungen
20   — Erfahrungen im rechtmäßig erweiterten Sinn —, die anderen Disziplinen mögliche Gegenstände der Region. Wie sind Möglichkeiten
(oder was äquivalent ist, mögliche Wirklichkeiten) Thema eigener
Wissenschaften? Die Antwort lautet offenbar: in Form eidetischer
Disziplinen. (Das ist der gute Kern der sonst sensualistisch verdor-
25   benen Lehre Humes von Wissenschaften über *relations of ideas* —
wobei *idea* gleichgestellt wird mit Phantasiegegenstand.) So entsprechen in der Region Natur den Wirklichkeitswissenschaften, die
schlechthin Naturwissenschaften genannt werden, die entsprechenden Wissenschaften von idealen Möglichkeiten, den Disziplinen von
30   wirklichen Bewegungen und bewegenden Kräften die eidetischen
Disziplinen von „reinen" Bewegungen und Kräften usw. Durch
unsere Betrachtung ist die Region reines Bewußtsein aufgewiesen,
wissenschaftlich umgrenzt, und wir sehen danach die Möglichkeit
von zweierlei Wissenschaften innerhalb dieser Region: einer Wis-
35   senschaft von wirklichem und einer von möglichem reinen Bewußtsein, nach dem eben Gesagten eine eidetische Wissenschaft von

möglichem Bewußtsein überhaupt: Ich nannte sie reine Phänomenologie.

⟨§ 26. Der Gegensatz von Transzendenz und Immanenz⟩

　　Also durch die Methode der phänomenologischen Reduktion, de-
5　ren universelle Notwendigkeit prinzipiell gesichert ist, durch die
damit erwiesene Möglichkeit einer reinen Reflexion als einer universellen Erkenntnisquelle, haben wir eine Wissenschaftsregion umgrenzt, die Region der „Phänomene" im Sinn der Phänomenologie,
der reinen *cogitationes* und ihrer *cogitata*. Dieses Feld ist völlig
10　getrennt von allen anderen Erkenntnisfeldern. Mit anderen Worten:
„Immanentes Sein" im echten und strengen Sinn des Wortes ist aus
radikalsten Gründen geschieden vom „transzendenten Sein", wobei
der Begriff der Transzendenz durch den der Immanenz bestimmt ist,
als jederlei (individuelles) Sein, das reines Bewußtsein setzt, das aber
15　nicht selbst reines Bewußtsein ist. Zur transzendenten Sphäre gehört
die gesamte Natur, das, was wir „Weltall" nennen und für das All
des Seins überhaupt zu nehmen geneigt sind. Auch alle überschwenglichen Transzendenzen, die prätendierten der „Metaphysik" und der Religion, gehören hierher. Denn Gott z. B. ist keine
20　absolute Gegebenheit, er ist nicht Bewußtseinsdatum, auch ⟨nicht
wie⟩ das reine Ego, das wir als zum *cogito* gehörig in phänomenologischer Reduktion vorfinden könnten. Inwiefern durch andere
Vernunftsphären noch transzendente Objekte zur Gegebenheit kommen und Gegenstände möglicher Erkenntnis werden können, das
25　bleibt offen. Jedenfalls das All natürlicher oder übernatürlicher R e a -
l i t ä t e n gehört auf die eine Seite — das All des Bewußtseins, als
All dessen, was prinzipiell absolut gegeben sein kann, auf die andere
Seite. Trotz dieses die radikalste aller gegenständlichen Trennungen
ist und keine Brücke von dem einen in das andere Gebiet führt,
30　erschauen wir doch die innigsten Aufeinanderbeziehungen, notwendig
ist Transzendenz auf Immanenz und Immanenz auf Transzendenz
bezogen. Die wirkliche Welt, das All der Realitäten, ist durch die
phänomenologische Reduktion „eingeklammert" und dadurch ausgeschaltet worden, aber in der Klammermodifikation ist sie doch im
35　phänomenologischen Bereich in gewisser Weise und durchaus da.
Hier ist nun der Quellpunkt aller im echten Sinn transzendentalen

Probleme, vor allem der spezifisch erkenntnistheoretischen. Was in
dieser Hinsicht überhaupt an bestimmten, berechtigten, sinnvollen
Problemen zu formulieren ist, setzt durchaus die phänomenologische Reduktion und das Feld des reinen Bewußtseins vor⟨aus⟩
5 und setzt damit die Wissenschaft voraus, die wir reine Phänomenologie nennen.

⟨§ 27. Das Transzendente in phänomenologischer Einstellung⟩

Stellen wir, um die echten transzendentalen Probleme zu finden,
folgende Überlegung an.
10 Die Welt sehe ich, der Erkennende, und sehe sie auf Grund meines Erkennens, zunächst auf Grund meines Erfahrens und dann weiter meines darauf bezogenen, zuhöchst meines wissenschaftlichen
Denkens. Ich sehe die Dinge selbst, in leibhaftiger Wirklichkeit stehen sie vor mir, aber ich muß sie „näher" kennenlernen. Sie sind
15 mir im Erfahren unvollständig, sehr unvollkommen gegeben. Ich
muß also von Erfahrung zu Erfahrung gehen, evtl. Illusionen,
Scheinerfahrungen verschiedener Art ausschließen, die sich innerhalb des Erfahrungszusammenhanges selbst als solche herausstellen.
Ich muß weiter Denktätigkeiten ins Spiel setzen und die Erfahrungs-
20 gegebenheiten logisch bestimmen. Dies in vollkommenster Weise zu
tun ist Ziel und in stetiger Annäherung sich realisierende Leistung
der Wissenschaft, deren innerer Motor das rein theoretische Interesse ist. In diesem Gang gewinne ich, soweit die vollkommene Evidenz reicht, die mir jeden Schritt vollendeter Leistung als solchen
25 ankündigt, reine und immer neue Befriedigung. Aber wie Erstaunli-
ches lehrt mich nun die Reflexion.
„Ich erfahre die Natur, ich erfahre Dinge, Vorgänge der Natur in
leibhafter Wirklichkeit" — die Reflexion lehrt mich, daß damit ein
Bewußtsein ausgedrückt ist, das in sich selbst Bewußtsein von „der
30 Natur", ⟨den⟩ „Dingen, Vorgängen der Natur" ist, in sich selbst
dergleichen als erscheinenden und gemeinten „Inhalt" bewußt hat
und ihn bewußt hat in einem Bewußtseinsmodus, der ihn als
„leibhafte Wirklichkeit" meint und setzt. Die Welt ist für mich
da, sie ist unmittelbar gegeben, unmittelbar gesehen, ergriffen,
35 mittelbar als sichtbar, greifbar bewußt und daraufhin weiter mittelbar gedacht. Und all dergleichen sagt doch: Ich habe in meiner Vor-

stellung gewisse Vorstellungsinhalte in gewissen Weisen zu „Er-
scheinungseinheiten" verknüpft, und „leibhaftig" ist dabei ein Bewußtseinsmodus derselben, „wirklich sein" ein anderer Modus,
letzterer Korrelat meiner Stellungnahme der erfahrenden Doxa (der
5 „Erfahrungssetzung"). Ich werde freilich darauf aufmerksam, daß,
wenn der Lauf der Erfahrungen, deutlicher der Wahrnehmungen,
von einem gewissen normalen Stil, dem der Einstimmigkeit, ab-
weicht, ich bei gewissen Übergangspunkten meine Stellungnahme
ändern, das, was soeben als leibhaftige Wirklichkeit, als wirklich
10 daseiendes Ding etwa gegeben war, nun als nichtig erfahren, daß ich
das „wirklich" sozusagen durchstreichen muß. Oder auch, es mag
vorkommen, daß diese Durchstreichung nur das Wirklichsein einzelner Merkmale des Ding-Erfahrenen betrifft, so daß ich sagen
muß, das Ding ist zwar „da", aber es ist „anders", als es mir
15 zunächst „erschien". So ist, merke ich, überhaupt jedes „da" und
„nicht da", jedes „so beschaffen" und „anders beschaffen", jedes
„reale", „materielle Ding", „seelische Subjekt", jederlei „Eigenschaft", „Zustand", „Ursache" - „Wirkung", auch jedes „gegenwärtig", „vergangen", „künftig", natürlich auch jedes „wahr-
20 scheinlich", „möglich", „zweifelhaft" usw. – Index für in einem
gewissen Stil ablaufende Zusammenhänge meines Bewußtseins. Was
für die Sphäre der Erfahrung und sonstiger gebender Anschauungen
gilt (Wahrnehmung, Erinnerung, Erwartung, Einfühlung), gilt offenbar für alle Erkenntnisarten bzw. für alle Gegebenheitsweisen von
25 Objektivitäten, so für alle „Wahrheiten", „Theorien" bzw. für die
ihnen entsprechenden theoretischen Bestimmungen objektiven
Seins.

In der natürlich-naiven Einstellung begriffen, sagte und mußte ich
sagen, hier, inmitten dieses Raumes, der das Weltall umspannt, jetzt
30 in dieser Zeit, in der alle Weltvorgänge sich abspielen, inmitten der
Realitäten, die in ihr seiend und durch real-kausale Bande verflochten sind, bin ich und sind alle anderen Menschen Realitäten unter
den Realitäten. In diesem Zusammenhang verlaufen die psychophysischen Kausalitäten, aus Reizprozessen entspringen in uns Empfin-
35 dungen, nach Naturgesetzen entspringen, nach psychologischen oder
psychophysisch gemischten, weitere Gestaltungen in den seelischen
Innerlichkeiten, Bildungen aus den Empfindungsdaten oder schon
ihren innerlich konstituierten Modifikationen. Es entspringen dingliche Wahrnehmungen und Erinnerungen, signitive Akte, Denktätig-

keiten und Denkgebilde, begriffliche Vorstellungen, Urteile bzw.
Aussagen, Schlüsse usw. Kurzum, es kommt so nach Naturgesetzen,
wie alle sonstigen Bewußtseinsarten, eine Erkenntnis der Welt und
in allen ihren Stufen zustande — in sich als eine Art Nachbildung
5 der Welt zu charakterisieren durch sinnliche Anschauungen und
Gedanken.

   In der Einstellung der radikalen Reflexion scheint sich die Auffassung umzukehren. Statt daß die Welt mich umspannt, umspanne ich
die Welt. Mich umspannte sie, den Menschen. Ich aber, das Ich, das
10 diese radikale Reflexion vollzieht, habe nicht einen Raum, eine Welt
„außer" mir, mich umspannend, nicht eine Welt von Dingen, die
neben diesem Ich als ein gleichberechtigtes und gleich absolutes Sein
gelten könnten, mit ihm kausal verflochten, von ihm als einem Spiegel abgespiegelt. Denn das Ich, das die Welt spiegelt, das Spiegeln
15 jeder Art, Kausalitäten jeder Art — alles ist für mich als Ich der
radikalen Reflexion und für seine in dieser Reflexion absolut gegebenen Bewußtseinserlebnisse „konstitutives" Gebilde, darin, dank
dem Eigenwesen dieser Erlebnisse und ihrer Zusammenhänge und
dank dem Einheitsbewußtsein, das in diesen, ihren Wesen gemäß,
20 immanent sich gründet, „Erfahrenes" „Gedachtes" und speziell bei
Erfüllung entsprechender Wesensvoraussetzungen „einsichtig als
gültig Gesetztes".

⟨§ 28. Erkennen als „Abbilden" der Wirklichkeit⟩

   Doch ich will versuchen, noch etwas tiefer zu dringen und mir
25 größere Klarheit zu verschaffen. Ich hatte gesagt: In der natürlichen
Einstellung gilt mir Erkenntnis als eine Art im psychophysischen
Prozeß erwachsender Nachbildung der Natur. Wohl verstanden hat
diese Bezeichnung ihr natürliches Recht. Erkennen ist freilich kein
Abmalen, kein Abbilden im gewöhnlichen Sinn, wie leicht es dahin
30 auch mißdeutet wird und vor der genauen Betrachtung der Erkenntniserlebnisse auch mißdeutet worden ist. Bilder sind selbst Dinge in
der Natur neben den abgebildeten. Als solche Dinge in der Natur
sind beide in gleicher Weise für mich da durch meine Dingapperzep-
tion. Als Bilder aber sind sie für mich nur da durch ein weiteres
35 auffassendes Bewußtsein, in dem das Erscheinende nicht nur überhaupt als Dingerscheinendes, sondern in einem eigentümlichen Be-

wußtseinsmodus „Bild für ein anderes, für ein sich im Ding bildlich Darstellendes" bewußt ist. Ich weiß auch schon, daß jedes erscheinende Ding im Bewußtsein charakterisiert ist als Einheit, die sich in wechselnden Aspekten, der Möglichkeit nach in endlos mannigfal-
5 tigen „Abschattungen", perspektivischen Wandlungen darstellt und immer nur als durch irgendwelche Aspekte Dargestelltes gegeben ist. Diese darstellenden Aspekte sind aber keine Dinge, sie treten im Bewußtsein auf, und das Bewußtsein beseelt sie durch seinen Charakter der Darstellung, verleiht ihnen also einen Sinn und einen sol-
10 chen, daß im geordneten Übergang von Darstellungen des jeweiligen Sinnes das Bewußtsein „dasselbe" Ding, das eine und selbe leibhaft gegeben erwächst. Umgekehrt aber sind, wie gesagt, die Bilder im gewöhnlichen Sinn im Bewußtsein gegeben, selbst als Dinge gegeben, als Einheiten solcher beseelten Aspekte, und das sogar in mehrfa-
15 chem Sinn, sowohl für das physisch wirkliche Bild (das an der Wand hängende Ding aus Leinwand etc.) als für das eigentliche Bild, die sinnlich erscheinende Landschaft, die selbst nur charakterisiert ist als „bildliche Darstellung von". Das letztere Bild kann auch ⟨durch⟩ eine Mannigfaltigkeit von Aspekten zur Erscheinung
20 kommen wie bei kinematographischen Bildern. Es ist also klar, daß wir, solche Analysen vollziehend, nicht mehr das schlichte Erfahren der Natur gleichsetzen können mit einem Haben von Bildern im Bewußtsein, von Bildern im gewöhnlichen Sinn, die selbst Erfahrung voraussetzen, nämlich erfahrene Dinge sind, die bewußtseinsmäßig
25 nur mit weiteren Bewußtseinsfunktionen ausgestattet sind: nämlich uns „Bilder" für anderes zu vermitteln. Gleichwohl eine gewisse Analogie, die die Rede von Nachbildung im Bewußtsein zu rechtfertigen scheint, liegt doch vor. Denn dasselbe Ding, das in der Natur an sich selbst ist, ist für jedermann erfahrbar und besagt für jeder-
30 mann, für jeden normalen Menschen, ein System von Erfahrungsmöglichkeiten mit entsprechenden Mannigfaltigkeiten von Empfindungsdaten, organisiert zu Aspekten, die bewußtseins⟨mäßig⟩ in einem gewissen Sinne aufgefaßt sind, demgemäß als mannigfaltige Darstellungen desselben Dinges ablaufen können, die weiter ausge-
35 stattet sind mit einer zu diesem Sinn gehörigen Erfahrungsdoxa usw. Jeder hat in seinem Bewußtseinszusammenhang seine Mannigfaltigkeiten und Einheiten, die aber alle demselben Ding an sich selbst gelten, wie denn jeder, mit dem anderen sich verständigend, durch Einfühlung davon Kunde hat, daß der andere in seinen Erfahrun-

gen dasselbe erfährt wie er selbst. Wir haben also alle eine erfahrene
Welt, wir haben sie, das ist, in jedem von uns ist das Bewußtsein in
gewisser Weise mit Erfahrungen bestimmten Stiles, sich in bestimmten Weisen organisierend zu Mannigfaltigkeiten und Einheiten, aus-
5 gestattet, und darin stellt sich für jeden von uns „die" Welt dar.
Nun heißt es zwar, die wirkliche, gemeinschaftlich erfahrene Welt,
die sinnendingliche, ist nicht die wahre Welt, die Welt an sich, die
sekundären Qualitäten der erfahrenen Dinge seien „bloß subjektiv".
Aber damit ändert sich nichts Wesentliches. Die denkmäßige Bear-
10 beitung der Erfahrungsgegebenheiten liefert für mich und jeden Vernünftigen, nach der Einsicht wissenschaftlicher Methode der Naturwissenschaft Verfahrenden sozusagen ein richtiges „geistiges Bild",
eine Denkbestimmung, die das eine Ding, das immer doch für sich
ist und für mich und alle erkennbar ist, objektiv bestimmt, und die
15 es selbst in meiner Erkenntnis vertritt und in der eines jeden Vernünftigen. So stehe ich vor der an sich schon eigentlich sehr merk-
würdigen und zweifellosen Tatsache, die sich in den Worten ausspricht: Die Welt birgt in sich und treibt immer wieder neu im
organischen Werden aus sich hervor animalische Wesen, speziell
20 Menschen, die die Welt erkennen. In der Welt verteilt sind also
physische Dinge, die die Eigenheiten von „Leibern" haben, und mit
diesen verknüpft sind seelische Subjekte — oder wie wir auch sagen
könnten, mit ihnen verknüpft sind „Monaden", deren wundersame
Eigenheit darin besteht, die ganze übrige Welt und wechselseitig ein-
25 ander zu bespiegeln, nämlich in Form ihrer Vorstellungen, ihrer
Erkenntniserlebnisse. Ein Teil der Welt ist also nicht nur so, ist ein
lebendiger, vorstellender, erkennender Spiegel für die übrige Welt, ja
für die gesamte Welt.

⟨§ 29. Entscheidung über Sein und Nichtsein des
30   Transzendenten in der Immanenz⟩

Nun aber überlege ich, daß ich, der dies aussagte, dachte, erkannte, es doch im Zusammenhang meines eigenen Bewußtseins tat und
daß, wenn ich dabei Natur, andere Menschen, mich Menschen selbst
setzte, ja wenn ich aus diesen Seinssphären mancherlei unmittelbar
35 in leibhafter Wirklichkeit vor Augen und erfahren hatte, darunter
mich selbst mit meinen Erlebnissen als in der räumlichen Wirklich-

keit seiend, all das doch selbst in gewissen meiner Bewußtseinserlebnisse geschah, in meinen sinnlichen oder psychischen Erscheinungen, in meinen Vorstellungen, Meinungen, Wirklichkeitssetzungen
usw. Also für mich ist diese ganze Natur oder Welt durch und durch
5 aus Erscheinendem, Gemeintem, Gesetztem aufgebaut. Sie konstituiert sich beständig für mich in Zusammenhängen meines Bewußtseinslebens und -erlebens. Es ist darum doch nicht selbst ein Stück,
ein reeller Teil meines Bewußtseins. Es „erscheint" in ihm, ist in
ihm vorstellig, in ihm gedacht, in ihm logisch so und so bestimmt:
10 und als das, als „intentionale Einheit" meines Bewußtseins, schließlich doch wieder in gewisser Weise diesem „immanent". Und dabei
entscheidet mein Bewußtsein, ausschließlich bei sich selbst verbleibend (und wie könnte es über sich hinaus), für alle Wirklichkeit
wie evtl. für eine Unwirklichkeit eines Erscheinenden, des so oder so
15 Vorstelligen. In sich selbst verbleibend, denkt es auf Grund des Vorstellens; es bildet in sich seine Urteile und prüft kritisch bzw. entscheidet in seiner Einsicht ihre objektive Wahrheit oder Unwahrheit. Selbst wenn ich sage, nicht nur die Welt ist, sondern sie ist an
sich selbst, unbekümmert um mein Vorstellen oder Nicht-Vorstel
20 len, um mein logisches sie Bestimmen, um mein Fürwahrhalten
oder Falschhalten — und um das irgend jemandes sonst —, so ist
das, mag es auch objektiv wahr sein, meine Entscheidung; ist diese
Entscheidung und welche objektive Entscheidung sonst, nach Sein
überhaupt oder So-beschaffen-Sein evident, einsichtig, Zweifel aus
25 schließend usw., so habe ich damit nur auf besondere Eigenheiten
hingewiesen, die dem unüberschreitbaren Bereich meines Bewußtseins angehören.

Man darf mir hier nicht einwenden: Gewiß konstituiert sich die
„wahre Wirklichkeit" erkenntnismäßig, also im Bewußtsein, aber
30 nicht in meinem Einzelbewußtsein. Im gemeinschaftlichen Erfahren
und gemeinschaftlichen Denken gewinnt jedes im Einfühlungszusammenhang stehende Ich und Ichbewußtsein schon vor der Wissenschaft und erst recht in dieser Wissenschaft seine Welt. Es
ergänzt und berichtigt beständig seine jeweiligen Erfahrungsvorstel
35 lungen und seine theoretischen Überzeugungen durch die der anderen, und die „wahre Welt" als ideales Korrelat der Wissenschaft ist
durchaus ein Gemeinschaftsgebilde, ein Gebilde des durch Wechselverständigung ermöglichten und hergestellten Gemeinschaftsbewußtseins. Was hier gesagt ist, ist sicherlich wahr und von großer

Bedeutung. Aber es überschreitet den Sinn unserer ganzen Darlegung. Ich als Mensch stehe und finde mich im Einverständniszu-
sammenhang mit anderen mir erfahrungsmäßig gegebenen Menschen. Selbstverständlich aber konstituiert ⟨sich⟩ die Menschheit,
5 und ich selbst als ihr Mitglied, wie die Realität der Allnatur überhaupt in der Immanenz meines Bewußtseins: Auf Grund bzw. im
Zusammenhang meiner Erfahrungsapperzeption „erscheinen" für
mich die und die „äußeren Leiber", auf Grund meiner Deutung der
an diesen miterscheinenden leiblichen Äußerungen erteile ich diesen
10 Leibern ein Bewußtsein mit gewissen Einzelbeständen, jeweils aufgefaßt als Zustände einer Person usw. Dazu gehört auch, daß ich diesen in meinem Bewußtsein in solchen Auffassungen vorgestellten
und gesetzten Personen im Modus einfühlender Vergegenwärtigung
Erfahrungen von dieser selben Welt einlege, die ich originär erfahre,
15 ebenso Urteile, auch wissenschaftliche Urteile, Theorien usw.; nicht
immer, aber in weitem Umfang begnüge ich mich nicht damit, solche bloßen Einfühlungen zu vollziehen, sondern ich „übernehme"
ihre Erfahrungen, ihre Urteile, ihre Theorien. D. h., ich teile sie
ihnen nicht bloß zu als ihre Meinungen und Überzeugungen, son-
20 dern von mir aus gebe ich ihnen zugleich den Wert der Geltung. In
eins mit der Einfühlungserfahrung, daß sie so und so erfahren, vollziehe ich „Miterfahrung", ihre Setzung mache ich mit, und auch da,
wo ich nicht zugleich dieselben Gegenständlichkeiten wirklich erfahre, die ich ihnen als wirkliche Erfahrenheiten zugeteilt habe. So bei
25 jeder gläubig aufgenommenen beschreibenden Aussage des anderen
über von mir selbst nicht Gesehenes. In dieser Weise mitsetzend,
verhalte ich mich hinsichtlich sehr vieler ihrer (eingefühlten) Stellungnahmen, insbesondere hinsichtlich ihrer Urteile, Schlüsse über
die Welt, ihrer Welterkenntnis jeder Art in weitem Umfang als
30 übernehmend, als durch sie belehrt. Andererseits verhalte ich mich
in vielen Fällen kritisch, ich lehne ab, ich berichtige diese Urteile
wie sie die meinen, und so ist Wechselförderung und gemeinsame
Berichtigung und Erkenntniserweiterung möglich. Bei alldem bewege
ich mich aber ausschließlich in meiner aktuellen Bewußtseinssphäre,
35 in meinen Erkenntniszusammenhängen sind die der anderen, sind
ihre Erfahrungen und Urteile für mich da, die niemals originär meine Erfahrungen und Urteile selbst sind. Es verhält sich darin ähnlich
wie mit meinen eigenen früheren Wahrnehmungen und Urteilen,
die, jetzt in der Erinnerung auftauchend, doch nicht in dieser reell

da, sondern nur vergegenwärtigt sind und je nachdem in ihr nicht
nur aufgenommen, sondern zugleich durch Mitsetzung übernommen
werden, oder auch aufgenommen, aber nicht übernommen werden:
Wie wenn ich meine frühere Wahrnehmung jetzt als Illusion, mein
5 früheres Urteil jetzt als Irrtum werte usw. Alles spielt sich jedenfalls
in meinem Ich und Ichbewußtsein ab, in seiner Immanenz entschei-
de ich wie für alle Welt, so auch für Sein und Nichtsein fremder
Subjekte und Erkenntnis, auch für die Herausbildung einer einheitlichen Wissenschaft und einheitlichen objektiven Welterkenntnis in
10 der Arbeit der Menschheit. In radikaler Erwägung konstituiert sich
also wirklich selbst die Welt als intersubjektiv konstituierte Welt der
Menschheit für mich in reinen Zusammenhängen meines Bewußtseins.

⟨§ 30. Klärungsbedürftigkeit der „naiven" Erfahrung
15   und Wissenschaft⟩

Das ist eine Sachlage, die mich, je mehr ich sie überdenke, in
immer größere Verwunderung versetzt. Stehe ich auf dem Boden, den
mir Erfahrung und Denken geben, nehme ich die gegebene Welt hin
und fasse ich dabei Menschen und ihre Bewußtseinserlebnisse als
20 Bestandteile der Natur, wie sie mir ja nicht minder gegeben sind;
übernehme ich in der Wechselverständigung ihre Erfahrungen, so
wie sie die meinen übernehmen; treibe ich in Gemeinschaft mit
ihnen auf diesem erweiterten Erfahrungsboden die einsichtigen methodischen Erkenntnistätigkeiten strenger Wissenschaft – dann ge-
25 winne ich eine einstimmige und mich befriedigende Welterkenntnis.
Dies aber nur unter der Voraussetzung, daß ich es unterlasse, mir,
sei es überhaupt, sei es nicht in prinzipieller Allgemeinheit, darüber
Rechenschaft zu geben, daß Bewußtsein in sich selbst „Bewußtsein
von" ist und daß speziell das erkennende Bewußtsein se i n e inten-
30 tionale Gegenständlichkeit „hat", in seinen Aktionen für ihr Sein
und Nichtsein entscheidet und „Welt" für mich Ausdruck gewisser
solcher intentionaler Gegenständlichkeiten ist. Meine Welterkenntnis hat freilich ihre unendlichen unbekannten Horizonte, Horizonte
unzähliger offener Probleme, insofern bin ich freilich nie zufrieden,
35 das Unbekannte soll mir bekannt, die Probleme sollen gelöst werden. Aber im Rahmen natürlicher Welterkenntnis stehen mir klar

verständliche Lösungsmethoden zu Gebote. Ich habe die schön entwickelten exakten Naturwissenschaften, ich habe die Biologie, die
Psychologie usw. Aber sowie ich auf Bewußtsein als Funktion —
nämlich als die Funktion, in sich selbst „Wirklichkeit" zu „konsti-
5 tuieren" — in seiner Weite, die das Weltall umspannt, aufmerksam
werde und nun alle Welt und alle Wissenschaft sozusagen ins Bewußtsein rückt und darin, wie es scheint, für immer verschlossen
bleiben muß — befällt mich ein radikales Unbehagen und Staunen:
Alles wird mit einem Mal fraglich, alle Wissenschaften mit aller
10 ihnen eigenen, sonst voll befriedigenden Rationalität erhalten einen
Index der Fraglichkeit, der Unverstandenheit. Ich verstehe diese
Welt nicht mehr, als eine Welt, die sich prinzipiell im Bewußtsein
„konstituieren" soll, die an sich sein, Substrat von objektiven
Wahrheiten (an sich gültigen) sein soll, wo doch dieses „an sich"
15 selbst ein im Bewußtsein selbst zuerteilter „Wert" ist. Ich muß
zugestehen, daß alle Naturwissenschaften, daß alle Wissenschaften
überhaupt, die solche Bedenken unbeachtet haben (und unbeachtet
lassen mußten, weil sie sich von vornherein den gegebenen Boden
der Welt als Thema ihrer Forschungen setzten), nicht den Anspruch
20 erheben dürfen, endgültige Wissenschaften zu sein, und daß von nun
ab für mich alle Wissenschaften, die in dieser Beziehung „naiv"
sind, mit einem Index der Fraglichkeit behaftet sind.

⟨§ 31. Notwendigkeit der radikalen Fragestellung auf
phänomenologischem Boden zur Vermeidung verkehrter
25   Problemstellungen und Problemeinschränkungen⟩

Fehlt es bei solchen Überlegungen an Klarheit und Energie in der
Konsequenz, dann erwachsen, wie ich aus meinen Anfängererfah-
rungen weiß, immer wieder und ⟨in⟩ immer neuen Wendungen von
vornherein verkehrte Fragestellungen, in erster Linie dadurch, daß
30 der Umfang der Fraglichkeit, als einer prinzipiell überall gleichen,
übersehen wird. Zunächst war ich, und begreiflicherweise, geneigt,
viel weniger radikal zu fragen bzw. die Hinübernahme der Wirklichkeit ins Bewußtsein viel weniger radikal zu fassen und zu verwerten.
Und anderen erging es und ergeht es noch ebenso. Ich hatte etwa
35 beobachtet, daß die Welt für mich nur ist, was sie ist, durch mein
Erkennen, daß sie sich in mannigfachen Erkenntnisgestaltungen in

mir als die, die mir erscheint und von der ⟨ich⟩ weiß, bewußtseinsmäßig aufbaut. Und nun lag es nahe, naiv die Existenz der Welt, als
an sich seiender, im voraus hinzunehmen und zu fragen: Wie kann
ich, in den Schranken meiner Bewußtseinsimmanenz, dessen sicher
5 sein, daß, was ich in mir erfahre und denke, sein Korrelat wirklich
in der Welt hat? Besteht eine prästabilierte Harmonie zwischen
dem Gang der Welt und dem Gang meines Bewußtseins? Vielleicht
nehme ich das sogar voraus, als ein naiv Selbstverständliches und
Unerwogenes, daß die Welt sich durch die Tatsache der Affektion in
10 Empfindungen bekundet, daß die Beziehung der sinnlichen Erfahrung auf eine transzendente Natur wohl verständlich sei und ich nur
zu fragen habe, wie die erfahrungswissenschaftliche Bearbeitung
meiner Erscheinungen, die doch ein Prozeß des Denkbewußtseins
⟨ist⟩, dazu kommt, dem Gang der Natur selbst Gesetze vorzu-
15 schreiben; wie die objektive Geltung der kategorialen Gesetze zu
verstehen sei usw. Daß all das verkehrte Fragen sind, ist schon
durch die radikale Art, wie ich vorhin die Überlegung vollzog (ein
Radikalismus, zu dem mich allerdings erst der Durchbruch ⟨der⟩
Phänomenologie erzog), ausgeschlossen. Denn da ist es ja klar, daß
20 im Bewußtsein und in Form von Erkenntnissen für alles und jedes,
für jedes Sein und für Sein in jedem Sinn entschieden ist und selbst
für die Existenz „an sich" „der" Natur. Sie ist „die" Natur und ist
überhaupt für mich nur als Entscheidung meines Erkennens, auf
Grund von Erfahrungen, darin beschlossen Erscheinungen meines
25 Bewußtseins. Was mich da in Erstaunen setzt, diese wundersame
Einbezogenheit jedes „Seins" in das Bewußtsein, und was darin
irgend fraglich ist und fraglich sein kann, das betrifft die Allnatur
und das All von Transzendenzen jedes Sinnes. Entweder ich habe
transzendentale Fragen, dann darf ich nichts als transzendental un-
30 fraglich behandeln, was transzendental fraglich ist; oder ich habe
überhaupt keine transzendentalen Fragen. Im Sinn solcher Fragen
liegt es aber, jedes transzendente Sein mit dem Index dieser Fraglichkeit zu behaften, also keines als transzendental vorgegeben hinzunehmen. Die transzendentale Vorgegebenheit liegt aber jedenfalls
35 überall vor, wo wir uns auf den Boden einer natürlich naiven
Erkenntnis stellen, statt sie als transzendental fragliche zum Thema
zu machen. Gehe ich mehr in die Tiefe, so erkenne ich, daß die
transzendentale Fragestellung prinzipiell in einer total anderen Dimension liegt als jede naturale, jede irgend transzendent gerichtete.

Diese fragt vom gegebenen Boden aus nach der Bestimmung seiner unbestimmt-offenen Horizonte, z. B. vom erfahrenen Dingzu-
sammenhang aus auf das nicht Erfahrene, aber im aktuellen Erfahren selbst als erfahrbar Vorgezeichnete, vermöge zu ihm gehöriger
5 und keineswegs leerer Unbestimmtheiten. Eine transzendentale Fragestellung aber geht darauf, wie dieser „gegebene Boden" und wie
alles, was „wirklich da" ist, sich für das Bewußtsein konstituiert und
wie das Bewußtsein von sich aus, in seiner strengen Immanenz, das
„es ist da", „es ist in Wahrheit so und so" erfahren, in seinen
10 Mannigfaltigkeiten zur Erscheinung bringen, als wirklich meinen
und für „Wirklichkeit an sich selbst", „gültig" „entscheiden"
kann. Alles, was in der natürlich-naiven Einstellung gegeben ist, tritt
in „Anführungszeichen", jedes „es ist" und „gilt", „es ist proble-
matisch" im Sinn der Unverstandenheit. Somit Transzendentalphi-
15 losophie auf irgendeine der natürlichen Wissenschaften, etwa auf
Psychologie oder Sinnesphysiologie, gründen wollen, von ihnen die
allermindeste Förderung erwarten wollen, das heißt in der Tat, den
Sinn der Fragen von vornherein verfehlen: wie wir es schon früher
angekündigt haben. Somit ist von vornherein jede Gefahr des „Psy-
20 chologismus" für uns beseitigt. Ihre Hauptquelle liegt natürlich darin, daß, selbst wenn schon die prinzipielle Ausschaltung der Natur
vollzogen worden ist (in dem Sinn, daß sie den Index ⟨erhalte⟩, daß
sie durch und durch zum Problem gehöre, und daher Naturerkennt-
nisse nicht benützbar sind), es übersehen wird, daß das erkennende
25 Bewußtsein, in das die Natur „aufgelöst" worden ist, nicht wieder
naiverweise apperzipiert werden dürfte als menschliches Bewußtsein, als psychologisches — wobei widersinnigerweise „die" Natur
durch die eine Tür hinauskomplimentiert worden ist, während man
sie durch die offene Gegentür wieder eintreten ließe. Transzendental
30 ist aber „die Natur" in ihrer universellsten, meine seelische Natur
umspannenden Weite das Unverstandene, unverstanden in ihrer
Beziehung zum naturkonstituierenden Bewußtsein. Aber selbst
wenn ich auf die Universalität der Konstitution der gesamten
Welt und aller Transzendenzen überhaupt in der Erkenntnis auf-
35 merksam geworden bin und mich nun bemühe, die Welt unter dem
Gesichtspunkt der Erkenntnis, möglicher Erkenntnis überhaupt zu
betrachten, gerate ich leicht in verkehrte Fragen. Ich überlege etwa
wie vorhin: An sich selbst ist und an sich selbst so und so beschaffen ist die Welt — mit allen ihren materiellen und geistigen Reali-

täten, ihren realen Vorgängen, kausalen Zusammenhängen usw. —,
ob ich sie erkenne oder nicht. Aber daß das wahr ist, erkenne ich,
und nur weil ich es erkenne, kann ich es als Wahrheit aussprechen.
Erkennen überhaupt ist aber ein pures Bei-sich-Sein des Ich, ein
5 Fluß und Zug seines Bewußtseins, das, in sich abgeschlossen, jedes
Außer-sich-Sein setzen soll und setzen soll als „an sich ". Natürlich
ist diese Setzung nicht ohne weiteres gültig, sie ist es nur, wenn sie
eine vernünftige Setzung ist, in Form einsichtiger Begründung vollzogen. Aber damit verbleibe ich erst recht in meiner Immanenz, zu
10 der ja auch alle Einsichtigkeit gehört. Befällt mich da nicht die leb-
hafteste Neigung, daran die Frage zu knüpfen: Muß denn die an sich
seiende Natur sein, die ich so in meiner Immanenz setze? Ist nicht
die Hypothese möglich, daß Natur überhaupt nicht sei oder ganz
anders sei, während doch in mir Erkenntnis verläuft, wie sie faktisch
15 verläuft mit all ihren immanenten Gestalten und Charakteren? Was
gibt immanenten Vorkommnissen des Bewußtseins notwendige Zu-
sammenstimmung mit evtl. transzendenten Wirklichkeiten, macht
sie zu wirklich gültigen Vorstellungen? Wie kommt mein Bewußtsein mit den Sinngebungen, die es in sich selbst aufbaut, zu der
20 Prätention, eine Welt an sich zu setzen und ihren Sinn vorzuschrei-
ben? Und das tut es doch, indem es die Welt, wie es sich sie anschaut
oder aus seinen Anschauungen erdenkt, als die objektive Welt an-
spricht. Wie kommt es dazu, Gesetze, die sein vernünftiges Begründen, sein vernünftiges methodisches Verfahren regeln und die nichts
25 anderes tun, als Bedingungen der Möglichkeit einsichtiger Urteils-
verläufe auszusprechen, für eine angeblich an sich seiende Objektivität in Anspruch zu nehmen? Aber hat diese Frage einen vernünftigen Sinn? Sie vermißt eine Einsicht über die Notwendigkeit der
Übereinstimmung einsichtigen Denkens über Transzendentes mit
30 diesem selbst oder über die Notwendigkeit der Seins- und Soseins-
geltung einsichtigen Denkens über Transzendentes für dieses wirklich oder hypothetisch existierende Transzendente selbst. Aber ist
einsichtiges Denken nicht äquivalent mit und in prinzipieller Allgemeinheit überzuführen in ein zweites einsichtiges Denken des In-
35 halts, daß jenes erste einsichtige Denken rechtmäßig gilt? Und das
sagt doch nichts anderes, als daß das Gedachte ist und ist, so wie es
einsichtig gedacht ist, oder was wieder äquivalent ist, daß der einsichtig gedachte Gegenstand ist und daß einerseits der Sinnesgehalt,
mit dem dieser Gegenstand, etwa in den logischen Formen eines

prädikativen Satzes, einsichtig bestimmt wird, zu dem Gegenstand
„stimmt" — so wie Wahrheit zu wahrhaft seiendem Gegenstand —
und korrelativ, daß ein Denken mit solchem Satzgedanken als Inhalt
ein richtiges, zum seienden Gegenstand in entsprechendem Sinn
5 „stimmendes" ist? Übrigens würde die Beantwortung dieser Frage,
die doch in der Einsicht erfolgen muß, nicht voraussetzen, was
sie vermißt? Setzt sie (widersinnigerweise, wie wir schon sagten)
transzendente Wirklichkeit schon voraus, so setzt sie auch voraus,
daß dergleichen einsichtig auszumachen sei. Macht sie aber bloß
10 hypothetisch Gebrauch von transzendenter Wirklichkeit, so setzt sie
voraus, daß diese Hypothese einsichtig zu entscheiden, also wieder, daß in einsichtigem Denken über Transzendentes zu befinden
sei, und das rechtmäßig. Weichen wir, durch solche Überlegungen
bezwungen, jenen verkehrten Fragestellungen aus, so drohen neue.
15 Löst sich alle Transzendenz in Immanenz auf, so heißt das, so hören
wir sagen, die Existenz der Außenwelt zu leugnen, es heißt, alle
Naturwissenschaft, die doch nicht Wissenschaft von unserem Bewußtsein ist, preisgeben usw. So erwachsen schiefe und grundver-
kehrte Interpretationen der Realität, dieselben, die die objektiven
20 Wissenschaften, deren Gehalt keine der streitenden Parteien im
mindesten angreifen will, theoretisch bestimmt haben. Unter den
Titeln „Realismus", „Idealismus", „Psychomonismus", „Empfin-
dungsmonismus", „Empirokritizismus", „immanente Philosophie" usw. werden mannigfach solche Interpretationen mit feierli-
25 chem Ernste vorgetragen und mit reichen Argumentationen begründet oder unter dem Titel „Solipsismus" (eine „unüberwindliche
Festung") als diskutierbare Theorie erwogen. Wo sie doch alle darin
eins sind, daß sie wirklich klarer und bestimmter, vernünftiger Fragestellungen entbehren. Beachten wir, was in allen solchen Theorien,
30 wie in allen berührten Rückfällen in schiefe und verkehrte Problemstellungen, seine Rolle spielt, daß das konstituierende Ich und Bewußtsein, so wie es durch unsere früheren Studien selbstverständlich
ist, nicht mein, des erkennenden Menschen Ich und Bewußtsein
ist. Das Menschen-Ich, auch das eigene, und alle psychologischen
35 Beschaffenheiten desselben, darunter auch alle seine Bewußtseinserlebnisse als Zustände der Seele — all das ist selbst ein Transzendentes und wie alles Transzendente von mir, der es als Wirklichkeit
setzt und erkennt, in Bewußtseinszusammenhängen als intentionale
Einheit apperzeptiv konstituiert. Das Bewußtseins-Ich und Bewußt-

sein, das in sich selbst sozusagen als seine Tat wie die Konstitution
aller transzendenten Objektivität, so diese Apperzeption „ich
Mensch in der Natur" vollzieht, dabei schon im voraus physische
Natur konstituiert haben muß, um eine räumliche Leiblichkeit gege-
5 ben zu haben und ihr eine reale Seele mit realen seelischen Zuständen anknüpfen zu können — dieses konstituierende Bewußtsein, das
auch rein in sich selbst über die Geltung dieser Transzendenz entscheidet, kann nicht das konstituierte Bewußtsein sein. Natürlich ist
es das reine Bewußtsein des reinen Ich — nur daß wir sehen können,
10 daß hinterher ein neues reines Bewußtsein möglich ist, daß das erste
reine Bewußtsein psychologisch apperzipiert und ihm die Bedeutung
eines naturalen Seins verleiht. Wir müssen uns aus alldem überzeugen, daß es der vollbewußten phänomenologischen Reduktion, der wahrhaft so zu nennenden transzendentalen, bedarf,
15 um den Boden aller rechtmäßigen transzendentalen Fragen zu gewinnen. Wir müssen allem voran das reine Bewußtsein als eine
Seinsregion erkennen und dann auf sie alle Fragen beziehen. Unklarheit, Unverständlichkeit beruhen auf Unkenntnis. Wir kennen das
reine Bewußtsein nicht, wieviel wir in Worten davon reden. Selbst
20 wenn wir es durch die Idee der transzendentalen Reduktion ideell
abgegrenzt haben, so besitzen wir es eigentlich doch nicht. Um es im
erkenntnismäßigen Sinn zu besitzen, müssen wir es allererst erwer-
ben. Die ursprüngliche Erwerbung aber ist die methodische phänomenologische Erschauung, die Grundlage aller höheren Studien in
25 dieser Region.

Insbesondere das erkennende Bewußtsein ist trotz aller überlieferten Logik und Erkenntnistheorie noch der Name für ein unbe-
kanntes Land. Erst die reine Phänomenologie hat, wie die Region
des reinen Bewußtseins überhaupt, damit begonnen, es systematisch
30 nach der allein möglichen Methode zu studieren, und sie ist schon
reich an früher ungeahnten Erkenntnissen. Diese liegen bereit, und
doch geht man an ihnen vorüber, man versteht sie nicht, deutet sie
womöglich in geheimnisvolle, tiefsinnige philosophische Konstruktionen um, weil man sich nicht ernstlich auf den Boden stellen will,
35 den sie fordern und auf dem sie sich bewegen, und vor allem, weil
man die freilich nicht geringe Mühe scheut, von vorn anzufangen
und schrittweise das absolut vorurteilsfreie methodische Schauen
und Forschen der Phänomenologie zu lernen. Das natürliche Sehen
braucht man nicht zu lernen. Die Natur sieht jedermann. Gleich-

wohl ist selbst dieses natürliche Sehen, wie es vor der Wissenschaft vollzogen wird, für sie unbrauchbar, denn es ist kein reines und vorurteilsfreies Erfassen des reinen Erfahrungsgehaltes. Nur ein solches aber kann in der Erfahrungswissenschaft grundlegend sein, weil
5 ohne das schon nicht die einfachsten wissenschaftlichen Tatsachen unser eigen wären. Erst die Wissenschaft hat all die mythischen Apperzeptionen und die sonstigen kindlichen Vormeinungen beseitigt, die sich im ungebildeten Bewußtsein mit dem wirklichen Erfahrungsgehalt verflechten und ihm als wirkliche Erfahrungsgegebenhei-
10 ten gelten.

Nicht anders steht es mit der phänomenologischen Erschauung, mit der eigenartigen „Erfahrung" und sonstigen „Anschauung", die reflektiv auf das reine Bewußtsein sich richtet. Auch hinsichtlich der phänomenologischen Sphäre sind wir (und mögen wir noch soviel
15 Logik, Erkenntnistheorie, Psychologie, selbst deskriptive Psychologie getrieben haben) zunächst „Ungebildete", es muß erst mühsam gelernt werden, den Gehalt eines reinen Bewußtseins rein zu fassen und rein zu erhalten von allen sich hereindrängenden Apperzeptionen, von allen psychologischen und erkenntnistheoretischen Vorur-
20 teilen. Bewußtsein ist seinem Wesen nach Bewußtsein von, seinem Wesen nach „Funktion", und Funktion hat funktionelle Zusammenhänge, die ihre geordnete immanente Teleologie haben. Bewußtsein als Funktion sehen und in das Funktionieren hineinsehen, die verschiedenen Richtlinien möglicher reiner Reflexion scheiden und
25 die in allen diesen Richtungen liegenden noetischen und noematischen Gegebenheiten und ihre wechselseitigen Verflechtungen erschauen — das muß man, wiederhole ich, mühsam lernen, und erst wenn man das hat, kann man phänomenologische Ergebnisse verstehen und nachprüfen. Heutzutage glaubt aber jeder „geschulte Psy-
30 chologe" mitreden und Kritik üben zu dürfen, als ob man Phänomenologie in den psychologischen Laboratorien und durch psychologische Erfahrungsanalyse lernen und etwa gar durch Experimente und Abfragen von Versuchspersonen phänomenologische Ergebnisse gewinnen könnte. Die Lage für den Anfänger und insbesondere für
35 den, der schon eine Philosophie und Erkenntnistheorie „hat", ist freilich eine sehr schwierige. Sie zeigt sich an den beständigen Mißverständnissen der echten phänomenologischen Darbietungen, andererseits an der übermächtigen Neigung zu verkehrten Fragestellungen an, die wir schon besprochen haben. Man bewegt sich eben anfangs

auf einem völlig ungewohnten Boden, auf dem man erst gehen lernen muß. Was speziell die Erkenntnistheorie anlangt, mit leeren Allgemeinheiten, wie mit dem zunächst trivialen Satz, daß alle Transzendenz sich in der Immanenz erkenntnismäßig konstituiert, ist es
5 nicht getan. Ein Horizont für wertvolle Probleme, für eine Wissenschaft, ja dann in der Tat für eine unendlich fruchtbare Wissenschaft, kann er erst werden, wenn man ihm konkrete Fülle gibt,
wenn man das reine Bewußtsein nicht bloß in leeren Worten bere-
det, sondern *in concreto* studiert, wenn man so einen durch mannig-
10 faltige Anschauung und Analyse vertrauten Boden unter die Füße
bekommt und die Methoden sich zueignet, die als von ihm wesentlich geforderte die Phänomenologie herausgearbeitet hat und noch
weiter erarbeitet.

⟨§ 32. Die erkenntnistheoretischen Probleme als
15   phänomenologische. Erweiterung der Erkenntnistheorie
über die transzendentalen Fragen hinaus⟩

Die berechtigten Probleme der Erkenntnistheorie können, das ist
der Tenor all dieser Ausführungen, nur auf dem Boden der Phänomenologie gestellt werden. Alle radikalen erkenntnistheoretischen
20 Probleme sind phänomenologische, und alle Probleme sonst, die
darüber hinaus als erkenntnistheoretische bezeichnet werden können, darunter die Probleme der rechten „Interpretation" der faktischen Natur und der Ergebnisse ihrer Wissenschaften, setzen die reinen erkenntnistheoretischen Probleme, die phänomenologischen,
25 voraus — falls es nicht überhaupt verkehrte Probleme sind und die
allerdings wichtige Aufgabe die ist, diese Verkehrtheiten aufzulösen
und das verkehrte Denken zu den Wegen der Klarheit zu leiten. Es
bedarf, und nicht nur zur Zeit, sondern für alle Zukunft, einer „Kritik der Vernunft", einer Auflösung des „transzendentalen Scheins",
30 der zu solchen Problemen drängt, nur daß dieses Kantische Wort
hier nicht Kantisch verstanden werden will. Die letzte Quelle alles
transzendentalen Scheins haben wir schon aufgewiesen, als Verwechslung natürlicher und transzendentaler Einstellung. Eine fruchtbare Kritik der trotz aller formal-allgemeinen Erkenntnis des Unter-
35 schieds dieser Einstellungen bzw. des natürlichen und reinen Bewußtseins fortbestehenden Neigungen zu einem erkenntnistheoreti-

schen Sündenfall setzt aber positive Formulierung und Lösung echter erkenntnistheoretischer Probleme voraus, und zwar der radikalen auf dem Boden der Phänomenologie.

Das große Thema der Erkenntnistheorie ist die Korrelation von
5 rein erkennender Vernunft und Wirklichkeit; Erkenntnistheorie im engeren Sinn behandelt diese Korrelation mit Beziehung auf die Wirklichkeit im engeren Sinn, die transzendente Weltwirklichkeit. Ungekannt und darum rätselhaft ist die reine Vernunft — ein Titel für mannigfache Bewußtseinserlebnisse, deren Leistung es sein soll,
10 für die Erkenntnis eine transzendente Wirklichkeit zu konstituieren. Man muß also versuchen, diese Bewußtseinserlebnisse bzw. die Arten derselben in der Einstellung, die reines Bewußtsein ergibt, zu studieren und desgleichen ihre „Leistung" zu studieren. Diese Leistung ist natürlich keine psychologische Leistung, da alles (im echten
15 und allein möglichen Sinn) Psychologisch-Naturale ausgeschaltet ist und im Rahmen reinen Bewußtseins als gegebenes Sein nicht vorkommt, sondern eine Bewußtseinsleistung; aus dem Wesen des erfahrenden, des wahrnehmenden, erinnernden, signitiven bildlichen, des anschaulichen wie unanschaulichen Vorstellens, aus dem Wesen
20 des im reinen Bewußtsein darauf gegründeten „Denkens", der Abstraktion, der Ideation in dem verschiedenen Sinn, den diese Worte bestimmt erst durch Studien der in Frage kommenden Erlebnisse gewinnen können, aus der differenzierten Erkenntnis aller Bewußtseinsstrukturen, Bewußtseinsmodi, der vom reinen Ich ausstrahlen-
25 den und in es einstrahlenden noetischen und der auf seiten der intentionalen Korrelate des Gemeinten schlechthin und des Gemeinten im Wie usw. — muß es verständlich gemacht werden, „wie Bewußtsein in sich dazu kommt", Gegenständliches zu erkennen, ihm wirkliches, mögliches, wahrscheinliches Sein zuzuerkennen,
30 auch Wirklichkeit an sich im Sinn der transzendenten Wirklichkeit. Was „vernünftig" dabei heißen kann im Gegenteil von „unvernünftig", was im reinen Bewußtsein selbst „rechtmäßig" heißt, was „richtig", „unrichtig", „wahr", „falsch" auf seiten der Akte oder Aktkorrelate, welche in sich selbst rechtgebenden Aktarten zu unter-
35 scheiden sind, welches die Bedingungen der Möglichkeit für ein Rechtsbewußtsein ⟨sind⟩, welche „Interpretation" nach alldem etwa eine reine Logik gewinnt, sofern sie im Bewußtsein Bedingungen der Möglichkeit des Seins und der Wahrheit für alle mögliche Objektivität ausspricht, und was dergleichen mehr, das sind echte

erkenntnistheoretische Probleme. Diese aber auf die Probleme der
Transzendenz zu begrenzen ist grundverkehrt. Schon der eben gegebene Hinweis auf die reine Logik, die doch für Immanenz wie für
Transzendenz Gesetze ausspricht und Bewertungen noematischer
5 Gestaltungen ausspricht, die als Satzformen, Theorienformen u. dgl.
mit jedweder sachhaltigen „Materie" zu erfüllen sind, also auf jedwede in der Erkenntnis erkennbare Gegenständlichkeit, möchte sie
selbst Bewußtsein heißen (und selbst reines Bewußtsein) oder Transzendenz — macht es klar, daß eine Erkenntnistheorie nur möglich
10 ist als allgemeine Erkenntnistheorie und daß eine Erkenntnistheorie
der Transzendenz zu ihr ähnlich steht wie eine Theorie der Flächen
zweiter Ordnung zur Geometrie überhaupt. Wie diese geometrische
Theorie eine relativ geschlossene Einheit bildet, so auch die transzendentale Erkenntnistheorie im ursprünglichen Sinn (im weiteren
15 gebrauchen wir das Wort transzendental für alles im echten Sinn
Erkenntnistheoretische, für alle Probleme der Erkenntnismöglichkeit
im reinen und echten Sinn). Wir haben also die Transzendenzpro-
bleme nur bevorzugt, weil sie uns nächste Anknüpfungen für unsere
Erörterungen boten und weil in der Tat nicht nur historisch, sondern
20 auch für jeden philosophischen Anfänger die Rätsel der Transzendenz die nächsten Motive für die erkenntnistheoretische Fragestellung bilden. Die erkenntnistheoretischen Probleme der Transzendenz bilden jedenfalls in sich ein gewaltiges Thema. Das Problem ist
hier das allseitige Verständnis der Korrelation zwischen wahrhaft
25 seiender Realität überhaupt (Natur im weitesten Verstand) und reinem Bewußtsein überhaupt, in dem sie sich erkenntnismäßig konstituiert — eine Korrelation, die aber nicht in formaler oder gar vager
Allgemeinheit und durch ein Spintisieren in Wortbegriffen und logischen Ausspinnungen ihrer symbolischen Bedeutungstendenzen in
30 kraftvoll und tiefsinnig klingenden Sätzen und formal zwingenden
Schlüssen behandelt werden darf, sondern fruchtbar nur behandelt
wird durch ein intuitives ⟨Verfahren⟩, also ⟨zurückgehend⟩ auf den
lebendigen Quell wirklicher Anschauung des reinen Bewußtseins,
und an ihm geübter originärer Abstraktion und originärer Erfassung
35 der Wesensnotwendigkeiten. Aber wiewohl formal-allgemeine Probleme, wie z. B. all die an die Idee Realität überhaupt angelehnten,
wobei ein intuitiver Rückgang statthat von der Erfassung dieses
Wesens Realität als solcher zur Erfassung der idealen Erfahrung
überhaupt und die Untersuchung sich an Linien auf dieses Formale

sich beschränkender Abstraktion und Ideation sich bindet, ihr Recht
haben und ihre wissenschaftlichen Forderungen demgemäß stellen,
so muß doch die Korrelation zwischen Realität und Bewußtsein
konkreter studiert werden, und gerade da ergeben sich weiteste Fül-
5 len von Problemen, ja ganze Disziplinen. Die Leitfäden müssen hier
bilden die Ideen, welche die regionalen Grundbegriffe ergeben, also
welche die höchsten Gattungen von Realitäten überhaupt bezeichnen, wie physische Natur, Leib, Seele. Jede Region von realen
Gegenständen hat ihre eigene Art, sich im reinen Bewußtsein zu
10 konstituieren, und das nach einsehbarer Notwendigkeit. Diese Konstitution wesensmäßig klarzustellen, nach allen in ihr fungierenden
Erkenntnisgestaltungen, die Unzahl schwieriger, aber auch fruchtba-
rer konkreter Synthesen und Analysen zu vollziehen, die uns die
Artungen dieser Gestaltungen, ihre inneren Strukturen, ihre inten-
15 tionalen Beschlossenheiten durch reelle Analyse oder intentionale
Explikation klarmachen, die Synthesen nachzuvollziehen und in ihren Möglichkeiten oder Notwendigkeiten aufzuweisen, die in der
Erkenntnis ihre Rolle spielen — und so überhaupt alles und jedes,
was dabei seine „Rolle" spielt, in dieser Rolle, nämlich in der
20 Funktion, Erkenntnis der betreffenden regionalen Realitäten zu ermöglichen, zu lichtvollstem Verständnis zu bringen — das ist die
Aufgabe.
    Aber *mutatis mutandis* kehrt diese Aufgabe für jede Gegenständ-
lichkeit überhaupt wieder, und korrelativ heißt es, Erkenntnis über-
25 haupt zum Thema zu machen, nach allen ihren Funktionen.

⟨§ 33. Das Studium der allgemeinen Bewußtseinsstrukturen
    als Vorbereitung für die spezifischen Vernunftprobleme⟩

    Ist auch „wahrhaft seiender Gegenstand" und geltende Erkennt-
nis des Gegenstands die Leitidee der Erkenntnistheorie, so wäre es
30 wieder verkehrt, sich auf das „wahrhaft" und „geltend" zu verstei-
fen und in der Absicht auf eine Theorie der reinen erkennenden
Vernunft die Unvernunft beiseite zu lassen. Im reinen Bewußtsein
bedeutet „Gegenstand" und „Vernunft" eine durch Wesen oder
Sinn des Bewußtseins angezeigte und ausgezeichnete Schichte idealer
35 Möglichkeiten, die ganz unablösbar ist von den Gegenschichten und
ohne sie nicht zu studieren ist. Vor aller Scheidung von Vernunft

und Unvernunft ist das erkennende Bewußtsein überhaupt und in
einem weiteren Sinn zu studieren, in einem Sinn, der zunächst keine
Vernunftfragen stellt und Einstimmigkeit und Unstimmigkeit,
Wahrnehmung und Einbildung, Erinnerung und Phantasie, Bildbe-
5 wußtsein usw. wie gleichberechtigt studiert, nach ihren unterschiedenen Wesenstypen, die zunächst gekannt werden wollen. Eine allgemeine Theorie der erkenntnismäßigen Bewußtseinsstrukturen (wie
sie in den *Ideen* nach Grundlinien und konkret, wenn auch kurz
behandelt ist) ist ein Vorerfordernis, das erfüllt werden muß vor
10 allen eigentlichen erkenntnistheoretischen Aufklärungen. Ist man
weit genug, dann kann man die eigentlichen Vernunftfragen bzw. die
Fragen der Konstitution wahrhaften Seins und von Wahrheiten
selbst erörtern. Man kann dann also darangehen, der Reihe nach, die
durch die wesentliche Ordnung der formalen und sachhaltigen
15 Seinsregionen vorgezeichnet ist, die sämtlichen Probleme der Konstitution von Gegenständen als Gegenständen möglicher Erkenntnis
zu formulieren und sie in ordnungsmäßig differenzierter, aus konkreter Anschauung geschöpfter phänomenologischer Erkenntnis zu
lösen. Jeder Gegenstand ist Einheit von reiner Bewußtseinsmannig-
20 faltigkeit, ist ein Index möglichen reinen Vernunftbewußtseins, für
das er Erkenntnisgegenstand ist bzw. sein kann. Wie sieht, das ist
überall die Frage, dieses Bewußtsein aus, welche Strukturen, welche
notwendigen Komponenten hat es, welche notwendigen Stufen, welche notwendigen Komplexionen, Einheitsformen usw. — wenn es
25 Bewußtsein von diesem Gegenstand, und zwar allseitig gebende, ihn
allseitig theoretisch bestimmende Erkenntnis von ihm soll sein können? Welche reinen Bewußtseinswege muß das reine Ich wandeln,
um seinen Gegenstand, der immerfort gleichsam Zielpunkt seiner
erkennenden Intentionen ⟨ist⟩, zu erzielen oder in notwendigem
30 Annäherungsgang sich ihn immer vollkommener in Erfüllungspro-
zessen zuzueignen? ⟨Es muß also auch abgesehen sein⟩ auf die konkreten Allgemeinheiten, die ihre Indizes haben in den prinzipiellen
Seinsregionen, wie z. B. materielles Ding eine solche ist usw.
     Natürlich darf ich hier wieder nicht in die psychologische Einstel-
35 lung verfallen, sondern, im reinen Bewußtsein verbleibend, fragen:
Wie sieht es selbst aus, wie in all seinen Erkenntnisgestaltungen, wie
sehen die Elemente, Verbindungen, Ordnungen aus, die zu dem
Titel Bewußtsein von einem bestimmten Gegenstand oder überhaupt einem Gegenstand gewisser Art gehören? Wie macht sich, mit

welchen Eigenschaften versteht sich das, was als durchgehendes Bewußtsein von diesem einen Gegenstand solchen Bewußtseinsgestaltungen anhaftet?

Konstitution des Gegenstandes im reinen Bewußtsein und für das
5 reine Bewußtsein ist doch, da reines Bewußtsein in der Reflexion
gegeben ist, gegeben als Wirklichkeit und, nach allen idealen Möglichkeiten, ein Feld des Studiums, also ein Feld sinnvoller, bestimmter Fragen, deren Beantwortung uns eine Welt der allertiefsten und
merkwürdigsten Einsichten eröffnet. Wir hatten die Region reines
10 Bewußtsein gegenübergestellt den Regionen „objektiver" Wirklichkeiten, transzendenter. Es sind, sagten wir, völlig getrennte Welten.
Und doch wunderbar zusammengehörige. Jede „ist", und doch ist
die eine, die transzendente Welt, „für" die andere, die immanente.
Der Sinn der einen ist vorgeschrieben durch Sinngebungen in der
15 anderen. Die Klarstellung dieser Zusammenhänge, die letzte Verständlichmachung der Erkenntnis und ihrer „Leistung" und korrelativ die Verständlichmachung jeder Gattung transzendenten Seins
als konstitutiver Tat oder Schöpfung des Bewußtseins, ist die große,
ja ungeheure, in überreiche besondere Fragen sich zerspaltende Fra-
20 ge. Seiende Wirklichkeit, Sein selbst sind, sagten wir, unverstanden
und bedürfen der Verständigung — sie sind unverstanden, mögen
noch so bedeutende und reiche Wissenschaften Wirklichkeiten erforschen. Es ist klar: Alles erwünschte Verständnis kann offenbar nur
das Studium der beschriebenen Art geben.

25   ⟨§ 34. Die Erkenntnisprobleme als eidetische Probleme⟩

Ausdrücklich haben wir nun noch eine wichtige, aber nach dem
Bisherigen fast selbstverständliche Bemerkung nachzutragen. Auf
die reine Phänomenologie — oder wie ich sie als die Wissenschaft,
die allein zur Lösung der reinen transzendentalen Probleme berufen
30 ist, auch genannt habe, die transzendentale Phänomenologie — hat
diesen Beruf natürlich gerade als eidetische Phänomenologie.

Überlegen wir doch. Gibt es irgendein transzendentales Problem,
das einen individuell-einzelnen Gegenstand betrifft? Ist es nicht evident, daß das Problem, das die Erkenntnis dieses Tisches oder die
35 empirische Gattung Löwe betrifft, nicht alle materiellen Dinge als
solche — alle *res extensae* und *materiales* betrifft? Verhält es sich

nicht ebenso für Leiber, Seelen, geistige Gemeinschaften und so für
jederlei regionale Allgemeinheiten? So wie reine Erkenntnis in Wesenseinstellung studiert werden kann, so auch reine Region von
Gegenständlichkeit. Und sowie man eidetisch das reine Bewußtsein
5 studiert, stößt man auf die Bewußtseins „teleologie", das ist, sowie
wir nicht wirkliches Bewußtsein, jetzt verstanden als singuläres einzelnes reines Bewußtsein, studieren, sondern uns das Reich idealer
Möglichkeiten eröffnen, erkennen wir auch, daß gewisse reine We-
sensartungen des Bewußtseins z. B. den Charakter haben „Erfahrung
10 von einem materiellen Ding überhaupt" und damit in sich selbst
gewisse Erfüllungszusammenhänge, Zusammenhänge einstimmiger
Gegebenheit eines Identischen, genannt Ding, herausstellen, daß
damit ideale Möglichkeiten theoretischer Erkenntnis vorgezeichnet
sind und daß diese den Typus haben müssen „Naturwissenschaft".
15 So für jede Seinsregion. Wer nicht das eidetische Erkennen gelten
lassen will, wer sich darauf versteift, es auf die Geometrie oder reine
Mathematik zu beschränken, womöglich seinen eigentlichen Sinn
völlig mißdeutend, der ist völlig hilflos in der Erkenntnistheorie. Die
Fragen sind von vornherein wesensallgemeine Fragen und müssen
20 in Wesensallgemeinheit, obschon in konkreter Anschauungsfülle an-
gegriffen und behandelt werden.

⟨§ 35. Einordnung der Erkenntnistheorie in die
reine Vernunftlehre überhaupt
und in die reine Phänomenologie⟩

25   Wir haben nun abermals einen Schritt vorwärts zu tun, der ein
nicht minder selbstverständlicher ist. Wir fragen: Ist die Erkenntnistheorie in ihrer allgemeinsten Weite eine eigene Wissenschaft, ist sie
ein abgetrenntes Stück der Phänomenologie oder gar nur auf Phänomenologie gegründet? Es ist aber im Verfolg der phänomenologi-
30 schen Studien und der parallelen, für sie unerläßlichen Abgrenzung
der regionalen Gattungen (und der Ausbildung der regionalen Ontologien) einzusehen, daß Erkenntnis ein das gesamte Bewußtsein
umfassender, also die ganze Region reines Bewußtsein umspannen-
der Titel ist. Erkenntnisfunktionen sind nicht zu trennen von Ge-
35 müts- und Willensfunktionen. Auch diese Funktionen erhalten, wie
phänomenologisch festgestellt ist, den Charakter von gegen-

standskonstituierenden Funktionen, im „originären" Fühlen
(das ein fühlendes Werten ist, aber nicht ein denkendes Bewerten)
liegen Werte als Gegebenheiten beschlossen, die Erkenntnis kann sie
in Form eines „Erfahrens" in ihrer Beziehung auf das Fühlen ent-
5 nehmen, kann sie darin in der Weise der Doxa setzen und dann zum
Thema theoretischer Bestimmung machen. Das Fühlen in einer
doxischen Wendung wird zum originären Wertanschauen, Werter-
fahren. Und so überall. Alle Gemütsfunktionen gehören der universellen Erkenntnissphäre an, nicht als Objekte bloß für ein auf sie
10 gerichtetes Erkennen, sondern als Funktionen, die neue Regionen
von Gegenständen konstituieren. Freilich gelten hier auch die Um-
kehrungen: Wie Erkenntnis ein Titel für universelle Bewußtseinsfunktionen ist, für freie Spontaneitäten des rezeptiven Erfassens von
Vorgegebenheiten, des Explizierens, Beziehens, Verknüpfens, be-
15 grifflichen Fassens, Prädizierens usw. auf Grund solcher Vorgegebenheiten, und zwar eine Bewußtseinsfunktion, die sich ihr Material
aus allem Bewußtsein und seinen Intentionalitäten herholen kann,
so ist Werten ein Titel für universelle Gemütsfunktionen, für Spontaneitäten, die sich im weitesten Rahmen des Bewußtseins in ihren
20 Modalitäten betätigen und sich wieder betätigen können, „rezeptiv"
an „Vorgegebenheiten" und produktiv-tätig im beziehenden Werten, als Eigen-Werten und Mittel-Werten (schließenden Werten),
evtl. unter rechter Benützung von konstitutiven Leistungen der Erkenntnis. Alles, was diese Funktionen „produktiv konstituieren",
25 ist einerseits selbst erkennbar, andererseits selbst wieder in werten-
der Funktion wertbar — wobei nur zu ⟨be⟩achten ist, daß das Adiaphoron das Korrelat des Gemütsbewußtseins der Gleichgültigkeit
ist, also selbst eine Wertkategorie bildet, und endlich nicht anders
steht es mit der Funktion der Praxis, die eine universelle Funktion
30 ist. Alle Intentionalität ist in sich selbst auch „tendenziös", von
Tendenzen durchwaltet, in aller Erkenntnis walten Erkenntnisten-
denzen, Vorgegebenheiten der Erkenntnis sind so genannt als Ausgangspunkte dunkler Tendenzen der Affektion, die in ihrer Erfüllung
übergehen in erfassende Anschauungen. Und ebenso walten in der
35 höheren Erkenntnisspontaneität in jedem Schritt Tendenzen, gerichtet im Begründen auf das Hervorlocken der Folge aus dem Grund,
im symbolischen Denken auf erfüllende Einsicht, das ist auf originären Vollzug der Denkintentionen in ihrer satten Fülle etc., und
damit sind (Tendenz ist nicht selbst Wille, nicht selbst Praxis) Fel-

der für universell mögliche Praxis vorgezeichnet, nicht nur für „passives" Sichausleben der Tendenzen, nämlich in der passiven Erfüllung, im Gezogensein, „Nachgeben", sondern für aktive Praxis, die
handelnde, im echten Sinn freie, ⟨die⟩ zu den praktischen Anmu-
5 tungen der Tendenz (den „Vorgegebenheiten" der Praxis) Stellung
nimmt und frei praktisch entscheidet, das ist, im freien Sinn handelt. Dann wird das Erkennen und Werten zu einem Handeln, und
das kann es prinzipiell immer werden. So ist Bewußtsein überhaupt
eine Einheit und eine Einheit unter dem Titel Vernunft. Erkennen-
10 de, wertende, praktische Vernunft sind unlöslich aufeinander bezogen, und es gibt keine Erkenntnistheorie getrennt von Wertungstheo-
rie und Willenstheorie, keine transzendentalen Wissenschaften getrennt nach besonderen Vernunftgattungen, sondern eine einzige
transzendentale Vernunftlehre, die selbst aufgeht in eine einzige
15 transzendentale Wissenschaft vom reinen Bewußtsein überhaupt,
die reine oder transzendentale Phänomenologie.

⟨§ 36. Einbeziehung der regionalen Ontologien
in die Phänomenologie⟩

Dasselbe ersieht man bei jeder hervorstechenden Problemgruppe,
20 die man zunächst geneigt sein möchte, als Erkenntnistheorie für sich
anzusprechen. So von den Problemen der Konstitution aller regionalen Gegenständlichkeiten und von der Gegenstandsform überhaupt, d. i. der Idee Gegenstand überhaupt (die, wie ich nachgewiesen, die Rolle einer Quasiregion spielt). Denn ob man von den
25 Gegenständen als Einheiten möglicher Erkenntnis ausgeht und das
sie konstituierende Bewußtsein erforscht oder ob man das reine
Bewußtsein überhaupt erforscht (von ganz anderen Ausgangspunkten bestimmt, wie etwa vom psychologischen Bewußtsein), also das
reine Bewußtsein als sein universelles Thema sich stellt — es kommt
30 auf dasselbe hinaus. Wer sich ursprünglich für das Thema Einheit —
Mannigfaltigkeit, Gegenstand — Vernunftbewußtsein von ihm, möglicher Erkenntnis von ihm interessiert, muß doch mit der Vernunft
die Unvernunft (negative Vernunft) und Nichtvernunft, das gesamte
reine Bewußtsein studieren und dabei auch das reine Ich selbst, wie
35 es in diesem als fungierendes aufweisbar ist. Was aus Wesensgrün-
den Eines ist, kann man nicht auseinanderreißen. Die spezifisch

erkenntnistheoretischen Probleme, und vernunfttheoretischen überhaupt, die dem zunächst empirischen Vermögenstitel Vernunft entsprechen (sofern sie seiner transzendentalen Reinigung entstammen), sind nur Querschnitte des Bewußtseins- und Ichproblems
5 überhaupt, und einen Querschnitt kann man nur vollkommen verstehen, wenn man sein Ganzes erforscht.

⟨§ 37. Die Beziehungen zwischen Phänomenologie bzw.
Erkenntnistheorie und Psychologie⟩

In der Phänomenologie wird nicht eine Welt toter ⟨Sachen⟩, son-
10 dern das fungierende Bewußtseinsleben in idealer Allgemeinheit
zum Thema gemacht. In reiner Reflexion werden in frei gestalter
Phantasie (die ihren Ausgang evtl. von dem aktuell gegebenen Bewußtseinsleben nimmt) Möglichkeiten reinen Bewußtseins mit all
seinem intentionalen Gehalt erfaßt, die sich in ihnen exemplifizie-
15 renden Ideen werden herausgeschaut, ihnen adäquate reine Begriffe
als Wortbedeutungen fixiert, die in ihnen gründenden, einsichtigen
Wesensgesetze, als Gesetze für mögliches Bewußtsein überhaupt,
systematisch aufgestellt und so eine Wissenschaft eingeleitet, die das
rationale Eidos ⟨herausstellt⟩, welches das Bewußtsein überhaupt
20 und, seiner inneren Teleologie folgend, das Wahrheit und Sein konstituierende Vernunftbewußtsein überhaupt in unbedingter Allgemeinheit umspannt: jeder vorzugebenden Art oder Singularität
bestimmten und wirklichen Bewußtseins und jeder nach Region,
Kategorie, untergeordneter Spezies oder Individualität vorzugeben-
25 den Gegenständlichkeit als in der Vernunft sich konstituierender
sein Apriori vorschreibt. Sofern empirische Apperzeption, was selbst
eine Wesenseinsicht hierher gehöriger Art ist, das Eigenwesen des
Bewußtseins nicht ändern kann, das damit nur die apperzeptive
Gestalt des psychologischen Bewußtseins erhält, ist dieses Apriori
30 selbstverständlich auch ein Apriori für alle Psychologie, für sie
durch Beifügung dieser psychologischen Apperzeption ohne weiteres
verwendbar.
    Eine unendliche Fülle von apriorischen Gesetzen — von Gesetzen
in der Art, wie jedes reine Eidos exakten Begriffen Gesetze vor-
35 schreibt, und in der Art, wie apriorische Gesetze im gewöhnlichen
Sinn von Gesetzen für eidetische Einzelheiten in ihrem eigenen

Bedeutungsgehalt Aussagen machen über mögliche Einzelheiten überhaupt als unter Wesen bzw. den entsprechenden reinen Begriffen stehend — regeln das Bewußtsein, bevor es empirisches Bewußtsein ist. Keine Psychologie kann die Stufe „exakter" oder „rationa-
5 ler" Wissenschaft, das ist eben die Wissenschaft im vollsten Sinn, erreichen, wenn sie nicht über dieses Apriori schon verfügt, wenn also dieses nicht vorher in freier Weise in Form einer selbständigen systematischen Wissenschaft eben systematisch auseinandergelegt wird. Die empirische Psychologie bedarf einer rationalen Psycholo-
10 gie genau in dem Sinn, wie die empirische Naturwissenschaft der rationalen, zunächst der rationalen Geometrie, Bewegungslehre usw. bedurfte. Genau wie die letztere erst durch Rekurs auf ihr rationales Apriori (obschon das nicht ganz vollkommen geschah) zur mathematischen Naturwissenschaft, zur „exakten", werden konnte, so
15 konnte die Psychologie bisher n i c h t exakt werden, weil sie ihr rationales ⟨Apriori⟩ nicht vorgegeben hatte und nicht eigens noch die Notwendigkeit der selbständigen wissenschaftlichen Gestaltung eines solchen erkannte. Nun bedarf es aber für eine rationale Psychologie, wie wir in der ersten Abhandlung erwiesen haben, keineswegs
20 der r e i n e n Reflexion im Sinn der transzendental reinen. Rationale Psychologie fällt nicht mit eidetischer Phänomenologie zusammen. Aber für den bloß psychologisch Interessierten ist die Differenz, so ungeheuer ihre Tragweite ist in transzendentalphilosophischer Hinsicht, irrelevant, da jede rational phänomenologische Erkenntnis
25 sich in eine psychologische durch empirisch apperzeptive Wandlung überführen läßt: wie früher schon ausgeführt. Hier wie überall aber ist die Scheidung zwischen *a priori* und *a posteriori* (rational und empirisch) und die eigene wissenschaftliche Entfaltung des Geschiedenen nicht nur eine Sache philosophischen Interesses, sondern
30 ebensosehr auch Sache des wissenschaftspraktischen Interesses. Denn überall gilt, was hier angedeutet ist: Jede Gegenstandsregion hat ihr Apriori, also ihre rationale Wissenschaft, die in ihrer eigenen Entfaltung die Bedingung der Möglichkeit strenger empirischer Wissenschaften dieser Region ist. Das Wesen der Wissenschaft ist Ra-
35 tionalität. Empirische Rationalität (Wissenschaftlichkeit im individuellen Gebiet) ist nähere Bestimmung einer reinen Rationalität, die in ihrer reinen Allgemeinheit Dimensionen der unbestimmten Offenheit für Zufälligkeiten hat, die noch unter empirischen Regeln — im Rahmen der reinen Rationalität — stehen können und evtl. dem

Sinn der Region nach stehen müssen. Dies zu erforschen ist die
Aufgabe der empirischen Wissenschaften, die so aber auch voll entwickelte nur werden und ihre echte Methode nur gewinnen können,
wenn sie sich ihres rationalen Rahmens vorher versichert haben.

5   Mit dieser Betrachtung ist auch das Verhältnis von Erkenntnistheorie bzw. Vernunfttheorie überhaupt zur Psychologie
dem allgemeinen nach klargelegt. Ist eine Theorie der Vernunft auf
psychologischer (oder sonst naturwissenschaftlicher) Grundlage ein
purer Widersinn, so hat sie doch zur Psychologie noch eine eigene

10   und nähere Beziehung als zu allen anderen Wissenschaften. In der
Psychologie der Erkenntnis, näher der Wahrnehmung, Erinnerung,
Phantasie, Illusion, Bildvorstellung, Raum-, Zeitvorstellung, Ding-
vorstellung, in der Psychologie der Abstraktion, des Urteils, der
Wortzeichen und ihrer Bedeutung, der Aussagen usw. — genau

15   ebenso in der Psychologie des Gemüts und Willens mit ihren Sondergestaltungen — geht letztlich alles zurück auf „innere Erfahrung". Die Vermögensbegriffe der Psychologie (keine vernünftige
Psychologie kann trotz aller überflüssigen Opposition gegen „Ver-
mögenspsychologie" ihrer entbehren, jede ist *eo ipso* auch Vermö-

20   genspsychologie) sind Titel für empirische Regelungen aktuellen Bewußtseins, die in ihrer Erfahrung erfaßt und, abgesehen von der
Sinngebung, die das reine Bewußtsein als psychologisch-naturales
faßt, nach ihrem Eigengehalt begriffen werden müssen. Das tut
schon auf Grund vager, flüchtiger Reflexionen das vorwissenschaft-

25   liche Bewußtsein, und daher sind alle üblichen psychologischen Termini, wie die oben verwendeten, der natürlich erwachsenen Sprache
entnommen. Eine wissenschaftliche Fixierung kann hier, wo das
Eigenwesen des Bewußtseins in Frage ist und nicht wie bei empi-
risch-transzendenten Begriffen eine zufällige Regel der Erfahrung

30   begriffen werden soll (welch letzteres notwendig offene Horizonte,
die durch künftige Erfahrung zu bestimmen und zu berichtigen sind,
mit sich führt) — nur auf Erfassung eines reinen Eidos führen. Der
Begriff Farbe, den ich an einer aktuell empfundenen Farbe erfasse,
kann kein anderer sein als der Begriff Farbe, den ich in der Fiktion

35   eines Empfindungsdatums erfasse. Ebenso für Wahrnehmung, Urteil
usw. Die Schöpfung wertvoller Begriffe, die Urschöpfung sozusagen,
ist aber nicht überall eine so leichte Sache wie bei den obersten
Gattungen der Empfindungsdaten. Sowie wir die Intentionalität be-
rücksichtigen, die Beschlossenheit des Wahrgenommenen als sol-

chen im Wahrnehmen, die mannigfaltigen Modi des „Wie" der Wahrnehmungsgegebenheit, kommen wir auf schwierige Untersuchungen im Feld der Intuition, die *eo ipso* Wesensintuition und im Rahmen freier Phantasieabwandlungen vollzogen ist. Die Erkennt-
5 nistheorie, wie ganz allgemein die Phänomenologie, leistet diese Arbeit in transzendentaler Reinheit, die in rational psychologische Reinheit jederzeit überzuführen ist. Wenn die Erkenntnistheorie dann speziell etwa den Gesichtspunkt der transzendentalen Konstitution wahrhaften Seins und objektiver Wahrheit (in allen Gestal-
10 tungen bis hinauf zu objektiv gültiger Theorie und Wissenschaft) zum Thema macht, so ist das, was sie ausgeführt — wie wir es fordern, nicht in verbalen Konstruktionen und Argumentationen, sondern in konkret anschaulich ausführender und allen gegenständlichen Regionen nachgehender Arbeit im Rahmen der konkret an-
15 schaulich studierten Vernunftgestaltungen des Bewußtseins —, zu charakterisieren als eine Herausstellung gewisser Domänen idealer Möglichkeiten und sie beherrschender Wesensgesetze für jedes Bewußtsein überhaupt; und zwar handelt es sich dabei um ideale Möglichkeiten, Notwendigkeiten, Gesetzlichkeiten, die mögliches Ver-
20 nunftbewußtsein überhaupt regeln, dessen allgemeiner Charakter als Vernunftbewußtsein in der allgemeinen Phänomenologie schon erforscht ist. Selbstverständlich sind alle hier auftretenden speziellen Begriffe und Gesetze psychologisch genauso bedeutsam wie alle anderen, die in der reinen Phänomenologie wissenschaftlich fixiert
25 werden. Es ist zwar, wie immer wieder zu betonen, höchst wichtig, wie transzendentale Phänomenologie und rationale Psychologie, so transzendentale Theorie der Vernunft und rationale Psychologie der Vernunft zu scheiden, wie beide von der empirischen Psychologie der Vernunft (als der menschlichen, tierischen in dieser gegebenen
30 Natur), aber jeder Satz der transzendentalen Theorie läßt eine rational-psychologische Umwandlung zu, und eine ganz selbstverständlich zu vollziehende, in einen rational-psychologischen Satz. Wie ferner nun strenge Wissenschaft auf ihrem Apriori, auf der entsprechenden rationalen Wissenschaft beruht (z. B. empirische Natur-
35 wissenschaft auf rationaler Geometrie und sonstiger *mathesis* der Natur überhaupt), so beruht also die Psychologie, weil sie auf rationaler Psychologie beruht, auch auf rational-psychologisch gewendeter Theorie der Vernunft.

In gewisser, aber wohl zu verstehender Weise, kehrt sich also das

Verhältnis von Erkenntnistheorie (Vernunfttheorie) und Psychologie
um, und wenn die Psychologie noch keinen Anlaß hatte, von der
Erkenntnistheorie Gebrauch zu machen, so liegt die Schuld auf beiden Seiten. Die Psychologie hatte zu geringe wissenschaftstheoreti-
5 sche Einsicht in das Wesen ihrer eigenen, nämlich der durch Psychologisches als solches geforderten Methode, die Erkenntnistheorie
aber bot *de facto* keine ⟨sich⟩ auf konkret gegebenes Bewußtsein in
faßbarer Weise beziehenden Ergebnisse, und das nicht, weil sie eben
nicht aus der Wesenserschauung des reinen Bewußtseins schöpfte, es
10 nicht *in concreto* nach der durch s e i n e Eigenart geforderten Weise
wesensmäßig studierte. Die neue Phänomenologie bedeutet eben
eine radikale Reform wie der Erkenntnistheorie und der Theorie
a l l e r Vernunft und dadurch vermittelt der gesamten Philosophie, so
andererseits auch der Psychologie. Und es ist, nach meiner Überzeu-
15 gung, die radikalste, die all diese Disziplinen seit Descartes erfahren
haben, ja erfahren konnten. Denn wie sehr im Anfangen die Phänomenologie auch ist, daß ihre Idee und Funktion zu vollkommenster
Reinheit gebracht und als die notwendig geforderte echte Wissenschaft der „*radices*" ist, das wird die Geschichte zweifellos bestäti-
20 gen.

⟨§ 38. Transzendentale und empirische Erkenntnistheorie⟩

Hier knüpft sich eine Frage an: Ist transzendentale Erkenntnistheorie nicht überführbar in eine empirisch gebundene Erkenntnistheorie, ist eine solche aber nicht widersinnig? Die Antwort lautet:
25 Eine empirisch begründete Erkenntnistheorie bzw. eine erkenntnistheoretische Fragestellung, die empirische Setzung in einem Sinn
beschließt und in einer Funktion, die die Frage als eine empirische,
also auch empirisch zu beantwortende erscheinen läßt, ist freilich
widersinnig. Aber da empirische Thesen ein Recht haben, so können
30 Fragestellungen nie widersinnig werden, wenn sie auf empirisch faktische Vereinzelungen bezogen und so empirisch „gebunden" werden. Die transzendentale Erkenntnistheorie spricht eidetisch allgemeine Sätze für reines Bewußtsein überhaupt aus, also Sätze für
jeden möglichen E i n z e l f a l l reinen Bewußtseins oder von Vernunft-
35 zusammenhängen im reinen Bewußtsein, ⟨die⟩ verständlich machen, was hier irgend unklar, unverständlich, rätselhaft sein kann.

Und da jeder Einzelfall auch auffaßbar ist in psychologischer Apperzeption als Vernunftbewußtsein der Menschen, oder dieses Menschen, so wird auch jede Vernunftfrage, die in dieser Hinsicht für
menschliche Erkenntnis und Vernunft besteht, beantwortet sein. In
5 der Tat kann ich nicht nur fragen: Wie steht es mit den Erkenntniserlebnissen der Menschen als realer Tatsachen im psychophysischen
Naturzusammenhang, nach welchen Naturgesetzen ist ihr So-Wer-
den, So-sich-Verändern, So-Dahinschwinden zu erklären? Ich kann
auch fragen: Wie ist es zu verstehen, daß Menschen in ihrer Be-
10 wußtseinsimmanenz allerlei Reihen von Erkenntniserlebnissen
durchlaufen, darin Erkenntnis von objektiver Richtigkeit und Gültigkeit erreichen? Wie müssen solche Erlebnisse und Erlebnisreihen
aussehen, wie konstituieren sie in sich seiende Gegenständlichkeit
usw.? Wie ist volle Einsicht in die Notwendigkeit der Zusammen-
15 hänge menschlicher Erkenntnis und in ihr erkannter Gegenständlichkeit zu gewinnen? Diese Frage kann sehr wohl in einem guten
Sinn, also ohne jede Belastung von Absurdität, gemeint sein, und
sicherlich spielt dieser gute Sinn als Tendenz in den historischen
Fragestellungen seine Rolle; aber da es an der Reinheit fehlte, die,
20 als Norm dieses guten Sinnes, sein Versinken in widersinnige Fragestellung verhütet, konnte er nie zu seinem Rechte kommen. Freilich,
die Fragestellung impliziert in ihren vorgebenden Thesen genau
besehen selbst Fragliches aus dem Umfang der gestellen Frage. Sie
geht auf Möglichkeit transzendentaler Erkenntnis, spricht aber von
25 menschlicher Erkenntnis, wo Menschen selbst Transzendenzen
sind, als Vorgegebenheiten hingenommen. Indessen, es braucht das
nicht von Schaden zu sein, nämlich ist es dann nicht, wenn diese
empirische These eine außerwesentliche Rolle spielt und die eigentliche Frage sich auf den reinen Wesensgehalt des erkennenden Be-
30 wußtseins bezieht, das in seiner objektivierenden und Sein an sich
konstituierenden Leistung unverstanden ist, wobei dieser Wesensgehalt nur bezogen ist auf die empirische Gattung Mensch, in der
Weise einer außerwesentlichen Bindung. Es ist dann zwar nicht
eine ganz radikale, aber doch verständliche und rechtmäßige Frage.
35 Die Sache wird verständlicher, wenn wir an eidetische Erkenntnisse
sonstiger und bekannter Art denken, die ja auch und jederzeit empirisch gebunden werden können, ohne in eigentlich empirische Erkenntnisse sich zu verwandeln. Wenn wir geometrische Fragen empirisch binden, etwa auf irdische Gestalten beziehen, so verfallen wir

in Widersinn, wenn wir sie als naturwissenschaftliche Fragen mißdeuten, also etwa nach den Größenverhältnissen von Hypotenusen
und Katheten eines irdischen Dreiecks fragend die Antwort durch
empirische Mittel geben, also in physikalische Erwägungen hineinge-
5 raten wollten. Auch die irdische Dreieck-Frage ist eine rationale,
und die empirische Bindung an Irdisches darf nur außerwesentlich
sein. Der Begriff Erde muß also ebensogut herausfallen können. Der
Beweis ist ein rechtmäßiger Beweis, wenn ich ihn genau so führen
kann, wie ich ihn führte, nur die empirische Bindung abwerfend,
10 also in reiner Allgemeinheit. Außerwesentliche empirische Begriffe
sind also nutzlos mitgeschleppte empirische Apperzeptionen und
Thesen im Rahmen von rationalen Erkenntnissen, die sich als rein
rationale formulieren und dann selbstverständlich auf jeden empirischen Fall übertragen lassen. So sind auch erkenntnistheoretische
15 Klärungen auf Empirie übertragbar, und alles, was im empirisch und
psychologisch apperzipierten Fall rätselhaft sein kann hinsichtlich
der in der Immanenz der Erkenntnis sich konstituierenden Beziehung auf Gegenständlichkeit, also wie Vernunftbewußtsein es
„macht", Gegenständlichkeit in sich als wahrhaft seiende Wirklich-
20 keit zu konstituieren, das ist jetzt Übertragung des transzendentalen
reinen Rätsels auf die psychologische Einstellung und findet eo ipso
seine Lösung durch Anwendung der reinen Erkenntnistheorie auf
das Reich dieser Empirie, wie ich sie begründet und in Jahrzehnten
bearbeitet habe, die hier allein in Frage kommende transzendentale
25 Wissenschaft ist. Denn nicht an individuelle Einzelheiten, gerade an
diesen Baum hier, sondern an die Wesenstypen von Einheiten knüpfen sich die Probleme von Einheit und Bewußtseinsmannigfaltigkeit,
die Probleme, wie im Bewußtsein das Draußen, die Äußerlichkeit,
das objektive Ansich mit seinen objektiven Eigenschaften, Gesetzen
30 usw. zur erkenntnismäßigen Konstitution kommt und ebenso die
Einheit der Theorie, die Einheit des Mathematischen, in dem die
Formen der Theorie und die Formen möglicher Gegenständlichkeit
als solcher selbst zu Themen und idealen Objektivitäten werden
usw.
35   Auch das Eidos ist Einheit und ist nicht das Bewußtsein, in dem
diese Einheit gegeben und zum Thema wird. Auch die Welt der
Ideen ist eine konstituierte Welt, weist also auf konstituierendes
Bewußtsein zurück. So ist Phänomenologie als Wissenschaft vom
Eidos des reinen Bewußtseins auf sich selbst bezogen. Indem sie die

Konstitution aller Einheiten des Bewußtseins aufklärt, klärt sie auch
die Konstitution der Einheiten auf, die sie selbst sozusagen naiv bildet. Während sie die Idealität des Mathematischen aufklärt, bildet
sie in ihrem Denken auch Sätze, bezieht sie sich auf Gegenstände,
5   die unter „mathematischen", insbesondere im engeren Sinn logischen Gesetzen stehen, und klärt also alle dergleichen idealen Einheiten hinsichtlich ihrer Bewußtseinskonstitution auf.

     Wir können auch den Gedanken der Wissenschaftstheorie
hier wieder anführen. Die Theorie der Wissenschaft als Theorie,
10   und damit als bezogen auf Gegenstände eines Gebietes, kann
besagen Theorie der Gegenständlichkeit überhaupt in reiner und formaler Allgemeinheit und Theorie der Theorie überhaupt nach allen
für Theorie überhaupt konstitutiven formalen Bestandstücken wie
Begriffen, Sätzen.

15   ⟨§ 39. Phänomenologie als Wissenschaftstheorie.
         Rückbezogenheit der Phänomenologie auf sich selbst⟩

     Wissenschaft als Theorie hat aber ihr Korrelat in Wissenschaft als
Funktion, als erkennende Betätigung des Subjekts. Das kann besagen
des Menschensubjekts in der menschlichen Gemeinschaft, insbeson-
20   dere der Forschergemeinschaft, und wir können Wissenschaft als
Gebilde der Kultur betrachten, als Thema der Geschichte und der
Kulturwissenschaft. Es kann wieder besagen Wissenschaft als ideales
System der Bewußtseinsfunktionen, in denen sich deren verbundene
Einheit, sich die Einheit der Theorie und die durch sie bestimmten
25   gegenständlichen Einheiten konstituieren (die letzteren natürlich
schon vor der Theorie in Form der sinnlich erfahrenden und
sonstwie „gebenden" Anschauungen). Dann ist die konstitutive
Phänomenologie *eo ipso* zugleich Wissenschaftstheorie, d. h., sie ist
die Wissenschaft, welche uns alle Probleme, die objektive Wissen-
30   schaft selbst nicht behandelt und die sich doch notwendig auf ihre
Gegenstände beziehen und andererseits sich auf ihre Theorien beziehen, löst: die wundersamen Probleme, die darauf gehen, uns verständlich zu machen, wie eben Gegenständlichkeit für das Bewußtsein „ist" und „so und so bestimmt" ist, wie sich Wissenschaft als
35 Erfahrung und Theorie auf Grund der Erfahrung im Bewußtsein
„macht", wie Sein und Wahrheit des Typus dieser Wissenschaft
Korrelate sind von ideal möglichen Bewußtseinszusammenhängen

und wie aus dem Wesen der Strukturen der letzteren und der
Wesensnotwendigkeiten, die zu diesen gehören, in dem Bewußtsein
von solchen Wesensgestaltungen notwendig sich Erkenntnis von solchem Sein und solcher Wahrheit „machen" muß. Daß Erfahrung
5 und verstandesmäßiges Denken dem Eidos nach seine Gesetze der
Natur vorschreibt, die in ihm konstituierte Natur ist, ist mit dem
Übergang in die reine Einstellung und Erkenntnis der Wesensstruktur des Bewußtseins überhaupt eine Selbstverständlichkeit, und diese Selbstverständlichkeit ist nicht Ende, sondern das beständige
10 Thema der ausführenden phänomenologischen Wissenschaftstheorie.

BEILAGE I (zu S. 141): ⟨Das Verhältnis des Phänomenologen
zur Geschichte der Philosophie⟩
⟨1917⟩

15   Kants Werk ist überreich an Goldgehalt. Aber man muß es zerbrechen und
im Feuer radikaler Kritik schmelzen, um diesen Gehalt herauszubekommen.
Die neuere Erkenntnistheorie hat sich teils mit Behagen auf dem Boden der
empiristischen Erkenntnisproblematik angesiedelt, ohne Ahnung des Wider-
sinns, mit dem sie all ihre Argumentationen behaftet, teils knüpft sie an Kant
20   und den älteren Kantianismus an. Sie schöpft ihn bald vertiefend, bald verfla-
chend, der Gewalt seines Geistes mehr erliegend als sie durch wurzelechte
prinzipielle Kritik und durch neuen Anbau auf dem allein möglichen, allein
ertragfähigen Boden überwindend. In der Zeit der revolutionären Renaissance
war der Kampfruf der einen: Weg mit der Scholastik und mit ihrem
25   sekundären Aristotelismus! Zurück zu Platon, zu den Meistern der Alten
und zu ihren originalen Werken. Der Kampfruf der anderen aber: Weg mit
dem Bücherwesen. Nicht den Platon und Aristoteles sollen wir über die
Natur der Dinge befragen, sondern das Buch der Natur im Original aufschla-
gen und sie aus sich selbst heraus studieren. Natürlich aber wollte die zweite
30   Partei, die allein die großen Erfolge brachte, die Weisheit der Alten doch
nicht ganz wegwerfen, sondern durch das Studium der Sachen das Studium
der Meister und dann durch das Studium der Meister das der Sachen fordern. Entscheidend war aber das Prinzip: keine Wissenschaft durch Renaissance, sondern Wissenschaft aus dem Studium der Sachen selbst.
35   So war es kein glücklicher Ruf „Zurück zu Kant", der nach einer Zeit
unweigerlich seine gleichlautenden Rufe „Zurück zu Fichte", „Zurück zu
Hegel", zu Fries, zu Schopenhauer mit sich brachte. Der rechte Ruf lautet
wieder: An die Sachen selbst als freie Geister, in rein theoretischem Interesse.
40   Dieser Ruf geht an uns, die wir Erben einer großen wissenschaftlichen
Kultur sind, deren Intellekte im Studium strenger Wissenschaft die strenge
Zucht sachangemessener Methode erfahren haben. Dies aber und nichts

anderes dürfen wir dem Studium der Wissenschaften verdanken, an der Art,
wie in deren Arbeit für die besonderen Sachsphären ihres Gebietes Probleme
gestellt und erledigt werden, lernen wir Sinn und Art echter Probleme und
echter Erledigungen kennen und gewinnen nicht durch flüchtiges Hineinle-
5 sen, sondern durch ernste und hinreichend langdauernde Mitarbeit die nötigen intellektiven Dispositionen. Dies vorausgesetzt gehen wir — mit der philosophischen Literatur durch die Geschichte, das Studium der Hauptwerke,
nach den typischen Gedankenreihen, nach hauptsächlichen Theorien, methodischen Eigenarten vertraut und so vertraut, ⟨daß⟩ wir die Einsicht gewin-
10 nen, daß der Philosophie das *simplex sigillum veri* fehlt, daß ihr die schlichte
Klarheit, Bestimmtheit, Schlüssigkeit fehlt, die jedes Stück strenger Wissenschaft auszeichnet — mit dem an die philosophischen Sachen heran, wir
suchen die philosophischen Probleme zu formulieren, sie soweit zu differen-
zieren und sie durch theoretische Arbeit soweit zu begrenzen, daß wir zu
15 Arbeitsproblemen kommen, die eine ernste Aussicht auf wirkliche Erledi-
gung eröffnen.

Die Methode aber kann uns niemand schenken, wir können sie nur durch
Vertiefung in den Sinn der Probleme und die bestimmtere aus den bestimmten Arbeitsproblemen schöpfen. Sind wir ein Stück weit gekommen, so wer-
20 den wir gern unseren Kant, unseren Leibniz, unseren Aristoteles, Platon
lesen und wiederlesen, wir werden vieles in ihnen berührt, einiges in ihnen
besser finden; und vor allem aus ihren Unklarheiten werden uns nun, da wir
Motive und Schichten scheiden können, tausend Anregungen zuströmen,
selbst da, wo wir von ihnen nicht lernen, nicht Theorien übernehmen kön-
25 nen. So gehen wir von der Geschichte aus, denn ihre Arbeit war nicht vergeblich, und in den vielen theoretischen Gestalten leben in verschiedenen
Klarheitsstufen und doch immer noch unklar dieselben problematischen
Sachen, dieselben theoretischen Motive, da und dort im historischen Gang
sich um einige neue vermehrend. Durch die Worte, die wechselnden sprach-
30 lichen Formulierungen, durch die Schlagworte der Parteien hindurch, durch
die charaktervollen theoretischen Gestaltungen dringen wir zu dem durch,
was darin das Lebendige, Drängende, Gesuchte war, zu den Anschauungen,
die vor allem Begreifen durch solche Worte, Fragestellungen, Theorien begriffen werden wollten. So danken wir der Geschichte, daß wir hier „Sa-
35 chen" fassen können hinter den Worten, sie selbst uns zueignen, sie selbst
theoretisieren. Und so ist auch weiter das Material der Geschichte unser
Begleiter: Und doch nicht zurück zu Kant und nicht zurück zu dem oder
jenem großen Philosophen. Im Gegenteil muß ich zeitweise heute und notwendig die Geschichte und ihre Prägungen möglichst zu vergessen ⟨suchen⟩.
40 Die aus der sprachlichen Mumifizierung zu einem inneren Leben geweckten
Gedankenmotive, die unvergeßlichen, sollen ein Eigenleben entfalten und
frei wachsen, um alle Kants unbekümmert. Nur so entrinnen wir Lebenden
der Gefahr, durch die Toten erdrückt zu werden. Wir sind dazu da, über sie
zu siegen, und das tun wir durch Begründung strenger Wissenschaft in freier
45 Forschung. Strenge Wissenschaft ist es allein, in der das Historische überwunden und „aufgehoben" ist, in der es nicht mehr in tausend unklaren,

ungereiften, nach Wahrheit und Falschheit unausgewerteten Gestalten sich
fortschleppt (wie in der Philosophie, die eben keine strenge Wissenschaft ist),
sondern als ausgewertete und auf einfachste und reinste Form gebrachte
Theorie fortlebt und fortwirkt in den dokumentarischen Archiven der Wis-
5 senschaft, den „Lehrbüchern", nur gelegentlich besser geordnet.

BEILAGE II (zu S. 149): ⟨Zum Begriff der Reflexion⟩
⟨1917⟩

Die Sprache gebraucht das Wort Reflexion überall da, wo eine Erkenntnis-
betätigung (und sei es auch ein schlichtes Wahrnehmen) sich in thematischer
10 Zurückbiegung des Interesses von der in einer anderen Bewußtseinsbetäti-
gung herrschenden Interessenrichtung vollzieht, aber so, daß die neue thematische Richtung ihrem Wesen nach nur durch eine derartige Zurückbiegung
zu gewinnen ist. So heißt in gewöhnlicher Rede eine jede Überlegung eine
Reflexion, jedes Nach-Denken ein Reflektieren. Eine vorangehende Vorstel-
15 lung und ⟨ein⟩ Denkstrom, geeinigt durch ein durchgehendes Thema, kommen zum Stehen. Etwa mit der Frage, ob das soeben Gedachte denn auch
wahr und wie es näher zu begründen sei. Von den Gegenständen, die da ihre
Bestimmung erfahren, und den Bestimmungen selbst biegt sich der Blick
zurück auf den in diesem Bestimmen bewußtseinsmäßig konstituierten Sät-
20 zen, seine, ihre Wahrheit oder Falschheit werden zu neuen Themen. Natürlich aber setzt die Möglichkeit der neuen thematischen Richtung die Grund-
richtung des natürlich sich vollziehenden Urteilens voraus. In diesem Sinn
ist jede Rechtsfrage eine Frage der Reflexion, zurückweisend bald auf theoretische, bald auf wertende und praktische Akte. Derartiger Wesenszusam-
25 menhänge gibt es offenbar vielerlei, und da ergeben sich Vieldeutigkeiten der
Idee von Reflexion, deren Sinneseinheit nur vermittelt ist durch die formale
Gemeinsamkeit, daß irgendein Gerichtetsein (oder auch Sich-Richten) des
Bewußtseins bezeichnet werden soll, das nur durch Ablenkung eines anderen,
notwendig vorgehenden, anders gerichteten Bewußtseins erwachsen kann.
30 Lockes besonders einflußreich gewordener Begriff der Reflexion ist bekanntlich zurückbezogen auf seinen Begriff der Sensation. Eine Zurückbiegung des
Blickes aus der schlichten Zuwendung zu dem sinnlich Gegebenen ist erforderlich, um das sinnliche Wahrnehmen, das sinnliche Anschauen überhaupt
und dann jedes im Sinnlichen vollzogene Bewußtsein zum Gegenstand
35 zu machen, es in den thematischen Blick zu bringen. Jedes Bewußtsein von
etwas ist in ähnlicher Art durch Reflexion thematisch gegeben. Es muß vorerst sozusagen naiv vollzogen sein, und dann kann als ein neues Bewußtsein der rückschauende Blick, die „Reflexion", sich ihm zuwenden. Wir
gebrauchen das Wort weiterhin in einiger Anlehnung an Locke, aber be-
40 stimmter in dem Sinn jeder schlichten Blickwendung, die, vom Bewußtseins-
vollzug ausgehend, sei es auf dieses Erleben selbst, sei es auf seine intentionalen Bestände zurückgeht, also z. B. auf das Wahrnehmen oder auch auf das
Wahrgenommene als solches, und so auf all das, was wir irgend durch imma-

nente Analyse aus dem Bewußtsein selbst herausziehen können. Die bloße
Blickwendung geht dann in einzelne Erfassungen, Verknüpfungen, Denkakte
usw. über.

BEILAGE III (zu S. 162): ⟨Zum Begriff der Erfahrung⟩
5   ⟨1917⟩

Man beachte hier den unsäglichen Schaden, den die unklaren Reden von
Erfahrung mit ihren durcheinandergehenden und nicht durch vorgängige
Kritik scharf gesonderten Äquivokationen der Philosophie bringen. Aus dem
natürlichen Leben und aus der Psychologie weiß man allerlei von einer Ent-
10 wicklung des Seelenlebens und darunter des Erkenntnislebens, man weiß,
daß die Auffassungen, Meinungen, Gedanken in betreff von Welt und Men-
schendasein in diesem Entwicklungsprozeß erwachsen, schließlich daß auch
die schlichtesten Vorstellungen von räumlichen Dingen, von einer Natur
bzw. die ihnen entsprechenden Dispositionen Erwerbe solcher Entwicklungs-
15 prozesse sind. Das Wort Erfahrung wird dann gebraucht, bald um die einzelnen aktuellen Auffassungen, die einzelnen vollzogenen Wahrnehmungen
etwa, zu bezeichnen (man macht eine Erfahrung, man erfährt: eine Wahrnehmung wird vollzogen oder auch durch Mitteilung eine solche übernommen),
bald auch, um die dispositionellen Niederschläge solcher Akte zu bezeich-
20 nen, man hat, besitzt dauernd seine Erfahrungen; bald auch, um den Prozeß
der Entwicklung selbst zu bezeichnen, dem solche Ergebnisse, Akte oder Dispositionen, entspringen: Alle Erkenntnis entspringt aus Erfahrung. In diesem
Entwicklungsprozeß treten als Ergebnisse und Zwischenglieder immer neuer
Ergebnisse naturale Apperzeptionen wie äußere Wahrnehmungen auf, des-
25 gleichen Zusammenhänge von einstimmigen, sich wechselseitig bestätigenden Wahrnehmungen, auch Erkenntnisgebilde höherer Stufe, die da Erfahrungserkenntnisse heißen. Diese Bewußtseinserlebnisse haben in sich selbst
den wesentlichen Charakter von solchen, die ursprünglich leibhaftige Wirklichkeit erfassen oder deren Wirklichkeitssetzung, ursprünglich „gebend",
30 Rechtsgrund hat, die in gewissen Bewußtseinszusammenhängen die Setzungen anderer solcher Akte bestätigen, ihnen Rechtsgründe beifügen oder deren
Rechtsgründe stützen usw. Wo nun Urteile, Prädikationen ihr Recht aus solchen Akten und den ihnen wesentlich eigenen Gründen verdanken, sich in
ihrem Aufbau auf „Erfahrungen" in dem Sinn von solchen Grund gebenden
35 Akten Rechtsgründe zueignen, heißen sie Erfahrungsurteile, das ist, aus A k -
te n der Erfahrung (aus Wahrnehmungen und ähnlichen Akten wie Erinnerungen) nicht irgend realpsychologisch abgeleitete, sondern eben in dieser
Bewußtseinsfundierung Erfahrungsevidenz, Rechtmäßigkeit gewinnende und
besitzende Urteile. Und was für Urteile gilt, gilt für Theorien und ganze
40 Wissenschaften, die ihr Recht bewußtseinsmäßig aus Erkenntniszusammenhängen schöpfen, in denen notwendig Erfahrungsakte als letztberechtigende
ihre Rolle spielen. Hier ist in keiner Weise von psychologischen, also realen
(demgemäß naturwissenschaftlich zu betrachtenden) Verursachungen die

Rede, sondern von Gründen und Begründungen, die im eigenen Wesen der betreffenden Bewußtseinserlebnisse liegen. Hieß vorhin Erfahrung der psychologische Prozeß, in dem gewisse Erkenntnisse und insbesondere auch die äußeren Wahrnehmungen und ähnliche In-sich-selbst-Setzungen mit ur-
5　sprünglich „Grund" vollziehenden oder aus solchen Gründen bewußtseinsmäßig beziehenden Akten entspringen oder auch, diesen Akten entsprechend, Dispositionen entspringen, so heißen jetzt die betreffenden Akte selbst Erfahrungen; und konnte es vorhin heißen, daß Erfahrungsakte als Entwicklungsprodukte ihre Gründe — ihre Ursachen, Realgründe — in vor-
10　gängigen psychologischen Prozessen haben, so heißt es jetzt, daß diese Erfahrungen ihre Gründe — ihre Rechtsgründe — in sich tragen, nämlich daß ihre Setzungen rechtmäßig motiviert sind, sei es an und für sich, sei es in der Weise, wie Setzungen des einen Aktes in denen eines anderen ursprünglich rechtmäßigen gründen.
15　　　Durch die Äquivokationen der Reden von Erfahrung und Erfahrungsbegründung, Ursprung aus Erfahrung u. dgl. mengen sich *toto coelo* verschiedene Probleme, die der psychologischen Genese, der realpsychologischen Verursachung und die der rationalen Begründung, die nicht die Erkenntnisse als psychologische Fakta, sondern ihr eigenes Wesen, ihren Sinn und den
20　Modus angehen, in dem sie Gegenstände dieses Sinnes bewußt machen. Z. B. die Geometrie ist sicherlich eine Erfahrungswissenschaft: wenn man darunter in verfälschter Weise dies versteht, daß die geometrischen Begriffe aus früheren Wahrnehmungen psychologisch erwachsen sind. Sie ist sicherlich keine Erfahrungswissenschaft, sondern eine rein rationale Wissenschaft,
25　wenn man unter Erfahrungswissenschaft rechtmäßig eine solche versteht, die aus Wahrnehmungen, aus daseinsetzenden und ursprünglich erfassenden Akten irgendwelche Rechtsgründe schöpft.

BEILAGE IV (zu S. 164): Gegensatz von natürlicher
und transzendentaler Gegebenheit
30　　　　　　　　⟨1917⟩

　　Von absoluten Gegebenheiten ist hier also stets die Rede, das reine Bewußtsein und mit ihm sein Gemeintes als solches soll der reinen Reflexion in besonderer Weise „immanent", es soll in ihr „absolut gegeben" sein. Und das soll ein radikaler Unterschied sein gegenüber der Immanenz
35　des psychologischen („inneren") Erfahrens und gegenüber allem natürlichen Bewußtsein und Gegebensein überhaupt. Wie ist das zu verstehen? Alles Natürliche ist in einem gewissen Sinn gegeben, aber immer nur „relativ" gegeben. Verstehen wir die Gegebenheit als originäre Gegebenheit der natürlichen Wahrnehmung und suchen wir auch in dieser Hinsicht die ideale
40　Vollkommenheitsgrenze, legen wir also Wahrnehmung zugrunde, die ihre Naturgegenständlichkeit zu größtmöglicher Klarheit und in größtmöglicher Inhaltsfülle und in größtmöglicher Sicherheit gegen Möglichkeiten des Zwei-

fels oder der Negation zu leibhafter Gegebenheit bringen: so kommen wir
prinzipiell nie zu einer „adäquaten" Wahrnehmung.
Jedes Naturale (ein Ding, Vorgang u. dgl.) ist fürs erste notwendig bloß
„einseitig" gegeben. Das ist, prinzipiell ist es unmöglich, daß der Inhalt des
5 Gegenstandes in der ganzen Weite und Fülle seiner Momente in die Einheit
einer abgeschlossenen Wahrnehmung tritt, beständig bleibt in dieser Hinsicht
ein unbestimmt offener Horizont nicht wirklich gegebener und noch unbekannter Momente.
    In wesentlichem Zusammenhang damit steht ein Zweites und Drittes:
10 Jedes Naturale „erscheint", es kann prinzipiell nicht anders wahrnehmungsmäßig gegeben sein als so, daß es sich durch Erscheinungen bekundet,
also durch etwas, was es nicht selbst ist und das doch nicht sein bloßes Bild
oder Zeichen ist: Denn prinzipiell kann Erscheinung und Erscheinendes
nicht zusammenfallen.
15 Jede naturale Gegenständlichkeit ist ferner, was wirkliches Sein und Sosein
anbelangt, nur „vorbehaltlich" gegeben: Nämlich jede naturale Wahrnehmung steht in einem Wahrnehmungszusammenhang, der die darin gesetzten
Wirklichkeiten der Objekte selbst oder einzelner ihrer Bestimmungen entweder einstimmig bestätigt oder durch Widerstreit aufhebt. Keine Wirklich-
20 keitssetzung schon der originär gebenden Wahrnehmung ist eine endgültige,
mag sie auch eine vollkommen gewisse, von Motiven des Zweifels, der Negation freie sein. Es heißt immer: „vorbehaltlich des entsprechenden Ganges
weiterer Erfahrung".
    Die relative Gegebenheit als Gegebenheit durch bloße Seiten, durch bloße
25 Erscheinungsbekundung, als bloß vorbehaltliche Gegebenheit hat ihren kontradiktorischen Gegensatz in der absoluten Gegebenheit: der vollständigen,
sich selbst durch ⟨sich⟩ selbst bekundenden, vorbehaltlosen.
    Suchen wir, was hier kurz hingestellt ist, uns in Einzelbetrachtungen näher
zu bringen, und halten wir uns dabei bloß an materielle Naturobjekte. Wir
30 heben natürlich nur das heraus, was sich dann analogisch ⟨in⟩ den Wahrnehmungen von sonstigen transzendenten Gegenständlichkeiten, spezieller
gesprochen von psychophysischen bzw. psychischen wiederfinden läßt. Wir
wollen aber dabei keineswegs behaupten, daß Begriffe wie „Erscheinung"
und „erscheinende Seite" für psychologische Transzendenzen (animalische
35 Subjekte und ihre psychischen Zustände) einen völlig gleichen und nicht
einen bloß dem allgemeinsten nach analogen Sinn haben gegenüber den
Erscheinungen physischer Realitäten und ihrer Zustände.
    Fürs erste: Wahrnehmung prätendiert in sich selbst (ihrem Wesen nach),
das Wahrgenommene im Original zu „geben". Sie ist jeweils ein immanen-
40 tes zeitliches Ereignis, eingebettet dem allgemeinen Erlebnisstrom, in ihm
anfangend und endend und dazu eine immanente Dauer mit stetig neuen
Wahrnehmungsphasen ausfüllend.
    Die Wahrnehmung soll „äußere" Wahrnehmung, also ein Bewußtsein
vom leibhaftigen und wirklichen Dasein eines materiellen, also räumlichen
45 Objekts ⟨sein⟩. Je nach der Weite der Erstreckung der Wahrnehmung in der
immanenten Zeit kommt in ihr eine größere oder kleinere Strecke der

objektiven Dauer des Naturobjekts zur Gegebenheit. Wie weit nun diese
Erstreckung auch reichen mag, und selbst wenn sie die gesamte Objektdauer
umspannen würde: immer ist das Objekt „einseitig", niemals inhaltlich
vollständig gegeben, weder in irgendeiner Wahrnehmungsphase noch in der
5 konkret einheitlichen und ganzen Wahrnehmungsstrecke. Das Wort „einseitig" weist zunächst nur auf die räumliche Gestalt mit ihrer Qualitätenfülle
hin. Das Ding als *res extensa* ist notwendig räumlich Gestaltetes, eine Fülle
von Qualitäten dehnt sich in der dinglichen Gestalt, die selbst eine Qualität
ist, aus; mit ihr hat es eine veränderliche Stellung im Raum, und außer
10 dieser Lageänderung kann es ⟨sich⟩ hinsichtlich seiner Gestalt und der sich
in ihr ausdehnenden Qualitäten verändern. Sehen wir, was genügt, von anderen sich in all dem „bekundenden" Qualitäten höherer Stufe, den kausalen
(spezifisch physikalischen) Qualitäten ab, mit denen wir freilich erst den
Boden der Materialität betreten. Halten wir uns also an die bloße erfüllte
15 Raumgestalt, ohne die ja kein Ding in möglicher Wahrnehmung zu denken
ist, so ist es, sagen wir, eine prinzipielle Notwendigkeit, daß eine beliebig
weit zu erstreckende Wahrnehmung in jedem ihrer Momente nur eine und
möglicherweise bald diese und jene räumliche und inhaltlich bestimmte
„Seite" darbietet. Diese ist, wie sehr die Wahrnehmung in sich selbst
20 Bewußtsein vom leibhaftigen Dasein des Dinges selbst ist, niemals zum All
der dinglichen Seiten zu erweitern; dasselbe gilt offenbar auch, wenn wir den
Begriff der Seite überspannen und unter ihm alle die Seiten, schließlich die
gesamte Fülle der dem Gegenstand eigentümlichen Merkmale ⟨befassen⟩.
Mit anderen Worten: So geartet ist in unabänderlicher Wesensnotwendigkeit
25 eine Dingwahrnehmung, oder auch so geartet ist ein Naturobjekt als solches,
daß jede Wahrnehmung von ihm in gewisser Weise zweischichtig ist: Die
eine Schichte umfaßt das wirklich und eigentlich originär Anschauliche vom
Ding oder das, was von ihm wirklich und eigentlich wahrgenommen ist. Die
andere Schichte betrifft einen Horizont nicht eigentlich gegebener Bestim-
30 mungen, nämlich der in unanschaulicher („leerer") Weise bloß „mitgemeinten", „mitgenommenen". Er enthält vielleicht mancherlei „Bekanntes",
inhaltlich als mehr oder minder bestimmt Bewußtes, unter allen Umständen
aber einen offenen Horizont unbestimmter, obschon regional umgrenzter
Möglichkeiten. Das noch völlig unbekannte Unsichtbare ist doch „irgend"
35 räumlich Gestaltetes, „irgend" Qualifiziertes usw. Jede denkbare Erweiterung der Wahrnehmung, jeder Zuzug neuer Wahrnehmungen, die sich insgesamt zum Bewußtsein desselben originär gegebenen Dinges zusammenschlie-
ßen, mag aus dem offenen Horizont noch soviel Mitgemeintes zur eigentlichen Gegebenheit, darin noch soviel Unbestimmtes zur Bestimmung brin-
40 gen: es eröffnet sich immer wieder ⟨ein⟩ offener Horizont bzw., es bleibt
immerfort offen, daß neue Wahrnehmungen kommen mögen, die noch ein
Neues vom Gegenstand zur Mitmeinung und dann zu originärer Gegebenheit
bringen. Aber nicht bloß die Bestimmungen des Dinges umspannt dieser
offene Horizont, die als Zeitfülle zu derjenigen objektiven Dauer gehören, die
45 in der Dauerstrecke der abgelaufenen Wahrnehmung die wahrgenommene
war. Zu jedem Wahrnehmungs-Jetzt gehört auch ein Zukunftshorizont,

von dem zwar wieder einiges durch den Zusammenhang der bisherigen Erfahrung vorgezeichnet sein mag, während zudem mannigfache Möglichkeiten offen und unbestimmt bleiben, deren nähere Bestimmung dem weiteren Verlauf aktueller Erfahrung überlassen bleibt. Auch dieser Horizont schließt
5 sich niemals ab zu einem voll bestimmten, es verbleibt eine offene Möglichkeit, daß das Objekt künftig neue Eigenheiten annehme oder sich in seinen Veränderungsweisen in neuen Weisen zeige, die nicht bestimmt in der Mitmeinung antizipiert waren.

2. Sehen wir näher zu, so hat die nachgewiesene Schichtung innerhalb
10 jeder Wahrnehmung (und schon in jeder momentanen Phase derselben), die uns zwischen eigentlich Wahrgenommenem und nur als unanschaulichem Horizont Mitgemeintem zu scheiden gebietet, nicht die Bedeutung, die sie zunächst auszudrücken scheint: als ob auf der einen Seite die in jedem Moment als leibhafte Gegenwart bewußte Inhaltsfülle des Gegenstandes in
15 wirklichem Sinn im Blick der Wahrnehmung wäre, ihr in der Tat reell immanent. Es ist ja klar, daß wir für jedes Moment der Inhaltsfülle wieder eine ähnliche Unterscheidung machen müssen. Denn keine Wahrnehmung, die es in eigentlicher Anschaulichkeit umspannt, bringt es zur letztbestimmten Gegebenheit, immer bleibt es offen, daß dasselbe Moment im Fortgang zu
20 neuen Wahrnehmungen sich näher bestimmt, daß z. B. die gleichmäßig verarbeitete Farbe bei näherem Zusehen sich als gefleckt, die geraden Randlinien sich als fein gezackt, die Ecken als gerundet usw. herausstellen. Also immer neue Inhaltsfüllen supponieren sich über die schon gegebenen, die, wie konkret bestimmt sie auch in der Wahrnehmung gegeben waren, immer
25 noch Berichtigungen und Abwandlungen offenlassen.

Das kann dazu dienen, uns darauf aufmerksam zu machen, daß sich jedes Inhaltsmoment des Gegenstandes in der Wahrnehmung zwar bekundet, sich in ihr durch eigene Inhaltsbestände darstellt, daß dies aber selbst (dem eigenen Sinn der Wahrnehmung gemäß) nie die dargestellten Momente selbst
30 sind. Jede Wahrnehmung läßt nämlich reflektive Blickwendungen zu, durch welche sich offensichtlich scheidet einerseits, was zum Wahrgenommenen selbst gehört, ihm selbst als seine räumliche Gestalt und als gestaltfüllende Qualität anschaulich zugemeint ist, andererseits das, was zum reellen Bestand des Wahrnehmungserlebnisses gehört. Letzteres betrifft die jeweili-
35 gen sinnlichen „Empfindungsdaten", die, von Wahrnehmung zu Wahrnehmung wechselnd, ein und dasselbe wahrgenommene Objektmoment „darstellen": Z. B. konstatieren wir durch reflektive Wahrnehmung, daß dieselbe Raumgestalt mit derselben Färbung des Objektes, das wir der Einfachheit halber als unverändert in der äußeren Wahrnehmung gegebenes vor-
40 aussetzen, sich im kontinuierlich-einheitlichen Wandel dieser äußeren Wahrnehmung in immer wieder neuen „Abschattungen" darstellt. Dabei ist, um das Beispiel noch spezieller zu wählen, keines der mannigfaltigen Sinnesdaten, die die eine und selbe rote Würfelfläche abschattend darstellen, diese rote Würfelfläche selbst. Sie „erscheint" beständig nur „durch" wechselnde
45 Abschattung, die ihrerseits dem Wahrnehmungserlebnis jeder Phase als reelles Moment wirklich einwohnt. Fragen wir aber, was bewußtseinsmäßig das

verschiedene und wechselnde Empfindungsmoment zur Abschattung der roten Fläche macht bzw. was sein Moment der „Empfindungsqualität" zur
Abschattung des gegenständlichen „Rot" und sein Moment der Ausbreitung
dieser Empfindungsqualität zur Abschattung der objektiven Würfelfläche,
5 über die sich die objektive Rotfärbung ausdehnt: so lautet die Antwort offenbar dahin, daß ein gleichsam das Empfindungsmäßige beseelendes Bewußtsein durch den Wechsel der Empfindungsmomente hindurchgeht, als sinnge-
bendes waltet und ihnen intentionale Beziehung auf dieses selbe Objektive
verleiht. Eben vermöge dieser sinngebenden Auffassung sind die Empfin-
10 dungsdaten nicht bloß, sondern „repräsentieren" etwas; um dessentwillen
also heißen sie Abschattungen, Darstellungen von dem roten Würfel und von
dem einen und selben, weil im Übergang von Wahrnehmung zu Wahrnehmung, das ist von der einen Auffassung der betreffenden Empfindungsdaten
zur Auffassung der zugehörigen neuen Daten, jene Einheit des Bewußtseins
15 waltet, die wir einstimmiges Bewußtsein von dem einen und selben nennen.

In der Einstellung naiven Wahrnehmens (die Auffassungsfunktionen naiv
vollziehend und nicht, so wie wir es hier tun mußten, auf sie und ihre Empfindungsmaterialien reflektierend) steht das Naturobjekt als leibhafte Wirk-
20 lichkeit in unserem Blick. „Eigentlich gegeben", das ist wirklich erscheinend,
sind dabei solche Objektbestimmungen, denen entsprechend wirkliche Auf-
fassungsmaterialien immanent erlebt und mit Sinngebungen ausgestattet
sind, die mit ihren offenen Horizonten aber notwendig hinausgreifen. Anders
als in dieser Art wahrgenommen — anders als durch Erscheinungen und
25 dabei nie abschließend gegeben, können Naturobjekte nach prinzipieller Notwendigkeit nicht sein. Im Rahmen der eigentlichen Erscheinung ist, der Ein-
seitigkeit und unvollkommenen Bestimmtheit entsprechend, das Objekt so
bewußt, daß es den Übergang zu neuen Wahrnehmungen mit neuen Erscheinungen offenläßt, und zwar von solchen, in denen selbst die schon gegebenen
30 Gegenstandsmomente in neuer und eventuell bereichernder Inhaltsfülle erscheinen könnten. Erscheinung besagt hier also (denn das Wort ist bei der
Verflechtung mehrfacher Korrelationen vieldeutig verwendbar) nicht das
Wahrgenommene schlechthin und als solches, auch nicht die Empfindungsdaten mit ihren Auffassungen, sondern das Wahrgenommene im Wie
35 seiner Gegebenheitsweise, mit dem ihm durch die Auffassungsfunktion
bald so, bald so verliehenen, bald voller, bald weniger voll bestimmten Sinn,
dem aber jene Offenheit immer anhängt.

3. Die Wesenseigentümlichkeit der äußeren Wahrnehmung, ihre raum-
dinglichen Objekte nur einseitig zur Gegebenheit zu bringen, beschließt nicht
40 nur die bisher erörterten offenen Möglichkeiten in sich, daß der Fortgang
von Wahrnehmung zu neuen Wahrnehmungen Mitgemeintes vom Objekt zu
eigentlicher Gegebenheit bringe oder schon eigentlich Gegebenes zu reicherer
(oder auch ärmerer) Bestimmtheit: Vielmehr kann der Fortgang der Erfahrung es mit sich bringen (sei es auch von Wahrnehmungen anderer Objekte,
45 die bewußtseinsmäßig auf das nicht mehr Wahrgenommene als mit ihm real
Verknüpftes Beziehung haben), daß Strecken der vorangegangenen Erfahrung

hinsichtlich ihrer Wirklichkeitssetzungen umzuwerten sind. Es ist nämlich
auch dies immerfort offene Möglichkeit, daß das in früheren Wahrnehmungen gesetzte Ding den konkreten Inhalt, mit dem es wahrgenommen war, gar
nicht so hatte, daß es vielmehr „anders" war. Ja sogar dies ist möglich, daß
5 es überhaupt nicht war. In sich selbst ist die äußere wie jede Wahrnehmung
ein im Modus gewisser Wirklichkeit leibhaftiges Dasein erfassendes Bewußtsein. Aber wie ungebrochen diese Gewißheit in sich ist, wie fern alle Motive
des Zweifels und der Negation liegen mögen, wie „zweifellos" also in diesem
Sinn: die prinzipielle Möglichkeit für Zweifel und Nichtsein ist nicht ausge-
10 schlossen; es könnten nachträglich Zweifelsmotive erwachsen und sich herausstellen, daß das soeben noch zweifelsfrei gegebene Dasein, bei aller Leibhaftigkeit, in der es sich bietet, zweifelhaft würde oder sich gar als nichtig
aufhöbe. Diese beständig offene Möglichkeit hängt offenbar so wie die früher
besprochene offene Möglichkeit der näheren Bestimmung des schon Gegebe-
15 nen oder unbestimmt Mitgemeinten damit zusammen, daß äußere Objekte,
wie die Reflexion lehrt, prinzipiell nur durch Erscheinungen gegeben sein
können, die eben nicht nur durch Einstimmigkeit objektives Sein, sondern
auch durch Unstimmigkeit objektives Nichtsein konstituieren können. Jede
wirkliche Wahrnehmung, können wir auch sagen, ist ein Glied einer offenen
20 und unendlichen Mannigfaltigkeit möglicher Wahrnehmungen, jede Dingerscheinung einer unendlichen Mannigfaltigkeit möglicher Erscheinungen; all
diese offenen Möglichkeiten sind durch das Eigenwesen der Wahrnehmungen
bzw. der ihnen immanenten Erscheinungen motivierte Möglichkeiten. Im
besonderen aber hebt sich hierin ein System möglicher Wahrnehmungen als
25 in einem ausgezeichneten Sinn motiviert heraus — nämlich als in der bisherigen aktuellen Wahrnehmung „begründet" —, in welchem dasselbe Objekt
in immer neuen Erscheinungsweisen zur Gegebenheit kam, sich dabei seiner
Wirklichkeit nach beständig bestätigte und in entsprechendem kontinuierlichen Durchlaufen immer reichere Inhaltsfüllen des Objekts originär anschau-
30 lich herausstellte. Mit Rücksicht aber auf die übrigbleibenden Möglichkeiten
des Nichtseins und Andersseins können wir auch hypothetisch sagen: Wenn
die Wirklichkeitsthese der gegebenen Wahrnehmung in ihrer Beziehung auf
die erscheinende und mitgemeinte Inhaltsfülle nicht unterbunden, nicht als
Andersbestimmung oder Durchstreichung umgewertet werden soll, dann
35 müssen die weiteren Wahrnehmungen in einem bestimmten Stil ablaufen,
eben in dem nach Wirklichkeitssetzung und Inhalt wesensmäßig Einstimmigkeit walten kann und muß.
     Der in allgemeinsten Zügen soeben beschriebenen unvollkommenen, bloß
„relativen" Gegebenheitsweise der natürlichen Wirklichkeit in der zugehöri-
40 gen naturalen Wahrnehmung und Erfahrung steht nun gegenüber die vollkommene, „absolute" Gegebenheit der Erlebnisse des reinen Bewußtseins in
der immanenten, transzendental reinen Reflexion, oder wie wir auch sagen
können, in der adäquaten phänomenologischen Wahrnehmung. In ihr bekunden sich die Gegebenheiten nicht erscheinungsmäßig, sondern als „selbst
45 durch sich selbst". Für Daten des reinen Bewußtseins gibt es keine mannigfaltigen Wahrnehmungen, die dasselbe mehrfach und in verschiedenen

Erscheinungsweisen bald vollkommener, bald minder vollkommen, mit mehr oder minderer Inhaltsfülle zur Erscheinung brächten. Ihr *esse* liegt in ihrem *percipi* und liegt darin in absolutem Sinn. Es kann darin auch nicht bloß in jener zweifelsfreien Gewißheit bewußt sein, die nachkommende
5 Zweifel und Negation ermöglichen. Dergleichen nachkommende Umwertungen sind vielmehr prinzipiell ausgeschlossen, jede immanente reine Reflexion gibt, was sie gibt, endgültig, wie immer der Lauf künftiger immanenter Wahrnehmungen laufen mag.

Wir erinnern uns hier der berühmten methodologischen Überlegungen,
10 durch die Descartes sich in seinen *Meditationes* einen absolut sicheren Boden und in eins damit eine absolut sichere Methode einer wissenschaftlichen Philosophie zueignen wollte. Wir sehen, wieviel konkreter und differenzierter und zugleich bestimmter unsere eigenen Betrachtungen angelegt waren und um der wissenschaftlichen Strenge willen angelegt sein mußten, wie sie denn
15 auch nicht in einem bloß „archimedischen Punkt", in einer allgemeinen Zweifellosigkeit des *cogito*, gipfeln, sondern uns ein mächtiges Forschungsgebiet, eine neue philosophische Fundamentaldisziplin eröffnen sollen. Andererseits können wir unsere eigene Gedankenführung als eine reine Auswirkung der die Cartesianische innerlich bewegenden Motive ansehen. Auch
20 Descartes beginnt ja damit, an der natürlichen Erfahrung Kritik zu üben und ihre Bezweifelbarkeit herauszustellen. Aber diese Kritik ist nicht radikal genug, sie dringt nicht analysierend in das Wesen der natürlichen Erfahrung und läßt demnach auch den Sinn der Bezweifelbarkeit dieser Erfahrung und in Kontrast damit der Zweifellosigkeit der immanenten Erfahrung ungeklärt.
25 Descartes geht in seinen flüchtigen Erwägungen nicht soweit, jene prinzipiellen Notwendigkeiten aufzuweisen, die korrelativ das Wesen erfahrbarer Natur als solcher und das Wesen der naturalen Erfahrung betreffen: Wonach jede solche Erfahrung, was Reichtum und Fülle des eigentlich erfahrenen Gehaltes anlangt, bloß „einseitige" Gegebenheit, ferner bloße Erscheinungs-
30 gegebenheit und bloß vorbehaltliche Gegebenheit sein kann. Er zeigt also nicht, daß die Zweifelhaftigkeit der naturalen Erfahrung den prinzipiellen Sinn hat einer wesensmäßig offenen Möglichkeit eines künftig widerstimmig fortschreitenden Ganges der Erfahrung, auch wo nicht das leiseste rechtmäßige Zweifelsmotiv (nämlich aus Unstimmigkeiten bisheriger Erfahrung
35 stammend) statthat. Es steht damit in Zusammenhang, daß er nun in der Kritik der psychologischen Erfahrung versagt und diese, statt sie als eine nur höherstufige (in äußerer Erfahrung fundierte) naturale Erfahrung zu erkennen und dieser somit in radikaler Kritik gleichzustellen, mit der immanenten (phänomenologischen) Erfahrung ungeschieden zusammenfließen läßt.
40 Zwar stellt Descartes nach der Aufweisung der absoluten Gegebenheit des *ego cogito* die kritische Frage nach dem Sinn des hierin beschlossenen *ego*: Als was dürfen wir es nur fassen, wenn der Rahmen der absolut gebenden Intuition nicht überschritten werden soll? Wir berührten es schon*, daß

---

* ⟨Siehe S. 138 f.; vgl. auch S. 108⟩.

Descartes bei der Beantwortung dieser Frage nicht hinreichend vorsichtig verfuhr. Allzu schnell wird dem *ego „ mens sive animus sive intellectus "* unterschoben und die Substanz *cogitans* mit ihren Akten und Zuständen zu einer Gegebenheit höherer erkenntnistheoretischer Dignität gestempelt ge-
5 genüber derjenigen der physischen Natur. Hier knüpfen wir an, um diesen für uns besonders wichtigen Punkt der erkenntnistheoretischen Gleichwertigkeit der sogenannten inneren (psychologischen) und der „äußeren" (auf physische Natur bezogenen) Erfahrung, genauer gesprochen: ihre Gleichwertigkeit hinsichtlich der oben behandelten prinzipiellen Offenheiten zu sichern.
10 In dieser Hinsicht brauchen wir bloß der früheren Andeutungen uns zu erinnern, um einzusehen, daß das psychologisch Erfahrene (Wahrgenommene) nie endgültig gegeben sein kann, nie als „selbst durch sich selbst", sondern nur vermittels Erscheinungen und als vorbehaltlich in unserem festgelegten Sinn. Die Gegenstände der psychologischen Erfahrung sind
15 animalische Subjekte und deren psychische Zustände, sie gehören der räumlich-zeitlich-kausalen Welt an, die in ihrer Unterstufe materielle Welt ist. Dem eigenen Sinn dieser Erfahrung gemäß ist das Seelische nichts vom Physischen zu Trennendes, sondern mit ihm in besonderer Weise Einiges, und ist der Leib nicht ein bloßes Ding: Z. B., es hat empfindende Flächen, es „be-
20 wegt" sich noch in einem ganz anderen, nicht bloß mechanischen Sinn wie das bloße Ding, es ist Leib einer „Seele" bzw. eines personalen Subjekts mit Charakteranlagen, veränderlichen Dispositionen, sich Bekundendes in Abläufen psychischer Zustände, die in funktioneller Abhängigkeit von der physischen Leiblichkeit in ihrem Zusammenhang mit der übrigen physischen
25 Natur sind. Also schon die in der psychologischen Erfahrung liegende Fundierung durch physische Erfahrung bzw. schon diese in ihr vollzogene Sinngebung, der gemäß das Psychische nur eine im Physischen fundierte Seinsschicht vorstellt (die freilich einen eigenen Pol der Einheit in sich trägt), bringt es mit sich, daß jede psychologische Gegenständlichkeit „einseitige"
30 und „Erscheinungs"-Gegenständlichkeit ist. Denn was von der physisch-leiblichen Unterschicht gilt, überträgt sich vermöge der Fundierung, wenn auch mittelbar, notwendig auf die Oberschicht. Insbesondere achten wir auch das, als im Sinn der Erfahrung und dieser Fundierung derselben gelegen, daß alles Psychologische in funktionellen Abhängigkeiten vom Physischen ver-
35 flochten gemeint ist und in dieser Hinsicht mindestens einen offenen, unbestimmten Horizont möglicher Abhängigkeiten mit sich führt und daß also wie jede physische Gegenständlichkeit und in Folge davon jede erfahrbare Kausalität, an der solche Gegenständlichkeit beteiligt ist, so auch jede psychophysische Kausalität nur eine erscheinungsmäßige sein kann; eben damit
40 aber auch nur eine „vorbehaltlich" bestehende. Auch die Gegebenheiten der „inneren" Wahrnehmung sind also „Zweifelsmöglichkeiten": Jede erfahrene Natur, auch die innerlich erfahrene, könnte auch nicht sein, obschon ich sie gegebenenfalls erfahre und in der Wahrnehmung ursprünglich gegeben habe und obschon ich für sie nicht den geringsten positiven Grund habe, wirklich
45 zu zweifeln oder gar ihr Nichtsein in Ansatz zu bringen.
Wollte Descartes also alles, was einen möglichen Zweifel offenließe, aus-

schalten, so mußte er auch solche seelische Personalität und seelischen Vorkommnisse jeder Art als Gegebenheiten der psychologischen Erfahrung aus-
schalten. Nach Klärung und näherer Bestimmung des Sinnes dieser offenen
Zweifelhaftigkeit und der mit ihr verbundenen Wahrnehmbarkeit und Er-
5 fahrbarkeit nach bloßen Seiten und durch bloße Erscheinungen sowie nach
der Erkenntnis, daß diese Eigenheiten aller Natur im denkbar weitesten Sinn,
als Sphäre der erfahrbaren individuellen Transzendenzen, anhaften, können
wir uns diese Ausschaltungsmethode zueignen. Wir sagen danach: Wir stellen uns nicht auf den Boden, den uns irgendeine natürliche Erfahrung ⟨gibt⟩,
10 wir versagen uns jeder in ihr liegenden Daseinsthese, wir „machen sie nicht
mit". Dann verlieren wir zwar als Forschungsboden die ganze Welt, aber es
verbleibt nicht uns nichts übrig, es verbleibt uns vielmehr jedes „cogito",
jedes Bewußtseinserlebnis, wenn wir es genau so nehmen, wie es sich uns gibt
in seiner eigenen Selbstheit. Die Wahrnehmung, in der ein Naturales er-
15 scheint, ist nicht selbst ein bloß Erscheinendes und nicht bloß einseitig und
vorbehaltlich gegeben. Und so jedes Bewußtsein. Zwar können wir die reine
Reflexion, die uns das cogito gibt, jederzeit in eine psychologische Erfahrung
wandeln, also dieses cogito als animalischen personalen Zustand und damit
als reales Vorkommnis in der objektiven Welt auffassen. Aber als so aufge-
20 faßt ist dieses cogito mit Komponenten behaftet, deren Wirklichkeitswert
nicht endgültig, sondern auf weitere Erfahrungsausweisung gestellt ist. Dann
ist dasselbe in dieser Weise psychologisch objektivierende Bewußtsein in sich
selbst nicht wieder ein psychologisches Bewußtsein (was ja auf einen unendlichen Regreß führen würde), es ist selbst eine erscheinungslose Gegebenheit.
25 Wir bemerken auch das, daß sein Inhalt, nämlich das als animalischer
Zustand aufgefaßte cogito, nach einem Kerngehalt absolut und erscheinungs-
los gegeben ist, nämlich eben dieses cogito in sich selbst. Es dient in der
psychologischen Apperzeption als Repräsentant für die Auffassung als animalischer Zustand und demnach so, daß es im Rahmen der reinen Imma-
30 nenz aufweisbar und von der begleitenden Auffassung ablösbar ist, die sich
ihrerseits als Zufälliges und nicht Notwendiges kenntlich macht. Offenbar ist
übrigens diese Naturalisierung eines cogito, eines immanenten reinen Erlebnisses, etwas charakteristisch anderes als diejenige eines Empfindungsdatums
durch Funktionen der Abschattung, als Bekundung räumlicher Gestalten und
35 Qualitäten, mit einem Wort als Darstellungen von „Sehdingen" oder allgemeiner „Sinnendingen". Sie ist verwandter mit der Bekundung der physikalischen Eigenschaften in den in Unterstufe erscheinungsmäßig schon konstituierten Sinnendingen (diesen sinnlich-qualitativen Raumgestalten).
   Mit den eben durchgeführten Betrachtungen ist alles Wesentliche gesagt,
40 um den Sinn des transzendental reinen Bewußtseins gegenüber dem psychologischen und der es gebenden reinen Reflexion klarzulegen, ebenso auch
dem Hauptstück nach den Sinn der philosophischen Prinzipienmethode, die
ich phänomenologische oder transzendentale Reduktion genannt habe. Sie ist
das notwendige Mittel zur Gewinnung des transzendentalen Forschungsge-
45 bietes und zugleich die beständige Schutzwehr gegen jede unvermerkte Vertauschung der phänomenologischen, auf das reine Bewußtsein bezogenen

Einstellung mit der natürlichen Einstellung, der naturale Gegenständlichkeiten gebenden. Sie besteht, soweit wir bisher gekommen sind, in der vollbewußten Ausschaltung aller naturalen und ganz besonders der sich beständig hereindrängenden psychologischen Apperzeptionen und Wirklichkeitssetzun-
5 gen. Doch wird die Notwendigkeit der Begründung der Phänomenologie und phänomenologischen Theorie der Vernunft als einer Wesenslehre des reinen Bewußtseins noch einen neuen Schritt der Reduktion, nämlich den der eidetischen Reduktion erfordern, und desgleichen werden noch weitere Ergänzungsstücke hinsichtlich der Ausschaltung der naturalen individuellen
10 Möglichkeiten und aller ihnen entsprechenden eidetischen Transzendenzen erforderlich sein. Durch die phänomenologische Reduktion in dem jetzigen Sinn eröffnet sich uns das unendliche Feld des reinen Bewußtseins; jedes reine *cogito*, das in den Blick der Reflexion fällt, gehört hinein, sofern wir an ihm Reduktion geübt haben, sowohl nach seiten seiner eigenen naturalen
15 Thesen als auch in der Gegenrichtung nach seiten der die Reinheit der Reflexion selbst trübenden Beimengungen psychologisch-naturaler Thesen die phänomenologische Ausschaltung, die modifizierende „Einklammerung" vollzogen haben. Korrelativ betrifft diese Modifikation die in den jeweiligen *cogitationes* eventuell gesetzten Naturgegenständlichkeiten selbst als Natur-
20 wirklichkeiten. Und dasselbe gilt für alle eventuell höheren Transzendenzen metaphysischer Art. Individuelle Transzendenzen jeder Art kommen in dieser reinen Sphäre zwar beständig vor, aber nur als gemeinte, als so und so erscheinende, als wie sie überhaupt in den jeweiligen reinen Erlebnissen klar oder unklar vorstellig, als primär beachtet oder nebenbei bemerkt oder unbe-
25 merkt, als einsichtig oder uneinsichtig gedacht, als wirklich, wahrscheinlich, möglich, als schön, gut, nützlich und wie immer sonst bewertet bewußt sind: nur daß eben alle solche Thesen „außer Spiel" gesetzt werden. Wir machen sie in der transzendentalen Einstellung nicht mit, wir lassen uns von ihnen keinen transzendenten Seinsboden geben, auf dem stehend wir forschen woll-
30 ten. Eben dasselbe besagt, daß mit jedem *cogito* uns sein *cogitatum*, aber rein als *cogitatum* gegeben ist. Die Ausschaltung der Welt, des Alls der realen Wirklichkeiten besagt Einschaltung des Alls der Irrealitäten, zu der sämtliche intentionale Korrelate (das All des eingeklammerten Seins) mitgehören. Was das methodische Einklammern oder „Nicht-Mitmachen" der transzen-
35 denten Thesen anlangt, so verhalten wir uns dabei ähnlich.

BEILAGE V (zu S. 169): Über ursprüngliches Zeitbewußtsein.
⟨Absolute Gegebenheiten und ihr Gegebensein
durch „Erscheinungen"⟩
⟨1917⟩

40 Die phänomenologische Reduktion auf das transzendental reine Bewußtsein, die wir bisher beschrieben haben, gilt uns nur als eine Unterstufe der vollständigen, für die Begründung einer Phänomenologie und transzendentalen Philosophie unentbehrlichen Reduktion. In der Tat reicht sie nicht über

die jeweilige Bewußtseinsgegenwart hinaus. Wie es mit der Gegebenheit eines über die aktuelle Gegenwart hinausreichenden reinen Bewußtseinsstromes steht, war nicht erwogen. Wie dann gar über die reflektive Setzung der vorüberfließenden Bewußtseinssingularitäten hinaus eine allgemeine
5 und gesetzliche Erkenntnis des Bewußtseins und seiner Korrelate möglich sein soll, blieb völlig im Dunklen. In nahem Zusammenhang mit der Frage der Erinnerungsgegebenheit des Bewußtseins steht das Bedürfnis, diejenige Erscheinungsgebenheit, von der wir als Charakteristikum naturaler Gegenständlichkeiten sprachen, von der total andersartigen des Zeitbewußtseins zu
10 unterscheiden. Dies gehört also auch zum Bestand desjenigen Zeitbewußtseins, das ein wesentliches Moment der immanenten Reflexion auf das jeweilige *cogito* ausmacht. In gewisser Weise erscheint auch das *cogito* wie jedes zeitliche Objekt, obschon wir von demselben eine absolute Gegebenheit haben sollen. Hier bedarf es also zunächst näherer Ausführungen.
15   Die transzendental reduzierte Wahrnehmung (die reine Reflexion) ist so gut wie jede psychologische oder physische Wahrnehmung auf ein individuelles Sein, also ein zeitliches gerichtet. Sind auch mit der Natur auch ihre Formen, darunter die Zeit der phänomenologischen Reduktion verfallen, so hat doch das jeweilige *cogito,* so wie es sich in der reinen Reflexion darbietet,
20 seine Zeit, die phänomenologische Zeit, die also nicht mit der Natur-Zeit (der durch chronometrische Apparate, Uhren u. dgl., meßbaren) zu verwechseln ist. Selbstverständlich können wir statt phänomenologischer Zeit auch sagen transzendentale Zeit, das Beiwort transzendental drückt ja immer die Beziehung auf die spezifisch transzendentalen Probleme aus, die, wie
25 gezeigt werden soll, nur auf dem Boden des phänomenologisch reduzierten Bewußtseins zu lösen sind. Es selbst und so auch seine Formen heißen darum auch transzendental. Ein zeitliches Sein, mag es sich dabei um naturales oder transzendentales handeln, ist prinzipiell nur wahrnehmbar in einer eigentümlich gebauten Wahrnehmungskontinuität, in einem „Fluß" des
30 Wahrnehmens. Ein immer neues Wahrnehmungsmoment ist die urquellende Wahrnehmungsphase, die stetig eine neue und neue Phase der Dauer des wahrgenommenen Gegenstandes in der Form des „Jetzt", der Urgegenwart, zur Gegebenheit bringt; in eins damit wandelt sich stetig jede Urgegenwart in ein Soeben-Vergangen; bzw., es schließt sich an jede urquellende Wahrneh-
35 mungsphase eine Kontinuität von retentionalen Phasen, die das verfließende Urgegenwärtige, das Jetzt in der Form eines Soeben-Gewesen zurückbehalten, wobei aber auch dieses in seinem unaufhörlichen Fluß neue und neue retentionale Modifikationen erfährt, in ein Ferner-Gewesen, Noch-ferner-Gewesen usw. In diesem Kontinuum retentionaler Abwandlungen kommt
40 das Gewesene in seiner stetig sich wandelnden Orientierung zum immer neu quellenden Jetzt als derselbe vergangene Zeitpunkt, nur eben als wechselnd orientierter, also in verschiedenen Gegebenheitsweisen bewußter, zur ursprünglichen Gegebenheit. Ehe wir in dieser Richtung weitergehen, fügen wir gleich bei, daß zum Wesen dieser Sachlagen auch gehört die ideale Möglich-
45 keit freier Wiedererinnerung eines noch retentional als soeben vergangen Bewußten, wobei beide Bewußtseinsweisen sich identifizierend decken.

Eine andere ursprüngliche Gegebenheit eines zeitlichen Gegenstandes als die oben angedeutete und eine andere Art, Erinnerung in möglichst ursprünglicher Form auf Wahrnehmung desselben Gegenstandes zu beziehen und ihn in beiden Gegebenheitsweisen in eins zu setzen, ist nicht denkbar.

5   Worauf es uns ankommt, ist in erster Linie, daß sich uns eine neue Dimension von Reflexionen im Rahmen der phänomenologischen Reduktion eröffnet, die uns absolute Gegebenheiten in einer tieferen Schichte und einem neuen Sinn ergibt. Versteht man übrigens das „absolut" im Gegensatz zu relativ, und zwar so, daß es sich um die Relation von bewußtseinsmäßig
10   konstituierten Einheiten zu konstituierenden Mannigfaltigkeiten handelt, so weist jede erscheinende Dingeinheit zurück auf sie konstituierende Bewußtseinsmannigfaltigkeiten in der immanenten Zeit, die relativ zu ihnen „absolut" sind, und diese wieder weisen zurück auf in höherem Sinn absolute Gegebenheiten, auf die Mannigfaltigkeiten, in denen sich diese immanenten
15   Zeitgegenstände konstituieren.

Überlegen wir nun den früher beschriebenen Gegensatz zwischen absoluter und nicht absoluter Gegebenheit, der Naturales und Transzendentales (Immanentes) trennen soll in bezug auf diese Gemeinsamkeiten des die beiderseitigen Zeitgegenstände ursprünglich zeitkonstituierenden Bewußtseins.

20   Jedes Bewußtseinserlebnis, konkret genommen in einer immanenten Dauer, ist absolut gegeben, nämlich in einer ihm in seiner Dauer nachfolgenden transzendentalen Reflexion. Absolute Gegebenheit besagte den Gegensatz zur einseitigen Gegebenheit eines naturalen Gegenstandes: Näher überlegt mit Beziehung auf das zeitkonstituierende Bewußtsein sagt das: In der kontinu-
25   ierlichen Reflexion, als Einheit genommen, verbleibt von dem jeweiligen *cogito* nach seiner gesamten Dauer nichts unwahrgenommen, für keine Zeitphase derselben fällt vom zeitfüllenden Inhalt dieses Gegenstandes irgendein Moment aus, und keine ist in einer mangelhaften Fülle gegeben. Ferner: In der transzendentalen Reflexion ist das *cogito* nicht gegeben durch bloße
30   Erscheinungen. Bestimmen wir auch dieses Charakteristikum absoluter Gegebenheit näher, so wäre zu merken: In der Einheit der dauernden Reflexion ist das dauernde *cogito* nach allen Phasen seiner Dauer und in ihrer Kontinuität innerhalb der Dauer gegeben, aber nicht als bloße Erscheinung von etwas, das je in anderen Erscheinungen anders erscheinen könnte. Nicht nur
35   liegt überhaupt das *esse* eines *cogito* in seinem *percipi* und kann darum nicht zweimal wahrgenommen werden, sondern denken wir uns eine andere vollkommen gleich erfüllte Dauer, also ein völlig gleiches *cogito,* so ist keine andere Erscheinungsweise desselben denkbar, die das gleiche Dauerobjekt in anderer Weise wahrnehmungsmäßig geben könnte.

40   Demgegenüber ist ein naturales Objekt nur einseitig und erscheinungsmäßig gegeben, und zwar in dem Sinn, daß dieselbe Strecke der Objektdauer und jede ihrer Phasen mit dem zugehörigen identischen Bestimmungsgehalt auch anders, ja in unendlich vielfältigen neuen „Seiten" bzw. Erscheinungsweisen gegeben sein könnte. Das gilt, ob das Objekt während dieser Dauer
45   ein sich veränderndes oder sich nicht veränderndes ist, und zwar für alle Teile und Phasen seiner Dauer. In der transzendental-immanenten Sphäre

gibt es in dem beschränkten Rahmen der Empfindungsdaten (hyletischen Daten) ebenfalls Möglichkeiten unveränderten Seins. Aber prinzipiell für wechselnde Seiten und Erscheinungsweisen desgleichen.

All das aber schließt nicht aus, daß wir in einem gewissen, aber wesentlich
5 geänderten Sinn auch von der Dauereinheit eines Erlebnisses und von seinen Zeitphasen sagen können, es „erscheine" in mannigfaltigen „Erscheinungen", und daß auch für sie der Begriff unvollkommener Gegebenheit, mit Abstufungen der Vollkommenheit, einen eigentümlichen Sinn erhalten kann. Mit diesem geänderten Sinn hängt es zusammen, daß trotzdem für die
10 ursprüngliche Gegebenheit ⟨eines⟩ transzendental reinen Erlebnisses in der entsprechenden transzendentalen Reflexion der Vorzug der Zweifellosigkeit des Seins bzw. der Undurchstreichbarkeit des Seins verbleibt.

Um hier Klarheit zu schaffen, können wir uns ein weniges in das Wesen des phänomenologischen (oder transzendentalen) Zeitbewußtseins vertiefen.
15 Die transzendentale Reflexion, von der wir bisher stets gesprochen haben, war gedacht als eine (phänomenologisch reduzierte) Wahrnehmung. Sie gibt das jeweilig erfaßte reine Erlebnis in seiner lebendigen Gegenwart, und zwar als eine durch die phänomenologische Zeit (die notwendige Form aller *cogitationes*) sich hindurcherstreckende Einheit. Die „Gegenwart" des erfaßten
20 *cogito* ist in dieser Zeitform dauernde Gegenwart. Es sind nun aber neue und tiefer dringende transzendentale Reflexionen möglich, welche uns dessen innewerden lassen, daß diese dauernde Erlebniseinheit, z. B. die kontinuierlich sich wandelnde Erscheinungsweise eines äußerlich wahrgenommenen Raumdinges, ihre stetig sich wandelnden Modi der Zeitgegebenheit hat.
25 Wenn wir oben auf diesen Punkt bereits hinwiesen, so konnten wir das nur dank eben dieser Reflexion bzw. dank einer entsprechenden psychologischen Reflexion, die dann nur der transzendentalen Reduktion bedürfte. Also immerfort ist eine, und zwar eine immer neue Phase des in dieser Reflexion gegebenen Erlebnisses im Modus der eigentlich originären Gegenwart, der
30 Urgegenwart, gegeben, und daran schließt sich die Kontinuität der übrigen Zeitphasen des Erlebnisses in immer neu modifizierten Gegebenheitsmodi des allgemeinen Titels „soeben gewesen". Wir sehen dabei der Einfachheit halber ab von dem gleichfalls bewußtseinsmäßig aufzuweisenden, aber in ganz anderer Weise bewußten Zukunftshorizont. Vollziehen wir nun eine
35 Reflexion von den Gegebenheitsweisen auf das gebende Bewußtsein, so werden wir darauf aufmerksam, daß dieses absolut Gegebene, das wir gegenwärtiges, in der phänomenologischen Zeitform dauerndes Erlebnis nennen (in unserem Beispiel die Dingerscheinung als Ereignis in der phänomenologischen Zeit) uns zurückweist auf kontinuierliche Bewußtseinsmannigfaltigkei-
40 ten höherer Stufe. Jedem Jetzt, der Phase der Urgegenwart, entspricht eine sie gebende Phase ursprünglichster, eigentlichster, sozusagen u r q u e l l e n d e r W a h r n e h m u n g, und den kontinuierlich sich anschließenden Phasen des immer neu modifizierten „soeben vergangen" entsprechen Kontinuen von Retentionen, die ihrerseits das jeweilige soeben Vergangene in seinem Modus
45 ursprünglich bewußt machen. Das alles aber verläuft so, daß sich im beständigen Durchströmen dieses bleibenden Bewußtseinsstils (einer bleibenden

Form innersten transzendentalen Bewußtseins, das uns die neue Reflexion erschlossen hat) Erlebnisse als Ereignisse in der phänomenologischen Zeit konstituieren, und zwar in einer korrelativen stilfesten Weise der Orientierung. Das urquellende „jetzt gegenwärtig" fungiert als beständiger Nullpunkt
5 der Orientierung, jedes soeben Vergangene ist relativ zu ihm orientiert. Dieser Nullpunkt ist zwar der Form nach das *nunc stans,* aber er ist fließend als Urquelle der Konstitution eines immer neuen Identitätspunktes der phänomenologischen Zeit bzw. einer immer neuen Phase des jeweils durch diese Zeit sich verbreitenden Ereignisses. Zu jedem in diesem Sinn neuen Null-
10 punkt (zu jedem „Jetzt") gehört ein Kontinuum orientierter Vergangenheiten (Soeben-Gewesenheiten), die schließlich in einen dunklen Vergangenheitshorizont übergehen. Auch dieses Kontinuum ist der Form nach stehend und bleibend, andererseits aber immerfort fließend nach dem in dieser Orientierungsform immer neu gegebenen zeitlichen Gehalt.
15   Fügen wir noch den leeren (unanschaulichen) Zukunftshorizont hinzu, der als beständige Form zu dem Quellpunkt Jetzt gehört, so ist damit die feste Form orientierter Gegebenheitsweise für das jeweils ursprünglich gegebene und nach beiden Horizonten endlos offene phänomenologische Zeitfeld voll umschrieben. Diese gesamte Form ist also die eines beständigen Flusses. Im
20 Durchströmen derselben, im Durchströmen der Form Jetzt und der Form, die jeder Punkt des Kontinuums der Soeben-Vergangenheiten bezeichnet, im beständigen Eintreten eines (im „protentionalen" Bewußtseinshorizont dunkel beschlossenen) „Soeben-Künftigen" in die helle Urgegenwart und von da wieder in den Abfluß der Soeben-Gewesenheiten konstituiert sich ein und
25 dasselbe Ereignis mit seinen selben, nur eben wechselnd „erscheinenden" und dabei wechselnd orientierten Zeitpunkten und Zeitstrecken. Gleichwertig können wir auch sagen: So konstituiert sich gegenüber dem beständigen Fluß orientierter Gegebenheitsweisen bzw. Erscheinungsweisen die in steter Identität verbleibende phänomenologische Zeit als Kontinuum der identischen
30 Zeitpunkte, im besonderen dasjenige von ihr, was in der jeweiligen Ereignisfülle in eigentlicher Weise ursprünglich gegeben ist: das jeweils ursprünglich und eigentlich gegebene Zeitfeld. Dem beständigen, immer neu aufquellenden und verquellenden Fluß gemäß ist es ein immer neues, in beiderseitiges Dunkel verlaufendes Stück der unendlichen phänomenologischen Zeit. Wir
35 scheiden danach die immerfort gegebene bzw. in transzendentaler Reflexion als gegeben zu erfassende phänomenologische Zeit selbst und das in eigentlicher Ursprünglichkeit gegebene Zeitfeld. Wir haben dann weiter zu scheiden zwischen diesen beiden auf der einen Seite und dem Kontinuum von Gegebenheitsweisen bzw. Erscheinungsweisen, die hinsichtlich der
40 Zeitpunkte und Zeitstrecken der in ihrer Art objektiven phänomenologischen Zeit immer wieder neue, nur dem Stil nach ähnliche sind. Fest verbleibt aber, wie wir oben ausgeführt, die gesamte einheitliche Stromform der Zeitorientierung, die sich, selbst unwandelbar verbleibend, mit immer neuem Inhalt erfüllt, so daß sich beständig ein ursprüngliches Zeitfeld in orientierter
45 Gegebenheitsweise konstituiert, aber in strömendem Fluß ein kontinuierlich neues. Was uns in der transzendentalen Reflexion erster Stufe, in der der

„immanenten Wahrnehmung", als ein „ *cogito* ", überhaupt als ein transzendental reines Erlebnis gegeben ist, ist danach ein in der Form der phänomenologischen Zeit konstituiertes Ereignis. Als Ganzes kommt es offenbar zu
ursprünglicher Gegebenheit nur in einer einzigen Weise, es hat nur eine ein-
5 zige ihm als Ganzem zugehörige „Erscheinungsweise", die freilich einen
Fluß sich wandelnder Erscheinungsweisen für sich stetig konstituierende
Ereignisphasen und Ereignisstrecken impliziert. Natürlich können wir statt
von Erscheinungsweisen auch von Weisen orientierter Gegebenheit sprechen.
Wir fühlen hier den Kontrast zwischen der Gegebenheitsweise von imma-
10 nenten Zeitgegenständen gegenüber denjenigen von transzendenten Raumge-
genständen, die ja auch und in derselben Wesensnotwendigkeit erscheinungsmäßig, nämlich in räumlichen Orientierungen gegeben sind. Aber ein und
dasselbe Raumobjekt als ganzes genommen kann in unendlich vielen Orientierungen gegeben sein, während, wie eben gesagt worden, ein Zeitobjekt nur
15 in einer Weise durch Orientierung erscheinen kann. Doch verweilen wir hier
einen Augenblick bei der lehrreichen Analogie der räumlichen und zeitlichen
Orientierung bzw. der Konstitution von Raumdingen und Zeitdingen (Ereignissen) sowie von Raum und Zeit selbst.

Die Ereignisse, mit denen wir hier in der transzendentalen Sphäre zu tun
20 haben, sind reine, ja die einzig reinen Ereignisse. Die Reinheit von allem
Natürlichen besagt auch Reinheit von aller Räumlichkeit: Es sind also keine
raum-zeitlichen Ereignisse wie alle Vorkommnisse der Natur. Auch psychologische Vorkommnisse, mögen sie auch in sich keine räumliche Extension
haben, sind als in räumlichen fundiert selbst räumlich bestimmt, durch
25 Anknüpfung an den raumkörperlichen Leib haben sie mittelbar eine räumliche Lokalisierung. Raum und Zeit, beide als Naturformen verstanden, sind
untrennbar verflochten, sie sind es in der Weise der Bewegung und Ruhe.
Alles Körperliche ist seinem Wesen nach beweglich, wobei die Ruhe als
Grenzfall der Bewegung zu rechnen ist. Jedes Raumding hat seine Raumkör-
30 perlichkeit (ideal gesprochen: einen geometrischen Körper), die sich mit
einem Ausschnitt des Raumes (in der Bewegung mit einem immer neuen
Ausschnitt) kongruent deckt. Nehmen wir, um die Bewegung, die in der
Zeitsphäre kein Analogon hat, möglichst auszuschließen, den Fall unbeweg-
ter Raumdinglichkeit, so hat ihre bloße geometrische Körperlichkeit (abgese-
35 hen also von der Identität in möglicher Bewegung der bloß umgrenzten
Ausdehnung) ihr Analogon in der Dauer des Ereignisses, die ein Ausschnitt
aus der Zeit ist, in unserem Gebiete der phänomenologischen Zeit. Wie das
Ereignis und seine Dauer im ursprünglichen Zeitbewußtsein in wechselnder
Orientierung sich konstituiert, aber freilich hinsichtlich des Gesamtereignis-
40 ses in einziger Weise, so konstituiert sich die Raumkörperlichkeit im ursprünglichen Raumbewußtsein bzw. im ursprünglichen Bewußtsein der
Raumdinglichkeit (das ist in der äußeren Wahrnehmung) in wechselnder
Orientierung, die hier aber wie schon gesagt eine unendlich vielfältige sein
kann, da eine Unendlichkeit von geschlossenen Wahrnehmungen des einheit-
45 lichen Raumdinges bzw. seines Körpers möglich ist, deren jede denselben in
anderer Orientierung gibt. Genaue Analogien haben wir aber wieder zwi-

schen dem Jetzt und dem Hier. Die Orientierungsform der „Entfernung"
vom Jetzt, als mehr oder minder der Entfernung in die Vergangenheit, hat
ihr Analogon in der Darstellungsform jedes raumkörperlichen Punktes als
„Entfernung" vom Hier. Andererseits finden wir wieder Unterschiede: Die
5 räumliche Entfernung kann pure Entfernung in die „Tiefe" sein oder auch
vermischt sein mit anderen Orientierungsdimensionen des Rechts - Links,
des Oben - Unten. Auch andere Unterschiede treten hervor, wie die verschiedenen Bedeutungen des urquellenden Hier bzw. Jetzt. Aber immerhin, die
Konstitution von Räumlichem und von Zeitlichem durch Gegebenheitswei-
10 sen oder Erscheinungen, die in sich den Charakter von Orientierungsgege-
benheiten gegen einen Urpunkt als Nullpunkt haben, ist eine grundwesentli-
che Analogie. Sie würde freilich noch sehr viel tiefere Untersuchungen erfordern, die an anderer Stelle ausführliche Darstellung finden werden.

Doch für unsere Zwecke ist alles erreicht, was erreicht werden wollte. Wir
15 haben uns nicht nur davon überzeugt, daß die den naturalen Gegebenheiten
gegenübergestellten absoluten (die phänomenologisch reduzierten Erlebnisse
als Ereignisse in der phänomenologischen Zeit) in der Tat auch Gegebenheiten durch „Erscheinungen" sind, Erscheinungen in einem neuen, aber doch
verwandten Sinn, wie wir es oben vorausgesagt hatten. Wir sind jetzt auch
20 soweit, beiderlei Gegebenheiten durch Erscheinungen in das rechte Verhältnis zu setzen und zu verstehen, in welchem Sinn die einen absolute sind, die
anderen nicht bzw. inwiefern bei den einen Erscheinungsgegebenheit notwendig Hand in Hand geht mit einseitiger und vorbehaltlicher Gegebenheit, bei
den anderen nicht.

ANHANG

⟨Zur Kritik an Theodor Elsenhans und August Messer⟩
⟨1917⟩

⟨Edith Steins Ausarbeitung⟩

5   Die Methode der Phänomenologie sowie ihre Stellung zur Erkenntnistheorie einerseits, zur Psychologie andererseits sind in den
letzten Jahren Gegenstand lebhafter Erörterungen gewesen: so in
zwei Abhandlungen von A. Messer („Husserls Phänomenologie in
ihrem Verhältnis zur Psychologie", *Archiv f. d. ges. Psych.,* 22, 1912,
10 S. 117-129 und 32, 1914, S. 52-67) und einem Aufsatz von Th.
Elsenhans („Phänomenologie, Psychologie, Erkenntnistheorie",
Kant-Studien, 20, 1915, S. 224-275). Vieles, was dort umstritten war,
wird durch die voranstehenden Ausführungen klargestellt sein. Vor
allem ist die Trennung von Phänomenologie und Psychologie, die
15 den Hauptgegenstand der Messerschen Darlegungen bildete, in ihrer
Notwendigkeit wohl hinreichend erwiesen. Immerhin dürfte es gut
sein, auf einige der erhobenen Einwände anhangsweise noch besonders einzugehen.*

I. Die Methode der Begriffsbildung und die
20   beschreibenden Wissenschaften

Ein Punkt, der offenbar große Schwierigkeiten bereitet, ist die
Gewinnung der Begriffe, mit denen die Phänomenologie als
beschreibende Wissenschaft arbeitet. „Beschreibung ist immer

---

* P. Linkes Abhandlung „Das Recht der Phänomenologie" (*Kant-Studien,* 21, 1917, S. 163-
221) kommt als Darlegung unseres Standpunktes nicht in Betracht, da seine „Phänomenologie" den Kerngehalt der Wissenschaft, die in den *Ideen* gefordert, methodisch begründet und
in exemplarischen Analysen zur Ausführung gekommen ist, gar nicht aufgenommen hat.

schon Klassifikation", meint Elsenhans.* „Man hat daher kein
Recht, von einer ' bloß beschreibenden Psychologie' in einem Sinne
zu reden, als ob in einer solchen bloß Tatsächliches wiedergegeben
werden könnte, ohne daß irgendwelche wissenschaftlichen Annah-
5 men bereits darin enthalten wären. Jede einen seelischen Vorgang
aus dem seelischen Gesamtzusammenhang herausnehmende und
dadurch isolierende Bezeichnung ist schon eine solche Annahme.
Die Bezeichnung selbst stammt auf ihrer vorwissenschaftlichen Stufe [...] aus dem Erwerb des individuellen Sprachgutes, das selbst
10 allerdings als ein Niederschlag von vielerlei Erfahrungen zu gelten
hat. Diese vorläufige Begriffsumgrenzung geht dann später mit den
durch die [wissenschaftliche] Untersuchung des betreffenden Objekts sich ergebenden Modifikationen in die genaue wissenschaftliche Begriffsbestimmung und Klassifikation über, und die Wissen-
15 schaft erfüllt damit eine ihrer wichtigsten Kulturaufgaben, nämlich:
die in der Sprache niedergelegte Erkenntnis der Wirklichkeit durch
die Definition der Wortbedeutung fehlerfrei und zuverlässig zu gestalten. Dieser Prozeß ist also stets ein Ineinander von Erfahrungen, Beobachtungen, Vergleichungen und begriffli-
20 cher Arbeit. Muß es nun von solchen Erwägungen aus
nicht unmöglich erscheinen, daß die Phänomenologie
ihre 'Beschreibungen' der 'Wesen' vollkommen unabhängig von allen erfahrungsmäßigen Feststellungen vollzieht?** Sollte sich die Behauptung halten lassen, daß 'alles, was
25 dem Erlebnis rein immanent und reduziert eigentümlich ist', von
aller Natur und Physik und nicht minder von aller Psychologie
durch Abgründe getrennt ist? Jeder Versuch einer Beschreibung
scheint mir das Gegenteil zu beweisen."***
Diese ganze Betrachtung, die hier angestellt und als Einwand
30 gegen das Verfahren der Phänomenologie ins Feld geführt wird,
beruht offenbar darauf, daß all die verwandten Begriffe — wie „Begriff", „Beschreibung", „Klassifikation", „Erfahrung" — nicht
hinreichend geklärt sind. Sie sind eben „Niederschläge" aus vielerlei „Erfahrungen", aber nicht aus den Urquellen der Begriffsbildung
35 geschöpft. Die Phänomenologie dagegen befolgt den Grundsatz, keinerlei „Niederschläge" zuzulassen, sondern alle Begriffe, die sie

---

* A.a.O., S. 240 f.
** ⟨Dieser Satz⟩ von mir gesperrt.
*** A.a.O., S. 241.

verwendet, ganz frisch zu prägen, eben im Rückgang auf den „Urquell der Begriffsbildung". Was es damit auf sich hat, wollen wir uns nun klarzumachen suchen. Alle ursprüngliche Begriffsbildung ist Prägung eines Ausdrucks für ein Gesehenes. Bevor ich et-
5 was begrifflich fassen kann, muß ich es erst einmal „haben", es muß mir in einer gebenden Anschauung vor Augen stehen. Welcher Art diese Anschauung ist (ob Wahrnehmung, Phantasie oder sonst etwas), das spielt für die Begriffsbildung rein als solche keine Rolle. Es ist nur erforderlich, daß mir „etwas" zur Gegebenheit kommt,
10 dem ich Ausdruck verleihen kann, ein Anschauungssinn, der zur Wortbedeutung wird, wenn ich ihn nun verbal ausdrücke. Ob das, was ich da anschaue und ausdrücke, existiert oder nicht (ob es also „erfahren" ist oder nicht), das ist völlig belanglos. Auch „Riese", „Zwerg" und „Fee" sind gültige, aus gebenden Anschauungen ge-
15 schöpfte Begriffe und entstammen doch keiner Erfahrung. Aber wir müssen noch weiter gehen: Es kommt gar nicht darauf an, daß es „dies da" ist, dem ich den Begriff anmesse; das Korrelat dieser singulären Wahrnehmung oder Phantasie, das „Was", das ich anschaue und ausdrücke, ist gar nichts Individuelles, schlechthin Ein-
20 maliges, sondern immer ein Allgemeines, das außer in dem eben jetzt vor mir stehenden noch in vielen anderen Exemplaren vorhanden ist oder doch vorhanden sein könnte und aus ihnen ebensogut zu entnehmen wäre. Eben weil sie ein Allgemeines ausdrücken, sind auch die Begriffe allgemein. Jenes Allgemeine aber nennen wir ein
25 Wesen und die Anschauung, der wir es verdanken und die in jeder Einzelanschauung, jeder Erfassung eines Individuellen gleichsam „darinsteckt", ist Wesensanschauung. Sie ist der Urquell, dem alle Begriffe letztlich entstammen, auch die Erfahrungsbegriffe. Der Erfahrungsforscher braucht sich darüber nicht klar zu sein; sein lei-
30 tendes Interesse ist es ja, Feststellungen über existierende Objekte zu machen, die exemplarischen Anschauungen, auf Grund deren er seine Begriffe bildet, sind darum ausschließlich Erfahrungen, und so kann er mit einem gewissen Recht sagen, daß er seine Begriffe aus der Erfahrung gewinnt. Noch in einer anderen Hinsicht spielt die
35 Erfahrung in der Begriffsbildung der empirischen Wissenschaften ihre Rolle. Kein Begriff gibt das volle Was eines Angeschauten wieder, er drückt es nur „vermittels" einiger „hervorstechender Merkmale" aus. Wie das volle Was, so kann auch jedes einzelne Merkmal „in Idee gesetzt", als ein Allgemeines aufgefaßt werden, das

idealiter an unendlich vielen Exemplaren vorkommen kann. In den Erfahrungswissenschaften aber kommt es darauf an, solche Merkmale zur Begriffsbildung zu verwenden, die möglichst vielen wirklich existierenden Exemplaren tatsächlich gemeinsam sind,

5 weil nur solche Begriffe für die Bildung empirischer „Klassen", Gattungen und Arten brauchbar sind. Das sind nun allerdings „Fragen, die nur durch äußere oder innere Wahrnehmung, Beobachtung, Analyse, Vergleichung usw. gelöst werden können"*. Das tut aber dem allgemeinen Wesen der Begriffsbildung, das wir herausgestellt haben,

10 gar keinen Abbruch.

Im übrigen bezog sich alles, was wir sagten, natürlich nur auf „gültige" Begriffe und auf ihren letzten Ursprung. Sind Begriffe einmal gebildet, dann werden sie zum erworbenen (evtl. auch ererbten) Gut, mit dem man wirtschaften kann, ohne viel zu fragen, wo es

15 herstammt. Man kann dann auch durch Verbindung von Begriffen neue Begriffe bilden; übt man dieses Verfahren aber in der rein begrifflichen Sphäre, so ist es von sehr zweifelhaftem Wert. Wenn ich z. B. von „gleichseitigen Dreiecken" und „rechtwinkligen Dreiecken" gehört habe und nun den Begriff des „gleichseitig-recht-

20 winkligen Dreiecks" bilde, so wird die Mathematik nicht eben sehr bereichert. Ob so gewonnene Gebilde „gültige", „rechtmäßige" sind oder nicht, das kann nur im Rückgang auf die gebende Anschauung entschieden werden. Um sich vor einem Spiel mit leeren Worten zu hüten, pflegt der Phänomenologe sich am Beginn seiner

25 Arbeit davon zu überzeugen, ob die Begriffe, die in dem jeweiligen Gebiet üblich sind, in echter Anschauung einzulösen sind. Für eine äußerliche Betrachtung mag es dann so aussehen, als „handle es sich darum, durch Reflexion auf den Sinn einzelner Worte (z. T. mit Hilfe der Analyse einzelner Beispiele) die mit diesen Worten ver-

30 knüpften Bedeutungen (Begriffe) zu klären und von verwandten Begriffen abzugrenzen"**. Hat man den Sinn dieses Verfahrens voll erfaßt, dann wird man freilich nicht mehr sagen können: „Da die Bedeutungen vieler Worte der Umgangssprache und sogar der Sprache der Wissenschaft vielfach nicht scharf umrissen oder schwan-

35 kend sind, so läuft die Entscheidung hierher gehöriger Streitfragen nicht ganz selten darauf hinaus, daß eine bestimmte Verwendung

---

* Messer, II. Artikel, S. 55.
** A.a.O., S. 54.

eines Wortes empfohlen wird. Aber gelegentlich tritt das, was im
Grunde nur als zweckmäßige sprachliche Konvention vorgetragen
werden sollte, als 'Wesenseinsicht' auf."[1] Man wird vielmehr sehen, daß es sich hier um die Auffindung der gültigen und wertvollen
5 Begriffe handelt, die von den minderwertigen (weil minder oder gar
nicht erfüllbaren) abgesondert werden, und daß die Phänomenologie
durch diese unerläßliche Arbeit für sich und die anderen Wissenschaften das exakte Begriffsmaterial schafft, ohne das strenge Wissenschaft schlechterdings nicht möglich ist.
10   Also nicht nur für sich soll die Phänomenologie die Arbeit der
Begriffsklärung leisten, sondern auch für andere Wissenschaften, und
zwar vornehmlich für die Psychologie. Warum diese ganz
besonders auf das Begriffsmaterial der Phänomenologie angewiesen
ist, das soll jetzt durch eine nähere Schilderung des Verfahrens der
15 deskriptiven Wissenschaften gezeigt werden, bei der die Eigenart der
Begriffsbildung in der Erlebnissphäre (auf die wir bisher keine Rücksicht genommen haben) zutage treten wird.
     Dinge sind anschaulich gegeben, sind wahrgenommen. Aber sie
sind nach dem, was sie sind, nach ihrem vollen Wasgehalt, nicht
20 gegeben, sie sind nur nach einigen Bestimmungen gegeben. Sie sind,
was sie sind, als Substrateinheiten realer Eigenschaften; reale Eigenschaften sind aber kausale, sind typische Weisen des Verhaltens des
identischen Dinges unter kausalen Umständen. Jede Veränderung ist
kausal bedingt, Unveränderung ist Grenzfall von Veränderung und
25 ebenfalls ein kausal bedingtes Verharren im selben Zustand. Die
Beschreibung des Dinges führt also auf endlose, zunächst unbestimmt offene Dimensionen der Kausalität. Indessen kann eine endlich geschlossene Beschreibung ausreichen, das Ding der Art oder
empirischen Klasse nach zu charakterisieren: sofern nämlich abge-
30 schlossene, eng begrenzte Merkmalskomplexe charakteristisch für
diese Klasse sind und die Unendlichkeiten weiterer Merkmale erfahrungsmäßig durch die festgestellten schon mitgesetzt, wenn auch in
ihrer näheren Bestimmtheit vor der Erfahrung gänzlich unbekannt
sind.
35   Die Klassifikation schafft in den Naturgebieten eine Beherrschung
des anschaulichen Seins: Die für jede Klasse charakteristischen oder
zu ihrer Charakteristik ausreichenden Mermale bzw. die unterschei-

---

[1] A.a.O., S. 55.

denden (evtl. können verschiedene solche Gruppen dienlich sein und daher zur Klassifikation gewählt werden) lassen sich erfahrungsmäßig gruppieren, auch unter dem Gesichtspunkt einheitlicher Einteilungsgründe zusammenfassen und sondern. Durch Kenntnis die
5 ser charakteristischen Merkmale ist also ein vorgegebenes Exemplar seiner Klasse nach zu bestimmen; so werden auf Grund der klassifikatorischen Arbeit in der Botanik Pflanzen „bestimmt", d. h., es werden Merkmalsgruppen an ihnen aufgewiesen, die eine Unterordnung unter eine Klasse ermöglichen und ihr zugleich eine Stelle im
10 System der Klassifikation anweisen.

Im Gegensatz hierzu sind die immanenten Begriffe Ausdruck eines absolut Gegebenen, das nicht auf unendliche Anschauungsreihen hinweist. Das singuläre Datum der Erlebnissphäre hat keine offenen Horizonte für unendliche mögliche Bestimmungen, die im
15 mer noch Neues, demselben Gegenstand der Anschauung Zukommendes an den Tag zu bringen hätten.

Andererseits sagt das nicht, daß jedes anschaulich gegebene immanente Was durch Begriffe in der Weise bestimmbar ist, daß der Begriff ein reiner und vollständiger Ausdruck dieses Was ist. Denn
20 wenn der Gehalt des Immanenten ein kontinuierlich fließender ist oder das Immanente in Kontinuen einzugehen vermag, nach denen sich der Gehalt oder einzelne Momente desselben fließend wandeln, so kann nicht für jede Phase des Flusses ein eigener unterschiedener Begriff gewonnen werden. Das Fließende ist nicht durch niederste
25 Speziesbegriffe fixierbar.

Auch in der dinglichen Sphäre gibt es „fließende" Charaktere. Ein anschauliches Ding ist z. B. nach seiner Farbe nicht direkt exakt beschreibbar, nämlich durch Anschauungsbegriffe, weil Farbe etwas Fließendes ist; und das überträgt sich auf die Dingwahrnehmung, da
30 es ja ein Charakteristikum der Wahrnehmung selbst ist, daß sie Wahrnehmung von diesem roten Ding ist und die Bestimmung des Wahrgenommenen als solchen die Bestimmung der Farbendifferenz mit fordert.

Zwei Hindernisse stehen also einem adäquaten begrifflichen Aus
35 druck anschaulicher Gegebenheiten entgegen:

1. Die Transzendenz des Dinggegenstandes befaßt eine Unendlichkeit offener Beschaffenheiten, niemals sind sie in ihrer Vollständigkeit durch eine wirkliche Anschauung zu geben oder in einem endlichen, abgeschlossenen Zusammenhange zu geben. Mindestens

offen bleibt immer die Möglichkeit noch unbekannter Beschaffenheiten. Diese Unendlichkeit schließt einen adäquaten begrifflichen
Ausdruck des Dinges hinsichtlich seines Wesens aus, wenn die
Begriffe Anschauungsbegriffe („sinnliche“) sein sollen.

5 2. Die Dinge enthalten fließende Merkmale, kontinuierlich wandelbare und evtl. sich wandelnde, und auch darin liegt ein Grund
der Unmöglichkeit exakter Deskription. Die erste Schwierigkeit besteht nur für transzendente Gegenstände, die zweite auch für immanente.

10 Die natürlich erwachsenen typischen Anschauungen und die entsprechenden Begriffe, die in den beschreibenden Wissenschaften
verwendet werden, sind also vage. Wir haben schon gesehen, in
welchem Sinne die Erfahrung bei solcher Begriffsbildung eine Rolle
spielt. An wirklich in aktueller Erfahrung vorgefundenen Exempla
15 ren von Menschen oder Menschenrassen wird das Typisch-Gemeinsame festgestellt. Der vage Begriff, der der vagen Typenauffassung
angemessen ist, wird „exakter“ gestaltet, indem man genauer zu
bestimmen sucht, welche Merkmale für diesen Typus charakteristisch oder (wie man auch sagt) „wesentlich“ sind und welche ande
20 ren Merkmale mit diesen wesentlichen, wie die Erfahrung lehrt,
„normaler“weise immer wieder auftreten. Mit Hilfe dieser Merkmale wird dann der Typus methodisch festgelegt, und wo die begriffliche Abgrenzung nicht ausreicht, wird die Anschauung ergänzend
herangezogen: Es werden „schematische Zeichnungen“ beigegeben,
25 aus denen man das „Charakteristische“ besonders leicht herausschauen kann. Man scheidet also im Nebeneinander das „doldenförmig“, „traubenförmig“ usw. An Farben fixiert man durch Spielräume die Farbenbezeichnungen, oder man bezeichnet die Unterschiede nach erfahrungsmäßig bekannten Vorkommnissen wie „veil
30 chenfarben“, „smaragdgrün“ oder auf anderem Gebiete „glasförmiger Bruch“ u. dgl.

Eine Parallele solcher Beschreibung, die immer wieder auf die
beschriebenen Dinge selbst zurückgreift, sie selbst oder ihre Abbilder vorzeigt oder vergegenwärtigende Anschauungen zu Hilfe ruft,
35 gibt es auch auf psychologischem Gebiete: Man kann Personentypen, Typen von persönlichen Eigenschaften und Vermögen
beschreiben. Solche Beschreibungen von „Charakteren“ hat man
seit Aristoteles und Theophrast oft genug gegeben, und man beschreibt hier natürlich, wenn man die Persönlichkeit (oder allgemein

so geartete Persönlichkeiten überhaupt) in anschaulich nachzuver-
stehende Umstände stellt und ihr habituelles Verhalten unter denselben kennzeichnet. Man beschreibt reale Personen, ihre realen Eigenschaften und kausalen Verhaltungsweisen, die in die Anschauung
5 fallen, genauso wie die deskriptive Botanik beschreibt, wie Pflanzen
sich unter kausalen Umständen von Licht, Wärme, Elektrizität usw.
verhalten. Im Grunde wird daran nichts geändert, wenn man expe-
rimentiert und da allgemeine empirische Regeln des Verhaltens, des
Kommens und Gehens physischer Zustände bei Menschen verschie-
10 dener Typen, etwa beim Typus „normaler Mensch", herausstellt,
auch wenn man statistische Methoden verwendet usw. Ins Gebiet
der Beschreibung gehört natürlich auch die Entwicklung der beschriebenen Individuen hinein, so daß man nicht, wie es üblich ist,
zwischen deskriptiver und genetischer Psychologie scheiden kann.
15 Neben die deskriptiven Wissenschaften, welche die relativ bleibenden Konkretionen eines gewissen Typus betrachten (wie z. B. eine
Tierspezies es ist), tritt die Entwicklungslehre, welche das Hervorgehen von Spezies aus Spezies oder die Neubildung von Spezies
behandelt. Jede Tierspezies ist selbst eine Klasse von Wesen, die
20 nicht nur durch einen Dauertypus repräsentiert sind, sondern durch
eine Typenkontinuität, durch eine „Entwicklung" von einem An-
fangstypus in einen Endtypus mit Beziehung auf normale Verhältnisse usw. Entsprechend gibt es auch auf dem Gebiete des Physischen nicht nur voll ausgebildete Typen, sondern auch Typen der
25 Entwicklung durch mannigfaltige Entwicklungsstadien hindurch, die
anschaulich beschrieben werden kann, und zwar sowohl die Entwicklung des einzelnen Individuums wie die von Generation zu
Generation.

Diese Betrachtung der konkreten seelischen Gestalten ist aber
30 nicht die einzige Aufgabe einer deskriptiven Psychologie, sie ist
sogar (wenn man sich in der modernen Psychologie umsieht) ein
verhältnismäßig wenig beachteter Zweig. Geht man dem nach, was
persönliche Eigenschaften, Vermögen, Dispositionen usw. sind, so
wird man immer zurückgeführt auf die immanenten Erlebnisse, und
35 so ist es denn das Studium der Erlebnissphäre, das sich die heutige
Psychologie vornehmlich zum Ziel gesetzt hat. Und hier sind nun
die Bedingungen der Beschreibung wesentlich andere als auf den
bisher betrachteten Gebieten. Auch die Titel für „psychische Phänomene" sind zunächst vage Klassenbegriffe, denen Schärfe der Um-

grenzung, wissenschaftliche Verarbeitung fehlt. In gelegentlichen
Reflexionen des Alltagslebens haben sich Begriffe wie „Freude",
„Kummer", „Wahrnehmung", „Vorstellung" usw. gebildet. Aber
wer sich mit diesen allgemeinen Begriffen begnügt, wie das die Psy-
5 chologie im wesentlichen immer getan hat, der verdient den Vorwurf inexakter, unwissenschaftlicher, verbalistischer Behandlung
wissenschaftlich gestellter Probleme. Was soll man nun tun, um wissenschaftlich strenge Begriffe zu bilden? Kann man, wie Brentano es
wollte, die deskriptive Naturwissenschaft als Vorbild nehmen und
10 klassifikatorisch vorgehen? Haben wir wie dort fließende Typenbegriffe zu bilden, die nur durch anschauliche Beispiele, durch Zeichnungen oder durch Anknüpfung an allbekannte Erfahrungsgegebenheiten fixiert werden können? Natürlich fordert auch das Psychische
in weitem Umfang fließende Typenbegriffe — in gewisser Weise
15 gehören alle deskriptiven Begriffe der Naturwissenschaft ja auch in
die Psychologie: wenn wir nämlich die anschaulichen Gegenstände
und ihre Typen nicht als Typen existierender Gegenstände nehmen,
sondern als Typen für intentionale Gegenständlichkeiten, die Charakteristika für Dinganschauungen und Sinnesgehalte besagen, und
20 ihnen zugleich Regeln möglicher Abläufe und Zusammenhänge vor-
schreiben. Das eigentlich Psychische aber — darüber muß man sich
klar sein — läßt eine Behandlung gleich der der äußeren Objekte
prinzipiell nicht zu. Eine Wahrnehmung, eine Freude, eine schlichte
Sinnesempfindung fließt dahin und ist, wenn sie abgeklungen ist,
25 unwiederbringlich entschwunden: Ich kann sie nicht festhalten
und vorzeigen, um dem fließenden Beschreibungsbegriff Bestimmtheit zu geben, ich kann sie nicht neben andere ihresgleichen halten,
um gemeinsame Merkmale festzustellen und mit ihrer Hilfe Klassenbegriffe zu bilden. Halte ich mich im Rahmen bloßer immanen-
30 ter Erfahrung, so habe ich einen Fluß von unwiederholbaren und
unvergleichbaren Einzelheiten, die jeder begrifflichen Fassung spotten. Eine reine Erfahrungswissenschaft vom Psychischen
ist schlechterdings unmöglich.
  Nun haben wir aber, wie wir früher sagten, in jeder Einzelan-
35 schauung zugleich Anschauung eines Typs, den wir festhalten können, wenn seine Vereinzelung im singulären Erlebnis verflossen ist,
und den wir daher auch in einer neuen Vereinzelung wiederfinden
können. Diesen konkreten Erlebniswesen lassen sich Typenbegriffe
anmessen, die sich aber aus den angegebenen Gründen nicht für eine

empirische Klassifikation verwenden lassen: Ich kann wohl konstatieren, jetzt habe ich wieder ein Erlebnis vom Typus X, den ich
schon bei früherer Gelegenheit kennenlernte, aber was das für ein
Typus ist, das kann ich keinem anderen voll begreiflich machen,
5   weil ich ihm kein Exemplar vorweisen kann. Eine Wissenschaft
vom Bewußtsein wird erst durch eine besondere Eigentümlichkeit
der Erlebnissphäre möglich: Wir haben es nämlich hier nicht bloß
mit vagen Typen zu tun, sondern mit fest zu umgrenzenden Wesen.
Die niedersten Konkretionen, die einzelnen Erlebniswesen sind zwar
10 auch hier fließend, die allgemeinen Gattungen aber — wie Dingwahrnehmung überhaupt, Dinganschauung überhaupt und noch allgemeiner Wahrnehmung, Anschauung überhaupt — sind exakt zu
bestimmen: Es ist undenkbar, daß durch irgendein kontinuierliches
Fließen eine Dingwahrnehmung überginge in die Wahrnehmung
15 eines Empfindungsdatums oder in einen Zorn oder in ein prädikati-
ves Urteil — so wie die Wahrnehmung eines roten Dinges sich mit
der kontinuierlichen Abwandlung des Rot kontinuierlich wandelt
oder wie die Wahrnehmung eines Dinges mit dem Wechsel der
Augenbewegungen kontinuierlich wechselnde „Darstellungen"
20 durchläuft; diese Beschaffenheit der niedersten Konkretionen ist
zwar durch den Begriff des fließenden Übergangs auszudrücken,
aber man kann ihre Differenzen nicht in exakt geschiedenen deskriptiven Begriffen fassen. Man kann dergleichen nur sehen, aber
nicht in Begriffen scharf unterschieden sondern.
25   Die scharf unterschiedenen Gattungswesen aber lassen sich wissenschaftlich fassen, indem wir sie „analysieren", Wesensmomente
an ihnen unterscheiden. Mit der Analyse der faktischen Gegebenheiten ist freilich noch nicht alles getan. Die fundamentale Eigenheit
der Intentionalität birgt in sich Ideen der Vernunft und Unvernunft
30 und damit teleologische Leitfäden für Mannigfaltigkeiten von kontinuierlichen Differenzierungen, die alle zusammengehen in der Einheit eines Wahrnehmungsbewußtseins zu der fortschreitenden Gegebenheit eines und desselben Objekts. Und nicht nur diese Zusammenhänge der Empfindungsdaten und Erscheinungen kommen in
35 Frage, sondern Momente wie die der Stellungnahme, die ihre idealen Abwandlungen hat (der Gewißheits-, Wahrscheinlichkeits-,
Zweifelscharakter der Wahrnehmung u. dgl.) und ihre Motivationen
im Bewußtseinszusammenhang, die sich verfolgen und als Notwendigkeiten und Möglichkeiten *a priori* beschreiben lassen.

So wie es eine Torheit wäre, wenn man Zahl und Größe, Wesensbegriffe, die auch in der Deskription eine Rolle spielen, nur am Faktum der Wirklichkeit betrachten und nur in der Weise empirischer Begriffe fassen würde, wie hier durch die Art dieser Wesen 5 vorgezeichnet ist das apriorische Verfahren, das Eingehen in die systematischen Möglichkeiten, so gilt dasselbe von dem Bewußtsein als Bewußtsein von etwas. Nur durch die vorurteilslose und rein intuitive Versenkung in das Bewußtsein nach seiner Intentionalität und nur durch die Versenkung in das freie Reich der Möglichkeiten 10 und ihrer idealen Gesetzmäßigkeiten ist hier überhaupt Wissenschaft, sind fruchtbare, exakte Begriffsbildungen möglich, und die zugehörigen Wesenserkenntnisse beschließen ein ungeheures Reich von idealen Gesetzmäßigkeiten, die das Bewußtsein nach seinen Gestalten, Abwandlungen, Genesen beherrschen, ohne darum den 15 Raum für Tatsachengesetze und empirische „Zufälligkeiten" zu verschließen. Genau so, wie das im Verhältnis von Geometrie und Natur statthat. In der deskriptiven Naturwissenschaft haben wir es mit Konkretionen zu tun, die selbst, wo Quantitäten in Frage kommen, fließend sind, es ist ein Reich des Ungefähren und des vagen 20 Typus. In der Sphäre des Bewußtseins haben wir das Reich der streng und rein von festen Ordnungen und Gesetzen beherrschten Intentionalität. Wie die Raumwelt ihren Raum und ihre objektive Zeit, ihre Bewegungsgesetze und ihre feste physikalische Ordnung hat: alles zusammen, wie die Natur ein Ordnungssystem vom ma25 thematischen Stil einer definiten Mannigfaltigkeit ist, so ist auch das Bewußtsein ein Ordnungssystem. Aber nicht ein mathematisches Ordnungssystem toten Seins, eindeutig zu bestimmen nach mathematischen Gesetzen, sondern ein System, das unter Vernunftgesetzen steht und unter Gesetzen, die als Bedingungen der Möglichkeit 30 von Vernunftgesetzen zu gelten haben. Denn Vernunftgesetzlichkeit ist ein Ausschnitt aus einer allgemeineren (durch sie selbst geforderten) Strukturgesetzlichkeit und Gesetzlichkeit der reinen Genesis. Alles in allem ist nach diesen Gesetzen aber nicht eine mathematische Ordnung hergestellt und je herzustellen, wie auch die Bewußt35 seins„kausalität" nicht mathematische Kausalität ist, nach mathematisch formulierbaren Gesetzen zu charakterisieren, sondern eine Motivationskausalität, die von total anderem Charakter ist. Hier liegen die ungeheuren Geheimnisse, deren Aufklärung nicht in eine phantastische, verbalistische oder im schlechten Sinne spekulative

Metaphysik hineinführt, sondern in eine strenge Wissenschaft. Die Gestalten der Bewußtseinskonkretionen und ihre allgemeinen Strukturen sind analysierbar, sie sind nach ihren möglichen Abwandlungen eidetisch zu verfolgen. Die Modifikationen, die immer
5 neue Typen von Gestalten ergeben, alle fest abzugrenzenden Strukturen und die Formen ihrer Fülle stehen unter Wesensgesetzen. Wir haben hier auch ideale Operationen, die nicht den Charakter von möglichen Umgestaltungen empirischen Seins bedeuten, sondern „Operationen", die ideell uns überführen von Wahrnehmung zu
10 entsprechendem perzeptiven Bildbewußtsein oder zur möglichen genau entsprechenden Phantasie usw. Alle mögliche Veränderung oder wirkliche Wandlung steht dann unter Motivationsgesetzen, die in Wesensbetrachtung aufweisbar sind.

Die Wesenswissenschaft vom Bewußtsein ist es nun, die eine Psy-
15 chologie als Tatsachenwissenschaft allererst möglich macht, und darüber muß man sich klar sein. Gelegentlich wird wohl jeder Psychologe allgemeine Sätze aussprechen, die er näher besehen nicht aus der Erfahrung, durch Induktion oder Gewohnheit geschöpft hat und die den Charakter apriorischer Sätze haben. Eine Wissenschaft
20 erfordert aber ein wissenschaftliches Bewußtsein von der Art und Tragweite der Prinzipien, die für ihre Methode bestimmend sein können und müssen. Der Physiker würde nicht weit kommen, wenn er Sätze über Raumgrößen aus aktuellen Erfahrungen oder aus zufälligem Hinblicken auf Zusammenhänge, die er allgemein faßt und für
25 zufällige empirische Allgemeinheit nimmt, schöpfte; er muß wissen, daß alles Materielle seiner Räumlichkeit nach unter geometrischen Gesetzen steht, und er muß Geometrie studieren, um aus dieser Wissenschaft prinzipielle Normen seiner Methode zu gewinnen. Denn Grundstücke seiner Methode müssen dadurch bestimmt sein,
30 daß Räumliches unter rein mathematischen Gesetzen steht, die in unbedingter Allgemeinheit für alles mögliche und also im voraus auch für das jeweilig vorkommende wirkliche räumliche Sein gelten und nutzbar zu machen sind. Ähnliches ist hier gefordert. Der Psychologe gerät auf eine schiefe Methodik, wenn er seine Begriffe nur
35 als empirische Begriffe in Anspruch nimmt, da in ihren begrifflichen Wesen Idealgesetze gründen, die eine universelle Geltung für jedes mögliche Bewußtsein haben. Es ist also grundverkehrt, unter dem Titel „deskriptive Psychologie" eine zusammenhangslose Empirie zu verstehen; was unter diesen Titel fällt, ist vielmehr einerseits eine

apriorische Wissenschaft, die das Bewußtsein nach seinen reinen
Gestalten und nach allen idealen Möglichkeiten beherrscht, und
andererseits eine Empirie, die wirklich deskriptiv feststellt, welche
möglichen Gestaltungen empirisch vorkommen bei normalen Men-
5 schen oder auch bei Typen anormaler. Treiben wir Psychologie als
Erfahrungswissenschaft, dann sind alle Beschreibungsbegriffe Erfahrungsbegriffe, d. h. aus aktuellen Erfahrungen gewonnen und mit der
Daseinsthesis behaftet. Es stimmt also nicht, wenn Messer behauptet: „Wenn man als deskriptiver Psychologe irgendeine Erlebnis-
10 klasse (sei es Wahrnehmung oder Erinnerung oder Willensakt usw.)
allgemein charakterisieren wollte, so sah man in dem individuellen
Erlebnis nur ein beliebiges Exemplar, das jenes gesuchte Wesen ver-
anschaulichte, auf dessen Wirklichkeit im realen Naturzusammenhang es aber dabei gar nicht ankam, weil man nicht auf die Existenz,
15 sondern eben auf die Essenz, das Wesen, achtete."* Mit „Exemplar" meint der Naturforscher eben nicht Vereinzelung eines Wesens, sondern Vertreter einer empirischen Gattung. Und das hat
auch Messer im Auge, obwohl er von „Wesen" spricht. Das geht
ganz deutlich aus den Sätzen seiner ersten Abhandlung hervor, auf
20 die er sich an der angeführten Stelle beruft. „Das einzelne wirkliche
Erlebnis im eigenen Bewußtsein oder im Bewußtsein von Versuchspersonen interessiert ihn doch zunächst nur als Beispiel, als einzelner Fall, um Allgemeines daran zu erkennen. Es kommt ihm gar
nicht darauf an, diese Erlebnisse, die er analysiert, als wirkliche
25 Geschehnisse in den einen großen Zusammenhang des Naturprozes-
ses an bestimmter Stelle** einzuordnen."*** Eine bestimmte
Stelle — darauf kommt es allerdings nicht an. Aber irgendeine
Stelle im Naturzusammenhange muß es sein. Nicht, daß es dieses
Wirkliche ist, ist erforderlich — aber ein Wirkliches muß es sein.
30 Denn „natürlich will er Regelmäßigkeiten im seelischen Geschehen
wirklicher Menschen erfassen, er will nichts erfinden, nichts er-
dichten, sondern Wirklichkeit erkennen." Messer fügt hier die rhe-
torische Frage an: „Aber ist das bei den ‘Phänomenologen’ wesentlich anders?" Allerdings! müssen wir darauf antworten, denn uns ist
35 ja das Ideal-Mögliche ebenso wichtig wie das Wirkliche. Wir können
daher „unter Umständen auch vom Romanschriftsteller ler-

---

* A.a.O., S. 64.
** Von mir gesperrt.
*** Messer, I. Artikel, S. 123.

nen", der empirische Psychologe niemals. Die phantastischen Gestaltungen von zauberhaften Dingwandlungen, von Tieren oder
Pflanzen, die ein Märchendichter erfindet, können sehr anschaulich
sein und ihre innere Konsequenz und Möglichkeit haben innerhalb
5 der Phantasiewelt; aber kein Naturforscher wird davon Gebrauch
machen. Zwar wäre es denkbar, daß ein Dichter Maschinen in der
Phantasiewelt beschreibt, die der Naturforscher auf Grund seiner
Kenntnis der gegebenen Natur und der gegebenen Physik als wohl
ausführbar in der Wirklichkeit erkennt und dadurch zu ihrer Aus-
10 führung, evtl. zu ihrer genaueren Gestaltung angeregt wird. Dann
liegt zugrunde eben die aktuelle Naturerkenntnis und die Erkenntnis
der Übereinstimmung der gesetzmäßigen Konstitution, mit der der
Dichter die fingierte Welt ausgestattet hat, mit derjenigen der wirklichen Natur. So könnte auch der Psychologe den Roman, das Dra-
15 ma usw. benützen, wenn er sich auf Grund wissenschaftlicher
Erfahrung überzeugt hätte, daß die wirkliche Menschheit so geartet
ist, wie der Dichter sie darstellt. Die anschaulichste Schilderung
„möglicher" Charaktere hat für den Erfahrungsforscher keinen
Wert, solange nicht feststeht, daß es „so etwas" wirklich gibt. Die
20 Erkenntnis des wirklich Vorkommenden ist der leitende Gesichtspunkt des empirischen Psychologen. Was er als Fundament für seine
Beschreibungen braucht, ist daher nur ein Ausschnitt aus dem, was
die Phänomenologie überhaupt erforscht: nur die Fixierung der
Typen der wirklich vorkommenden und nicht aller möglichen Be-
25 wußtseinsgestaltungen. Und es wäre möglich, diesen durch das Er-
fahrungsinteresse bestimmten Teil als „empirische" von der „reinen" Phänomenologie abzugrenzen. Auf diesem Fundament kann
die deskriptive Psychologie als exakte Wissenschaft aufgebaut werden.
30   Gemeinhin hat man mit „exakter" Wissenschaft freilich etwas
anderes im Auge. Man stellt der deskriptiven eine „theoretisch
erklärende" Psychologie gegenüber. Theoretisch erklärende Wissenschaft, „nomologische", sucht erklärende Theorie. Sie sucht eine
exakte Umgrenzung des Forschungsgebiets, dem die zunächst in
35 Betracht gezogenen Objekte und Objektklassen sich einordnen, und
sucht exakte Begriffe und zugehörige exakte Gesetze, nach denen
Sein und Sosein der Objekte, Veränderungen und Unveränderungen
sich exakt erklären, d. i. nach den Gesetzen sich eindeutig bestimmen lassen. Zur Idee der theoretischen Wissenschaft gehört die logi-

sche Idee einer definiten Mannigfaltigkeit. Alles Typische muß sich in Elementartypisches auflösen und dieses (sowie in weiterer Folge alles Komplextypische) sich als „Annäherung" exakter Ideen fassen lassen und durch die exakten Gesetze dann in beliebiger Annähe-
5 rung exakt bestimmen lassen.

Diese Idee mußte also auch für eine erklärende, d. i. eine theoretisch-nomologische Psychologie maßgebend sein. Hat man die Idee einer *mathesis universalis* verstanden und darin die Idee einer mathematischen Mannigfaltigkeit, so kann man sagen: Gesucht ist die
10 Idee einer „mathematischen" Psychologie. Jede erklärende, im strengen Sinn theoretisch-eindeutig bestimmende Wissenschaft ist „mathematische". Ihre Erklärungen vollziehen sich deduktiv aus Prinzipien, die mathematische Form haben müssen, und das ganze deduktive System der Theoretisierung muß mathematisch sein und
15 nach dieser rein mathematischen Form sich einordnen lassen in die mathematische Mannigfaltigkeitslehre.

Der einzige Versuch zur Ausführung einer Psychologie gemäß dieser Idee ist von Herbart gemacht worden (natürlich ohne daß er sich über den logischen Gehalt dieser Idee und über sie selbst klar
20 war), und vielleicht kann man sagen, daß auf einen zweiten Versuch Münsterberg es wenigstens abgesehen hatte, wenn er auch nicht zur Durchführung kam. Was aber die moderne „physiologische", „experimentelle", „exakte" Psychologie anbelangt, so steht sie trotz aller ihrer physikalisch-technischen Methodik (die als solche
25 gar nichts entscheidet) durchaus auf deskriptiv-psychologischer Stufe. Sie gibt nicht den leisesten Schatten einer theoretischen Erklärung gemäß der Idee echter exakter Wissenschaft, ja es besteht noch nicht einmal irgendein Hinweis auf den Weg zur Realisierung dieser Idee auf dem Gebiete des Psychischen. Und das dürfte kein Zufall sein,
30 es dürfte sich vielmehr zeigen lassen, daß jede Mathematisierung hier prinzipiell ausgeschlossen ist, daß die Psychologie keine andere Exaktheit verlangen kann, als die ihr dank der phänomenologischen Begriffsbildung zu Gebote steht.

II. Wesensanschauung, Erfahrung und Denken

35   Von „Wesensanschauung" mußte bei der Erörterung der Begriffsbildung fortwährend die Rede sein, gerade dieser Punkt hat aber

immer viel Kopfzerbrechen verursacht und bedarf selbst noch einiger Erläuterung.

Wesensanschauung soll „weder Begriff noch empirische Anschauung sein".* Wesen sollen durch sie „'zur Gegebenheit gebracht'
5 [werden]. Damit ist nunmehr auch zu völliger Evidenz gezeigt, daß die phänomenologische Wesensanschauung nicht produktive Anschauung ist, die in der Betrachtung ihres Gegenstandes dessen Wesen erzeugt, sondern ein Prozeß, der im Grade seiner Passivität der bloß sinnlichen Wahrnehmung gleichkommt. Die 'reinen
10 Wesen' sind da, es kommt nur darauf an, daß wir sie 'sehen'. Was wir dazu tun, ist nur die 'Einstellung'".** Bevor wir hierauf erwidern können, müssen wir erst einmal die Begriffe prüfen, die hier verwendet werden, um der Wesensanschauung einen Platz anzuweisen. Entweder, so meint Elsenhans, sie ist ein passives
15 Aufnehmen: dann ist sie sinnliche Wahrnehmung (Erfahrung). Oder sie ist ein spontaner Prozeß: dann ist sie produktives Denken, das seine Gegenstände erzeugt. In der neuen Abhandlung scheidet er dann Erfahrung in Sinnesempfindung und die eigentliche Erfahrung, bei der bereits Verstandestätigkeit (im Kantischen Sinn)
20 beteiligt ist.*** Die Sinnesempfindung scheidet für uns ganz aus, weil bloße Empfindungen keinerlei Gegenstände geben, auf den Begriff der Gegebenheit kommt es ja aber hier gerade an. Wenn Elsenhans an der zitierten Stelle fortfährt: „Gegeben ist, was wir schon vorfinden, was ohne unsere aktive Mitwirkung vorhanden ist,
25 was da ist, ehe unsere Verarbeitung sich darauf richtet", so mag das auf die Gegebenheit der Empfindungen in der inneren Wahrnehmung zutreffen, aber in äußerer Wahrnehmung finden wir weder „Empfindungsmaterial" vor, noch können wir sagen, daß uns mit dem Empfindungsmaterial Gegenstände gegeben sind.
30   Erfahrung bedeutet für uns ein Bewußtsein, in dem individuelles

---

* Elsenhans, a.a.O., S. 229.
** A.a.O., S. 233 f.
*** „In Kants Erfahrungsbegriff gehen aber zwei Bedeutungen des Erfahrungsbegriffes durcheinander [...]: Erfahrung als Verarbeitung des 'rohen Stoffs sinnlicher Eindrücke zu einer Erkenntnis der Gegenstände' und Erfahrung als in der Hauptsache zusammenfallend mit der Sinnesempfindung, durch welche unser Erkenntnisvermögen überhaupt erst zur Ausübung erweckt wird. [...] Wenn in der Gegenwart die Frage erörtert wird, wie sich die Phänomenologie zur empirischen Psychologie verhält, so kann, den Anschluß an den vorhandenen Sprachgebrauch vorausgesetzt, unter den letzteren kaum etwas anderes verstanden werden als eine verstandesmäßige Verarbeitung des der inneren Wahrnehmung 'gegebenen' 'rohen Stoffs' der Empfindung." ⟨„Phänomenologie und Empirie", *Kant-Studien,* 22, 1918, S. 244 f.⟩

Dasein zur Gegebenheit kommt.* Dazu gehört also auch die
„ phänomenologische Erfahrung", in der einzelne immanente Daten
zu reflektiver Erfassung kommen. Davon scheiden wir im engeren
Sinn Erfahrung als Erfassung individueller transzendenter Objek-
5 te, auf die es ja hier allein ankommt. Ein solches Erfahrungsbewußtsein ist z. B. die sinnliche Wahrnehmung. Daß in ihr Gegenstände,
näher Dinge der Natur gegeben sind, vorgefunden werden, das
leugnet Elsenhans nicht. Andererseits meint er mit Kant, daß an
dieser Erfahrung Verstandesfunktionen beteiligt sind. Gegebenheit
10 und Spontaneität müssen sich also doch wohl nicht ausschließen.
Damit ist die ganze Argumentation gegen die Wesensanschauung
eigentlich schon hinfällig. Da es uns hier aber nicht um ein dialek-
tisches Spiel zu tun ist, sondern um eine Klärung der Sachen, wollen
wir unsere Erörterung doch noch etwas weiter fortsetzen. In der
15 Erfahrung sind uns also Dinge gegeben, sie stehen einfach da. Reflektieren wir aber auf das Erfahrungsbewußtsein, so stoßen wir auf
mannigfaltige „ Erscheinungen ", „ in " denen diese einheitlichen Objekte zur Gegebenheit kommen (sich „ konstituieren "), und korrelativ auf mannigfaltige „ Tätigkeiten" des Subjekts, die in dem
20 schlichten Anschauungsakt synthetisch vereinigt sind: z. B. freie
Bewegungen, die uns neue Erscheinungen des wahrgenommenen
Dinges in Sicht bringen, dann die „ Auffassungen", die die Erscheinungen eben zu „ Darstellungen" des einheitlichen Objekts machen,
und das durch sie alle hindurchgehende Einheitsbewußtsein selbst
25 (der Ausdruck „ Tätigkeit" paßt auf diese Weisen des Ichlebens
eigentlich nicht, weil sie ganz „ von selbst" ablaufen, nicht willkürlich in Szene gesetzt werden). Wo steckt in diesem Erfahrungsbewußtsein nun der „ Anteil des Denkens"? Der Ausdruck „ Denken"
pflegt ja gemeinhin auf allerhand Erlebnisse angewendet zu werden,
30 die miteinander wenig oder gar nichts zu tun haben: so auf unanschauliches Vorstellen (die Landschaft, die ich neulich sah, habe ich
jetzt nicht „ vorgestellt", sondern „ bloß gedacht"), für Erinnern (ich
habe nicht „ daran gedacht", daß ich einen Auftrag auszuführen hatte), für das eigentliche theoretische Denken schließlich. Hüten wir
35 uns vor solcher Begriffsverwirrung und grenzen wir den Ausdruck
„ exakt" ab, indem wir damit eine gattungsmäßig geeinte Klasse von
Erlebnissen und nur sie bezeichnen, so gewinnt Denken die Bedeu-

---

* Siehe oben S. ⟨161 f⟩.

tung des spezifisch logischen Aktes: das Beziehen, Vergleichen,
als Subjekt und als Prädikat Setzen, das Unterordnen, das Vereinen
und Trennen, das Schließen und Beweisen; dann aber auch das, was
wir oben (in Übereinstimmung mit den *Logischen Untersuchungen*)
5 das „Ausdrücken" nannten: das Anmessen einer „Bedeutung" an
einen gegenständlichen Sinn oder das „Prägen von Begriffen". Von
einem Denken in diesem Sinn wird man in der „Erfahrung" nichts
entdecken können, es ist vielmehr leicht einzusehen, daß das Denken eine anderweitige Gegebenheit der Gegenstände, an denen es
10 sich betätigt, immer schon voraussetzt. Sollte Elsenhans mit „Denken" aber die „Auffassungen" und das synthetische Einheitsbewußtsein meinen, die in der Erfahrung von transzendenten Objekten
walten, so müßte man sagen, daß darauf nichts von dem anwendbar
ist, was er als Charakteristika des Denkens ansieht: Sie sind kein
15 spontanes Tun, und sie „erzeugen" ihre Gegenstände nicht in der
Weise eines frei tätigen Schaffens. Diese Charakteristika passen dagegen sehr wohl auf das Denken in unserem Sinn: Es ist ein freies
Tun, und es „erzeugt" neue Objekte (z. B. in der Begriffsbildung).
Nun ist aber weiter zu beachten: Das, was in solchen freien Akten
20 erwächst (sich konstituiert), ist kein „subjektives Produkt" des
Denkens (wofern dieses ein einsichtiges, in den anschaulichen
Gegebenheiten gegründetes ist), sondern ein „objektives" Gebilde,
ein Gegenstand, der wiederum in einem schlichten Akte „gegeben"
sein kann wie ein sinnliches Ding; so die „Relation", die „Ähnlich-
25 keit", der „Sachverhalt", der „Schluß", der „Beweis" usw. Ihnen
allen „kommt dasjenige Maß an Realität zu, das ihnen ermöglicht, von uns vorgefunden zu werden".* Das Wort
„Realität" ist hier natürlich schlecht am Platze, denn Realität ist
Sein im Zusammenhang der einen raum-zeitlich-kausalen Natur,
30 und es liegt uns natürlich nichts ferner, als die kategorialen Gegenstände für Naturdinge, für *realiter* existierend zu erklären. Aber ihr
„Sein" (unabhängig von den jeweiligen Subjekten, die sich mit
ihnen beschäftigen) können wir mit ebenso gutem Grunde behaupten wie das der Natur, weil wir hier so gut wie dort ein gebendes
35 Bewußtsein haben. Wir haben also zwei Arten von existierenden
Objekten und korrelativ zwei Arten von originär gebendem Bewußt-

---

* So spricht Elsenhans (⟨„Phänomenologie, Psychologie, Erkenntnistheorie"⟩, S. 234) von
den Wesen, um zu zeigen, daß es „'Platonischer Realismus'" sei, von ihrer „Gegebenheit" zu
sprechen.

sein: Die Natur konstituiert sich in sinnlicher Wahrnehmung, die kategorialen (oder logischen) Gegenstände im theoretischen Denken.

Mit den beiden Gegenstandsgebieten, auf die wir hier gestoßen
5 sind, ist das Reich des Seienden natürlich nicht erschöpft. Es gibt noch mannigfache Objekte, die weder Naturdinge noch Denkgegenstände sind (ich erinnere z. B. an Werte, Güter u. dgl.), und entsprechend mannigfache Arten von gebendem Bewußtsein, das weder sinnliche Wahrnehmung noch Denken ist.

10   Hier wollen wir uns nur noch mit der besonderen Gegenstandsart ein wenig beschäftigen, die in den *Ideen* als „Wesen" bezeichnet ist, und mit dem Bewußtsein, in dem solche Wesen zur Gegebenheit kommen.*

Das Beispiel der Mathematik, die als bereits fertig vorliegende
15 Wesenswissenschaft in den *Ideen* gern herangezogen wird, ist nach Elsenhans nicht ausschlaggebend. „In der Mathematik, deren Analogie unter anderem die Möglichkeit eines solchen Sachverhalts verdeutlichen soll, kann, wie dies Husserl selbst zugibt, keinesfalls von 'reinen Gegebenheiten' in demselben Sinn die Rede sein wie in der
20 Phänomenologie. Dort handelt es sich um Gegenstände, die als 'irreale Möglichkeit' in der Weise 'rein analytischer Notwendigkeit' beliebig erzeugt werden, hier um Gegenstände, die in erster Linie in der Erfahrung gegeben sind und die in der Phänomenologie wenn auch nicht empirisch, so doch 'in der ganzen Fülle der Konkretion'
25 erfaßt werden sollen".**.

Unsere bisherigen Betrachtungen haben uns bereits gezeigt, daß „frei erzeugen" und „vorfinden" oder „gegeben haben" keine Gegensätze sind. Eine nähere Analyse des geometrischen und phänomenologischen Verfahrens wird uns das noch deutlicher machen
30 und zugleich die Analogie beider Wissenschaften hervortreten lassen, die es gestattet, ein Beispiel aus der einen auch für die andere in Anspruch zu nehmen.

Der Geometer kann von einer wahrgenommenen Raumgestalt ausgehen, aber die Erfahrungsthesis der Wahrnehmung tritt dabei
35 nicht in Aktion, sie trägt zur Begründung nichts bei, ein Phantasie-

---

* Eine nähere Analyse des Denkens, als sie im Rahmen einer kurzen Diskussion möglich war, läßt erkennen, daß auch hier schon die Wesensanschauung eine Rolle spielt (wie übrigens schon bei der Erörterung der Begriffsbildung gezeigt wurde).
** A.a.O., S. 236 f.

gebilde kann genau denselben Dienst leisten. Ebenso kann der Phänomenologe von einer faktisch vorhandenen Wahrnehmung ausgehen, um seine Feststellungen davon zu machen, aber auch für ihn
spielt die Thesis der Erfahrung keine Rolle, auch ihm kann eine
5 phantasierte Wahrnehmung ebensogut als Ausgangspunkt dienen.
Im Gegensatz dazu muß der Naturforscher Existenz feststellen, er
muß wahrnehmen, er muß erfahren. Aber nicht nur die Erfahrungsthesis läßt der Wesensforscher fallen, sondern er beginnt mit der
Einzelanschauung, von der er ausgeht, „frei zu operieren". Der
10 Geometer bleibt nicht bei den Feldgestalten, Baumgestalten, Hausgestalten usw. stehen, sie beschreibend und allgemeine Aussagen
darüber machend, sondern in frei gestaltender Phantasie durchläuft
er alle „möglichen" Raumgestalten, durch die Abwandlungen, die
sich an den faktisch vorgefundenen Gestalten vornehmen lassen,
15 tritt die „Idee" von Raum und Raumgestalt überhaupt hervor, und
alle einzelnen Gestalten werden als ideale (oder Wesens-) Möglichkeiten eingesehen. Die „möglichen" Abwandlungen — darin
liegt, daß auch der Geometer nicht so völlig frei in der „Erzeugung"
seiner Gestalten ist, wie es gemeinhin dargestellt wird. So weit seine
20 Anschauung reicht, so weit geht seine Freiheit; denn „Möglichkeit"
ist äquivalent mit „Vereinbarkeit in einer Anschauung". So viele
Gebilde er in freier Phantasie anschauen kann, so viele sind möglich. Was aber prinzipiell in keiner Anschauung vereinbar ist (wie
unser oben angeführtes gleichseitig-rechtwinkliges Dreieck), das ist
25 keine mögliche Raumgestalt.

Ganz analog verfährt der Phänomenologe mit dem einzelnen
Wahrnehmungserlebnis: Er wandelt es ab, soweit das irgend möglich ist, er durchläuft alle möglichen Wahrnehmungen in freier
Phantasie, und in diesem freien Operieren springt das „Wesen" von
30 „Wahrnehmung überhaupt" hervor, das sich nun auch begrifflich
fassen und in allgemeinen Wesensgesetzen aussprechen läßt. Beiderseits haben wir also existierende Gegenstände (hier Erlebniswesen,
dort Wesen von Räumlichkeit), die auf freie Akte der Phantasie als
ihr ursprüngliches konstituierendes Bewußtsein hinweisen, die dann
35 aber auch in einem schlichten „Hinsehen" „vorgefunden" werden
können — gerade so wie die Dinge der Natur, die in der ganz anders
gearteten sinnlichen Wahrnehmung sich konstituieren.*

---

* Wir haben hier nur die allgemeinen Wesen in Rechnung gezogen (die „exakten", wie wir
vorhin sagten), weil von ihnen in den *Ideen* vornehmlich die Rede war.

Der Unterschied zwischen Geometrie und Wesenswissenschaft
vom Bewußtsein (der in den *Ideen* und in den voranstehenden Ausführungen scharf betont ist) besteht darin, daß das Bewußtsein nicht
wie der Raum die Form einer definiten Mannigfaltigkeit hat und
5 daß man daher nicht phänomenologische wie geometrische Lehrsätze „in der Weise rein analytischer Notwendigkeit" aus Axiomen
herleiten kann. Aber mit dem analytischen Verfahren allein kommt
die Geometrie nicht aus, sonst wäre sie formale *mathesis* und nicht
Wissenschaft vom Raum. Als solche braucht sie (mindestens zur
10 Begründung der Axiome) räumliche Anschauung, und diese hat den
beschriebenen Typus der Wesensanschauung.

Es gibt also ein von aller Erfahrung, aller Setzung von individuel-
lem Dasein unabhängiges gebendes Bewußtsein von allgemeinen
Wesen. Da unter „Tatsache" in den *Ideen* individuelles Vorkomm-
15 nis (*matter of fact* im Sinne Humes) verstanden war, so mußte
betont werden, daß die Phänomenologie keine Tatsachenwissenschaft sei. Wenn in scheinbarem Gegensatz dazu von Scheler und
Geiger gelegentlich gesagt wird, der Phänomenologe habe von Tatsachen auszugehen, so ist das Wort in einem anderen Sinne ge-
20 braucht: nämlich für das unmittelbar Vorgefundene, Angeschaute
im Gegensatz zum bloß mittelbar Erkannten, Erschlossenen oder gar
zum bloß Konstruierten. Nennt man die Phänomenologie in diesem
Sinne eine Tatsachenwissenschaft, so wird sie damit durchaus nicht
zur Erfahrungswissenschaft gestempelt.

25   III. Die „Unfehlbarkeit" der Wesensanschauung

Die Unabhängigkeit der Phänomenologie von aller Erfahrung, die
auch eine K o r r e k t u r der Wesenserkenntnis durch psychologische
Erfahrung ausschließt, hat immer besonderen Anstoß erregt. Man
hat darin immer einen Anspruch auf Unfehlbarkeit, auf Umöglich-
30 keit eines Irrtums gesehen. Das ist freilich niemals behauptet worden, und es liegt auch in der Betonung des Eigenrechts und der
Eigenart der Wesenserkenntnis keineswegs beschlossen. Es gibt keine
wissenschaftliche Erkenntnis, die gegen Irrtümer absolut gefeit wäre.
Aber niemand sieht sich durch die unzähligen Irrtümer, die die
35 Geschichte der Mathematik oder Logik aufzuweisen hat, veranlaßt,
ihnen die Idee vollkommener Evidenz streitig zu machen, die ihnen

aus keinem anderen Grunde zukommt, als weil es Sphären des Eidetischen sind. Ein Mathematiker hat einen Lehrsatz bewiesen, er hat
ihn voll eingesehen und sich von seiner „unumstößlichen Gewißheit" überzeugt. Bei späterer Gelegenheit greift er darauf zurück, um
5 ihn für einen neuen Beweis zu verwenden; dabei bringt er sich ihn
nicht wieder zu intuitiver Gegebenheit, sondern begnügt sich mit
dem bloßen Wortlaut oder mit der Formel, die ihm im Gedächtnis
geblieben ist, und nun kann gar leicht eine Verwechslung vorkommen, die den ganzen neuen Beweis wertlos macht. Ähnliches kann
10 auch dem Phänomenologen unterlaufen, sobald er nicht rein in der
Sphäre der gebenden Anschauung bleibt, sobald er die begriffliche
Fassung des Ergebnisses einer Analyse ohne Rückgang auf die Intuition verwertet. Auch auf andere Weise können sich Irrtümer ein-
schleichen: so, wenn eine Untersuchung nicht weit genug geführt
15 wird, wenn etwas als notwendig hingenommen wird, was sich bei
näherer Prüfung noch als abwandelbar herausstellt. Das „Zuge-
ständnis, daß auch hier Irrtümer möglich sind", streitet durchaus
nicht — wie Messer meint — mit der „Versicherung, daß sich [in
der Wesenseinstellung] 'feste Resultate alsbald ergeben' "*. Auf „fe-
20 ste Resultate" erheben ja nicht nur die Wesenswissenschaften, sondern sogar die Tatsachenwissenschaften Anspruch, obwohl der weitere Gang der Wissenschaft immer zu einer Umwertung der gewonnenen Resultate führen kann. Was der Wesenserkenntnis den Vor-
rang gibt, ist — um es noch einmal zu betonen — die Eigentümlich-
25 keit, daß sie in sich selbst, sobald sie volle Intuition ist, den Charakter der Unaufhebbarkeit hat, daß sie durch neue Anschauungen
nur bereichert, aber nicht entwertet werden kann. Jede Erfahrung
dagegen — und sei es die allergewisseste klare und deutliche Wahrnehmung — hat wesensmäßig in sich Komponenten der „bestimm-
30 baren Unbestimmtheit" und verlangt nach einer Erfüllung dieser
Unbestimmtheitskomponenten in neuen Wahrnehmungen; diese
können eine bloße Näherbestimmung des bereits Gesetzten und
damit eine Bestätigung der ersten Setzung sein; sie können aber
jederzeit auch ein Widerstreitbewußtsein und eine Durchstreichung
35 der Anfangssetzung herbeiführen.
Wie steht es nun, wenn aus den angegebenen Gründen dem Wesensforscher ein Irrtum unterläuft, mit der Möglichkeit der Korrek-

---

* Messer, II. Artikel, S. 54.

tur? „Wenn die Erfahrungswissenschaft phänomenologisch Geschautes berichtigt, solite er da diese Berichtigung ignorieren?"*
Die Antwort kann nach den bisherigen Ausführungen nicht zweifelhaft sein: Die Erfahrung kann den Wesensforscher darauf aufmerk-
5 sam machen, daß in seinen Feststellungen ein Fehler stecken muß,
sie kann ihn veranlassen, diese Feststellungen in einer neuen Intuition zu prüfen und zu berichtigen, aber sie selbst kann nicht als
Berichtigung dienen: Denn nur in Wesensanschauung kann ich Wesenseinsichten gewinnen. Habe ich es als zum Wesen der Dingwahr-
10 nehmung gehörig betrachtet, daß Dinge gesehen werden müssen,
und zeigt mir nun die Erfahrung eines Blindgeborenen, daß der
Tastsinn zur Konstituition von Raumdinglichkeit genügt, so sehe
ich ein, daß ich in der freien Gestaltung der möglichen Abwandlungen der Wahrnehmung nicht weit genug gegangen bin. Aber nicht
15 das Faktum der Blindenwahrnehmung lehrt mich das, sondern seine Wesensmöglichkeit, die ich im Übergang von der Erfahrung in
die Wesenseinstellung erfasse.

Elsenhans findet es „merkwürdig, daß diese Möglichkeit einer
von allen Irrtümern der Erfahrung freien Erkenntnis, die, einmal
20 vorhanden, zu absolut notwendigen und allgemeine Anerkennung
erzwingenden Ergebnissen führen soll, nicht schon früher verwirklicht wurde und bisher keinerlei Früchte getragen hat. Dieses sonst
wohl mißbräuchlich angewendete Argument hat hier doch wohl
einige Beweiskraft, wo es sich darum handelt, den seit Jahrhunder-
25 ten geübten und in ihrer Eigenart erkannten, auf das Wesen der
Dinge gerichteten Erkenntnistätigkeiten des Denkens ein neues Verfahren an die Seite zu stellen".**

Unsere Ausführungen dürften gezeigt haben, daß dieses Verfahren
gar nicht so geheimnisvoll, unerhört und absolut neu ist, wie es hier
30 hingestellt wird. Die Mathematik übt es systematisch seit über zwei-
tausend Jahren. In der Begriffsbildung aller Wissenschaften hat es
seine Rolle gespielt, ohne daß man sich darüber klar war. Nun ist es
zur Klarheit gebracht, von allen Vermengungen befreit und methodisch ausgebildet worden. Wenn dadurch ganz neue Wissenschaften
35 ermöglicht werden, so soll man sich darüber freuen und ihrem
Begründer keinen Vorwurf daraus machen, daß bisher noch niemand darauf verfallen ist.

---

* Elsenhans, a.a.O., S. 239 f.
** A.a.O., S. 235 f.

BEILAGE VI: ⟨Entwurf eines Briefes an August Messer⟩
⟨1914⟩

Sehr geehrter Herr Kollege. Für die Zusendung Ihrer neuen Abhandlung[1]
über meine Phänomenologie danke ich Ihnen herzlich. Es ist ein mir sehr
5 wertes Zeichen Ihrer gütigen Gesinnung, die sich ja auch in der Abhandlung
selbst ausspricht. Von besonderem Werte ist es mir, daß Sie sich dem Verständnis meiner Bestrebungen erheblich angenähert haben, denn daß meine
durchaus nicht bös gemeinte Äußerung im Jahrbuch[2] über Ihren ersten Aufsatz[3] zu Recht bestand, davon habe ich mich in der vergleichenden Lektüre
10 beider Aufsätze von neuem überzeugen müssen. Ihnen selbst hat sich die
Erkenntnis dieser Berechtigung dadurch verdeckt, daß trotz der erwähnten
Annäherung doch noch Reste von Mißverständnissen übriggeblieben sind,
die ich sogleich besprechen will. Ihnen mögen die Mißverständnisse in
betreff der im *Logos*-Artikel[4] noch nicht behandelten Ausführungen aus den
15 *Ideen* folgen. Allem voran muß ich bemerken, daß meine Lehren über Wesen
und Notwendigkeit einer „reinen" oder transzendentalen Phänomenologie
nur nach meinen eigenen Darstellungen beurteilt werden müssen. Die mir
nahestehenden Forscher, die als Mitarbeiter des Jahrbuchs figurieren, sind
von meinen *Logischen Untersuchungen* ausgegangen und haben sich von da
20 aus relativ selbständig entwickelt. Teils persönliche, teils mittelbare Kennt-
nisnahme meiner inzwischen fortgebildeten Anschauungen haben sie wohl
auch vielfach bestimmt, die einen mehr, die anderen (wie Pfänder) weniger.
Aber was ich dem allgemeinen Publikum als Ergebnisse der Arbeit von Jahrzehnten vorlegte, war nicht ihnen im voraus schon Bekanntes. Das Jahrbuch
25 ist keine Zeitschrift für orthodoxe Husserlianer, deren Lehren vom Herausgeber erst filtriert würden auf ihre Reinheit in seinem Sinn. Es liegt sehr
vieles in der Linie der reinen Phänomenologie und kann der Forderung phänomenologischer Interessen sehr dienlich sein, was ich selbst nicht als rein
und methodisch vollkommen ansehen würde. In der Zeitschrift muß ich
30 weitherzig sein, die anfangende Wissenschaft wird sich schon selbst reinigen,
und meine eigenen Forschungen wollen dazu mithelfen. Wenn z. B. Pfänder
den eidetischen Gesichtspunkt sich nicht in seiner Arbeit zugeeignet hat, so
ist doch für den phänomenologisch Angeleiteten und gar Geschulten leicht zu
sehen, daß, was er sagt, in eidetischer Einstellung einzulösen ist. Geigers und
35 Reinachs Arbeiten sind von vornherein eidetische, die letzteren sogar im

---

[1] August Messer, „Husserls Phänomenologie in ihrem Verhältnis zur Psychologie.
(Zweiter Aufsatz)". In: *Archiv für die gesamte Psychologie*, 32, 1914, S. 52-67.
[2] *Jahrbuch für Philosophie und phänomenologische Forschung*, 1, 1913, S. 158, Anmerkung 2 (= *Husserliana*, Bd. III, 1, S. 177).
[3] August Messer, „Husserls Phänomenologie in ihrem Verhältnis zur Psychologie".
In: *Archiv für die gesamte Psychologie*, 22, 1912, S. 117-129.
[4] Edmund Husserl, „Philosophie als strenge Wissenschaft". In: *Logos*, 1, 1911, S.
289-341 (siehe oben S. 3-62).

wesentlichen ontologische. Die Zeitschrift ist aber nicht bloß Zeitschrift für
Phänomenologie, sondern überhaupt für Philosophie, ja auch für Psychologie, soweit sie wesentlich auf reine Phänomenologie rekurriert (etwa so, wie
mathematische Zeitschriften auch mathematisch-physikalische Abhandlun-
5 gen, also naturwissenschaftliche, die aber vorwiegend in der Methode ma-
thematisierend sind, aufnehmen). Im übrigen, selbst wenn in einzelnen Abhandlungen ungewisse Behauptungen und selbst Fehler vorkommen sollten,
so ist dafür die Phänomenologie sowenig verantwortlich zu machen als die
Psychologie für die Fehler und Unbewiesenheiten der Mitarbeiter des *Archivs*
10 *für Psychologie.*
    Um nun gleich den Hauptpunkt zu besprechen, den Sie, fast schon nach-
dem Sie ihn richtig erfaßt hatten, wieder mißdeuteten, so betrifft er den
Unterschied der Tatsachenwissenschaften und Wesenswissenschaften oder
auch von Tatsache und Wesen. Tatsache, *matter of fact* im Sinne Humes, wie
15 es bei mir heißt. Als Wissenschaften von den Tatsachen werden alle Wissenschaften bezeichnet, die eben auf individuelles Sein (jedes Dies-da!) gehen.
Dahin gehören (obschon nicht ausschließlich) alle Wissenschaften von physischer und psychischer Natur (wie wiederholt ausgeführt worden ist). Also
auch die Gesetzeswissenschaften. Der Gegensatz zwischen Allgemeinem und
20 Einzelnem und der zwischen Wesen und Nichtwesen ist nicht ein und derselbe Gegensatz. Die mathematische Physik ist eine Tatsachenwissenschaft,
und doch fixiert sie keine Einzelheiten. Sie ist genau in Humeschem Sinn
Wissenschaft von *matters of fact* und nicht von *relations of ideas* (nur daß
mein Begriff der Idee und nicht der Humesche zu substituieren ist: was ein
25 großer Unterschied ist).
    Ein Physiker, der rein in der Phantasie Naturvorgänge fingieren und dar-
aufhin Naturgesetze aufstellen wollte, gehörte ins Irrenhaus. Der Geometer
aber kann, ja muß in der Phantasie operieren, also mit frei phantasierten
Gebilden. Und selbst wenn er an einem Wahrgenommenen exemplifiziert, so
30 tritt die Erfahrungsthesis der Wahrnehmung nicht in Aktion, sie tut zur
Begründung nichts: also nicht die Erfahrung als Erfahrung: Und er kann das
Wahrgenommene sofort in der Phantasie frei umgestalten denken, und das
Umgestaltete ist ebenso gut für die Wesenserfassung wie das Erfahrene. Der
Wesensforscher exemplifiziert in total anderer Weise als der Naturforscher.
35 Der letztere muß Einzelexistenz feststellen, er muß wahrnehmen, er muß
erfahren. Der Wesensforscher stellt Einzelexistenz nicht fest, sondern er fingiert sich Einzelexistenz in anschaulicher Weise oder behandelt das Wahrgenommene, als ⟨ob⟩ er es fingiert: Das ist, er kümmert sich nicht darum, ob
sich die Wahrnehmung bewähren mag hinsichtlich ihrer Thesis.
40   Es ist also das Gegenteil Ihrer Ausführung S. 62 richtig bzw. meine
Ansicht. Die phänomenologische Wirklichkeit ist nicht Tatsachenwirklich-
keit, sondern Wesenswirklichkeit, und der originär gebende Akt dafür ist
nicht Erfahrung, sondern Ideation, Wesensschau. Der Phänomenologe hat
also nichts weniger als die Existenz seiner Erlebnisse festzustellen, etwa gar
45 die Existenz der Phantasien, die er vollzieht und in denen ihm phantasierte
Wahrnehmungen, Urteile usw. vorschweben: diejenigen, die seiner Wesens-

forschung von Wahrnehmungen als solchen, Urteilen als solchen intuitive
Hilfe geben. Er braucht keineswegs Erinnerungen, die Erfahrungen sind.
Und wenn er sich an innere Wahrnehmungen und Erinnerungen binden würde, so würde phänomenologisch so wenig herauskommen, wie es bei den so
5 verfahrenden Psychologen notwendig der Fall sein mußte. Wenn diese Differenzen nicht verstanden werden, so ist auch der radikale Schnitt zwischen
eidetischer Psychologie und empirischer Psychologie nicht zu verstehen und
nicht zu verstehen die gewaltige und grundwesentlich neue Forderung, die
schon in der Erneuerung der Idee einer rationalen Psychologie liegt, obschon
10 einer fundamental anders, nämlich phänomenologisch orientierten gegenüber
derjenigen des 18. Jahrhunderts. Es ist dann eine Äußerung möglich, die so
himmelweit von dem entfernt ist, was ich für richtig halten kann, daß es sich
„bei dem Forschen nach dem ʻWesenʼ vielfach um Fragen [handelt], die
doch nur durch äußere oder innere Wahrnehmung, Beobachtung und Ver-
15 gleichung gelöst werden können" ⟨S. 55⟩ etc. Vielmehr wäre es widersinnig,
auf solchem Wege auch nur die trivialste eidetische Psychologie und Phänomenologie finden zu wollen, z. B. daß ein Urteil keine Farbe ist.
    So wie die reine Logik, so ist jede im gleichen Sinn reine Wissenschaft, also
auch die reine Phänomenologie, von allen Erfahrungen prinzipiell unabhän-
20 gig ihrer Begründung nach, also sie gilt, wenn alle Beobachtungen und Versuche, die irgendein Psychologe je gemacht hätte, ungemacht blieben oder
völlig falsch wären. Sie gilt, auch wenn es keine solchen gäbe, keine Natur
überhaupt und so jederlei selbst singulär-phänomenologisches Sein (Vereinzelung eines phänomenologischen Eidos).
25   Damit hängt zusammen, daß die radikale Neuheit und die ungeheure
Tragweite der Abgrenzung einer eidetischen Psychologie (geschweige denn
einer transzendentalen Phänomenologie) nicht erfaßt worden ist. Ich vollziehe wiederholt in meinen Arbeiten die Parallelisierung der Phänomenologie
bzw. der ihr verwandten eidetischen Psychologie mit der Geometrie. Ist die
30 Geometrie bloße Naturwissenschaft, würde der methodische Segen, den sie
der Naturwissenschaft bringt, durch räumliche Beobachtung und räumlichen
Versuch in der äußeren Erfahrung zu gewinnen sein. Also wie wenn Geometrie noch nicht entdeckt wäre und man sich damit beholfen hätte, bloß Mes-
sungen empirisch zu vollziehen, Gestalten bloß als Feldergestalten, Hausge-
35 stalten, Wandgestalten usw. zu beschreiben und daraufhin allgemeine Aussagen zu machen. Das aber ist genau die Situation der heutigen Psychologie.
Sie beschreibt Erlebnisse, z. B. intentionale Erlebnisse und ihre Vermeintheiten, von Fall zu Fall in der inneren Erfahrung. Gewiß wird dabei gelegentlich, was vermeintlich der inneren Erfahrung verdankt sei, in Wahrheit schon
40 einer eidetischen Einstellung verdankt. Aber selbst wenn das gelegentlich der
Fall ist: was für ein gewaltiger Unterschied, wenn man erkennt, was ich so
eindringlich nachzuweisen suchte, daß hier unendliche Felder systematisch
zu vollziehender eidetischer Erkenntnis sind, genauso wie im reinen Raum
ein Feld eidetischer Raumerkenntnis längst erkannt ist. Sowie das im letzte-
45 ren Fall erkannt war, wurde eine reine und systematische Geometrie möglich, die in frei gestaltender Phantasie systematisch die Wesensmöglichkeiten

des Geometrischen erforschte. Und erst dadurch wurde exakte Naturwissenschaft möglich (wie ebenso durch andere reine Mathematiken). Nun genauso wird eine künftige „exakte" Psychologie, im genau parallelen Sinn, möglich, wenn wir eine eidetische Psychologie haben werden. Und wir werden sie
5 haben, weil sie möglich ist und die Möglichkeit die Notwendigkeit der Bearbeitung mit sich führt. Sie ist aber als möglich erkannt, sowie man sieht, daß auch in der Erlebnissphäre eidetische Wesenserfassung jederzeit vollziehbar ist und mögliche Zusammenhänge in freien Erlebnisphantasien verfolgt werden können. Nicht das Experiment macht Exaktheit, sondern die Gründung
10 der Wissenschaft auf das zu ihren Objekten gehörige Apriori, d. h. auf die Wesenserforschung der betreffenden Objektsphäre.

Tatsachenwissenschaften sind Wissenschaften, die, wie ich es exakt ausgearbeitet habe (⟨*Ideen*, § 7⟩), durch Erfahrung zu begründen sind. Kein Wesen und keine Wesenswissenschaft ist durch Erfahrung zu begründen, Erfahrung,
15 allgemein jede Wahrnehmung, Erinnerung und jeder gleichstehende, die Thesis von Einzelheiten vollziehende Akt. Sowie in einer Wissenschaft diese Thesis (sei es auch in der allgemeinsten Form der Thesis der Natur überhaupt) für die Begründung in Frage kommt, ist die Wissenschaft eine Tatsachenwissenschaft. Es ist also ein Mißverständnis, zu widerlegen durch den
20 Sinn der ganzen Ausführungen des 2. Kapitels des I. Abschnitts ⟨der *Ideen*⟩ und durch viele einzelne Stellen im späteren Gang, daß Tatsachenwissenschaften nur solche Wissenschaften sind, die auf die „Erkenntnis einzelner Tatsachen" gehen, in dem von Ihnen gemeinten Sinn, Erkenntnis von besonderen Einzelheiten. Die Ausführungen Ihres ersten Aufsatzes, ⟨S.⟩
25 123 sind ganz von diesem Mißverständnis beherrscht, das meine Auffassung geradezu als die umgekehrte voraussetzt, als sie wirklich wie im *Logos*, so im Jahrbuch dargestellt ist. Keine Feststellung eines Wesens und keine Feststellung einer allgemeinen Wesenserkenntnis ist andererseits durch Erfahrung begründet, d. h., keine Feststellung des Seins irgendwelcher Tatsachen ist die
30 Voraussetzung für die Feststellung des Seins eines Wesens oder des Bestandes eines Wesenssachverhaltes. Der Physiker, der noch so allgemeine Naturgesetze (Energiegesetz, Gravitationsgesetz usw.) aufstellt, kann dies nur tun, wenn er von Beobachtung und Experiment ausgeht, das ist, wenn er vorher individuelles Dasein festgestellt hat. Die Fallversuche fixieren individuelles be-
35 stimmtes Dasein. Sie fixieren: Dergleichen kommt in der Natur vor. Und wenn das unsicher ist, so gibt es keine „Induktion", keine Hypothesenbildung, keinen Übergang zu Naturgesetzen, die sich auf den Fall, auf Gravitation überhaupt beziehen. Demgegenüber bedürfen die reine Logik, Arithmetik und Geometrie und ähnliche Wissenschaften keiner Beobachtung und
40 Experimente, keiner Feststellung von Tatsachen zu ihrer Begründung, und noch mehr, es wäre widersinnig, Wesensgesetze so begründen zu wollen. Der Geometer operiert wesentlich in der Phantasie. Er kann auch auf der Tafel zeichnen. Das ist aber kein Experiment und keine Beobachtung. Denn die Existenz des Tafeldreiecks ist keine Voraussetzung für seine Feststellung. Er
45 „induziert" nicht.

BEILAGE VII: ⟨Zu Heinrich Gustav Steinmanns Aufsatz
„Zur systematischen Stellung der Phänomenologie"[1]⟩
⟨1917⟩

⟨von Edith Stein⟩

5   Vor vielen kritischen Erörterungen, die bisher schon zum Thema „Phänomenologie und Psychologie" Stellung genommen haben, zeichnet sich Steinmanns Abhandlung dadurch aus, daß er die beiden gesonderten Wesens-
charakteristika klar erkennt, durch die Husserl die Phänomenologie gegen
die Psychologie abgrenzt, und sich in seiner Polemik im wesentlichen an
10   diese beiden Hauptpunkte hält*:
       1. Die Phänomenologie ist Wesenswissenschaft, die Psychologie
Tatsachenwissenschaft;
       2. die Phänomenologie ist transzendental reine Wissenschaft, die
Psychologie Wissenschaft von Transzendentem.

15   I. Die Möglichkeit einer materialen Ontologie ohne
                 „Rekurs auf Erfahrung"

Seine Bedenken richten sich zunächst gegen den ersten Punkt. „Die formale Region" sei zwar „überhaupt nur eidetischer Forschung zugänglich"
(das stellt Steinmann ohne Untersuchung hin), aber „zweifelhafter erscheint
20   die Lage bei den materialen Ontologien".[2] Als Beispiel dient ihm die
Geometrie, der bereits ausgebaut vorliegende Zweig der von Husserl geforderten Ontologie der physischen Natur. Es scheint ihm, als könnte sie nicht
ohne Erfahrung auskommen. Denn „entweder man versteht unter *res
extensa* die Erfüllung eines Ausschnittes einer so und so wohldefinierten
25   Mannigfaltigkeit, dann ist nicht einzusehen, welchen Vorzug diese Mannigfaltigkeit vor irgendwelchen andern haben soll" (steht es mir doch „frei, mir
eine irgendwie konstituierte Mannigfaltigkeit beliebig vieler Dimensionen
auszudenken", zu der dann auch *eo ipso* „eine rein apriorische Geometrie"
gehört). „Oder aber Körper heißt das individuelle Substrat der uns erschei-
30   nenden Natur. Dann läßt sich über seine Eigenschaften, zu denen auch die
Extensität gehört, wesensmäßig nichts ausmachen, ehe wir nicht die Grundzüge dieses Wesens aus der Erfahrung kennen".**
       Dieser Einwand gegen die Möglichkeit eines rein eidetischen Verfahrens
hat seinen Grund offenbar in Steinmanns Begriff der Erfahrung. Es scheint,
35   daß er hierzu jede Anschauung eines vollen Konkretums rechnet und
ihr als „eigentliche Wesensanschauung" „das Sehen des Formalen

---

* Steinmann, a.a.O., S. 393.
** A.a.O., S. 396.

---

[1] In: *Archiv für die gesamte Psychologie*, 36, 1917, S. 391-422.
[2] A.a.O., S. 395.

am sachhaltigen Wesen"* gegenübergestellt. Das stimmt aber mit Husserls Auffassung der Erfahrung bzw. Wesensanschauung durchaus nicht überein. Erfahrung ist Setzung von hier und jetzt, in dieser wirklichen Welt gegebenen Objekten. Dagegen bezeichnet Wesen zunächst „das im selbsteigenen Sein eines Individuums als sein Was Vorfindliche. Jedes solches Was kann 'in Idee gesetzt' werden, und korrelativ kann jede „erfahrende oder individuelle Anschauung in Wesensanschauung (Ideation) umgewandelt werden"**. Also schon das volle Konkretum gehört ins Gebiet des Eidetischen, nicht erst die allgemeinen Gattungsideen, denen es unter-
10 steht, oder gar nur die formalen Kategorien. Eine nähere Analyse ergibt freilich die Notwendigkeit, verschiedene Arten von Wesenheiten zu unterscheiden; es zeigt sich z. B., daß im Aufbau eines solchen konkreten Eidos Momente sind, die sich frei abwandeln lassen, während andere aus seinem vollen Bestande nicht entfallen können, solange man eben noch dasselbe
15 Eidos vor sich hat.*** Aber alle solche Unterscheidungen werden innerhalb der eidetischen Sphäre gemacht, und es hat sein gutes Recht, wenn man den übergreifenden Titel „Wesen" für das ganze Gebiet verwendet. Alles, was in einer exemplarischen Anschauung zur Gegebenheit kommt, gehört in dieses Gebiet: Jeder Anschauungsgehalt ist ein Apriori gegenüber den Erfahrungs-
20 gegebenheiten, in denen er sich jeweilig realisiert. „Das Wesen" — meint Steinmann — muß „sich uns noch irgendwie anders konstituieren" (als in Wesensforschung nämlich), „wenn wir aus der Sphäre bloßer Möglichkeiten herauskommen wollen"[1] — aber das wollen wir gar nicht. Denn alles „Mögliche" existiert im Reich des Eidetischen, und erst zur Setzung eines
25 Wirklichen bedürfen wir der Erfahrung. Freilich bedeutet „Möglichkeit" hier nicht logische Möglichkeit (d.i. Widerspruchslosigkeit), sondern ist äquivalent mit Anschaubarkeit bzw. Vereinbarkeit in einer Anschauung. Ich kann also jeder Anschauung eines Individuellen (sei es einer Erfahrung oder auch einer Phantasie) ein Wesen „entnehmen"; in jeder liegt nicht nur „dies
30 ist wirklich" oder „dies schwebt mir vor", sondern auch „so etwas ist möglich", „so etwas existiert ideal". Ich kann sodann (auch das wurde schon oben angedeutet) mit den anschaulichen konkreten Wesen in voller Freiheit „experimentieren"; d. h. ich kann in einer Mannigfaltigkeit von Anschauungen „ausprobieren", was aus ihrem vollen Bestande abwandelbar
35 ist, und das auf verschiedenen Allgemeinheitsstufen (z. B. das voll-anschauliche Was dieses Steins, Stein überhaupt, materielles Ding überhaupt); was sich hierbei als notwendiger Bestand herausstellt, das dient als Unterlage der Begriffsbildung: Ich bin darin durchaus an das intuitiv Vorfindliche gebunden und darf durchaus nicht „z. B. als Organismus definieren, was

---

* A.a.O., S. 402.
** *Ideen* ⟨I, Husserliana, Bd. III, 1, S. 13⟩.
*** Sehr wichtige Untersuchungen zu diesem Thema enthält eine bisher leider noch unveröffentlichte Arbeit von Johannes Hering. ⟨Erschienen unter dem Titel „Bemerkungen über das Wesen, die Wesenheit und die Idee" in: *Jahrbuch für Philosophie und phänomenologische Forschung*, 4, 1921, S. 495-543.⟩

---

[1] Steinmann, a.a.O., S. 402.

ich will"* — N. B., wenn mir daran gelegen ist, wissenschaftlich wertvolle Begriffe zu gewinnen.

Machen wir von diesen Betrachtungen für den Fall der Geometrie Anwendung. Es ist uns eine materielle Natur von bestimmtem anschaulichen Ge-
5 halt gegeben. Wir erheben diesen Gehalt „in Idee" und sehen nun zu, was zu seinem Aufbau notwendig gehört. Wir finden u.a., daß so etwas wie ein materielles Ding nicht möglich ist ohne eine Raumgestalt. (Es würde an der Wesensbetrachtung auch nichts ändern, wenn wir uns auf den Typus „starrer Körper" beschränkten.) Die Grundeigenschaften solcher Raumgestalten las-
10 sen sich in einer Reihe von „Axiomen" „beschreiben", wie Steinmann selbst meint: „Die Grundlage der mathematischen Eidetik bildet die deskriptive".** Diese Axiome haben die Eigentümlichkeit, daß sie sich in ein formales System bringen lassen, d. h., sie sind in formal-mathematischen Begriffen faßbar, und aus diesen formalen Gesetzen lassen sich nach den
15 Gesetzen der formalen Logik rein deduktiv weitere Sätze ableiten. In diesem formalen System spielen Raum und Raumanschauung gar keine Rolle mehr: „Die mathematische Formalisierung stellt einer angewandten mathematischen Disziplin ihr rein deduktives Gerüst, befreit von den durch die besondere Bedeutung bedingten Einschränkungen, gegen-
20 über".*** Es ist nun möglich, durch rein formale Abwandlung dieses Systems — etwa durch Fortlassen eines Axioms — andere Systeme zu gewinnen oder, um es mit Steinmann auszudrücken, „zur natürlichen Geometrie den erweiterten Begriff einer abstrakten Geometrie" zu bilden, „die nicht an eine bestimmte Dimensionenzahl und andere Einschränkungen
25 gebunden ist"[1]. Aber mit welchem Recht nennt man solche der Form der euklidischen Geometrie entsprechende Mannigfaltigkeiten noch Geometrie? Man dürfte es eigentlich nur, wenn sich räumlich Gebilde anschauen ließen (wenn auch nur auf Grund exemplarischer Phantasien), die diesen formalen Definitionen entsprechen — wofern man unter Geometrie noch Wissenschaft
30 vom Räumlichen versteht. Angenommen, das wäre der Fall, es gäbe einen anschaulichen Riemannschen oder sonstigen Raum, wie stände es dann mit der Frage, die Steinmann aufwirft, welche der verschiedenen möglichen Geometrien „der Natur entspricht"****? Wir müssen uns hier das Wesen der geometrischen (reinen) und der empirischen Raumanschauungen klar
35 vor Augen halten. Die reinen geometrischen Gebilde (reine Gerade, reiner Kreis usw.) sind aus den empirisch-anschaulichen Körpern als „Grenzen", als „Limes-Ideen" herausgeschaut. Die erfahrenen Körper geben sich anschaulich als „Realisationen" dieser Ideen, aber nicht als „vollkommene", sondern nur als „Annäherungen". Es wäre nun denkbar, daß uns
40 unsere empirische Raumanschauung täuscht, daß „in Wirklichkeit" die

* A.a.O., S. 398.
** A.a.O., S. 420. Freilich meint er eben, daß sie „uns nicht ohne Rekurs auf Erfahrung zugänglich ist".
*** A.a.O., S. 415.
**** A.a.O., S. 396.

[1] A.a.O., S. 415 f.

physischen Körper unserer Natur nicht euklidische Gebilde realisieren — wie sie vorgibt —, sondern andere. Dann würde es sich empfehlen, den physikalischen Berechnungen die nichteuklidischen Axiome zugrunde zu legen. Aber der Geltung der euklidischen Geometrie als reiner Raumlehre würde

5 dadurch nicht der mindeste Abbruch getan. Gerade darin zeigt sich ihr rein apriorischer Charakter (und entsprechend der reine Charakter der geometrischen Anschauung), daß es sie gar nicht berührt, wenn die Erfahrungen, die ihr als Exempel dienten, sich als Täuschung herausstellen. „Die Kongruenzaxiome", meint Steinmann, haben „nur in einer Welt Berech-

10 tigung, in der es starre Körper gibt, die verschiebbar und drehbar sind".* Anwendung finden können sie allerdings nur, wo das der Fall ist — und ob es der Fall ist, kann nur Erfahrung lehren —, aber für das Bestehen bzw. die Wahrheit dieser Axiome ist es völlig gleichgültig, ob etwas faktisch da ist, worauf sie Anwendung finden können oder nicht.

15 Die Bedenken gegen die Möglichkeit reiner material-eidetischer Anschauung und reiner material-eidetischer Wissenschaft scheinen damit behoben. Daß sie keine „Erkenntnisse über Reales ganz ohne Rekurs auf Erfahrung zu begründen"** vermögen, ist auch Husserls Standpunkt: „Reine Wesenswahrheiten enthalten nicht die mindeste Behauptung über

20 Tatsachen, also ist auch aus ihnen allein nicht die geringfügigste Tatsachenwahrheit zu erschließen".*** Steinmanns Zusatz freilich, daß auch „über das Wesen von Realem" nichts ohne Erfahrung zu gewinnen sei, kann nicht zugestanden werden. Das Wesen von Realem (auch das Wesen der Realität selbst und daß sie nur durch Erfahrung zu geben ⟨ist⟩) ist nur in

25 reiner Wesenserkenntnis zu gewinnen; daß ein Exemplar dieses Wesens faktisch existiert, ist nur durch Erfahrung festzustellen.

Steinmann will seine Behauptung, daß die Wesenserkenntnis Erfahrungselemente in sich befasse, damit stützen, daß die Existenz selbst — die doch nur erfahren werden kann — mit „zur 'Essenz'" gehöre****. Das ist aber

30 nicht zutreffend. Ich kann zwar die Seinsart eines Gegenstandes und die entsprechende Art seiner möglichen Gegebenheit in den Wesensbestand aufnehmen, aber nicht die faktische Existenz. Ich kann sagen: Zum Wesen des Realen gehört es, daß es nur durch Erfahrung festgestellt werden kann. Das gilt, wenn es auch nichts Reales und keine echte Erfahrung gibt, und es besagt

35 auch nicht, daß es so etwas gibt.

Gegen die Unabhängigkeit der Wesenserkenntnis spricht es natürlich auch nicht, daß im praktischen Wissenschaftsbetrieb „materiale Ontologie, obwohl selbst nicht Erfahrungserkenntnis, sich doch nur in enger Verflechtung mit gewissen Ergebnissen der zugehörigen Erfahrungswissenschaft ent-

40 faltet"***** und „daß das Reich der εἴδη einen unübersehbaren Ozean bildet, auf dem man sich nur im steten Hinblick auf die Inseln der Erfahrung

---

* A.a.O., S. 397.
** A.a.O., S. 398.
*** *Ideen,* ⟨a.a.O., S. 17⟩.
**** Steinmann, a.a.O., S. 398.
***** A.a.O., S. 399.

orientieren kann "*. Erfahrungsmotive, ja Interessen des praktischen Lebens mögen es sein, die mich zur Wesensforschung veranlassen. Die Notwendigkeit, mit physischen Körpern zu hantieren, mag in mir den Wunsch erregen, mir über das Wesen dieser Gegenstände Klarheit zu verschaffen. Oder die
5 Täuschungen, denen ich in meinen Erfahrungen unterliege, mögen mich zu einer Wesensanalyse der Wahrnehmung führen. Aber diese faktischen Motive meiner theoretischen Beschäftigung mit diesen Gegenständlichkeiten macht sie und macht das ideale System der ihnen entsprechenden Wissenschaften doch nicht von dieser Faktizität abhängig.

10   II. Die Absolutheit des reinen Bewußtseins und
          der Sinn der phänomenologischen Reduktion

Das zweite Hauptbedenken Steinmanns richtet sich gegen die Absolutheit des reinen Bewußtseins, das durch die phänomenologische Reduktion (die Ausschaltung aller Setzung von transzendenten Objekten) gewonnen
15 wird. Es gibt „doch nur ein Bewußtsein" — so meint er —, „das nur entweder absolut oder in die reale Welt verflochten sein kann".** Erkennt man an, daß es menschliches Bewußtsein in der realen Welt gibt, so behält die phänomenologische Reduktion nur den Wert eines „methodischen Hilfsmittels" (einer „Fiktion"), „als abstraktive Einschränkung des Inter-
20 esses auf den durch den Begriff 'reines Erlebnis' bestimmten Ausschnitt aus der Wirklichkeit". Was man dabei gewinnt, ist „eine Einstellung", „die der Reflexion auf die Erlebnisse selbst besonders günstig sein muß"; außerdem versperrt man sich „durch die Reduktion auch die Möglichkeit, vom Wege reiner Deskription in die nur allzu naheliegenden Bahnen kausaler Erklärung
25 physischer oder realpsychischer Art abzulenken". Aber damit sind phänomenologische und psychologische Reflexion nicht geschieden und ebensowenig die beiden Wissenschaften selbst: Das geschilderte Verfahren ist vielmehr „die ganz legitime Methode einer deskriptiven eidetischen Psychologie"***.
30 Damit wäre freilich der transzendentale Sinn der Reduktion völlig aufgehoben. Ihre Aufgabe ist es ja, uns einen absoluten Forschungsboden zu geben, ein Sein, das keinen Zweifel zuläßt, keine Durchstreichung erfahren kann, wie sie bei allem Transzendenten prinzipiell immer möglich ist. Mag man „Idealist" oder „Realist" sein, d. h. mag man den Anspruch der Erfah-
35 rung, ein bewußtseinsunabhängiges Sein zu geben, für berechtigt ansehen oder nicht: Auch der Realist kann nicht bestreiten, daß jede Erfahrung durch neue Erfahrungen entwertet werden kann, daß keine ein unbezweifelbares Sein gibt. Und ebenso gewiß ist, daß das reduzierte Bewußtsein, so wie es die reine Reflexion setzt, keine Durchstreichung zuläßt, daß hier ein unbezwei-
40 felbares Sein erfaßt ist. Es ist also sehr wohl ein kardinaler Unterschied zwi-

* A.a.O., S. 402.
** A.a.O., S. 404.
*** A.a.O., S. 408.

schen psychologischer Erfahrung, die Bewußtsein als Sein in der transzendenten Welt setzt, und immanenter Reflexion, die reines Bewußtsein absolut setzt — es handelt sich nicht um einen bloßen Unterschied der
Aufmerksamkeitsrichtung. Die Möglichkeit der Reduktion — die Möglich-
5 keit, die ganze Welt zu streichen mitsamt den Menschenleibern und -seelen
und dann das reine Bewußtsein als unstreichbaren Rest zu behalten —
besagt, daß Bewußtsein sein Eigensein hat, das nichts mit Realität zu tun hat.
Darin liegt: 1. Es ist denkbar, daß es ein Bewußtsein gäbe, ohne das eine
reale Welt existierte. Dies Bewußtsein könnte eine Erscheinungswelt sich
10 gegenüber haben, die aber nur „von seinen Gnaden" existierte gleich den
Fieberträumen eines Deliranten; es könnte auch ein bloßer Abfluß immanenter Daten sein, ohne daß es zur Konstitution erscheinender Objekte
käme. 2. Wenn eine transzendente Welt existiert und in ihr animalisches
Bewußtsein, so birgt dieses reale Bewußtsein in sich einen Seinsbestand, der
15 unabhängig ist von seiner Realität, von den realen Zusammenhängen, in
die es eingegangen ist. Steinmanns Disjunktion: entweder absolutes Bewußtsein oder reales, ist also keine vollständige.

Damit wären die beiden Einwände gegen die Trennung von Phänomenologie und Psychologie beseitigt und der Charakter der Phänomenologie als
20 einer material-eidetischen Wissenschaft vom transzendental reinen Bewußtsein nochmals festgelegt.

Es bleibt aber noch eine Anzahl wichtiger Fragen, die Steinmann im
Zusammenhang mit diesen beiden Punkten bespricht und die noch einer
Erörterung bedürfen.
25 Ein weiteres Bedenken betrifft die Gegebenheitsweise des reinen
Bewußtseins. Husserls Behauptung, es sei „evident und aus dem Wesen
der Raumdinglichkeit zu entnehmen, daß so geartetes Sein prinzipiell in
Wahrnehmungen nur durch Abschattung zu geben ist; ebenso aus dem
Wesen der cogitationes, der Erlebnisse überhaupt, daß sie dergleichen aus-
30 schließen",* erregt Anstoß. Steinmann ist der Ansicht, daß auch die Erlebnisse sich abschatten: „Es ist derselbe Zorn, den ich jetzt und vor 2 Minuten
fühle, derselbe nicht nur, weil er in derselben Dauer liegt ('seit 2 Minuten
dauert'), sondern auch wegen der bewußten Identität seines intentionalen
Gegenstandes. Dennoch ist er mir jetzt in ganz anderer 'Abschattung' gege-
35 ben als vorhin, ja die Abschattungen haben sich seither gewandelt, genau wie
die Erscheinungsweisen eines Körpers, der sich in einiger Entfernung an mir
vorbeibewegt".**

Wir können davon absehen, daß das reine Erlebnis in die transzendente
Zeit verlegt wird, was natürlich nicht angeht. Das Argument behält seine
40 Bedeutung, auch wenn wir an ihrer Stelle die immanente Dauer einsetzen.
Das Erlebnis erstreckt sich durch eine Dauer hindurch, es „wird" in dieser
Dauer und nimmt stetig neue Momente in sich auf — und ist doch das eine
und selbe Erlebnis. Es ist hierbei etwas gesehen, was Husserl in den Ideen

---

* Ideen, ⟨a.a.O., S. 88⟩.
** Steinmann, a.a.O., S. 404 f.

nur gelegentlich angedeutet hat,* ohne noch die näheren Untersuchungen
über dieses Thema zu veröffentlichen: daß nämlich die reinen Erlebnisse, die
wir in der Reduktion erfassen, selbst schon „konstituierte" Einheiten
der immanenten Zeit sind. Allein, es ist klar, daß diese „Konstitution" in
5 der Immanenz eine wesentlich andere ist als die Konstitution von Transzendentem. Jede Erscheinung eines Transzendenten ist ⟨in⟩ ihrem eigenen
durch das erfahrende Bewußtsein vorgezeichneten Sinn Erscheinung von
einer objektiven Einheit, die sich in ihr „bekundet" und nie selbst — ohne
Vermittlung solcher Abschattungen — anschaulich werden kann. Das Erleb-
10 nis hingegen gibt sich als etwas, das zwar erst zu der Einheit geworden ist,
als die es — gleichsam erstarrt — vor dem Blick der Reflexion steht: Aber
diese Einheit „bekundet" sich nicht in „Erscheinungen", sie ist selbst
anschaulich gegeben und in ihr die sie aufbauenden Momente. Es sind hier
keine immanenten Daten, die „aufgefaßt" werden als „Bekundungen" eines
15 Transzendenten (wie die Empfindungsdaten in der äußeren Wahrnehmung),
wobei die Auffassung evtl. eine „falsche" sein kann, sondern sie schließen
sich wiederum zusammen zu immanenten Einheiten, die auch als ganze
absolut und unstreichbar da sind. „Die Lehre, daß reine Erlebnisse nicht
Erscheinungen, sondern etwas absolut Selbständiges sind" — meint Stein-
20 mann — „macht offenbar ihre Unterstellung unter eidetische Momente
unmöglich. Es könnte dann allenfalls eine Tatsachenwissenschaft reiner
Erlebnisse, aber keine Wesenslehre von ihnen geben."[1] Wir stehen nicht
an, noch weiter zu gehen — allerdings, indem wir anstelle der „erscheinenden" die „konstituierten" Erlebniseinheiten setzen — und zu sagen: Läge es
25 nicht im Wesen des Bewußtseins, solche Einheiten zu bilden, so wäre jede
Bewußtseinswissenschaft unmöglich, da das stetig Fließende unfaßbar ist.
Der Unterschied von Immanenz und Transzendenz wird aber hierdurch
nicht im mindesten aufgehoben.

III. Die transzendentale Bedeutung der
30   phänomenologischen Feststellungen

Ein weiterer Kreis von Bedenken richtet sich gegen die Bedeutung der
phänomenologischen Feststellungen für die Welt der objektiven Gegenstände
und kulminiert in der Behauptung, „daß man bei konsequenter Durchführung der phänomenologischen Reduktion auf gar keine Weise aus der spezi-
35 fisch phänomenologischen Sphäre herauskommen kann", daß es „für den
Phänomenologen gar keinen Weg aus seiner Sphäre heraus zum Gegenstand
selbst gibt"**. Und das soll für Wesen ebenso wie für Tatsachen gelten. Auch
hier liegt mangelnde Klarheit über den letzten Sinn der phänomenologischen
Methode zugrunde. Steinmann stößt sich an Husserls „idealistischer" Wen-
40 dung, daß „die äußere Welt uns nur zugänglich sei als intentionales Objekt

* *Ideen*, ⟨a.a.O., S. 180 ff.⟩.
** A.a.O., S. 412.

[1] Steinmann, a.a.O., S. 405.

unserer Gedanken"*. (Für „Gedanken" müssen wir hier „Bewußtsein" einsetzen, wenn wir nicht Husserls Standpunkt verfälschen wollen — wie wir
gleich sehen werden.) Aber „intentionales Korrelat zu sein ist keine Beson-
derheit einer Gegenstandsklasse, überhaupt kein Merkmal von Gegenstän-
5 den, vielmehr eine Relation, und zwar von seiten des Gegenstandes eine
bloß ideale. Durch das 'Objekt-einer-Intuition-Sein' wird also ein Gegenstand nicht nur nicht in seinem Wesen, sondern auch nicht in seinem
metaphysischen Ort bestimmt oder beeinflußt, wenn anders ein Kentaur,
die Θ-Funktion, Gott, das Stück Papier vor mir und ein viereckiger Kreis
10 verschiedene metaphysische Örter haben. Alle diese Gegenstände kann ich
der Reihe nach 'meinen', sie stehen alle in der Beziehung des Objektseins
zum Bewußtsein. Aber damit ist eben noch gar nicht gesagt, ob sie außerdem
real, ideal, absolut, relativ oder was sonst immer seien. Wäre die Welt weiter
nichts als ein Inbegriff intentionaler Gegenständlichkeiten, so wäre sie noch
15 gar nichts; alles, was sie ist, ist sie unabhängig von dieser Relation".[1] — Nun
mag man den Standpunkt des „Idealismus" teilen oder nicht: Die phänomenologische Methode wird dadurch (wie schon früher angedeutet) nicht im
mindesten berührt. Auch der überzeugteste Realist — für den die Existenz
der Objekte unabhängig von ihrer Korrelation zum Bewußtsein unerschütter-
20 liches Dogma ist — wird nicht leugnen können, daß er alle seine Aussagen
über die Objekte nur dank dieser Korrelation machen kann, daß er schlechterdings nichts darüber zu sagen vermag, was sie außerhalb dieser Korrelation sind. Man kann wohl die Objekte untersuchen und über sie reden, ohne
diese Korrelation zu untersuchen und über sie zu reden, aber damit schafft
25 man sie nicht aus der Welt, sondern übt nur „Selbstvergessenheit" (wie
Husserl zu sagen pflegt): Das ist ein Verfahren, wie es sich der „dogmati-
sche" Forscher erlauben darf, nicht aber der Philosoph, der letzte Klarheit
sucht. Diese Korrelation besagt nun keineswegs eine unterschiedslose „Beziehung des Objektseins" und entsprechend ein für alle Objekte gleiches
30 „Meinen" oder „Denken", sondern eine je nach der Art des Objektes verschieden gestaltete Mannigfaltigkeit von Bewußtseinsweisen, in denen solche
Gegenständlichkeiten zur Gegebenheit kommen (was Husserl in den *Ideen*
über noetisch-noematische Strukturen im allgemeinen und speziell zur Analyse der Dingwahrnehmung mitgeteilt hat, macht das eigentlich schon hinrei-
35 chend deutlich). Denn als Korrelate des Bewußtseins werden ja alle
Gegenstände in die phänomenologische Sphäre einbezogen: Sie umspannt
„die ganze natürliche Welt und alle die idealen Welten, die sie ausschaltet:
sie umspannt sie als 'Weltsinn' durch die Wesensgesetzlichkeiten, welche
Gegenstandssinn und Noema überhaupt mit dem geschlossenen System der
40 Noesen verknüpfen, und speziell durch die vernunftgesetzlichen Wesenszusammenhänge, deren Korrelat 'wirklicher Gegenstand' ist, welcher also seinerseits jeweils einen Index für ganz bestimmte Systeme teleologisch einheitlicher Bewußtseinsgestaltungen darstellt".** Wie diese Ausführungen zeigen,

---

* A.a.O., S. 406.
** *Ideen*, ⟨a.a.O., S. 336 f.⟩.

---

[1] Ebd.

geht nicht nur der volle qualitative Bestand der jeweiligen Gegenstände in die phänomenale Sphäre ein, sondern auch ihr Seinscharakter (das „real", „ideal", „fiktiv" usw.), nur daß diese Bestimmtheiten hier nicht als „metaphysische Örter" auftreten (was den Vollzug der Setzung bedeuten

5 würde, die ja ausgeschaltet bleibt), sondern eben als „noematische" Charaktere, als an den intentionalen Korrelaten als solchen aufweisbaren. „Jeder Region und Kategorie prätendierter Gegenstände entspricht phänomenologisch nicht nur eine Grundart von Sinnen bzw. Sätzen" (d. h. noematischen Beständen, in denen sie zur Gegebenheit kommen: z. B. dieser

10 Gegenstand hier in den verschiedenen möglichen „Auffassungen" als „Ding aus Holz", als „braunes Ding", als „Schreibtisch" oder auch als „materielles Ding überhaupt" oder „Gebrauchsgegenstand überhaupt" — wobei wir schon „Sinne" verschiedener Regionen herangezogen haben), „sondern auch eine Grundart von originär gebendem Bewußtsein solcher Sin-

15 ne und ihr zugehörig ein Grundtypus originärer Evidenz, die wesensmäßig durch so geartete originäre Gegebenheit motiviert ist".*

Ja auch über „Absolutheit und Relativität" der Objekte muß auf diesem Boden entschieden werden, wenn anders die Aussagen über dieses Thema begründete sein wollen und keine blinden Dogmen. Steinmann selbst sieht

20 einen Weg dazu in der Abscheidung des „noematischen Kerns" aus dem Vollnoema, d. h. in dem Erfassen eines identischen Gehalts aus den mannigfachen Erscheinungsweisen, in denen er sich darstellt. (Es ist „dasselbe", was jetzt „klar" und vorhin „dunkel" vor mit stand, was mir vorhin nur erinnerungsmäßig „vorschwebte" und jetzt sich mir in voller „Leibhaftigkeit"

25 aufdrängt, dasselbe auch, das vorhin den Sinn „ein Stück Achat" und jetzt den Sinn „Briefbeschwerer" hat).** Freilich sieht er nicht, daß dieser Weg zum Ziele führt, denn „die einzige Möglichkeit, die eines Rückschlusses vom Bestand des noematischen Kernes auf den sich in ihm darstellenden Gegenstand, ist durch die Reduktion versperrt"***. Das ist nun kein großes

30 Unglück für den Phänomenologen, denn dieser angeblich einzige Weg ist ein Zirkel: Der Schluß vom noematischen Kern auf den Gegenstand ist ja wohl als ein Kausalschluß gedacht, der vom Immanenten zum Transzendenten, das es „hervorruft", führen soll. Dieser Schluß setzt aber schon voraus, daß es ein Transzendentes gibt, was eben in Frage steht. Meint aber das „Dar-

35 stellen" nur, daß sich im Noema ein „Etwas" aufweisbar vorfindet, das sich — obwohl notwendig irgendwie erscheinend — doch in allem Wechsel der Erscheinungsweisen identisch durchhält, dann brauche ich keinerlei Schluß, sondern verbleibe im Rahmen der phänomenologischen Gegebenheiten. Es ist offenbar, daß Steinmann sich über die Tragweite der Scheidung von Noe-

40 sis und Noema nicht hinreichend klar geworden ist. Sonst könnte er nicht die Frage aufwerfen, „ob es notwendig oder zweckmäßig ist, ein Begriffspaar in den Vordergrund zu stellen, das alle weiteren Untersuchungsgegenstände ver-

---

* *Ideen,* ⟨a.a.O., S. 321⟩.

** Über den „noematischen Kern" bzw. den darin beschlossenen „Zentralpunkt" vgl. die Ausführungen der *Ideen* §§ 91, 99, 128 ff.

*** Steinmann, a.a.O., S. 412.

doppelt und so wegen der völligen Korrelation eine zweckmäßige Klasseneinteilung ausschließt"[1]. Ja, was könnte denn für eine Wissenschaft vom Bewußtsein „notwendiger und zweckmäßiger" sein, als die allerwesentlichste Eigentümlichkeit des Bewußtseins festzustellen und bei allen
5 ihren Untersuchungen sorgfältig zu beachten? Diese Eigentümlichkeit besteht aber in nichts anderem als darin, daß es Bewußtsein von etwas ist, daß es seinem eigenen Wesen nach ein intentionales Korrelat hat, ein Noema, das „als solches" mit in die phänomenologische Sphäre gehört und nicht der Reduktion verfällt.
10 　　Daß in diesem Noema verschiedene Schichten aufzuweisen sind, ist schon gezeigt worden: die Modi der Aufmerksamkeit, die verschiedenen perzeptiven und reproduktiven Gegebenheitsweisen, der in diesen wechselnden noematischen Charakteren verbleibende „Sinnesgehalt" und wiederum der in verschiedenen „Sinnen" identisch sich durchhaltende Zentralkern, der „Ge
15 genstand". Nichts anderes als die Scheidung solcher noematischer Schichten (und zwar im Vergleich zu der von Husserl bereits durchgeführten eine recht rohe) ist der berechtigte Sinn der von Steinmann verlangten Trennung von „Ursprünglich-Noetischem" und „Ursprünglich-Noematischem"*. Die Charaktere der ersten Gattung (z. B. die attentionalen Modi) kämen dem
20 Korrelat nur als Korrelat der betreffenden Noese zu, die Charaktere der zweiten Gattung beträfen die Kernschicht des Noema und erst von da aus auch die korrelativen Noesen (so die Unterschiede zwischen Haus- und Baumwahrnehmung). Sollte dieser Unterschied mehr besagen als die Scheidung verschiedener noematischer Schichten (etwa daß die attentionalen
25 Modi dem Noema „zufällig" seien), so wäre er durchaus abzulehnen. Jeder Gegenstand, über den wir etwas aussagen, ist ja notwendig Gegenstand für ein Bewußtsein und muß daher notwendig in irgendeinem Aufmerksamkeitsmodus erscheinen. Diese Schicht kann ebensowenig fortfallen wie die Kernschicht. Natürlich ist damit nicht ausgeschlossen, daß den verschiedenen
30 noematischen Schichten — wiederum phänomenologisch aufweisbar — verschiedene transzendentale Bedeutung zukommt. Auch was „wirkliches Sein" und „Wirklichkeitserkenntnis" ihrem Sinne nach sind, ist ja durch das Studium des Bewußtseins zu ermitteln. "Wirklichkeit", „wahrhaftes Sein" — obwohl nicht gesetzt — tritt doch als noematischer Charakter mit
35 in die phänomenologische Sphäre ein, und zwar als Korrelat spezifischer Bewußtseinsverläufe, die unter den Titel „Vernunft" fallen. „Berechtigte" Seinssetzungen sind eben solche, die den Charakter der Vernunft tragen. „Ein spezifischer Vernunftcharakter ist aber dem Setzungscharakter zu eigen als eine Auszeichnung, die ihm wesensmäßig dann
40 und nur dann zukommt, wenn er Setzung auf Grund eines erfüllten, originär gebenden Sinnes und nicht nur überhaupt eines Sinnes ist.
　　Hier und in jeder Art von Vernunftbewußtsein nimmt die Rede vom Zugehören eine eigene Bedeutung an. Zum Beispiel: Zu jedem Leibhaft-

---

* A.a.O., S. 410 f.

---

[1] A.a.O., S. 410.

Erscheinen eines Dinges gehört die Setzung, sie ist nicht nur überhaupt mit
diesem Erscheinen eins (etwa gar als bloßes allgemeines Faktum — das hier
außer Frage ist), sie ist mit ihm eigenartig eins, sie ist durch es 'motiviert',
und doch wieder nicht bloß überhaupt, sondern 'vernünftig motiviert'.
5 Dasselbe besagt: Die Setzung hat in der originären Gegebenheit ihren ursprünglichen Rechtsgrund".*
   Es kann also in der phänomenologischen Sphäre — und nur in ihr, da das
absolute Bewußtsein der einzige Boden ist, der die in Frage stehende Möglichkeit nicht schon voraussetzt — die Frage nach der Möglichkeit transzen-
10 denter Objekte bzw. nach dem Rechtsgrund ihrer Setzung behandelt werden.
Um solche Objekte wirklich zu setzen, müssen freilich die erfahrenden Akte
aus der Fessel der Reduktion freigegeben, d. h. die phänomenologische Einstellung muß aufgehoben werden. Immerhin wird man nach diesen Ausführungen wohl nicht behaupten, daß für die transzendenten Objekte nichts
15 geleistet ist, wenn man Sinn und Möglichkeit ihrer Existenz geklärt hat: daß
dies „in keiner Hinsicht irgendwelches Interesse"** hat.
   Es ist noch ein Wort darüber zu sagen, warum „der Fall bei Wesen als
Aktgegenständen anders liegt als bei Tatsachen" (was Steinmann nicht ein-
leuchten will), warum es nicht stimmt, daß transzendente Wesen „der phä-
20 nomenologischen Feststellung ebenso unerreichbar" sind „wie die Tatsachen der betreffenden Region"***. Tatsachen brauchen zu ihrem Aus-
weis aktuelle Erfahrung; da diese in der Reduktion „außer Aktion gesetzt"
ist, vermag der Phänomenologe keine Tatsachenfeststellung zu machen. Zur
Begründung einer Wesenswahrheit genügt eine beliebige (auch eine nicht-
25 setzende) Anschauung. Darum sind alle Aussagen über Wesen in der Reduktion möglich, nur muß ich sie rein fassen und nicht, wie es jederzeit möglich
ist, als Aussagen über mögliche reale Vereinzelungen von Wesen, denn das
bringt eine transzendente Thesis hinein.
   In diesem Sinn lassen sich tatsächlich „alle Wesenswissenschaften in Phä-
30 nomenologie verwandeln", und so können sich mit einem gewissen Rechte
alle ontologischen Untersuchungen, die als rein objektive möglich sind, als
phänomenologische bezeichnen. Aber daß sie aus diesem Zusammenhang
lösbar, daß „es neben der Phänomenologie noch andere, von ihr unabhängige, deskriptive Wesenswissenschaften gibt",**** hat Husserl nie bestritten,
35 es vielmehr in seiner Forderung material-ontologischer Disziplinen nach Art
der Geometrie für alle Gegenstandsregionen klar und deutlich ausgesprochen.
Nur muß man sich über den Sinn dieser „Unabhängigkeit" völlig klar sein.
Der Charakter der Phänomenologie als „Grundwissenschaft" wird dadurch nämlich nicht im mindesten berührt. Er soll ja nicht bedeuten, daß
40 ihre Ergebnisse Voraussetzungen für die anderen Wissenschaften bieten, aus
denen sie in logischer Ableitung ihre Lehrsätze gewinnen könnten. Aber

---

* *Ideen*, ⟨a.a.O., S. 315 f.⟩.
** Steinmann, a.a.O., S. 412.
*** Ebd.
**** A.a.O., S. 421 f.

indem sie jene „Selbstvergessenheit" des dogmatischen Forschers aufhebt, deckt sie die Dimension der Unklarheit auf, die jeder dogmatischen Wissenschaft anhaftet, und verwandelt durch ihre Forschungen die „naive" Wissenschaft, die nicht nach Sinn und Recht ihres Verfahrens fragt, in eine
5 vernunftkritisch geklärte — wie Steinmann sehr richtig bemerkt: „Die Selbstgewißheit der Wahrheit kann durch sie nicht begründet oder bekräftigt, sondern nur ans Licht gestellt werden".*

Diese Arbeit ist aber an allen objektiven Wissenschaften zu leisten, auch an der formalen Ontologie oder *mathesis universalis,* deren „Unabhän-
10 gigkeit" von der Phänomenologie Steinmann besonders am Herzen liegt**. Die Lehre von den reinen Formen aller möglichen Gegenstände überhaupt ist gewiß eine objektiv gerichtete Disziplin und hat „innerhalb ihres Arbeitsgebietes" keine Hilfe von der Phänomenologie zu erwarten. Diesen Charakter der *mathesis universalis* hat Husserl stets betont, und er hat auch
15 längst hervorgehoben, daß ein großer Teil der logischen Arbeit von der Philosophie an die Mathematik abzugeben sei,*** was Steinmann für eine neue Entdeckung zu halten scheint. Aber ungeachtet dieses „dogmatischen" Charakters der formalen Ontologie — oder vielmehr gerade um dieses Charakters willen — bedarf auch sie noch einer phänomenologischen „Begründung
20 oder Aufklärung". Auch die formal-kategorialen Gegenständlichkeiten sind bewußtseinsmäßig konstituiert, und diese Konstitution muß in ihrer Wesensstruktur erforscht werden. Nur auf Grund solcher Forschungen konnte auch die reinliche Scheidung zwischen „formaler Ontologie" im allerweitesten Sinne, als Lehre von den Formen der Gegenstände überhaupt, und apo-
25 phantischer Logik, der Lehre von den reinen Formen der Sätze, gemacht werden — ein Unterschied, auf den Steinmann so großes Gewicht legt und der doch in der traditionellen Logik gar nicht berücksichtigt und überhaupt vor Husserls *Logischen Untersuchungen* kaum gesehen worden ist. Steinmann sieht den Unterschied der apophantischen Logik von der reinen *ma-*
30 *thesis* darin, daß die „Formen der ausdrücklichen Sphäre" (wie Begriff, Urteil, Schluß usw.) „nur mit Rücksicht auf ein verstehendes Subjekt Sinn" haben, daß es „reflexive Formen" sind und daß es „die Tätigkeit des Subjekts" ist, „die sich diese reflexiven Formen schafft". Darum ist es für die Behandlung dieser Formen nötig, „das Wesen der Akte kennenzu-
35 lernen, in denen das Subjekt zu irgendwelchen Gegenständen theoretisch Stellung nimmt, um die in dieser Stellungnahme gründenden Strukturen der formalen Logik zu verstehen. Offenbar fällt diese Aufgabe der Phänomenologie zu".****

In rein phänomenologischer Betrachtung stellen sich die Verhältnisse doch
40 noch etwas anders dar. Mit „Gegenständen" hat es jede logische Disziplin zu tun, und bei jeder kann man sagen, wie solche Gegenstände zur Gegebenheit kommen, wie sie sich ursprünglich konstituieren. Und man wird hierbei

---

* A.a.O., S. 415.
** A.a.O., S. 413 ff.
*** Vgl. *Logische Untersuchungen,* I, S. 252 ff. ⟨= *Husserliana,* Bd. XVIII, S. 253 ff.⟩.
**** Steinmann, A.a.O., S. 416 f.

auf verschiedene Akte zurückgeführt bzw. auf verschiedene wesensmögliche „Einstellungen", die den verschiedenen Disziplinen entsprechen. „Die primäre Einstellung ist die auf das Gegenständliche, die noematische Reflexion führt auf die noematischen, die noetische auf die noetischen Bestände. Aus
5 diesen Beständen fassen die uns hier interessierenden Disziplinen reine Formen heraus, und zwar die formale Apophantik noematische, die parallele Noetik noetische Formen. Wie diese Formen miteinander, so sind beide wesensgesetzlich mit ontischen Formen verknüpft, die durch Rückwendung des Blickes auf ontische Bestände erfaßbar sind".* Die Gegenstände der
10 apophantischen Sphäre weisen also tatsächlich für ihre ursprüngliche Konstitution auf reflexive Akte zurück. Darum sind sie doch nicht minder „Gegenstände", die ihr eigentümliches Sein haben unabhängig von den Akten des jeweiligen Subjekts, das sich mit ihnen beschäftigt. Eben weil sie „Gegenstände" besonderer Art sind, ordnen sie sich der formalen Kategorie „Ge-
15 genstand überhaupt" unter und entsprechend die formale Apophantik der formalen Ontologie (wie Steinmann sehr richtig betont**). Aber als Gegenstände können sie auch in rein objektiver Einstellung erforscht werden. Der Logiker, der die Formen wahrer Sätze und Begründungszusammenhänge studiert, reflektiert sowenig auf die reflexiven Akte, in denen sich solche Gegen-
20 stände konstituieren, wie der formal-ontologische Forscher auf die Akte, in denen sich seine kategorialen Gegenständlichkeiten (Gegenstand, Attribut, Menge usw.) konstituieren, oder wie der Naturforscher auf das naturkonstituierende Bewußtsein. Die formale Logik ist als rein objektive Wissenschaft möglich, und so ist sie traditionell auch erwachsen, es stimmt durchaus
25 nicht, daß man „formale Logik im Grunde immer" mit Rücksicht auf die logischen Akte getrieben habe. Gelegentliche noetische Wendungen wie „ich darf nicht zwei kontradiktorische Urteile fällen" sind bloße Anwendungen der noematischen Erkenntnis von der Unverträglichkeit der betreffenden Sätze, von einer Entdeckung des logischen Vernunftbewußtseins als eines
30 eigenen Forschungsgebiets kann keine Rede sein, das leitende Interesse ist durchaus das noematische.

Die Arbeit, die die Phänomenologie für die formale Logik zu leisten hat, ist also keine prinzipiell andere als für jede andere Wissenschaft. Wenn die Beziehungen hier besonders enge zu sein scheinen, so liegt das wohl an der
35 historischen Tatsache, daß die Phänomenologie aus der Bemühung um die Klärung logischer Probleme erwachsen ist und daß man an den greifbaren Ergebnissen der *Logischen Untersuchungen* sieht, was sie auf diesem Gebiete zu leisten vermag. Daß ihre Bedeutung darüber hinausgeht, ist freilich schon daraus ersichtlich, daß erst mit Hilfe der phänomenologischen Klärung die
40 Idee einer formalen Ontologie herausgestellt und ihre Trennung von der formalen Apophantik erfolgt ist (im I. Bande der *Logischen Untersuchungen*, § 67; in §§ 10 ff., 133 f., 147 f. der *Ideen*); zudem bieten die Analysen über Naturkonstitution im ersten Teil der *Ideen* schon einigen Anhalt, um die

---

* *Ideen*, ⟨a.a.O., S. 342⟩.
** Steinmann, a.a.O., S. 414 f.

Bedeutung der Phänomenologie für die Klärung der Naturwissenschaft zu würdigen. Hier werden allerdings die konkreten Ausführungen des zweiten Teils noch wesentlich zur Erleichterung des Verständnisses beitragen: „Vor der vollendeten Tat verliert die Frage, ob sie möglich sei, alle
5 Bedeutung".*

BEILAGE VIII: ⟨Beitrag zur Diskussion über
den Vortrag „Philosophie und Psychologie"
von Heinrich Maier⟩[1]

| Ich kann hier nicht begründen, warum ich Herrn Maier in keinem prin- [144]
10 zipiellen Punkte beizupflichten vermag. Ich muß mich darauf beschränken festzustellen, daß die reine Phänomenologie (im Sinne meiner Arbeiten) weder deskriptive Psychologie ist noch von Psychologie irgend etwas enthält — sowenig als reine Mathematik der Körperlichkeit, insbesondere reine Geometrie, irgend etwas von Physik enthält. Psychologie und Physik sind
15 „Tatsachenwissenschaften", Wissenschaften von der wirklichen Welt. Die reine Phänomenologie aber, die Geometrie und manche ähnliche Wissenschaften sind „Wesenswissenschaften", Wissenschaften von rein idealen Möglichkeiten. Die Existenz von Realem ist für solche Wissenschaften außer aller Frage, daher nie und nirgends Thema der Feststellung. Damit gleich-
20 wertig sagen wir: Sie beruhen nicht auf „Erfahrung" (im naturwissenschaftlichen Wortsinne), als welche durch Beobachtungen und Versuche reales Dasein und Sosein feststellt. Analog wie die reine Geometrie Wesenslehre des „reinen" Raumes bzw. Wissenschaft von den ideal möglichen Raumgestalten ist, ist die reine Phänomenologie Wesenslehre des „reinen" Bewußt-
25 seins, Wissenschaft von den ideal | möglichen Bewußtseinsgestalten (mit [145]
ihren „immanenten Korrelaten"). Derartige Wissenschaften beruhen statt auf Erfahrung vielmehr auf „Wesensintuition", deren schlichter und keineswegs mystischer Sinn an der geometrischen Intuition der Grundgebilde und der in den Axiomen sich aussprechenden primitiven Wesensverhältnisse zu
30 illustrieren ist. Die reine Mathematik der Körperlichkeit findet Anwendung auf die erfahrene Natur und ermöglicht „exakte" Naturwissenschaft im höchsten Wortsinne (in dem der neuzeitlichen Physik). Ebenso findet reine Phänomenologie Anwendung auf die Psychologie und ermöglicht (bzw. wird dereinst ermöglichen) eine „exakte" — beschreibende und erklärende —
35 Psychologie in einem entsprechenden höchsten Sinne.

---

* A.a.O., S. 392.

---

[1] Zuerst erschienen in: *Bericht über den VI. Kongreß für experimentelle Psychologie vom 15. bis 18. April 1914. II. Teil*, Leipzig 1914, S. 144-145.

FICHTES MENSCHHEITSIDEAL

〈 Drei Vorlesungen 〉[1]

〈 I. Das absolute Ich der Tathandlungen 〉

Das deutsche Geistesleben seit der Reformation bis etwa zu Goe-
5 thes Tod bietet uns ein merkwürdiges Bild. Aus öden Steppen mit
geringfügigen Bodenwellen erheben sich vereinzelte Bergriesen, ein-
same große Geister: Kopernikus, Kepler, nach langer Pause Leibniz.
Dann türmt sich mit einem Mal ein ganzes Hochgebirge von Gei-
stesgrößen auf, Lessing, Herder, Winckelmann, Wilhelm von Hum-
10 boldt, in der Dichtung die erhabenen Gipfel Goethe und Schiller, in
der Philosophie der Genius Kant und von ihm geweckt die Philosophie des deutschen Idealismus, für sich selbst ein gewaltiger Ge-
birgszug mit vielen schwer zugänglichen Gipfeln: Fichte, Schelling,
Hegel, Schleiermacher, Schopenhauer, um nur die bekanntesten zu
15 nennen. Haben wir die Fülle der Kulturwerte, die von diesen Großen ausstrahlen, schon ausschöpfen können, hat sich ihr Geistesleben in uns schon voll ausgewirkt? Da ist es eine bedeutsame Tatsache, daß ein Hauptteil des Ewigkeitsgehaltes dieser großen Geister
(und ich habe hier besonders den deutschen Idealismus im
20 Auge) in unserem Geistesleben um seine Auswirkung gebracht, daß
er mit einem Mal völlig außer Wirkung gesetzt worden ist. Es ist, als
ob sich plötzlich ein dichter Nebel über die dereinst so strahlenden
Gletscherhöhen gesenkt und sie der modernen Menschheit verhüllt
hätte. Mit einem Mal verebbt, schon in der Mitte des 19. Jahrhun-
25 derts, der Schwung des Geisteslebens, der von den großen Idealisten

---

[1] Gehalten im Rahmen der Kurse für Kriegsteilnehmer der Universität Freiburg
i. Br., erstmals vom 8.-17. November 1917; wiederholt vom 14.-16. Januar und am 6.,
7. und 9. November 1918.

ausgegangen war und der über die ganze Welt sich verbreitend eine
Umwandlung der Weltkultur zu bedeuten schien. Die Herrschaft
dieser Philosophie über die Geister wurde abgelöst durch die Herrschaft der neuen exakten Wissenschaften und der von ihnen be-
5 stimmten technischen Kultur. So groß war die Umwendung in der
ganzen Interessenrichtung und so groß der dadurch bedingte Wandel
der Fähigkeiten verständnisvoller Schätzung, daß wir vergeblich im
Buch der Geschichte die Jahrtausende durchblättern und die fernsten Kulturkreise durchschreiten, um nur eine Philosophie zu fin-
10 den, die uns Deutschen und der modernen Menschheit unverständ-
licher erschiene als diese in unserem Volk eigenwüchsige und nur
ein Jahrhundert hinter uns liegende Philosophie des deutschen Idealismus.

Mindestens bis vor kurzem konnte man ohne Übertreibung so
15 sprechen. Denn schon seit der Wende unseres Jahrhunderts machen
sich Umstimmungen der geistigen Interessen der Gegenwart merklich und im Zusammenhang damit in kleineren Kreisen eine neue
Stellung zum deutschen Idealismus, ein neues Verständnis für seine
Bestrebungen, für seine Probleme und Denkweisen. Und dazu kam
20 nun dieser Krieg, dieses über alles Begreifen große und schwere
Schicksal unserer deutschen Nation. Welches Phänomen! Die erste
fast die ganze Erde umspannende Völkerorganisation tut sich auf,
aber zu welchem Zweck? Zu keinem anderen, ⟨als⟩ um Deutschlands Kraft zu vernichten, um das deutsche Volk um fruchtbares
25 Leben, Wirken und Schaffen zu bringen. Ist in der ganzen Geschichte einem Volk je ein größeres Schicksal, ist einem je eine härtere
Prüfung auferlegt worden? Eine solche Zeit ist aber, wie es nicht
anders sein kann, für alle Kernhaften und Wohlgesinnten eine Zeit
der inneren Einkehr und Umkehr. Es ist eine Zeit der Erneuerung all
30 der idealen Kraftquellen, die dereinst im eigenen Volk und aus seinen tiefsten Seelengründen erschlossen worden sind und die schon
früher ihre rettende Kraft bewährt hatten. Vor einem Jahrhundert
schon kämpfte unser deutsches Volk einen Existenzkampf. Das bei
Jena mit Preußen gedemütigte Deutschland stand auf und siegte. Es
35 siegte, wodurch anders als durch die Kraft des neuen Geistes, den
der deutsche Idealismus und sein damaliger Bannerträger Fichte in
ihm geweckt. Ausschließlich die national entsprossenen Ideale, ausschließlich eine Innenwendung zu höchsten religiösen und ethischen
Ideen weckte die Kräfte, die alle Herzen zugleich innerlich läuterten

und stärkten, die aus schwachen und kleinmütigen Menschen Helden machten. An ähnlichen Tendenzen fehlt es, begreiflicherweise, auch in unserer Zeit nicht. Ideen und Ideale sind wieder auf dem Marsch, sie finden wieder offene Herzen. Die einseitige naturalisti-
5 sche Denk- und Fühlweise verliert ihre Kraft. Not und Tod sind heute Erzieher. Ist doch der Tod seit Jahren kein Ausnahmeereignis mehr, das sich durch prunkvolle feierliche Konventionen, unter gehäuften Blumenkränzen verdecken und in seiner ernsten Majestät verfälschen läßt. Der Tod hat sich sein heiliges Urrecht wieder
10 erstritten. Er ist wieder der große Mahner in der Zeit an die Ewigkeit. Und so sind uns denn auch wieder Sehorgane für den deutschen Idealismus erwachsen, und insonderheit sind wir wieder fähig geworden, denjenigen unter den Trägern dieser Philosophie in seiner erhabenen Größe zu würdigen, der uns in unseren heutigen
15 Nöten am meisten Trost und Seelenstärkung zu spenden vermag, für J. G. Fichte, den Philosophen der Befreiungskriege. Von ihm, von seiner Neugestaltung der Ideale echten Menschentums aus den tiefsten Quellen seiner Philosophie will ich hier sprechen.

Wie sehr Fichte in der Geschichte der deutschen Spekulation eine
20 Epoche einleitet, er war doch nichts weniger als bloß theoretischer Forscher und gelehrter Professor. Die Leidenschaft, die sein theoretisches Denken bewegt, ist nicht der bloße Wissensdurst, ist nicht die Leidenschaft eines puren theoretischen Interesses. Fichte war vielmehr eine durchaus praktisch gerichtete Natur. Nach Anlage
25 und herrschendem Lebenswillen war er ethisch-religiöser Reformator, Menschheitserzieher, Prophet, Seher: Ja alle diese Namen darf ich wagen, und er selbst würde sie sich gefallen lassen. Also im Dienst dieses gewaltigen praktischen Triebes steht sein ganzes Philosophieren, und so ist es auch kein Wunder, daß er, ganz und gar
30 ein Kraft- und Machtmensch, in seinen Theorien nicht selten gewalttätig verfährt, nur um seine praktischen Interessen mit theoretischen Argumenten zu wappnen.

Fichte machte es schon seinen Zeitgenossen und macht es noch mehr uns, seinen Nachfahren, recht schwer, ihm zu folgen. Wer als
35 Theoretiker im Geiste strenger Wissenschaft erzogen ist, wird die vielen anspruchsvollen Denkkünsteleien seiner Wissenschaftslehren bald unerträglich finden. Man wird ungeduldig und möchte gern den Theoretiker ganz auf sich beruhen lassen, um sich nur an dem berühmten patriotischen Redner, Ethiker, Gottsucher zu erfreuen.

Aber das geht wieder nicht. Denn Fichte ist kein bloßer Moralpre-
diger und philosophischer Pastor. Alle seine ethisch-religiösen Intuitionen sind bei ihm theoretisch verankert. So wird man wieder zu
seinen theoretischen Konstruktionen zurückgeworfen, die man so
5 gerne überschlagen hätte. Doch hält man nun stand und ist einmal
der Sinn für den Stil dieser außerordentlichen Persönlichkeit geweckt, so wird nicht nur das Herz für die Größe und Schönheit der
Fichteschen Weltanschauung und der von ihr ausstrahlenden praktischen Impulse eröffnet, sondern man wird auch dessen inne, daß
10 selbst hinter den logischen Gewaltsamkeiten, die er uns zumutet,
eine tiefere Bedeutung liegt, eine Fülle großer, wenn auch wissenschaftlich noch nicht ausgereifter Intuitionen, in denen eine wahre
Kraft liegt: ganz ähnlich wie bei anderen großen Philosophen der
Vergangenheit wie z. B. bei Platon. Die Philosophie, welche die
15 höchsten, dem natürlichen Erfahren und Denken fernstliegenden
Probleme mit dem Lichte streng wissenschaftlicher Erkenntnis
durchleuchten will, braucht eben einen längeren Weg und längere
Epochen angespannter Denkarbeit, um die Stufe endgültig begründeter Wissenschaft zu erklimmen. In dieser Hinsicht ist sie auch heute
20 noch nicht am Ziel. Wie unangebracht ist doch die pharisäische
Selbstgerechtigkeit der Exakten, wie unbillig die absprechenden Urteile der in den strengen Naturwissenschaften unserer Zeit Erzoge-
nen über die Philosophie! Sie übersehen, daß auch in den Naturwissenschaften die strenge Methode und Theorie nicht mit einem Mal
25 da und nicht von irgendwelchen klugen Naturforschern erfunden
worden ist; sie übersehen, daß sie vielmehr das Endergebnis eines
jahrtausendelangen mühevollen Ringens genialer Geister war, die,
geleitet von großen Intuitionen und im schöpferischen Gestalten
immer neuer Versuche zu ihrer Meisterung, der künftigen strengen
30 Wissenschaft vorgearbeitet und sie als solche allererst möglich gemacht haben.

In der Entwicklungsstufe steht die Philosophie hinter anderen
Wissenschaften also freilich weit zurück. Aber sollen wir darum, was
ihre großen Genien an herrlichen Vorahnungen und Entwürfen uns
35 bieten, achtlos beiseite schieben? Sie handelt doch von Fragen, die
keinem Menschen gleichgültig sein können, weil die Stellungnahme
zu ihnen für die Würde echten Menschentums entscheidend ist.
Mögen wir also den Mangel an jener Klarheit und Stringenz, die
unser theoretisches Ideal ist, auch schmerzlich vermissen, so werden

wir uns doch mit liebender Hingabe bemühen müssen, uns den
intuitiven Geistesgehalt der großen philosophischen Systeme zuzueignen: glücklich und stolz am Werden und Sich-Entfalten der höchsten Wahrheiten teilnehmen und einen Zuwachs an vorahnenden
5 Erkenntnissen gewinnen zu können, an denen für uns menschlich so
viel hängt. Damit bezeichnet sich auch unsere Stellung zu Fichte,
oder es bezeichnet sich die Einstellung, die ich Ihnen für die Lektüre
Fichtescher Schriften anempfehlen möchte: in der sicheren Voraus-
sicht, daß Sie, einmal durch die harte Schale durchgedrungen, jene
10 edelste Erhöhung und Erquickung empfinden werden, die von Fichte, ganz ähnlich wie von Platon, ausstrahlt, eben weil auch er einer
der großen Vorschauer, Vorahner von Erkenntnissen war, die nicht
nur eine theoretische Neugier befriedigen, sondern in die tiefsten
Tiefen der Persönlichkeit dringen, diese alsbald auch umschaffen
15 und zu einer höheren geistigen Würde und Kraft erheben. Von Fichtes Schriften, die in besonderem Maß solche Wirkungen üben, nenne
ich *Die Bestimmung des Menschen* (1800), *Die Grundzüge des gegenwärtigen Zeitalters* (1806), *Die Anweisung zum seligen Leben*
(desgleichen), die *Reden an die deutsche Nation* (1808), die Erlanger
20 Vorlesungen *Über das Wesen des Gelehrten* (1805), die fünf Berliner
Vorlesungen über die Bestimmung des Gelehrten (1811).

*

Es ist die Eigenart rein theoretischer Fragen aus dem Gebiete
der Philosophie, daß die Richtung ihrer Beantwortung lebensbestim-
mend und für die oberste Zielgebung des persönlichen Lebens ent-
25 scheidend werden kann und werden muß. Dieser Zusammenhang
erklärt es, warum der große Praktiker Fichte mit solcher Leidenschaft an gewissen theoretischen Stellungnahmen interessiert war,
warum er alles Heil der Menschheit, alle Menschheitserhöhung und
Menschheitserlösung von seinem „Idealismus" erwartete. Die theo-
30 retische Frage, die in dieser Hinsicht für ihn im Zentrum steht, ist
die der Existenz oder Existenzart der räumlich-zeitlichen Wirklichkeit, der Welt im natürlichen Wortsinn. Dem philosophisch Naiven
ist das die sonderlichste aller Fragen. Ist die Außenwelt, diese Welt
der materiellen Dinge und organischen Wesen nicht einfach da, ganz
35 selbstverständlich eine Welt für sich seiender Dinge, die den Raum

ausfüllen, sich im Raum bewegen, aufeinander wirken, und hat nicht
die Naturwissenschaft in ihr das sicherste Substrat ihrer Forschungen, bezeugt sie durch ihre exakten Voraussagen nicht immerfort die
Wirklichkeit dieser Welt? Mit Descartes' *Meditationen,* der Ouver-
5 türe der neuzeitlichen Philosophie, erwächst, wie wunderbar, eine
Tendenz zur Revolution dieser so natürlichen und scheinbar so
selbstverständlichen Denkart. Das erste, heißt es mit einem Mal,
ist nicht die Welt, in der wir sind, sondern das erste sind wir mit
unserem Erfahren und Denken, und die Welt ist Welt für uns, von
10 uns erfahrene, von uns gedachte, in unserem Denken von uns selbst
gesetzte Welt. Als das ist sie zunächst also durch das Medium unserer Erkenntnisphänomene sich darstellende Welt. Was bedeutet
dann aber jenes An-sich-Sein, das die naive Reflexion ihr zubilligt?
Wie ist Erkenntnis, die doch immer nur von subjektiven Erkennt-
15 nisgestaltungen zu Erkenntnisgestaltungen übergeht, als Erkenntnis
von Dingen an sich möglich, also von Dingen, denen alles Erkannt-
werden durch menschliche Erkenntnisphänomene gleichgültig ist?

Von hier aus geht der Weg zum „Idealismus", der vor Fichte die
kraftvollste Ausbildung durch Kant erfahren hat. Raum und Zeit,
20 die großen Formen der gegebenen Naturwirklichkeit, haben nach
ihm keinerlei transzendent-reale Bedeutung. Sie stammen rein aus
der erkennenden Subjektivität, als die von ihr und in ihr selbst bei-
gestellten „Anschauungsformen". Im bloßen Empfinden sinnlicher
Daten, von Ton, Farbe usw., ist das Subjekt durch transzendente
25 Dinge an sich affiziert. Die so empfangenen Empfindungsmaterialien
breitet es nach einer ihm eigenen unwandelbaren, unbewußt
sich auswirkenden Gesetzmäßigkeit notwendig räumlich und zeitlich
aus. Ebenso drücken die Begriffe wie Substanz (Materie), reale Eigenschaft, Kraft, Vermögen, Ursache, Wirkung nicht, wie wir naiv
30 meinen, Eigenheiten im transzendenten Sein aus, sondern Grundfor-
men eines zu unserer geistigen Eigenart unabtrennbar gehörigen
Denkens, und zu ihnen gehören apriorische Gesetze, wie das Kausalgesetz, die wieder nichts anderes als notwendige Weisen ausdrük-
ken, wie unsere theoretische Vernunft das räumlich-zeitlich Ange-
35 schaute auf unterer Stufe schon unbewußt verarbeitet. Im nachkommenden erfahrungslogischen Denken treiben wir Naturwissenschaft,
die rein von diesen (bewußt formulierten) apriorischen Gesetzen,
also von rein unserer Subjektivität entsprungenen Prinzipien geleitet
ist. Die wahre und wirkliche Natur ist nichts anderes als die natur-

wissenschaftlich erkannte, sie ist also durchaus nichts anderes als ein aus Empfindungsmaterialien nach rein inneren Gesetzen und Normen abgeleitetes Gebilde von notwendiger Geltung für jede der unseren gleichartige Subjektivität. Seine Gesetze schreibt der Ver-
5 stand der Natur vor, die also Produkt unserer Subjektivität, bloß Phänomen ist. Kant glaubt zeigen zu können, daß nur durch diese Einsicht die Möglichkeit einer objektiv gültigen Naturerkenntnis verständlich wird und andererseits daß jede theoretische Erkenntnis von transzendenten Wirklichkeiten schlechthin undenkbar sei. Also
10 von den Dingen an sich, aus denen wir als affizierenden unsere sinnliche Empfindung ableiten, aber auch und erst recht von Gott, von dem transzendenten Wesen unserer Seele, von ihrer Unsterblichkeit und Freiheit können wir nicht das mindeste theoretisch erweisen oder theoretisch widerlegen.
15   So wird in diesem Idealismus eine paradoxe Umkehr der natürlichen naiven Denkungsart vollzogen. Welch ungeheure Zumutung für den „gesunden" Menschenverstand. Die Subjektivität ist weltschöpferisch, aus vorgegebenen Empfindungsmaterialien nach ihren festen Gesetzen die Welt gestaltend. Nicht minder merkwürdig ist
20 aber auch Kants Lehre von der praktischen Vernunft. Das menschliche Trieb- und Willensleben steht wie sein Erfahrungs- und Denkleben unter apriorischen Gesetzen. Der theoretischen Vernunft steht zur Seite eine praktische Vernunft. Hier werden wir des erhabenen Sittengesetzes bewußt, des kategorischen Imperativs der
25 Pflicht, der schlechthin unbedingten Forderung, ohne jede Rücksicht auf unsere Neigungen und auf irgend erwachsende Folgen unsere Pflicht zu erfüllen. In seiner absoluten Geltung zweifellos, gehört dieses Gesetz nicht zu den eine Natur konstituierenden. Aber es erhebt uns, zugleich indem es uns sich unterwirft, zur Würde mora-
30 lischer Menschen, macht uns zu Mitgliedern einer sittlichen Welt. Und nun vollzieht Kant eine höchst merkwürdige, auf Fichte so tief einwirkende Wendung. Die transzendenten Wesenheiten, deren theoretische 〈Un〉erkennbarkeit Kant erwiesen hatte, deduziert er als „Postulate der reinen praktischen Vernunft". Können wir theo-
35 retisch über Gott, Unsterblichkeit, Freiheit 〈nichts〉 erweisen, so können wir doch erkennen, daß alle solche Transzendenzen notwendig geglaubt, als wahrhaft seiend angenommen werden müssen, nämlich wenn das Sittengesetz nicht seinen praktischen Sinne verlieren soll. Z. B. in der Natur gibt es keine Freiheit, alles ist da streng

kausal determiniert: Das Kausalgesetz ist für eine Natur konstitutiv. Das betrifft also den Menschen als Glied der Natur, als phänomenales Sein im phänomenalen Zusammenhang. Die Pflichtforderung des kategorischen Imperativs mit ihrem unbedingten Sollen wäre

5 aber undenkbar, wenn ich nicht tun könnte, was ich soll. Hier heißt es, du kannst, denn du sollst. Also muß der Mensch hinter seinem Sein als Phänomen ein transzendentes Wesen haben und eine transzendentale Freiheit: Das ist ein praktischer Vernunftglaube, ein praktisches Postulat. In diesem Geiste werden die Transzendenzen

10 der Religion als notwendige Postulate erwiesen und damit eine moralistische Religionsphilosophie und überhaupt Metaphysik nicht als Wissenschaft erwiesen, aber durch solche Postulate begründet.

Kants Ergebnisse sind die Ausgangspunkte Fichtes, der in seinen Anfängen unermüdlich war, Kants überwältigende Größe zu preisen

15 und sich als Kantianer zu bekennen. Zunächst wandelt er, über Kant fortschreitend, den Idealismus zu seiner radikalen Konsequenz. Er streicht, darin nicht ohne Vorgänger, die affizierenden Dinge an sich fort und erklärt sie für letzte Reste eines naiven Dogmatismus. Er sucht nachzuweisen, daß Dinge an sich, transzendente Wesenheiten,

20 denen das Bewußtwerden außerwesentlich ist, Dinge, die an sich mit einer Subjektivität nichts zu tun haben und nur zufällig zu ihr in Beziehung treten, etwas ganz und gar Unsinniges sind. Nach Kant empfangen wir passiv die Sinnesempfindungen von außen, wir verdanken sie affizierenden, völlig unbekannten und unerkennbaren

25 Dingen an sich. Sind diese undenkbar, woher das mannigfaltige Sinnliche, das immerfort wechselnd uns vorgegeben ist und das Material ist für die Konstitution der Natur? Warum tritt es auf und gerade in der Ordnung und den Qualitäten, daß sich eine Natur gestalten läßt?

30 Hier faßt nun Fichte, angeregt durch Kants Lehre von der praktischen Vernunft, einen Gedanken von ungeheurer Kühnheit, durch den er einen völlig neuen Typus der Weltinterpretation begründet und durch den er sich in neuer und kaum noch zu überbietender Weise mit der natürlichen Weltauffassung in Gegensatz stellt. Nach

35 Kant kann das Objektivität produzierende Subjekt nur tätig sein, nachdem es vorher passiv affiziert war. Fichte, der Mann des Willens und der Tat, mag sich damit nicht begnügen. Die Affektion ist durch die Streichung der Dinge an sich fortgefallen, in der Subjekti-

vität verbleibt nun (als toter Rest) ein Gewühl von Empfindungsmaterialien. Kann in der Subjektivität etwas sein, was sie nicht selbst
erzeugt hat? Nein, Subjekt sein ist durchaus und nichts anderes als
Handelnder sein. Und was immer das Subjekt vor sich hat, als
5 Substrat des Handelns, als Objekt seiner Betätigung, das muß, als
ein ihm Immanentes, selbst schon Erhandeltes sein. Also nicht nur
deckt sich Subjekt sein und handelnd sein, sondern auch Objekt für
das Subjekt sein und Handlungsprodukt sein. Vor dem Handeln
liegt, wenn wir an den Ursprung gehen, nichts, der Anfang ist, wenn
10 wir uns sozusagen die Geschichte des Subjekts denken, nicht eine
Tatsache, sondern eine „Tathandlung", und eine „Geschichte"
müssen wir uns hier denken. Subjekt sein ist *eo ipso* eine Geschichte,
eine Entwicklung haben, Subjekt sein ist nicht nur Handeln, sondern
notwendig auch von Handlung zu Handlung, von Handlungspro-
15 dukt in neuem Handeln zu neuen Produkten fortschreiten. Im Wesen des Handelns liegt es, auf ein Ziel gerichtet sein. Handelt das
Ich, so wäre es im ersten Erzielen tot und nicht lebendiges Ich, wenn
nicht jede Erzielung neue Ziele, jede Aufgabe neue Aufgaben aus
sich hervortriebe in unendlicher Folge. Die unendliche Kette von
20 Zielen, Zwecken, Aufgaben kann aber nicht zusammenhanglos sein,
sonst wäre das Ich nicht ein Ich, sonst motivierte nicht eine Erzielung, die Erfüllung einer ersten Aufgabe, eine neue und so fort. Jedes
Ziel ist ein Telos, aber alle Ziele müssen zusammenhängen in der
Einheit des Telos, also in teleologischer Einheit. — Und das kann
25 nur der oberste sittliche Zweck sein.

⟨ II. Die sittliche Weltordnung als das
weltschaffende Prinzip⟩

Das Fichtesche Ich, dessen Wesen wir uns am Schluß der letzten
Vorlesung klarzulegen versuchten, ist sich selbst setzende Tathand-
30 lung, aus der in unendlicher Folge immer neue Tathandlungen entspringen. Das Ich (oder die Intelligenz, wie Fichte auch sagt) muß
sich immer neue „Schranken" setzen, um sie immer wieder zu
überwinden, es müssen ihm immer neue Aufgaben erwachsen, die in
der Lösung immer neue Aufgaben hervortreiben. Die Lösung kann
35 und darf nicht eine restlos befriedigende sein, um eben neue Zielsetzungen zu ermöglichen und die Unendlichkeit der Ichtätigkeit nicht

ins Stocken zu bringen. In allen diesen Zielsetzungen und Erzielun-
gen waltet notwendig eine einheitliche Teleologie, die Unendlichkeit
der Tathandlungen hat eine sinnvolle Einheit: Damit haben wir
geschlossen.

5   Nun müssen wir zunächst darauf achten, daß Fichte, der Schüler
Kantischer Philosophie, zu uns spricht, daß also dieses Ich nicht
irgendein individuelles Menschen-Ich sein kann. Menschliche Subjekte sind Glieder der Welt, sind im Sinn des Idealismus sehr mittelbare Gebilde in der Subjektivität. Das Ich Fichtes, das reine oder
10   absolute Ich, ist nichts anderes als diese Subjektivität, in der (gemäß
dem gesetzmäßigen Spiel der Tathandlungen) die phänomenale Welt
mit allen Menschen-Ich erst wird. Die Geschichte des Ich, der absoluten Intelligenz, schreiben ist also, die Geschichte der notwendigen
Teleologie schreiben, in der die Welt als phänomenale zur fort-
15   schreitenden Schöpfung kommt, zur Schöpfung in dieser Intelligenz.
Diese ist also kein Gegenstand der Erfahrung, sondern eine metaphysische Potenz. Weil wir erkennende Menschen aber doch Iche
sind, in welchen dieses absolute Ich sich in sich zerspalten hat, können wir, durch schauende Vertiefung in das zum reinen Wesen des
20   Ich, der Subjektivität Gehörige, die notwendige Folge teleologischer
Prozesse rekonstruieren, aus denen die ganze Welt und schließlich
wir selbst (in einem uns unbewußten Walten der absoluten Intelligenz) gebildet wurden, gebildet in teleologischer Notwendigkeit. So
verfahrend sind wir Philosophen, und die einzig echte Aufgabe
25   der Philosophie liegt gerade hier, sie besteht darin: die Welt als
teleologisches Produkt des absoluten Ich begreifen und, in der Aufklärung der Schöpfung der Welt im absoluten Ich, deren letzten Sinn
herausstellen. Das meint Fichte leisten zu können und geleistet zu
haben. In seinen allerdings oft recht willkürlichen und abstrusen
30   Konstruktionen glaubt er, alle die Anschauungs- und Denkformen,
alle die Grundgesetze des reinen Verstandes, die nach Kant das
apriorische Gerüst der Erfahrungswelt ausmachen, in ihrer teleologischen Notwendigkeit deduziert zu haben, also deduziert, warum,
oder was hier dasselbe, wozu das absolute Ich tathandelnd in sich
35   Empfindungsmaterialien setzen, sie räumlich-zeitlich ausbreiten,
den so gebildeten Anschauungen Materie, Kraft, Kausalgesetzlich-
keit substituieren, also eine materielle Welt und auf diese aufge-
pfropft schließlich eine Menschenwelt mit sozialen Formen bilden
muß. „Wozu" sagte ich. Was gibt, müssen wir fragen, dieser welt-

schaffenden Teleologie schließlich ihren letzten Sinn? Was gibt der
Unendlichkeit von Tathandlungen und der Typik ihrer Leistungen
eine feste teleologische Direktion? Die Antwort lautet: Durch das
unendliche Handeln geht ein unendlicher, nach Befriedigung sich
5 sehnender Trieb. Worauf geht er? Doch nur auf das, was allein reine
Befriedigung gewähren, was allein als Selbstzweck bestehen kann,
was allein den absoluten Wert in sich schließt. Was das ist, hat die
Kantische Ethik herausgestellt. Einzig und allein ein moralisches
Handeln hat den absoluten Wert und nichts sonst in aller Welt. Dies
10 muß also der letzte teleologische Grund sein, der das Spiel der Tathandlungen in der Intelligenz in Bewegung erhält. M. a. W., die teleologische Produktion der Welt im absoluten Ich ist von vornherein
angelegt auf die Produktion einer Welt, in der ein sittliches Handeln
seine Stätte haben kann; also zuletzt auf die Schöpfung einer Men-
15 schenwelt, einer Welt freier Geister, die miteinander in sittlichen
Beziehungen stehen und die, geleitet vom erhabenen Pflichtgebot,
eine sittliche Weltordnung realisieren. Dieser sittlichen Weltordnung
gehört als ihre teleologische Unterstufe, als notwendige Vorbedingung, die materielle Natur an. Eine Natur muß sein, damit Men-
20 schen und Menschengemeinschaften sein können, und diese wieder
müssen sein, damit sittliche Menschen und Menschengemeinschaften sein können. Eine sittliche Weltordnung ist der einzig denkbare absolute Wert und Zweck der Welt, als solcher ist sie aber der
Grund der Wirklichkeit der Welt. Sie selbst ist nicht reale Wirklich-
25 keit, sie ist als ein beständiges Sein-Sollen eine normative Idee. Und
doch, sie ist mehr als Realität, sie ist das im absoluten Ich für alles
Weltgestalten leitende, also das weltschaffende Prinzip. Nicht das
Ich ist der Weltschöpfer, zwar rein in ihm, in seinem Tathandeln
konstituiert sich die Welt, aber warum: weil es immer vom Ver-
30 nunfttrieb, dem Trieb zur Realisierung dieser normativen Idee einer
sittlichen Weltordnung durchherrscht wird. Diese Idee ist also die
teleologische Ursache dieser Welt, mit anderem Worte, sie ist Gott.
Denn mit diesem Worte bezeichnet man ja immer den teleologisch
schöpferischen Weltgrund. So heißt es also bei Fichte wirklich: Gott
35 ist die sittliche Weltordnung, einen anderen kann es nicht geben.
Andererseits ist dieser Gott doch dem absoluten Ich durchaus immanent. Er ist keine äußere Substanz, keine Realität außerhalb des
Ich, die in das Ich hineinwirken würde. Das Ich ist absolut autonom,
es trägt seinen Gott in sich als die seine Tathandlungen beseelende

und leitende Zweckidee, als Prinzip seiner eigenen autonomen Vernunft. (Doch ist das vielleicht schon etwas freie Interpretation, die aber das Dunkel der Fichteschen Intentionen klären dürfte.)

Jedenfalls erkennen Sie die wunderbare Konsequenz, mit der
5 Fichte einen reinen Idealismus im Sinn einer rein teleologischen Weltanschauung durchführt und zugleich einer rein moralistischen Weltanschauung. Nimmt man die Natur einfach als Gegebenheit hin, so kann man auf ihrem Boden nach Naturkausalität erklären, man kann jedes erfahrene Naturereignis auf seine Kausalgesetze
10 zurückführen. Eine total andere Naturerklärung wird hier vollzogen. Eine Erklärung des Sinnes der Natur, der Allnatur, des Sinnes ihrer Wirklichkeit als materieller Natur und Schauplatz einer Menschenwelt wird dadurch vollzogen, daß man sie als teleologische Notwendigkeit versteht, daß man verständlich macht, wozu sie da ist, und
15 im letzten Telos ihren Seinsgrund erweist: Das aber, und nichts anderes, will der deutsche Idealismus und zuerst derjenige Fichtes leisten. Man kann sagen, in Fichte feiert der herrliche, wenn auch ungereifte Typus der Platonischen Weltinterpretation seine Auferstehung. Denn auch bei Platon ist Gott eine Idee, die Idee des
20 Guten, die er als die Sonne des Ideenreiches bezeichnet, als die Lichtquelle, aus der alle echten Werte stammen. Und diese Idee ist auch für ihn die teleologische Ursache für die gegebene Sinnenwelt, welch letztere auch für ihn eine bloß phänomenale Welt ist.

Fichte gleicht Platon auch darin, daß für ihn, der, wie wir früher
25 ausgeführt, durchaus idealistischer Praktiker ist, die theoretische Weltinterpretation als Fundament gilt für eine praktische Menschheitserhöhung und -erlösung, für eine innere Umschaffung des Menschen durch Aufweisung der sich aus ihr ergebenden Menschheitsziele. „Nichts hat", sagt Fichte einmal, „unbedingten Wert und
30 Bedeutung als das Leben, alles übrige Denken, Dichten, Wissen hat nur Wert, insofern es auf irgendeine Weise sich auf das Leben bezieht, von ihm ausgeht und auf dasselbe zurückzulaufen beabsichtigt".[1] Wie schon in seinen Anfängen, als er sich mit Begeisterung der Kantischen Philosophie in die Arme wirft, so erhofft er, und erst
35 recht von seiner idealistischen Reinigung und Umgestaltung dieser Philosophie im Sinn einer ethisierenden Metaphysik, eine totale

---

[1] Johann Gottlieb Fichte, *Werke. Auswahl in sechs Bänden,* hrsg. u. eingel. von Fritz Medicus, Leipzig 1908 ff., III. Band, S. 557 f.

Wiedergeburt der Menschheit. Diese neue Philosophie schafft ein völlig neues und das allein echte Menschheitsideal. Eine völlige Umwertung aller Werte liegt ja klärlich in ihr beschlossen. In der Tat, der naive Dogmatiker, für den die Sinnenwelt die absolute

5 Wirklichkeit ist, wird eben durch diese Überzeugung auch praktisch zum Sinnenmenschen, er wird zum Sklaven dieser irdischen Welt. In Lust und Schmerz, in Begierde und Genuß ist er immerfort auf sie bezogen, ist er von ihr abhängig. Als solcher Sinnenmensch ist er immerfort bedürftig, zwischen Hoffnung und Furcht umhergetrie-

10 ben, durch und durch unselig. Was ist da sein Ideal? Das, was er „Glückseligkeit" nennt, das Ziel einer möglichst großen Summe des Genusses. Und für die Gemeinschaft ergibt sich dann konsequenterweise das Ziel des größtmöglichen Glücks der größtmöglichen Anzahl. Eines und das andere ein gänzlich unerreichbares, durchaus

15 wertloses und so in jeder Hinsicht sinnloses Ziel, das ihn gänzlich unselig macht.

Aber nun kommt die Kant-Fichtesche Philosophie und zeigt, daß diese ganze angestaunte, begehrte, gefürchtete Welt ein pures Nichts ist, bloß Phänomen und Produkt der Subjektivität. Sie holt aus der

20 Innerlichkeit unserer autonomen Vernunft den einzig reinen und absoluten Wert des pflichtmäßigen Handelns zutage, sie enthüllt dem Menschen zugleich den innersten Sinn seiner geistigen Natur und ihrer Aufgaben. Sie lehrt ihn, daß nur im reinen Willen, in der reinen Gesinnung, gänzlich unabhängig vom äußeren Gelingen und

25 Mißlingen seines Tuns, der Wert seiner Persönlichkeit liegt. Sie zeigt ihm, daß er als sittlich Handelnder ein freier ist, und zwar freier Bürger in einer zur Freiheit bestimmten Gemeinschaft. Wie erhöht diese Philosophie das edle Selbstbewußtsein des Menschen und die Würde seines Daseins, wenn sie erweist, daß d i e g a n z e W e l t -

30 s c h ö p f u n g in der absoluten Intelligenz sich u m s e i n e t w i l l e n vollzieht, daß die Welt nur ist, um für ihn und seinesgleichen Möglichkeiten freien Handelns und Wirkens zu beschaffen. Das ist ihre Bestimmung, und in ihrem Rahmen hat alles und jedes seine Bestimmung: der einzelne Mensch als sittlicher Mensch seine Bestim-

35 mung im sozialen Zusammenhang. Die besonderen Pflichten aber ergeben sich ihm in der besonderen Lage durch sein reines moralisches Bewußtsein, und ihnen gemäß hat er dann in Freiheit sein Leben zu gestalten. So lebend ist jeder und w e i ß s i c h jeder als G l i e d e i n e r ü b e r s i n n l i c h e n, einer m o r a l i s c h e n W e l t o r d -

nung. Er selbst ist es, der ihr in jedem sittlichen Handeln zur Realität verhilft. Und eben das gibt ihm seinen eigenen Wert und seine
Würde. Ganz und gar nicht mehr für sich lebt er, sondern rein für
die Idee, für die Gattung. — Die „Glückseligkeit", dieses ihn früher
5 äffende Trugideal, hat er völlig von sich geworfen, frei folgt er der
aus seiner praktischen Vernunft ertönenden Stimme: Handle nach
deiner Bestimmung! Nie kann dieses Leben in ethischer Freiheit
sein Ende haben, wie die wahre Philosophie lehrt, es entfaltet sich in
einer Unendlichkeit von Aufgaben als ein unendlich sie lösendes
10 Handeln. Und darin findet der echte Mensch seine Seligkeit, es
ist die Seligkeit der sittlichen Autonomie in der Befreiung von aller
sinnlichen Sklaverei. Aufrecht und frei geht er, der zum Bürger der
übersinnlichen Welt geworden ist, seinen Weg, selbst vor Gott kann
er aufgerichtet dastehen. Denn das moralische Gesetz, sagt Fichte,
15 das uns verbindet, macht selbst das göttliche Sein aus. „Nehmt die
Gottheit in euren Willen auf, und sie steigt für euch von ihrem
Weltenthrone herab."[1]

So zeigt die neue Philosophie den Weg, den einzigen Weg zur
Erlösung in der Erhebung zum echten Menschheitsideal wahrer Sitt-
20 lichkeit. Mit dieser inneren Wiedergeburt, die Sache eines einzigen
heroischen Entschlusses ist, erwächst ein völlig neuer Menschenty-
pus. Solange der Mensch noch am „Affekt des Seins" krankt, in der
Qual sinnlicher Begierden der Mannigfaltigkeit irdischer Dinge und
Antriebe preisgegeben, lebt er notwendig ein zerstreutes, gewisser-
25 maßen ausgegossenes Dasein. Die Distraktion des unseligen Sinnenmenschen wandelt sich durch jene Wiedergeburt in die Konzentra-
tion eines neuen geistigen Menschen, des in freier Selbsttätigkeit sich
selbst immerfort schaffenden Idealisten.

In diesem Entwicklungsstadium der Fichteschen Philosophie
30 deckt sich der ethische Mensch durchaus mit dem religiösen.
Eigene religiöse Ideale, die dem idealen Menschen von sich aus neue
Farbe und entsprechende Erhöhung verleihen würden, gibt es da
nicht. Fichte selbst sagt in dieser Epoche: „Moralität und Religion
sind absolut Eins."[2] Gott wird ja geradezu identifiziert mit der Idee
35 der moralischen Weltordnung, er ist der „*ordo ordinans*"[3], aus dem

---

[1] A.a.O., S. 198.

[2] A.a.O., S. 169.

[3] Vgl. a.a.O., S. 246.

alles Sein teleologisch entquillt. Demnach bedeutet die völlige Umkehr der theoretischen Weltauffassung *eo ipso* eine völlige Umkehr der religiösen, wobei Fichte, wie immer, seine religiöse
Weltauffassung mit der des echten Christentums identifiziert. Dieses
5 wahre Christentum, meint er in seinen schroffen Kritiken seines
Zeitalters, ist versunken. Der verkehrte Dogmatismus, in dem es
lebt, der die Sinnenwelt als eine absolute Welt von Dingen an sich
substantialisiert, vergiftet auch den wahren Gottesglauben. Gott, der
diese Welt geschaffen, wird selbst als ein räumlich-zeitliches Wesen
10 gedacht, als eine Substanz gegenüber den endlichen Substanzen. Als
räumlich-zeitliches Wesen ist er aber schlechthin unvorstellbar,
wenn nicht selbst als Ding, als sinnliches Wesen — ein völliger Non-
sens. Die wahre Religion und Philosophie lehrt: Gott ist ein übersinnliches Wesen, undenkbar als Substanz, als Realität, ja auch als
15 Persönlichkeit. Und die übliche Substantialisierung führt notwendig
dahin, Gott auch in moralischer Hinsicht herabzuwürdigen. Er wird
zum Geber allen Genusses, zum Austeiler des immer sinnlich gedachten „Glücks" oder Unglücks der endlichen Wesen. Mit diesem
Gott, der ganz und gar ein heilloser Gott ist und dessen Himmel
20 eine Versorgungsanstalt für Genüßlinge ist, schließt der sogenannte
„Gläubige" einen Kontrakt, dessen Urkunde die Bibel ist. Mit dem
Gehorsam gegen Gott erkauft er sich irdische und jenseitige Genüsse. Wie erbärmlich, als ob Genuß selig und nicht prinzipiell unselig
macht. Der wahrhaft Religiöse will von diesem Götzen nichts wis-
25 sen, er braucht keinen Himmel, kein Elysium im Jenseits, er besitzt
schon im Diesseits in seinem ethisch freien Handeln alle erdenkliche
Seligkeit. Die Unendlichkeit der sittlichen Aufgabe beschließt dabei
in sich die Unsterblichkeit.

Eine tiefgreifende Umgestaltung erfährt Fichtes Metaphysik, er-
30 fährt seine Religions- und Gotteslehre und in eins damit sein praktisches Menschheitsideal in der Schriftengruppe seit 1800, zu der
fast alle Schriften gehören, die ich Ihnen zu empfehlen mir gestatte-
te: Sie werden eingeleitet durch die schwungvolle Schrift über *Die
Bestimmung des Menschen*. Schon in ihr verschwindet die Identifi-
35 kation von Gott und moralischer Weltordnung und damit von Religion und reiner Moralität. Ein ähnlicher Fortgang, der sich in der
griechischen Philosophie von Platon zum Neuplatonismus vollzieht,
bereitet sich in dieser Schrift vor und vollendet sich in den weiteren

Schriften Fichtes, ein Fortgang zu einem innigen religiösen Mystizis-
mus. Die gegen Fichte erhobene und ihn tief erregende Anklage
wegen Atheismus führte ihn zu einer neuen und intensiveren Beschäftigung mit den religionsphilosophischen Problemen, und dazu
5 kamen die ihn wohl nicht minder tief erregenden politischen Vorgänge, das unwürdige Verhalten der deutschen Völker und Fürsten
in der napoleonischen Zeit, die Niederlage bei Jena, die Schlaffheit,
mit der weite Volkskreise zunächst diese Demütigung hinnahmen.
Seine praktische Natur wird nun erst recht ins Praktische gerissen.
10 Er fühlt sich ja zum Reformator berufen und wendet sich nun in
noch viel höherem und jetzt vorherrschendem Maß in populären
Vorlesungen an breite Kreise. Sein Zeitalter, daß er schon vordem
scharf genug kritisiert hatte, schildert er nun erst recht mit den
schwärzesten Farben. „Die Zeit", sagt er, „erscheint mir wie ein
15 Schatten, der gebeugt über dem Leichname, aus dem ihn soeben ein
Heer von Krankheiten herausgetrieben, jammernd steht, und seinen
Blick nicht loszureißen vermag von der ehedem so geliebten Stätte."[1]
Aber Fichtes tatkräftiger Optimismus — und jeder teleologische
Idealismus ist theoretischer und praktischer Optimismus — verzagt
20 nicht. „Die Morgenröte einer neuen Welt ist schon angebrochen,
und vergoldet schon die Spitzen der Berge, und bildet vor den Tag,
der da kommen soll".[2] Aber die Fichtesche Philosophie, in der diese Morgenröte aufleuchtet, ist, das Bild paßt gut, in einem beständigen Wandel, zu immer reinerem Licht sich erhebend. Wie erwähnt,
25 schon in der *Bestimmung des Menschen* von 1800, so sehr das
moralistische Motiv noch herausklingt, hat er sich ein neues und
eigenes religiöses Motiv zugeeignet. Gott ist also nicht mehr der
ordo ordinans, sondern der unendliche Wille, wie es hier heißt, der
diesen *ordo* allererst bewirkt. Er ist der Weltschöpfer in der endli-
30 chen Vernunft. Es ist sein Licht, durch welches wir alles Licht und
alles, was uns in diesem Licht erscheint, erblicken. All unser Leben
ist sein Leben, alles sehen und erkennen wir in ihm, auch unsere
Pflicht. Alles in der Welt ist von Gott gewollt, gefügt, gewirkt, und es
ist nur die eine Welt möglich, eine durch und durch gute. — Reli-
35 giöses Leben fällt nun nicht mehr mit sittlichem Leben zusammen,
sondern das sittliche ist eine Unterstufe, das sich im religiösen

---

[1] A.a.O., V. Bd., S. 390.
[2] Ebd.

Leben als höherer Stufe allererst vollendet. Religiöses Leben ist
Leben in Gott und ist als das, und nicht als bloße Moralität, „seliges" Leben. In der Folge vollzieht sich bei Fichte in den folgenden
Schriften jene Fortentwicklung, die ich mit derjenigen des originären
5 Platonismus in den mystisch religiösen Neuplatonismus verglich.
Die Ergebnisse seiner bisherigen Spekulation hinsichtlich des absoluten Ich und seiner Tathandlungen werden nicht preisgegeben, sondern nur in einem anderen Lichte gesehen. Der Neuplatonismus
hatte, ausgehend von Platons Vergleichung Gottes mit der alles
10 Licht ausstrahlenden Sonne, eine emanatistische Weltinterpretation
entworfen. Gott, das ἕν, das Eine oder Gute, läßt alles, was ist, aus
sich in ewiger Ausstrahlung hervorgehen, als eine Stufenfolge von
dem Urlichte ⟨sich⟩ immer entfremdenden Gestaltungen, bis hinab
zur völlig gottentfremdeten physischen Welt. Und er faßt diese Stu-
15 fenfolge als eine solche von Selbstreflexionen, sozusagen Spiegelun-
gen in sich selbst, wie dann das Platonische ἕν, seine Verwandtschaft
hat mit dem Fichteschen absoluten Ich. Fichte selbst bleibt nun
dabei, das absolute Ich nicht als schöpferischen Gott zu fassen; Gott
ist ihm jetzt das ewige, unveränderliche, einige Sein, das sich im Ich
20 offenbart. Und darin liegt: Es offenbart sich in der unendlichen
Folge von Tathandlungen, in denen sich die physische und geistige
Welt als Phänomen konstituiert. Es offenbart sich, das sagt wieder,
es reflektiert sich, es schafft sich ein Abbild, nämlich in Form des
Bewußtseins, ein Abbild, das andererseits doch nichts von Gott
25 selbst Getrennte ist. In dieser Folge von Reflexionen, von Bewußtseinsakten soll sich aber das göttliche Sein, und notwendigerweise,
gleichsam verdecken, und die Gradualität dieser Verdeckung,
die im Neuplatonismus ihr Analogon hat in der Stufenfolge der
Gottenfremdung, in der Stufenfolge von Licht und Finsternis, ich
30 sage, die Gradualität dieser Verdeckung ist so gedacht, daß in den
höheren Stufen der im Bewußtsein Gott verhüllende Schatten immer durchsichtiger wird, bis auf der höchsten Stufe das vollkommenste Gott-Schauen und damit Mit-Gott-eins-Sein erreicht ist. (Es
ist die *reversio* oder *deificatio* der Mystik.) Dem entsprechen in der
35 Entwicklung der Menschheit, nämlich des sich zum Ideal emporent-
wickelnden Menschen an sich, kontinuierliche Stufengänge der Erhöhung, die sich nach Fichte auf fünf Typen bringen lassen. Fichte
führt sie als fünf Stufen von Weltansichten ein, es sind fünf Stufen
der Entfernung oder Annäherung der Menschheit an die Gottheit.

Ihnen entsprechen, wenn wir die unterste Stufe, die rein negativ
bewertet wird, ausschließen, vier ideale Menschentypen und in praktischer Hinsicht eine durch religiös-ethische Mittel zu erwirkende
Erhöhung des Menschentums zum höchsten Menschheitsideal, näm-
5 lich zu derjenigen Stufe des Menschen, in der für sein geistiges Auge
alle verdeckende Hülle von der Gottheit gefallen ist und er seine
Bestimmung, die Einigkeit mit Gott, völlig erreicht hat. Diese fünf
Stufen haben die Titel: 1. Standpunkt der Sinnlichkeit, 2. der Sittlichkeit, 3. der höheren Moralität, 4. der Religion, des Glaubens, 5.
10 des Schauens, der „Wissenschaft".

⟨III. Die Selbstoffenbarung Gottes in den Menschheitsstufen⟩

Die neue Gottes- und Erlösungslehre, zu der Fichte in der Periode
seiner letzten Reife sich erhebt und die ihren reinsten Ausdruck in
seiner *Anweisung zum seligen Leben* findet, die Neugestaltung seiner
15 Menschheitsideale, die sich in eins damit in ihm vollzieht: Das war
das große Thema, das wir am Schluß der vorigen Vorlesung anschlu-
gen. — Gott, das in sich selbst ungewordene und wandellose absolute Sein, offenbart sich in ewiger Notwendigkeit in der Form des
reinen Ich. Er entäußert sich so in einer unendlichen Stufe von
20 Selbstreflexionen, in denen, als Bewußtseinsgestaltungen, er sich in
sich selbst zuerst in verdunkelter Form, dann in immer höherer
Reinheit und Hüllenlosigkeit abbildet und schließlich zu reinstem
Selbstbewußtsein kommt. In diesem Entwicklungsgang zerspaltet er
sich gleichsam in eine Mannigfaltigkeit endlicher Menschensubjekte,
25 auf die seine Freiheit, die der absoluten Selbstbestimmung, übergeht
als ihre persönliche Freiheit. *A priori* vorgezeichnet sind dabei fünf
mögliche Weisen der bestimmten Lebensgestaltung für diese Subjekte, zwischen denen sie, wir Menschen, in Freiheit also wählen können: eben diejenigen, die wir letzthin genannt haben. Wir als f r e i e
30 Wesen sind also n i c h t g e z w u n g e n, auf einer anderen Stufe der
Weltanschauung, in der wir gerade verhaftet sind, stehenzubleiben.
Wir können uns frei zu einer höheren emporsteigern. Tun wir es, so
vollziehen wir damit in uns einen Schritt der Selbstoffenbarung Gottes selbst zu einer höheren Selbstoffenbarung. Unsere Freiheit ist ein
35 Strahl der göttlichen Freiheit, unser reiner Wille ein Strahl des göttlichen Willens, in allerreinstem Sinn. Das höhere Menschentum

wählen, das ist, sich für Gott entscheiden. Ja noch mehr: In uns
entscheidet sich Gott selbst, ein Gottesstrahl in uns geht ein in das
höhere Licht.

Im Sinn dieser Lehre liegt aber, daß nicht nur das höchste Leben,
5 sondern daß all unser Leben im tiefsten Grund Gottes Leben ist, ob
wir es nun wissen oder nicht. Alles Leben ist Streben, ist Trieb nach
Befriedigung. Durch alle noch unvollkommene Befriedigung geht
dieser Trieb hindurch, das ideale Ziel ist also immerfort reine und
volle Befriedigung, mit einem Wort Seligkeit. Seinem Wesen nach
10 will also alles Leben seliges Leben sein. In ihm wären wir im wirklichen Besitz des Innerlich- und Letztersehnten, wären mit ihm
einig. Vereintsein mit dem Ersehnten ist aber nichts anderes als Liebe. Liebe, mindestens etwas von Liebe ist also in jeder echten, wenn
auch nur relativen Befriedigung gelegen, oder wie wir auch sagen
15 können, in jedem wahren und eigentlichen Leben. Denn ein Leben,
das sich in Scheinbefriedigungen verliert, verliert sich selbst, ist
Scheinleben, ist ein leeres, sich selbst negierendes Leben. Und je
mehr wahres Leben, umso mehr Liebe und Seligkeit. In aller Seligkeit aber liegt, ob wir es wissen oder nicht, Gottseligkeit, Gottslie-
20 be. Diese Gottesliebe ist vollkommen, wenn das Leben das vollkommene ist, volle und reine Seligkeit, und sie ist das nur auf der Stufe
der hüllenlosen Gotthingegebenheit und Gotteinigkeit, wo Gott sich
in unserem Schauen nicht mehr durch Hüllen, sondern als reine
göttliche Idee offenbart und wir in unendlicher Liebe und Seligkeit
25 des unendlichen Gegenstandes unseres Lebenssehnens teilhaftig werden.

Die niederste Stufe der Offenbarung Gottes in der menschlichen Seele ist, um nun der Reihe nach vorzugehen, die der vollkommenen Verhülltheit. Die gemeine Sinnlichkeit fungiert hier
30 als die dunkle Scheidewand, die uns von Gott abtrennt. Der Mensch
dieser Stufe ist Sinnenmensch, seine Seligkeit sucht er in der Glückseligkeit. Er täuscht sich, diese vermeinte Seligkeit ist in Wahrheit
die Negation aller Seligkeit. In der Ausgegossenheit über die ver-
gängliche Sinnen- und Scheinwelt gibt es ja, wie wir gehört, keine
35 Befriedigung. Gäbe es nichts anderes, dann wäre schließlich das
Grab die einzige Erlösung. Aber kommt man durch das bloße Sich-
begrabenlassen zu einer Seligkeit? Das wahre Leben fängt also erst
an, wenn die echte Liebe, die Liebe zum Unvergänglichen, zum
Ewigen erwacht, wenn der Trug der Sinnlichkeit durchschaut ist. Als

„Sehnsucht nach dem Ewigen" bricht also der echte Lebenstrieb
oder Seligkeitstrieb durch. Im Grunde genommen ist er immer da,
auch schon auf der niedersten Stufe. Auch im Unseligen spricht die
göttliche Stimme, es mahnt ihn etwas, über die Erscheinung hinaus-
5 zugehen zu dem, was sie trägt, was sich in ihr offenbaren will. Aber
dieser Ruf wird durch die Sinnlichkeit übertönt, bleibt unverstanden
und unwirksam.

Die zweite Menschheitsstufe, die erste zum wahren Leben,
erklimmt der Mensch, wenn dieser sinnliche „Affekt des Seins"
10 überwunden wird durch den Affekt des moralischen Sittengebots.
Der Unseligkeit des Sinnenlebens innegeworden, hört er die Stimme
des Pflichtgebots in seinem Inneren; gegenüber der Gesetzlosigkeit
seiner Ausgegossenheit über das Sinnliche fordert es von ihm strenge Gesetzlichkeit des Handelns aus Pflicht, und er unterwirft sich in
15 Freiheit diesem Gebot. Die Weltanschauung, die sich hier ergibt, ist
die moralistische, die Fichte, der sie früher überschwenglich geprie-
sen und selbst vertreten hatte, nun nicht mehr hoch einschätzt.
Nicht als ob er all das Große und Schöne, was er früher gelehrt und
aus der Kantischen Philosophie geschöpft hatte, preisgeben würde.
20 Aber er kommt nun zur Überzeugung, daß dies Große und Schöne
nicht eigentlich seine Quelle in dem formalen Pflichtgebot allein
haben kann, er sieht, daß es hier einer kritischen Scheidung bedürfe.
Er vollzieht sie als Scheidung zwischen bloßer Sittlichkeit, dem
Standpunkt, wie er meint, des Stoizismus, und höherer und ei-
25 gentlicher Moralität. Für den Stoiker ist das Prinzip seines
Lebenswillens die formale Pflichtforderung, also unbedingt und gegen alle Antriebe der Sinnlichkeit seine Pflicht zu tun. Auf dieser
Stufe formaler Sittlichkeit gewinnt der Mensch zwar schon Würde,
aber durchaus nicht die höchste. Er erhebt sich und fühlt sich erho-
30 ben über alles Sinnliche und Irdische, aber er verbleibt in einer bloßen Negativität: nichts tun zu wollen, um dessentwillen er sich
verachten müßte. Diese Freiheit der stoischen Apathie ist noch eine
leere Freiheit, die Liebe, die den Stoiker bewegt, entbehrt aller Posi-
tivität, es ist die bloß formale Liebe zur Freiheit als solcher, es fehlt
35 ihr also der Inhalt. Der formalistischen Ethik, würden wir sagen,
fehlt, in ihrer Schwärmerei für die formale Allgemeinheit, immer die
Pflicht zu tun, jede Bestimmtheit positiv absoluter Werte, die als
praktische Ziele den Strebenden mit Liebe, mit warmer Begeisterung
erfüllen und so seinem Handeln eine positive Seligkeit, die der Ver-

wirklichung inhaltlicher Ideale, verleihen könnten. Es ist auch klar,
daß der Stoiker in beständiger Abwehrstellung gegen die sinnliche
Begierde lebt, also noch von ihr abhängig ist, noch an ihr innerlich
hängt, ihre Gewalt noch fühlt. Es ist aber ein höherer Standpunkt
5 möglich, wo alles Ringen mit sinnlichen Antrieben fortfällt, weil sie
völlig kraftlos, gewissermaßen zu einem Nichts geworden sind. Das
aber erwirkt nicht ein formal allgemeines und leeres Pflichtgebot,
sondern eine positive Liebe für ewige Werte, die der Pflicht jeweils
ihren bestimmten Inhalt bieten würden. Sind sie aber in den Blick
10 getreten und erfüllen sie das Herz mit begeisterter Liebe, dann
kommt das Pflichtgebot zu spät. Das Schöne und Gute ist schon
gewählt und getan. In der Tat erkennt Fichte in solchen Ausführungen, obschon sie nicht zur letzten Präzision kommen, den Grund-
mangel der Kantischen und seiner eigenen früheren Ethik, und seine
15 Scheidungen sind von bleibendem Wert.

Nach all dem ist selbstverständlich auch die religiöse Weltansicht,
die sich auf dem stoischen Standpunkt ergibt und die konsequenterweise Gott mit der sittlichen Weltordnung identifizieren mußte (also
die Fichtesche der ersten Periode), eine unvollkommene, höchstens
20 wert als Durchgangsstufe für die Erklimmung der Höhe wahrer Religion. Anfangs meint Fichte, es sei eine notwendige, was er aber später richtig fallenläßt.

Gehen wir nun zu der dritten Weltansicht und damit zu
einem neuen Typus höheren Menschentums über, zur Charakteristik
25 der höheren und eigentlichen Moralität. Wir betreten damit
also den Weg der positiven Seligkeit. Er fordert von uns geradezu
die Austilgung aller Motive, welche die anderen Weltansichten beherrschen. Also nichts mehr von jener Sklaverei des Sinnengenusses,
aber auch nichts mehr vom Ringen mit ihm und vom Stolz der
30 Selbstgerechtigkeit in seiner Überwindung durch den formalen
Pflichtwillen, nichts mehr von jener kalten und leeren Selbständigkeit in der stoischen Apathie. In gewisser Weise sind wir in all dem,
auch im Stand sittlicher Rechtlichkeit und Selbstgerechtigkeit des
stoischen Weisen, noch Egoisten. Den Weg höherer Moralität und
35 schließlich höchster Seligkeit einschlagen, das heißt, sich in jedem
Sinn aufgeben, für sich gar nichts, auch nicht Freiheit wollen, vielmehr ganz und gar als Organ des göttlichen Lebens und der von ihm
gewollten Selbsterhöhungen müssen wir uns fühlen, um schließlich
in Gott zu versinken. Aber wie geschieht das auf der jetzigen Stufe

der hohen Moralität? Worin spricht sich eigentlich der göttliche
Wille in dieser Endlichkeit aus? Die Antwort lautet: Wo immer wir
etwas in reiner Liebe um seiner selbst willen lieben, wo immer uns
etwas rein um seiner selbst willen gefällt und ganz und gar nicht als
5 bloßes Mittel und uns gefällt in einem alles andere Gefallen unendlich übersteigenden Maß, da sind wir sicher, es mit einer Erscheinung unmittelbaren göttlichen Wesens in der Welt zu tun zu haben:
oder wie wir auch sagen könnten, eines absoluten Wertes. Ein so
Gegebenes ist unter den jeweiligen Umständen ein schlechthin Voll-
10 kommenes. Gottes Wesen tritt heraus in jeder reinen Schönheit.
Wieder tritt es heraus in der vollendeten Herrschaft über die Natur.
Nicht minder im vollkommenen Staat und endlich in der Wissenschaft. Mit anderen Worten: Gott offenbart sich überall da, wo uns
im Empirischen Ideen entgegenleuchten. Sie sind göttliche Ideen.
15 Durch die Zeit strahlt uns, sie verklärend, das Licht der Ewigkeit
entgegen. So ist z. B. die Schönheit kein sinnliches Prädikat an
den Sinnendingen, die wir Kunstwerke nennen. Der Künstler ist es,
der mit jedem Hammerschlage oder Pinselstriche dem Marmor, der
Leinwand eine Idee, seine Idee oder vielmehr die göttliche Idee,
20 einhaucht. In dem schöpferischen Bewußtsein des Künstlers, in den
reinen Spontaneitäten, mit denen sich die Konzeption der künstlerischen Idee vollzieht, offenbart sich eben die Gottheit und offenbart
sich in Gestalt dieser Idee. Daher die Seligkeit des künstlerischen
Schaffens: Es ist die Seligkeit, die Gottesidee in sich tätig gestaltend
25 zu empfangen, in sich göttliches Tun zu tun, als Gottes Organ sich
auszuwirken; daher auch die unsägliche Freude im nachfühlenden
Anschauen eines Kunstwerkes, worin wir eben das abgelaufene Werden der göttlichen Idee in sinnlicher Gestaltung nacherleben. Diese
ästhetische Freude und die leidenschaftliche Sehnsucht, Schönes in
30 sich und außer sich zu gestalten, das ist der herrschende Affekt des
Künstlers und charakterisiert als solcher seinen künstlerischen Genius. Hier bedarf es keines kategorischen Imperativs als Antriebes,
keiner Berufung auf die Selbstachtung, keines Kampfes mit abzie-
henden sinnlichen Neigungen. Nein, ganz von selbst, von innen her
35 getrieben, will und kann der echte Künstler, dieser im höchsten Sinn
„Moralische", gar nichts anderes erstreben, er will nichts anderes,
als immer wieder Schönes gestalten, das er über alles liebt. Seine
Liebe zu der göttlichen Idee läßt eine andere Liebe, läßt eine Liebe
zum Niedrig-Sinnlichen gar nicht aufkommen.

Ein Hochmoralischer ist aber auch jeder echte wissenschaftliche Forscher, und aus ähnlichen Gründen, nur daß die göttliche Idee hier eine andere ist, nämlich die der theoretischen oder praktischen Wahrheit. Ebenso weiter der edle Techniker, dessen Liebe dahin-
5 geht, dem Menschen Herrschaft über die Natur (und nicht etwa zu niederen sinnlichen Zwecken) zu verschaffen. Endlich auch der edle Politiker, der seine Seligkeit darin findet, an der Ordnung sozialer Gemeinschaft nach den für sie maßgebenden besonderen Idealen erhaltend und gestaltend zu arbeiten: Die ihn leitende, von ihm
10 geliebte Idee ist die des idealen Staates, als der idealen Gemein-schaftsordnung; diese göttliche Idee zur Auswirkung zu bringen, das ist seine Sehnsucht.

Der Typus des Hochmoralischen umfaßt also eine Reihe von besonderen Typen des idealen Menschentums, die sämtlich ihr
15 Recht in sich haben und untereinander nicht in eine Wertordnung zu stellen sind. Das aber aus metaphysischen Gründen nicht. Näm-lich jeder Mensch ist, wie wir wissen, ein Strahl der Entfaltung gött-lichen Seins, eines der Organe, die sich Gott für seine Selbstoffenba-rung (in der Form der Realisierung seiner Ideen) geschaffen hat.
20 Aber nicht ist jeder Mensch Organ wirklicher und möglicher Entfal-tung für alle Ideen. Vielmehr: In jedem Individuum offenbart sich Gott in individueller Weise. Jeder von uns hat seinen Anteil am göttlichen Sein und hat dementsprechend seine Idee, die in prakti-scher Hinsicht seine höhere Lebensaufgabe, seine höhere Bestim-
25 mung ausmacht. Keiner kann seine Lebensaufgabe mit der eines anderen vertauschen. Jeder hat seinen Lebenstrieb, der ihm sein Ziel vorzeichnet. Freilich kann die göttliche Idee, die eines Menschen übersinnliches Sein ausmacht, verdeckt sein durch sein Haften am Sinnlichen; aber jeder ist frei, kann der göttlichen Stimme lauschen,
30 kann seine höhere Bestimmung erfassen und kann seine Seligkeit finden in der liebenden Gestaltung seiner Idee. Was ich soll, habe ich mir also nicht zu erdenken, ich finde es unmittelbar, wenn ich nur die Scheidewand der Sinnlichkeit durchbrochen habe. Ich brau-che mich nur zu fragen: Was würde mich im Bereich meiner mög-
35 lichen Tätigkeiten im Können und Gelingen mit unaussprechlich reiner Freude, mit vollseliger Befriedigung erfüllen? Also etwa das Malen oder Modellieren: Da werde ich des künstlerischen Berufs als meines wahren inne. Oder eine richterliche und sonstige juristische Betätigung, nun, dann liegt eben da meine Liebe und mein Lebens-

zweck. Die Frage ist immer nur: Was ich denn eigentlich und im
Herzensgrunde will, und die Entscheidung für den Standpunkt der
hohen Moralität besagt gar nichts anderes, als von nun ab und ganz
ausschließlich nur das zu wollen und nichts anderes.

5   Die vollendete Freiheit und Ausschließlichkeit, mit der jemand
wirklich so lebt, so liebt, so wirkt, charakterisiert das Genie, das
nichts ist als die reine Gestalt, die das göttliche Wesen in unserer
Individualität angenommen hat.

Gehen wir eine Stufe höher: Diese höhere Moralität ist möglich,
10 ohne daß der Mensch irgendetwas vom letzten Sinn derselben weiß,
eben darum wird es leicht kommen, daß ihr eine gewisse, sehr natürliche Unreinheit anhaftet. Der Hochmoralische als Nachgestalter
von Ideen in der empirischen Welt erstrebt selbstverständlich ein
Werk. Begreiflicherweise wird er unglücklich sein, wenn es ihm,
15 auch ganz ohne seine Schuld, mißlingt. Aber das ist verkehrt. Denn
darin bekundet sich, daß er das Werk für den absoluten Wert hält,
daß er sich also noch nicht klar darüber geworden ist, was er eigentlich will. Vielleicht wird diese Unseligkeit gerade zum Erziehungs-
mittel werden, indem sie ihn vor diese Gewissensfrage stellt; jeden-
20 falls, vollzieht er die Selbstprüfung, so wird er finden: Nicht das
äußere Werk ist das absolut Wertvolle und der Selbstzweck, sondern
ausschließlich er selbst als dieses Werk Wollender und Schaffen-
der! Und schließlich wird er sich klar werden können, daß es die
Entfaltung eines göttlichen Seins und Lebens in seinem eigenen indi-
25 viduellen Leben und Streben ist, was er eigentlich als das absolut
Wertvolle immerfort will und erstrebt. Ist er so weit gekommen,
dann hat er sich auf den vierten Standpunkt, den der Religiosität, erhoben. Er ist nicht nur, wie der Hochmoralische, Medium
der Offenbarung und Realisierung göttlicher Ideen, sondern er weiß
30 sich auch als das, er weiß sich als geheiligtes Gefäß der Gottheit, die
er nun erst in Wahrheit erkennt und mit unendlicher Liebe umfaßt.
Wie früher wird er Werke schaffen in unermüdlichem und aller äußeren Antriebe barem Fleiße. Aber das jeweilige Werk ist nicht das
unbedingt erstrebte. Er hat ein höheres und mehr in der Erkenntnis
35 und Liebe Gottes und im beseligenden Bewußtsein der Einheit mit
ihm in seinem Streben. Wer sich diesen erhabenen Standpunkt
erklommen hat, sieht die ganze Welt mit neuen Augen an. Und
vor allem die Menschenwelt. Er sieht auch, daß Gott in jedem Men-

schen in eigentümlicher Gestalt lebt, wie sehr auch durch Hüllen
verdeckt. Auf alle Nebenmenschen richtet er daher seine Liebe.
Obschon er es schwer empfindet, daß er von den auf sie verteilten
göttlichen Ausstrahlungen abgeschnitten und getrennt ist. Wehmüti-
5 ges Streben und Sehnen erfüllt ihn, sich mit ihnen zu vereinigen, und
so erklärt sich die reine Menschenliebe aus der unendlichen Gottesliebe. Und diese reine Menschenliebe hat ihre selbstverständlichen
praktischen Konsequenzen. In all seinem Tun und Treiben innerhalb der sozialen Gemeinschaft wird der Moralisch-Religiöse seine
10 Nebenmenschen als Gottes Kinder gleich sich behandeln, immer
blickt er auf die Keime des echt Göttlichen in ihnen und müht sich
dem, was ihr edles Menschentum ausmacht, Förderung zuteil werden zu lassen.
   So ist jedes Menschenindividuum zum Mitglied einer idealen Gei-
15 steswelt geworden, eines Gottesreiches auf Erden. Es ist in der
Tat das Reich, um das wir alle beten: Es komme Dein Reich. Diesem Reich gehört jeder Mensch an, soweit er Auswirkung göttlicher
Ideen ist und sich dessen in Gottesliebe bewußt ist. Und jeder,
indem er seiner idealen Bestimmung lebt, tut das Seine, es zu ver-
20 wirklichen.
   Der Religiöse schaut Gott an. Wie schaut er ihn, wo findet er ihn?
Fichte antwortet: „Willst Du Gott schauen, wie er in sich selber ist,
von Angesicht zu Angesicht? Suche ihn nicht jenseit der Wolken;
du kannst ihn allenthalben finden, wo du bist. Schau an das Leben
25 seiner Ergebenen, und du schaust Ihn an. Ergib dich selber ihm, und
du findest ihn in deiner Brust."[1]
   Und doch noch haben wir nicht den höchsten Standpunkt
betreten. Es ist der Standpunkt nicht dieses bloß religiösen Gott-
Inneseins, sondern des Gott-Wissens: Wir können sagen, der
30 Standpunkt des religiösen Bewußtseins auf dem Grunde vollendeter
philosophischer Einsicht. Fichte nennt ihn „Standpunkt der Wissenschaft". Auf ihm wird die Religion, die Zustand und lebendige Tatsache im Gemüt ist, zum wissenschaftlichen Thema. Die Einheit und der Zusammenhang des göttlichen und menschlichen Le-
35 bens und das letzte Wie dieses Zusammenhangs wird zur Einsicht
gebracht in der absoluten vollendeten Wissenschaft. Der Religiöse
begnügt sich mit dem Faktum des ihm gegebenen Zusammenhangs,

---

[1] A.a.O., S. 184.

die Wissenschaft gibt die Erklärung. — Dadurch aber erhebt sich der einfache Glaube, von der philosophischen Erkenntnis durchdrungen, in ein „Schauen". Mit der tiefsten Einsicht in Warum und Wie erhöht sich das religiöse Bewußtsein, die Einigkeit mit Gott wird

5 dadurch eine noch viel innigere, von der wissenschaftlichen Klarheit durchsetzte, und Gott selbst hat in seinem Offenbarungsgang in dem schauend-religiösen Menschen seine höchste Stufe möglicher Selbstoffenbarung erreicht. Eine eigentlich neue Farbe und innigere Wärme kann diese höhere Stufe in das Bild unseres idealen Menschen

10 nicht hereinbringen. Denn nur indirekt können wir ahnen, daß eine allumfassende Gotteserkenntnis, die eine allumfassende Welterkenntnis einschließt und die eine wissenschaftliche Philosophie zu leisten hätte, uns eine überschwengliche Freude bringen müßte, und eine Freude, die nicht bloß Befriedigung eines theoretischen Interes-

15 ses wäre, sondern, in einen Strom verfließend mit der religiösen Seligkeit, diese selbst überschwenglich erhöhen müßte.

Mit unserem Thema sind wir nun zu Ende. Was jetzt noch folgen könnte und sicher hohen Interesses würdig wäre, beträfe die Ausgestaltung besonderer Menschenideale einzelnen Ideen gemäß. Und es

20 beträfe dann weiter die große Art, wie Fichte seine entworfenen Ideale in seinen sozialpädagogischen Schriften einer praktischen Verwirklichung entgegenzuführen sucht. Hier kämen neben den Vorlesungen über *Wesen oder Bestimmung des Gelehrten* die *Reden an die deutsche Nation* in Betracht. In nichts zeigt sich die Persön-

25 lichkeit Fichtes herrlicher als in der Weise, wie er in den Jahren der tiefsten Demütigung Deutschlands dem deutschen Volk seine erhabene nationale Idee in edler Ausgestaltung vor Augen hält und wie ⟨er⟩ sie zugleich mit dem Ideal eines echten und wahren Volkes in eins setzt. Des weiteren, wie er in ihm den Glauben weckt, daß,

30 wenn es in Freiheit seine höhere Bestimmung erfülle, damit auch für die ganze Menschheit die Erlösung kommen müßte. Der Fichte der Befreiungskriege spricht auch zu uns.

In der Tat, in der Not unserer Zeiten gibt es nur eins, was uns halten, stärken, ja unüberwindlich und in allem Leid „selig" ma-

35 chen kann. Es ist der göttliche Geist der Idee, es ist die Besinnung auf die reinen Ideale, um deren Verwirklichung wir da sind, der Ideale, die in unserem deutschen Volk ihre edelsten und erhabensten Repräsentanten gefunden haben. Ein Volk, das solche Geister her-

vorgebracht, das, in ihnen und von ihnen geleitet, so sehr nach Reinheit des Herzens gestrebt, so innig Gott gesucht und selbstgeschaute Ideale in so erhabenen Gestaltungen verkörpert hat — muß die Hoffnung der Menschheit sein und bleiben. Daß dem aber so sei 5 in lebendiger Wahrheit, das ist unser aller unendliche Aufgabe, unser aller, die wir siegen wollen in diesem Kriege für die fortgehende Offenbarung göttlicher Ideen in unserem herrlichen deutschen Volk, auf daß es zu wahrer Herrlichkeit fortwachse, sich in sich erhöhe und durch sich die ganze Menschheit.

10   BEILAGE IX: ⟨Aus einem Brief Husserls
an Hugo Münsterberg⟩[1]

[...] You are, of course, well informed about the happenings in Germany [222] during the war. To be sure, no report can replace the personal experience— the tremendous experience of this war. The routine life continues its ordinary 15 course. Seen from without the changes appear really insignificant. Not the least privation is felt. The industrial life has adjusted itself with astonishing rapidity to the war situation. Naturally there is much, far too much, mourning. But how different the way in which it is borne and endured! The feeling that every death means a sacrifice voluntarily offered gives a lofty dignity 20 and raises the individual suffering into a sphere above all individuality. We hardly live any longer as private persons. Everyone experiences concentrated in himself the life of the whole nation, and this gives to every experience its tremendous momentum. All the tense, passionate striving, all the endeavoring, all the sorrowing, all the conquering, and all the dying of the soldiers in 25 the field—all enter collectively into the feeling and suffering of every one of us. All the poisonous calumnies, all the pestilent | winds of a selfish neutral- [223] ity, blow against every one of us. We believed at first that we should break down; and yet we have learned to bear it. The confidence too has become concentrated. A magnificent stream of national will to win floods through 30 everyone of us and gives us an undreamt of strength of will in this terrible national loneliness.

To bear and to overcome in ourselves this feeling of national isolation— that was the hardest test. Our splendid soldiers out in the field—my two sons, like all the able-bodied students in Göttingen, are in it too—are re- 35 sisting the enemy in the mud of the trenches, under unspeakable hardships, no day without being under fire, no night in a bed, the wet clothes never changed, in the midst of ghastly impressions, surrounded by the bodies of the

---

[1] In englischer Übersetzung zuerst erschienen in: Hugo Münsterberg, *The Peace and America*, New York und London 1915, S. 222-224.

dead; and when they press forward they rush on with ringing song. Truly it is a marvelous heroism; and yet the defiling froth of calumny is dashed upon it. They have gone out to fight this war in the Fichtean spirit as a truly sacred war, and to offer themselves with full hearts as a sacrifice for the fatherland;
5 and now they are pilloried before the world as atrocious barbarians. And America? Our astonishment was beyond measure. We did not expect any help, but understanding and at least justice. America! What an ideal image we had in our souls of the new America. We believed in a new idealism and dreamed of a new world period when the ideal|ism of America would blend [224]
10 with the rejuvenated faith of Germany. The wave of our astonishment has ebbed. We have learned to bear this disappointment too. We no longer speak of it. It is understood that among the shells which the French used and of which originally sixty per cent were failures now hardly ten per cent do not explode since they are imported from America. It accords with the reports
15 from the front; the list of our dead and maimed is growing. They have to suffer. We say only: America! and remember the beautiful words of President Wilson, words of purest idealism, concerning neutrality. We have become so firm and hardened that we now do not fear even the neutrals—we have never feared the enemy. Hence we hope that we shall be able to carry it
20 through and that God will continue to be with us, as we are so humbly endeavoring to prepare a worthy altar for him in our feelings and our intentions.

BEILAGE X: ⟨Empfehlung des Buches
Der Wille zur Ewigkeit von Dietrich Mahnke⟩[1]

25 Mit lebhafter Anteilnahme, oft mit tiefer Bewegung habe ich Mahnkes Schrift *Der Wille zur Ewigkeit*[2] gelesen. Welche Herzerquickung in dieser schweren Zeit, aus deren Nöten sie herausgeboren ist! In klarer, anschaulicher, jedem Gebildeten zugänglicher Darstellung bietet sie einen gedankenreichen Entwurf zu einer idealistischen Weltanschauung auf dem wissen-
30 schaftlichen Boden der neuen Phänomenologie. Geschrieben in Lens (in der Zeit der Genesung von einer leichten Verwundung) gibt sie zugleich ein leuchtendes Zeugnis dafür ab, wie der deutsche Geist, von aller Welt verleumdet, angefeindet, mit Vernichtung bedroht, die ihm eigenen reinen Ideale nicht aus den Augen verliert; ja wie er inmitten des Kriegsgetümmels noch
35 die Kraft findet, sich in reiner Kontemplation ihnen hinzugeben, in ihnen seine Ewigkeitssehnsucht zu stillen und im „Willen zur Ewigkeit" sich eine philosophische Weltanschauung zu gestalten, die Not und Tod zu überwinden vermag.

---

[1] Zuerst erschienen in einem Verlagsprospekt des Max Niemeyer Verlages, Halle 1917.

[2] Dietrich Mahnke, *Der Wille zur Ewigkeit. Gedanken eines deutschen Kriegers über den Sinn des Geisteslebens,* Halle 1917.

Daß der Verfasser (ein norddeutscher Oberlehrer, der in fast allen größeren Aktionen der Westfront als Leutnant und Kompagnieführer mitgekämpft hat) fachmännisch die exakten Wissenschaften beherrscht, daß auf ihn von den großen Idealisten vor allem Plato, Leibniz und Kant gewirkt haben, daß
5 er seine sicheren philosophischen Fundamente der neuen Phänomenologie verdankt, das zeigt schon der flüchtige Einblick in das Büchlein. Wohltuend berührt den Leser zumal seine tief innige Religiosität, die ohne schwächliche Kompromisse mit seinen wissenschaftlichen Überzeugungen zur Einheit seiner Weltanschauung zusammenwirkt, ihr Farbe, Schwung, zuversichtlichen
10 Optimismus verleihend. — Diese Schrift wird, daran kann ich nicht zweifeln, von allen Freunden der Philosophie willkommen geheißen werden und manchen bedrückten Seelen Licht und Leben bringen.

ADOLF REINACH †[1]

Am 16. November fiel vor Dixmuiden Dr. Adolf Reinach, Privatdozent der Philosophie an der Universität Göttingen, im vierunddreißigsten Lebensjahre. Mit ihm ist eine der wenigen sicheren
5 und großen Hoffnungen der zeitgenössischen Philosophie ins Grab
gesunken. Das wissen alle, die ihm als Lehrer und Freunde nähertreten durften. Das wissen auch die Leser seiner Erstlingsschriften,
in denen sich ein so schnelles Anwachsen ungewöhnlicher Kräfte
philosophischen Denkens aussprach. Und nicht zum mindesten
10 weiß es der große Kreis seiner ihm innig zugetanen und dankbaren
Schüler. Denn so jung er war, er gehörte zu den begnadeten Lehrern,
denen es gegeben ist, in jungen Seelen den schlummernden Geist zu
wecken, sie mit flammender Liebe zur Wissenschaft zu erfüllen und
in solchem Tun selbst zu höherer Geistigkeit emporzuwachsen.
15 Der wissenschaftliche Beruf kündigte sich bei Reinach sehr früh
an. Schon in seiner Studentenzeit trat sein ungewöhnlicher Scharfsinn hervor und zugleich eine außerordentliche Fähigkeit, wissenschaftliche Gedankenreihen rasch aufzufassen, mit einem Blick die
fernstliegenden Konsequenzen zu überschauen und dann sofort zu
20 eigenen Gedankenverbindungen überzugehen. Aber er erlag nicht
den Verführungen dieser Begabung, die zu schnellen Produktionen
hinzudrängen schien. Denn von Anfang an eignete er sich die Idee
einer streng wissenschaftlichen Philosophie an und erkannte die
ungeheuren Schwierigkeiten, die zu überwinden sind, wenn eine
25 noch wenig entwickelte Wissenschaft, wie es die Philosophie trotz
der Denkarbeit von Jahrtausenden ist, aus dem Stadium genialischer
Intuitionen und tiefsinniger, aber methodisch unausgereifter Systeme auf die Bahn einer methodisch strengen, objektiv begründenden
Wissenschaft gebracht werden soll. Daher hielt er, der so leicht Den-

---

[1] Zuerst erschienen in: *Frankfurter Zeitung*, 6. 12. 1917.

kende, sich zurück. Nur gediegene, wirklich erledigende Forschungsarbeit zu leisten war sein Ziel. Er bevorzugte darum, wie es sein
muß, überall die prinzipiellen Probleme, mit deren reiner Formulierung und Lösung allein entscheidende Fortschritte zu gewinnen
5 sind. Unter diesem Gesichtspunkt studierte er auch in sehr umfas-
sendem Maße die Geschichte der Philosophie: aus der alten mit
besonderer Gründlichkeit seinen geliebten Platon, aus der neueren
die noch wenig gekannte Epoche der cartesianischen Bewegung und
dann weiter die ganze Neuzeit, die in Kant kulminiert. Eben war er
10 auch daran, tiefer in den nachkantischen deutschen Idealismus ein-
zudringen, sich dessen voll bewußt, daß in dieser Philosophie, trotz
ihrer methodischen Unzulänglichkeit, philosophische Denkmotive
nach Auswirkung ringen, für welche der im Naturalismus befange-
nen Epoche die Organe des Verständnisses abhanden gekommen
15 waren. Wie beglückten ihn diese historischen Studien, da er immer
aufs neue dessen inne wurde, daß die Phänomenologie, der er
sich ganz hingegeben hatte, auch für das Verständnis der Geschichte
ihre befreiende Kraft bewähre und daß erst dem in ihr Heimischen
sich die tiefsten und folgenreichsten Motive der großen Systeme der
20 Vergangenheit erschließen. Er trug sich mit Entwürfen zu großen
ideengeschichtlichen Arbeiten; aber dann lockte ihn doch wieder
mehr die positive Fortführung der neuen phänomenologischen Philosophie, der fast alle seine Veröffentlichungen angehören.

Reinach empfing seine erste philosophische Ausbildung in Mün-
25 chen durch Th. Lipps und blieb diesem bedeutenden Denker allzeit
in großer Verehrung zugetan, obwohl er sich von seiner Philosophie
schon während der Studienzeit im wesentlichen losgelöst hatte. Er
schloß sich der Gruppe von Lipps-Schülern an, welche die methodischen Überzeugungen meiner *Logischen Unterschungen* gegen den
30 Psychologismus ihres Lehrers verfochten und die bedeutsame philosophische Umwendung in dessen letzter Entwicklungsphase mitbe-
stimmten. Nachdem er seine Münchener philosophischen Studien
mit dem Doktorat und bald darauf auch seine juristischen in Tübingen mit dem Referendar abgeschlossen hatte, kam Reinach nach
35 Göttingen und habilitierte sich hier 1908 auf meine Aufforderung
mit dem gedankenreichen Entwurf zu einer Urteilstheorie, aus
dem aber nur ein Stück über das negative Urteil einige Jahre später
erschienen ist (in den *Münchener philosophischen Abhandlungen,*
Festschrift zum 60. Geburtstag von Th. Lipps). In seiner weiteren

Entwicklung wurde er zu einem der vornehmsten Vertreter der phänomenologischen Philosophie und betätigte sich eifrig als Mitherausgeber des ihr dienenden *Jahrbuchs für Philosophie und phänomenologische Forschung,* dessen Erscheinungsband (1913) seine größte
5 und bedeutendste Arbeit über „Die apriorischen Grundlagen
des bürgerlichen Rechts" brachte. Sie bietet einen gegenüber
allen rechtsphilosophischen Entwürfen der Gegenwart wie der Vergangenheit völlig neuartigen Versuch, auf der Basis der reinen Phänomenologie die lang verpönte Idee einer apriorischen Rechts-
10 lehre zu verwirklichen. Mit beispiellosem Scharfsinn zieht Reinach
eine große Mannigfaltigkeit von „apriorischen" Wahrheiten ans
Tageslicht, die allem wirklichen und erdenklichen positiven Recht
zugrunde liegen; und sie sind, wie er zeigt, *a priori* genau in dem
Sinn wie die primitiven arithmetischen oder logischen Axiome, also,
15 wie sie, einsichtig erfaßbar als schlechthin ausnahmslos gültige, aller
Erfahrung vorangehende Wahrheiten. Diese apriorischen Rechtssätze, wie z. B., daß ein Anspruch durch Erfüllung erlischt, daß ein
Eigentum durch Übertragung von einer Person auf die andere übergeht, sprechen nichts weniger als „Bestimmungen" (willkürliche
20 Festsetzungen, daß etwas sein soll) aus, wie dies alle Sätze des positiven Rechtes tun. Alle solche positiv-rechtlichen Bestimmungen
setzen ja schon Begriffe wie z. B. Anspruch, Verbindlichkeit, Eigentum, Übertragung usw. voraus, Begriffe, die also dem positiven
Recht gegenüber *a priori* sind. Reinachs „apriorische Rechtssätze"
25 sind also nichts anderes als Ausdrücke unbedingt gültiger Wahrheiten, die rein im Sinnesgehalt dieser Begriffe gründen und demnach
selbst gegenüber den positiv-rechtlichen Festsetzungen *a priori*
sind.

Das völlig Originelle der in jeder Hinsicht meisterhaften Schrift
30 Reinachs besteht in der Erkenntnis, daß dieses zum eigenen Wesen
jedes Rechts überhaupt gehörige Apriori scharf zu scheiden ist von
einem anderen Apriori, das sich in der Weise von Bewertungsnormen auf alles Recht bezieht: Denn alles Recht kann und muß
unter die Idee des „richtigen Rechts" gestellt werden — „richtig"
35 vom Standpunkt der Sittlichkeit oder irgendeiner objektiven Zweckmäßigkeit. Die Entfaltung dieser Idee führt zu einer ganz anderen
apriorischen Disziplin, die aber ebensowenig wie Reinachs apriorische Rechtslehre auf die Realisierung des grundverkehrten Ideals
eines „Naturrechts" hinauswill. Denn nur formale Rechtsnormen

kann sie aufstellen, aus denen ebensowenig irgendein positives
Recht herauszupressen ist wie aus der formalen Logik eine sachhaltige naturwissenschaftliche Wahrheit. Niemand, der an einer streng
wissenschaftlichen Rechtsphilosophie interessiert ist, an einer letzten
5 Klärung der für die Idee eines positiven Rechts überhaupt konstitutiven Grundbegriffe (einer Klärung, die offenbar nur durch intuitive
Versenkung in das reine Wesen des Rechtsbewußtseins zu leisten
ist), wird diese bahnbrechende Schrift Reinachs übersehen können.
Es steht für mich außer Zweifel, daß sie dem Namen ihres Schöpfers
10 in der Geschichte der Rechtsphilosophie eine bleibende Stellung
geben wird.

Nach Vollendung dieser Arbeit wandte sich Reinach alsbald wieder anderen philosophischen Problemen zu. In der Zeit bis zum
Ausbruch des Krieges vertiefte er sich mit der ihm eigenen leiden-
15 schaftlichen Energie in die Fundamentalprobleme der allgemeinen
Ontologie und begann mit der phänomenologischen Klärung von
Grundbegriffen wie Sein, Werden, Bewegung, Kontinuum usw.
Nach persönlichen Äußerungen zu schließen, war er im besonderen
hinsichtlich des Wesens der Bewegung zu abschließenden Einsichten
20 durchgedrungen. Da kam der Krieg. Obschon als dienstuntauglich
ausgeschieden, ließ er in den unvergeßlichen Augusttagen 1914 nicht
ab, bis er in einem Feldartillerie-Regiment Aufnahme gefunden hatte. Mit nie versagender Freudigkeit gab er sein Bestes im Dienste des
Vaterlandes, ungebrochen durch manche schweren Erlebnisse. In
25 seinem tiefreligiösen Sinn hielt er stets an der Überzeugung fest, daß
wir auf einen göttlichen Sinn der Welt sicher vertrauen dürfen,
auch wenn wir ihren Lauf, wie in diesen Jahren blindwütenden Völ-
kerhassens und -mordens nicht verstehen können. Während der
letzten heftigen Kämpfe in Flandern führte ihn die Artilleriebe-
30 obachtung in die vordersten Schützenlinien, und hier durchbohrte
ihn die tödliche Kugel, der der Menschheit im schöpferischen Trieb
des Platonischen Eros nur Gutes bringen wollte.

Durch Adolf Reinachs frühen Tod hat die deutsche Philosophie
einen schweren Verlust erlitten. Er war zwar noch durchaus im Werden, als der Krieg ausbrach und er voll Begeisterung als Freiwilliger
5 auszog, der vaterländischen Pflicht zu genügen. Aber schon die
ersten Arbeiten gaben Zeugnis von der Selbständigkeit und Kraft
seines Geistes sowie von dem Ernst seines wissenschaftlichen Strebens, dem nur gründlichste Forschung genugtun konnte. Wer ihm
näher stand, wer seine philosophische Art im wissenschaftlichen
10 Gespräch schätzen gelernt, wer den Umfang seiner Studien, die
Intensität und Vielseitigkeit seiner Interessen beobachtet hatte,
mochte sich wundern, daß er sich so langsam zu Veröffentlichungen
entschloß. Wie leicht faßte er hörend und lesend verwickelte Gedankenreihen auf, wie rasch erkannte er die prinzipiellen Schwierigkei-
15 ten und überschaute er die entlegensten Konsequenzen. Und welche
Fülle glänzender Einfälle stand ihm bei jeder Erwägung zu Gebote.
Aber wie hielt er diese Begabung, die zu schnellen und blendenden
Produktionen hinzudrängen schien, im Zügel. Nur aus den tiefsten
Quellen wollte er schöpfen, nur bleibend wertvolle Arbeit wollte er
20 leisten. Das ist ihm, eben durch diese weise Zurückhaltung, auch
gelungen. Die Schriften, die er seit seinem Doktorat verfaßt hat (deren letzte in seinem 30. Lebensjahr erschien), sind an Zahl und
Umfang nicht groß; aber eine jede ist reich an konzentriertem
Gedankengehalt und des gründlichsten Studiums würdig. Seine Erst-
25 lingsarbeit* steht unter dem bestimmenden Einfluß von Th. Lipps,
dem er seine erste philosophische Ausbildung verdankte. Doch öff-
nete er sich schon als Münchener Student dem Einfluß der neuen

---

* *Über den Ursachenbegriff im geltenden Strafrecht* (Münchener Doktordissertation,
1905).

---

¹ Zuerst erschienen in: *Kant-Studien*, 23, 1918, S. 147-149.

Phänomenologie und schloß sich der Gruppe hochbegabter Schüler dieses bedeutenden Forschers an, die von dem Standpunkte meiner *Logischen Untersuchungen* gegen dessen Psychologismus opponierten. Den Wendungen, die Lipps infolge dieser Opposition in den
5 Schriften seit 1901 vollzog, folgte Reinach nicht, wie sehr er ihren Reichtum an wertvollen Gedanken auch zu schätzen wußte. Er gehörte zu den ersten, die den eigentümlichen Sinn der neuen phäno|menologischen Methode vollkommen nachzuverstehen und ihre [148] philosophische Tragweite zu überschauen vermochten. Die phäno-
10 menologische Denk- und Forschungsweise wurde ihm bald zur zweiten Natur, und nie geriet fortan die ihn so sehr beglückende Überzeugung ins Schwanken, das wahre Festland der Philosophie erreicht zu haben und sich nun als Forscher umgeben zu wissen von einem unendlichen Horizont möglicher und für eine streng wissenschaftli-
15 che Philosophie entscheidender Entdeckungen. So atmen seine Göttinger Schriften einen völlig neuen Geist, und sie bekunden zugleich sein Bestreben, sich bestimmt umgrenzte Arbeitsprobleme zuzueignen und durch handanlegende Arbeit den Urboden fruchtbar zu machen.
20   Historisch ist nur eine der Reinachschen Abhandlungen. Ihr Thema ist: „Kants Auffassung des Humeschen Problems" (*Z. f. Philos. u. philos. Kritik,* Bd. 141, 1908). Sie verdient ernsteste Beachtung. Für mich war seinerzeit die Vertiefung in den Sinn der Erkenntnisse über *relations of ideas* und die Einsicht, daß Kants Interpretation
25 derselben als analytischer Urteile ein Mißverständnis sei, bestimmend gewesen auf dem Wege zur reinen Phänomenologie. Reinach andererseits, als fertiger Phänomenologe zum Studium Kants übergehend, bemerkt sofort das Kantsche Mißverständnis und widmet ihm eine lehrreiche Untersuchung.
30   Von den systematisch-phänomenologischen Arbeiten Reinachs behandelt die erste „Zur Theorie des negativen Urteils" — eine Gabe der Verehrung für seinen früheren philosophischen Lehrer* — schwierige Probleme der allgemeinen Urteilstheorie in außerordentlich scharfsinniger Weise. Sie macht den originellen Versuch, einen
35 phänomenologischen Unterschied zwischen „Überzeugung" und „Behauptung" durchzuführen und im Zusammenhang damit auch

---

* Vgl. *Münchener philosophische Abhandlungen. Th. Lipps zu seinem 60. Geburtstage gewidmet von früheren Schülern,* Leipzig 1911 ⟨ *recte* 1912⟩.

die Lehre vom negativen Urteil durch eine Reihe phänomenologischer Unterscheidungen zu bereichern. — Sehr wichtige und, wie es scheint, wenig bekannt gewordene Untersuchungen erschienen dann 1912/13 in der *Z. f. Philos u. philos. Kritik,* Bd. 148 und 149 unter
5 dem Titel: „Die Überlegung; ihre ethische und rechtliche Bedeutung". Die rein phänomenologische Analyse des Wesens der theoretischen („intellektuellen") und praktischen („volontären") Überlegung führt Reinach nach verschiedenen Richtungen zu feinen und bedeutsamen Scheidungen im Gebiete der intellektiven und emotio
10 nal-praktischen Akte und Zuständlichkeiten; die Ergebnisse werden dann ethisch und strafrechtlich nutzbar gemacht. Von derselben Reife und Gediegenheit ist schließlich die bei weitem bedeutendste und zugleich umfangreichste Arbeit Reinachs über „Die apriorischen Grundlagen des bürgerlichen Rechts", mit der er sich
15 als Mitherausgeber meines *Jahrbuchs für Philosophie und phänomenologische Forschung* im Eröffnungsbande desselben (1913) einführt.* Sie bietet einen gegenüber allen rechtsphilosophischen Entwürfen der Gegenwart wie der Vergangenheit völlig neuartigen Versuch, auf der Basis der reinen Phänomenologie die lang verpönte
20 Idee einer apriorischen Rechtslehre zu ver|wirklichen. Mit beispiel [149]
losem Scharfsinn zieht Reinach eine große Mannigfaltigkeit von „apriorischen" Wahrheiten ans Tageslicht, die allem wirklichen und erdenklichen Recht zugrunde liegen; und sie sind, wie er zeigt, *a priori* genau in dem Sinn wie die primitiven arithmetischen oder
25 logischen Axiome, also, wie sie, einsichtig erfaßbar als schlechthin ausnahmslos gültige, aller Erfahrung vorangehende Wahrheiten. Diese apriorischen Rechtssätze, wie z. B., daß ein Anspruch durch Erfüllung erlischt, daß ein Eigentum durch Übertragung von einer Person auf die andere übergeht, sprechen nichts weniger als „Be
30 stimmungen" (willkürliche Festsetzungen, daß etwas sein soll) aus, wie dies alle Sätze des positiven Rechtes tun. Alle solchen positivrechtlichen Bestimmungen setzen ja schon Begriffe wie z. B. Anspruch, Verbindlichkeit, Eigentum, Übertragung usw. voraus, Begriffe, die also dem positiven Recht gegenüber *a priori* sind. Reinachs
35 apriorische Rechtssätze sind also nichts anderes als Ausdrücke unbedingt gültiger Wahrheiten, die rein im Sinnesgehalt dieser Begriffe

---

* Ich wiederhole im folgenden die in meinem Nachruf in der *Frankfurter Zeitung* vom 6. XII. 1917 gegebene Charakteristik.

gründen und demnach selbst gegenüber den positiv-rechtlichen Festsetzungen *a priori* sind. — Das völlig Originelle der in jeder Hinsicht
meisterhaften Schrift besteht in der Erkenntnis, daß dieses zum eigenen Wesen jedes Rechts überhaupt gehörige Apriori scharf zu schei-
5 den ist von einem anderen Apriori, das sich in der Weise von
Bewertungsnormen auf alles Recht bezieht: Denn alles Recht kann
und muß unter die Idee des „richtigen Rechts" gestellt werden —
„richtig" vom Standpunkt der Sittlichkeit oder irgendeiner objektiven Zweckmäßigkeit. Die Entfaltung dieser Idee führte zu einer ganz
10 anderen apriorischen Disziplin, die aber ebensowenig wie Reinachs
apriorische Rechtslehre auf die Realisierung des grundverkehrten
Ideals eines „Naturrechts" hinauswill. Denn nur formale Rechtsnormen kann sie aufstellen, aus denen ebensowenig ein positives
Recht herauszupressen ist wie aus der formalen Logik eine sachhal-
15 tige naturwissenschaftliche Wahrheit. — Niemand, der an einer
streng wissenschaftlichen Rechtsphilosophie interessiert ist, an einer
letzten Klärung der für die Idee eines positiven Rechtes überhaupt
konstitutiven Grundbegriffe (einer Klärung, die offenbar nur durch
phänomenologische Versenkung in das reine Wesen des Rechtsbe-
20 wußtseins zu leisten ist), wird diese bahnbrechende Schrift Reinachs
übersehen können. Es steht für mich außer Zweifel, daß sie dem
Namen ihres Schöpfers in der Geschichte der Rechtsphilosophie
eine bleibende Stellung geben wird.

Im letzten Jahre vor dem Kriege beschäftigte sich Reinach mit
25 Grundproblemen der allgemeinen Ontologie, und speziell über das
Wesen der Bewegung glaubte er entscheidende phänomenologische
Einsichten gewonnen zu haben. Es besteht die Hoffnung, daß wertvolle Stücke aus seinen literarisch unvollendeten Entwürfen der Öffentlichkeit zugänglich gemacht werden können. Im Kriege selbst
30 widmete er seine Kräfte in nie versagender Freudigkeit dem Vater-
lande. Aber zu tief war seine religiöse Grundstimmung durch die
ungeheuren Kriegserlebnisse betroffen, als daß er in Zeiten eines
relativ ruhigeren Frontdienstes nicht hätte den Versuch wagen müssen, seine Weltanschauung religionsphilosophisch auszubauen. Wie
35 ich höre, rang er sich in der Tat zu einer ihn befriedigenden Klarheit
durch: Die feindliche Kugel traf den in sich Beruhigten, mit sich
und Gott völlig Einigen.

Ich hatte nur zwei Jahre das Glück, Brentanos Vorlesungen zu [153]
hören. Vollständige Semester waren davon nur die Wintersemester
1884/85 und 1885/86. Beide Male las er fünfstündig über „prakti-
5 sche Philosophie" und dazu neben den philosophischen Übungen
noch ein- oder zweistündig über ausgewählte philosophische Fragen.
In den entsprechenden Sommersemestern gab er Fortsetzungen dieser ausschließlich für Fortgeschrittene bestimmten kleineren Kollegien, schloß aber schon in der ersten Juniwoche. Unter dem Titel
10 „Die elementare Logik und die in ihr nötigen Reformen" behandelte das erste dieser Kollegien systematisch verknüpfte Grundstücke
einer deskriptiven Psychologie des Intellekts, wobei aber auch den
Parallelen in der Gemütssphäre in einem eigenen Kapitel nachge-
gangen wurde. Das andere über „Ausgewählte psychologische und
15 ästhetische Fragen" bot in der Hauptsache deskriptive Fundamen-
talanalysen über das Wesen der Phantasievorstellungen. Etwa Mitte
Juni ging er an den von ihm damals so sehr geliebten Wolfgangsee,
und dahin (nach St. Gilgen) begleitete ich ihn auf seine freundliche
Aufforderung. Eben in diesen Sommermonaten, in denen es mir
20 jederzeit freistand, sein gastliches Haus zu besuchen und an seinen
kleinen Spaziergängen und Bootsfahrten teilzunehmen (auch an dem
einzigen größeren Ausflug der beiden Jahre), durfte ich ihm ein
wenig nähertreten, soweit es der große Unterschied des Alters und
der Reife zuließ. Ich hatte damals gerade meine Universitätsstudien
25 absolviert und war in der Philosophie (meinem Nebenfach im mathematischen Doktor) noch Anfänger.
  In einer Zeit des Anschwellens meiner philosophischen Interessen
und des Schwankens, ob ich bei der Mathematik als Lebensberuf

---

[1] Zuerst erschienen in: Oskar Kraus, *Franz Brentano. Zur Kenntnis seines Lebens
und seiner Lehre*, München 1919, S. 151-167.

bleiben oder mich ganz der Philosophie widmen sollte, gaben Brentanos Vorlesungen den Ausschlag. Ich besuchte sie zuerst aus bloßer
Neugierde, um einmal den Mann zu hören, der im damaligen Wien
soviel von sich | reden machte, der von den einen aufs höchste ver- [154]
5 ehrt und bewundert, von den anderen (und nicht ganz wenigen) als
verkappter Jesuit, als Schönredner, als Faiseur, Sophist, Scholastiker
gescholten wurde. Von dem ersten Eindruck war ich nicht wenig
betroffen. Diese hagere Gestalt mit dem mächtigen, von lockigem
Haar umrahmten Haupt, der energischen, kühn geschwungenen
10 Nase, den ausdrucksvollen Gesichtslinien, die nicht nur von
Geistesarbeit, sondern von tiefen Seelenkämpfen sprachen, fiel ganz
aus dem Rahmen des gemeinen Lebens heraus. In jedem Zug, in
jeder Bewegung, in dem aufwärts- und innengewandten Blick der
seelenvollen Augen, in der ganzen Art, sich zu geben, drückte sich
15 das Bewußtsein einer großen Mission aus. Die Sprache der Vorlesungen, vollendet in der Form, frei von allen künstlichen Wendungen, von allem geistreichen Aufputz, aller rhetorischen Phrase, war
doch nichts weniger als die der nüchternen wissenschaftlichen Rede.
Sie hatte durchaus einen gehobenen und künstlerischen Stil, der die-
20 ser Persönlichkeit den ihr völlig gemäßen und natürlichen Ausdruck
bot. Wenn er so sprach, in dem eigentümlich weichen, halblauten,
verschleierten Ton, die Rede mit priesterlichen Gesten begleitend,
stand er wie ein Seher ewiger Wahrheiten und wie ein Künder einer
überhimmlischen Welt vor dem jugendlichen Studenten.
25   Nicht lange wehrte ich mich, trotz aller Vorurteile, gegen die
Macht dieser Persönlichkeit. Bald packten mich die Sachen, bald
war ich von der ganz einzigen Klarheit und dialektischen Schärfe
seiner Ausführungen, von der sozusagen kataleptischen Kraft seiner
Problemenentwicklungen und Theorien bezwungen. Zuerst aus sei-
30 nen Vorlesungen schöpfte ich die Überzeugung, die mir den Mut
gab, die Philosophie als Lebensberuf zu wählen, nämlich, daß auch
Philosophie ein Feld ernster Arbeit sei, daß auch sie im Geiste
strengster Wissenschaft behandelt werden könne und somit auch
müsse. Die reine Sachlichkeit, mit der er allen | Problemen zu Leibe [155]
35 ging, ihre Behandlungsweise nach Aporien, die feine, dialektische
Abwägung der verschiedenen möglichen Argumente, die Scheidung
von Äquivokationen, die Zurückführung aller philosophischen Begriffe auf ihre Urquellen in der Anschauung — all das erfüllte mich
mit Bewunderung und mit sicherem Vertrauen. Der Ton heiligen

Ernstes und reinster Sachhingegebenheit verbot ihm im Vortrag alle
billigen Kathederwitze und Scherze. Er vermied selbst jede Art geist-
reicher Antithesen, deren sprachliche Zuspitzung mit gewaltsamen
gedanklichen Vereinfachungen erkauft zu sein pflegt. Im freien Ge-
5 spräch und bei guter Laune war er darum doch höchst geistreich und
konnte von Witz und Humor übersprudeln. Am eindringlichsten
war seine Wirksamkeit in den unvergeßlichen philosophischen
Übungen. (Ich erinnere mich an folgende Themen: Humes *Essay
über den menschlichen Verstand* und *Über die Prinzipien der Moral;*
10 Helmholtz' Rede „Die Tatsachen der Wahrnehmung"; Du Bois-
Reymonds *Grenzen des Naturerkennens.*) Brentano war Meister in
der sokratischen Mäeutik. Wie verstand er durch Fragen und Einwürfe den unsicher tappenden Anfänger zu leiten, dem ernst Strebenden Mut einzuflößen, unklare Ansätze gefühlter Wahrheit sich in
15 klare Gedanken und Einsichten wandeln zu lassen; und andererseits: Wie überlegen konnte er die leeren Schwätzer, ohne je belei-
digend zu werden, außer Spiel setzen. Nach den Übungen pflegte er
den Referenten und noch drei oder vier der eifrigsten Teilnehmer
mit nach Hause zu nehmen, wo Frau Ida Brentano ein Abendessen
20 vorbereitet hatte. Zu Alltagsgesprächen kam es dabei nicht. Die
Themen der Seminarstunde wurden fortgeführt, unermüdlich sprach
Brentano weiter, neue Fragen stellend oder in ganzen Vorträgen große Perspektiven eröffnend. Sehr bald, sowie das Essen vorüber war,
verschwand Frau Ida, die so rührend darum bemüht gewesen war,
25 den schüchternen Studenten zum freien Zulangen zu nötigen, wofür
Brentano selbst gar kein Auge hatte. | Einmal schneite zufällig der [156]
berühmte Politiker E. v. Plener, ein naher Freund des Hauses, in
diese Gesellschaft hinein: Aber Brentano war nicht abzulenken, an
diesem Abend gehörte er ganz seinen Schülern und dem ihn beschäf-
30 tigenden Diskussionsthema.

Für seine Schüler war Brentano leicht zu sprechen. Gern lud er
dann zu einem gemeinsamen Spaziergang ein, auf dem er vorgelegte
philosophische Fragen gänzlich unbeirrt durch den Straßenlärm der
Großstadt beantwortete. In aufopferungsvoller Weise nahm er sich
35 seiner Schüler aber nicht nur in wissenschaftlichen, sondern auch in
persönlichen Nöten an und ward ihr gütigster Berater und Erzieher.
Zu denen, die er als seine verläßlichen Freunde ansah, sprach er sich
auch über seine politischen und religiösen Überzeugungen und über
seine persönlichen Schicksale aus. Der Tagespolitik blieb er fern,

aber eine Herzenssache war ihm die großdeutsche Idee im Sinn der
alten süddeutschen Anschauungen, in denen er erwachsen war und
an denen er, wie an seiner Antipathie gegen Preußen, dauernd fest-
hielt. In dieser Beziehung konnte ich mit ihm nie einig werden. Die
5 preußische Art war ihm offenbar nie in bedeutenden persönlichen
und in den wertvollen sozialen Ausprägungen anschaulich geworden,
während ich selbst, darin glücklicher, sie in hohem Maße schätzen
gelernt hatte. Dementsprechend fehlte ihm auch jede Empfänglich-
keit für die eigentümliche Größe der preußischen Geschichte. Ähn-
10 lich verhielt es sich mit dem Protestantismus, dem er sich mit dem
Austritt aus der katholischen Kirche keineswegs angenähert hat.
Vom katholischen Dogma hatte er sich als Philosoph befreit; eine
Beziehung zum Ideenkreis des Protestantismus spielte dabei keine
Rolle, und nachfühlendes historisch-politisches Verstehen und dar-
15 aus entspringende Schätzung historischer Werte lag hier und wohl
auch sonst nicht in Brentanos Art. Vom Katholizismus selbst hörte
ich ihn nie anders als im Ton großer Hochachtung sprechen. Die
durch diesen in die Breite wirken|den religiös-ethischen Kräfte ver- [157]
teidigte er gelegentlich mit Lebendigkeit gegen unverständige gering-
20 schätzige Reden. In philosophischer Beziehung verband ihn übrigens
mit der alten Kirche die theistische Weltanschauung, die ihm so sehr
ans Herz ging, daß er auf Gottes- und Unsterblichkeitsfragen gern zu
sprechen kam. Sein zweistündiges Kolleg über Gottesbeweise (ein
Stück des größeren Kollegs über Metaphysik, das er in früheren Jah-
25 ren wie in Würzburg, so auch in Wien gelesen hatte) war mit größter
Sorgfalt durchdacht, und an den einschlägigen Problemen begann er,
gerade als ich von Wien fortging, von neuem zu arbeiten. Sie folgten
ihm, wie ich weiß, bis in sein spätestes Alter.
     Vornehmlich beschäftigten ihn aber in diesen Jahren teils jene
30 deskriptiv-psychologischen Fragen, die das Thema der oben genannten Vorlesungen waren, teils die sinnespsychologischen Untersuchungen, die erst vor wenigen Jahren veröffentlicht wurden und
deren Inhalt mir aus Wiener und St. Gilgener Gesprächen (wenigstens den Hauptlinien nach) in Erinnerung blieb. In den Vorlesun-
35 gen über elementare Logik behandelte er besonders ausführlich und
offenbar in schöpferischer Neugestaltung die deskriptive Psychologie
der Kontinua mit eingehender Rücksichtnahme auf Bolzanos *Para-
doxien des Unendlichen*; desgleichen die Unterschiede der „anschaulichen und unanschaulichen", „klaren und unklaren", „deut-

lichen und undeutlichen", „eigentlichen und uneigentlichen",
„konkreten und abstrakten" Vorstellungen und machte im anschließenden Sommer den Versuch einer radikalen Durchforschung aller
hinter den traditionellen Urteilsunterscheidungen liegenden deskrip-
5 tiven, im immanenten Wesen des Urteils selbst aufweisbaren Momente. Intensiv beschäftigten ihn unmittelbar darauf (und als Thema in einem eigenen Kolleg, wie schon oben erwähnt) deskriptive
Probleme der Phantasie, und zwar besonders das Verhältnis von
Phantasievorstellung und Wahrnehmungsvorstellung. Diese Vorle-
10 sungen waren ganz besonders anregend, weil sie | die Probleme im   [158]
Fluß der Untersuchung zeigten, während Vorlesungen wie die über
praktische Philosophie (oder auch über Logik und Metaphysik, von
denen ich knappe Nachschriften benützen konnte) trotz der kritisch-
dialektischen Darstellung − in gewissem Sinne − dogmatischen
15 Charakter hatten, d. h. den Eindruck fest erreichter Wahrheiten und
endgültiger Theorien erweckten und erwecken sollten. In der Tat, als
Schöpfer einer *philosophia perennis* fühlte sich Brentano durchaus,
so war immer mein Eindruck, damals und später. Der Methode völlig sicher und beständig bestrebt, höchsten Anforderungen einer
20 gleichsam mathematischen Strenge zu genügen, glaubte er in seinen
scharf geschliffenen Begriffen, in seinen festgefügten und systematisch geordneten Theorien und in seiner allseitigen aporetischen
Widerlegung gegnerischer Auffassungen die befriedigende Wahrheit
gewonnen zu haben. Freilich, wie entschieden er auch für seine Leh-
25 ren eintrat, er hielt nicht, wie ich langehin glaubte, starr an ihnen
fest. So manche der Lieblingsthesen jüngerer Jahre hat er später wieder aufgegeben. Er ist nie stehengeblieben. Aber tief eindringend und
oft genial in der intuitiven Analyse, ging er doch relativ schnell von
der Intuition zur Theorie über: zur Festlegung scharfer Begriffe, zur
30 theoretischen Formulierung der Arbeitsprobleme, zur Konstruktion
eines systematischen Inbegriffes der Lösungsmöglichkeiten, zwischen denen durch Kritik die Auswahl zu treffen sei. So hatte er,
wenn ich seine philosophische Art richtig beurteile, in jeder Phase
seiner Entwicklung in gleicher Weise seine festgeschlossenen Theo-
35 rien, armiert mit einer Phalanx durchdachter Argumente, mit denen
er sich allen fremden Lehren gewachsen fühlen konnte. Für Denker
wie Kant und die nachkantischen deutschen Idealisten, bei denen
die Werte ursprünglicher Intuition und vorschauender Ahnung so
ungleich höher stehen als diejenigen der logischen Methode und der

wissenschaftlichen Theorie, hatte er wenig Schätzung. Daß ein philo|sophischer Denker als groß eingeschätzt werden könne, auch [159] wenn alle seine Theorien streng genommen unwissenschaftlich sind und sogar seine Grundbegriffe an „Klarheit und Deutlichkeit" fast
5 alles zu wünschen übrig lassen; daß seine Größe statt in der logischen Vollkommenheit seiner Theorien auch liegen könne in der Originalität höchst bedeutsamer, obschon vager, wenig geklärter Grundanschauungen und damit eins in vorlogischen, auf den Logos allererst hindrängenden Zielstrebigkeiten — kurzum in völlig neuar-
10 tigen und für die Ziele aller philosophischen Arbeit letztentscheidenden Denkmotiven, die noch fern sind, sich in theoretisch strengen Einsichten auszuwirken: das hätte Brentano kaum zugestanden. Er, der so ganz dem herben Ideal strengster philosophischer Wissenschaft hingegeben war (das sich ihm in der exakten Naturwissen-
15 schaft repräsentierte), sah die Systeme des deutschen Idealismus nur unter dem Gesichtspunkt der Entartung. In meinen Anfängen von Brentano ganz geleitet, kam ich selbst erst spät zu der Überzeugung, die in der Gegenwart so manche der auf eine streng wissenschaftliche Philosophie bedachten Forscher teilen: daß die idealistischen
20 Systeme — im Grunde nicht anders als alle vorangegangenen Philosophien der von Descartes inaugurierten Epoche — vielmehr unter dem Gesichtspunkt einer jugendlichen Unreife angesehen und dann aber auch aufs Höchste gewertet werden müssen. Mochten Kant und die weiteren deutschen Idealisten für eine wissenschaftlich strenge
25 Verarbeitung der sie machtvoll bewegenden Problemmotive auch wenig Befriedigendes und Haltbares bieten: die diese Motive wirklich nachzuverstehen und sich in ihren intuitiven Gehalt einzuleben vermögen, sind dessen sicher, daß in den idealistischen Systemen völlig neue und die allerradikalsten Problemdimensionen der Philo-
30 sophie zutage drängen und daß erst mit ihrer Klärung und mit der Ausbildung der durch ihre Eigenart geforderten Methode der Philosophie ihre letzten und höchsten Ziele sich eröffnen.
| So sehr übrigens Brentanos vorzügliche und bewunderungswür- [160] dige Stärke in der logischen Theoretisierung lag, so beruhte die
35 außerordentliche und noch lange nicht abgeschlossene Wirkung seiner eigenen Philosophie letzten Endes doch darauf, daß er selbst, als originaler Denker, aus ursprünglichen Quellen der Intuition schöpfte und so der unproduktiv gewordenen deutschen Philosophie der 70er Jahre neue keimkräftige Motive zuführte. Wie weit seine Methoden

und Theorien sich erhalten werden, ist hier nicht zu entscheiden. Im Nährboden anderer Geister haben jene Motive jedenfalls einen anderen Wuchs angenommen als in dem seinen, aber damit ihre ursprüngliche keimkräftige Lebendigkeit von neuem bewiesen. Al-
5 lerdings nicht zu seiner Freude, da er, wie gesagt, seiner Philosophie sicher war. In der Tat, sein Selbstvertrauen war vollkommen. Die innere Gewißheit, auf dem rechten Wege zu sein und die allein wissenschaftliche Philosophie zu begründen, war ohne jedes Schwanken. Diese Philosophie innerhalb der systematischen Grundlehren,
10 die ihm schon als gesichert galten, näher auszugestalten, dazu fühlte er sich von innen und von oben her berufen. Ich möchte diese schlechthin zweifelsfreie Überzeugung von seiner Mission geradezu als die Urtatsache seines Lebens bezeichnen. Ohne sie kann man Brentanos Persönlichkeit nicht verstehen und daher auch nicht billig
15 beurteilen.

So begreift sich vor allem, daß ihm so viel an einer tiefdringenden Lehrwirksamkeit, ja in einem guten Sinne an einer Schule gelegen war: nicht nur zur Verbreitung der errungenen Einsichten, sondern auch zur Fortarbeit an seinen Gedanken. Freilich war er gegen jede
20 Abweichung von den ihm feststehenden Überzeugungen empfindlich, bei diesbezüglichen Einwänden wurde er lebhaft, blieb etwas starr bei den längst abgewogenen Formulierungen und aporetischen Begründungen und behauptete sich siegreich dank seiner meisterhaften Dialektik, die doch, wo der Einwendende auf | entgegenstehen- [161]
25 den ursprünglichen Anschauungen fußte, Unbefriedigung zurücklassen konnte. Niemand erzog mehr zu selbsttätig freiem Denken, vertrug es aber auch schwerer, wenn es sich gegen seine eigenen festeingewurzelten Überzeugungen richtete.

Mit der Überzeugung, Bahnbrecher einer neuen Philosophie zu
30 sein, hing zweifellos der große (und für mich damals wenig verständliche) Wert zusammen, den Brentano auf die Wiedererlangung seiner ordentlichen Professur in Wien legte. Viel sprach er von den Hoffnungen, die ihm stets von neuem eröffnet, von den Versprechungen, die ihm gemacht und die nie gehalten wurden. Es war für
35 ihn eben schwer erträglich, nicht mehr Doktorarbeiten leiten und in der Fakultät vertreten zu können, und erst recht, passiv der Habilitation ihm wenig genehmer Privatdozenten zusehen zu müssen. Mit Bitterkeit sprach er sich oft darüber aus. Seine Lehrtätigkeit litt freilich unter diesen Verhältnissen nicht (abgesehen von der freiwilligen

Einschränkung seiner Sommervorlesungen), nach wie vor übte er nicht nur in Wien, sondern in ganz Österreich den bestimmenden Einfluß. Seine schöne, ja klassisch vollendete Vorlesung über praktische Philosophie wurde jeden Winter von Hunderten Juristen der
5 ersten Semester und Hörern aller Fakultäten besucht — allerdings schrumpfte die große Zahl nach einigen Wochen sehr zusammen, da die regelmäßige Mitarbeit, die hier erforderlich war, nicht jedermanns Sache sein konnte. Aus dieser Vorlesung kamen übrigens immer wieder begabte junge Leute in seine Übungen und bezeugten,
10 daß seine Mühen wohl angewendet gewesen waren.

Viel klagte er in diesen Jahren über seine schwachen Nerven, auch in St. Gilgen, das ihnen Stärkung bringen sollte. Seine Erholung von intensiver Geistesarbeit suchte er allzeit in andern nicht minder intensiven, mit nicht minderem Eifer vollzogenen Betätigungen. Er
15 galt im Wiener Schachklub als ein besonders geistreicher Schachspieler (zu | geistreich, sagte man mir, und zu sehr auf Verfolgung [162] eines leitenden Gedankens gerichtet, um oft siegreich sein zu können) und konnte zeitweise ganz in leidenschaftlichem Spiel aufgehen. Zu anderen Zeiten machte er Schnitzarbeiten oder malte und
20 zeichnete, immer dem, was er tat, leidenschaftlich hingegeben. Irgendwie selbsttätig sein mußte er eben immer. Auf der gemeinsamen Reise nach St. Gilgen zog er bald sein praktisches selbstgeschnitztes Schachspiel heraus, und nun wurde die ganze lange Fahrt hindurch eifrig gespielt. In St. Gilgen beteiligte er sich gerne an den Porträt-
25 bildern seiner Frau, die eine tüchtige Malerin war, hineinbessernd oder ihre Bilder im Werden ganz übernehmend: Aber freilich mußte sie dann wieder nachhelfen und manches wieder gut machen. So hat er mich im Jahre 1886 gemeinsam mit seiner Frau gemalt: „Ein liebenswürdiges Bild", wie Theodor Vischer, der feinsinnige
30 Kunsthistoriker, urteilte. Mit eben demselben Eifer betrieb er in St. Gilgen nachmittags das Bocciaspiel (im „Garten", einem Stückchen Wiese hinter dem gemieteten Häuschen nahe am See). Für Bergtouren war er gar nicht eingenommen, er liebte nur mäßige Wanderungen. Sehr einfach war in St. Gilgen, aber auch Wien, seine Lebens-
35 weise. Man brauchte übrigens nicht lange mit ihm bekannt zu sein und seine Lebensgewohnheiten zu beobachten, um die Lächerlichkeit der umlaufenden Rede zu empfinden, daß er seine erste Frau um ihres Reichtums willen geheiratet habe. Für die Genüsse der Reichen, für Luxus, gutes Essen, üppiges Leben jeder Art hatte er

überhaupt kein Organ. Er rauchte nicht, aß und trank sehr mäßig, ohne darin irgendwelche Unterschiede zu beachten. Ich, der ich doch oft im Haus bei Mahlzeiten zugegen war, habe nie eine Äußerung über Speisen und Getränke von ihm gehört oder bemerkt, daß
5 er dabei mit besonderer Lust genoß. Als wir einige Zeit vor seiner Frau in St. Gilgen eintrafen und in einem ziemlich schlechten Gasthof essen mußten, da war er der immer | Zufriedene, der eben den [163] Unterschied sich gar nicht zum Bewußtsein brachte, immer mit seinen Gedanken oder den Gesprächen beschäftigt. Er ließ sich auch
10 nur die einfachsten Speisen geben, wie er auch auf der Bahn, wenn er allein fuhr, sich mit der niedersten Klasse begnügte. Und ebenso stand es mit seiner Kleidung, die übereinfach und oft abgetragen war. In allen diesen Beziehungen sparsam, soweit eben seine eigene Person in Frage kam, war er doch generös, wo er anderen ein Gutes
15 damit tun konnte. In seinem persönlichen Gehaben gegen Jüngere war er einerseits zwar würdevoll, andererseits überaus gütig und liebreich, immerfort um die Förderung ihrer wissenschaftlichen Bildung, aber auch um ihre ethische Persönlichkeit besorgt. Man konnte nicht anders, als sich dieser höheren Leitung ganz hinzugeben und
20 ihre veredelnde Kraft beständig, auch wenn man ihm räumlich fern war, zu fühlen. Selbst in seinen Vorlesungen wurde, wer sich ihm einmal gegeben hatte, nicht nur theoretisch von den Sachen, sondern von dem reinen Ethos seiner Persönlichkeit aufs tiefste ergriffen. Und wie konnte er sich selbst persönlich geben! Unvergeßlich sind
25 mir die stillen, sommerabendlichen Wanderungen am Wolfgangsee, auf denen er sich oft in freier Aussprache über sich selbst gehen ließ. Er war von einer kindlichen Offenheit, wie er denn überhaupt die Kindlichkeit des Genies hatte.
     Ich habe mit Brentano nicht sehr viel Briefe gewechselt. Auf mei-
30 nen Brief, in dem ich ihn bat, die Widmung meiner *Philosophie der Arithmetik* (meiner philosophischen Erstlingsschrift) anzunehmen, schrieb er mir warm dankend, aber ernst abmahnend: Ich solle mir nicht den Groll seiner Feinde auf den Hals laden. Ich widmete ihm die Schrift dennoch, erhielt aber auf die Übersendung des Wid-
35 mungsexemplars keine weitere Antwort. Erst nach 14 Jahren bemerkte Brentano überhaupt, daß ich ihm die Schrift wirklich gewidmet hatte, und dankte nun in herzlich gütigen Worten; er hatte | sie [164] offenbar nicht näher angesehen oder darin nur nach seiner Art „quer gelesen". Er stand mir natürlich zu hoch, und ich verstand

ihn zu gut, um dadurch empfindlich berührt zu werden.

Daß sich kein reger Briefwechsel entwickelte, hatte tiefere Gründe. Zu Anfang sein begeisterter Schüler, hörte ich zwar nie auf, ihn als Lehrer hoch zu verehren, aber es war mir nicht gegeben, Mitglied
5 seiner Schule zu bleiben. Ich wußte aber, wie sehr es ihn erregte, wenn man eigene, obschon von den seinen auslaufende Wege ging. Er konnte dann leicht ungerecht werden und ist es auch mir gegenüber geworden, und das war schmerzlich. Auch wird, wer von innen her von ungeklärten und doch übermächtigen Gedankenmotiven
10 getrieben ist oder begrifflich noch unfaßbaren Anschauungen genugzutun sucht, mit denen die gegebenen Theorien nicht stimmen wollen, sich dem in seinen Theorien Beruhigten — und gar einem logischen Meister wie Brentano — nicht gerne eröffnen. Man hat genug an der Pein der eigenen Unklarheit und braucht für sein logisches
15 Unvermögen, das eben die Triebkraft zum forschenden Denken ist, keine neuen Beweise und keine dialektischen Widerlegungen. Was sie voraussetzen, Methoden, Begriffe, Sätze, muß leider verdächtigt und als zweifelhaft zunächst ausgeschaltet werden, und daß man nicht klar widerlegen und auch selbst nichts hinreichend klar und
20 bestimmt aufstellen kann, ist ja gerade das Unglück. So war es in meinem Werden, und so erklärt sich eine gewisse Entfernung, wenn auch nicht persönliche Entfremdung von meinem Lehrer, die auch späterhin eine wissenschaftliche Fühlungnahme so schwer machte. An ihm fehlte es, wie ich frei gestehen muß, nie. Er gab sich wie-
25 derholt Mühe, wissenschaftliche Beziehungen wieder anzuknüpfen. Er fühlte wohl, daß meine große Verehrung für ihn in diesen Jahrzehnten sich nie vermindert hatte. Im Gegenteil, sie hat sich nur gesteigert. Ich lernte eben im Fortschreiten | meiner Entwicklung die [165] Kraft und den Wert der von ihm empfangenen Impulse immer
30 höher einschätzen.

Als Privatdozent besuchte ich ihn einmal in den Sommerferien in Schönbühl an der Donau; er hatte kurz vorher die „Taverne" gekauft, die nun für Wohnzwecke umgebaut werden sollte. Unvergeßlich ist mir die Situation, in der ich ihn vorfand. An das Haus
35 herankommend, sah ich eine Gruppe Maurer, darunter einen hageren, langen Mann mit offenem Hemd, kalkbesprengten Beinkleidern und Schlapphut, die Kelle ebenso wie die andern gebrauchend: ein italienischer Arbeiter, wie man sie auf Straßen und Gassen damals überall sah. Es war Brentano. Freundlich kam er mir entgegen, zeigte

mir seine Entwürfe zum Umbau, klagte über die unfähigen Baumei-
ster und Maurer, die ihn genötigt hätten, alles selbst in die Hand zu
nehmen und selbst mitzuarbeiten. Nicht lange und wir waren mitten
in philosophischen Gesprächen, er immer in diesem Aufzuge.

5   Ich sah ihn wohl erst im Jahre 1907 in Florenz wieder, in seiner
herrlich gelegenen Wohnung in der Via Bellosguardo. Dieser Tage
kann ich nur mit größter Rührung gedenken. Wie ergriff es mich, als
er, der nahezu Erblindete, von dem Balkon die unvergleichliche
Aussicht auf Florenz und die Landschaft erklärte oder mich und

10   meine Frau in die beiden dereinst von Galilei bewohnten Villen auf
schönsten Wegen führte. In seiner äußern Erscheinung fand ich ihn
eigentlich wenig verändert, nur die Haare waren ergraut und das
Auge hatte seinen Glanz und früheren Ausdruck verloren. Und
doch, wie viel sprach auch jetzt aus diesem Auge, welche Verklärung

15   und Gotteshoffnung. Natürlich wurde gar viel von Philosophie gesprochen. Auch das war schmerzlich. Wie ging ihm das Herz auf,
wieder einmal sich philosophisch aussprechen zu können; er, dem
die große Wirkung als Lehrer ein Lebensbedürfnis war, mußte in
Florenz einsam dahinleben, außerstande, dort eine | persönliche [166]

20   Wirksamkeit zu entfalten, und schon beglückt, wenn einmal vom
Norden jemand kam, der ihn hören und verstehen konnte. Es war
mir in diesen Tagen, als wären die Jahrzehnte seit meiner Wiener
Studienzeit zu kraftlosem Traum geworden. Ich fühlte mich ihm,
dem Überragenden und Geistesmächtigen gegenüber wieder wie ein

25   schüchterner Anfänger. Ich hörte lieber, als daß ich selbst sprach.
Und wie groß, schön gegliedert, und in allen Gliederungen fest
gestaltet, floß seine Rede dahin. Einmal aber wollte er selbst hören
und ließ sich, ohne mich mit Einwendungen zu unterbrechen, den
Sinn der phänomenologischen Forschungsweise und meines ehema-

30   ligen Kampfes gegen den Psychologismus zusammenhängend be-
richten. Zu einer Verständigung kam es nicht. Vielleicht lag ein
wenig auch die Schuld an mir. Mich lähmte die innerliche Überzeugung, daß er in dem fest gewordenen Stil seiner Betrachtungsweise,
mit dem festen Gefüge seiner Begriffe und Argumente nicht mehr

35   anpassungsfähig genug sei, um die Notwendigkeit der Umbildungen
seiner Grundanschauungen, zu denen ich mich gedrängt gesehen
hatte, nachverstehen zu können.

Nicht der geringste Mißton trübte diese schönen Tage, in denen
auch seine zweite Gemahlin Emilie uns alle erdenkliche Freundlich-

keit erwies, sie, die in so wohltuender und liebevoller Weise für seine
Altersjahre sorgte und sich daher dem Bilde seines damaligen Lebens aufs schönste einfügte. Er wollte möglichst viel mit mir zusammen sein, er fühlte selbst, daß mein Dank für das, was er mir durch
5 seine Persönlichkeit und durch die lebendige Kraft seiner Lehren
gewesen, unauslöschlich war. Er war im Alter noch liebevoller und
milder geworden, ich fand in ihm nicht den verbitterten Greis, dem
seine erste und zweite Heimat allzuwenig Förderung hatte angedeihen lassen und seine großen Gaben mit Undank gelohnt hatte.
10 Immerfort lebte er in seiner Ideenwelt und in der Vollendung seiner
| Philosophie, die, wie er sagte, im Lauf der Jahrzehnte eine große   [167]
Entwicklung genommen hatte. Es lag über ihm ein Hauch der Verklärung, als gehörte er nicht mehr dieser Welt an und als lebte er
halb und halb schon in jener höheren Welt, an die er so fest glaubte
15 und deren philosophische Deutung in theistischen Theorien ihn
auch in dieser späten Zeit so viel beschäftigte. Das letzte Bild, das
ich damals in Florenz von ihm gewonnen, hat sich in meine Seele
am tiefsten eingesenkt: So lebt er nun immer fort in mir, ein Bild
aus einer höhern Welt.

NATUR UND GEIST

⟨ Vortrag in der Kulturwissenschaftlichen
Gesellschaft Freiburg i. Br. ⟩[1]

⟨ ... ⟩[2]

5   Es ergeben sich hier zwei Grundtypen von Wissenschaften, die
anschaulich deskriptiven und die mathematischen oder
exakten Naturwissenschaften. Die anschaulichen Naturobjekte erweisen sich wie bekannt als subjektiv-relativ. Die Ausscheidung der
Bedeutungsprädikate hebt nicht eine andere Relativität der unmit-
10 telbar anschaulichen Naturobjekte auf. Nämlich: Die spezifischen
Sinnesqualitäten der Dinge sind zwar nicht Qualitäten, die ihnen die
Subjekte durch ihre Aktivität des Denkens, Wertens, Wollens, somit
in Ich-Akten zuerteilt haben; aber sie weisen auf die menschliche
„Sinnlichkeit" zurück, die zwar, soweit die Menschen in dieser Hin-
15 sicht normale sind und unter normalen Umständen wahrnehmen, zu
gleichen Wahrnehmungen und deskriptiven Aussagen führen, aber,
da auch Anormalität zur Struktur der Umwelt gehört, keine allgemeingültige Übereinstimmung herstellen. Die durchaus notwendige
Aufgabe vom Standpunkt des normalen Menschen, die Umwelt
20 systematisch zu erforschen, die wundersame Formentypik der anschaulichen Dinge und ihrer Entwicklungsgestalten herauszustellen,
ist die Aufgabe der deskriptiven, durchaus mit Typenbegriffen
operierenden Naturwissenschaften. Andererseits war das die epoche-

---

[1] Vorgetragen am 21. Februar 1919. Das Vortragsmanuskript ist nur als Fragment
erhalten. Es fehlen das Anfangsstück und eine kleinere Partie nach dem ersten Drittel
des Vortrags. Vgl. *Einleitung der Herausgeber*, S. XXXVII ff.

[2] Siehe Beilagen XI und XII, S. 324 und 325.

machende neue Erkenntnis der Galileischen Naturwissenschaft, gezeigt zu haben, daß es noch eine weitere und neugerichtete Aufgabe
der Naturerkenntnis gibt, nämlich eine im strengsten Sinn objektive
Naturerkenntnis zu schaffen, die in allem Relativismus der Subjekt-
5 bezogenheiten der anschaulichen Naturobjekte herausarbeitet, was
invariant bleibt, einen Inbegriff von Bestimmungen, durch die jedes
Naturobjekt seine strenge Identität durchhält, mag es einer normalen oder anormalen Sinnlichkeit erscheinen: Bestimmungen, die
jeder Vernünftige, auch bei anormaler Sinnlichkeit, in rationaler
10 Methode und mit der Einsicht schlechthinniger Geltung herausar-
beiten kann.
      So gewinnt Natur einen neuen Sinn, wie die Naturwissenschaft
um einen neuen Wissenschaftstypus sich bereichert. Natur wird zum
Inbegriff der von aller Relativität auf die wechselnde Eigenart der
15 erkennenden und handelnden Subjekte freien Prädikate: das „Ansich" der Naturobjekte in einem neuen Sinn. Dieses Ansich muß, da
es nichts Sinnliches mehr enthalten kann, ausschließlich in rein logischen und mathematischen Prädikaten charakterisierbar sein, nur
daß diese Prädikate aus den anschaulich gegebenen in allgemein
20 möglicher Methode ihre Bestimmtheit erlangen müssen. So ist die
neue Naturwissenschaft „mathematische Naturwissenschaft". Gegenüber der mathematisch exakten Natur heißt dann die sinnlich
anschauliche Natur des Normalen bloße Erscheinung, was aber
nichts daran ändert, daß sie ihr anschaulich wirkliches Dasein hat
25 und daß die deskriptiven Naturwissenschaften, ohne im mindesten
auf Exaktheit hinschielen zu müssen, ihr Eigenrecht in sich haben.
      Eine radikal neue Wissenschaftsgruppe ergibt sich nach
unserer Schichtungsanalyse, wenn wir die Realität des Geistes zum
Thema wählen. Wir stehen vor dem heiß umstrittenen Problem der
30 Psychologie.
      Menschen oder Tiersubjekte stehen uns Forschenden gegenüber,
und diese Gegenüberstehenden sind uns gegeben in „äußerer Wahrnehmung". Sie geben sich dabei notwendig als mit dem räumlich-
zeitlich daseienden Leib mitdaseiendes, im Dasein mitverknüpftes
35 Geistiges. Wie immer der Leib sich im Raum bewegt und was mit
ihm auch sonst physisch geschehen mag, solange er biologisch fungierender Leib bleibt, verbleibt bei ihm das Geistige. Es erfährt also
durch diese leibliche Anknüpfung indirekt eine Verräumlichung,
obschon das Seelische in sich selbst prinzipiell unräumlich und sei-

nem eigenen Wesen nach allem Physischen heterogen verbleibt. Da
die Zeit der physischen Natur unlöslich mit der Raumform verbunden ist, so gehört auch sie nicht ursprünglich zum Geiste, der im
Bewußtseinsfluß, in der Immanenz des Seelenlebens seine eigene, zu
5 allem Raum beziehungslose Zeitform konstituiert. Aber durch die
Verräumlichung erhält das Seelische auch seine Stelle in der ihm
wesensfremden, weil raumbezogenen Naturzeit, der Zeit, die im
Raum und mit räumlichen Instrumenten und Maßen gemessen
wird. Durch die Verräumlichung des Seelischen fügen sich in dieser
10 Art alle Geister in die e i n e und e i n z i g e physische Natur zuord-
nungsmäßig ein, und es erwächst so die Auffassung der e i n e n e i n -
z i g e n W e l t, die im e i n e n Raum und der e i n e n Raumzeit alle
Realitäten, auch die geistigen, umspannt. Wird die Uneigentlichkeit
dieser Umspannung nicht genau beachtet, so liegt nun die Versu-
15 chung nahe, alle die wissenschaftlichen Grundauffassungen, die im
unendlichen Reich der Naturforschung ihre beständige Anwendung,
aber auch ihre sinngemäße Urstätte haben, ohne weiteres auf die
Welt oder „Natur" in dem neuen, e r w e i t e r t e n Sinn zu übertragen.
War die physische Natur ein Reich mathematischer Exaktheit, eine
20 Welt exakt faßbarer Objektivität, geordnet in an sich bestehenden
exakten Formen ⟨von⟩ Raum und Zeit und nach Koexistenz und
Sukzession alles individuellen Geschehens durchherrscht, in eindeu-
tiger Notwendigkeit, von exakten Kausalgesetzen — so soll all das
ohne weiteres und wie selbstverständlich auch für die Natur im
25 erweiterten Sinn gelten, also auch für geistiges Sein und Geschehen.
Waren in der physischen Sphäre die anschaulichen Dinge bloße
Erscheinungen einer unanschaulichen Natur an sich von exakter
Bestimmbarkeit, so wird nun auch für die Geister oder Seelen der
Erfahrung hinzupostuliert ein S e e l i s c h e s a n s i c h, ein unerfahrba-
30 res und nur nach exakten Gesetzen konstruierbares. Aus solchen
Motiven erwächst die genau besehen sinnlose N a t u r a l i s i e r u n g
d e r g e i s t i g e n W i r k l i c h k e i t e n, eine sinnlose Übertragung der
Naturbegriffe von Substanz und Kausalität auf die geistige Sphäre.
Die Sinnlosigkeit ergibt sich daraus, daß Seelisches, wie an jedem
35 Subjekterlebnis zu ersehen ist, in seinem absoluten Eigenwesen gegeben ist in jeder seelischen Erfahrung. Es ist nicht so wie beim Physischen, das gemäß dem eigenen Sinn der äußeren Erfahrung als ein
Relatives gemeint ist, Relatives zu erfahrenden Subjekten und ihren
Sinnlichkeiten.

⟨ ... ⟩[1]

Die Eigenart dieser Aufgaben, die überwältigende Größe der hier zu vollziehenden Einzelleistungen ist erst in der neuen Phänomenologie zutage getreten. Die moderne experimentelle Psychologie hat
5 bei allem wissenschaftlichen Ernst ihrer Arbeit und der Feinheit ihrer Methodik über diese Aufgaben ganz hinweggesehen. Ihr bewußter oder unbewußter Naturalismus machte sie blind und richtete ihr Absehen nur auf die Regelordnung objektiver, zeit-räumlich zu fassender Koexistenzen und Sukzessionen, und gerade solcher, für
10 deren Erkenntnis man mit den rohesten Klassenbegriffen der naiven Selbsterfahrung auslangen konnte. Man kann das vielleicht an den moral-statistischen Methoden sich illustrieren. Jedermann weiß vor aller wissenschaftlichen Analyse, was die Eheschließungen, Morde, Verbrechen der oder jener Klassen, Selbstmorde usw. sind. Für die
15 Feststellung statistischer Regelmäßigkeiten reicht das völlig aus. Sowenig man aber bei aller wissenschaftlichen Sorgsamkeit dieser Methodik jemals durch sie vom Wesen von Ehen, Morden, Verbrechen, Selbstmorden etwas erfahren kann, sowenig durch die experimentelle Psychologie vom Wesen der seelischen Strukturen; z. B. in
20 der Gedächtnispsychologie vom Wesen des Bewußtseins, das da Erinnerung heißt, vom Wesen der Phänomene, die der objektivierende Titel Perseveration besagt, in der Psychophysik der Sprachstörungen: was das Eigenwesentliche der seelischen Phänomene im Sprechen ausmacht usw. Da war, man muß es offen sagen, das
25 Altertum denn doch sehr viel weiter, obschon auch dieses nicht bis zu den zentralen Problemen der Bewußtseinsstruktur und der Konstitution der Phänomene transzendenter personaler und sachlicher Gegenständlichkeiten in der Immanenz des Seelischen durchgedrungen ist. Es hat immerhin doch einige Schichten des Seelischen selbst
30 gesehen. Die naturalistische Psychologie aber in ihrer Blindheit für das Seelische in seinem Eigenwesentlichen und für die unendliche Fülle ihm zugehöriger Wesensstrukturen faßt (und auch das nur unvollkommen) bloß das Naturale der Seele, und darin liegt zugleich, sie ist eine verständnislose Psychologie, eine Psychologie,
35 welche gerade die zum Seelischen spezifisch eigentümliche Aufgabe nicht sieht: das ihm völlig eigentümliche Reich verstehbarer Zu-

---

[1] Siehe Beilage XIII, S. 330.

sammenhänge aufzuklären und damit zur Grundwissenschaft zu werden für die gewaltige objektive Welt des Geistes, deren Eigenes es wieder ist, eine verstehbare Welt zu sein. Nur Dürftigstes kann ich hier zur näheren Ausführung andeuten.

5   Die rein anschaulich zu erforschenden, rein deskriptiv in Wesensbegriffen zu typisierenden seelischen Vorkommnisse gruppieren sich um korrelativ zusammengehörige Titel wie Ich, Bewußtsein, Gegenstand. Das Seelische ist ein Strom des Lebens, und dieses Leben ist Bewußtseinsleben. Bewußtsein hat aber eine doppelte Polarisie-
10 rung, es ist in sich, eigenwesentlich, bezogen auf Gegenständliches, es ist Bewußtsein von etwas, und unendliche Mannigfaltigkeiten von deskriptiv verschiedenen Bewußtseinserlebnissen können als Bewußtsein von demselben charakterisiert sein. Der Unendlichkeit dieser Pole, die da Gegenstände heißen und die rein als im
15 Bewußtsein Bewußtes, als Vorgestelltes, Gedachtes, Erfreuendes, Gewolltes beschrieben werden müssen, steht gegenüber der eine Ichpol, das Ich, das Bewußtsein in Form von Akten vollzieht und in der wechselnden Mannigfaltigkeit von Akten sich als identisch Selbiges weiß.

20 Daraus entspringt eine unendliche Fülle von Problemen: Deskription der Bewußtseinserlebnisse in sich selbst, Deskription der wesenhaft geschlossenen typischen Mannigfaltigkeit von Bewußtseinserlebnissen, die zu einem immanenten Gegenstandstypus, wie etwa materielles Ding, zusammengehören; Deskription der zum Titel Ich
25 gehörigen Typik, Deskription seiner in Akten sich vollziehenden Taten, Gegenstände immer neu konstituierenden Leistungen; Deskription der Niederschläge alles Leistens in nachwirkenden Ichcharakteren und somit Studium der unaufhörlichen Entwicklung der Personalität als des bleibenden Subjekts typisch verharrender und
30 doch wandelbarer personaler Charaktereigenschaften. Besonders wichtig ist dabei der Gegensatz passive und aktive Apperzeption; ein Strom unaufhörlicher Bewußtseinsentwicklung, der unaufhörlich zentriert ist in Form der Apperzeption immer neuer Gegenständlichkeiten, vollzieht sich ohne aktive Ichbeteiligung: Dieser Strom
35 ist Untergrund für den aktiven Intellekt, für die Ichakte und in spezifischen Ichtätigkeiten sich konstituierenden Leistungen, wodurch neue Gegenständlichkeiten zustande kommen, die dann der passiven Umgestaltung zugänglich sind. Alles aktive Verhalten des Ich im Denken, Werten, Wollen, Handeln setzt passiv entsprungene

Apperzeption voraus, zuunterst das Getriebe passiv vorgegebener
Empfindungsdaten und sinnlicher Gefühle, in höherer Stufe die Apperzeption der räumlich-zeitlichen Welt, durch welche für das tätige
Subjekt die natürliche Sphäre für bedeutungsmäßige Gestaltungen
5 vorgegeben ist.

Titel, wie sie hier flüchtig angedeutet wurden, sind unendliche
Felder für eine systematische Wissenschaft vom immanenten psychischen Leben in seiner Eigenwesentlichkeit, das unaufhebbar ein
fortgehendes passives Sich-Gestalten und aktives Tätigsein und Lei-
10 sten ist, in einer Fülle feinster und völlig durchschaubarer Strukturen.

Umweltlich gegeben ist Seele und Geist als natural eingeordnet.
So weit Natur im ersten und erweiterten Sinn reicht, also äußere
Einheit räumlich-zeitlich-kausaler Ordnung, so weit reicht die eine
15 große Aufgabe der Wissenschaften: die Naturerklärung: die Auf-
suchung sei es von exakten Gesetzen, sei es von empirischen Regeln
der Koexistenz und Sukzession der raum-zeitlich lokalisierten Gegebenheiten.

Betrachten wir aber den Geist in seiner Eigenwesentlichkeit als
20 Geist und nehmen wir auch hinzu, daß seine immantenten Leistungen, soweit sie den Regeln vernünftiger Geltung entsprechen, für die
wirkliche Welt außer ihm etwas bedeuten und sie zu einer Kultur-
welt mit Kulturprädikaten ausstatten, so tritt der naturwissenschaftlichen Erklärung an die Seite eine neuartige, grundverschiedene Wei-
25 se der Erklärung, für die wir keinen anderen Ausdruck haben als
wissenschaftliches Verstehen. Naturerklärung geht auf Kausalität, auf das irrationale große Faktum einer Regelordnung in der
objektiven Zeitfolge. Es ist eine durchaus außerwesentliche Ordnung. Verstehende Erklärung geht auf die durchaus eigenwe-
30 sentlichen, in durchaus anschaulichen Beziehungs- und Verbin-
dungsformen verlaufende Motivation. Sie ist die Stätte der
einzig wahren Rationalität, sie gibt als Antwort auf die Frage Warum das einzige Weil, das uns innerlich befriedigen kann, weil wir es
eben verstehen. Es gibt passive und aktive Motivation. Jede Asso-
35 ziation nach ihrem eigenwesentlichen Bestand birgt eine passive
Motivation. Warum fällt mir eben der Name Ludendorff ein? Natürlich weil ich an Hindenburg dachte. Das ist eine passive Motivation. Demgegenüber: Warum urteile ich einen Schlußsatz? Ich urteile, weil ich vorher die Prämissenurteile gefällt habe und in „Rück-

sicht auf sie ". Ebenso das Werten um anderen Wertens willen, das
Wollen sogenannter Mittel um eines anderen willen, um des Zwek-
kes darin willen usw. Das sind aktive Motivationen. Kausalität ist
im Rahmen der Zeit vorwärts gerichtet: Auf Grund der abgelaufe-
5 nen Ordnungsreihen konstruiere ich mir die Ordnung künftiger Verläufe. Die Motivation ist rückwärts gerichtet: Das Gegenwärtige
oder Abgelaufene verstehe ich, in die Vergangenheit rückschauend,
aus seinen Motiven. Es gibt hier offenbar eine doppelte Verständ-
lichkeit der Motivation und ein doppeltes Weil: Nur aktive Motiva-
10 tion und nur diejenige, die in sich den Wesenscharakter der Evidenz,
der Vernünftigkeit hat, ist im höheren, rationalen Sinn begründende.
Motivation ist das große Prinzip der Ordnung in der eigenwesentlichen seelischen und dann weiter in der gesamten geistigen Welt, so
wie Kausalität das Prinzip der Naturordnung ist. So weit die leisten-
15 de Subjektivität reicht und ihre bewußt vollzogenen Akte in die
objektive Umwelt einstrahlen und ihr Bedeutungsprädikate erteilen,
so weit reicht die Möglichkeit verstehender Erklärung und reicht die
Aufgabe: die Motivationszusammenhänge aufzuwickeln und in höherer Stufe: ihre immanente Vernunft nachzuverstehen oder in eige-
20 ner tätiger Vernunft Beurteilungen zu vollziehen.

Desgleichen kann man sagen: So weit Geist und geistige Leistung
reicht, so weit reicht, mit der Bannsphäre der Motivation, auch die
Idee der Entwicklung. Denn das Grundwesen der Subjektivität
ist, nur zu sein und sein zu können in Form der Entwicklung, jeder
25 neue Zustand und Akt motiviert in Notwendigkeit eine Änderung
des Subjekts: Das Gegenstück des starren Atoms ist die lebendige,
unaufhörlich sich entwickelnde Monade. Das überträgt sich auf
alles objektivierte Geistige; nicht nur die Entwicklung von Persönlichkeiten, sondern auch die Entwicklung der objektiven Kultur ist
30 daher das notwendige Thema der Geisteswissenschaft: Entwicklung
der Waffe, des Hausgeräts, der religiösen Symbolik, Entwicklung der
Literatur, der bildenden Kunst etc.

Selbstverständlich aber gilt alles Ausgeführte wie von der einzelnen, der privat leistenden Subjektivität, so von der sozialen, sozial
35 leistenden Verbandssubjektivität und somit von der Welt der ihr
korrelativ gegenüberstehenden sozialen Kultur: Wie dann, ich kann
dies nicht weiter ausführen, der Individualpsychologie die Sozialpsy-
chologie und die Reihe der Kulturwissenschaften zur Seite tritt. All
diese Wissenschaften sind Wissenschaft aus Motivation, und ihr

Thema sind Entwicklungen.

Dabei ist nicht zu übersehen, daß Entwicklung ein Begriff ist, der zwei wesentlich unterschiedene Stufen in sich faßt und demgemäß zwei scharf zu sondernde Wesensbegriffe in sich schließt. Erstens
5 kann Entwicklung dasselbe besagen wie in der physisch-organischen Natur, nämlich das Faktum, daß die typischen Gestaltungen geistigen Werdens gegen gewisse Typen als Limestypen konvergieren, so wie ein Pflanzenkeim sich typisch wandelt, aber so, daß er bei gleicher Ausgangsart immer wieder zu demselben Endtypus führt: etwa
10 Linde. Solche Typen in der geistigen Sphäre sind Kind, Jüngling, Mann usw. Zweitens kann in der faktischen Entwicklung eine Tendenz aufgewiesen werden zur Herausbildung von ausgezeichneten Typen, die einem Vernunftideal entsprechen, in bezug auf welches selbst das Unvernünftige als Mittelglied anzusehen sei. So etwa,
15 wie „Ideen" als teleologische Mächte in der Geschichte erwiesen werden; und speziell in der Entwicklung der Wissenschaften und Künste. Hier allein verhält sich der geisteswissenschaftliche Forscher als „wertbeziehend", wie dann der Gesichtspunkt der Wertung des Geisteswissenschaftlers methodisch eine sehr untergeordne-
20 te Rolle spielt.

Ein eigener Punkt weiterer Darstellungen müßte sein die Unterscheidung der Untersuchungen in morphologisch generalisierende und in der Weise der Historie individualisierende. Selbstverständlich können eine individuelle einzelne Gestalt, eine individuell bestimmte
25 Entwicklung das Interesse erwecken, und die Aufgabe, sie zu verstehen, kann gestellt werden. Jede Erklärung, auch die verstehende, erklärt aber aus Allgemeinheiten und operiert mit allgemeinen Begriffen und weist so auf Sphären wissenschaftlicher Generalisation zurück und auf generelle Zusammenhänge. So weist auch die Ge-
30 schichte auf generelle Wissenschaften zurück, auf Wissenschaften, welche die allgemeinen Geistesgestalten (mit denen sie in individueller Vereinzelung beständig operiert und deren Begriffe sie ungeklärt beständig verwendet) einer generellen Wesens- und Entwicklungsforschung unterzogen werden. So die Grundgestaltungen der
35 Subjektverbände, wie Staat, Gemeinde, Volk usw., wie andererseits die Grundgestaltungen der objektiven Kultur wie Sprache, Literatur, Kunst, Recht, Wirtschaft usw., zuletzt wieder aber überall auch zurückgeführt auf eine Grundwissenschaft, auf die geisteswissenschaftliche und allein echte Psychologie.

Nicht mehr eingehen kann ich, als über das Thema hinausgreifend, auf die sich eröffnenden neuen Dimensionen, wenn wir den
natürlichen Standpunkt verlassen und in die reine erkenntnistheoretische, die phänomenologische Einstellung übergehen. Natur und
5 Geist projizieren sich dann ins reine Bewußtsein als seine Gestaltungen, und die Aufgabe eröffnet sich, die unverständliche Natur in
Motivation aufzulösen, wobei aber die letztverbleibenden Irrationa-
litäten in eine metaphysische Teleologie verweisen.

BEILAGE XI (zu S. 316): ⟨Die Wissenschaften und die
10   obersten kategorialen Gattungen⟩
⟨1919⟩

Naturwissenschaften und Geisteswissenschaften sind uns gegeben, also in
gewisser Weise gegeben ist, was die einen unter dem Titel Natur, die anderen
unter dem Titel Geist behandeln. Beiderseits handelt es sich um Gattungsti-
15 tel für mannigfaltige thematische Gebiete, die auf der einen und anderen
Seite erforscht werden. Sind sie nicht radikal verschieden, so auch nicht die
Wissenschaften: Was macht die Einheit einer Wissenschaft? Einzig und
allein die Einheit des zu erforschenden Gebietes, und so weit seine Einheit
reicht, so weit ist auch die Wissenschaft in Wahrheit eine: das sagt eine
20 Teilung innerhalb der Gebietseinheit, eine Teilung nach Stücken, nach
Schichten, nach bevorzugten Beziehungsrichtungen, und wiederum eine Teilung der Arbeit nach der methodischen Technik ergibt keine verschiedenen
Wissenschaften, sondern Disziplinen innerhalb einer Wissenschaft: Wir
sprechen von der Naturwissenschaft auch im Singular, sofern wir eben mit
25 Natur eine in sich geschlossene prädikative Einheit vor Augen haben, und
letztlich besagt das, sofern ein oberster, auch in der Idee nicht zu überstei-
gender Gattungsbegriff uns leitet, der allen möglichen Prädikationen eine
wesentliche Einheit, eben eine gattungsmäßige, durch den allgemeinsten Gat-
tungsgehalt bestimmte Einheit gibt. Die Geisteswissenschaft sei eine neue
30 Wissenschaft, darin liegt also, daß wir in ein heterogenes Gebiet eintreten,
das in seinem Gattungsmäßigen von der Natur durch eine unübersteigliche
Wesenskluft geschieden ist. Wissenschaft ist theoretische Erkenntnis, theoretische Erkenntnis ist gültige Bestimmung von Gegenständen durch Prädikate.
Ein Gegenstandsgebiet im Sinne der Wissenschaft ist nicht ohne weiteres
35 durch die Identität von Gegenständen, sondern durch die Identität von
Gegenständen als Substraten einer in sich radikal abgeschlossenen Prädika-
tionsgruppe bestimmt. Dasselbe Ding, ein Stück Papier, kann heterogene
Prädikate haben, physikalische etwa auf der einen Seite und die Prädikate
des Gebrauchsobjektes, etwa speziell die Prädikate, die das Wort Hundert-
40 markschein bezeichnet, auf der anderen Seite. Wir sind absolut sicher, daß
wir in rein naturwissenschaftlich-physischer Betrachtung eines Kunstwer-

kes 〈nicht〉 auf die ästhetische Objektivität, die dem Kunstwerk als solchem
eigentümlich ist, auf seine ästhetischen Geltungswerte stoßen können: Woher die absolute Sicherheit? Wir sehen generell ein, daß hier trotz der Ver-
bundenheit zu einer Einheit zwei heterogene Welten zusammenstoßen, daß
5　die ästhetische Gegenständlichkeit mit ihren spezifischen Prädikaten etwas
toto coelo Verschiedenes ist als die physische Gegenständlichkeit mit ihren
physischen Prädikaten. Und nur ein anderer Ausdruck dafür ist die Rede von
den obersten kategorialen Gattungen des Seienden, und mehr soll sie auch
nicht besagen. Diesen obersten Gattungen entsprechen nun von seiten des
10　erkennenden Bewußtseins grundverschiedene Weisen der Erfahrung bzw.
Weisen, wie Gegenstände als Gegenstände der betreffenden Gebietsprädikate
vor aller Theorie, vor dem denkenden Bestimmen zu ursprünglicher Anschauung, sozusagen zu schlichter leibhafter Gegebenheit kommen. Alle radikalen methodischen Unterschiede, eben diejenigen, die den radikal unter-
15　schiedenen Wissenschaften ihr eigentümliches methodisches Gepräge geben,
haben ihre Wurzel in dem ursprünglichen, das ist im ursprünglich erfahrenden Bewußtsein vorgezeichneten Sinn. Und hier versteht sich, warum es verkehrt ist, methodische Unterschiede (wie sie die bekannten Schlagworte indi-
vidualisierend — generalisierend, kausal erklärend und verstehend, objekti-
20　vierend — subjektivierend bezeichnen) als die für die Scheidung bestimmenden heranzuziehen. Sie sind als sekundäre Folgen der gegenständlichen Unterschiede erst aus diesen abzuleiten, zu verstehen und führen also auf diese
zurück, wofern die Methodencharakteristik selbst nicht an dem Äußerlichen
haften bleiben soll. Methodologische Technik ist nicht zu verwechseln mit
25　der Methode im Sinne des logischen und erkenntnistheoretischen Wesenstypus einer Wissenschaft und ihrer Forschung, die unablöslich zu ihrer Idee
gehört und daher *a priori* heißt. Begreiflicherweise wird aber jede neue Wissenschaft auch ihre eigenartige, obschon mit individuellen und historischen
Zufällen behaftete Technik haben.

30　　　BEILAGE XII (zu S. 316): 〈Die Schichtungen der
vorgegebenen Umwelt〉
〈1919〉

〈...〉 Da erwachsen aber beständig neue Prädikate der umweltlichen Gegenstände, oder was dasselbe, die Umwelten und ihre Gegen-
35　stände sind nichts Kausiertes, sondern sich immerfort vermöge der auf sie
bezüglichen Subjektakte in gewisser Weise wandelnd, sei es, daß sie reale Umgestaltung erfahren, wie Dinge, die zu Werkzeugen gestaltet worden sind, oder
Kinder, die pädagogisch zu ethischen Persönlichkeiten erzogen, also willkürlich gestaltet worden sind; oder sie sind real unverändert geblieben, aber
40　sie haben als umweltliche Gegenstände neue Prädikate erhalten, Prädikate
der ,, Bedeutung", wie wenn ein Stück Holz die Bedeutung eines Wegzei-
chens, ein Zug auf einer Tafel die Bedeutung „Wort", die real umgestalteten

Dinge da die Bedeutung Werkzeug erhalten haben. Reales Gestalten mag dabei überall eine vermittelnde Rolle spielen, aber das Wesentliche ist, daß zum Beispiel das Ding nicht nur real anders geworden ist durch meine Bearbeitung, sondern daß ich es von nun ab als zweckmäßig Bearbeitetes und speziell zu bestimmten möglichen Zwecken in der Weise eines Hämmerns Dienliches und Bestimmtes ansehe. Wie ich von nun ab nicht eine bloße Sache, sondern einen Hammer sehe, so tut es in Zusammenhängen sich wechselseitig verständigender Menschheit jedermann. Für jedermann hat das Ding diese Zweckprädikate, und er glaubt es geradezu in diesen zu sehen.
Es ist natürlich Sehen verbunden mit einem Verstehen der Bedeutung und eventuell zugleich der Anerkennung ihrer Geltung. Es ist nun klar, daß wir reduktiv die ganze Schichte dieser beständig neu erwachsenden Prädikate abtun können, dieser auf wirkliche oder mögliche Subjektakte jeder Art bezogenen und aus ihnen apperzeptiv ihren ursprünglichen Sinn empfangenden Prädikate. Es ist klar, daß sie letztlich Prädikatgruppen voraussetzen, die nicht in dieser selben Weise ihre apperzeptive Quelle in einem tätigen Sichverhalten von Subjekten haben. Das Subjekt muß etwas Reales schon vorgegeben haben, um sich dazu tätig verhalten zu können, und wenn auch als Korrelat dieses Verhaltens sich bewußtseinsmäßig eine prädikable Schichte am umweltlichen Objekt niederschlägt und dann eine neue Vorgegebenheit schafft, zu der sich das Subjekt wiederum verhalten kann, so sind doch ursprüngliche umweltliche Vorgegebenheiten vorausgesetzt, die vor allem subjektiven Tun liegen. Objekte dieser Art, also Objekte ohne Bedeutung oder unter abstraktiver Ablösung aller unter dem Titel Bedeutung stehenden Prädikate, geben einen bestimmten Begriff von Natur. Offenbar ist „ bloße " Natur wirklich denkbar als für sich seiend, sofern es ja klar ist, daß die Subjektivität sich an den jeweiligen Objekten nicht als tätig, als bedeutungskonstituierend zu verhalten brauchte, und dem schließt sich ja ein populärer Begriff von Natur als Sphäre der von selbst gewordenen oder gewachsenen und nicht gemachten oder gepflegten Objekte an. Aber für uns ist Natur nun ein Titel, der auch jedes bedeutsame Objekt befaßt, sofern ein jedes zuunterst eine Summe von Prädikaten besitzt, die nicht bedeutend und nur bedeutungtragend sind, von Prädikaten, mit denen es räumlich-zeitliche Koexistenz hat und behalten könnte, auch wenn die Subjekte, die die Bedeutung verstehen könnten, fehlten. Jedes solche Subjekt hätte dann immer noch ein konkret volles Objekt vor sich, anschaulich vollständig, aber bedeutungslos.
Jedes Naturobjekt in dem bestimmten von uns definierten Sinn ist den Subjektakten gegenüber „ an sich ", und das heißt hier, ist, was es ist, unangesehen aller subjektiv tätigen Verhaltungsweisen der Subjekte, zu deren Umwelt es gehört. In gleicher Weise können wir die Subjekte als Subjekte an sich herausstellen, durch Absehen von allen Prädikatschichten, die ihnen nur durch das wertende, wollende, urteilende und sonstige Aktverhalten der sie in ihrer Umwelt vorfindenden Subjekte zuwachsen und zuwachsen als bleibende prädikative Schichten, mit denen sie fortdauernd apperzipiert werden.
Solche Bedeutungsschichten an Subjekten sind mannigfaltiger Art: Wir finden in unserer Umwelt, und wir sagen geradezu, wir sehen Soldaten, Ge-

heimräte, Diener usw. Sie werden apperzipiert sozusagen in ihrer dauernden geistigen Livree, in dem Dauerbestand der mehr oder minder klar vorstelligen Bedeutungsprädikate. Ihre physische Livree ist natürlich dabei selbst als solche charakterisiert durch Bedeutungsprädikate der anderen Gruppe, die
5 aber dieselben prinzipiellen Quellen hat.

   Genauer besehen ist unsere Gliederung der ursprünglichen Lebenswelt als einer gemeinsamen menschlichen Umwelt noch nicht genau genug. Wir dürfen nicht bloß scheiden zwischen Objekten und Subjekten, wobei wir beiderseits wieder zwischen dem Ansich selbst und den Bedeutungen unter-
10 scheiden; wir müssen den Unterschied beachten zwischen singulären Subjekten und Subjektverbindungen, d. i. aus Subjekten gebauten Einheiten höherer Ordnung, die selbst den Charakter von Subjekten, in einem verallgemeinerten und doch wesentlich gemeinsamen Sinn, haben. Subjektverbände finden wir als Ehen, Finanzgesellschaften, Vereine, Gemeinden,
15 Staaten, Völker usw. beständig in der vorwissenschaftlich konstituierten Umwelt, und jedes einzelne Subjekt ist, unter Umständen vielfältig, fungierendes Glied solcher Verbände. Als solches hat es für sich und andere funktionale Prädikate, wie sie die vorhin gewählten Beispiele Diener, Soldat usw. ausdrücken als Bedeutungsprädikate der jetzt hervortretenden besonderen
20 Gruppe, die ihre Quelle in dem Verbindung konstituierenden Wechselverhalten der Subjekte hat.

   Einzelsubjekt besagt Subjekt, gleichgültig ob es Verbandsglied ist oder nicht ist, und Einzelsubjekt an sich fordert speziell auch die Abstraktion von allen funktionalen Prädikaten, die ihm offenbar außerwesentlich sind inso-
25 fern, als es ideal gesprochen noch Subjekt und dasselbe Individuum bleiben würde, wenn die Prädikate seiner sozialen Funktion fortfielen. Im übrigen konstituieren sich alle Subjektverbände als solche nicht bloß dadurch, daß die einen Einzelsubjekte die anderen Einzelsubjekte nachverstehen können, also durch die Erfahrungsart der sogenannten Einfühlung, durch die über-
30 haupt Subjekte füreinander Umweltgegenstände sind und werden können; und auch nicht dadurch, daß wechselseitiges Verstehen möglich ist und statthat: sondern es gehört dazu die eigene merkwürdige Gruppe spezifisch sozialer Akte der Einzelsubjekte, Akte, in denen sich ein Subjekt an ein anderes wendet, sich ihm mitteilt, es als Subjekt und in seinem Subjekttun absicht-
35 lich bestimmt und ebenso von ihm Bestimmung erfährt. Das Einzelsubjekt hat nicht nur seine flüchtig vorübergehenden Akte, es hat auch als Dauereinheiten, als durch mannigfaltige Akte hindurchgehende und bewußtseinsmäßig zu erfassende Identitäten, andauernde Überzeugungen, Wertungen, Begierden, Willensentschlüsse. Diese aber kommen nicht nur zur Mitteilung an
40 andere und werden von ihnen in gleichstimmigen Akten aufgenommen und einverleibt in ihrem Dauercharakter; sondern es kann auch mehr statthaben. Eine Vielheit von Menschen, die von gleichen Überzeugungen, von gleichen Entschlüssen usw. beseelt sind, sei es auch auf dem Weg wechselseitiger Suggestion, bildet darum noch keinen sozialen Verband. Das Auszeichnende
45 desselben ist es vielmehr, daß in den Gliedern des Verbandes Akte und dauernde Akteinheiten auftreten, die für sie charakterisiert sind als Akte und

Einheiten, deren Subjekt nicht der bloß einzelne ist, sondern der Verband als verbundene Gemeinschaft der einzelnen. Ein Verein hat seine, des Vereins Anschauungen, Urteile, Wertungen, Entschlüsse, Ziele und Zwecke, jeder einzelne hat darin wiederum die seinen; aber unter den seinen scheiden sich
5 diejenigen, die er als Vereinsglied hat, und diejenigen, die er als Privatperson hat: Und das sind Unterschiede, mit denen die betreffenden Akte für die Subjekte selbst also bewußtseinsmäßig konstituiert sind.

Da wir von der Umwelt sprechen, so ist das ein bloßes Konstatieren dessen, was wir in ihr vorgegeben finden, und mehr darf es nicht sein wollen.
10 Sofern es sich dabei um Akte von Subjekten handelt, die wie Subjekte selbst zur Umwelt gehören, und speziell um Akte, die apperzeptiv Prädikate erhalten, die aus der tätigen Beziehung von Subjekten zu Subjekten und ihren Akten erwachsen, können wir auch sagen: Nicht nur Subjekte als Subjekte haben Prädikate der Bedeutung, sondern auch Akte der Subjekte haben in
15 der verbundenen Einheit der Sozialität Bedeutungsprädikate.

Wichtig ist, daß, so wie jedes einzelne Subjekt durch seine bloß spezifische Subjekttätigkeit, durch sein Denken, Fühlen, realisierendes Wollen usw. wesensmäßig leistendes Subjekt ist und seine Leistung einen Niederschlag von umweltlichen Prädikaten besagt, so dasselbe von den Ver
20 bänden gilt. In ihren sozialen Subjektakten bzw. in den sozialen Akten der Verbandesglieder konstituieren sich an den Personen wie an den Sachen, an den Naturvorgängen wie an personalen Vorgängen Bedeutungsschichten. Eine Handlung ist ein physischer Vorgang, aber nicht nur das. Er hat für jedes Subjekt, das sie in seiner Umwelt vorfindet, eine verstehbare Bedeu
25 tung, sei es als Einzelhandlung dieses Subjektes, sei es als seine soziale Handlung, wobei das Subjekt oder die Subjektvielheit Funktionär eines Verbandes ist: zum Beispiel als Gerichtsverhandlung. Ein Naturobjekt steht da nicht nur als Naturobjekt, sondern als Feld, als Gebäude usw., das Gebäude eventuell dann als Polizeihaus, als Parlamentsgebäude usw. Es steht da als Werk
30 bald des einzelnen, bald einer verbundenen Vielheit, einer Gemeinschaftsfirma, eines Bauvereins, einer Gemeinde, eines Staates usw.

Nach dieser selbstverständlich wissenschaftlich sehr zu verfeinernden Analyse der Schichtung der vorgegebenen Umwelt wagen wir uns an die Frage: Welche Wissenschaften sind überhaupt möglich? Wissenschaft ist selbst eine
35 Leistung in sozialen Akten miteinander verbundener Menschen, sie ist selbst eine aus Subjekten ihren Sinn schöpfende Bedeutungseinheit. Evidenterweise ist sie, wie schon gesagt, eine Leistung, die schon eine Umwelt voraussetzt, und sehen wir von idealen Gegenständlichkeiten wie bisher ab und beschränken wir uns auf die realen Gegenständlichkeiten, die der gewöhnliche Sinn
40 der Rede von einer Welt mit sich führt, so sind alle möglichen Wissenschaften offenbar und nach evidenter Notwendigkeit vorgezeichnet durch die allgemeine und selbst offenbar durchaus notwendige Strukturform der Umwelt mit ihren festen Schichtungen.

Da ergibt sich fürs erste und als unterste Stufe die Naturwissenschaft,
45 die Wissenschaft von den Naturobjekten an sich, *ex definitione* bedeutungslosen oder unter Absehen aller ihrer durch Subjektbezogenheit zugewachse-

nen Bedeutungsprädikate. Natur ist sinnlich gegeben. Das besagt in erster
Linie, sie ist ursprünglich, wahrnehmungsmäßig gegeben in reiner Rezeptivi-
tät, eben ohne Akten des Subjektes in prägnantem Wortsinn von Ichakten
ihren Ursprung zu verdanken und demgemäß eines Verständnisses durch
5 Nachfühlung solcher Akte nicht zu bedürfen.

Vertiefen wir uns in den Sinn eines Naturobjektes als solchen, wie er
typisch aus jeder Dingwahrnehmung zu entnehmen ist, so finden wir, daß
das Naturding wesensmäßig *res extensa* und *temporalis* ist, daß es überhaupt
eine bestimmte formale Struktur hat, zu der vor allem gehört, daß es verän-
10 derliches und doch identisches Objekt ist, das in aller Veränderlichkeit bleibende Eigenschaften hat, und daß alle seine Eigenschaften kausale Eigenschaften sind, das heißt, jede Veränderung bezieht sich gesetzmäßig auf Umstände
und deren Veränderungen, und in dieser geregelten Abhängigkeit von Veränderungen erhält das Ding selbst sich identisch durch, in Form der typischen
15 Art, wie für es diese Abhängigkeiten der Veränderungen laufen. Diese bleibenden Eigenschaften der Dinge bzw. diese gesetzmäßigen Veränderungsweisen des Dinges in dem für es charakteristischen Typus zu erforschen ist die
wissenschaftliche Aufgabe. Das umweltliche Ding gibt sich in der Wahrnehmung mit spezifischen Sinnesqualitäten bekleidet und so, daß diese in die
20 geregelten Abhängigkeiten anschaulich eingehen, die Farbe ist Dingfarbe, sie
ist abhängig von der Lichtquelle, der Ton ist dinglicher Ton, sich verändernd
mit der Stärke des Anschlages des tönenden Körpers usw. Wir bemerken
aber bald, und das gehört selbst mit zu dem Sinn, in dem jedes Ding umweltlich anschaulich gegeben ist, daß die sinnlichen Qualitäten aller Dinge in der
25 Wahrnehmung bezogen sind auf Leib und Sinnesorgane des jeweilig wahrnehmenden Subjektes. Wir unterscheiden normales und anormales Fungieren der Leiblichkeit, und die sinnlichen Qualitäten verbleiben dem Ding nur
relativ zu dem normal fungierenden und darin sich im allgemeinen ungefähr
konstant verhaltenden Leib. Sofern normalerweise alle Subjekte, mit denen
30 wir in Einfühlungszusammenhang stehen, selbst unter normalen Umständen
wahrnehmen, erscheinen auch die Dinge als dieselben Dinge für alle, und
zwar als die sinnlich unter gleichen Umständen gleich qualifizierten, und so
besitzen die sinnlichen Qualitäten auch ihre intersubjektive Geltung, ihre
Objektivität, aber auch nur diese ungefähr, diese auf normale Leiblichkeit
35 und dann weiter, wie ich nicht noch ausführe, auf normales apperzeptives
Verhalten der Subjekte bezogene Objektivität. Für praktische Zwecke reicht
das aus und auch für gewisse wissenschaftliche Zwecke : Nämlich wofern es
zum wissenschaftlichen Thema gemacht wird, der Typik der anschaulichen
Naturgegebenheiten in ihrer Bezogenheit auf normale Subjektivität nachzu-
40 gehen, da erwachsen die sogenannten beschreibenden Naturwissenschaften,
die durchaus mit anschaulichen Begriffen, nämlich mit Typenbegriffen operieren, die aus der sinnlichen Anschauung in ihrem normalen Subjektbezug
genommen sind.

BEILAGE XIII (zu S. 319): ⟨Die Wissenschaft von den
Regelverbindungen von Natur und Subjektivität⟩
⟨1919⟩

Festlegen wollen wir vorweg folgende Selbstverständlichkeit. Subjektivität
5 an sich und Natur im Sinne der eigentlichen physischen Natur sind heterogene Gebiete, ihre Wissenschaften sind heterogene Wissenschaften. Das Heterogene tritt aber in geregelte empirische Aufeinanderbezogenheiten, und
diesen entspricht die empirische Apperzeption Mensch, Tier als zoologisches
Wesen mit zwei geregelt aufeinander bezogenen, im Dasein verbundenen
10 Seiten. Es ergibt sich also *a priori* neben einer möglichen Wissenschaft von
der Natur an sich in ihrer abgeschlossenen Eigenheit und einer Subjektwis-
senschaft für sich in ihrer abgeschlossenen Eigenheit eine Verbindungswissenschaft. Wissenschaft von den Regelverbindungen von Natur und Subjektivität im Dasein. Ihre Homogenität besteht in der abgeschlossenen Klasse
15 von Prädikaten der Regelverbundenheit heterogener Daseinssphären. Andererseits ist die Verbindungswissenschaft keine in jeder Hinsicht in sich
geschlossene Wissenschaft, insofern als sie die Wissenschaften vom Eigentümlichen der Natur und ⟨von⟩ dem Subjekt voraussetzt.

Die Natur hatte ihre Eigenheit in sich und die Abgeschlossenheit eines
20 Gebietes dadurch, daß die umweltlichen Sinnendinge betrachtet werden
konnten unter Absehen von aller Bedeutung gebenden und tätig wirkenden
Subjektivität und weil sie ihrem eigenen Sinn nach für sich ihre Eigenschaften hatten, Eigenschaften, zu denen wesentliche Abhängigkeitsverhältnisse
rein naturaler Art gehörten.* Die Natur hatte in einem zweiten Sinn Eigen-
25 heit eines Gebietes, sofern die psychophysischen Abhängigkeiten der Sinnendinge als Erscheinungen von den mitdaseienden Subjekten ausgeschaltet und
eine mathematische Natur als Thema gesetzt werden konnte, die das von der
Subjektivität auch in der neuen Weise unabhängige, gegenüber aller zufälligen Subjektivität unabhängige Ansich erforschte.

30 Die Psychophysik ergäbe eine Ergänzungswissenschaft, insofern sie
anschaulich-deskriptiv die Abhängigkeiten der sinnenanschaulichen Dinge
als Erscheinungen von der wechselnden Subjektivität und, unanschaulich-
exakte physikalische Objektivierung heranziehend, die Abhängigkeiten des
exakten Naturobjektes und der Subjektivität erforschen sollte.

---

* Das ergäbe deskriptive Naturwissenschaften, aber gebunden an die Idee einer normalen
Subjektgemeinschaft.

TEXTKRITISCHER ANHANG

ZUR TEXTGESTALTUNG

Dieser Band enthält a) sämtliche zwischen 1911 und 1921 veröffentlichten kleineren Texte Husserls, b) alle seine Vorträge aus dieser Zeit mit Ausnahme der Vorlesungen, die er im Rahmen der üblichen Lehrverpflichtung hielt. Zudem sind hier c) alle eigenständigen Abhandlungen aus dem genannten Zeitraum gesammelt, die Husserl für die Publikation in einer Zeitschrift vorbereitet hat, aber nicht erscheinen ließ.

Bei mehreren Fassungen eines Textes aus dem Nachlaß wird grundsätzlich die letztgültige Manuskriptfassung Husserls wiedergegeben. Auch bei den von Husserl geplanten Kant-Studien-Beiträgen „Phänomenologie und Psychologie" und „Phänomenologie und Erkenntnistheorie" (mit einem „Anhang") wurde so verfahren: Die Abhandlungen liegen in Originalfassungen Husserls (in den Konvoluten F IV 1 bzw. B I 3) und in Ausarbeitungen von Edith Stein[1] vor. Da die Husserlschen Textfassungen einen zusammenhängenden lesbaren Text darstellen, wurden sie dem Abdruck in diesem Bande zugrunde gelegt. Im Falle des „Anhangs", der auf die kritischen Einwände von Theodor Elsenhans und August Messer eine Antwort gibt, mußte hingegen auf die Ausarbeitung von Edith Stein zurückgegriffen werden. Für diesen Text gibt es keine Urfassung Husserls. Die Textfassung Edith Steins basiert in der Hauptsache auf den im Konvolut K I 24 enthaltenen kleineren Texten und Exzerpten, die Husserl von den Aufsätzen von Elsenhans und Messer angefertigt und mit Anmerkungen versehen hatte.[2]

Bei der Anordnung der Beiträge wird auf eine Einteilung nach Texten, die zu Husserls Lebzeiten publiziert wurden, und Texten aus dem Nachlaß verzichtet. Stattdessen wird nur zwischen Haupttexten und Beilagen unterschieden. Letztere sind im Anschluß an die Haupttexte, denen sie zugehören, abgedruckt. Die Anordnung der Haupttexte erfolgt chronologisch. Für die zu Husserls Lebzeiten veröffentlichten Texte und von ihm gehaltenen Vorträge ist das Datum ihres Erscheinens bzw. des Vortrags maßgebend. Für die Texte aus dem Nachlaß gilt das Datum des Zeitraums, in dem sie verfaßt wurden.

---

[1] *Die von ihr handschriftlich angefertigten Fassungen der Ausarbeitungen sind im Gegensatz zu den mit Schreibmaschine vorgenommenen Abschriften (Signaturen M III 13a und M I 1) nicht erhalten. Nur ein Teil des früheren Paragraphen 3 von „Phänomenologie und Erkenntnistheorie" konnte gefunden werden; vgl. unten S. 352.*

[2] *Eine detaillierte Beschreibung von K I 24 ist unten auf S. 380 f. zu finden.*

Geringfügige Ausnahmen ergeben sich aus der Bestrebung, zusammengehöri-
ge Texte nicht auseinanderzuziehen. So werden die drei Vorworte zum Jahrbuch für Philosophie und phänomenologische Forschung *wie auch die ge-*
planten Beiträge zu den Kant-Studien *nacheinander veröffentlicht.*

Bei der Auswahl der Beilagen wurden all die zu Husserls Lebzeiten veröf-
fentlichten Texte berücksichtigt, denen auf Grund ihrer äußeren Form der
Status eines Haupttextes nicht eingeräumt werden konnte. Husserls veröffent-
lichter Diskussionsbeitrag zu einem Vortrag von Heinrich Maier, ein von ihm
an Hugo Münsterberg gerichteter und zum Teil veröffentlichter Brief sowie
sein Werbetext zu dem Buch Der Wille zur Ewigkeit *von Dietrich Mahnke*
wurden als Beilagen VIII, IX und X sachlich nahestehenden Haupttexten
zugeordnet.

Eine weitere Gruppe von Beilagen wurde aus den Texten ausgewählt, die
Husserl im Zusammenhang mit seiner Abhandlung ,, Phänomenologie und
Erkenntnistheorie" verfaßt hatte. Dabei werden alle Einschübe, die Husserl
meist selbst als Beilagen *bezeichnet und in sein Manuskript der Abhandlung*
eingeordnet hatte, mit Ausnahme der Blätter 47 und 48 (vgl. unten S. 352) im
Haupttext an entsprechender Stelle wiedergegeben und in den Textkritischen
Anmerkungen *als solche vermerkt. Aus dem in B I 3 darüber hinaus sich*
befindenden Konvolut der von Husserl ausgesonderten Beilagen *zu Msc. Phä-*
nomenologie und Erkenntnistheorie *wurden solche Texte ausgewählt, die eine*
von Husserl vorgenommene eindeutige Zuordnung zu der Abhandlung (Urfas-
sung bzw. Ausarbeitung von Edith Stein) aufweisen und gegenüber dem im
Haupttext Ausgeführten eine vertiefende Darstellung bzw. neue inhaltliche
Gesichtspunkte bieten. Sie werden als Beilagen I bis III abgedruckt. Die Bei-
lagen IV und V geben fast vollständig den Text von Konvolut B I 2 wieder, das
Husserls umfangreichste Zusätze zur Abhandlung enthält. Ihre Zuordnung
zum Manuskript der Abhandlung hatte Husserl gekennzeichnet.

Beilage VI gibt den Entwurf eines Briefes wieder, den Husserl an August
Messer richten wollte (K I 24/56–59). Es handelt sich dabei um die einzige
ausformulierte Antwort Husserls auf die kritischen Einwände von Elsenhans
und Messer. Nicht von Husserl, sondern von Edith Stein stammt die dem
,, Anhang" zeitlich und sachlich nahestehende und hier als Beilage VII veröf-
fentlichte Erwiderung auf die Kritik von Heinrich Gustav Steinmann. Sie wur-
de wohl auf Vorschlag oder Anweisung Husserls hin verfaßt und ist im Zuge
der Arbeit an den geplanten Kant-Studien-*Aufsätzen entstanden — Edith*
Stein hatte auf einigen Manuskriptblättern aus K I 24, die ihr zur Ausarbei-
tung des ,, Anhangs" vorlagen, den Namen Steinmanns vermerkt. Die Beila-
gen XI bis XIII schließlich rekonstruieren anhand einer früheren Fassung
(A IV 16/9–29) das Vortragsmanuskript von ,, Natur und Geist", das nur als
Fragment erhalten ist (A IV 16/3–8).

Orthographie und Interpunktion der von Husserl veröffentlichten Arbeiten
sowie der in Kurrentschrift abgefaßten Manuskripte wurden, wo nötig, den
heute geltenden Regeln angeglichen. Die in Gabelsberger Stenographie verfaß-
ten Manuskripte wurden entsprechend transkribiert. Maßgebend hierfür war
die 18. Auflage des Duden, Bd. I, Mannheim 1980. *In Husserls Syntax wurde*
nur dann eingegriffen, wenn fehlende Wörter ergänzt werden mußten oder

eindeutige Verschreibungen vorlagen. Letztere werden in den Textkritischen
Anmerkungen *angegeben.*

*Die überaus zahlreichen Unterstreichungen in Husserls Manuskripten wer-
den der Lesbarkeit der Texte halber nur selten wiedergegeben. In den textkritischen Beschreibungen der einzelnen Manuskripte finden sich allgemeine
Angaben über solche Unterstreichungen, die nicht mit dem Grundschreibmittel ausgeführt wurden. Nicht vermerkt werden Änderungen Husserls in den
handschriftlichen Manuskripten, die deutlich bei der ersten Niederschrift vorgenommen wurden und nicht von inhaltlicher Bedeutung sind.*

*Husserl hatte in seinen Manuskripten manche Passagen eingeklammert,
was besagen sollte, daß sie im mündlichen Vortrag oder, wie im Fall der
geplanten Kant-Studien-Beiträge, bei der Ausarbeitung fortfallen konnten.
Diese Passagen werden grundsätzlich in den hier wiedergegebenen Texten
abgedruckt, die Klammern in den* Textkritischen Anmerkungen *angegeben.
In Klammern gesetzte und überdies gestrichene Textpartien werden dagegen
nur in die* Textkritischen Anmerkungen *aufgenommen.*

*Es war mitunter Husserls Angewohnheit, bei wiederholtem Lesen gedankli-
che Einheiten im Text durch senkrechte Striche zu markieren. Insbesondere
seine Vortragsmanuskripte sind mit solchen 'Trennstrichen' durchsetzt. Sie
werden in den* Textkritischen Anmerkungen *an entsprechender Stelle aufgeführt. Daneben hatte Husserl weitere Zeichen verwendet, wenn er im zusammenhängenden Text einen neuen Absatz oder Abschnitt wünschte. Diese
Anweisungen wurden im Textteil dieser Ausgabe berücksichtigt; der Beginn
eines neuen Abschnittes ist durch eine Leerzeile kenntlich gemacht. Absatz-
wie Abschnittzeichen werden in den Anmerkungen nur genannt, wenn sie mit
einem anderen Schreibmittel als dem Grundschreibmittel eingetragen wurden.*

*Alle nicht von Husserl selbst formulierten Überschriften sowie alle von den
Herausgebern im Text ergänzten Wörter stehen zwischen spitzen Klammern.
Die Abhandlungen „Phänomenologie und Psychologie" und „Phänomenologie und Erkenntnistheorie" wurden mit geringfügigen Ausnahmen (Paragraphen 15 und 17 von „Phänomenologie und Erkenntnistheorie"), die durch
Abweichungen der Ausarbeitungen von den Urfassungen bedingt waren, mit
den Titeln der Ausarbeitungen von Edith Stein versehen. Die Titel der Vorlesungen über Fichte und die Titel der Beilagen aus dem Nachlaß stammen von
den Herausgebern.*

*Die von Husserl bzw. Edith Stein angeführten Zitate wurden mit den Ori-
ginalstellen verglichen. Bei Abweichungen wird in den* Textkritischen Anmerkungen *die zitierte Stelle nach dem Original (unter Hinweis auf 'im Original')
berichtigt. Auf eine Richtigstellung ungenauer Zitate im Text ist grundsätzlich
verzichtet worden. Husserls und Edith Steins Quellenangaben wurden den
bibliographischen Gepflogenheiten der* Husserliana *angeglichen (vgl.* Husserliana, *Bd. XVIII, S. 270).*

*Die Anmerkungen in den Texten von Husserl und Edith Stein, die in den
Erstveröffentlichungen und den Nachlaßmanuskripten durch Ziffern markiert
waren, sind hier durch Asterisken gekennzeichnet und werden in Fußnoten
wiedergegeben. Von den Herausgebern beigefügte Anmerkungen sind durch*

Ziffern markiert. Sie werden mit einer durchgehenden Linie vom übrigen Text bzw. von den Anmerkungen Husserls oder Steins abgetrennt.

Die Originalpaginierung der zu Lebzeiten Husserls veröffentlichen Texte wird in eckigen Klammern am Rand der entsprechenden Zeile vermerkt. Bei den Texten aus dem Nachlaß beziehen sich die Hinweise auf die Numerierung von 'Blättern' in den Textkritischen Anmerkungen *auf die Paginierung des Husserl-Archivs Leuven; die archivierten Konvolute sind jeweils durchgehend numeriert, wobei ein a nach der Blattzahl die Vorderseite, ein b die Rückseite des Blattes bedeutet. Hinweise auf die Numerierung von 'Seiten' beziehen sich auf eine von Husserl oder Edith Stein vorgenommene Paginierung. Ein Nachweis der Originalseiten der Texte aus dem Nachlaß findet sich unten auf S. 394.*

Die Bezeichnung 'Normalformat' der Husserlschen Manuskriptblätter in den Textkritischen Anmerkungen *bezieht sich auf ein Blatt von etwa der Größe 15 × 21 cm.*

In den Textkritischen Anmerkungen *wird bei der Beschreibung eines Manuskriptes das in ihm verwendete Grundschreibmittel (Tinte oder Bleistift) angegeben. In den zugehörigen Anmerkungen wird das Schreibmittel, mit dem Änderungen ausgeführt wurden, nur genannt, wenn es sich nicht um das Grundschreibmittel handelt.*

In den Textkritischen Anmerkungen *werden folgende Abkürzungen verwendet: angestr. = angestrichen; Bl. = Blatt oder Blätter; m. Blaust. (m. Bleist. etc.) = mit Blaustift (mit Bleistift etc.); Einf. = Einfügung (Zusatz, für den Husserl die Stelle der Einfügung in den Text bezeichnet hat); Erg. = Ergänzung (Zusatz, bei dem Husserl die Stelle der Einfügung nicht bezeichnet hat); gestr. = gestrichen; Hrsg. = Herausgeber; Ms. = Manuskript; Rb. = Randbemerkung; unterstr. = unterstrichen; V. = Veränderung.*

TEXTKRITISCHE ANMERKUNGEN

„Philosophie als strenge Wissenschaft": *Logos*, 1, 1911, S. 289–341.

(S. 3–62)

Dem Text liegt ein Sonderdruck des Aufsatzes zugrunde, der unter der Signatur K VIII 15 archiviert ist. Auf der Titelseite notierte Husserl links oben mit Tinte Entworfen Weihnachtsferien 1910/11, ausgeführt Januar ⟨bis⟩ Anfang oder Mitte Februar, Druck bis Anfang März, *daneben mit Bleistift* Handexemplar, *darunter mit Bleistift* Husserl, Philosophie als strenge Wissenschaft. *Der Text ist mit einigen Randbemerkungen sowie mit zahlreichen Unterstreichungen und Anstreichungen am Rande mit Bleistift versehen (vor allem auf den Seiten 294 bis 322). Die Seiten 304 und 305 weisen einige Unterstreichungen und eine Anstreichung am Rand mit Blaustift auf. Diejenigen Randbemerkungen Husserls, die nicht bloße Exzerpte aus dem Text darstellen, sind oben auf der entsprechenden Seite in Anmerkungen der Herausgeber mit dem Vermerk 'Handexemplar' wiedergegeben. Alle übrigen Randbemerkungen werden im folgenden aufgeführt. Die zahlreichen Unterstreichungen und Anstreichungen am Rand mit Bleistift oder Blaustift werden hingegen nicht gesondert vermerkt.*

9, 5 *statt* abhängige *im Erstdruck* abhängig || **12**, 4 *Rb. (stets Handexemplar)* 1) || **12**, 7 *Rb.* 2) || **12**, 27 *Rb.* die Psychologie als Fundament der Philosophie || **13**, 6 *Rb.* Erkenntnistheorie || **13**, 12 *Rb.* „Naivität" der Naturwissenschaft || **13**, 30 *im Handexemplar spitze Klammer auf vor* Alle; *Rb.* alle Psychologie ist psychophysisch || **14**, 3 *im Handexemplar spitze Klammer zu nach* nehmen. *Rb.* NB || **14**, 14 *Rb.* die „unsterbliche" Naivität der Naturwissenschaft || **14**, 32 *Rb.* erkenntnistheoretisches Problem || **20**, 9 *Rb.* Vorwurf der Scholastik || **21**, 1 *Rb.* verbalistische Analysen || **21**, 31 f. *Zitat im Original* daß man so viel wie möglich nicht erwarte und nicht absichtlich herbeigeführte Vorgänge benütze, sondern solche, die sich unwillkürlich darbieten || **22**, 19 *Rb.* der immanenten || **22**, 20 *statt* erfolgen *im Erstdruck* erfolgt || **25**, 24 *Rb.* „Darstellung" || **27**, 7 darstellend *im Handexemplar zwischen Anführungszeichen gesetzt* || **27**, 33 *Rb.* die Phänomene der Natur keine Objekte der Naturerkenntnis || **29**, 8 *statt* eine *im Erstdruck* Eine || **30**, 9 *Rb.* Psychisches erfahren in Anführungszeichen || **30**, 18 *Rb.* immanente Zeit || **30**, 26 *Rb.* Einfühlung als Schauen || **30**, 33 *Rb.* cf. das Prinzip ⟨S.⟩ 310 || **31**, 27 *Rb.*

„psychisch" cf. ⟨S.⟩ 312 || **32**, 15 *Rb*. Bann der naturalistischen Einstellung || **33**, 30 *Rb*. Wesensschauung und Erfahrung || **34**, 13 *im Handexemplar runde Klammer auf vor* wie || **34**, 20 *im Handexemplar runde Klammer zu nach* usw. || **34**, 24 *Rb*. Hume || **35**, 17 *Rb*. Die Beziehung auf den bestimmten Gegenstand ist für den Akt Sache seines eigenen Wesens. || **35**, 23 *Rb*. Bewußtseinsanalyse in Anführungszeichen || **37**, 18 *Rb*. „psychophysisch im wörtlichen Sinn" || **37**, 26 *Rb*. Mensch, Tier, Seele, Charakter etc. || **38**, 7 *Rb*. abschattende Erscheinungen || **38**, 24 Psychischen *im Handexemplar in Anführungszeichen* || **39**, 13 *Rb*. systematische Phänomenologie || **42**, 30 *statt* der menschlichen Meinungen *im Original* menschlicher Meinungen || **40**, *Fußnote* ******, *Zeile 12 statt* Das *im Original* Dies; *Sperrung von Husserl. Zeile 15 statt* Augenbewegungen *im Original* Augenbewegung. *Zeile 16 statt* Wahrnehmung *im Original* Nachahmung || **42**, 31 *vor* der *im Original* aus; *statt* Entwicklung *im Original* Ausbildung || **42**, 35 *statt* der Relativität der *im Original* von der Relativität jeder || **43**, 1 *statt* Lebensverfassung *im Original* Leben, Verfassung; *statt* und *im Original* oder || **56**, 24 *statt* e i n e *im Erstdruck* Eine || **57**, 21 *statt* e i n *im Erstdruck* Ein || **58**, 30 *statt* e i n s *im Erstdruck* Eins || **60**, 31 *statt* e i n e r *im Erstdruck* Einer || **61**, 4 *nach* wir *im Erstdruck* uns ||

⟨Vorwort⟩: *Jahrbuch für Philosophie und phänomenologische Forschung*, 1, 1913, S. V–VI.
(S. 63 f.)

„Vorwort": *Jahrbuch für Philosophie und phänomenologische Forschung*, 2, 1916, S. V–VI.
(S. 65 f.)

„Vorwort": *Jahrbuch für Philosophie und phänomenologische Forschung*, 4, 1921, S. V
(S. 67)

Ein Entwurf zu diesem Vorwort findet sich auf Blatt 67 in Konvolut B IV 6.

⟨Freiburger Antrittsrede:⟩
Die reine Phänomenologie, ihr Forschungsgebiet und ihre Methode.
(S. 68–81)

Der Text gibt das mit Tinte in Gabelsberger Stenographie verfaßte Manuskript F II 6 wieder, das auf Blätter von Normalformat geschrieben wurde. Die Blätter 2–11 sind in ein Umschlagblatt (1/12) eingelegt, das mit Blaustift die Aufschrift Freiburger Antrittsvorlesung *und mit Bleistift irrtümlich die Jahreszahl 1916 trägt. Sie sind mit Bleistift von 1–10 von Husserl durchnumeriert. Unterstreichungen mit Bleistift befinden sich auf den Blättern 5–7, mit*

Blaustift auf den Blättern 4–8 und 11. Das Manuskript ist stark mit Blei-, Blau- und Rotstift überarbeitet.

68, 20 *Rb. m. Bleist.* Aufbau ‖ **69**, 30 erfassenden *V. m. Bleist. für Ausradiertes* ‖ **69**, 32–**70**, 3 Offenbar gilt *bis* charakterisiert sind *ursprünglich erst nach jeweiligen Wirklichkeitsbewertung; die Umstellung ist m. zwei Fettst.-Kreuzen markiert* ‖ **70**, 3 *nach* charakterisiert sind *Strich m. Blaust.* ‖ **70**, 9 *statt* es *im Ms.* er ‖ **70**, 13 f. der das Substrat ist der jeweiligen *V. für* in sich selbst hat z.B. das äußere Erfahren als sein Erfahrenes das Raumdingphänomen, und daran knüpft sich wieder im Erfahren selbst die jeweilige ‖ **70**, 14 *nach* Wirklichkeitsbewertung *Absatzzeichen m. Blaust.* ‖ **70**, 21–24 ein immer wieder *bis* „aussieht". *V. für* ⟨seine⟩ perspektivische Darstellung immerfort wechseln; *Textanschluß m. zwei Rotst.-Kreuzen markiert* ‖ **70**, 36 *nach* „Phänomene". *Absatzzeichen m. Tinte und Bleist.* ‖ **71**, 3 denkmäßig *V. für* bewußtseinsmäßig ‖ **71**, 10 f. *vor* aus den Verhältnissen *gestr. m. Bleist.* seine Veränderung ist die Folge jener anderen Veränderungen ‖ **71**, 11 A *m. Bleist. überschrieben* ‖ **71**, 11 *nach* usw. *Kreuz m. Bleist.* ‖ **71**, 22 *nach* sein kann. *Kreuz m. Bleist.* ‖ **71**, 23 Fassen wir zusammen: *Einf. m. Bleist.* ‖ **71**, 26–29 sinnlich Vorgestelltes *bis* bewußte sind, *V. für* im Bewußtsein zur Erfassung kommende gegenständliche Einheiten beliebig höherer Fundierungsstufe ‖ **71**, 27 *nach* als solches. *Trennstrich m. Blaust.* ‖ **71**, 34 *nach* Also *gestr.* nicht nur jederlei Vorstellen und Denken ‖ **71**, 35 *nach* „Inhalten". *Trennstrich* ‖ **71**, 36 f. Gemüts- und Willens- *V. für Ausradiertes* ‖ **72**, 5 *nach* vorkommen. *Abschnittzeichen m. Bleist.* ‖ **72**, 6 *vor* Mit der Klarlegung *gestr.* den umschriebenen Cartesianischen Begriff des Phänomens hat die Phänomenologie vorgefunden und in ihren Titel aufgenommen. Danach heißt Phänomenologie als Wissenschaft von den Phänomenen; *danach Abschnittzeichen m. Bleist.* ‖ **72**, 6 *nach* Phänomen *gestr. m. Bleist.* wie er in der Psychologie und Erkenntnistheorie der Neuzeit erwachsen ist ‖ **72**, 8 f. die Wissenschaft *V. m. Bleist. für* oder ‖ **72**, 9 f. als wie bestimmbar *V. für* ⟨in⟩ welchen wechselnden Bewußtseinsweisen ‖ **72**, 10 f. und in welchen wechselnden Modi sie es tun. *Einf.* ‖ **72**, 15 *nach* in sich selbst vollzieht. *Trennstrich m. Bleist.* ‖ **72**, 25 auf das eigene Wesen, d.h. *V. für* genauso ‖ **72**, 29 *nach* betreffen. *Kreuz m. Bleist.* ‖ **72**, 33 *nach* bezeichnet werden. *Absatzzeichen m. Blei- und Blaust.* ‖ **72**, 34–**73**, 11 Der Absatz von Zur näheren Charakteristik *bis* im prägnanten Sinn. *wurde zunächst zwischen eckige Bleist.-Klammern gesetzt und m. Bleist. gestr.; Klammern und Streichung dann wieder ausradiert* ‖ **72**, 34 f. Zur näheren Charakteristik *bis* nämlich *V. für* Durch die bisherigen Betrachtungen wurde uns eine einfache Unterscheidung zugänglich, nämlich ‖ **72**, 36 *nach* und *Trennstr. m. Blaust.* ‖ **73**, 6 *vor* erfahrende *gestr.* sie vorstellende und näher das ‖ **73**, 8 f. von Erscheinungen *bis* erkennt. *V. für* bewußtseinsfremder Objektivität; *Textanschluß m. zwei Rotst.-Kreuzen markiert* ‖ **73**, 12 *nach* treten *gestr. m. Bleist.* auch ‖ **73**, 12 schärfsten *Einf. m. Bleist.* ‖ **73**, 15 *nach* Wissenschaften. *Trennstrich m. Blaust. und m. Blei- und Blaust. gestr. Einf.* d.h. der Wissenschaften, die bewußtseinsfremde, obschon im Bewußtsein erscheinende, als wirklich gesetzte und erkannte Objekte betreffen ‖ **73**, 16 der gegenübergestellten Wissenschaften *Einf.* ‖ **73**, 17 f. und dann

Anschauung überhaupt *Einf.* || **73**, 28 f. als ob es von oben und unten, nah und fern gesehen werden könnte. *Einf.* || **74**, 1 *nach* übergehen. *Trennstrich m. Bleist.* || **74**, 8 perspektivisch *Einf. m. Bleist.* || **74**, 24 *nach* phänomenologische nennen. *Abschnittzeichen m. Blaust.* || **74**, 27–29 ist nicht *bis* Erfahrung? *Einf.* || **74**, 29 *nach* Erforschung *gestr.* der Phänomene || **75**, 10 f. äußere Erfahrung ausschließt, also jede Mitsetzung *V. für* Setzung || **75**, 12 *nach* Gegenständen *gestr. m. Blaust.* von sich fernhält || **75**, 14 als realem Vorkommnis in der räumlich-zeitlichen Welt. *V. für* in der Natur || **75**, 18 *vor* Natur. *gestr.* einen raum-zeitlichen || **75**, 24 objektiven *V. m. Bleist. für* psychophysischen || **75**, 35 *nach* ausgeschaltet bleiben. *Trennstrich m. Bleist.* || **75**, 37 *vor* Nur was die *gestr. m. Blaust.* Keines wird innerhalb der rein phänomenologischen Forschung als Wirklichkeit gesetzt und mit dem unmittelbar erschauten Bewußtsein verknüpft. *Danach Trennstrich m. Blaust.* || **76**, 9 Bewußtseins- *Einf. m. Bleist.* || **76**, 10 Wirklichkeiten *V. m. Bleist. für* Gegebenheiten; Gegebenheiten *V. für* Einmengungen || **76**, 10 Stellen wir folgende Überlegung an : *Einf.* || **76**, 12 f. *nach* ist sie *gestr. m. Bleist.* in leibhafter Wirklichkeit da || **76**, 15 f. sozusagen *Einf. m. Bleist.* || **76**, 20 f. evtl. gegen *bis* außer Zweifel sein. *Einf.* || **76**, 24 innerlich *Einf. m. Bleist.* || **76**, 27 *nach* dahingestellt bleiben *gestr. m. Blaust.* was aber nicht besagt, daß wir an derselben im mindesten zweifeln müßten. || **76**, 37 *nach* machen. *Trennstrich* || **76**, 39 *nach* Leibes. *Absatzzeichen m. Tinte u. Bleist.* || **77**, 1 auch *V. m. Bleist. für Ausradiertes* || **77**, 14 f. die in ihrer absoluten Selbstheit der Blick der Reflexion erfaßt. *V. für das m. Tinte und Blaust. gestr.* Es verhält sich hierin ähnlich wie bei einer ganz andersartigen Umwertung einer Erfahrung, nämlich bei ihrer Verwandlung in eine Scheinerfahrung. Das Objekt gilt nun nicht mehr als wirklich, sondern als Trugobjekt. Aber die jeweilige Objekterscheinung leidet darunter nicht, es verbleibt uns || **77**, 16 bleiben in sich, was sie waren *V. für* durch die sie erscheint und als Erscheinendes Substrat der mannigfachen Denkbestimmungen theoretischer Wissenschaft wird; oder auch durch die sie Substrat wird ästhetischer und sonstiger Wertprädikate oder auch technischer ⟨ erscheint *bis* technischer *gestr. m. Blaust.* ⟩ || **77**, 19–21 auch die Reflexion *bis* Geschlossenheit. *V. m. Bleist. für* ja und die reine Reflexion leidet nicht, die die Phänomene nach ihrem eigenen Wesen schauend erfaßt. *Danach Fortsetzung des Textes m. Rotst. markiert* || **77**, 22 der der schlichten Erfahrung und der Erfahrungstheorie *Einf.* || **77**, 32 f. *Anführungszeichen m. Blaust.* || **78**, 1 *vor* -zusammenhängen *gestr. m. Bleist.* Erlebnis- || **78**, 7 *vor* Bewußtsein *gestr.* anschauend wahrnehmende, abbildende || **78**, 10 *nach* konstituiert *gestr.* und sie zu seinem ihm sinnlich Erscheinenden, von ihm Begriffenen und theoretisch Bestimmten, von ihm ästhetisch Gewerteten, künstlerisch Gestalteten usw. macht || **78**, 10 Also *Einf. m. Blaust.* || **78**, 12 *vor* Unendlichkeit *gestr.* korrelative || **78**, 14 *nach* verbleibt. *Strich m. Blaust.* || **78**, 21 *vor* objektiven *gestr.* sämtlichen || **78**, 22 als Geltungen *Einf. m. Bleist.* || **78**, 22 f. und darin beschlossen die Psychologie. *V. für das m. Bleist. gestr.* dem Phänomenologen bieten sie keine möglichen Prämissen. || **78**, 29 f. *nach* objektive Wissenschaft. *folgende Seite m. Blaust. gestr.* Alle die Erlebnisse, durch die sich für uns die Natur bewußtseinsmäßig konstituiert, der gesamte Strom des Bewußtseins mit seinen der immanenten Reflexion zugänglichen Gehalten bleiben ⟨ *im Ms.* bleibt⟩ durch jenes Außerspielsetzen jedes objektiven, über das Bewußtsein selbst hinaussetzenden Glaubens unberührt. ⟨*Absatzzeichen m. Bleist.*⟩

Ja auch der objektive Glaube selbst verbleibt uns, nämlich als Thema. Wir sehen ihn uns an, wir erforschen die Weise, wie er mit immanenten Gehalten verknüpft ist, wie ihnen dabei Objektivität als Sinn einwohnt und wie er demgemäß es sozusagen macht, in der Immanenz des Bewußtseins Objektivität zu setzen. In dieser Art können wir jedes objektive Bewußtsein, jede Erfahrung von materieller oder animalischer Natur ⟨ Erfahrung *bis* Natur *V. für* Natur und Kultur⟩, von sozialen Gemeinschaften, von Kulturtätigkeiten und Kulturgebilden, jedes auf erfahrbare Objektivitäten bezogene Urteilen, Schließen, Beweisen, gefühlsmäßige Werten, praktische Gestalten in der Methode der phänomenologischen Reduktion zum Thema machen. Thema ist dabei das jeweilige Erfahren rein in sich selbst, das Urteilen, Schließen, das Werten und Gestalten rein in sich selbst und nach seinen immanenten Verflechtungen. Thema sind desgleichen die so vielgestaltigen Weisen, wie sich im Wahrnehmen sein Wahrgenommenes, im Urteilen sein urteilsmäßiger Inhalt, im Werten sein Wertinhalt usw. darbietet. So überall und nicht in leerer abstrakter Allgemeinheit, sondern nach allen Stufen der Konkretion ⟨ So *bis* Konkretion *Einf.*⟩. Wir verstehen also, daß uns nach der phänomenologischen Außerspielsetzung aller Objektivität das unendliche Feld der reinen Reflexion verbleibt mit allen möglichen Bewußtseingestalten und -gehalten. Vor der Überschreitung der reinen Bewußtseinssphäre behütet uns dann der methodische Index, den uns die phänomenologische Reduktion bei jedem objektiven Glauben anzuheften gebietet und der uns zuruft: Halte dich an das reine Phänomen, mach diesen Glauben nicht mit, verfalle nicht in die Einstellung objektiver Wissenschaft! ⟨ *Oberes Drittel der folgenden Seite m. Blaust. durchkreuzt und m. einem horizontalen Blaust.-Strich vom nachfolgenden Text getrennt*⟩ Die selbstverständliche Folge unserer methodischen Einklammerung der Objektivitäten ist eine entsprechende Einklammerung aller objektiven Wissenschaften und unter ihnen der Psychologie ⟨ und unter ihnen der Psychologie *Einf.*⟩. Für den Phänomenologen ist ihre Geltung radikal außer Spiel gesetzt. Alle Wissenschaften verwandeln sich für ihn in Wissenschaftsphänomene und bilden als solche ein großes Thema. Aber sowie irgendein objektiver Satz, und sei es die zweifelloseste Wahrheit, als geltende Wahrheit in Anspruch genommen, als Prämisse benutzt wird, ist der Boden der reinen Phänomenologie verlassen. Wir stehen dann wieder auf dem Boden gegebener Objektivität, wir treiben dann statt reiner Phänomenologie Psychologie. ‖ 78, 35 *nach* Reduktion. *horizontaler Strich m. Rotst. und Abschnittzeichen m. Bleist.* ‖ 79, 9 *Vor* Wäre Erfahrungswissenschaft *gestr.* Die Antwort lautet. ‖ 79, 18 *nach* Mathematik, *gestr. m. Blaust.* spezieller ‖ 79, 20 *vor* den *Trennstr. m. Bleist.* ‖ 79, 23 f. ihrem eigenen Sinn gemäß *Einf.* ‖ 79, 36 f. nicht nach *bis* erforschen. *Einf.* ‖ 80, 1 So z.B., daß *V. m. Bleist. für* und daß z.B. ‖ 80, 6 a priori *Einf. m. Bleist.* ‖ 80, 13 *nach* Geometrie. *Absatzzeichen m. Bleist.* ‖ 80, 22 f. zur Philosophie einerseits und Psychologie andererseits selbstverständlich. *V. für* gegenüber allen objektiven Wissenschaften und speziell zur Psychologie und andererseits zu aller Philosophie selbstverständlich. In letzter Hinsicht ist ohne weiteres klar || **80**, 23 Zunächst *Einf. m. Bleist.* || **80**, 28 *vor* Faktizitäten *gestr. Einf.* naturalen || **80**, 29 *nach* Bewußtseinslebens sein. *Absatzzeichen m. Bleist.* || **80**, 35 andererseits *Einf. m. Bleist.* || **80**, 36 obwalten *V. m. Bleist. für* betreffen || **81**, 1 *nach* können. *Gedankenstrich und Trennstrich m. Blaust.* || **81**, 6 *nach* bringen. *Absatzzeichen m. Blaust.* ||`**81**, 7 oben *V. für* außen || **81**, 8 anstatt von innen zu verstehen und *V. für* als von innen her innerlich || **81**, 12 logisch zugespitzte, aber *Einf.* || **81**, 13 *vor* mathematische *gestr.* neue || **81**, 14 hohlen Abstraktionen *V. für* widersinnigen Begriffen || **81**, 19 f. der Renaissance *Einf.* ||

Phänomenologie und Psychologie
(S. 82–124)

Der Text fußt auf den Blättern 130–165 aus dem Sammelkonvolut F IV 1, das aus einer Anzahl kleinerer Konvolute und mehreren Einzelblättern besteht (einige Texte aus diesem Konvolut wurden in Band III, 2 und in Band XXIII der Husserliana als Beilagen veröffentlicht). Die Blätter 130–165 liegen im Binnenumschlag 93/170 (ohne Aufschrift) zusammen mit Einzelblättern und Gruppen von Blättern, die in Zusammenhang mit Edith Steins Ausarbeitungen anderer Schriften Husserls stehen. Unmittelbar vor den Blättern 130–165 befinden sich einige zusammengebündelte Blätter, die Texte zum Problem der Personalität und der Natur enthalten. Die unmittelbar folgenden Blätter 166– 169 beschließen das Konvolut. Sie sind nicht numeriert und wurden einer früheren Fassung der Freiburger Antrittsrede entnommen. Weder inhaltlich noch in der Darstellung bieten sie Neues gegenüber der Antrittsrede und der vorliegenden Abhandlung.

Die Blätter 130–165 sind von Husserl von 3–35 durchnumeriert, die Zahlen 8, 9 und 17–25 sind mit Tinte, alle anderen mit Bleistift geschrieben. Auf Seite 11 folgt eine Seite 11a (mit Bleistift), und eine Seite 6a (auch mit Bleistift) steht anstelle der fehlenden Seite 7, die sich im Konvolut B I 3, Beilagen Msc. Phänomenologie und Erkenntnistheorie, als Blatt 34 findet. Auf diesem Blatt verweist unter der mit Tinte geschriebenen Zahl 7 der mit Bleistift geschriebene Hinweis = 6a auf die jetzt im Manuskript befindliche Seite, die sich inhaltlich weitgehend mit Seite 7 deckt und von Husserl als deren Ersatz verfaßt wurde. Eine Einlage zu 6 auf den Blättern 134 und 135 ist mit einem Blaustiftzeichen als solche gekennzeichnet, ebenso das Ende der Einlage auf Seite 6a (Bl. 136).

Mit Ausnahme der Blätter 158, 159, 161, 162, 164 und 165 besitzen alle anderen Normalformat. Die ebengenannten weichen mit den Maßen 14,5 × 25,5 cm leicht vom Normalformat ab; die Blätter 161 und 162 sowie 164 und 165 sind auf durchtrennten Bankkontoauszügen vom 6. bzw. 12. März 1917 geschrieben. Da der Text etlicher Blätter auf der Rückseite bzw. am Rande von durchtrennten Schriftstücken vom Winter 1916/17 steht, läßt sich seine Niederschrift auf Februar/Anfang März 1917 datieren. Der Text der Blätter 130 und 131, 145 und 151, 148 und 152 wurde z.B. auf Schreiben vom Ministerium des Kultus und Unterrichts mit der Bitte um Begutachtung von

Prüfungsarbeiten verfaßt, welche die Daten Dezember 1916 *und* Februar 1917 *tragen und als Abgabetermin* Februar 1917 *nennen. Zwei Rundschreiben des Akademischen Direktoriums der Universität Freiburg (Bl. 133, 137, 138 und 143) datieren vom* 22. Februar 1917, *und der Entwurf einer Aufforderung an Benutzer der Seminarbibliothek des Philosophischen Instituts der Universität Freiburg auf der Rückseite des Blattes 144 nennt das Datum* 24. Februar *ohne Angabe des Jahres. Nur Blatt 140/150, ein Rundschreiben zur Göttinger Promotionsordnung, trägt die Jahreszahl* 1906. *Da der Text von Blatt 140 sich jedoch unmittelbar an den von Blatt 139 anschließt, der auf der unteren Hälfte eines Schreibens vom Freiburger Akademischen Direktorium verfaßt wurde, müssen auch diese Blätter in den Monaten Februar/März 1917 beschrieben worden sein. Lediglich die Beilage auf Seite* 11 a *(Bl. 141) scheint nicht aus dieser Zeit zu stammen. Das Blatt ist stärker vergilbt, die erste Zeile wie auch die Rückseite des Blattes sind mit Bleistift und Tinte gestrichen. In welchem Zusammenhang es ursprünglich stand, ließ sich nicht feststellen. Seine Einordnung in diese Abhandlung wurde aber auch in der Zeit vorgenommen, in der die übrigen Blätter verfaßt wurden, wie die Numerierung mit Bleistift belegt.*

Der mit Tinte in Gabelsberger Stenographie geschriebene Text weist auf einigen Blättern, vor allem auf den Blättern 143–149 und auf Blatt 165, Unterstreichungen mit Bleistift, zudem auf den Blättern 129 bis 139 zahlreiche Unterstreichungen mit Blaustift auf. Korrekturen und Vermerke mit Bleistift befinden sich auf den Blättern 129 bis 137 sowie 141, 161 und 163, mit Blaustift auf den Blättern 130 bis 137 und 162, mit Rotstift auf Blatt 132 und mit Fettstift auf den Blättern 140 und 142.

82, 4 reinen *Einf. m. Blaust.* || **82**, 6–8 *von* Denn *bis* angenommen. *zwischen eckigen Bleist.-Klammern* || **82**, 23 *nach* bloße *gestr.* Natur || **82**, 24–28 vielmehr bekundet *bis* bestimmbar ist. *V. für den zwischen eckigen Bleist.-Klammern stehenden Text* vielmehr nach allen ihren Momenten Bekundungen der wahren, unsinnlichen Natur, die nur durch die exakte Methode der Physik aus den Phänomenen erkennbar, in objektiv gültigen Theorien bestimmbar ist || **82**, 28 *nach* auszuwerten, *eckige Bleist.-Klammer zu gestr. m. Bleist.* || **83**, 15 f. Wirklichkeits- *V. für* Geltungs- || **83**, 25–28 In niederer Stufe *bis* Wechselverständigung. *Einf. m. Bleist.* || **83**, 31 *vor dem neuen Absatz eine m. Blaust. geschriebene ausradierte* II || **83**, 35 anschaulichen Ding- *V. m. Bleist. für* sinnendinglichen || **83**, 36 gegenwärtige *Einf.* || **83**, 37–**84**, 1 und in einstimmiger Bestätigung durchhalten *Einf. m. Bleist.* || **84**, 1 *nach* Trugwahrnehmung *gestr.* ebenso diejenigen der normalen und trügenden Erinnerung || **84**, 3 *nach* bezeichnen, *gestr.* dann ebenso die Gegebenheiten wie der normalen so die der trügenden Erinnerung, weiter der Traumerscheinungen, Phantasieerscheinungen, von Erscheinungen in Gebilden der Kunst zu sprechen usw. || **84**, 5 *nach* Bilderscheinungen *gestr.* (z.B. bei Werken der schönen Kunst) usw. || **84**, 9 Modi *Einf.* || **84**, 9 *statt* anschaulicher *im Ms.* erschaulicher || **84**, 16 f. als einer Wissenschaft von den Phänomenen als solchen *Einf.* || **84**, 17 *nach* klarzulegen. *Rb. m. Blaust.* # Einlage || **84**, 18–**87**, 11 Phänomen besagt *bis* der immanenten Reflexion. *Text der Einlage auf Bl. 134 und 135,* *die oben rechts mit dem Zeichen # mit Blaust. gekennzeichnet sind. Auf dem ersten Blatt steht zusätzlich die Rb. m. Blaust.* Einlage zu 6. *Das obere Drei-viertel der Seite ist mit Blaust. gestr. und enthält folgenden Text:* Sie nennt sich Wissenschaft von den reinen Phänomenen. Den hier maßgeben-den Begriff des Phänomens gilt es vor allem zu klären. Wir nehmen als Ausgang die notwendige Korrelation von Gegenstand, Wahrheit ⟨Wahrheit *Einf.*⟩ und Erkenntnis, diese Worte übrigens in allerweitestem Sinne verstan-den ⟨*diese Worte bis* verstanden *V. für das in eckige Bleist.-Klammern gesetzte* wobei der Begriff „Gegenstand" in dem weitesten Sinn der Logik verstanden sein mag, also in dem eines Subjekts für wahre Prädikationen⟩. Jedem Gegenstand entspricht einerseits ⟨jedem Gegenstand entspricht einer-seits *V.m. Bleist. für* Dann ist jeder Gegenstand nicht nur korrelativ bezogen auf⟩ ein ideell abgeschlossenes System von ⟨*von V. m. Bleist. für* möglicher⟩ Wahrheiten, die für ihn gelten, andererseits ⟨andererseits *V. m. Bleist. für* sondern auch für⟩ ein ideelles System möglicher Erkenntniserlebnisse, ver-möge deren dieser Gegenstand ⟨dieser Gegenstand *V. m. Bleist. für* er⟩ und die ihm zugehörigen Wahrheiten zur Erkenntnis kämen. Achten wir auf diese Erlebnisse. Sie sind in unterster Erkenntnisstufe Erlebnisse des Erfahrens. Damit höhere, theoretische Erkenntnis überhaupt anfangen kann, müssen Gegenstände ihres jeweiligen Gebiets gegeben sein, und das heißt hier, vor aller Theorie müssen wir von ihnen Erfahrungen haben. Erfahren aber ist ein anschauendes Bewußtsein, das in sich selbst Bewußtsein ist von dem betref-fenden Gegenstand, und zwar von seinem leibhaftigen Dasein. Nur ein ande-rer Ausdruck dafür ist, daß Gegenstände für den Erkennenden nichts wären, wenn sie ihm nicht erschienen, wenn er von ihnen keine Phänomene hätte. ⟨*Doppelter Trennstrich m. Blaust.*⟩ ‖ **84**, 18 bisher *V. m. Bleist. für* hier also ‖ **84**, 18 z.B. *Einf. m. Bleist.* ‖ **84**, 23–25 den Charakter *bis* wandeln. *V. für* als bloß vergegenwärtigende Charaktere sein (und möge in ihnen die Wirklich-keitsbewertung wie immer modifiziert sein) ⟨*Klammern m. Bleist.*⟩ ‖ **84**, 26 in sich selbst *Einf. m. Bleist.* ‖ **84**, 27 *nach* „Phänomene". *Trennstrich m. Blaust.* ‖ **84**, 36 die Anschauung *V. für* das Bewußtsein ‖ **84**, 39 geht hin-durch, und zwar *V. m. Bleist. für* geht ‖ **84**, 39 reinen *Einf. m. Bleist.* ‖ **85**, 1 f. die Einheit eines „Phänomens" *Einf. m. Bleist.* ‖ **85**, 4 bewußtseins-mäßig *Einf.* ‖ **85**, 6 z.B. *Einf. m. Bleist.* ‖ **85**, 6 f. Perspektiven *Variante zu* „Anblicke" ‖ **85**, 7 *nach* Phänomene. *über die ganze Seite gehender Blaust.-Strich* ‖ **85**, 12 f. Gegenständen *bis* usw. *V. für* gegenständlichen Ge-bilden der Beziehung, der Verknüpfung usw. ‖ **85**, 18 *nach* ist also *gestr. und* in wechselnden Modi, ‖ **85**, 22 auch hier sehr vielfältig wechselnden *Einf.* ‖ **85**, 23 z.B. die Weisen *bis* Wahrnehmens *Einf.* ‖ **85**, 30 ein *V. für* in logi-schem Sinn ‖ **85**, 33 -jenseitige *V. für* -transzendente ‖ **85**, 37 bewußtseins-fremder *V. für* außerbewußter ‖ **85**, 37 *nach* Gegenstände *gestr.* von Gegen-ständen, die prinzipiell nicht Phänomene sind. ‖ **86**, 11 *vor* absolut *gestr.* selbst immanent ‖ **86**, 15 Anblick *V. für* Affekt ‖ **86**, 15 wechselnden Anblik-ke *V. für* Affekte ‖ **86**, 16. keine perspektivischen Darstellungen und derglei-chen *Einf.* ‖ **86**, 17 f. perspektivische Phänomene *V. für* Darstellungen ‖ **86**, 20 nach *Einf. m. Bleist.* ‖ **86**, 20 das transzendent Erfahrene nicht. *Einf.* ‖ **86**, 23 transzendenten *V. m. Bleist. für* äußeren ‖ **86**, 33 beteiligten *V. für* erfahrenen || **86**, 38 *nach* Wärme *gestr.* u. dgl., in der Einheit des Vorgangs wird Stoß und Gegenstoß, Wirkendes und Gewirktes der typischen Art der phänomenalen Abläufe einverstanden || **86**, 39 Mannigfaltigkeiten *V. m. Bleist. für* Füllen || **87**, 3 *nach* Akte, *gestr.* aber sie vollziehend sind nicht sie, sondern der Gegenstand, der Vorgang, die Beziehung, der Satz u. dgl. sein Thema || **87**, 9–11 Die Phänomenologie *bis* Reflexion. *V. für den zwischen eckigen Klammern stehenden gestr. Text* Nur der Reflexion verdanken wir offenbar alles Wissen von unserem Bewußtsein, schon jenes vage, vorwissenschaftliche Wissen, das sich in mancherlei sprachlichen Bezeichnungen ausprägt. || **87**, 11 *nach* Reflexion *gestr.* deren Gegebenheiten absolut zweifellos || **87**, 17 und Phantasie- *Einf.* || **87**, 18 f. *Klammern m. Blaust.* || **87**, 19 menschlichen *Einf. m. Bleist.* || **87**, 29 *nach* wissenschaftlichen Studiums werden. *Rückseite m. Tinte und Blaust. gestr.* Wir verstehen daraus, daß die Naturwissenschaft, eine so große, ja beständige Rolle in ihr auch Phänomene spielen, im eigentlichen Sinne niemals eine Wissenschaft von Phänomenen ist. Naturwissenschaft sagt richtig Wissenschaft von der Natur, Zoologie richtig Wissenschaft von den Tieren und so für jede spezielle Naturwissenschaft. Die Natur gibt sich freilich dem erfahrenden Bewußtsein ⟨Bewußtsein *Einf.*⟩ überall durch entsprechende ⟨*gestr.* Erfahrung⟩ Phänomene ⟨*gestr.* Darum sind diese noch nicht die thematischen Objekte⟩. Aber nicht die Phänomene als solche, sondern die phänomenalen Wirklichkeiten sind die Themen der Naturwissenschaft. Die Phänomene als solche ⟨*gestr.* auch die speziellen der naturwissenschaftlichen Erfahrung⟩ aber sind die Themen der Phänomenologie. || **87**, 39–88, 1 phänomenal sich bekundenden *V. m. Bleist. für* phänomenalen || **88**, 3 *nach* Phänomenologie. *horizontaler Blaust.-Strich über die ganze Seite; zu Beginn des folgenden Absatzes ausradiertes Deleaturzeichen m. Blaust.* || **88**, 13 *nach* einfach. *gestr.* wir leben im Erfahrungsglauben, im Bewußtsein des gegebenen Daseins, z.B. da, dieses Pendel schwingt. || **88**, 18 Vollzug *V. m. Bleist. für das m. Blaust. gestr.* Bewußtsein || **88**, 21 der Natur als Wirklichkeit setzt. *V. m. Bleist. für das m. Blaust. und Bleist, gestr.* im Bewußtsein unmittelbar leibhaft daseiende Naturwirklichkeit. Treibt uns ein theoretisches Interesse, das objektiv-wissenschaftlicher Bestimmung, so leben wir auch darin. || **88**, 21 Aber das Erlebnis ist *V. m. Blau- und Bleist. für* Es ist wieder Erlebnis, aber || **88**, 26 Wirklichkeiten *V. für* Sachen || **88**, 26 *nach* Erfahren *gestr.* mit seinen Dingphänomenen und so auf das Bewußtsein überhaupt und seine Phänomene || **88**, 27 *nach* selbst. *in eckigen Fettst.- Klammern (vermutlich von E. Stein) und m. Bleist. gestr.* und alle seine Bestände, auf die Dingphänomene, auf das sie verknüpfende Einheitsbewußtsein, auf den Erfahrungsglauben, auf das theoretische Interesse usw. All dergleichen wird in der phänomenologischen Einstellung zum Thema eines theoretischen Interesses. || **88**, 28 Unser Blick richtet sich *Einf. von E. Stein m. Fettst.* || **89**, 2 Beider *V. m. Bleist. für* Jedes || **89**, 3–7 Der Naturforscher *bis* „Immanentes". *Einf.* || **89**, 14 f. mit dem Bewußtsein der Nichtigkeit *Einf.* || **89**, 21 oder immanenten *Einf. m. Bleist.* || **89**, 21 *vor* Diese *eckige Blaust.-Klammer auf* || **89**, 21 Diese tritt *V. m. Bleist. für* Die || **89**, 22 Leben *V. für* Erleben || **89**, 23 oder Erfahrungsdenken *Einf. m. Bleist.* || **89**, 23 f. sie wandelt es eigentümlich *V. m. Bleist. für* es eigentümlich wandelt || **89**, 25 *nach* Objekt *gestr.* und Thema || **89**, 27 und evtl. *V. für* thematisches Objekt und wissenschaftlich || **89**, 29 *nach* zu Bestimmendes. *eckige Blaust.-Klammer zu; Rückseite gestr.* Von besonderer Bedeutung wird hierbei eine Differenz der phänomenologischen gegenüber der natürlichen Einstellung, die schon in dem vorhin Ausgeführten zutage tritt und hier noch besonders betont sein mag: Indem der natürlich Erfahrende Erfahrung und Erfahrungsglauben vollzieht, gibt sich ein erscheinendes Ding als objektiv wirklich, und er nimmt es als wirklich hin. In der Gegeneinstellung wird das erscheinende Ding rein als Inhalt des betreffenden Erfahrens gesetzt, und die „Wirklichkeit" desselben ist nicht aktuell geglaubte, gesetzte Wirklichkeit, sondern phänomenologisch wird der Charakter „wirklich" im Bewußtseinsinhalt aufgezeigt und korrelativ das Moment des Erfahrungsglaubens im Erfahren. Damit ist gesagt: ⟨ *Gestr.* Der Phänomenologe sieht sich den Glauben und den Wirklichkeitswert, den er zuteilt, an, aber er selbst hat nicht mit zu glauben und nicht zu diesem Glauben Stellung zu nehmen⟩ daß der Phänomenologe selbst über die Natur nicht urteilt, für ihn ist ja nicht die Natur, sondern ausschließlich das Phänomen der Natur da. Wäre die Natur eine Phantasmagorie des Bewußtseins, wäre die Naturwissenschaft eine wertlose Täuschung, so wie die Astrologie, ihn ginge das gar nichts an. Nicht der leiseste Schatten fiele damit auf seine phänomenologische Forschung. || **90**, 1 f. *nach* phänomenologischen Einstellung *gestr.* wenn sie rein gehalten oder nach ihrem Gehalt betrachtet wird. || **90**, 3 *nach* gesetzt. *gestr.* Jetzt ist aber die Wirklichkeit nicht aktuell geglaubte und gesetzte Wirklichkeit. || **90**, 18 rein *Einf.* || **90**, 25 die engere *V. m. Fettst. für* in der engeren || **91**, 5 f. (und wie *bis* unveränderte) *Einf.* || **91**, 8 unveränderte *Einf.* || **91**, 8–13 *von* Schon *bis* lernen. *zwischen eckigen Bleist.-Klammern* || **91**, 21 f. -datum *bis* Es *V. für* -mäßig Daseiendes, sondern || **91**, 32–35 Auch in *bis* irgendeiner Darstellung, *Einf.* || **92**, 10–12 *statt* Sie stellt *im Ms.* Es stellt; *statt* kann sie *im Ms.* kann es; *statt* sie kann *im Ms.* es kann || **92**, 18 Zentrum, Brennpunkt *V. für* Blickpunkt || **92**, 30 nach verschiedenen Dimensionen und evtl. *Einf.* || **92**, 31 daß *Einf. m. Fettst.* || **92**, 36 ist in jedem Anschauungsmodus *V. für* erster Reflexionsstufe ist || **92**, 37 *nach* Aspekten, *gestr. Einf.* die selbst wieder Phänomene heißen || **93**, 3 *nach* Sinnendinge. *auf dem Kopf stehender gestr. Text* ein und derselbe Dingaspekt oder eine Ablaufsreihe von Aspekten || **93**, 11 und entgegengesetzt *Einf.* || **93**, 13 *nach* gelten. *Rb.* dazu Beilage; *danach gestr.* Das Erscheinende als solches bietet sich offenbar in seiner Einheit von mannigfaltigen Abschattungen als ein geschlossener Kern in einem System von Strukturen als ein || **93**, 13 *vor* Z.B. *gestr. m. Tinte und Bleist.* Sie sind immer und unlöslich verknüpft mit korrelativen Affektionen und Tätigkeiten dieses Subjekts, die ihrerseits neue Bestände für ein reflektives Erfassen ausmachen. || **93**, 16 meines Ich *Einf. m. Bleist.* || **93**, 22 *vor* Akte *gestr. m. Bleist.* Denk- || **93**, 22 f. höherer Stufe, z.B. der Denkakte *Einf. m. Bleist.* || **93**, 26–30 zweierlei *bis* Phänomenologie. *Einf.* || **93**, 33 genaueren *Einf. m. Bleist.* || **93**, 34-**94**, 3 höher gegenüber *bis* werden müßte, *Einf.* || **94**, 12 und in begleitenden *bis* Ausdruck *Einf.* || **94**, 18 Urteilen mit seinen *Einf. m. Bleist.* || **94**, 20 *nach* Sachverhaltsgegenständlichkeiten selbst. *Rückseite gestr. m. Tinte und Bleist.* Das physikalische Ding, dessen Erscheinung sie (im ersten Sinn dieses Wortes) sind, existiert nicht, aber sie selbst erscheinen, das ist, sie stehen vor unseren Augen, indem sie sich in Verläufen mannigfaltiger Aspekte „darstellen". Die Aspekte, die Erscheinungen im neuen Sinn, können auch hier kontinuierlich wandelbar sein, wie das bei kinematographischem Schein oder Spiegelbildern der Fall ist. Ein und derselbe Aspekt kann im anschaulichen Vorstellen in sehr verschiedener Weise gegeben sein, er kann gleichsam selbst ein mannigfaltiges Aussehen haben und demgemäß in diesem neuen Sinn auch das sich im Aspekt darstellende Ding. Im Wechsel der Aufmerksamkeit sind wir bald einem immerfort aktuell wahrgenommenen Ding primär zugewandt, bald nur nebenbei, oder es rückt gar in den Rahmen des völlig unbeachteten Hintergrunds. Die darstellenden Aspekte können dabei dieselben sein, und doch durchläuft ihre Gegebenheitsweise phänomenale Wandlungen. Derselbe Aspekt bietet sich bewußtseinsmäßig als Einheit einer Mannigfaltigkeit von „Phänomenen" — was eine neue Übertragung des Begriffs Phänomen wäre.

Den Gang der bisherigen Betrachtung können wir unter folgende Formel bringen. Eine objektive Dinglichkeit, ebenso ⟨?⟩ wirkliche oder vermeintliche ⟨Eine *bis* oder vermeintliche *V. m. Bleist. für* Die objektive Natur⟩, ist uns gegeben im erfahrenden Bewußtsein, aber nur gegeben mittels einer Stufenfolge von Mannigfaltigkeit von Gegebenheitsweisen oder Phänomenen. In jeder Stufe konstituiert sich eine Einheit mannigfaltiger Gegebenheitsweisen, die in Beziehung auf diese Einheit ihrer Erscheinungen Phänomene heißen. Das objektive Ding des Gegebenen als Einheit gegenüber mannigfaltigen Sinnendingen, das Sinnending als Einheit gegenüber mannigfaltigen Aspekten, die Aspekteinheit gegenüber mannigfaltigen attentionalen Modi, und es ist nicht gesagt, daß das die letzte Stufe ist. Auch die Unterschiede zwischen Wirklichkeit und Schein, zwischen aktueller Wahrnehmung und freier Phantasie, Erinnerung u. dgl. sind Bewußtseinsunterschiede, Unterschiede der Gegebenheitsweisen, nur in neuen Richtungen der Reflexion liegend. Sowie von Charakteren der Zeitgegebenheit, der Wirklichkeit usw. ⟨Auch die Unterschiede *bis* Wirklichkeit usw. *Einf. m. Bleist.*⟩

Alle diese Stufen von Einheiten und Mannigfaltigkeiten sind dem Bewußtsein immanent, sie bilden ein Feld des über sie in entsprechenden Stufen der Reflexion wandelnden Ichblicks, ein Feld, das dem Ich in unmittelbarem Schauen und Erfassen bereitliegt. Sie machen aber keineswegs das einzige solche Feld aus. ‖ **94**, 22 *vor* Dem Sinnending *gestr.* Dem Sinnending entspricht als Parallele das Wahrnehmungsurteil (bzw. ein parallel laufendes Erinnerungsurteil u. dgl. ‖ **94**, 23 *vor* sinnendingliche *gestr.* Wahrnehmungssatz ‖ **94**, 24 sinnliche *V. für* Wahrnehmungs- ‖ **94**, 25 ff. *angestr. am Rand und Fragezeichen m. Fettst.* ‖ **94**, 29 *nach* gewinnenden *gestr.* gültigen und objektiven ‖ **94**, 30 *nach* Prädikationen, die *gestr.* denselben nur sinnlich-subjektiv und vage bestimmten Sachverhalt das objektive Sachverhalt-Wirkliche ‖ **94**, 37–39 wohl aber *bis* Gegebenheiten. *Einf.* ‖ **95**, 17 *statt* dem *im* Ms. von dem ‖ **95**, 18 f. in einem Hinblick *Einf.* ‖ **95**, 30 f. und zuwendendes Erfassen *Einf.* ‖ **95**, 33 *nach* Philosophie), daß *im Ms.* der Begriff des Phänomens auf alle solche Vorkommnisse, nämlich auf all das ‖ **96**, 1 *nach* zuzueignen. *gestr.* Nicht aber die dem Subjekt zugewandten noetischen Gegebenheiten || **96**, 5 *vor* Gegebenheiten *gestr.* auf Gegenstandsseite auftretenden Erscheinungs- || **96**, 10 f. *angestr. am Rand m. Bleist.* || **96**, 35 originär *Einf.* || **97**, 3–5 ästhetischer *bis* Erfahrung. *V. für* künstlerischer, ästhetischer, landwirtschaftlicher, mechanischer und sonstiger Erfahrung || **97**, 24 Ästhetik, Logik, *Einf.* || **97**, 29 nur in ihrer untersten Schichte *Einf.* || **97**, 29 f. in ihren höheren *Einf.* || **98**, 3 und Denkakten *Einf.* || **98**, 39 *nach* Stufe *gestr.* unbedingt gültiger || **99**, 2 f. Korrelat *bis* Werk *V. für* Werk bzw. Korrelat || **99**, 23 f. des Raumes und *Einf. m. Bleist.* || **99**, 25 f. von einer Phänomenologie der *V. m. Bleist. für* wieder Phänomenologie entspricht ein || **99**, 26 *statt* im *im Ms.* dem || **99**, 27 *nach* Gegenständlichkeiten *gestr. m. Bleist.* eine Phänomenologie eben dieser Gegenständlichkeiten || **100**, 2 und das sie konstituierende Bewußtsein *Einf. m. Bleist.* || **100**, 4 f. *vor* Vernunft und Unvernunft *m. Bleist. eingef. und gestr.* positiver Vernunft; *m. Bleist. gestr.* Rechtsbewußtsein; *m. Bleist. eingef. und gestr.* mit den Titeln || **100**, 9 *vor* müssen. *gestr. m. Bleist.* können und || **100**, 12 *vor* Aus den bisherigen Darlegungen *eckige Bleist-Klammer auf; Rb m. Bleist.* Cartesianische Zweifelsbetrachtung || **100**, 19 *vor* durch Reflexion *gestr.* lebendigen Ich || **100**, 35 f. *nach* Bewußtes ist. *gestr.* Phänomenales als solches || **100**, 36 *nach* Wesensbestand des Bewußtseins. *Rückseite auf dem Kopf stehend und gestr.* Auch diese Gegenständlichkeit gibt sich durch Phänomene. Zunächst ist es klar, daß wie das Sinnending, das in der natürlichen Einstellung des Erfahrens als daseiende Wirklichkeit gilt, im naturwissenschaftlichen Sinn als „Phänomen" angesehen wird für das physikalisch wahre Ding, so auch jeder auf das Sinnending bezogene „Satz", das ist der Sachverhalt, so wie er im Wahrnehmungsurteil gegeben ist, als so und so gegliederter und begrifflich gefaßter, wirklich bestehender Phänomen ist für gewisse in den endgültigen naturwissenschaftlichen Urteilen zu erfassende objektiv wahre Sachverhalte. Gehen wir dann von hier über zum Phänomenbegriff im Sinne der Phänomenologie, so finden wir wieder analog: Derselbe Satz ist urteilsmäßig in sehr verschiedener Weise bewußt, er stellt sich sehr verschieden dar. Alle Gegebenheitsmodi des sinnlichen Dinges, von denen wir gesprochen haben, bestimmen mit Gegebenheitsmodi des Urteils, wo immer das Urteil auf anschaulich Gegebenes bezogen ist, da geht ja die Anschauung in das Urteil als Unterstufe mit ein und macht in seinem konkreten Bestand eine Schichte aus. Zudem kann derselbe Satz nicht nur in verschiedenen Anschauungsmodi Inhalt anschaulich vollzogener Urteile sein (Wahrnehmungsurteil, Erinnerungsurteil), sondern derselbe kann auch unanschaulich gemeint sein. Natürlich treten hier auch wieder alle doxischen Modi auf, das Bewußtsein der Gewißheit oder gewissen Wirklichkeit, das Bewußtsein der Vermutung, das der Nichtigkeit usw. Auch der Gegensatz zwischen Noesis und Noema tritt hier klar zutage. || **101**, 6 durch wirklichen oder zu erwartenden oder möglichen *Einf.* || **101**, 8 in Begierde und Abscheu" *Einf.* || **101**, 14 *statt* maßgebend *im Ms.* maßgebend ist || **101**, 14 f. der Hinblick auf die noematischen Bestände *V. für* der noematische Bestand || **101**, 21 *nach* für die *gestr.* menschliche Erkenntnisbedeutung || **101**, 23 f. *nach* Wissenschaft. *eckige Bleist.-Klammer zu* || **102**, 3 f. reines Ich und *Einf.* || **102**, 13 im engeren Sinn *Einf.* || **102**, 21 *nach* angeblich neuen *gestr.* und gar völlig selbständigen || **102**, 26 objektiven *V. für* anderen

|| **102**, 34 f. freilich unentbehrliche *Einf.* || **103**, 1 f. und philosophischen *Einf.* || **103**, 16 *im Ms.* während man || **103**, 25 *nach* überhaupt nicht *gestr.* kennt und mit Begriffen operiert, die || **103**, 26 f. statt analytisch geklärten und umgrenzten *Einf.* || **103**, 33 *statt* beschränken *im Ms.* beschränkt || **103**, 33 f. *vor* leerer Allgemeinheit *gestr.* unbestimmter || **104**, 17 f. eigentlich wissenschaftlichen *V. für* wertvollen || **104**, 20 eine sorgfältig *V. für* mit vagen Erfahrungsgegebenheiten operierende systematisch || **104**, 25 f. *vor* wesentlichen *gestr.* wirklich psychologisch || **105**, 9 zweifellos *V. für* selbstverständliches || **105**, 12 f. zu einem Teil *bis* hervorgegangen, *Einf.* || **105**, 20 *nach* objektiver Wissenschaft, *gestr.* derart, wie sie etwa die Physik vollzieht und || **105**, 28 f. *nach* hinsieht und *gestr.* sie theoretisch faßt || **105**, 34 f. besagt nicht, auch nicht implizite *V. für* ist nicht dasselbe wie || **105**, 36 *nach* Dingerfahrung es tut. *gestr.* und durch das Medium ihrer Erscheinungen tut. Das eine fordert in keiner Weise das andere. || **106**, 3 *nach* Verwahrung. *gestr.* In der Phänomenologie z.B. der äußeren Erfahrung ist rein eine Erfahrung das Thema. Ob erfahrene Natur ist und wie sie ist, ob nicht alles als Natur Erfahrene am Ende Fiktion ist, das bleibt gänzlich außer Frage, darüber ist nicht die leiseste Entscheidung vollzogen; das einzig Gegebene und als seiend Hingenommene ist das Phänomen, wie es in sich selbst ist. || **106**, 38 psychologischen *Einf.* || **107**, 1 in mir und somit *Einf.* || **107**, 11 *vor* Bewußtsein *gestr.* psychologische || **107**, 16 reales *Einf.* || **107**, 39–**108**, 1 *statt* setzt oder übernimmt *im Ms.* setzen oder übernehmen || **108**, 2 bewußt *V. für* entschlossen || **108**, 4 oder vielmehr die methodische Grundform *Einf.* || **108**, 4 f. *nach* aller phänomenologischen Methode. *gestr.* Keine transzendente Wirklichkeit als Tatsache behandeln, aber jede als Phänomen des Bewußtseins, genau so wie es da Phänomen ist: Das ist der Entschluß. || **108**, 6 *vor* Modifikation *gestr.* erweiternde und reinigende || **108**, 16 *nach* Skeptizismus *gestr.* zu schlichten || **108**, 39 methodischen *V. für* skeptischen || **109**, 1 und ihm folgend *bis* Gegenwart *Einf.* || **109**, 5 *vor* inneren *gestr.* immanenten || **110**, 4 dann in dieser Auffassung *V. für* Erweiterung || **110**, 7 mitgeurteilt *Variante zu* mitgemacht || **110**, 10 f. als Vorkommnisse der animalischen und *V. für* in der || **110**, 16 *vor* leiblich bezogenes *gestr. m. Bleist.* wie immer || **110**, 24 Erfahrung *V. für* reduzierten Reflexion || **110**, 34 *nach* „Tatsachen"-Wissenschaft *gestr.* als „Erfahrungswissenschaft" || **111**, 5 und doch intuitiv verfahrenden *Einf.* || **111**, 15 *statt* sie *im Ms.* ihn || **111**, 22 *statt* sie *im Ms.* ihn || **111**, 37 Idee *V. für* Allgemeinen || **112**, 1 solcher idealen und von allem qualitativen abstrahierenden *Einf.* || **112**, 3 *vor* selbst *im Ms.* und || **112**, 23 *vor* eidetischer *gestr.* phänomenologisch || **112**, 24 f. Für sie charakteristisch ist also *V. für* Jenen „Wesen" oder „Ideen" entsprechen als mögliche Einzelheiten durchaus immanente Phänomene in transzendental reduzierter Reinheit (wir haben also || **112**, 26 die ihr ausschließlich eigen ist *Einf.* || **112**, 27 f. die sie mit der reinen Geometrie gemein hat. Also jeder *V. für* Jeder reine || **112**, 30 transzendentaler *Einf.* || **112**, 34 immanenten Existenz *V. für* Wirklichkeit || **112**, 35 phänomenologischer Reduktion aller objektiven Existenz *V. für* der eidetischen || **113**, 12 wesensgesetzlichen Verhältnissen *V. für* Wesensmomenten || **113**, 13 *vor* systematisch *gestr.* an Notwendigkeiten des Zusammenhangs, an idealen Möglichkeiten der Existenz oder an Unverträglichkeiten

der || **113**, 14 raumdinglichen *V. für* Idee || **113**, 14 *nach* Wahrnehmung *gestr.* allgemein oder artmäßig beschlossen ist || **113**, 15 a priori beschlossen ist *Einf.* || **113**, 24 nach allen seinen gattungs- und artmäßigen Beständen *Einf.* || **113**, 26 f. unter der Wesensarten sich ordnen *Einf.* || **114**, 11 f. einer durch Zahl- und Größenbegriffe bestimmbaren Mannigfaltigkeit näher *V. für* die jedem mit der Sprache der Mathematik Vertrauten Ausdruck durch || **114**, 13 *vor* charakterisiert *gestr.* exakt || **114**, 15 *nach* Wissenschaft nur *gestr.* in einem mathematischen Gebiete, das ist || **114**, 15 f. zu etablieren ist, das *V. für* einer durch Größen- und Zahlbegriffe || **114**, 17 *nach* bestimmbar ist. *gestr.* Nur eine im prägnanten mathematisch (definite) Mannigfaltigkeit ist das Feld einer deduktiven Wissenschaft || **114**, 24 definierbaren Grundbegriffen und *V. für* fixierbaren || **114**, 26 in rein logischer Folgerung *V. für* a priori und rein deduktiv || **114**, 29 *vor* analytischer *gestr.* deduktiver || **114**, 30 *vor* axiomatisch *gestr.* frei gesetzter || **114**, 37 Gebilden und auf sie bezüglichen *V. für* Gegenständlichkeiten und seinen Verhältnissen, || **115**, 1 etwas Mathematisches *V. für* ein mathematisches Größengebiet || **115**, 3 *statt* fassendes *im Ms.* faßbares || **115**, 15–17 die *bis* bewußt *V. für* Bewußtsein die Wesensgestaltung „einsichtig mathematische Wahrheit und Theorie ergebendes, herausarbeitendes" soll haben können. || **115**, 21 -faktizitäten *V. für* -zufälligkeiten || **115**, 25 möglicherweise *Einf.* || **115**, 25 f. mathematische Unvernunft wie mathematische Vernunft ist ein Titel für Wesensgesetze *V. für* das ja für die Direktion des Wahrheitssuchenden eine so große Rolle spielt im mathematischen Forschen, hat seine eigenen phänomenologischen Wesenscharaktere || **115**, 27 f. Naturgemäß *bis* Grundsätze an. *V. für* Eben dasselbe gilt für jede Sphäre möglicher Erkenntnis || **115**, 29 f. da formale Mathematik und formale Logik untrennbar eins sind *Einf.* || **115**, 32 Regel möglichen Urteilens, nämlich *Einf.* || **115**, 33 f. für eine ganze Urteilsklasse aus *Einf.* || **115**, 34 *vor* Wahrheit *gestr.* objektive || **115**, 36 leeren *Einf.* || **115**, 37–39 und zwar *bis* Urteile? *Einf.* || **116**, 6 *statt* dürfen *im Ms.* sind || **116**, 8–10 gemäß den *bis* wissenschaftlichen Hauptgebieten aus *Einf.* || **116**, 19 f. in der Naturwissenschaft etwa das Kausalprinzip *Einf.* || **116**, 23 f. in der betreffenden axiomatischen Hinsicht *V. für* a priori || **116**, 26 f. gegenständliches Apriori und hat sein sachliches Apriori *V. für* gegenständliches und sachliches Apriori || **116**, 36 f. anschaulichen Gegebenheit und theoretisch gültigen Bestimmung *V. für* Erfahrung und der Erfahrungswahrheit || **117**, 2 *vor* Erfahrungsgebieten *gestr.* Lebens- und || **117**, 3 als Tatsachen gebende *Einf.* || **117**, 7 *statt* geben *im Ms.* gibt || **117**, 22 *nach* Kern das *gestr.* psychologisches || **117**, 33 immanent *Einf.* || **117**, 34 f. transzendent *Einf.* || **118**, 1 oder rationaler *Einf.* || **118**, 5 f. und der methodischen Reform der Psychologie *Einf.* || **118**, 8 größerer Tragweite *V. für* höherer Bedeutung || **118**, 12 *nach* reinen *gestr.* Ontologie der eigentlich psychischen Realität || **118**, 20 *statt* der *im Ms.* die || **118**, 21 *statt* Schönen und Wertvollen *im Ms.* Schöne und Wertvolle || **118**, 22 *statt* kann *im Ms.* können || **118**, 28 *statt* sind *im Ms.* ist || **118**, 32 *nach* überhaupt nicht gesehen. *gestr.* Nur die sinnlichen Daten streifte wenigstens Hume mit der Bemerkung, daß zu jenen „Ideen" ⟨jenen „Ideen" *V. für* Farben und Tönen so etwas wie⟩ Ideenrelationen gehören sollten. Für die eigentlich psychische Sphäre, die der Intentionalität, hatte man zwar von altersher nur logische, ästhetische und ethische Gesetze als „Normen" eines Sollens in Anspruch nehmen zu dürfen ⟨geglaubt⟩: Aber was diese Gesetze selbst aussprechen, sind „objektive" Zusammenhänge, daß diese Gesetze andererseits Indizes für ganz andere Gesetzmäßigkeiten des Bewußtseinsflusses selbst sind, blieb unbemerkt, von Wesensgesetzen des Bewußtseins selbst hat man nichts gesehen und nichts aufgestellt. ‖ **118**, 33 *Rb m. Bleist. und zwischen eckigen Bleist.-Klammern* Es fehlt die Beziehung zur falschen rationalen Ontologie und Psychologie des 18. Jahrhunderts ‖ **118**, 34 *nach* Erlebnisssphäre *gestr.* (in der er aber ausschließlich sensuelle Daten sah, während ihm jedes Verständnis des eigentlichen Bewußtseins als Bewußtsein von etwas verschlossen blieb) ‖ **119**, 5 (auch in den Empirismus hinein) *Einf.* ‖ **119**, 8 *vor* -klärung *gestr.* Sinnes- ‖ **119**, 16 *statt* auf es *im Ms.* auf sie ‖ **119**, 19 transzendental-eidetischer *Einf.* ‖ **119**, 21 r a t i o n a l e *V. für* apriorische ‖ **119**, 21 f. (Wesenswissenschaft vom Psychischen) *Einf.* ‖ **119**, 31 *vor* Apriori *gestr.* Wesen ‖ **120**, 1 f. ihrem bestimmten Wesen nach *Einf.* ‖ **120**, 5 f. und objektive Wissenschaft *Einf.* ‖ **120**, 8 *nach* Idee einer *gestr.* Objektivität ‖ **120**, 23–**121**, 3 *von* Die Phänomenologie *bis* der Phänomenologie. *m. Blaust. umrahmt, davor Rb.* Einfügen unten ⟨*d.i. nach* Objekte überhaupt, *120, 22*⟩ ‖ **120**, 38 *nach* für die *im Ms.* von der ‖ **121**, 30 *nach* hergeben können. *gestr. m. Bleist.* Wenden wir uns jetzt zur Frage nach dem Verhältnis der Phänomenologie zur Erkenntnistheorie, zur Vernunftkritik und Vernunftwissenschaft im weitesten Sinn, dadurch aber vermittelt zur Philosophie. ‖ **121**, 36 *vor* Die neuzeitliche *gestr. m. Bleist.* Die traditionelle Psychologie und nicht zum mindesten ‖ **122**, 5 vager *Einf.* ‖ **122**, 10 f. *vor* immanente Deskription *gestr.* deskriptive Psychologie als ‖ **122**, 12 f. als Titel für solche Untersuchungen *Einf.* ‖ **122**, 17 gesamten *Einf. m. Bleist.* ‖ **122**, 20 Bewußtseins- *V. für* psychischen ‖ **122**, 20 *nach* Bewußtseinserlebnissen *gestr.* und Erlebniskomplexen ‖ **122**, 29 *statt* der typischen *im Ms.* die typische ‖ **122**, 34 *statt* es *im Ms.* sie ‖ **122**, 36 Physiologie *Einf.* ‖ **122**, 37 fast ausschließlich *V. für* vorwiegend ‖ **122**, 38 f. und mindestens *bis* unterblieb *V. für* während andererseits ‖ **123**, 2 *nach* T a t s ä c h l i c h k e i t e n *gestr.* der realen Wirklichkeit ‖ **123**, 3 Menschen- und *Einf.* ‖ **123**, 5 Bewußtseins- *Einf.* ‖ **123**, 7 eigentlich *V. für* wesentlich ‖ **123**, 7 uneigentlich *V. für* außerwesentlich ‖ **123**, 12 *statt* transzendentaler *im Ms.* transzendenter ‖ **123**, 12 und eidetischer *Einf.* ‖ **123**, 12 *nach* infolge der *gestr.* Mängel der methodischen Unzulänglichkeit ‖ **123**, 14 *vor* Teil *gestr.* erheblicher ‖ **123**, 16 *statt* war *im Ms.* ging ⟨?⟩ ‖ **123**, 24 natürliche empirische *Einf.* ‖ **123**, 26 Ideale *V. für* Apriorische ‖ **123**, 28 notwendig *Einf.* ‖ **123**, 28–31 und die Erkenntnis *bis* Annäherungen sind *Einf.* ‖ **123**, 34 f. in der zweiten Hälfte *Einf.* ‖ **123**, 36 f. und Hume *Einf.* ‖ **123**, 38 *statt* sie *im Ms.* ihn ‖ **124**, 5 f. *statt* transzendentalen *im Ms.* transzendenten ‖ **124**, 10 *nach* Psychologie *gestr.* das Feld der eigentlich psychologischen Bewußtseinsphänomene ‖

Phänomenologie und Erkenntnistheorie
(S. 125–206)

Der Text basiert auf den Blättern 45–105 des Konvoluts B I 3. Das Umschlagblatt 1/106 trägt mit Bleistift die Aufschrift Phänomenologie und Erkenntnistheorie Frl. Stein. *Auf der Innenseite des Umschlags hatte Edith Stein einzelne Punkte* Zur Widerlegung von Elsenhans *notiert. Neben dem Text der Abhandlung enthält das Konvolut im Binnenumschlag 2/44* Beilagen zu Msc. Phänomenlogie und Erkenntnistheorie *(siehe dazu die Anmerkungen zu Beilage I).*

Abgesehen von einigen Unregelmäßigkeiten hat Husserl die Blätter von 38– 83 durchnumeriert. Die Seitenzahl 38 des ersten Blattes zeigt, daß sich diese Abhandlung an ,, Phänomenologie und Psychologie" anschließen sollte, deren letzte Seite die Nummer 35 trägt (die Seiten 36 und 37 sind in keinem dieser Manuskripte mehr vorhanden). Die Unregelmäßigkeiten betreffen einige Einschübe und Beilagen, die zum einen während der Niederschrift des Textes im März/Anfang April 1917, zum anderen nach seiner Ausarbeitung durch Edith Stein im Mai/Juni 1917 hinzugefügt wurden. Diejenigen Beilagen und Ergänzungen, deren Paginierung keinen Hinweis auf eine Seitenzahl der Ausarbeitung Edith Steins enthalten, zählen zur ersten Gruppe. Dazu gehören Seite 38a (Bl. 49), die Seiten 68a, 68b und 68c (Bl. 81, 82 und 83), eine Beilage zu 69 *(Bl. 84), zwei Beilagen zu 79 (Bl. 95 und 96) sowie die Beilagen 80a (Bl. 98), 81a (Bl. 101), 82a (Bl. 103) und 83a (Bl. 105). Die Seitenzahlen A 5 (Bl. 46), I, p. 9 (Bl. 48) und II zu 9 (Bl. 47) beziehen sich auf die handschriftliche Ausarbeitung und gehören damit in die zweite Gruppe. Die beiden zuletzt genannten Blätter 47 und 48 stellen jedoch vom inhaltlichen Gesichtspunkt her gesehen keine Einfügung dar, da ihr Text in vereinfachender Weise lediglich den Gedankengang der Blätter 49 und 50 variiert. Er wird daher nur in den folgenden Anmerkungen abgedruckt. Das Blatt 76 weist sowohl auf das Originalmanuskript (Beilage A zu 65²) wie auch auf die Ausarbeitung (A 120) hin.*

Mit Ausnahme der Seitenzahl 52 (Bl. 64), die mit Blaustift geschrieben wurde, sowie der Seitenzahlen 53 und 54, bei denen die Blaustiftzahl mit Bleistift überschrieben wurde, sind alle anderen Seitenzahlen mit Bleistift geschrieben. Die Seitenzahlen 56 (Bl. 67) und 78 (Bl. 94) sind mit Bleistift gestrichen, doch befinden sich diese Seiten weiterhin an den entsprechenden Stellen im Manuskript.

Die fehlende Seite 55, deren Seitenzahl ebenfalls mit Bleistift gestrichen · wurde, ist als Einlage zu 79 *(der Ausarbeitung) ausgesondert und findet sich als Blatt 12 im Beilagenkonvolut. Der Text dieses Blattes wird im folgenden an entsprechender Stelle wiedergegeben.*

Vier Blätter der handschriftlichen Ausarbeitung von Edith Stein wurden aufgefunden (in B I 3 Bl. 5, in M III 7 Bl. 82–84). Sie weisen auf die in Husserls Manuskript nicht vorhandenen Seiten 39a–c hin, die ihnen zugrunde lagen, wie die auf ihnen und auf Seite 39 (Bl. 50) des Manuskripts angebrachten Randvermerke Edith Steins belegen. Diese Blätter bildeten den Anfang des vor der Anfertigung des Typoskripts ersatzlos herausgenommenen Paragra-

phen 3 Die „noetische Logik" im Gegensatz zur „noematischen", *der im Inhaltsverzeichnis des Typoskripts noch aufgeführt ist. Der aufgefundene Textteil dieses Paragraphen wird ebenfalls im folgenden abgedruckt. Lediglich die Beilagen zu 79 (Bl. 95 und 96), die* Beilage 80a *(Bl. 98) und die Seite 83 (Bl. 104) weichen vom Normalformat ab. Die Beilage Blatt 95 wurde auf der Rückseite eines Formulars (14 × 21 cm) zum Ankauf von Kriegsanleihen geschrieben, die im März 1917 angeboten wurden. Die Beilage Blatt 98 steht auf der Rückseite eines Blattes (14,5 × 21,5) aus Dietrich Mahnkes Buch* Der Wille zur Ewigkeit. *Die Seite 83 wurde auf dem abgetrennten Teil (16,5 × 4) eines Blattes von Normalformat geschrieben.*

Der Text der Blätter 45–90 ist durchweg mit schwarzer Tinte in Gabelsberger Stenographie geschrieben. Neben einigen Unterstreichungen mit Bleistift auf den Blättern 60, 61 und 67 enthalten diese ersten 46 Blätter zahlreiche Verbesserungen mit Bleistift sowie mit Blei- und Blaustift einige Hinweise auf die handschriftliche Ausarbeitung. Von der Mitte der Vorderseite des Blattes 91 an ist der Text mit Bleistift in Gabelsberger Kurzschrift geschrieben. Die Ausnahme bilden nur die gestrichene Textpassage auf der Rückseite von Blatt 93 und die beiden Beilagen zu 79 auf den Blättern 95 und 96, die mit Tinte geschrieben wurden und Korrekturen und Unterstreichungen mit Bleistift aufweisen. Bei den mit Bleistift beschriebenen Blättern finden sich nur auf den Blättern 99 und 101 einige Unterstreichungen und Verbesserungen mit Tinte.

125, 16 *nach* Vermögen *gestr.* der Theorie ‖ **125**, 17 objektiv gültiger *Einf.* ‖ **125**, 18–21 und damit des theoretischen *bis* Telos erzielen läßt *V. für* an der Umwelt ‖ **125**, 18 f. und damit des theoretischen Triebes *V. m. Bleist. für* oder wie wir auch sagen können, des Triebes ‖ **125**, 20 *nach* auswirken und *m. Bleist. gestr. Bleist.-Einf.* Wahrheit als ‖ **125**, 23 den Anspruch *V. für* die Prätention ‖ **126**, 21 f. und zugleich *bis* widerlegen. *V. für* und somit auch für seinen kontradiktorischen Gegensatz: Die theoretische Kraft der positiven und negativen Begründungen ist genau die gleiche oder kann willkürlich durch passende Wahl der Gründe als die gleiche gewählt werden. ‖ **126**, 26 für die *bis* ringende *Einf. m. Bleist.* ‖ **126**, 27 *nach* positiven *gestr.* Wissenschaftstheorie ‖ **126**, 30 können wir *V. für* können wir auch sagen, es kommt die universelle formale Wissenschaftstheorie, die reine Logik zur Begründung ‖ **127**, 1 *vor* Prinzipien *gestr.* Bedingungen ‖ **127**, 2 *nach* geschaffen. Bl. 46 (5). *Rb. m. Bleist. A. Der erste Satz bildet eine Variante zum Text 126, 27–127, 2:* Vermöge der formalen Allgemeinheit, in der sich begreiflicherweise die vernunfttheoretischen Reflexionen der primitiven Anfänge bewegten und die auch in der sophistischen wie antisophistischen Dialektik vorzugsweise den Rahmen abgab, nimmt die von den Platonischen Vernunftforschungen ⟨Vernunft- *Einf. m. Bleist.*⟩ ausgehende Entwicklung (wenn wir in der Sphäre der theoretischen Vernunft verbleiben) ⟨in der *bis* verbleiben *V. m. Bleist. für* von allem Metaphysischen absehen⟩ die Richtung auf eine reine und formale Logik und Gegenstandslehre. ‖ **127**, 3 Sinn *V. m. Bleist. für* Schwung ‖ **127**, 4 *vor* Erkenntnis *gestr. m. Bleist.* absoluter ‖ **127**, 7 Keim- *V. m. Bleist. für* Ansatz ‖ **127**, 9 f. allgemeinen und der Hauptsache nach *V. für* das in eckigen

Klammern stehende formalen || **127**, 11 *nach* begründenden *gestr.* und ver-
bürgenden || **127**, 12 *vor* Anfänge *gestr. m. Bleist.* die ersten || **127**, 12 *nach*
Anfänge *m. Bleist. gestr. Bleist.-Einf.* und Grundstücke || **127**, 17 wahrhaft
Einf. || **127**, 18 *statt* das Korrelat *im Ms.* des Korrelats || **127**, 19 f. Es ist das
große Verdienst der Stoa *Einf.* || **127**, 20 *nach* Stoa *m. Bleist. gestr. Bleist.-*
Einf. und bedeutet einen Abschluß einer ersten Entwicklungsreihe || **127**, 20
zur Einsicht in die Notwendigkeit *Einf. m. Bleist.* || **127**, 22 *nach* Gültigkeits-
lehre der *gestr.* Sinnesbestände solcher Akte || **127**, 23–27 durchgedrungen *bis*
fortgebildet zu haben. *V. m. Bleist. für* speziell in der sprachlichen Sphäre
erfaßte sie die Scheidung zwischen den aussagenden Akten, etwa denen des
auf dem Grund des Anschauens sich vollziehenden Begreifens, Subjizierens,
Prädizierens, Kolligierens etc., in eins mit den ausdrückenden Funktionen
der Sprache, ⟨des⟩ Urteilens, Begreifens, Schließens usw. | und einer Lehre
von den Urteilen als den Aussagebedeutungen, als dem jeweiligen geurteilten
Satz, und näher von den Formen möglicher gültiger Sätze, möglicher gültiger
Begriffe (als Komponenten gültiger Sätze), ebenso möglicher gültiger Schlüsse
und Beweise — || **127**, 24 *nach* Aristotelische *gestr. m. Bleist.* Syllogistik, die
im || **127**, 24 *nach* Analytik *gestr. m. Bleist.* die im wesentlichen in der Tat
noematische Doktrin bot || **127**, 30 *vor* Erlebnissen *gestr. Einf.* Akt- ||
127, 35 f. *vor* „formalen Logik" *gestr. m. Bleist.* reinen || **127**, 37 eingreifen-
der *V. m. Bleist. für* bleibender || **128**, 2 *nach* fruchtbar gemacht worden. *Text*
von Bl. 48: ⟨*oben rechts* p. 9; *darunter m. Bleist.* I⟩ Das Denken als
Urteilen mit den ihm zugehörigen Funktionen des Begreifens und des bestimmten und unbestimmten, des singulären und pluralen, partikularen oder
universalen Subjizierens, Prädizierens, Kolligierens, Disjungierens, kausalen
oder hypothetischen Voraus-Setzens oder als Nachsatz-Setzens usw. — das
Denken, sage ich, hat eben seinem Wesen nach grundverschiedene Vollzugs-
modalitäten. Es ist einerseits „verworrenes", mehr oder minder unklares,
„uneigentliches" Denken oder andererseits „voll-eigentliches" Denken, d.h.
ein Denken, das in seinen synthetisch zusammenhängenden Tätigkeiten
schrittweise seine theoretischen Intentionen „erfüllt" und, indem es das tut,
sein Vermeintes nicht nur vermeint, sondern schauend, „einsehend" in sich
zu originärer Gegebenheit bringt. Also einsichtiges Denken ist nichts anderes
als ursprünglicher und eigentlicher Vollzug der Denkfunktionen, die in ihrer
verknüpften Einheit nicht nur überhaupt Einheit des Sinnes konstituieren,
wie es das uneinsichtige Denken auch tut, sondern ihren vermeinten Sinn
auch „realisieren", ihn als eingesehene, als selbstgegebene und nicht bloß
vermeinte Wahrheit in sich bewußt haben. Die eingesehene Wahrheit, das
Bewußtseinskorrelat des volleigentlichen Vollzugs der Vernunftfunktionen,
ist die Norm der Richtigkeit für jede Urteilsvermeintheit (jedes mögliche
gefällte Urteil) gleichen Sinnes, und umgekehrt schreibt jedes uneinsichtig
gefällte Urteil durch seinen eigenen Sinn dem Gang der vereigentlichenden,
die Urteilsintention erfüllenden, das Urteil „ausweisenden" Funktionen eine
feste Ordnung vor. ⟨*Bl. 47; überschrieben m. Bleist.* II zu 9⟩ Nach alldem
betrifft diese Kritik der Vernunft das „Logische", deutlicher das Noematisch-Logische ⟨deutlicher das Noematisch-Logische *Einf. m. Bleist.*⟩ des
Denkens, sie betrifft den Logos als den Bedeutungsgehalt, das vermeinte Was

des Aussagens bzw. des Urteilens; sie betrifft die Begriffe, Schlüsse, Beweise, kurz alle „noematischen" Bestände der Denkfunktionen, inwiefern mit diesen Beständen das Wahre getroffen oder verfehlt ist, inwiefern das vermeinte Sein in der erfüllenden Einsicht ausweisbar ist als wahrhaftes Sein. Diese Kritik, welche in höherer Stufe Kritik der Wissenschaft als Einheit der Theorie (eine logisch-noematisch konstituierte Einheit) ist, vollzieht sich ⟨in⟩ radikaler und prinzipieller Allgemeinheit in Gestalt ⟨Gestalt *V. m. Bleist. für* Form⟩ der Logik. Sie vollzieht sich in formaler, das ist alle materiale Besonderheit von Wahrheiten und Wissenschaften übergreifender Allgemeinheit in der formalen Logik. | Diese „abstrahiert" von allen sachhaltigen, an material bestimmte Seinsgebiete bindenden „Erkenntnisstoffen", d.h. sie ersetzt alle sachhaltigen Begriffe durch algebraische Variable und stellt demnach die Prinzipien auf, welche Bedingungen der Möglichkeit aller Wahrheit überhaupt (bzw. alles Seins überhaupt) und in weiterer Folge aller Theorie, aller Wissenschaft überhaupt in reiner Allgemeinheit ausdrücken. Durch Rekurs auf diese Prinzipien und ihre rein formalen Folgerungen vollzieht sich dann die prinzipielle Kritik besonderer und bestimmter Sätze, Beweise, Wissenschaften der logischen Form nach, die sich dann fortsetzt in der Kritik, die auf Grund der obersten materialen Prinzipien und Ontologien (der regionalen Idee oder der Ideen) zu leisten ist. Kritik der Vernunft, der formalen und materialen, entfaltet sich also wissenschaftlich für das erste in der Ausbildung der formalen Logik und Gegenstandslehre; in zweiter Stufe in der systematischen Scheidung der obersten materialen Seinsregionen und der Ausbildung der ihnen zugehörigen regionalen Ontologien. ‖ **128,** 3 f. Handlungen *Variante m. Bleist. zu* Funktionen ‖ **128,** 6 *nach* ihrer Ergebnisse. *gestr. und mit zwei horizontalen Bleist.- und Tintenstrichen vom übrigen Text abgetrennt:* ⟨*Gestr.* Gewisse Begriffe sind ursprünglich so zu bilden, daß dieses Bilden ein schauendes Erfassen eines entsprechenden wahren Wesens, einer Idee ist, die eine absolut gültige Norm für den Begriff als Wortbedeutung ist, das vage in ihr gemeinte Wesen kommt zu wirklicher Gegebenheit.⟩ Die im gewöhnlichen Reden und Meinen auftretenden Begriffe und Sätze sind vage Meinungen. Das echte Vernunftdenken ist aber ein methodisches Verfahren, diese Meinungen unter Anleitung, die sie in ihrem eigenen Sinn geben, auf das in ihnen gemeinte Wahre durch einsichtige produktive Herausstellung desselben zurückzuführen oder aber sie im Versuch solcher Herausstellung an einem gegensätzlichen Wahren als widerspruchsvoll zu erweisen. ‖ **128,** 14 reinen *Einf.* ‖ **128,** 14–17 (nämlich rein *bis* auftreten) *V. für* als vagen Wortbedeutungen die wahren, entsprechend ihrer ‖ **128,** 17 *vor* „Ansicht" *gestr.* Sein ‖ **128,** 19 f. aus der der vage Begriff *V. für* die sich im vagen Begriff nur verähnlicht. Andere Begriffe sind leer oder widersprechend ‖ **128,** 20 strenge *V. für* exakte ‖ **128,** 21 f. Andere solche Begriffe erweisen sich als falsch *V. für* Andere Begriffe sind wertlos, ja falsch ‖ **128,** 26–31 gewisser Urteile *bis* auf Schlüsse *V. für* der Schlüsse ‖ **128,** 34 *nach* Beweis *gestr.* schon gebaut aus wahren begrifflichen Wesen ‖ **129,** 2 *vor* der Wahrheiten *gestr.* der Formen ‖ **129,** 3 *nach* und der *gestr.* Formen ‖ **129,** 8 Sätze und *Einf.* ‖ **129,** 11 f. mit Beziehung auf die sprachlichen Erfahrungsweisen ihren *Einf.* ‖ **129,** 14 f. In dieser Art *bis* Aussagen *V. für* bestimmte Aussagen können so kritisiert werden || **129**, 21–23 Damit verflicht *bis* sprachlichen Meinens *V. für* und damit verflicht sich zugleich ⟨die⟩ einsichtige Herausstellung, die des Bewußtseins der Erfüllung oder Enttäuschung des vordem unerfüllten vagen Meinens || **129**, 39 *nach* „ so ist es!" *gestr.* (dem Satz, Urteil) || **130**, 4 *nach* solcher usw. *gestr.* kurzum dem Noema, nicht der Noesis; *danach Rb. m. Bleist. von E. Stein* 39 a. *An dieser Stelle folgte in Edith Steins handschriftlicher Ausarbeitung eine Passage, die wohl auf nicht mehr erhaltene Stenoblätter Husserls fußte. Ein halbes Blatt der Ausarbeitung befindet sich bei den ausgesonderten Beilagen in B I 3. In Konvolut M III 7 konnten weitere drei Blätter gefunden werden, die zusammen mit dem Blatt aus B I 3 die einzigen erhaltenen Blätter der handschriftlichen Ausarbeitung darstellen. Rechts auf dem Blatt B I 3/5 steht die Rb. m. Bleist.* lag bei 15. *Die Blätter M III 7/82–84 sind mit Bleist. von* 12 *bis* 14 *numeriert. Der Text (erst B I 3/5) lautet:* § 3. Die „ noetische Logik" im Gegensatz zur „ noematischen" ⟨*Anmerkung m. Bleist. Zur Korrelation von Noesis und Noema im weitesten Sinn vgl.* Ideen I, S. 179 ff. ⟨ *= Husserliana, Bd. III, 1, S. 200 ff.*⟩⟩ Demgegenüber gibt es eine Betrachtungsweise, die nicht das Gedachte, Geurteilte, Erschlossene, sondern das Denken, Urteilen, Erschließen und so alle l o g i s c h e n A k t e überhaupt zu ihrem Gegenstande hat, aber nicht nach ihrer psychologischen Faktizität, sondern nach dem r e i n e n W e s e n ⟨*Rb. m. Bleist. von E. Stein* 39 a⟩ i h r e r Begründungszusammenhänge fragt. Selbst in mathematischen Vorstellungen ⟨*ab hier M III 7/82–84*⟩ kommt es vor, daß der Darsteller nach einer rein Objektives ausprägenden Gedankenreihe fortfährt: Dies festgestellt, ist es eine b e r e c h t i g t e F r a g e ... oder ist es eine b e r e c h t i g t e V e r m u t u n g ... Oder: I s t m a n s i c h e r, daß der Satz A gilt, so kann man n i c h t mehr z w e i f e l n, daß der Satz B gilt, da dieser aus jenem erweisbar ist. Und was solcher Redeweisen mehr sind. Sie sprechen nicht bloß mathematische Sachverhalte aus, sondern sagen etwas von unserm Urteilen und seiner Gewißheit, von unserem Fragen, Vermuten usw., und zwar hinsichtlich seiner Begründung. Gelegentlich hört man: „ Den Satz A müssen wir schon gelten lassen, denn er ist eine unmittelbare Evidenz, ein Axiom oder aus Axiomen einsichtig erweisbar." Oder: „ Wir wissen zwar nicht, ob A ist, aber nach Maßgabe der schon entwickelten Theorie haben wir 'Grund', haben wir ein 'Recht', es zu | vermuten, es für wahrscheinlich zu halten" usw. Im gegebenen Fall mag das Individuum ein bestimmtes sein oder ein Kreis von Mitforschern empirisch, wenn auch nicht genau bezeichnet, als Träger solcher Fragen, Wissensakte, Vermutungen gedacht sein. Aber sowie die Rede von einem R e c h t e solcher Akte ist, kann a l l e b e s t i m m t e I n d i v i d u a l i t ä t a u s g e s c h a l t e t werden, und nur in dieser Ausschaltung tritt der reine Rechtsgrund hervor, z.B. nach dem Typus: Wenn jemand ü b e r h a u p t das und das w e i ß und sonst nichts weiß, hat er ein R e c h t, so und so zu v e r - m u t e n. Im Wesen eines inhaltlich so und so bestimmten Wissens und Nichtwissens gründet das Recht eines entsprechenden Vermutens, Fragens usw. Natürlich: Wissen, Vermuten, Fragen und dergleichen Akte sonst ⟨und dergleichen Akte sonst *Bleist.-Zusatz von Husserl*⟩ setzen ein I c h voraus, aber ob dieses als ⟨als *Bleist.-Zusatz von Husserl*⟩ ein menschliches oder tierisches, ein göttliches oder englisches vorgestellt ist, ob als ein reales psychophysisches Subjekt oder nicht ⟨vorgestellt *bis* nicht *V. m. Bleist. von Husserl für* ist⟩, darauf kommt es nicht an. Wofern diese Akte ein Ich voraussetzen, kommt es auch nur auf den notwendigen Sinn dieses Ich an, den sie dabei voraussetzen und der im übrigen einer näheren Bestimmung gar nicht bedarf ⟨Wofern *bis* bedarf *Einf. m. Bleist. von Husserl*⟩. | ⟨*Rb. m. Bleist. von E. Stein* 39 b⟩

Alle intellektiven Stellungnahmen, die wir unter dem Titel Erkenntnis befassen, sind miteinander durch Wesensbeziehungen verbunden, alle erheben als Stellungnahmen Rechtsansprüche, und diese Rechtsansprüche werden teils vom einzelnen Akte für sich erhoben oder unter Voraussetzung einer vorhergehenden anderen Stellungnahme. Urteile begründen andere Urteile, Urteile begründen auch Vermutungen, Fragen, Zweifel usw. Keine Wissenschaft, in der nicht schließlich alle diese Akte auftreten, ⟨*Rb. m. Bleist. von E. Stein* 39 c⟩ Rechtsansprüche erhoben und somit einer Kritik unterzogen werden können und müssen. Es ist klar, daß es darum eine neue Disziplin geben muß, welche auf alle Wissenschaften gleichmäßig gerichtet ist, indem sie die sämtlichen Erkenntnisakte hinsichtlich ihrer Rechtsansprüche in formaler Allgemeinheit erforscht. Diese Wissenschaft, die wir formale oder logische Noetik nennen, ist in der antiken ‖ 130, 6 konkret *Einf.* ‖ **130**, 6 berufen ist *V. für* erstrebt ‖ **130**, 12–19 Als Korrelat *bis* wahrhaft seiender Gegenstand. *Einf.* ‖ **130**, 21 f. auf Bedeutung und Gegenstand bezogenen *V. für* noematischen ‖ **130**, 25 f. Es sind das Wissenschaften, die *V. für* über die formale Sphäre hinausgreifend, erwachsen bald auch sachhaltige Wissenschaften, die ‖ **130**, 29–31 die Begriffe der Menge *bis* und Größenzahl *V. für* Zahlbegriff, Ordnungsbegriff, Begriff der Menge, der Größe ‖ **130**, 35 f. innig miteinander zusammenhängenden Disziplinen *Einf.* ‖ **131**, 1 f. die formale Logik *bis* und Sätze ein. *V. für* die formale Bedeutungslogik, die der Begriffe und Urteile überhaupt und nach allen Urteilsmodalitäten ein. ‖ **131**, 3 reine oder *Einf.* ‖ **131**, 13 vermöge ihrer formalen Allgemeinheit *Einf.* ‖ **131**, 23 f. universellen Beruf hingewiesen *V. für* Beruf dieser wissenschaftstheoretischen Gesetze hingewiesen, *dies wiederum V. für* die normativen und praktischen Funktionen hingewiesen ‖ **132**, 6 ernstlich wirksam *V. für* systematisch allgemein verfolgt ‖ **133**, 11 f. als logische Disziplinen oder *Einf.* ‖ **133**, 20 *nach* Normen *gestr.* für alles Naturwissenschaftliche ‖ **133**, 22 für alle Wissenschaften überhaupt müssen *V. für* müssen für die entsprechenden Tatsachensphären ‖ **134**, 17 f. der Wahrheit, näher *Einf.* ‖ **134**, 19 *vor* eine Theorie *gestr.* Wissenschaft ‖ **135**, 3 Theorie der *Einf.* ‖ **135**, 8 *nach* Thema ist. *Querstrich am Rand m. Bleist.* ‖ **135**, 29 f. Darin *bis* Erkenntnis *V. für* Natürlich kann man hier wie sonst die spielerische Dialektik des Sophisten tadeln ‖ **137**, 1 als Substrate des Urteilens *Einf.* ‖ **137**, 13 f. *nach* Erkenntnisbewußtseins *gestr.* als eines auf bewußtseinsfremde Gegenständlichkeiten erkennenden Bewußtseins gerichteten ‖ **137**, 25 f. irradikaler (naturalistischer, psychologistischer) *Einf.* ‖ **138**, 4 radikale oder *Einf.* ‖ **138**, 7–11 Daß in der Tat *bis* nachweisen können. *Einf.* ‖ **138**, 15 aller animalischen *V. m. Bleist. für* fremder ‖ **138**, 17 f. als ernstes *bis* Problem *Einf.* ‖ **138**, 28 *statt* der *im Ms.* des ‖ **138**, 32 *vor* Bewußtseinsfeld *gestr.* reine ‖ **139**, 1 personalen *Einf.* ‖ **139**, 1 prinzipiell Zweifels- oder Nichtseins- *V. für* als pure

Täuschungs- || **139**, 7 (des zweifellosen ego cogito) *Einf.* || **139**, 8 im natürlichen Sinn *Einf.* || **139**, 12 *nach* angesetzt ist. *Rb. m. Bleist. von E. Stein S.u.S.* 63 || **139**, 23 *vor* aber *im Ms.* wie || **139**, 34 und wirklich gegebener *Einf.* || **140**, 2 -vermögen *V. für* -dispositionen || **140**, 6 f. obschon nicht mit denen der natürlichen Weltauffassung, nämlich *Einf.* || **140**, 8 als Faktum *V. für* — in völlig problematischer, unverständlicher Art — || **140**, 9 sollen *Einf.* || **140**, 27 in klarster Darstellung *Einf.* || **141**, 3 natürlicher Thesis *Einf.* || **141**, 4 f. teils aus der *bis* Außenwelt *Einf.* || **141**, 6 natürlichen *Einf.* || **141**, 6 als *V. für* in der natürlichen Auffassung || **141**, 8 *nach* menschlichen *gestr.* seelischen || **141**, 21 f. bedeutungsvoller *V. für* eindrucksvoll || **141**, 26 sonst *V. für* wahrhaft || **141**, 32 f. (die *bis* wird) *Einf.* || **142**, 3 *nach* erwachsenen, *gestr.* rein objektiv gerichteten || **142**, 8 reale *Einf.* || **142**, 12 *vor* Probleme *gestr.* sich darbietenden || **142**, 18 f. *vor* rechtmäßige *gestr.* wirklich || **142**, 29 normalen Erfahrungen auf der einen Seite und *Einf.* || **142**, 33 f. in meinem Erkenntniserleben vollziehe *Einf.* || **142**, 34 *statt Gedankenstrich im Ms. Komma* || **142**, 34 vor wirkliche *gestr.* angeblich || **142**, 35 eine Art *Einf.* || **142**, 38 aus mir selbst geschöpften *Einf.* || **143**, 2 f. *Zitat Kant, Akademieausgabe, Bd. X, S. 124* || **143**, 3 *statt* einen *im Original* den || **143**, 12–15 *Zitat ebd.* || **143**, 13 *statt* vom *im Original* von dem || **143**, 14 *statt* ihrer *im Original* seiner || **143**, 15 *statt* sein müssen *im Original* sey || **143**, 19 (wie hier der Realismus fortfahren dürfte) *Einf.* || **143**, 22 *vor* unanschaulichen *gestr.* unerfahrenen || **143**, 23 *nach* Probleme *gestr.* oder gar unlösbare || **143**, 23 mindestens *Einf.* || **143**, 24 im voraus *Einf.* || **143**, 28 f. *Zitat a.a.O., S. 125* || **143**, 28 *statt* ihre *im Original* diese || **143**, 32 *nach* vorstellt *gestr.* rein aus eigenen Materialien erzeugt || **143**, 35 f. und der von ihnen geleiteten empirischen Schlußfolgerungen *Einf.* || **144**, 8 *nach* wertvolle, *gestr.* berechtigte, wissenschaftliche || **144**, 28–34 Stellen wir *bis* anzukämpfen ist. *V. für den zwischen eckigen Bleist.-Klammern stehenden und gestr. Text* In der Tat, ist es nicht naiv, in der Weise der Kantischen begrifflichen Erörterungen „unsere Seele", unseren menschlichen Intellekt u.dgl. in die Problemstellung als Vorgegebenheit hineinzuziehen, aus der Passivität des Sinnlichen auf ein außerseelisches Affizierendes zu schließen oder in der Weise der Kritik der reinen Vernunft die analytischen Urteile und die synthetisch-aposteriorischen aus den dort angegebenen Gründen nicht problematisch zu finden und daraufhin für die reinen Verstandesbegriffe und -urteile das bekannte Problem zu stellen? Liegt in all dergleichen nicht wirklich eine prinzipielle Verkehrtheit? *Danach Rb. m. Bleist.* 53 unten || **144**, 34 *nach* anzukämpfen ist. *Rb. m. Bleist. Ausarbeitung* 54 || **145**, 9 *nach* Werten *gestr.* und Abwerten || **145**, 12 *vor* Schließen *gestr.* Prädizieren und || **145**, 12 *vor* Werten *gestr.* ästhetischen || **145**, 14 in gewissem Sinn *Einf.* || **145**, 15 f. von den oder jenen Dingen, Veränderungen, Kausalitäten der *V. für* speziell von Tieren oder Pflanzen, von mechanischen Kausalitäten, von Sätzen, die sich darauf beziehen, kurzum von einer mannigfaltigen, sich verändernden || **145**, 23 vermöge *V. für* in || **145**, 23 als theoretische Einheit *Einf.* || **145**, 25 *nach* erlebende *gestr.* näher erkennende Bewußtsein als Bewußtes, Erlebtes in seinen verschiedenen charakteristischen Gestalten, in einer unendlichen Mannigfaltigkeit von Bewußtseinsweisen, von Ichaktionen und -passionen, von Weisen der Auffassung, von Empfindungsdaten, Sinngebungen, von Erscheinungen, von perzeptiven Gegenwärtigungen, von erinnerungsmäßigen oder einfühlungsmäßigen Vergegenwärtigungen, oder gibt sich uns als symbolisch leeres oder als intuitiv geklärtes Denken, als Einfall, der sich in lebendiger und in begründender Aktion begründet, usw. Es scheidet sich uns dabei das verwirrende mannigfaltige Bewußtseinsleben selbst (die Erlebnisse im einen Sinn) von den darin erscheinenden, gemeinten, gedachten, theoretisch bestimmten gegenständlichen Einheiten, und diese wieder scheiden sich von den Einheiten, die korrelativ zu diesen Gegenständlichkeiten „Bedeutungen" („Sinn", „Satz", „Satzgebilde") heißen. Und das Merkwürdige ist, daß auch wo wir sagen, daß Erfahrungsgegenstände oder Denkgegenstände nicht sind, sondern freie Fiktionen oder Scheine, Truggegenstände (bzw. ebenso eingebildete Wahrheiten oder irrtümliche, vermeintliche Wahrheiten), sie doch im jeweiligen fingierenden, trügenden, evtl. als ungültig verworfenen Bewußtsein eben bewußte, vermeinte, angeschaute oder gedachte sind ⟨ gestr. möge ihre Bewußtseinsweise im Fall der Überführung in ausweisende Bewußtseinszusammenhänge in gewissen Charakteren sich ändern⟩. Wir machen uns weiter klar, daß es nicht in unserer Willkür steht, im Leben unseres Bewußtseins den bewußten Gegenständen, den gedachten Sachverhalten, den prädikativ gebildeten Sätzen u.dgl. sozusagen den Wert des Seins bzw. der Wahrheit zu geben oder zu nehmen, sondern daß ein wahr und wirklich Seiendes für das Bewußtsein eine bestimmte Regel besagt, für ein Ding eine gewisse Regel für den Ablauf, auf es, dieses Ding, e i n s t i m m i g „gerichtet". ‖ **145**, 26 *statt* -weisen *im Ms.* -beweisen ‖ **145**, 28 Erscheinungen, wechselnd nach *V. für* eigentlich gegeben ‖ **145**, 28 intuitiven *V. für* perzeptiven ‖ **145**, 30 sinnumgrenzten *V. für* sinnvoll umgrenzten ‖ **145**, 30 Gegebenheitsweisen in Form *Einf.* ‖ **145**, 32 f. wo die theoretischen Themata bald bewußt sind *Einf.* ‖ **145**, 35 erkennenden *Einf.* ‖ **145**, 36 im gewissen Wissen *V. für* als verbleibendes Wissen ‖ **146**, 3 *vor* Wir stoßen *Rb. m. Bleist.* Ausarbeitung 57 ‖ **146**, 7 f. — idealiter gesprochen auf unendliche Mannigfaltigkeit — *Einf.* ‖ **146**, 10 *statt* i h r e ihr *im Ms.* s e i n e ihm ‖ **146**, 15–17 wobei doch *bis* ablaufen — *Einf.* ‖ **146**, 21 f. gewisse und nicht etwa beliebige *Einf.* ‖ **146**, 23 *statt* dieses *im Ms.* diesen ‖ **146**, 25 f. Nur dieses *bis* kann in der *V. für* Das in der ‖ **146**, 27 Ding *Einf.* ‖ **146**, 27 f. wie wir in der Einstellung der Reflexion einsehen *V. für* nur sich (wie schon eine Reflexion uns aufmerksam macht) in solchen Gegebenheitsweisen bewußt werdend ‖ **146**, 36 mehrfältigen *m. Bleist.* überschrieben ‖ **146**, 37 *vor* All *gestr.* Natur ‖ **147**, 1 wahren und vollendeten *Einf.* ‖ **147**, 6 oder „Vernunft" *Einf.* ‖ **147**, 8 Einheit der *Einf.* ‖ **147**, 17 von dem idealen Parallelismus gesprochen, der *V. m. Bleist. für* nur einen idealen Parallelismus herausgehoben, nämlich den ‖ **147**, 19 merkwürdiger *Einf. m. Bleist.* ‖ **147**, 21 statthat *Einf. m. Bleist.* ‖ **147**, 22 *statt* dem *im Ms.* den ‖ **147**, 23 *statt* dem *im Ms.* den ‖ **147**, 25 Art von *Einf.* ‖ **147**, 30 *vor* Enge *gestr. m. Bleist.* pädagogisch natürlichen ‖ **148**, 36 *vor* Vielmehr besagt *angestr. m. Bleist. und Rb. m. Bleist.* 66 Ausarbeitung ‖ **148**, 38 eine allgemeine *Einf.* ‖ **148**, 38–**149**, 1 Oder anders *bis* Bestände *Einf.* ‖ **149**, 3 an ⟨den⟩ wir unweigerlich *Einf.* ‖ **149**, 17 *vor* Solche Überlegungen *Rb. m. Blaust.* 67 A ‖ **149**, 19 *statt* Sie *im Ms.* Es ‖ **149**, 22 evtl. sogar *Einf. m. Bleist.* ‖ **149**, 23 *vor* und daß wohl *eckige Bleist.*-

Klammer auf und Rb. von E. Stein s. 52 o. ‖ **149**, 24 analog denen *V. m. Bleist. für* nach Art ‖ **149**, 24 f. Meditationen, — bei passender Reinigung — als *V. m. Bleist. für* Meditationen ‖ **149**, 25 f. gestaltet werden kann. *V. m. Bleist. für* ist. ‖ **149**, 31 f. Was diese Reinigung besagt, soll nachher gleich zutage treten. *Einf. m. Bleist.* ‖ **149**, 32 *nach* zutage treten. *Rb. m. Bleist.* neue Überlegung! *und m. Bleist. gestr.:* ⟨*Eckige Bleist.-Klammer auf*⟩ Wir können dabei entweder die Stellungnahmen, die die natürliche Einstellung in bezug auf Sein und Sosein ihrer Gegenstände vollzogen hat, nach Übergang in die Reflexion und in die Betrachtung des die wirkliche Natur für die Erkenntnis konstituierenden Bewußtseins festhalten oder sie außer Wirksamkeit stellen. ⟨*Rb. m. Bleist.* Jedenfalls ist aber das ohne umständliche Überlegungen von vornherein klarzumachen.⟩ Wir sehen uns dann diese Stellungnahmen, den das Natur erkennende, Natur theoretisierende Bewußtsein in den vielgestaltigen Einzelakten durchsetzenden „Glauben" an und ebenso das korrelative Moment des Seins, Wahrscheinlichseins, Möglichseins u.dgl. im Geglaubten, ohne doch die Stellungnahmen im Rahmen der Reflexion „mitzumachen". ⟨*Eckige Bleist.-Klammer zu; gestr. m. Bleist.* Insbesondere ist es klar,⟩ daß wir ein eidetisches Verfahren einschlagen können. Anstatt der faktischen Erlebnistatsachen, die da flüchtig kommen und gehen, können wir vielmehr die idealen Möglichkeiten und idealen Notwendigkeiten, die idealen Wesenszusammenhänge zu unserem Thema machen und somit z.B. erwägen, welche Arten von Bewußtseinsgestaltungen, mit welchen noetischen und noematischen Beständen, irgendeine Art von an sich seienden Gegenständen (Gegenständen, die wir in idealer Erwägung, veranschaulicht durch passende Exempel, hypothetisch als Wirklichkeiten denken) für die Erkenntnis als deren gegebene und erkannte Gegenstände konstituieren und konstituieren müßten. ⟨*Eckige Bleist.-Klammer auf*⟩ Dann reduzieren sich alle unsere Seinssetzungen ⟨Seinssetzungen *V. m. Bleist. für* Thesen sogar⟩ auf Setzungen von idealen W e s e n von Bewußtseinsgestalten und von Gegenständen an sich als deren Korrelaten. In der natürlichen Einstellung, demgegenüber, wird immerfort transzendentes Sein, Natur im weitesten Sinn schlechthin gesetzt, und zudem ⟨werden⟩ die Beziehungen auf die konstituierenden Bewußtseinszusammenhänge, durch die sie für die Erkenntnis gegeben sind, außer Spiel gelassen. All das sind uns durch die vorgängigen Betrachtungen über Phänomenologie schon vertraute Sachen. Was hier die Phänomenologie und genau in dem von uns bestimmten Sinn bedeutet, was sie für jede sinnvolle und als Wissenschaft mögliche Erkenntnistheorie bedeutet, das soll uns sogleich klar werden, wenn wir nun zu den eben wirklich sinnvollen Erkenntnisproblemen übergehen. ‖ **149**, 33 *vor* Es kommt *m. Bleist. gestr. Rb. m. Bleist.* notwendig zu 67 A ‖ **149**, 33–**150**, 1 Es kommt *bis* wir sagen : *Einf. m. Bleist.* ‖ **150**, 1–18 *von* Alle *bis* gestellt werden können. *zwischen eckigen Bleist.-Klammern* ‖ **150**, 9 nachher *Einf. m. Bleist.* ‖ **150**, 10 *nach* Vermengung *ausradierte Einf. m. Bleist.* der beiden Reflexionen ‖ **150**, 22 f. *vor* Jede Apperzeption *Rb. m. Bleist. von E. Stein* vgl. S. 67 ‖ **150**, 24–32 Die Worte *bis* großes Hemmnis. *Einf.* ‖ **151**, 6 *nach* Natur. *gestr.* Diese Reflexion heißt dann psychologische Erfahrung. ‖ **151**, 9 äußere *Einf.* ‖ **151**, 11 ursprünglich *Einf.* ‖ **151**, 12 Wahrnehmung *V. für* oder psychologische Erfahrung

‖ **151**, 13 f. oder *bis* „psychische Erfahrung" *V. für* oder spezieller psychologische (seelische) Erfahrung *dies wiederum V. für* oder „seelische Erfahrung" ‖ **151**, 14 psychische *V. für* psychologische ‖ **151**, 20 *statt* Dieses *im Ms.* Diese ‖ **151**, 25 das logisch gesprochen Subjekt oder Substrat ist für *V. für* als welches realer Träger in ‖ **151**, 31 in der Reflexion *Einf.* ‖ **153**, 2 allgemeinen *Einf.* ‖ **153**, 7 apperzeptiv *Einf.* ‖ **153**, 8 natural *Einf.* ‖ **153**, 15 f. dessen Seelensein *V. für* der ‖ **153**, 19 *nach* Wirklichkeit des Berges *gestr.* (von der sich der Psychologe überzeugen kann) ‖ **153**, 33 f. *nach* bestimmte *gestr.* Naturprozesse ‖ **153**, 38 *nach* erfüllt sein, *gestr.* es müssen die und die physiologischen ‖ **154**, 12 f. uns, nachdem *bis* herausgefunden haben *V. für* unser Wissen ‖ **154**, 15 f. in realen *bis* welche den *V. für* die ‖ **154**, 27 *nach* noch nicht verstanden. *schloß ursprünglich der Text von S. 55 an; diese Seite wurde ausgesondert und findet sich im Umschlag* Beilagen zu Msc. Phänomenologie und Erkenntnistheorie *(Bl. 12). Sie ist m. Bleist. überschrieben* Einlage zu 79*; rechts Rb. m. Bleist.* I. *Der Text lautet:* ⟨*Eckige Bleist.-Klammer auf*⟩ In der Tat, der Psychologe als Naturforscher bewegt sich, wie immer wieder zu beobachten ist, durchaus auf dem ⟨In der Tat *bis* auf dem *V. m. Bleist. für* Wo haben wir diese aber zu suchen? Der Psychologe als Naturforscher, sagten wir, stellt sich auf den⟩ Boden der naturalen Erfahrung. Ihr Zeuge, die physische, psychologische, psychophysische Erfahrung sind sich ergänzende Apperzeptionen, die in ihren wesentlichen Verflechtungen „die" eine allgemeinsame Natur als gegebene Wirklichkeit bewußt machen. Diesen Boden kann der Psychologe, wie jeder Naturforscher, nie verlieren. Ihn setzen ⟨*gestr. m. Bleist.* beständig⟩ all seine Fragen und Zweifel, all seine Urteile und Theorien, alle Schritte seiner Methode, all seine erwogenen Möglichkeiten, Wahrscheinlichkeiten und auch seine ⟨seine *Einf. m. Bleist.*⟩ Hypothesen voraus. Die Erfahrung ist ihm die beständige Rechtsquelle. Nicht als ob er in dieser Hinsicht eine Hypothese machte: ⟨*Gestr. m. Bleist.* Und es ist ja schon gesagt, daß⟩ Auch alle seine Hypothesen, wiederholen wir, schöpfen aus dieser Quelle ⟨wiederholen *bis* Quelle *V. m. Bleist. für* aus diesen Quellen schöpfen⟩. Die „Voraussetzung" besagt nichts weiter, als was oben ⟨oben *V. m. Bleist. für* vorhin⟩ schon zum Ausdruck kam: nämlich daß er durchaus in der Erfahrung lebend, Erfahrungsakte vollziehend ⟨Erfahrungsakte vollziehend *Einf. m. Bleist.*⟩ forscht, daß er ⟨daß er *Einf. m. Bleist.*⟩ auf die Erfahrungsgegebenheiten seine Denkakte bezieht und sich ausschließlich von ihnen logisch motivieren läßt ⟨ausschließlich *bis* läßt *V. m. Bleist. für* von ihren immanenten, sich an diese Gegebenheiten als solchen knüpfenden logischen Motiven bestimmen läßt⟩.⟨*Trennstrich m. Bleist. und Rb. m. Bleist. von* E. Stein 79⟩ ⟨*m. Bleist. gestr.* Ein prinzipielles Problem der Geltung der Erfahrungserkenntnis ⟨Erfahrungs- *Einf. m. Bleist.*⟩, ein Problem, das Erkenntnis als solche und zuunterst etwa Erfahrung als solche, spezieller naturale Erfahrung als solche betreffen würde, ist ihm gänzlich unzugänglich. Es widerspricht prinzipiell der Idee der Naturwissenschaft als Wissenschaft aus Erfahrung.⟩ ⟨*Doppeltrennstrich m. Bleist.*⟩ Natürlich kann er, wie früher erörtert, nachdem er die naturgesetzlichen Zusammenhänge zwischen Seele, Leib, Außenwelt theoretisch erforscht hat, etwa aus dem Fehlen notwendiger, für eine normale Wahrnehmung | anzunehmender psychophysischer Mittel-

glieder schließen, daß irgend⟨eine⟩ fragliche Wahrnehmung eine ungültige,
„gegenstandslose" gewesen sein muß. Aber das alles hat er auf dem Boden
der Erfahrung ausgemacht. Demnach setzt seine psychologische Kritik der
Erfahrung die allgemeine Geltung der (naturalen) Erfahrung beständig voraus. Diese ist als solche kein mögliches psychologisches Problem, und dasselbe gilt offenbar für jeden auf transzendente Objektivität bezüglichen Erkenntnistypus ⟨auf transzendente Objektivität bezüglichen Erkenntnistypus
V. m. Bleist. für Erkenntnistypus und für jederlei Vernunftbewußtsein über-
haupt⟩.

§ 7

Nach all diesen Erörterungen muß es klar sein, daß die natürliche Reflexion, die uns auf den Boden der empirischen Psychologie stellt und das psychologische Erkenntnisproblem ergibt, es nimmer sein kann, die uns die
prinzipiellen Probleme der Erkenntnismöglichkeit, die transzendentalen, eröffnet. Die prinzipielle Allgemeinheit, zu der wir uns bei der Formulierung
solcher Möglichkeitsprobleme allzeit hingeleitet sehen und die ihnen wesentlich anhaftet, schien uns einen Fingerzeig zu geben. Machen wir uns zunächst
klar, daß in der Tat ⟨*Rb.* S. 81⟩ ⟨§ 7 *bis* in der Tat *auf einem aufgeklebten
Blatt geschriebene V. für den m. Bleist. gestr. Text* Wo ist nun aber die Stelle,
wo prinzipielle Zweifel oder sagen wir lieber prinzipielle Unklarheiten, die
sich auf die Erkenntnis überhaupt nach ihren allgemeinen Wesensgestaltungen hinsichtlich ihrer möglichen Geltung beziehen, erwachsen, und wo der
wissenschaftliche Boden, auf dem sie und ihre Horizonte in wissenschaftliche
Probleme übergeleitet und gelöst werden könnten? Die Wesensallgemeinheit,
die von vornherein in den theoretischen Gehalt dieser Frage einbezogen wurde und aus wesentlichen Gründen einbezogen werden mußte, scheint uns
einen Fingerzeig zu geben. Ich sagte: aus wesentlichen Gründen. Denn es
wird im weiteren klar werden, daß jede prinzipielle Frage möglicher Geltung,
die sich schon an eine singuläre naturale Erfahrung (und Erkenntnis überhaupt) anknüpfen kann, sich auf sie als naturale Erfahrung überhaupt bezieht. Eine jede prinzipielle Frage – also nicht die Frage, in wie geartetem
psychophysischen Zusammenhang diese Erfahrung als Bestandstück der Natur einbezogen werden muß, wenn sie sich in sich selbst auf wirkliche Natur
beziehen soll; sondern etwa wie diese Erfahrung, da alle Geltung im Erkenntnisbewußtsein ausgemacht werden muß, im reinen Zusammenhang dieses
Bewußtseins auftretend eine transzendente Geltung beanspruchen könne.⟩ ‖
154, 29 *vor* Ich setze *m. Bleist. gestr. Rb. m. Bleist. zu* 82 *und gestr. m. Bleist.*
Das Problem, das jede besondere naturale Erfahrung (und so überhaupt jede
besondere Erkenntnis) bietet, ist bloße Vereinzelung eines allgemeinen We-
sensproblems, der Möglichkeit naturaler Erfahrung überhaupt usw. Demnach
werden wir, scheint es, auf eine Eidetik des Psychologischen hingewiesen und
daran erinnert, daß wir bisher der universellen Scheidung tatsachenwissen-
schaftlicher und wesenswissenschaftlicher Forschung noch nicht Rechnung
getragen haben. ‖ **154**, 29–36 *von* Ich setze *bis* in Anspruch zu nehmen. *zwischen eckigen Bleist.-Klammern; m. Bleist. gestr. Rb. m. Bleist.* [einfügen 82]
‖ **155**, 4 *nach* allgemein üblich, *gestr.* den Inbegriff der Wissenschaften

‖ **155**, 23 f. von Gegebenheiten unserer aktuellen Erfahrung, niemals *V. für* wirkliche Natur ‖ **155**, 25 *nach* usw. *gestr.* gesetzt, und erfahrungsmäßig erforscht war, sondern ‖ **155**, 26 *nach* die Rede *gestr.* also auch niemals eine Erfahrungsfeststellung über dergleichen vollzogen ‖ **156**, 16 *nach* allgemeinen *horizontaler Bleist.-Strich am Rand* ‖ **156**, 18 (aktueller) *Einf.* ‖ **156**, 19 *statt* Erfahrung *im Ms.* Erfahrungen ‖ **156**, 30 *nach* Naturobjekten *gestr.* die als phantasierte frei wandelbar sind (obschon nicht ohne festen Rahmen) ‖ **156**, 30 f. aktuell *Einf.* ‖ **156**, 34 f. -charakter *V. für* -these ‖ **157**, 8 *nach* usw., — *gestr.* Als ein „frei" gestaltender Akt hat er sein Korrelat in frei wandelbaren neuen Gestaltungen der phantasierten Wirklichkeiten, die ihrerseits Als-ob-Wirklichkeiten sind, ‖ **157**, 23 f. So konstituieren *bis* „mögliche Natur". Denn *V. für* ein freies Konstituieren, so daß alles eben Fiktion ist und die willkürliche Konstruktion einer möglichen Natur (denn jede anschaulich phantasierte, oder was dasselbe, im Modus der Quasierfahrung vorgestellte Natur gibt uns originär eine ideale Möglichkeit von Natur) ‖ **158**, 13 f. phantasiemäßig *Einf.* ‖ **158**, 17 *vor* Gattung *gestr.* möglichen ‖ **158**, 17 *vor* möglicher Raumgestaltungen *gestr.* geometrischer ‖ **158**, 21 *statt* die die *im Ms.* den die ‖ **158**, 24 f. auf dem Boden *V. für* in ‖ **158**, 26 *statt* geometrische *im Ms.* Geometrie ‖ **158**, 38 *vor* Seinsboden *gestr.* durch Wissenschaft ‖ **158**, 38 f. nämlich Möglichkeit einer Natur konstituiert. *V. für* bezeichnet. (Denn ‖ **159**, 1 ursprünglich *Einf.* ‖ **159**, 3 *nach* Quasierfahrung. *eckige Bleist.-Klammer zu* ‖ **159**, 7 *statt* wie *im Ms.* die ‖ **159**, 17 transzendenten *Einf.* ‖ **159**, 19 f. Naturwissenschaft und speziell *Einf.* ‖ **159**, 20 *statt* stellen *im Ms.* stellt ‖ **160**, 14 *statt* sie *im Ms.* es ‖ **160**, 19 f. korrelativen *Einf.* ‖ **160**, 23 ursprünglich *V. für* einen Boden wahrhaften Seins ‖ **160**, 23 f. oder sich *bis* beziehen *V. für* (darauf für mögliche theoretische Forschungen zu geben) ‖ **160**, 32 und gesetzt *Einf.* ‖ **160**, 33 naturale *Einf.* ‖ **160**, 35–**161**, 1 originär *bis* theoretisierendes) *V. für* gegebenes ‖ **161**, 4 transzendental- *Einf.; statt* transzendental *im Ms.* transzendent ‖ **161**, 18 *nach* psychologische *gestr.* naturale ‖ **161**, 29 oder vergegenwärtigenden) *Einf.* ‖ **161**, 33 Anschauung und speziell *Einf.* ‖ **162**, 3 prädikativen Sinn- *Einf.* ‖ **162**, 5 *nach* übersehen. *angestr. m. Bleist. und Rb. m. Bleist.* Das reine Bewußtsein und die phänomenologische Reduktion ‖ **162**, 17–19 und es kommt dazu *bis* bei sich hat. *V. für* (während es seinerseits das Ich „affiziert" und es zu sich hinzieht; wie als Übergangspunkt einer im Ich verwurzelten Zuwendungstendenz ‖ **162**, 21 f. wirklich *V. für* immerfort ‖ **162**, 29–32 naturales *bis* da ist. *Bleist.-Wellenlinie am Rand* ‖ **162**, 29 f. naturales *bis* Wesens, *V. für* naturalisiert. Dazu wird es erst und kann es erst werden durch eine Naturalisierung, eine naturale Erfahrung ‖ **162**, 32 *nach* Wesens *gestr.* als Ereignis in der zeitlich-räumlichen Welt ‖ **163**, 7 das primäre Interesse *Einf.* ‖ **163**, 9 „menschliche Seele" und *V. für* „empirisches Subjekt" ‖ **163**, 18 *nach* gegeben sind. *Trennstrich m. Bleist.* ‖ **163**, 27 f. bei solcher Reflexion *Einf.* ‖ **163**, 30 *vor* sie *im Ms.* ich ‖ **163**, 30 f. sondern *bis* als solches *V. für* die naturale Wirklichkeit (im Bewußtsein „es ist da!") nicht hinnehme ‖ **163**, 37 *statt* stehen *im Ms.* steht ‖ **163**, 37 *nach* Anführungszeichen. *gestr.* Während ich also vor der (hier als merklich nachkommend vorausgesetzten) apperzeptiven Deutung der absolut gegebenen Bewußtseinsbestände ‖ **164**, 5 f. *vor* aufgefaßte *gestr.* erfahrende ‖ **164**, 11 *nach* gesetzt" *gestr.* ausgeschaltet werden || **164**, 16 *vor* Charakter *gestr. m. Bleist.* wunderbaren || **164**, 16 „intentionalen Seins als solchen" des *Einf.* || **164**, 21 *vor* Von absoluten Gegebenheiten *Rb. m. Bleist.* A 109 || **164**, 22 und durch es sein Gemeintes als solches *Einf.* || **164**, 28 f. aber in einem gewissen Sinn *V. für* aber || **164**, 31 *statt* eine *im Ms.* keine || **165**, 3 ursprünglicher Gegebenheit *Einf.* || **165**, 20 *vor* Obschon *eckige Blau- und Bleist.-Klammer auf; Rb. m. Bleist.* von *E. Stein* S.o.S. 45; *darunter von Husserl m. Blaust.* einfügen 111 || **165**, 20 *nach* Obschon *gestr.* gerade die zuletzt in Rede stehenden jetzigen, die soeben angeschnittenen Differenzierungen || **165**, 20 f. nach dem Gesichtspunkt absoluter Zweifellosigkeit *Einf.* || **165**, 21 *vor* Zweifellosigkeit *gestr.* Gegebenheit || **165**, 22 dieser Reflexionen *Einf.* || **165**, 25 umgebildete *V. m. Bleist. für* modifizierte || **165**, 26 hilfreich *V. m. Bleist. für* dazu dienen || **165**, 30 *nach* zu laufen haben : *eckige Blaust.-Klammer zu* || **165**, 32 f. nicht als zweifelhafte vollzogen *V. m. Bleist. für* nicht zweifelhaft || **165**, 38 aktuelle *Einf.* || **166**, 7 f. die das erfahrene Subjekt *V. für* (und der Stil auch dieser naturalen Erfahrung läßt solche Möglichkeiten prinzipiell offen) die das Erfahrene, die die Person etwa || **166**, 8 *statt* es *im Ms.* sie || **166**, 12 *nach* Täuschungen *gestr.* die offenbar wieder prinzipiell überall offene Möglichkeiten sind || **166**, 15–21 Es ist grundverkehrt *bis* gründende Möglichkeiten sind. *Einf.* || **166**, 25 *nach* Nichtsein zu behaupten. *gestr. Rb.* aber ein universeller Zweifel an dem Weltall, der Natur überhaupt || **166**, 25–36 Das natural Erfahrbare *bis* offenbar, daß *V. für* Hingegen absolut sicher, absolut zweifellos | ist es, daß, wenn ich reflektiv meinen Blick rein auf das „ich erfahre", „ich denke", „ich fühle" usw. richte, eben dieses selbst ist, also daß ich erfahre, daß ich denke; aber auch, daß in der Erfahrung, mit der gerade und nichts anderes als daseiende Natur gegeben ist, mein Denken den und den Sinnesgehalt hat usw. Nämlich lenke ich den Blick der Reflexion von dem Bewußtsein, das ich vollziehe, auf das Bewußtsein selbst und das in ihm Bewußte als solches, so ist es offenbar, daß in beiderlei Hinsicht || **166**, 29 Reale *V. für* Seiende || **167**, 2 f. sive animus sive intellectus *V. m. Bleist. für* etc. || **167**, 8 *nach* Evidenz sein. *eckige Bleist.-Klammer zu, doppelter Trennstrich m. Bleist.* || **167**, 9 aber nicht den „Geist" *Einf.* || **167**, 9 den „Geist" *V. für* das personale Ich || **167**, 14 reine *Einf.* || **167**, 18 zur absoluten Gegebenheit kommt *V. für* übrig bleibt || **167**, 19 *nach* sondern auch, *gestr.* wodurch es gegeben ist. Und es ist klar || **167**, 19 f. die es zur Gegebenheit bringt. *V. für* Sie ist der rein auf die Erlebnisse nach ihrem Eigengehalt, nach ihren reellen Bestandstücken ebenso wie nach ihren cogitata gerichtete Blick, der sie erfaßt, so wie sie in sich selbst sind und als was sie als Sinn, als gemeinte Gegenstände in den verschiedenen Modi seiner Gegebenheitsweise in sich bergen. || **167**, 23 f. und zum Thema macht *bis* mitvollzieht *V. für* und keine der Setzungen mitmacht || **167**, 28 sie, die Erfahrungsthesis vollziehend *V. für* so || **167**, 30 *nach* gesetzt ist. *Rb.* Die phänomenologische Reduktion ist das Mittel und zugleich die beständige Schutzwehr der phänomenologischen Einstellung gegen ihre unvermerkte Vertauschung mit einer natürlichen, nicht auf die reinen Phänomene gerichteten Einstellung. || **167**, 30–38 *von* Dagegen *bis* gesetzten Wirklichkeiten *zwischen eckigen Bleist.-Klammern* || **167**, 32 sich andrängenden *Einf.* || **167**, 32 *nach* psychologischen *gestr.* naturalen || **167**, 34 und so, wie es das ist *V. für* als solches || **167**, 35 versteht danach den Sinn *V. m. Bleist. für* ersieht daraus die ungeheuere Bedeutung || **167**, 37 *nach* naturalen Apperzeptionen *gestr.* soweit sie irgendeinen thematischen Boden geben wollten || **167**, 39–**168**, 2 nur als Themen *bis* Gegenstände geben. *Erg.* || **168**, 3 Nur *bis* Besitz *V. für* das *m. Bleist. gestr.* Und nun habe ich || **168**, 5 f. und evtl. *bis* immer *V. m. Bleist. für* Transzendenzen der verschiedenen Typen || **168**, 10 wahrscheinlich *V. für* vermeintlich || **168**, 13 *statt* uns *im Ms.* von || **168**, 23 auch *Einf. m. Bleist.* || **168**, 24 *vor* wirklich *gestr. m. Bleist.* auch für uns || **168**, 24 das *Einf. m. Bleist.* || **168**, 26 nur viel radikaler *Einf. m. Bleist.* || **168**, 32 f. bzw. *bis* Reduktion *Einf. m. Bleist.* || **168**, 33–37 der originär *bis* beschränkt sein *Einf. m. Bleist.* || **168**, 37 *statt* die *im Ms.* der || **169**, 3 *nach* erfasse *gestr.* (und zugleich als von mir Wahrgenommen-Gewesenes) || **169**, 6 *nach* zu gestalten. *gestr.* Auch im Rahmen dieser Möglichkeiten vollziehe ich aktuell und innerhalb der Phantasiemodifikation allgemein modifiziert die phänomenologische Reduktion. *Danach Verweis auf* Beilage A (= *Bl. 76, beginnend mit* Phantasie ist*; Rb. oben rechts* Beilage A*; m. Bleist.* zu 65² A 120*)* || **169**, 14 *vor* Reflexion *gestr.* aktuellen || **169**, 18–20 „ vorschwebend“ *bis* verwenden wollen. *V. für* als „ vorschwebend“, als wie Wirklichkeit || **169**, 26 *nach* gleichsam wahrgenommenen *gestr.* Tisch || **171**, 7 die wirklichen naturalen *V. für* einmal die Quasi- || **171**, 13 -erlebe *V. für* -mitlebe || **171**, 24 phänomenologische Reduktion *V. für* transzendentale ⟨ *statt* transzendentale *im Ms.* transzendente⟩ Reduktion || **171**, 31 *vor* In dieser Art *Rb. m. Bleist.* von E. Stein s. 65 A || **171**, 31–38 *von* In dieser Art *bis* schädlich zu machen: *zwischen eckigen Bleist.-Klammern (vermutlich von E. Stein)* || **171**, 31 phänomenologische *V. für* transzendentale || **172**, 13 Jede Region *V. für* Jedes Gebiet || **172**, 26 f. *statt* entsprechen *im Ms.* entspricht || **172**, 35 *statt* einer *im Ms.* eine || **173**, 4 Methode der *Einf.* || **173**, 7 haben wir *bis* Region der *V. für* eröffnet sich in eidetischer Einstellung das unendliche Feld der möglichen || **173**, 7 f. umgrenzt *Einf. m. Bleist.* || **173**, 9 *vor* cogitationes *gestr. Einf.* möglichen || **173**, 9 *vor* cogitata *gestr. Einf.* möglichen || **173**, 14 reines *Einf.* || **173**, 15 reines *Einf.* || **173**, 21 *im Ms.* daß das reine || **174**, 5 *vor* Wissenschaft *gestr.* Möglichkeit der || **174**, 8 *vor* Stellen wir *Rb. m. Bleist.* § 11 || **174**, 10 *statt* sie *im Ms.* es || **174**, 12 zuhöchst meines *Einf.* || **174**, 19 *nach* weiter *gestr.* die immer erfahrungsgegebene Natur || **175**, 16–18 jedes „ reale“ *bis* „ Ursache“-„ Wirkung“ *Einf.* || **175**, 17 *vor* jederlei *gestr.* „ psychophysische Kausalität“ usw. || **175**, 28 f. *nach* mußte ich sagen, *gestr.* da ist die Natur, nach ihr habe ich mich und hat ein jeder sich im Erfahren und Denken zu richten, und so kommt Erkenntnis als eine Art Nachbildung der Natur in sinnlichen Erscheinungen und in Gedanken zustande. Erkennen ist freilich kein Abmalen, kein Abbilden im gewöhnlichen Sinn || **175**, 35 *nach* entspringen *im Ms.* weiter || **176**, 10 *nach* vollzieht *gestr.* und auch als ihr Subjekt zu finden vermag || **176**, 15 mich als *V. für* das „ reine“ || **176**, 16 radikalen *Einf.* || **176**, 22 *im Ms.* Gesetztes“ ist. || **176**, 24 f. Doch ich will *bis* verschaffen. *V. für* Fügen wir noch einige Erläuterungen bei. || **176**, 32 f. Als solche *bis* Weise *V. für* Beide in gleicher Weise sind || **176**, 33 f. meine Dingapperzeption *V. für* mein Anschauen || **176**, 34 ein weiteres *V. für* mein die Bilderdinge als solche || **176**, 36 in einem eigentümlichen *V. für* mit dem || **177**, 4 *vor* wechselnden *gestr.* ideell unendlich vielen || **177**, 10 *vor* geordneten *gestr.* passend || **177**, 10 *nach* Übergang *gestr.* der so beseelten || **177**, 14 beseelten *Einf.* || **177**, 15 f. das an der Wand hängende Ding aus Leinwand etc. *V. für* die Marmorbüste || **177**, 16 eigentliche Bild *V. für* erscheinende Bild || **177**, 16 f. die sinnlich erscheinende Landschaft *V. für* das Gemalte || **177**, 22 *zu* von Bildern *m. Bleist. gestr. Bleist.-Erg.* εἴδολα || **177**, 37 *nach* die aber *gestr.* „Nachbildungen" || **178**, 1 *nach* er selbst. *gestr.* Die an sich seiende Welt ist erfahren nie, wie sie an sich ist, die eine gemeinschaftliche Welt, die Welt, die an sich selbst ist || **178**, 11 *vor* Einsicht *gestr.* vernünftigen || **178**, 11 f. der Naturwissenschaft *Einf.* || **178**, 25 *statt* ihrer Vorstellungen, ihrer *im Ms.* seiner Vorstellungen, seiner || **179**, 10 f. und als das *bis* diesem „immanent". *Einf.* || **179**, 17 in seiner Einsicht *Einf.* || **179**, 19 *nach* um mein *gestr. Einf.* oder irgend jemandes || **178**, 21 — und um das irgend jemandes sonst — *Einf.* || **179**, 23 objektive *Einf.* || **179**, 27 *nach* angehören. *Rb. m. Bleist.* Beilage *(= Bl. 84; Rb. oben rechts m. Bleist.* Beilage zu 69)* || **179**, 37 f. *vor* Wechselverständigung *gestr.* Einfühlung || **180**, 5 *nach* ich *gestr.* Mensch || **180**, 9 -erscheinenden *V. für* -aufgefaßten || **180**, 10 *nach* Einzel- *gestr.* -akten und Einzel- || **180**, 12 *nach* Bewußtsein *gestr.* erfahrungsmäßig || **180**, 13 im Modus einfühlender Vergegenwärtigung *Einf.* || **181**, 24 Erkenntnis- *V. für* Denk- || **181**, 26 f. Dies aber *bis* sei es nicht *V. für* Tue ich alles, ohne mir, und zwar || **181**, 31 f. und „Welt" *bis* Gegenständlichkeiten ist. *V. für* Dann habe ich eine einstimmige und befriedigende Weltansicht. || **181**, 32–**182**, 1 Meine Welterkenntnis *bis* zu Gebote. *V. für* Ich habe freilich tausenderlei Probleme: Aber verständliche Methoden ihrer Lösung stehen mir zu Gebote. || **182**, 22 *nach* behaftet sind. *Absatzzeichen m. Bleist.* || **182**, 27 f. wie ich aus meinen Anfängererfahrungen weiß, *Einf.* || **182**, 27 meinen Anfänger- *V. für* eigenen || **182**, 28 immer wieder und ⟨in⟩ immer neuen Wendungen *Einf. m. Bleist.* || **182**, 29 in erster Linie *Einf. m. Bleist.* || **182**, 31 war ich, und begreiflicherweise, geneigt *V. für* werde ich geneigt sein || **182**, 34 Und anderen erging es und ergeht es noch ebenso. *Einf.* || **182**, 36 daß sie sich in mannigfachen *V. für* von zugehörigen || **183**, 1 die mir erscheint und *Einf.* || **183**, 6 d e r *m. Bleist.* überschrieben || **183**, 18 der Durchbruch *V. m. Bleist. für* die || **183**, 22 die Existenz „an sich" „der" Natur *V. für* das „Ansich" einer „wirklichen Natur" || **183**, 29 transzendental *Einf.* || **183**, 34–**184**, 14 Die transzendentale *bis* Sinn der Unverstandenheit. *Einf.* || **183**, 34 jedenfalls *V. m. Bleist. für* zweifellos || **184**, 24 erkennende *Einf.* || **184**, 25 *nach* Bewußtsein, *gestr.* daß alle Erkenntnis selbst || **184**, 30 f. meine seelische Natur umspannenden *Einf.* || **184**, 32 *Vor* Aber selbst *gestr. eckige Bleist.-Klammer auf* || **184**, 32 f. Aber selbst wenn ich *V. m. Bleist. für* In der Tat, peinlichste Unklarheit empfinde ich, sowie ich || **184**, 37 f. gerate ich *bis* wie vorhin *Einf. m. Bleist.* || **185**, 10 *nach* gehört. *gestr. eckige Bleist.-Klammer zu* || **185**, 16 Vorkommnissen des Bewußtseins *V. für* Zusammenhängen und Abläufen und ihren Eigenheiten des Bewußtseins || **185**, 17 evtl. *Einf. m. Bleist.* || **185**, 18–23 *von* Wie kommt *bis* anspricht. *zwischen eckigen Bleist.-Klammern. Rb. m. Bleist.* mit 70[b] vergleichen || **185**, 20 eine *V. m. Bleist. für* der || **185**, 20 zu setzen und *Einf. m. Bleist.* || **185**, 25 f. Urteilsverläufe auszusprechen *V. für* Urteile im Bewußtsein, in dem einsichtig ein Vorkommnis neben anderen ist, auszusprechen, also für Bedingungen gewisser möglicher Bewußtseinsverläufe auszusprechen || **185**, 26 angeblich *Einf. m. Bleist.* || **185**, 27 f. *nach* vernünftigen Sinn? *gestr.* Da ihre Antwort eine fehlende Einsicht herstellen soll, eine Einsicht über das Verhältnis einsichtigen Bewußtseins und transzendenter Wirklichkeit || **185**, 33 *nach* einsichtiges Denken *gestr.* nicht notwendig geltendes || **185**, 33 *nach* äquivalent *gestr.* mit einsichtigem Denken || **185**, 37 einsichtig *Einf.* || **185**, 37 was wieder äquivalent ist *Einf.* || **185**, 37 f. der einsichtig gedachte Gegenstand ist *V. für* die einsichtig gedachten Sachen sind || **185**, 38–**186**, 5 einerseits *bis* „stimmendes" ist? *V. für* das Denken dieser Sachen zu ihnen „stimmt" || **186**, 1 einsichtig *Einf.* || **186**, 7 (widersinnigerweise, wie wir schon sagten) *Einf. m. Bleist.* || **186**, 12 *vor* befinden *gestr.* urteilen || **186**, 15 f. so *Einf.; hören wir sagen Einf. m. Bleist.* || **186**, 18 *nach* preisgeben usw. *gestr. m. Bleist.* Oder: Die Welt ist freilich in meinem Bewußtsein erkannte Welt, in gewisser Weise außer sich in meinen Subjektivitätsvorstellungen, -zusammenhängen, es werden Urteile gebildet usw., aber die Erkenntniswelt, insbesondere die wissenschaftlich herausgestellte Wirklichkeit ist nicht bloß meine Erkenntniswelt. Sie konstituiert sich im Gemeinschaftserfahren und Gemeinschaftsdenken. Und gegenüber allem Erfahren und Denken der einzelnen Subjekte ist sie die an sich seiende, die jeder nur in sich in seinen sinnlichen und Gedankenbildern im früher angegebenen analogischen Sinn nachbildet. || **186**, 18 f. *nach* grundverkehrte *gestr.* Probleme und Theorien || **186**, 19–27 Interpretationen der Realität *bis* erwogen. *V. für* Auseinandersetzungen. Der Solipsismus soll eine „unüberwindliche Festung" sein, der „Realismus" wird dem Idealismus, Empfindungsmonismus, Psychomonismus usw. gegenüber mit feierlichem Ernste ⟨*gestr.* und ohne die Verkehrtheiten seiner Probleme zu sehen⟩ begründet, und mit nicht minderem Ernst verfolgt die Begründung der Gegentheorien − || **186**, 20 f. *vor* deren Gehalt *gestr.* objektiv bestimmt haben || **186**, 29 *nach* entbehren. *Trennstrich m. Bleist.; danach gestr. m. Bleist.* Nur auf den letzterwähnten Rekurs auf die intersubjektive, durch Wechselverständigung erfolgende Erkenntniskonstitution der Welt möchte ich zur Ergänzung des früher Ausgeführten hier noch eingehen: Ich als empirischer Mensch finde mich im Einverständniszusammenhang mit anderen mir erfahrungsmäßig gegebenen Menschen. Selbstverständlich konstituiert sich die Menschheit wie ich selbst als ihr Glied und als Realität in der Natur | ⟨*folgender Text überschrieben m. Bleist.* vgl. Schluß; *Rb. m. Bleist* vgl. für diese Gruppe Blätter 82, zweite Seite und ff.⟩ ⟨*gestr.* Einfügung⟩ in der Immanenz meines Bewußtseins: Auf Grund meiner Apperzeption sind ihre Leiber für mich da, auf Grund meiner Deutung ihrer leiblichen Äußerungen, auf Grund meiner „Einfühlung" erteile ich diesen Leibern Seelenleben, sich ausströmend in Bewußtseinsfolgen. Dazu gehört auch, daß ich ihnen Erfahrungen von dieser selben Welt einlege, die ich originär erfahre, ebenso Urteile über dieselbe, Theorien, die sie erdenken usw. In weitem Umfang begnüge ich mich nicht damit, ich „übernehme" ihre Erfahrungen, ich teile sie ihnen nicht nur zu, sondern gebe ihnen den Wert der Geltung, ich vollziehe also Mitsetzung ihrer Setzungen, oder wenn man will, Miterfahrungen und ebenso hinsichtlich ihrer Welterkenntnis überhaupt. Was sie auf Grund ihrer Erfahrungen über die Welt geurteilt haben, das übernehme ich, miturteilend auf Grund des Miterfahrens, was sie theoretisiert haben, theoretisiere ich, ihre Theorien „übernehmend", mit. Bei all dem aber bewege ich mich schließlich in meiner eigenen Bewußtseinssphäre, in meinen Erkenntniszusammenhängen, in denen die anderen und ihre Erfahrungen und Urteile für mich „da", aber niemals meine eigenen Erfahrungen und Urteile sind. Nur daß ich eben die Übernahmsakte vollziehe und Mitsetzungen, ähnlich wie ich hinsichtlich meiner eigenen „früheren Wahrnehmungen" und „früher vollzogenen Urteile", die mir nämlich gegeben sind in jetzigen erinnerungsmäßigen Reproduktionen, nicht wirklich jene Wahrnehmungen und Urteile gegenwärtig habe und wie ich im Jetzt den mir erinnerungsmäßig Vorschwebenden eine Mitsetzung verleihe, wie in anderen Fällen das Gegenteil. Alles spielt sich also in meinem Ich und meinem Bewußtsein ab, und in seiner Immanenz entscheide ich wie für alle Welt ihr Sein und Sosein, auch für dasjenige der anderen Subjekte und ihrer Welterkenntnisse ⟨*eckige Bleist.-Klammer zu*⟩. ‖ **186**, 35 Beschaffenheiten *V. für* Eigenheiten ‖ **186**, 35 f. darunter auch alle seine Bewußtseinserlebnisse als *V. für* insbesondere sein Bewußtsein im psychologischen Sinn ‖ **186**, 36 *vor* Seele *gestr.* menschlichen ‖ **186**, 36–39 Transzendentes *bis* konstituiert. *V. für* im Bewußtsein apperzipiertes, von ihm der Natur eingeordnetes. ‖ **186**, 39 *nach* konstituiert *gestr.* und in die durch zugehörige Bewußtseinszusammenhänge konstituierte Natur eingeordnet. ‖ **187**, 2 f. so diese Apperzeption „ich Mensch in der Natur" *Einf.* ‖ **187**, 6 konstituierende *Einf.* ‖ **187**, 7 Transzendenz *V. für* Einordnung ‖ **187**, 8 *vor* konstituierte *gestr.* eingeordnete, das ‖ **187**, 12 aus alldem *V. m. Bleist. für* also allem voran ‖ **187**, 13 *vor* phänomenologischen *gestr.* transzendental-; *statt* transzendental- *im Ms.* transzendent- ‖ **187**, 15 *vor* Boden *gestr. m. Bleist.* rechtmäßigen ‖ **187**, 21–25 Um es *bis* Region. *V. für* Wir besitzen es im vollen erkenntnismäßigen Sinn erst ⟨im vollen erkenntnismäßigen Sinn erst *Einf. m. Bleist.*⟩ durch ursprüngliche Erwerbung, durch selbsttätige Arbeit ⟨selbsttätige Arbeit *Einf. m. Bleist.*⟩ phänomenologischer Erschauung und darauf gegründete Studien. ‖ **187**, 23 methodische *Einf.* ‖ **187**, 26 Insbesondere das erkennende Bewußtsein *V. für* Und insbesondere die Erkenntnis, von der so viel die Rede ist, ist außerhalb der Logik und Erkenntnistheorie, ist ‖ **187**, 30 nach der allein möglichen Methode *Einf.* ‖ **187**, 31 Diese *V. m. Bleist. für* Sie ‖ **187**, 34 *statt* stellen *im Ms.* zu stellen ‖ **187**, 37 methodische *Einf.* ‖ **188**, 1 selbst *Einf. m. Bleist.* ‖ **188**, 1 f. wie es *bis* denn es ist *V. m. Bleist. für* vor der Wissenschaft ‖ **188**, 2 *vor* kein reines *gestr.* kein brauchbares ‖ **188**, 3 f. Nur ein solches *bis* sein, weil *V. m. Bleist. für* wie ihn die Wissenschaft als Grundlage braucht, ‖ **188**, 6 unser eigen wären *V. m. Bleist. für* zur Gegebenheit kommen und zur wissenschaftlichen Deskription ‖ **188**, 7 und die sonstigen kindlichen Vormeinungen *Einf.* ‖ **188**, 8 mit dem *im Ms. gestr.* ‖ **188**, 9 f. ihm als wirkliche Erfahrungsgegebenheiten gelten *V. für* ebenso hat sie erst all die sonstigen kindlichen „Theorien", die mannigfachen Vormeinungen ausschalten gelehrt, die der ungebildete Mensch in der Erfahrung unmittelbar zu schöpfen glaubt. ‖ **188**, 19 und erkenntnistheoretischen *Einf.* ‖ **188**, 19 f. *nach* Vorurteilen. *m. Bleist. geschrieben und m. Bleist. gestr.* #; *am Rand m. Bleist. geschrieben und m. Bleist. gestr.* A) ‖ **188**, 25 f. noetischen und noematischen

Einf. || **188**, 26 f. erschauen *Einf.* || **188**, 29–34 Heutzutage *bis* gewinnen könnte. *V. für* Erst dann hat eine Kritik einen möglichen Wert || **188**, 32 *nach* Experimente *gestr.* „Versuchspersonen" ihre „phänomenologischen" Feststellungen abfragen könnte. || **188**, 34 *nach* könnte. *gestr. m. Bleist.* Ich sprach soeben von einer Teleologie des reinen Bewußtseins und || **188**, 34 *ab* Die Lage *m. Bleist.* geschrieben || **188**, 36–38 an den *bis* an der *V. für* in den || **189**, 1 ungewohnten *V. für* fremden || **189**, 2 Was *bis* anlangt *Einf.* || **189**, 5 Horizont *V. für* Index || **189**, 9 f. durch mannigfaltige Anschauung und Analyse vertrauten Boden *V. für* festen Boden || **189**, 18 f. *vor* Phänomenologie *gestr.* transzendentalen; *statt* transzendentalen *im Ms.* transzendenten || **189**, 22 *vor* Probleme *gestr.* metaphysische || **189**, 23 der Ergebnisse *Einf.* || **189**, 32 *statt* transzendentalen *im Ms.* transzendenten || **189**, 34 f. *vor* Erkenntnis des Unterschieds *gestr.* Erkenntnis dieser Quelle || **190**, 18 signitiven bildlichen *V. für* bezeichnenden || **190**, 29 *vor* wirkliches *gestr.* Gültigkeit || **190**, 33 „unrichtig" *Einf.* || **191**, 4 *nach* Gesetze ausspricht *folgender auf dem Kopf stehender, m. Tinte geschriebener und m. Bleist. gestr. Text ⟨Rb. m. Bleist.* A⟩⟩ Darum die Neigung, in verkehrte Fragen immer wieder überzugleiten. Sie zeigt an, daß die ⟨*gestr. m. Bleist.* Denk-⟩ Situation hier eben schwierig ist, daß wir uns auf einem ungewohnten und unbekannten Boden, gleichsam auf Glatteis bewegen. ⟨*M. Bleist. gestr. Rb. m. Bleist.* das reine Bewußtsein der reinen Reflexion⟩ Der allgemeine Satz, daß alle Transzendenz sich immanent, im reinen Bewußtsein konstituiert, ist darum schwer in radikaler Reinheit zu erfassen – es muß das in der Tat eine außerordentlich schwierige sein, da wir in der langen Geschichte der Erkenntnistheorie kaum Philosophen finden werden, die zu dieser Reinheit durchgedrungen, und sicherlich keinen, der dem Satz den vollen und klaren Sinn gegeben und damit auf den Boden bezogen hat, der für alle transzendentalen Probleme der allein gegebene ist: den der transzendentalen Phänomenologie. ⟨*Gestr.* Gewiß dieser Satz: die Welt, die für mich überhaupt ist und so, wie sie für mich ist, ist Gebilde meines Ich, ist in der Immanenz meines Bewußtseins sozusagen geschaffen, ist nicht weniger als neu. Aber was immer wieder mißglückte, war die echte radikale Sinngebung, die allein dem Satz als Thema einer Wissenschaft Wert geben kann. || **191**, 11 *vor* Flächen *gestr.* Kugeln oder || **191**, 13 relativ *Einf.* || **191**, 20 f. Rätsel der Transzendenz *V. für* Transzendenzprobleme || **191**, 25 *vor* Realität *gestr.* Gegenständen || **191**, 27 *vor* formaler *gestr.* leerer || **191**, 35 formal- *Einf.* || **191**, 36 Idee Realität überhaupt *V. für* formale Logik || **191**, 38 Realität als solcher *V. für* Satz überhaupt || **191**, 38 f. der idealen Erfahrung überhaupt *V. für* des Urteilens überhaupt || **192**, 8 realen *Einf.* || **192**, 9 im reinen Bewußtsein *V. für* bewußtseinsmäßig || **192**, 17 *nach* aufzuweisen, *gestr.* die neue Erkenntnisfunktionen begründen und diese nach ihrer Leistung verständlich machen und so in jeder Weise || **192**, 25 *statt* ihren *im Ms.* seinen || **192**, 28 geltende *Einf.* || **193**, 3 *nach* Unstimmigkeit, *gestr.* Wirklichkeit und Fiktion || **193**, 7 erkenntnismäßigen *Einf.* || **193**, 19 *nach* lösen. *Rb.* Hier Beilage 1 und 2 || **193**, 19–33 *Bl. 96 (von* Jeder Gegenstand *bis* solche ist usw.) *m. Tinte beschrieben; Rb. oben links m. Bleist.* ad 79; *oben rechts m. Blaust.* I. Beilage ad 79 || **193**, 19 *vor* Jeder Gegenstand *gestr. m. Bleist.* in ordnungsmäßig differenzierte konkrete Erkenntnis zu bringen, also die sämtlichen Probleme, „Konstruktion" von Gegenständen als Gegenständen der Erkenntnis zu formulieren und zu lösen, das ist die Aufgabe ‖ 193, 19 reiner *Einf. m. Bleist.* ‖ 193, 27 reinen *Einf. m. Bleist.* ‖ 193, 31 *nach* zuzueignen? *gestr. m. Bleist.* Also nicht bloß auf weiteste und darum auch relativ leere Allgemeinheiten — auf die formalontologische Sphäre — darf es abgesehen sein (obschon auch diese weitesten Allgemeinheiten uns, einsichtig geschöpft und in wissenschaftlicher Schärfe bestimmt, ein großes Feld der Arbeit sein werden), sondern ‖ 193, 32 prinzipiellen *V. für* fundamentalen ‖ 193, 33 usw. *m. Bleist.; danach Rb. m. Bleist.* Evtl. Fortsetzung zweite Beilage. *Auf der Rückseite von Bl. 96 der Rest eines anderen Textstückes:* ⟨ *Gestr.* in mir in einer Art Vergegenwärtigung nacherleben, transzendental reinigen und zum Thema machen, es repräsentiert mir dann nicht eine Naturwirklichkeit (fremde Bewußtseinszustände als Bestandstücke der Welt), sondern eine Realisierung möglichen reinen Bewußtseins, die mich, als was sie ist und als was sie und wie sie meint, interessiert.⟩

⟨ *Gestr.* Und endlich ist es klar, daß⟩ ich in diesem Feld der Freiheit in eins mit dem Feld aktueller reiner Wirklichkeit eine eidetische Forschung etablieren und ⟨ *gestr. m. Bleist.* z.B.⟩ in idealer Allgemeinheit fragen kann, welche Wahrnehmungsgestaltungen zur Idee „materielles Ding" notwendig gehören, wie das Bewußtsein aussehen muß, das in sich den Charakter hätte eines ein solches Ding originär gebenden Bewußtseins, eines Bewußtseins des leibhaftigen Da eines solchen Dinges. Ich kann so überhaupt die Idee eines solchen Dinges überhaupt, als Idee eines Erkenntnisobjekts, fassen und nach den gesamten Zusammenhängen des reinen Vernunftbewußtseins fragen, nach seinen notwendigen Gestaltungen, nämlich notwendigen, wenn sie in sich selbst für Sein und jederlei Sosein eines Dinges einsichtig entscheiden sollen. Die Vernunfterkenntnis als Vernunfterkenntnis nicht bloß der faktischen materiellen Natur, sondern jeder möglichen Natur überhaupt, als reine Vernunfterkenntnis bezogen auf reines Ich, ist hier also das Thema. Und ebenso für jede in idealer Reinheit gefaßte Region möglicher transzendenter Gegenständlichkeiten überhaupt — ja möglicher Gegenständlichkeiten schlechthin. ⟨ *Abschnittzeichen m. Bleist.*⟩ ‖ 193, 34–194, 24 *Bl. 95 (von* Natürlich darf ich *bis* der beschriebenen Art geben.) *m. Tinte beschrieben. Rb. oben m. Bleist.* eventuell Fortsetzung zu 1. Beilage; *oben rechts* zweite Beilage zu 79; *m. Blaust.* II ‖ 193, 34–194, 3 *von* Natürlich *bis* anhaftet? *zwischen eckigen Bleist.-Klammern* ‖ 193, 34 *vor* Natürlich *gestr. m. Bleist.* Wie geschieht dieses „konstruieren"? ‖ 193, 37 *vor* Elemente *gestr.* Mannigfaltigkeiten ‖ 194, 4 reinen *Einf.* ‖ 194, 5 reine *Einf.* ‖ 194, 14 *statt* in der *im Ms.* im ‖ 194, 17 *vor* Verständlichmachung *gestr.* letzte ‖ 194, 20 sagten wir *Einf. m. Bleist.* ‖ 194, 23 f. Es ist klar *bis* Art geben. *V. m. Bleist. für* Sie alle sind selbst unverstanden, von Anfang bis zu ihren höchsten Gipfeln: unverstanden in transzendentaler Hinsicht. ‖ 194, 24 *nach* Art geben. *gestr.* ⟨ *gestr.* Ist Metaphysik die Wissenschaft von der absoluten Wirklichkeit, und Wissenschaft aus⟩ Ist Philosophie die Wissenschaft, die die Idee absoluter Erkenntnis vertritt, also eine Erkenntnis sucht, die keine möglichen Unklarheiten unbeachtet läßt und letztes Verständnis jeden Seins sucht, wie sie andererseits keine mögliche Seinssphäre und Problemsphäre außer Spiel läßt — so ‖

194, 28 *nach* wie ich sie *gestr.* um ihrer fundamentalen Bezogenheit auf die transzendentalen Probleme auch genannt habe: die transzendentale — ist selbstverständlich hier bedeutsam ‖ **195**, 21 *nach* behandelt werden. *Abschnittzeichen m. Tinte* ‖ **195**, 26 Wir fragen: *Einf. m. Tinte* ‖ **195**, 30 f. Abgrenzung der regionalen Gattungen (und der *Einf. m. Tinte* ‖ **195**, 31 *statt* Gattungen *im Ms.* Gattung ‖ **195**, 31 f. *nach* Ontologien *Klammer zu m. Tinte* ‖ **196**, 2 aber nicht ein denkendes Bewerten) *V. m. Tinte für*) ‖ **196**, 4 in Form eines „Erfahrens" *Einf. m. Tinte* ‖ **196**, 5 darin *Einf. m. Tinte* ‖ **196**, 11 *nach* konstituieren. *Rb.* hier Beilage 80a (= *Bl. 98, Rb. rechts oben* Beilage 80a*)* ‖ **196**, 20 *statt* können *im Ms.* kann ‖ **196**, 24 „produktiv konstituieren" *V. für* produzieren ‖ **197**, 1 universell mögliche *Einf.* ‖ **197**, 4 f. *in Höhe der Zeile* zu den praktischen Anmutungen *am Rand ein m. Rotst. geschriebenes auf dem Kopf stehendes B* ‖ **197**, 26 *nach* ob man *gestr.* von ihnen ausgehend ‖ **197**, 26 reine *Einf.* ‖ **198**, 3 *statt* seiner *im Ms.* aus seiner ‖ **198**, 3 transzendentalen *Einf; statt* transzendentalen *im Ms.* transzendenten ‖ **198**, 4 *vor* Querschnitte *gestr.* Probleme von ‖ **198**, 9 *vor* In der Phänomenologie *gestr.* und. *m. einem Bleist.-Strich vom nachfolgenden Text abgetrennt* In der Phänomenologie wird nicht eine Welt toter Sachen, sondern das fungierende Leben als solches in idealer Allgemeinheit, also nach all seinen idealen Möglichkeiten, die die aktuellen Wirklichkeiten mitumfassen ⟨also nach *bis* mitumfassen *V. für* also nach seinen Wesensmöglichkeiten und -notwendigkeiten (den positiven und negativen)⟩, zum Thema gemacht. In reiner Reflexion werden die in frei gestaltender, evtl. im wirklich gegebenen Bewußtseinsleben anknüpfender Phantasie erfaßbaren Möglichkeiten reinen Bewußtseins erfaßt, die sich in ihnen exemplifizierenden Ideen werden herausgeschaut, ihnen adäquate reine Begriffe („exakte") als Wortbedeutungen fixiert, unbedingt ⟨*gestr.* gültige⟩ allgemeine Gesetze (Wesensgesetze) für Bewußtsein überhaupt einsichtig ausgesprochen und so eine Wissenschaft eingeleitet, die das rationale Eidos, welches jedes mögliche reine Bewußtsein überhaupt und speziell Vernunftbewußtsein überhaupt und korrelativ jede mögliche Gegenständlichkeit überhaupt als sich in der Vernunft konstituierende, nach ⟨*Rb. von E. Stein* vgl. 29 ff. u.u. 56/58⟩ ‖ **198**, 17 Wesens- *Einf.* ‖ **198**, 22 *statt* jeder *im Ms.* jedem ‖ **198**, 24 *nach* Kategorie *gestr.* Sonderart ‖ **198**, 27 *vor* Wesenseinsicht *gestr.* apriorische ‖ **199**, 4 oder *V. für* das ist eben ‖ **199**, 14 *statt* konnte *im Ms.* könnte ‖ **199**, 27 *nach* Scheidung *gestr. Einf.* und eigene wissenschaftliche Entfaltung ‖ **199**, 28 f. und die eigene wissenschaftliche Entfaltung des Geschiedenen *Einf.* ‖ **199**, 35 f. (Wissenschaftlichkeit im individuellen Gebiet) *Einf. m. Tinte* ‖ **200**, 10 *statt* als *im Ms.* wie ‖ **200**, 21 *statt* die *im Ms.* das ‖ **200**, 28 in Frage ist *Einf.* ‖ **200**, 32 f. *vor* Der Begriff *gestr.* Das Wesen ‖ **200**, 37 obersten *Einf.* ‖ **201**, 5 *statt* leistet *im Ms.* leisten ‖ **201**, 6 f. die in rational psychologische Reinheit jederzeit überzuführen ist. *Einf.* ‖ **201**, 9 f. in allen Gestaltungen bis hinauf zu *Einf.* ‖ **201**, 16 gewisser Domänen *Einf.* ‖ **201**, 17 *nach* beherrschender *gestr.* zugehöriger ‖ **201**, 20 allgemeiner *Einf.* ‖ **201**, 25–27 höchst wichtig *bis* so transzendentale *V. für* höchst wichtig reine ‖ **201**, 32 *statt* einen *im Ms.* eine ‖ **202**, 22 *vor* Hier knüpft sich *Rb. m. Bleist. von E. Stein* evtl. zu S. 53/55 ‖ **202**, 22 *statt* transzendentale *im Ms.* transzendente ‖ **202**, 23 f. *nach* Erkenntnistheorie *gestr.*

beide zueinander in analogen Beziehungen stehend, wie || **202**, 30 f. faktische
Einf. || **202**, 31 *nach* Vereinzelungen *gestr.* den empirischen Einzelheiten ||
202, 36 *nach* sein kann. *Trennstrich* || **203**, 19 *nach* Reinheit *gestr.* durch die
Ungeschiedenheit || **203**, 24 *statt* transzendentaler *im Ms.* transzendenter ||
203, 36 und bekannter *Einf.* || **204**, 3 irdischen *Einf.* || **204**, 4 f. physikalische
Erwägungen hineingeraten wollten. *V. für* durch Erfahrung und Induktion
geben wollten. || **204**, 8 rechtmäßiger *V. für* guter geometrischer || **204**, 9 wie
ich ihn führte *V. für* nur || **204**, 15 f. und psychologisch *V. für* und transzendent
|| **204**, 21 *vor* psychologische *gestr.* singuläre und || **204**, 22 *statt* durch *im Ms.*
das || **204**, 23–34 *von* wie ich sie *bis* usw. *zwischen eckigen Klammern* ||
204, 29 objektive *Einf.* || **204**, 31 erkenntnismäßigen *Einf.* || **204**, 34 *nach*
usw. *Rb.* Die Rückbezogenheit der Erkenntnistheorie auf sich selbst wohl
besser n a c h der Behandlung der Frage Erkenntnistheorie und Wissenschafts-
theorie. || **205**, 5 insbesondere im engeren Sinn *V. für* nämlich speziell ||
205, 11 f. und formaler *Einf.* || **205**, 18 erkennende *Einf.* || **205**, 26 sinnlich
Einf. || **205**, 37 ideal möglichen *V. für* Wesens- || **206**, 3 von solchen Wesens-
gestaltungen *Einf.* || **206**, 5 dem Eidos nach *Einf.* || **206**, 9 f. das beständige
Thema *V. für* Anfang ||

Beilage I (S. **206–208**)

*Diese Beilage gibt den Text der Blätter 21 und 22 aus dem Konvolut B I 3
wieder (zum Konvolut B I 3 siehe auch die Anmerkungen zu „ Phänomenologie und Erkenntnistheorie "). Die Blätter 3–43 liegen in dem Umschlag 2/44,
der mit Blaustift die Aufschrift* Beilagen zu Msc. Phänomenologie und Erkenntnistheorie *trägt. Die Blätter 18–42 befinden sich im Binnenumschlag
17/43. Er trägt die Aufschrift mit Blaustift* lagen außerhalb. *Die Blätter 20–23
sind in einem zusätzlichen Binnenumschlag (19/24) zusammengefaßt, der auf
der Rückseite eines Briefes des Ministeriums für Kultus und Unterricht vom
15.6.1917 die Aufschrift mit Bleistift aufweist* Zu Phänomenologie und Erkenntnistheorie 1917, das krause Problem der Erfahrungs- (Natur-) Erkenntnis. *Oberhalb davon ist mit Blaustift geschrieben* ursprünglich Beilagen, N.B.,
dazu anderes Zugehörige aus St. Märgen 21 *; die Bemerkung* 1917, das krause
Problem der Erfahrungs- (Natur-) Erkenntnis *ist mit Ausnahme des Wortes*
Natur *mit Blaustift nachgezeichnet, und über* 1917 *wurde mit Bleistift das
Datum* 1916/17 *gesetzt. Darunter steht mit Blaustift* Wahrheit an sich *und
mit Blaustift geschrieben und mit Rotstift unterstrichen* Zum Entwurf Phänomenologie und Erkenntnistheorie.
Die Blätter 20–22, denen diese Beilage entnommen wurde, tragen die Überschrift* Kritik der Vernunft, Kritik der Erkenntnis *und stellen wohl einen Ent-
wurf zum Anfang der Abhandlung dar. Die hier als Beilage wiedergegebene
Passage steht zwischen eckigen Blaustiftklammern auf den Blättern 21 und
22. Oben rechts auf der Vorderseite dieser Blätter befinden sich jeweils ein
Paar eckige Blaustiftklammern. Auf Blatt 21 steht die Randbemerkung mit
Bleistift* Excurs, früher bei 40 Ausarbeitung, *auf dem Blatt 22 die Randbemerkung mit Bleistift* Excurs 2. *Beide Blätter wurden mit schwarzer Tinte in
Gabelsberger Stenographie beschrieben. Die Rückseiten beider Blätter bilden*

zwei obere Hälften von Zeichnungsscheinen zur sechsten Kriegsanleihe vom
März 1917, die leicht (Bl. 21 mit 15 × 23 cm, Bl. 22 mit 14,5 × 22,5 cm) vom
Normalformat abweichen.

206, 16 im Feuer radikaler Kritik *V. für* um ‖ **206,** 17 *nach* neuere *gestr.* auf
Kant durchaus zurückbezogene und zum Teil auf Fichte, andererseits auf den
englischen Empirismus ‖ **206,** 20 und den älteren Kantianismus an. Sie
schöpft *V. für* und Fichte an, manch tiefe erkenntnistheoretische Einsichten
aus Kant schöpfend, den Widersinn der Dinge an sich ausschaltend, reinigt
seine Darstellung vom Widersinn der Dinge an sich ‖ **206,** 22 neuen Anbau
V. für Neubau ‖ **206,** 24 f. Weg *bis* Aristotelismus! *Einf.* ‖ **206,** 26 *nach* Werken. *gestr.* Der Kampfruf der anderen aber lautet: Nicht die Natur der
Sachen aus Platon und Aristoteles (sei es auch aus ihren originalen Werken),
sondern ‖ **206,** 33 Wissenschaft durch *Einf.* ‖ **206,** 35 nach einer Zeit *Einf.* ‖
207, 6 f. philosophischen *Einf.* ‖ **207,** 7–9 durch die Geschichte *bis* so vertraut
V. für soweit vertraut, daß ‖ **207,** 11 *nach* fehlt, die *gestr.* jedes Stück Anfang
‖ **207,** 13 *nach* Probleme *gestr.* und die philosophischen Erledigungen rein ‖
207, 20 Aristoteles *Einf.* ‖ **207,** 28 *nach* Sachen *gestr.* und Probleme selbst,
vielerlei Probleme ‖ **207,** 40 aus der sprachlichen Mumifizierung zu einem
inneren Leben gewecktem *V. für* lebendigen ‖ **207,** 45 *nach* allein, *gestr.* die
das Historische in ein zinstragendes Arbeitskapital verwandelt ‖

Beilage II (S. 208 f.)

Diese Beilage gibt den Text des Blattes 11 aus dem Konvolut B I 3 wieder,
das sich bei den Beilagen zum Msc. Phänomenologie und Erkenntnistheorie
(siehe Anmerkungen zu Beilage I) befindet. Das mit Bleistift in Gabelsberger
Stenographie beschriebene Blatt im Normalformat bezieht sich mit der Seiten-
zahl 67 auf die handschriftliche Ausarbeitung von Edith Stein. Auf der Rück-
seite ist der mit Bleistift geschriebene Hinweis ad 67 mit Blaustift unterstri-
chen. Am Anfang des Textes steht die Anweisung Kleinere Type im Text; *der*
Text bricht ab mit der Bemerkung letzte Zeile 67.

208, 10 *statt* der *im Ms.* dem ‖ **208,** 17 und wie es näher zu begründen *Einf.* ‖
208, 22 *vor* In diesem Sinn *gestr.* Ebenso setzt die praktische Überlegung ‖
208, 32 zu dem sinnlich Gegebenen *V. für* in Form einer sinnlichen Anschauung ‖ **208,** 36 in ähnlicher *V. für* in dieser ‖ **208,** 36 thematisch *Einf.* ‖ **208,** 42
Bestände *V. für* Gegebenheiten ‖

Beilage III (S. 209 f.)

Diese Beilage enthält den Text des Blattes 15 a und stammt ebenfalls aus
dem Konvolut Beilagen zu Msc. Phänomenologie und Erkenntnistheorie (sie-
he Anmerkungen zu Beilage I) in B I 3. Das mit schwarzer Tinte in Gabels-
berger Stenographie beschriebene Blatt im Normalformat trägt oben rechts
mit Bleistift den Hinweis Zu 92 oder sonstwo, *der sich auf Edith Steins hand-*
schriftliche Ausarbeitung bezieht. Die Zahl 92 ist mit Blaustift unterstri-
chen.

209, 29 Wirklichkeits- *Einf.* || **209**, 39 *vor* Urteile *gestr.* Akte || **210**, 5 *statt* vollziehenden *im Ms.* vollziehende || **210**, 5 f. bewußtseinsmäßig *Einf.* || **210**, 6 *statt* beziehenden Akten *im Ms.* beziehende Akte || **210**, 8 *statt* konnte *im Ms.* könnte || **210**, 8 Erfahrungsakte *V. für* Erfahrungen || **210**, 20 *nach* Modus *gestr.* ihrer Objekte ||

Beilage IV (S. 210–219)

Die Beilagen IV und V stammen aus dem Konvolut B I 2, dessen Um-schlagblatt 1/26 mit Blaustift die Aufschrift trägt: Aus der Schrift „Phäno-menologie und Erkenntnistheorie" ad 109 ff., 119 ff. der Ausarbeitung von Fräulein Stein. Letzteres über ursprüngliches Zeitbewußtsein handelnd. *Fol-gendes mit Bleistift:* Das erstere: Gegensatz von natürlicher und transzen-dentaler Gegebenheit. Das Transzendentale erster und letzter Stufe. *Ein wei-terer Umschlag (2/25) trägt mit Rotstift die Aufschrift* zu Fräulein Stein, ad 9 ff. Ausarbeitung Phänomenologie und Erkenntnistheorie. *Die Zahlen 109 und 119 verweisen auf Seitenzahlen, die Zahl 9 auf eine frühere Paragraphen-einteilung von Edith Steins handschriftlicher Ausarbeitung. Die maschinen-schriftliche Fassung der Ausarbeitung (Signatur M I 1) enthält diese Texte nicht. Die Blätter 73 b und 76 a von „Phänomenologie und Erkenntnistheo-rie" (B I 3) tragen Verweise auf die Seiten 109 und 120. Eine eindeutige Zuordnung der Texte aus B I 2 zum Manuskript der Abhandlung ist somit möglich.*

Kein Blatt aus diesem Konvolut ist datiert. Da Edith Stein die Ausarbeitung der Abhandlung „Phänomenologie und Erkenntnistheorie" erst nach der Freiburger Antrittsvorlesung Anfang Mai 1917 vorgenommen und Husserl die Überarbeitung im Frühsommer 1917 beendet hat, wurden diese Beilagen Mai/Juni 1917 verfaßt.

In den Umschlägen 1/26 und 2/25 enthält das Konvolut auf den Blättern 3–13 den Text, der hier als Beilage IV erscheint, und auf den Blättern 15–21 den Text der Beilage V. Auf Blatt 14, das wohl auf Grund des Hinweises ad 10 oder f., der sich auf eine Paragraphenzahl bezieht, irrtümlich nach Seite 10 der Beilage zu 109 eingeordnet wurde, stehen Ausführungen über die natürli-che und die transzendentale Einstellung. Blatt 22 (ohne Seitenzahl) hängt thematisch eng mit der zweiten Beilage zusammen, gehört aber nicht zu ihr. Der Text der beiden Blätter 23 und 24 (auch ohne Seitenzahl) behandelt ebenfalls, stichwortartig, den Themenkomplex der Beilagen.

Die Beilage IV gibt den Text der Blätter 3–13 wieder, welche die Paginie-rung 1–10 tragen. Die Seitenzahlen 1 und 2 sind mit Bleistift, die übrigen mit Tinte geschrieben. Auf Seite 1 steht mit Bleistift zu Stein Ausarbeitung 109 *(die Zahl 109 ist mit Tinte geschrieben), und zwar zur Schrift* „Phänomeno-logie und Erkenntnistheorie". *Seite 2 trägt mit Bleistift ebenfalls die Zahl* 109. *Die Blätter 3–7, 9 und 11 haben Normalformat. Das untere Drittel des nur auf der oberen Hälfte beschriebenen Blattes 8, das ursprünglich Normal-format besaß, wurde abgetrennt und enthält als Blatt 10 eine* Beilage zu 7. *Die Blätter 12 und 13 sind auf stärker vergilbtem Papier von etwas schmälerem Format (13,5 × 21,5 cm) auf herausgetrennten Blättern eines Studienheftes*

Husserls geschrieben (einige Blätter aus K I 24 bestehen aus dem gleichen Papier; siehe die Beschreibung S. 381). Der Text wurde mit schwarzer Tinte in Gabelsberger Stenographie verfaßt. Bis auf die letzten beiden Blätter weisen alle übrigen Unterstreichungen und Randbemerkungen einer anders getönten schwarzen Tinte auf. Auf Blatt 13 finden sich Unterstreichungen mit Bleistift, auf den Blättern 3, 6, 7, 11 und 13 mit Blaustift. Geringfügige Änderungen mit Bleistift wurden auf den Blättern 3 und 4 angebracht.

210, 36 Wie *V. m. Bleist. für* Was ‖ **210**, 39 suchen *bis* ideale *V. m. heller Tinte für* gehen wir auch in dieser Hinsicht zur idealen ‖ **210**, 42–**211**, 1 und in größtmöglicher *bis* Negation *Einf.* ‖ **211**, 10 prinzipiell nicht anders *Einf.* ‖ **211**, 16 naturale *Einf.* ‖ **211**, 32 bzw. psychischen *Einf.* ‖ **211**, 37 Erscheinungen physischer *V. für* physischen ‖ **211**, 43 *vor* Die Wahrnehmung *gestr.* Je nach Erstreckung dieser Erlebnisdauer kommt eine größere oder kleinere Erstreckung der ⟨ *bricht ab* ⟩. Ist die Wahrnehmung als Bewußtsein originärer Gegebenheit eines Naturgegenstandes ⟨ *gestr.* eines physischen, dinglichen ⟩, eines materiellen, also räumlichen Dinges ⟨ *bricht ab* ⟩. Angenommen, die Wahrnehmung sei eine naturale ⟨ *gestr.* und zwar Bewußtsein leibhaftig daseiender Wirklichkeit ⟩, und zwar sei sie ‖ **211**, 45 Weite der *Einf.* ‖ **211**, 45 *nach* Wahrnehmung *gestr.* (als Erlebnis ‖ **211**, 46 *nach* Zeit *gestr.*) ‖ **212**, 3 immer ist das Objekt „einseitig", niemals *V. für* nie ist das Objekt ‖ **212**, 5 *vor* konkret *gestr.* ganzen immanenten Dauer ‖ **212**, 5 *nach* Wahrnehmungsstrecke. *gestr.* Das Objekt ist notwendig einseitig oder nach wechselnden Seiten gegeben oder in seitiger Wandlung vielseitig und doch nie allseitig gegeben. ‖ **212**, 6 *vor* Gestalt *gestr.* Form- ‖ **212**, 6 *vor* Qualitätenfülle *gestr.* notwendigen Ausfüllung ‖ **212**, 15 f. in möglicher Wahrnehmung zu denken ist *V. für* zu denken und vorher schon nicht wahrzunehmen ist ‖ **212**, 23 *nach* Fülle der *Rückseite gestr.* In wentlichem Zusammenhang damit steht zweitens die Gegebenheitsweise des Natürlichen durch Erscheinungen: Natürliches Dasein kann sich prinzipiell nur durch Erscheinungen bekunden, wobei niemals Erscheinung und Erscheinend⟨es⟩ dasselbe sein kann. Drittens, mit der Gegebenheitsweise durch Erscheinungen ⟨ *gestr. und zwischen eckigen Klammern* die zudem notwendig einen offenen Horizont möglicher neuer und immer wieder neuer Erscheinungen, bezogen auf den unbestimmt offenen Horizont nicht-aktuell erscheinender Seiten des Gegenstandes, mit sich führen⟩ hängt weiter zusammen, daß jeder natürliche Gegenstand nur vorbehaltlich gegeben ist, nämlich was sein wirkliches Sein und Sosein anbelangt ⟨sein wirkliches Sein und Sosein anbelangt *V. m. Bleist. für* seine Wirklichkeit anlangt⟩, sofern der aktuelle Gang neuer Erscheinungen in neuen Wahrnehmungen prinzipiell so verlaufen kann, daß die erscheinende Wirklichkeit sich nicht als Wirklichkeit bestätigt, sondern sich durch Widerstreit mit einstimmig sich durchhaltenden Wirklichkeiten als „nicht wirklich" herausstellt. Also die relative Gegebenheit als Gegebenheit nach bloßen Seiten ⟨ *ekkige Bleist.-Klammer und runde Klammer auf*⟩, bloßen Teilen der Inhaltsfülle des Gegenstandes, die nach den übrigen Teilen offen-unbestimmt bleibt ⟨ *eckige Bleist.-Klammer und runde Klammer zu*⟩, als Gegebenheit durch bloße Bekundung und bloß vorbehaltliche Gegebenheit hat ihren kontradiktorischen Gegensatz in der absoluten Gegebenheit, der vollständigen, sich durch sich selbst ⟨gebenden⟩ derart, daß es sich beiderseits also um prinzipielle, durch die Wesensartung der betreffenden Gegenständlichkeiten und ihrer möglichen Wahrnehmungen vorgezeichnete Notwendigkeiten handelt.

Führen wir diese allgemeinen Gedanken konkreter aus, und halten wir uns an physische (räumlich-materielle) Naturobjekte, wobei wir keineswegs behaupten, daß Begriffe wie „ Erscheinung " und erscheinende „ Seiten " usw. für die psychophysischen Gegenständlichkeiten einen vollkommen gleichen und nicht einen bloß dem allgemeinsten nach analogen Sinn haben. Wir heben natürlich nur das heraus, was sich dann analogisch auch für Wahrnehmungen aller transzendenten Gegenständlichkeiten ⟨aller transzendenten Gegenständlichkeiten V. für von animalischen Wesen⟩ wiederfinden läßt.

1. Wahrnehmung prätendiert in sich selbst (das ist ihrem ⟨im Ms. seinem⟩ Eigenwesen nach), ihr ⟨im Ms. sein⟩ Wahrgenommenes im Original zu „ haben ". Sie ist jeweils ein immanent-zeitliches Erlebnis, ein Ereignis im allgemeinen Erlebnisstrom, in ihm anfangend und endend, dazu eine immanente Dauer ausfüllend mit stetig neuen Wahrnehmungsphasen. ‖ 212, 43 nach bringen. Trennstrich ‖ 213, 17 nach machen müssen. Rb. m. heller Tinte Innenhorizont ‖ 213, 25 Abwandlungen V. für Modifikationen ‖ 213, 25 nach offenlassen. Strich m. heller Tinte am Rand ‖ 213, 29 f. nach selbst sind angestr. am Rand ‖ 213, 33 statt das im Ms. dem ‖ 213, 42 f. nach Sinnesdaten gestr. (die da die abschattenden heißen) und ‖ 214, 3 gegenständlichen Einf. ‖ 214, 5 nach so am Rand m. heller Tinte angestr. und Rb. „ Auffassung " „ Repräsentation " ‖ 214, 11 statt dem im Ms. der ‖ 214, 12 statt dem im Ms. der ‖ 214, 13 vor Auffassung gestr. naiv fungierenden ‖ 214, 15 f. nach nennen. gestr. Naiv im Wahrnehmen lebend vollziehen wir stetig diese Auffassung, in der reflektiven Einstellung, wie wir sie jetzt üben, geht dann der aufmerkende Blick nicht auf das natürliche Objekt, erfassend, also vergegenständlichend geht er vielmehr auf die Abschattungen und ihren Auffassungssinn ⟨Naiv bis Auffassungssinn V. für Sprach ich soeben von naiv fungierender Auffassung, so versteht sich das wieder durch Kontrast zur reflektiven Einstellung, in der der aufmerkende Blick nicht auf das natürliche Objekt gerichtet bzw. die Auffassungsfunktion nicht naiv geübt wird, sondern erfassend, also vergegenständlichend auf die Abschattungen und ihr Funktionieren gerichtet⟩. ‖ 214, 23 die mit ihren offenen Horizonten aber notwendig hinausgreifen. Einf. ‖ 214, 25 nie abschließend V. für immerfort einseitig ‖ 214, 27 und unvollkommenen Bestimmtheit Einf. ‖ 214, 29 selbst die schon gegebenen V. für die betreffenden ‖ 214, 32 vor nicht gestr. offenbar ‖ 214, 40 statt Möglichkeiten im Ms. Möglichkeit ‖ 214, 43 (oder auch ärmerer) Einf. ‖ 215, 5 nach nicht war. gestr. Fortsetzung 1) 2) ‖ 215, 43 adäquaten Einf. m. heller Tinte ‖ 216, 9 vor Wir erinnern uns Rb. m. heller Tinte Descartes ‖ 216, 10 nach sicheren gestr. philosophischen ‖ 216, 17 neue V. für höchst umfassende ‖ 216, 22 nach Erfahrung gestr. und bringt demnach nicht den Sinn der prinzipiellen Bezweifelbarkeit dieser Erfahrung und in Kontrast damit der Unbezweifelbarkeit der immanenten Reflexion auf das cogito zu einer solchen erforderlichen Klärung. ‖ 216, 24 nach ungeklärt. zwischen eckigen Klammern und gestr. Descartes geht in der Reflexion nicht so weit,

die prinzipielle Notwendigkeit herauszustellen, daß jedes natürliche Dasein perzeptiv nur gegeben sein kann durch Erscheinungen, derart daß die aktuellen Erscheinungen sich einem abgeschlossenen System prinzipieller Erscheinungen einordnen, er weist nicht, wie wir, zuvor schon darauf hin, daß ⟨ *gestr.* korrelativ damit⟩ jede natürliche Gegebenheit eine nach Reichtum und Fülle des gegenständlichen Inhalts unvollkommene Gegebenheit ist, und schließlich nicht, daß damit zusammenhängt, daß die denkbar vollkommenste Erfahrung von Natur und die vollkommene Freiheit von Zweifelsmotiven doch Möglichkeiten des Nichtseins und der rechtmäßigen Zweifelhaftigkeit mit Rücksicht auf die Horizonte möglicher künftiger Erfahrung offen lassen. ‖ **216**, 39 *nach* zusammenfassen läßt. *gestr.* Allzu schnell wird daher mens sive animus sive intellectus als „zweifellose" Gegebenheit in Anspruch genommen und die Substanz cogitans mit ihren Akten und Zuständen zu einer Gegebenheit anderer erkenntnistheoretischer ⟨anderer erkenntnistheoretischer *V. für* höherer⟩ Dignität als der physischer Natur. *Danach Rb.* Beilage Zettel ‖ **216**, 40–**217**, 5 Zwar stellt *bis* physischen Natur. *Text von Bl. 10; Rb. rechts oben* Beilage zu 7 ‖ **217**, 5–9 Hier *bis* zu sichern. *m. heller Tinte angestr. am Rand* ‖ **217**, 10 *nach* Andeutungen *im Ms* [67 A] ‖ **217**, 19 Z.B. *V. für* sondern als Träger von Empfindungsfeldern, als ein System frei beweglicher Organe ‖ **217**, 46 *vor* Wollte Descartes *gestr.* Also wie Descartes alles Physisch-Natürliche als „zweifelhaft" ‖ **218**, 1 f. und seelische Vorkommnisse jeder Art *Einf.* ‖ **218**, 4 Wahrnehmbarkeit und *Einf.* ‖ **218**, 7 individuellen *Einf.* ‖ **218**, 7 *statt* anhaften *im Ms.* anhaftet ‖ **218**, 16 *nach* Bewußtsein. *gestr.* Zwar ein als animalisch-personaler Zustand aufgefaßtes und damit der Allnatur eingeordnetes Bewußtsein ‖ **218**, 22 *statt* dasselbe *im Ms.* das dasselbe ‖ **218**, 25 Inhalt *V. für* Gegenstand ‖ **218**, 27 *nach* in sich selbst. *gestr.* das als repräsentierender Inhalt für die psychologisierende Auffassung dient ‖ **218**, 32 *nach* übrigens diese *Rückseite gestr.* Naturalisierung eines cogito, eines immanenten reinen Erlebnisses, etwas charakteristisch anderes als diejenige eines Empfindungsdatums durch Funktionen der Abschattung (als Bekundung von raumgegenständlichen Momenten), sie ist verwandter mit der Bekundung physikalischer Eigenschaften in den in Unterstufe schon erscheinungsmäßig konstituierten Sinnendingen (sinnlich qualifizierten Raumgestalten). ⟨ *Trennstrich* ⟩ — Nachdem wir in dieser Art jedes naturale Sein ausgeschaltet und bei jedem Übergang in die ein Bewußtsein selbst fixierende Reflexion darauf geachtet haben, daß jede psychologische Auffassung desselben unterbleibt, es sei denn, daß sie selbst zum Thema einer sie selbst fassenden nicht-psychologischen Reflexion gemacht wird, verbleibt uns als unser gegebenes und durch beständige Thesis gesetztes Feld absoluter Gegebenheiten das des transzendental reinen Bewußtseins und darin nicht nur jedes reine ⟨ *gestr.* (jede Irrealität, wenn wir unter dem Begriff der Realität dem Wortsinn entsprechend jede bewußtseinsmäßig als transzendente Einheit konstituierte individuelle Gegenständlichkeit verstehen)⟩ cogito, sondern auch jedes cogitatum qua cogitatum. Die Welt, das All der Realitäten im prägnanten Wortsinn, ist ausgeschaltet, sie ist nicht als daseiende Wirklichkeit gesetzt. Aber das Feld des Bewußtseins (des irrealen, nicht psychologisch als Natur, als transzendente Gegenständlichkeit, als Realität

aufgefaßten Bewußtseins) beschließt in sich die Welt in Klammern, in „Anführungszeichen", nämlich die in den jeweiligen reinen cogitos klar und
unklar, richtig oder unrichtig, bestimmt oder unbestimmt vorgestellte, gedachte, gewertete Welt als solche, und so ist sie als von den cogitos unab-
lösbares Korrelat mit das beständige Thema.

Nach alldem ist der Sinn des transzendental reinen Bewußtseins und der es
⟨im Ms. sie⟩ gebenden reinen Reflexion klargelegt, desgleichen auch dem
Grundstück ⟨nach⟩ der Sinn der Methode der phänomenologischen oder
transzendentalen Reduktion als Mittel und zugleich als beständiger Schutz
gegen jede unvermerkte Vertauschung der Einstellung auf das reine Bewußtsein mit der natürlichen, auf naturale Wirklichkeit gerichteten. Sie besteht —
soweit wir bisher gekommen sind — in der vollbewußten Ausschaltung aller
naturalen und insbesondere der sich hereindrängenden psychologischen Apperzeptionen und Wirklichkeitssetzungen. Doch wird die Methode mit Rücksicht auf die Notwendigkeit der Begründung der Phänomenologie ‖ 218, 35 f.
oder allgemeinen „Sinnendingen" *Einf.* ‖ **218**, 40 *statt* transzendental *im Ms.*
transzendent ‖ **218**, 42 *statt* den Sinn *im Ms.* der Sinn ‖ **219**, 1 *nach* natürlichen *gestr.* auf naturales Bewußtsein gerichteten Einstellung ‖ **219**, 4 f. *nach*
Wirklichkeitssetzungen. *Trennstrich m. Bleist.* ‖ **219**, 5 f. und phänomenologischen Theorie der Vernunft *Einf.* ‖ **219**, 14 *statt* haben *im Ms.* worden ‖
219, 17 die modifizierende „Einklammerung" *V. für* („Einklammerung") ‖
219, 25 *statt* einsichtig *im Ms.* einseitig ‖ **219**, 26 *nach* bewußt sind: *gestr.* Zu
jedem cogito gehört untrennbar sein cogitatum qua cogitatum. Und rein so
genommen, unter Außer-Aktion-Setzung jeder ‖ **219**, 32 *nach* Einschaltung
gestr. der Welt in der Klammermodifikation. Was übrig bleibt, ist ein All
von Irrealitäten ‖ **219**, 35 *nach* dabei ähnlich. *im Ms.* 118–119 ⟨–119 *m.*
Bleist.; die Zahlen beziehen sich auf Edith Steins handschriftliche Ausarbei-
tung⟩ ‖

Beilage V (S. 210–225)

Der Text fußt auf den Blättern 15–21 des Konvoluts B I 2 (zum Konvolut
B I 2 siehe die Anmerkungen zu Beilage IV). Diese Blätter sind von 1–6 mit
Bleistift paginiert, wobei auf der ersten Seite zusätzlich die Zahl 119 mit Tinte
steht. Nur Blatt 16 (17,5 × 7 cm) ist nicht numeriert und wurde von einem
Blatt in Normalformat abgetrennt. Es weist oben rechts ein Fragezeichen mit
Rotstift auf, seine Vorderseite ist gestrichen. Blatt 20 (16,5 × 13 cm) wurde
ebenfalls von einem Blatt mit Normalformat abgetrennt. Der mit schwarzer
Tinte in Gabelsberger Stenographie geschriebene Text weist zusätzliche Un-
terstreichungen mit Bleistift auf den Blättern 15, 19 und 21 auf. Verbesserun-
gen mit Bleistift finden sich auf den Blättern 17, 19 und 20.

220, 17 f. Sind auch *bis* die Zeit *V. für* Ist die Zeit der Natur mit dieser selbst
‖ **220**, 29 *statt* eigentümlich *im Ms.* eigentümlichen ‖ **220**, 35 verfließende *V.*
für soeben ‖ **220**, 45 eines noch *V. für* und der Identifikation des wiederholt
Erinnerten sowie auch eines Wiedererinnerten mit dem noch ‖ **220**, 46 wobei
beide Bewußtseinsweisen sich identifizierend decken *Einf.* ‖ **221**, 2 *vor* Erin-

nerung *gestr.* möglichst ursprünglicher ‖ **221**, 3 *nach* beziehen und *gestr.* ihn seiner Dauer nach identifizierend ‖ **221**, 4 *nach* nicht denkbar *gestr. (= Vorderseite von Bl. 16)* bewußtseinsmäßig aufzuweisenden, aber in ganz anderer Weise bewußten Zukunftshorizont. Somit entweder darauf aufmerksam, daß dieses absolut Gegebene, das wir immanent erfaßtes Erlebnis nannten (am Beispiel der Dingwahrnehmung als Ereignis der immanenten Zeit), uns zurückweist auf kontinuierliche Bewußtseinsmannigfaltigkeiten höherer Stufe. In jedem Jetzt wird uns durch eine unselbständige Phase ursprünglichster Wahrnehmung eine Phase urquellender Gegenwart bewußt, an welche Phase sich anschließen Kontinuen von Retentionen, die das jeweilige soeben Vergangene ursprünglich bewußt machen. ‖ **221**, 12 f. *nach* „absolut" *gestr.* heißen könnten*; danach auf dem Kopf stehend und gestr.* Es kommt aber für uns noch eine andere Erweiterung der phänomenologischen Reduktion in Betracht ‖ **221**, 19 *nach* Bewußtseins. *gestr.* Jedes Bewußtseinserlebnis ist, sagten wir, absolut gegeben, und zwar es ist das als ein sich durch eine immanente Dauer hindurcherstreckendes cogito. ‖ **221**, 22 f. besagte *bis* Gegenstandes *V. für* besagt nicht einseitige Gegebenheit ‖ **221**, 25 f. jeweiligen cogito *V. für* Erlebnis ‖ **221**, 29 transzendentalen *Einf.; statt* transzendentalen *im Ms.* transzendenten ‖ **221**, 32 *vor* dauerndes cogito *gestr.* nicht Gegebenes als Erscheinung von etwas*; nach* cogito *gestr.* also dieses Bewußtseinserlebnis ‖ **221**, 34 *vor* Nicht nur *Rb. m. Bleist.* Anmerkung über die Gleichung esse und percipi, nicht Identität ‖ **221**, 35 f. und kann darum nicht zweimal wahrgenommen werden *Einf.* ‖ **221**, 40 einseitig und *Einf.* ‖ **221**, 43 „Seiten" bzw. *Einf.* ‖ **221**, 46 transzendental- *Einf.* ‖ **222**, 2 f. für wechselnde Seiten und *Einf.* ‖ **222**, 11 f. *nach* Zweifellosigkeit des *gestr. m. Bleist.* Nicht- ‖ **222**, 12 *nach* verbleibt. *gestr.* Klären wir diese zunächst rätselhaft klingenden Andeutungen auf. ‖ **222**, 18 f. die phänomenologische Zeit (die notwendige Form aller cogitationes) *V. für* den phänomenlogischen Zeitstrom ‖ **222**, 21 transzendentale *Einf.; statt* transzendentale *im Ms.* transzendente ‖ **222**, 35 *vor* gebende *gestr. m. Bleist.* Sie ‖ **223**, 22 f. (im „protentionalen" Bewußtseinshorizont dunkel beschlossenen) *V. für* dunklen, „protentionalen" Bewußtsein ‖ **223**, 34–37 Wir scheiden *bis* Zeitfeld. *V. für* Damit ist schon auf die Gegebenheitsweisen verwiesen mit Rücksicht aber auf die mannigfaltigen Gegebenheitsweisen desselben ‖ **223**, 46 transzendentalen *Einf.; statt* transzendentalen *im Ms.* transzendenten ‖ **224**, 9 f. *vor* Zeitgegenständen *Einf. von Edith Stein m. Bleist.* immanenten ‖ **224**, 10 transzendenten *Einf. m. Bleist.* ‖ **224**, 17 f. der Konstitution von Raumdingen und Zeitdingen (Ereignissen) *V. für* von Zeit- und Raumkonstitution, Raumkörpern und Ereignissen ‖ **224**, 24 *nach* räumlichen *gestr.* (leiblichen) ‖ **224**, 26 beide *Einf. m. Bleist.* ‖ **224**, 26 verstanden *Einf. m. Bleist.* ‖ **224**, 27 und Ruhe *Einf.* ‖ **224**, 28 seinem Wesen nach *Einf.* ‖ **224**, 34 geometrische *Einf. m. Bleist.* ‖ **224**, 35 f. der bloß umgrenzten Ausdehnung *Einf. m. Bleist.* ‖ **224**, 38 ursprünglichen *V. für* konstituierenden ‖ **224**, 45 *statt* ist *im Ms.* sind ‖ **225**, 3 *vor* raumkörperlichen *gestr.* verschiedenen ‖ **225**, 9 und von zeitlichem *Einf.* ‖ **225**, 13 *nach* finden werden. *Rb. m. Bleist.* Entfernung: Wo ist Analogon der Zukunft? Die Einmaligkeit in der Gegebenheit, der Fluß ‖

⟨Zur Kritik an Theodor Elsenhans und August Messer:⟩
Anhang
(S. 226-248)

*Der Text basiert auf den Blättern 2-76 von Konvolut M III 7. Der Außen-
umschlag trägt von Husserl die Bleistift-Aufschrift* Elsenhans rückwärts Linke.
*Die von Edith Stein mit Tinte in deutscher Kurrentschrift beschriebenen Blät-
ter 2-76 (vom Format 20,5 × 32,5 cm) geben ihre Textfassung des „Anhangs"
wieder. Die Seiten 1-3 sind von ihr mit Tinte, die Seiten 4-72 mit Fettstift
paginiert und wurden in der Mitte längs gefaltet. Der fortlaufende Text steht
auf der linken Hälfte, die rechte Hälfte wurde für Anmerkungen und Einfügungen frei gelassen. Die am Rand des Manuskriptes vermerkten Zahlen von
1 bis 5 nehmen Bezug auf die Numerierung der Inhaltspunkte, die Edith Stein
zu den Aufsätzen von Elsenhans und Messer notierte. Korrekturspuren mit
Bleistift finden sich auf den Blättern 21 (eine stenographische Notiz Husserls),
24 und 28, mit Fettstift auf den Blättern 17, 22, 23, 25, 34, 40, 52 und 54 und
mit Blaustift auf den Blättern 7, 15 und 17.*

*Die Blätter 6-8 gehören nicht in den Textzusammenhang. Sie sind von
Edith Stein von 1-6 paginiert und enthalten eine Inhaltsanalyse des Aufsatzes
„Phänomenologie und Empirie" von Theodor Elsenhans, am Rand finden
sich Parallelverweise auf Paul F. Linke und Reinhard Kynast. Seite 1 (Bl. 7)
trägt von Husserl mit Bleistift die Aufschrift* Beilage zu Elsenhans. *Der Aus-
arbeitung liegen ferner noch neun Blätter bei: Auf den Blättern 77-79 (Origi-
nalpaginierung 1-5) hatte Edith Stein eine Inhaltsanalyse zu Linke, „Das
Recht der Phänomenologie", mit Querverweisen auf Elsenhans notiert und
auf den Blättern 80 und 81 (Originalpaginierung 1-4) eine Inhaltsanalyse zu
Kynast,* Das Problem der Phänomenologie. Eine wissenschaftstheoretische
Untersuchung, *ebenfalls mit Verweisen auf Elsenhans. Bei den Blättern 82-84
(Originalpaginierung 12-14 mit Bleistift) handelt es sich um ein Fragment der
Steinschen handschriftlichen Ausarbeitung von „Phänomenologie und Er-
kenntnistheorie" mit Bleistift-Zusätzen von Husserl (siehe die Anmerkungen
zu „Phänomenologie und Erkenntnistheorie"). Blatt 85, das eine gliedernde
Übersicht von Edith Stein zum Problem der Beziehung enthält, gehört eben-
falls nicht zur Textfassung des „Anhangs".*

*Das Konvolut K I 24, das der Ausarbeitung des „Anhangs" durch Edith
Stein zugrunde lag, umfaßt folgende Texte: Der Außenumschlag 1/87 trägt
von Husserl mit Bleistift die Aufschrift* Elsenhans Messer. *Voran liegen Fah-
nenabzüge des Aufsatzes von Theodor Elsenhans, „Phänomenologie und
Empirie" (Bl. 2-15; Originalpaginierung des Aufsatzes „ 1-14") mit Korrek-
turangaben und der Widmung des Autors „Mit ergebenstem Gruß Th. Elsen-
hans". Die darauf folgenden Blätter 16-20 beinhalten Exzerpte Husserls aus
Theodor Elsenhans' „Phänomenologie, Psychologie, Erkenntnistheorie". Die
Paginierung 1-5 ist mit Fettstift (vermutlich von Edith Stein) vorgenommen.
Blatt 21 enthält eine Gliederung von Edith Stein zu „Phänomenologie und
Psychologie", teilweise mit von Husserl eingefügten Seitenzahlen. Auf Blatt
22, stärker vergilbt und mit dem abweichenden Format 17 × 21,5 cm, hat*

Husserl mengentheoretische Überlegungen notiert; es gibt darauf keinen Hinweis zur Kritik an Elsenhans und Messer. Es folgt ein Sonderdruck von August Messer, „Husserls Phänomenologie in ihrem Verhältnis zur Psychologie" (Bl. 23–30; Originalpaginierung „117–129") mit einer Widmung des *Verfassers auf der ersten Seite:* „Mit freundlichen Grüßen d. Verf." *Deckblatt und erste Seite tragen von Husserl mit Bleistift den Vermerk* erster Artikel. *Das Exemplar weist durchgehend Unterstreichungen und einige Randbemerkungen (exzerpthafter Art) von Husserl mit Bleistift auf. Dem folgt ein vom Autor korrigierter Vorabdruck von August Messer, „Husserls Phänomenologie in ihrem Verhältnis zur Psychologie. (Zweiter Aufsatz)" (Bl. 31–38; Originalpaginierung „1–16"). Die Titelseite trägt die Aufschrift* „druckfertig 6.12.13 Messer". *Der Text weist durchgehend Unterstreichungen und einige Randnotizen von Husserl mit Bleistift auf. Blätter 39–54: ein Druckbogen desselben Artikels (auf den Seiten 52 bis 67) mit einigen Seiten der ihn einschließenden Aufsätze. Es folgt ein Binnenumschlag (Bl. 55/68) mit der Aufschrift mit Bleistift* Zur Antwort auf Messers Aufsätze über Husserls Phänomenologie. Cohn *von Husserl. Voran liegt darin der hier als Beilage VI (siehe nächste Seite) abgedruckte Entwurf eines Briefes Husserls an August Messer (Bl. 56–59). Darauf folgt als ein neuer Binnenumschlag 60/67 eine Drucksache mit dem Datum* 17. Februar 1914. *Husserl hat darauf einige Seitenzahlen aus den* Ideen I *notiert (nähere Beschreibung siehe* Husserliana, Bd. III, 2, S. 678). *Die Blätter 61 und 62 tragen mit Blaustift die Aufschrift* Messer Cohn; *Blatt 61 ist eine Drucksache von etwa Mitte Februar 1913 (der Text der Blätter 61/62 und 63/64 ist als Beilage XXIV und XXIII in* Husserliana, Bd. III, 2 *auf S. 572 ff. bzw. 571 f. abgedruckt). Blatt 65 enthält die Diktatfassung (von Malvine Husserl) eines Briefes, den Husserl am* 19. Februar 1914 *an* Messer *richtete, und Blatt 66 eine Abschrift Malvine Husserls von Georg Anschütz' Anzeige des Messerschen Aufsatzes über „Husserls Phänomenologie in ihrem Verhältnis zur Psychologie". Die Blätter 69–76 enthalten Exzerpte Husserls aus den beiden Messerschen Aufsätzen. Außer einigen Spuren späterer Überarbeitungen mit Bleistift und Blaustift finden sich auf ihnen Gliederungspunkte mit Fettstift von Edith Stein. Auf den Blättern 77–79 hat Husserl Exzerpte aus Theodor Elsenhans' Aufsatz „Phänomenologie, Psychologie, Erkenntnistheorie" notiert; die Blätter 77 und 78 sind mit den Zahlen 6 und 7 mit Fettstift (vermutlich von Edith Stein) paginiert, auf Blatt 77 steht zudem eine Randnotiz mit Fettstift von Edith Stein. Die Blätter 77 und 79 sind die auseinandergetrennten Hälften eines Kontoauszuges der Dresdner Bank Freiburg i. Br. vom* 11. April 1917. *Der Text der Blätter 80–82 (Format 14 × 21,5 cm) mit der Überschrift* Deskriptive Psychologie *wurde auf den herausgetrennten Blättern eines alten Studienheftes Husserls geschrieben. Blatt 80 zeigt die gestrichene Aufschrift* Redensarten u. Redewendungen nach Toussaint-Langenscheidt. 1885. *Die Blätter tragen die Paginierung 5–7 mit Fettstift (vermutlich von Edith Stein). Der Text der Blätter 83–86 (Format 11,5 × 19 cm) mit der Überschrift* Die naturwissenschaftlich ausgeschaltete Subjektivität und die Psychologie *wurde ebenfalls auf herausgetrennten Blättern eines alten Studienheftes mit Texten religiöser Thematik, wie einige gestrichene Partien zeigen, geschrieben. Die Blätter tragen die Paginierung 1–4. — Die von Edith*

*Stein übernommenen Textstellen aus K I 24 werden im folgenden an entspre-
chender Stelle vermerkt.*

227, 7 *statt* dadurch *im Original* damit || **227**, 18 *die Einf.* also stets *ist m.
einem Blaust.-Zeichen gekennzeichnet* || **229**, 7 *nach* die *im Original* doch ||
229, 27 *statt* handle *im Original* Meist handelt || **229**, 32 *Anführungszeichen
m. Blaust.* || **229**, 33 *vor* der Umgangssprache *im Original* in; *vor* der Sprache
im Original in || **230**, 18 *vor* Dinge *Rb. m. Bleist.* 1. || **230**, 21 *Semikolon V.
m. Blaust. für Komma* || **231**, 28 *stenographische Rb. von Husserl* Besonde-
rung ⟨?⟩ *von* || **231**, 36 *vor* 1. *Rb. m. Bleist.* 2) || **232**, 10 *vor* Die natürlich *Rb.
m. Bleist.* 5. || **232**, 27 *nach* Farben *gestr. m. Bleist.* ⟨?⟩ || **232**, 35 *vor* Man
kann *Rb. m. Bleist.* 5) || **232**, 35–**233**, 11 *zur Textpartie von* Man kann *bis*
usw. *vgl.* K I 24/80 b *(*Auch Vermögenseigenschaften *bis* verwendet usw.*)* ||
233, 13–23 *zur Textpartie von* so daß *bis* usw. *vgl.* K I 24/82 a *(*daß man in ihr
nicht *bis* geschehen ist *und* So die klassifizierende *bis* Verhältnisse usw.*)* ||
233, 35 f. *von* Studium *bis* Ziel *gewellte Bleist.-Linie am Rand* || **233**, 38 *vor*
Auch *Rb. m. Bleist.* 3 || **235**, 25 *vor* Die scharf unterschiedenen *Rb. m. Bleist.*
4. || **237**, 14 *vor* Die Wesenswissenschaft *Rb. m. Bleist.* 5b || **238**, 12 *nach*
Erlebnis *im Original* von dessen Betrachtung man ausging, || **238**, 25 *nach*
Geschehnisse *im Original* wirklicher Personen || **239**, 32–**240**, 29 *zur Textpar-
tie von* Theoretisch *bis* Psychischen. *vgl.* K I 24/81 a–81 b *(*Die „theoretisch
erklärende" *bis* realisierbar wäre.*)* || **241**, 6 *statt* Wesensanschauung *im Ori-
ginal* Wesenserschauung || **241**, 9 *statt* bloß *im Original* bloßen || **241**, *Fuß-
note***, Zeile 1 statt* Erfahrungsbegriffes *im Original* Wortes || **241**, *Fußno-
te***, Zeile 9 statt* Empfindung *im Ms.* innere Wahrnehmung || **244**, 19 *statt*
Sinn *im Original* Sinne || **244**, 21 *statt* Möglichkeit *im Original* Möglichkeiten
|| **244**, 24 *statt* der *im Original* ihrer || **244**, 33–**245**, 1 *zur Textpartie von* Der
Geometer *bis* leisten. *vgl.* K I 24/57 a *(*Der Geometer *bis* zur Begründung
nichts.*)* *(=* 250, 27–31*)* || **245**, 6 f. *zur Textpartie von* Im Gegensatz *bis* erfah-
ren. *vgl.* K I 24/57 a *(* in total anderer Weise *bis* er muß erfahren.*)* *(=* 250, 34–
36*)* || **246**, 30–**247**, 2 *zur Textpartie von* Das ist *bis* Eidetischen sind. *vgl.*
K I 24/72 a *(*Es gibt keine *bis* Sphäre der Eidetik ist.) || **248**, 22 *statt* getragen
im Original gezeitigt || **248**, 23 *statt* angewendete *im Original* angewandte ||

Beilage VI (S. 249–252)

*Diese Beilage gibt den Text der Blätter 56–59 von Konvolut K I 24 wieder
(Beschreibung dieses Konvoluts S. 380 f.). Die mit Tinte in Gabelsberger Stenographie beschriebenen Blätter sind von 1–6 mit Fettstift (vermutlich von
Edith Stein) paginiert. Sie weisen einige bei der Niederschrift entstandene Änderungen, aber keine Spuren späterer Bearbeitungen auf.*

249, 11 *statt* daß trotz *im Ms.* daß sich trotz || **249**, 12 *nach* doch *gestr.* im
entscheidenden Punkt; || **249**, 12 *nach* übriggeblieben sind *gestr.* Die Vorur-
teile im neuen, den ich gleich besprechen will || **249**, 16 oder transzendentalen
Einf.; statt transzendentalen *im Ms.* transzendenten || **249**, 18 *nach* Forscher
gestr. sind gerade in methodischer Hinsicht nicht überall so weit gekommen

|| **249**, 20 relativ *Einf.* || **249**, 27 *nach* reinen Phänomenologie *gestr.* und ist evtl. durch eine leichte Umwertung zur Reinheit zu erheben, was doch noch nicht in meinen Sinn rein ist. || **249**, 30 *nach* sein, *gestr.* für die Strenge der Methode aber || **249**, 32 *nach* zugeeignet hat *gestr.* und eben eine psychologische Abhandlung || **249**, 34 *nach* einzulösen ist. *gestr.* Dasselbe gilt von Pfänder || **250**, 19 f *nach* Archivs für Psychologie *gestr.* Was aber Phänomenologie ist und will, darüber habe ich den Versuch gemacht, systematisch Auskunft zu geben, und wenn ich es schlecht getan hätte, so wäre wieder nicht die Sache daran schuld, sondern die schlechte Auskunft über die Sache. Schließlich muß man sich eben in die Probleme vertiefen, also den Hauptpunkt || **250**, 11 *zweimal m. Fettst. angestr.* || **250**, 16 *vor* Sein *gestr.* einmaliges || **250**, 34 *nach* exemplifiziert *gestr.* Das einzelne (das frei erfunden sein kann, also nicht-existierend) dient ihm als Vereinzelung des daran zu erschauenden Wesens. Der Naturforscher exemplifiziert aber nur ein Gesetz, das er schon begründet hat, also nachdem er es aus der Erfahrung von Einzelheiten, also zuletzt aus Wahrnehmungen, Wirklichkeitssetzungen induziert hat, bei der Induktion || **251**, 3 innere *Einf.* || **251**, 16 trivialste *V. für* kleinste || **251**, 17 *nach* finden zu wollen, *gestr.* ebensowenig, als daß a + c = c + a ist oder daß Rot kein Urteil ist || **251**, 22 f. *nach* keine Natur überhaupt *gestr.* keinen Gott etc. oder selbst || **251**, 27 transzendentalen *Einf.; statt* transzendentalen *im Ms.* transzendenten || **251**, 34 Feldergestalten *Einf.* || **251**, 43 zu vollziehender *Einf.* || **252**, 7 *nach* Wesenserfassung *gestr.* zwar ⟨?⟩ möglich eine selbstverständliche Sache ist || **252**, 8 mögliche *V. für* Wesens- || **252**, 18 *vor* Begründung *gestr.* Grundlegung || **252**, 28 *nach* Erfahrung *gestr.* -statsachen || **252**, 30 *vor* des Bestandes *gestr.* der Geltung || **252**, 38 *statt* bedürfen *im Ms.* bedarf || **252**, 38 Logik *Einf.* ||

Beilage VII (S. 253–266)

Der Text basiert auf dem Manuskript M III 8, Blätter 2–46. Der Außenumschlag trägt von Husserl mit Bleistift die Aufschrift Steinmann von Frl. Stein. *Edith Stein verfaßte den Text mit Tinte in deutscher Kurrentschrift. Sie beschrieb die Blätter vom Format 20,5 × 32,5 cm in derselben Weise wie diejenigen des „Anhangs" und paginierte sie mit Bleistift von 1–37. An Seite 26 (Bl. 27) schließen sich die Seiten 26a–h an. Die Rückseite von Blatt 15 trägt von Edith Stein die Aufschrift* Inhalts-Verzeichnis zu Ideen II. *Blatt 21 weist eine Unterstreichung mit Bleistift auf, Vermerke mit Bleistift finden sich ferner noch auf den Blättern 5, 20 (darunter eine stenographische Randbemerkung von Husserl) und 32.*

253, 5 *Titel im Ms.* Zur systematischen Stellung der Phänomenologie (vgl. H. G. Steinmann im *Archiv für die gesamte Psychologie, Bd. 36,4*). || **253**, 23 *nach* versteht *im Original* nämlich || **253**, 36 eigentliche Wesensanschauung *Sperrung von E. Stein* || **253**, 36–254, 1 Sehen *bis* Wesen *Sperrung von E. Stein* || **254**, 6 *nach* kann *im Original* aber || **254**, *Fußnote*** m. Bleist.* || **255**, 1 *statt* ich *im Ms.* man || **255**, *Fußnote** statt* uns nicht *im Original* uns freilich nicht || **255**, 17 *nach* Formalisierung *im Original* (eines der fruchtbarsten Prinzipien der modernen Mathematik) ‖ **255**, 18 *statt* rein *im Original* reines ‖ **256**, 17 *nach* Reales *im Original* (wenn auch nur über das Wesen von Realem) ‖ **257**, 23 *nach* auch *im Original* methodisch ‖ **257**, 25 *statt* abzulenken *im Original* abzuirren ‖ **258**, 22 *statt* bleibt *im Ms.* bleiben ‖ **258**, 27 *nach* entnehmen *im Original* (sogar im weitesten, die „Sehdinge" umspannenden Sinne) ‖ **258**, 35 *nach* seither *im Original* stetig ‖ **259**, 6 f. ist ⟨in⟩ ihrem eigenen *bis* Erscheinung von *V. von Husserl m. Bleist. für* weist in sich zurück auf ‖ **259**, 8 „bekundet" *Anführungszeichen m. Bleist.* ‖ **259**, 9–11 anschaulich werden kann *bis* erstarrt — vor dem *Bleist.Pfeil nach unten* ‖ **259**, 10 hingegen *Einf. m. Bleist.* ‖ **259**, 35–37 für den Phänomenologen *bis* gibt *im Original* Für den Phänomenologen gibt es also gar keinen Weg aus seiner Sphäre heraus zum Gegenstand selbst ‖ **259**, 40– **260**, 1 die äußere Welt *bis* Gedanken *im Original* Die äußere Welt, sagt Husserl, ist uns nur zugänglich als intentionales Objekt unserer Gedanken ‖ **262**, *Fußnote* m. Bleist.* ‖ **264**, 33 *nach* diese *im Original* Welt der ‖ **265**, 5 *vor* reine *im Original* abstraktiv ‖ **265**, 8 *nach* mit ontischen Formen *im Original* wesensgesetzlich ‖ **265**, 33 *statt* als *im Ms.* wie ‖ **266**, 3–5 *Sperrung von E. Stein* ‖

Beilage VIII (S. 266)

Dieser Text wurde zusammen mit den Diskussionsbeiträgen anderer Teilnehmer zum Vortrag von Heinrich Maier abgedruckt. In Husserls Nachlaß findet sich ein Blatt mit einem Entwurf des Anfangs seines Diskussionsbeitrages (Blatt 48 b in Konvolut B IV 1).

Fichtes Menschheitsideal
(S. 267–293)

Der Text der Blätter 2–24 von Manuskript F I 22. Der Umschlag 1/27 trägt mit Bleistift die Aufschrift 3 Vorlesungen über Fichtes Menschheitsideal (Kurse für Kriegstheilnehmer (staatswissenschaftliche) der Universität Freiburg, 8.–17. Nov. 1917 und 14.–16.I.1918, 6., 7., 9.XI. ⟨1918⟩ wiederholt für Akademiker aus anderen philosophischen Fakultäten). *Der Text wurde durchgängig auf Blättern von Normalformat geschrieben, die in der Mitte eine Längsfaltung aufweisen. Nur die Blätter 10–16 sind mit Bleistift von 1–6 paginiert; auf Blatt 6 ist mit Bleistift irrtümlich eine* II, *auf Blatt 10 mit Tinte ebenfalls eine* II *und auf Blatt 17 eine* III *notiert. Der Text der Blätter 25 und 26 wurde auf dem gleichen Papier wie derjenige der Blätter 2–24 verfaßt und zeigt außer wenigen Bleistiftvermerken keine Spuren späterer Bearbeitungen. Bei beiden Blättern handelt es sich um Teile früherer Fassungen; Blatt 25 paßt thematisch in den Textzusammenhang von Blatt 9a, und Blatt 26 ist eine Variante zum Text auf den Blättern 4a/5b.*

Der mit Tinte in Gabelsberger Stenographie verfaßte Text der Blätter 2–24 weist durchgehend zahlreiche, oft mehrfache Unterstreichungen außer mit Tinte mit Bleistift auf. Auf den Blättern 2a, 4a, 6–9a, 12a, 14b–16a, 18–22a

*und 23 finden sich Unterstreichungen mit Blaustift, auf den Blättern 7 und
23b Unterstreichungen mit Rotstift. Das Manuskript weist ferner Korrekturen
mit Blau- und Rotstift und vor allem mit Bleistift auf.*

267, 4 Reformation *V. m. Bleist. für* Renaissance || **267**, 6 Bodenwellen *V. m.
Tinte und Bleist. für* Erhebungen || **267**, 6 *nach* erheben sich *m. Tinte und
Bleist. gestr.* kaum vermittelt || **267**, 15 *nach* nennen. *Trennstrich* || **267**, 17
bedeutsame *V. für* wunderbare || **267**, 19 f. *Klammern m. Blaust.* || **267**, 25 *bei*
Geisteslebens, *endet die Vorderseite von Bl. 2; auf der Rückseite folgender
zwischen eckigen Blei- und Blaust.-Klammern stehender und mit einem Auslassungszeichen m. Bleist. versehener Text:* Die Großen der Vergangenheit,
das ist außerhalb der begrenzten Sphäre exakter Wissenschaften eine sehr
gewöhnliche Erscheinung, wirken, und aus wohlbegreiflichen Gründen, nicht
kontinuierlich, sondern nur stoßweise durch die Zeiten. Jedes Zeitalter ist
bewegt von seinen ihm eigentümlichen Triebkräften und hat nur Organe für
das, was seinen Entwicklungslinien gemäß und ihnen förderlich ist. Das sind
die Nebel, die gleichsam jeder Gegenwart entströmen und ihr oft ganze Epochen mit ihren großen Persönlichkeiten, Kulturgebilden, Kulturstilen verhül-
len. Deren nicht genug verdecken auch andere mit dem Zeitabstand von der
Belehrung suchenden Gegenwart wachsende Nebel die Ewigkeitswerte der
Vergangenheit. Denn alles Ewige bricht sich in der Form der Endlichkeit, es
tritt in seiner Zeit nicht in Reinheit hervor, sondern verhüllt durch die
Sprech-, Denk- und Fühlweise seiner Zeit, also in einer Trübung, die mit
dem Wachstum zeitlicher Entfernung immer schwerer zu durchdringen ist.
Daher die großen Aufgaben der geschichtlichen und philologischen Kritik.
Diese doppelseitige Verhüllung erklärt uns den Wandel der Urteile über vergangene Zeiten und im Laufe der Zeiten. Daher das gelegentliche Schwanken
zwischen extremer Bewunderung und Verehrung und gänzlicher Verkennung
und Verachtung. Das frappanteste Beispiel für das Gesagte bietet uns der
Wandel in der Wertschätzung des deutschen Idealismus. Mit einem Mal ver-
ebbt in der Mitte des vorigen Jahrhunderts der Schwung des Geisteslebens,* ||
267, 25–268, 1 *der vom bis* war *V. für* der vor einem Jahrhundert dem deut-
schen Volk Größe verliehen hat || **268**, 2 *nach* Herrschaft *gestr.* des Geistes ||
268, 10 uns Deutschen und *Einf.* || **268**, 21 Welches Phänomen! *Einf.* ||
268, 32 *nach* bewährt hatten *gestr. m. Bleist.* mögen sie inzwischen auch
ungenützt und verschüttet geblieben sein. || **268**, 36 damaliger *Einf.* || **268**, 39
weckte *V. für* erschloß || **269**, 2 *nach* machten. *Trennstrich* || **269**, 4 f. einsei-
tige naturalistische *V. für* materialistische || **269**, 9 verfälschen *V. für* einklei-
den || **269**, 10 *nach* große *m. Bleist. gestr.* und beständige || **269**, 10 f. *nach*
Ewigkeit. *Trennstrich* || **269**, 31 *nach* um seine *m. Bleist. gestr.* den || **269**, 31
nach Interessen *m. Bleist. gestr.* förderlichen Intuitionen || **270**, 14 *nach* Pla-
ton. *öffnende Rotst.-Klammer m. Bleist. gestr.* || **270**, 19 f. In dieser *bis* Ziel.
Einf. || **270**, 20–31 *von* Wie unangebracht *bis* möglich gemacht haben. *zwi-
schen eckigen Rotst.-Klammern* || **270**, 27 *nach* Ringens *gestr.* von Generatio-
nen || **270**, 31 *nach* haben. *horizontaler Strich über die ganze Seite* || **270**, 33
nach weit zurück. *schließende eckige Rotst.-Klammer m. Bleist. gestr.* ||
270, 35 *Fragezeichen m. Blaust.* || **270**, 38 Klarheit und *V. m. Bleist. für* wis-

senschaftlichen ‖ **271**, 6 *über* Stellung *und ebenso am Rand m. Bleist.* Geisteshaltung ‖ **271**, 11 *ganz Einf. m. Bleist.* ‖ **271**, 13 *nach* sondern *im Ms.* wie
sie ‖ **271**, 15 *am Rand m. Bleist. angestr.* ‖ **271**, 24 und *V. m. Bleist. für* ja in
gewissem Sinn ‖ **271**, 24 oberste *V. für* ganze ‖ **271**, 28 er *Einf. m. Bleist.* ‖
271, 29 seinem „ Idealismus" *V. für* einer wissenschaftlichen Philosophie ‖
271, 31 f. räumlich-zeitlichen *bis* Wortsinn *V. für* Außenwelt ‖ **271**, 34 und
organischen Wesen *Einf.* ‖ **272**, 3 bezeugt sie *Einf.* ‖ **272**, 3 *nach* durch ihre
m. Bleist. und Tinte gestr. ihre Gesetzeskenntnis und durch die uns alltäglich
gewordenen ‖ **272**, 4 *nach* Welt? *m. Tinte und Rotst. gestr. und zwischen
eckigen Klammern* Diese Welt ist zunächst unmittelbar erfahren und dann
erfahrungswissenschaftlich zuverlässig erkannt, nach Begriff und Gesetz bestimmt. Und diese Welt ist dem erkennenden Subjekt gegenüber und an sich.
Wir Erkennende sind leiblich in ihr beschlossen als Dinge, aber auch geistig
nach unserem Psychischen sind wir ihr Zugehörige, nach eigenen psychophysischen Gesetzen geregelte Vorkommnisse. ‖ **272**, 8 mit unserem Erfahren
und Denken *Einf.* ‖ **272**, 9 *bei* und die Welt ist *endet die Vorderseite von Bl.
6 a; auf der Rückseite ein Auslassungszeichen m. Bleist. am Rand, der Text
m. Bleist. gestr.* Welt für uns, von uns erfahrene, von uns gedachte, in unserem Erfahren und Denken von uns selbst gesetzte Welt. ⟨ *Eckige Klammer
auf* ⟩ Es gibt kein außerbewußtes Dasein in anderem Sinn als dem eines
Daseins, das das erkennende Ich in seinem Bewußtsein, in seinem Erfahren,
Denken, vorwissenschaftlichen oder wissenschaftlichen Erkennen setzt, ⟨ *ekkige Klammer zu* ⟩ und von da geht der Weg zum „ Idealismus", der, entwickelt in verschiedenen, sich wissenschaftlich immer mehr ⟨ *gestr.* reinigen-
den und ⟩ vertiefenden Systemen, in seiner radikalsten Form ⟨ *Systemen bis
Form V. für* Formen ⟩ lehrt: Es hat keinen Sinn zu sagen, eine Welt ist an
sich und das Bewußtsein ein zufälliges Ereignis in ihr. Sondern die Welt ist
gar nichts anderes als eine alle ⟨ *im Ms.* über alle ⟩ Bewußtseinssubjekte über-
greifende Gesetzmäßigkeit von Bewußtseinserscheinungen, von Erscheinungen, die sich im Gang des Bewußtseins selbst konstituieren, teils als wirkliche
Erfahrungen bewußt sind, teils nach festen Erfahrungsgesetzen ⟨ festen Erfahrungsgesetzen *V. für* jenen Regelungen der Erfahrungsverläufe mögliche und ⟩
berechenbare Erscheinungen sind und darüber hinaus gar kein sinnvolles
Dasein haben. ⟨ *Horizontaler Strich über die ganze Seite* ⟩
    So hatte schon Leibniz alle Wirklichkeit zu reduzieren versucht auf das
Sein seelenartiger Wesen, genannt Monaden, in denen nach einer gottgewoll-
ten und gotterwirkten Gesetzmäßigkeit die Dinge, die ganze Natur, mit den
sogenannten menschlichen und tierischen Leibern, als gesetzmäßige Phänomene erwachsen und vermöge ihrer festen Gesetzmäßigkeit, die ihren Ausdruck in den Naturwissenschaften findet, ein berechenbares, aber immer nur
phänomenales Dasein haben. In höchst wirkungsvoller Kraft und auf umfassender wissenschaftlicher Basis hatte Kant Raum und Zeit als Anschauungsformen des menschlichen Bewußtseins und damit alle raumzeitliche Welt als
Bewußtseinsphänomen gedeutet, und in höherer Stufe hatte er Substanz,
Kausalität, kurz alle verknüpfenden Einheitsformen der Natur, die der wissenschaftlichen Erkenntnis maßgebend sind, als Denkformen, als Kategorien
interpretiert. ‖ **272**, 26 unwandelbaren *Einf.* ‖ **272**, 28 *nach* aus. *Trenn-*

strich ‖ **272**, 35 auf unterer Stufe *Einf.* ‖ **272**, 35 *nach* unbewußt *gestr.* theoretisch ‖ **272**, *35–38* Im nachkommenden *bis* also von *V. für* und so schließlich eine Naturwissenschaft aufbaut, die danach in ‖ **273**, *4–6* Seine *bis* ist *Einf.* ‖ **273**, 5 *nach* also *gestr.* erkannte Natur ‖ **273**, 14 *nach* widerlegen. *Trennstrich* ‖ **273**, 18 *statt* ihren *im Ms.* seinen ‖ **273**, 19 *nach* gestaltend. *Trennstrich* ‖ **273**, 27 *nach* absoluten *m. Bleist. gestr.* objektiven ‖ **273**, 30 macht *bis* Welt. *Einf.* ‖ **273**, 30 *nach* Welt. *Trennstrich* ‖ **273**, 31 nun *V. m. Bleist. für Ausradiertes* ‖ **274**, 5 nicht tun *V. m. Bleist. für* nicht ‖ **274**, 8 ein praktischer Vernunftglaube, ein *Einf.* ‖ **274**, 12 *nach* begründet. *zwei Abschnittzeichen m. Tinte und Bleist.* ‖ **274**, 19 *nach* Dinge an sich, *gestr.* Dinge, die völlig beziehungslos ‖ **274**, 23 passiv *Einf.* ‖ **274**, 25 f. mannigfaltige Sinnliche *V. für* sinnliche Material, das ‖ **274**, *27–29 von* Warum *bis* läßt? *zwischen eckigen Klammern* ‖ **274**, *31–33* durch den er *bis* begründet und *Einf.* ‖ **274**, 35 Subjekt *V. für* Vernunft ‖ **275**, 1 *Klammern m. Blaust.* ‖ **275**, 24 f. Und das kann nur der oberste sittliche Zweck sein. *Einf. m. Bleist.; danach Rb. m. Bleist.* Schlußworte fehlen Telos ‖ **275**, *34–276, 1 von* Die Lösung *bis* bringen. *zwischen eckigen Klammern* ‖ **276**, 4 *nach* geschlossen. *horizontaler Bleist.-Strich am Rand* ‖ **276**, 10 f. *Klammern m. Bleist.* ‖ **276**, 11 phänomenale *Einf.* ‖ **276**, 12 f. der absoluten Intelligenz *Einf.* ‖ **276**, 14 als phänomenale *Einf.* ‖ **276**, 16 Gegenstand der Erfahrung *V. für* Erfahrungsobjekt ‖ **276**, 17 aber doch Iche *V. für* Verendlichungen ‖ **276**, 18 in sich *V. für* in empirisches Ich ‖ **276**, 22 in einem *V. m. Bleist. für Ausradiertes* ‖ **276**, 23 gebildet in *V. für* eben als ‖ **277**, 1 *statt* ihren *im Ms.* seinen ‖ **277**, 3 Die Antwort lautet : *Einf. m. Bleist.* ‖ **277**, 6 Selbst- *V. für* absoluter ‖ **277**, 7 *nach* schließt. *Trennstrich m. Bleist.* ‖ **277**, 24 *vor* Grund *gestr.* reale ‖ **277**, 24 reale *Einf.* ‖ **277**, 25 f. Und doch, sie ist mehr als Realität, sie *V. für das m. Tinte und Bleist. gestr.* Doch ‖ **277**, 26 absoluten *Einf.* ‖ **278**, 7 *nach* Weltanschauung. *gestr.* Steht man als naiver Mensch ‖ **278**, 7 *vor* Nimmt man *horizontaler Bleist.-Strich am Rand* ‖ **278**, 17 *nach* leisten. *Trennstrich* ‖ **278**, 23 *nach* Welt ist. *Trennstrich m. Tinte, Rot- und Bleist. und zwei Absatzzeichen m. Blaust.* ‖ **278**, 31 f. *statt* auf das Leben bezieht *im Original* auf das Lebendige bezieht ‖ **278**, 32 *statt* auf dasselbe *im Original* in dasselbe ‖ **278**, 33 f. Wie schon *bis* wirft *dreimal m. Bleist. am Rand angestr.* ‖ **278**, 35 Umgestaltung *V. für* Vollendung ‖ **279**, 3 *nach* beschlossen. *Trennstrich m. Bleist.* ‖ **279**, 7 Genuß *V. für* Furcht ‖ **279**, 27 *nach* Gemeinschaft. *Trennstrich* ‖ **279**, 28 des Menschen *Einf. m. Bleist.* ‖ **279**, 38 *nach* gestalten. *Trennstrich* ‖ **280**, 7 deiner Bestimmung *V. für* deinem Gewissen (der Fichteschen Formel für den kategorischen Imperativ) ‖ **280**, 14 *vor* Gesetz *gestr.* Menschen- ‖ **280**, *15–17 Zitat im Original:* Ihr nehmt die Gottheit auf in euren Willen, ⟨...⟩ ‖ **280**, *18–28 von* So zeigt die neue Philosophie *bis* schaffenden Idealisten. *zwischen eckigen Klammern; danach ein Abschnittzeichen* ‖ **280**, 34 f. Idee der *Einf.* ‖ **281**, 13 und Philosophie *Einf.* ‖ **281**, 15 *nach* Persönlichkeit. *Trennstrich m. Bleist.* ‖ **281**, 17 *nach* Austeiler *gestr.* der Glückseligkeit ‖ **281**, 20 sogenannte *Einf. m. Bleist.* ‖ **281**, 27 f. Die Unendlichkeit *bis* Unsterblichkeit. *Einf.* ‖ **281**, 28 *Abschnittzeichen, danach doppelter Trennstrich m. Blaust.* ‖ **282**, 1 innigen *Einf. m. Bleist.* ‖ **282**, 2 und ihn tief erregende *Einf.* ‖ **282**, 7 in der napoleonischen Zeit *Einf.* ‖ **282**, *14–17 von* „Die *bis* Stätte." *zwischen*

eckigen Klammern und waagrechten Blaust.- und Rotst.-Strichen || **282**, 15
gebeugt *Einf.* || **282**, 16 jammernd *V. für* trauernd || **282**, 14–17 *Zitat im Ori-*
ginal: Die Zeit erscheint mir wie ein Schatten, der über seinem Leichname,
aus dem soeben ein Heer von Krankheiten ihn herausgetrieben, steht und
jammert, und seinen Blick nicht loszureißen vermag von der ehedem so
geliebten Hülle || **282**, 20 *Zitat im Original:* Auch die Morgenröte der neuen
Welt ⟨...⟩ || **282**, 26 Motiv *V. für* Moment || **282**, 26 er *Einf. m. Bleist.* ||
283, 1 als höherer Stufe *Einf.* || **283**, 2 f. *nach* „seliges" Leben. *doppelter*
Trennstrich m. Bleist. || **283**, 13 dem Urlichte *bis* Gestaltungen *V. für* Gestal-
tungen || **283**, 16 f. *von* wie dann *bis* absoluten Ich. *zwischen eckigen Klam-*
mern || **283**, 16 *vor* Platonische *gestr.* neuplatonische || **283**, 16 *vor* Verwandt-
schaft *gestr.* wirkliche || **283**, 22 als Phänomen *Einf.* || **283**, 23 f. nämlich in
Form des Bewußtseins, ein Abbild *Einf.* || **283**, 26 -akten *V. für* -gestaltungen
|| **283**, 31 der im Bewußtsein Gott verhüllende Schatten *V. für* das Gott Ver-
schattende || **283**, 34 *vor* Dem entsprechen *spitze Klammer m. Blaust.* ||
284, 11 *zu Beginn der dritten Vorlesung Rb. m. Bleist.* Zuviel herausgestri-
chen, so daß nur 40 Minuten || **284**, 19 *nach* reinen Ich *m. Bleist. gestr. und*
zwischen eckigen Bleist-Klammern und seiner unendlichen Folge von Tathandlungen, m.a.W. in der Form des sich immer höher emporsteigernden
Bewußtseins, worin sich als Phänomen die Sinnenwelt, auf sie bezogen see-
lische Wesen und zuhöchst menschliche Persönlichkeiten konstituieren. ||
284, 19 Er *V. m. Bleist. für* Gott || **284**, 26 *nach* vorgezeichnet sind *gestr.* von
Ewigkeit || **285**, 1 wählen *m. Bleist. überschrieben* || **285**, 4 *nach* Licht *m. Blei-*
und Blaust. gestr. und zwischen eckigen Blau- und Bleist.-Klammern (Anfang)
und einer Bleist.-Klammer (Ende) A priori, in ewiger Notwendigkeit ist all
das in Gottes Wesen beschlossen, dieser ewige Prozeß der reflektiven Selbst-
entwicklung Gottes von äußerster Verdunkelung durch mancherlei Verhül-
lungsstufen bis zur reinsten hüllenlosen Klarheit, dieser Prozeß, der von der
materiellen Welt emporführt zum Menschen und innerhalb des Menschentums sich abspielt in Form der Erhöhung des Menschen von der Stufe des
unseligen Sinnenmenschen bis zum wahrhaft seligen, mit Gott vereinigten
Menschen, dem Menschen, der in reinstem Schauen, in reinster Gotterkennt-
nis und Gottliebe Gott in sich und sich in Gott weiß. || **285**, 6 *am Rand zwei*
kurze horizontale Bleist.-Striche || **285**, 6 *statt* nach *im Ms.* noch || **285**, 15
nach eigentlichen Leben *gestr. m. Blaust.* gelegen || **285**, 18 *nach* Liebe und
Seligkeit. *Trennstrich m. Bleist.* || **285**, 22 *nach* hüllenlosen *gestr.* Anschauung
Gottes || **285**, 22 Gotthingegebenheit *V. m. Bleist. für* Gottgegebenheit ||
285, 24 wir *m. Bleist. überschrieben* || **285**, 27 *vor dem Absatz eine m. Blaust.*
geschriebene 1) || **285**, 34 f. keine Befriedigung. *V. für* nur die Pein und Qual;
danach gestr. Das Leben zerfließt in Tätigkeit, in ständigem Herumgezerrt-
sein zwischen Begierde und Genuß, Enttäuschung und Elend. || **286**, 12–14
von gegenüber der *bis* Pflicht *zwischen eckigen Blau- und Bleist.-Klammern* ||
286, 16 f. überschwenglich gepriesen *V. für* so hoch gewertet || **286**, 17 *nach*
nicht mehr *gestr.* so || **286**, 17 *nach* hoch einschätzt *gestr.* und einer beschrän-
kenden Kritik unterzieht. Er bezeichnet sie als die des Stoizismus. || **286**, 21 f.
nach er sieht, *gestr.* der von diesem ausstrahlenden Motive Besessene habe ||
286, 24 f. und eigentlicher *Einf.* || **286**, 36 Schwärmerei *V. für* Begei-

sterung ‖ **286**, 38 *vor* Strebenden *gestr.* Wollenden ‖ **287**, 1 *nach* könnten. *Trennstrich m. Blaust.* ‖ **287**, 5 alles *V. für* alle sinnlichen Neigungen völlig kraftlos geworden ‖ **287**, 12 *nach* getan *m. Blaust. gestr. und zwischen eckigen Bleist.-Klammern* der Ruf zur Pflicht braucht nicht mehr zu mahnen, wer in der echten Liebe lebt, handelt um des Ewigen willen, das er liebt, und braucht nicht daran zu denken, daß er damit seine Pflicht tut und tun soll. ‖ **287**, 15 *nach* Wert. *Absatzzeichen m. Blaust.* ‖ **287**, 21 f. Anfangs *bis* fallenläßt. *Erg.* ‖ **287**, 28–32 *von* Also nichts *bis* Apathie. *zwischen eckigen Bleist.-Klammern* ‖ **287**, 33 f. des stoischen Weisen *Einf. m. Bleist.* ‖ **287**, 36 f. vielmehr *V. für* um dafür rein Gott und Gott in sich zu finden ‖ **288**, 1 f. der göttliche Wille in dieser Endlichkeit aus? *V. für* Gottes höhere Offenbarung aus, worin erkennen wir, was eigentlich in der Linie der Entwicklung im wahren Sinn in dieser Zeitlichkeit Ausdruck der Ewigkeit, göttlicher Offenbarung ist? ‖ **288**, 4 f. ganz und gar *bis* in einem *V. für* in einem ‖ **288**, 8–10 *von* Ein so Gegebenes *bis* Vollkommenes. *zwischen eckigen Bleist.-Klammern* ‖ **288**, 10 *vor* Gottes Wesen *gestr. m. Bleist.* Z.B. ‖ **289**, 18 Organe *V. für* Gefäße ‖ **289**, 19 *nach* Realisierung seiner *gestr. m. Bleist.* ihm eingeborenen; Realisierung *bis* eingeborenen *V. für* Reflexion und nach allen ihm eingeborenen ‖ **289**, 33 f. *nach* Ich brauche *gestr.* nur auf dasjenige mögliche Tun zu achten ‖ **290**, 7 *nach* das göttliche Wesen *gestr. m. Bleist.* (oder die göttliche Idee) ‖ **290**, 8 *nach* angenommen hat. *Abschnittzeichen m. Bleist.* ‖ **290**, 9 Gehen wir eine Stufe höher: *Einf. m. Blaust.* ‖ **290**, 10 *nach* weiß *gestr. m. Bleist.* und ‖ **290**, 15 *nach* mißlingt. *gestr.* Er ist also dann unselig. ‖ **290**, 26 *nach* immerfort will und erstrebt. *kurzer horizontaler Blaust.-Strich am Rand* ‖ **291**, 2 *nach* Liebe. *Trennstrich m. Bleist.* ‖ **291**, 3 f. *von* Obschon *bis* getrennt ist. *zwischen eckigen Blei- und Blaust.-Klammern* ‖ **291**, 4 *nach* abgeschnitten *schließende Bleist.-Klammer m. Bleist. gestr.* ‖ **291**, 21 *vor dem Absatz kurzer horizontaler Strich* ‖ **291**, 24 *Hervorhebung von* Husserl ‖ **291**, 26 *am Ende des Absatzes ausradierte öffnende Bleist.-Klammer* ‖ **291**, 26 *Rb.* V 471–73 *(bezieht sich auf Fichte, Werke)* ‖ **291**, 33 *Rb.* K⟨uno⟩ Fischer ‖ **292**, 16 *nach* erhöhen müßte. *Abschnittzeichen m. Bleist.* ‖ **292**, 23 f. *vor* Reden an die deutsche Nation *gestr.* wundervollen ‖ **292**, 24 *nach* in Betracht. *Trennstrich m. Bleist.* ‖ **292**, 27 nationale *Einf.* ‖ **292**, 30 *vor* höhere *gestr.* ideale ‖ **292**, 31 *nach* kommen müßte. *Trennstrich m. Bleist.* ‖ **292**, 33 unserer *V. m. Bleist. für* der ‖

Beilage IX (S. **293** f.)

Diese englischsprachige Übersetzung eines Auszugs aus einem Brief Husserls an Hugo Münsterberg wurde veröffentlicht in: Hugo Münsterberg, The Peace and America, New York und London 1915. Das Original des Briefes konnte nicht aufgefunden werden. Husserls Handexemplar mit der Widmung Münsterbergs „Mit herzlichem Dank (siehe Seite 222) von Hugo Münsterberg, Cambridge, Mass. Ostern 1915" (Signatur BP 181) enthält keine Annotationen Husserls.

Beilage X (S. **294 f.**)

Der Text basiert auf einem Verlagsprospekt des Max Niemeyer Verlags zu Dietrich Mahnkes Der Wille zur Ewigkeit. Gedanken eines deutschen Kriegers über den Sinn des Geisteslebens, *Halle 1917. Der Prospekt ist unter der Signatur X V 4 archiviert.*

„Adolf Reinach†": *Frankfurter Zeitung,* 6.12.1917 (S. **296–299**)

Dem Text liegt ein Zeitungsausschnitt zugrunde, der unter der Signatur K VIII 11/I archiviert ist. In demselben Konvolut findet sich ein loses Blatt, auf dem Husserl in Gabelsberger Stenographie den Schluß des Aufsatzes entworfen hatte.

298, 21 *statt* Alle *im Erstdruck* Als ‖

„Adolf Reinach†": *Kant-Studien,* 23, 1918, S. 147–149. (S. **300–303**)

Eine maschinenschriftliche Abschrift dieses Aufsatzes ist archiviert unter der Signatur K VIII 11/II. Textgrundlage für den Abdruck in diesem Band bildet die Erstveröffentlichung.

„Erinnerungen an Franz Brentano", aus: Oskar Kraus, *Franz Brentano. Zur Kenntnis seines Lebens und seiner Lehre,* München 1919, S. 153–167. (S. **304–315**)

Der Text erschien als zweiter Beitrag im Anhang des Buches von Oskar Kraus.

309, 20 *statt* als *im Erstdruck* wie ‖ **314**, 5 *statt* 1907 *im Erstdruck irrtümlich* 1908 ‖

⟨Vortrag in der Kulturwissenschaftlichen Gesellschaft Freiburg i. Br.:⟩
Natur und Geist
(S. **316–324**)

Das vorliegende Fragment des Vortrags gibt den Text der Blätter 3–8 des Konvoluts A IV 16 wieder. Das Umschlagblatt 1/31 des Konvoluts trägt die mit dunklerem Blaustift unterstrichene Aufschrift mit Tinte Erster Entwurf zum Vortrag in der Kulturwissenschaftlichen Gesellschaft, 21.II.1919. *Darüber steht mit hellerem Blaustift* naturalistische und personalistische Einstellung. *Ebenfalls mit hellerem Blaustift ist die Überschrift in* Erste Entwürfe *geändert und die Zahl 19 nochmals überschrieben worden. Darunter findet sich mit dunklerem Blaustift die Bemerkung* Die ersten Entwürfe zum Vortrag in der Kulturwissenschaftlichen Gesellschaft, durchsehen, enthält einige wertvolle Blätter. *Eine nicht von Husserl stammende Abschrift des Gedichtes „Traum" von Lermontow steht auf der Innenseite des Binnenumschlags 2/30.*

Die mit schwarzer Tinte in Gabelsberger Stenographie beschriebenen Blätter 3–8 von Normalformat beinhalten die Ausarbeitung des Vortrags. Sie sind im Gegensatz zu den anderen Blättern des Konvoluts mit Bleistift numeriert und in der Mitte längs gefaltet. Blatt 3 trägt die Seitenzahl 6, Blatt 4 die Zahl 7, die Blätter 5–8 wurden von 9–12 paginiert. Sie weisen zahlreiche Unterstreichungen mit Blau- und Rotstift sowie Korrekturen mit Bleistift auf. Die übrigen Blätter des Konvoluts stellen eine frühere Fassung des Vortrags dar. Von ihnen sind nur die Blätter 15–17, und zwar mit Tinte von 1–3 paginiert. Die Blätter 9–29 unterscheiden sich ferner dadurch deutlich von der Ausarbeitung des Vortrags, daß sie nur wenige Unterstreichungen mit Blau-, Blei- oder Rotstift aufweisen.

Die Seiten 1–5 und 8 des Vortragsmanuskripts waren nicht auffindbar. Ihr Inhalt läßt sich jedoch mit Hilfe der früheren Fassung (Bl. 9–29) rekonstruieren (siehe Beilagen XI bis XIII).

316, 10 Natur- *V. für* Erfahrungs- || **316**, 16 Wahrnehmungen *V. für* Erfahrungen || **316**, 17 f. *vor* allgemeingültige *gestr.* notwendige und || **316**, 23 *angestrichen am Rand m. Bleist.* || **317**, 1 f. gezeigt zu haben *Einf. m. Bleist.* || **317**, 9 *vor* jede *gestr. m. Bleist.* auch || **317**, 18–20 nur daß *bis* erlangen müssen. *in eckigen Bleist.-Klammern* || **317**, 24 anschaulich *Einf. m. Bleist.* || **317**, 25 f. und daß *bis* in sich haben. *in eckigen Bleist.-Klammern* || **317**, 27 -gruppe *Einf. m. Bleist.* || **317**, 33 *Rb. oben rechts auf Bl. 4a* Psychologie || **317**, 33 *vor* Sie geben *gestr. m. Bleist.* Jedem Subjekte der Umwelt, das wir als andere Subjekte Erkennendes annehmen, geben sich a priori diese anderen Subjekte in äußerer Wahrnehmung, sie geben sich durch einfühlendes Verständnis der jeweiligen Leiblichkeit als Ausdruck ⟨ *gestr.* eines Seelischen ⟩ ihrer Subjekte durch einfühlende Apperzeption der fremden Leiber || **317**, 39 Seelische *V. für* Geistige || **318**, 1–5 Da die Zeit *bis* Aber *in eckigen Blaust.-Klammern* || **318**, 6–9 ihm wesensfremden *bis* gemessen wird. *V. für* Naturzeit und indirekt ⟨ *eckige Blaust.-Klammer auf* ⟩ werden Uhren, zeitmessende Instrumente zur seelischen Zeitbestimmung verwendet ⟨ *eckige Blaust.-Klammer zu* ⟩ || **318**, 10 *nach* Natur *gestr. m. Bleist.* Ordnung || **318**, 20 *vor* exakt *gestr.* unbedingter und || **318**, 27 unanschaulichen *Einf.* || **319**, 9 f. und gerade solcher, für deren Erkenntnis *V. für* für die || **319**, 10 Klassen *Einf.* || **319**, 12 *nach* Methoden *gestr.* oder statistischen Methoden der Metrologie || **319**, 24–30 Da war *bis* selbst gesehen. *in eckigen Blaust.-Klammern* || **320**, 2 objektive *V. für* übersubjektive Reich des Geisteslebens || **320**, 3 *nach* Welt zu sein. *zwischen eckigen Blaust.-Klammern und gestr. m. Bleist.* Ich leugne also, wie ich immer es geleugnet habe, daß die moderne Psychologie, so sehr ich ihr beschränktes Recht sonst anerkenne, überhaupt eine Psychologie im eigentlichen Sinn ist. Dilthey war in seinen leider sehr unklaren und darum nicht überzeugenden Ausführungen ⟨ *gestr.* sehr richtig ⟩ von einem guten, ja genialen Instinkt geleitet, wenn er dieser Psychologie den

Anspruch abstritt, Fundament der Geisteswissenschaften zu sein, und zu solchem Zwecke vielmehr eine neue beschreibende und zugleich zergliedernde Psychologie forderte. || **320**, 19 *nach* Selbiges weiß *zwischen eckigen Blau-und Bleist.-Klammern und gestr. m. Bleist.* Ob es aber als vollziehendes in den Bewußtseinsakten waltet oder Bewußtseinserlebnissen äußerlich bleibt, immer ist darauf alles Erleben offen oder verborgen bezogen, z.B. bezogen in der Weise des „ Reizes ", der in beschreibbarer Weise von einem Hintergrunderlebnis auf das Ich geht, das darauf je nachdem mit Zuwendung reagiert oder auch nicht reagiert. || **320**, 29 typisch *V. für* relativ || **320**, 30–**321**, 5 Besonders wichtig *bis* vorgegeben ist. *zwischen eckigen Blei- und Rotst.-Klammern* || **321**, 6 *statt* wurden *im Ms.* worden || **321**, 12 *nach* Geist *gestr. m. Bleist.* im Zusammenhang mit physischen Leibern und dadurch als || **321**, 13 äußere *Einf. m. Bleist.* || **321**, 22 außer ihm *Einf.* || **321**, 28 f. Es ist eine durchaus außerwesentliche Ordnung. *Einf.* || **321**, 29 *nach* Ordnung *gestr. Einf.* daher unanschaulich || **321**, 34–**322**, 11 *von* Es gibt *bis* rationalen Sinn begründende. *zwischen eckigen Rotst.-Klammern; Rb. m. Rotst.* daneben f⟨olgende⟩ S⟨eite⟩. || **322**, 3–8 Kausalität ist *bis* Motiven. *Einf., die Stelle zur Einf. mit Blaust. gekennzeichnet* || **322**, 9 und ein doppeltes Weil *Einf.* || **322**, 11 *Komma nach* höheren *fehlt im Ms.* || **322**, 11 *vor* begründende *gestr.* verständlich erklärende || **322**, 11 *nach* begründende. *Strich m. Rotst.* || **322**, 12 *vor* Motivation *angestr. m. Blei- und Rotst.* || **322**, 13 Welt *V. m. Bleist. für* Sphäre || **322**, 15 *nach* ihre *gestr. m. Bleist.* im Eigenwesentlichen || **322**, 14–20 *Rb. m. Bleist.* Das ist nicht deutlich, es scheint so, als ob es kein Verstehen gäbe außerhalb der Aktivität*; gestr. m. Bleist.* s⟨iehe⟩ F⟨olgendes⟩ || **322**, 21–23 *Rb. m. Bleist.* Desgleichen! || **322**, 25 Zustand und *Einf.* || **322**, 25 *Rb. m. Bleist.* Das gilt auch für den passiven Intellekt || **322**, 27 *angestr. am Rand m. Rotst.* || **323**, 9 f. :etwa Linde *Einf.* || **323**, 14–16 wie „ Ideen " *bis* speziell *Einf.* || **323**, 17–20 Hier allein *bis* spielt. *Einf.* || **323**, 23 f. *statt* können *im Ms.* kann || **323**, 29 f. *nach* Geschichte *gestr.* und das wird immer als Desiderat empfunden werden || **323**, 31–33 Klammern *m. Rotst.* **323**, 31 f. in individueller Vereinzelung *Einf.;* Vereinzelung *V. für* Gestalt || **323**, 36 objektiven *V. für* sachlichen || **323**, 36 f. wie Sprache, Literatur, Kunst, Recht, Wirtschaft usw. *Einf.* ||

Beilage XI (S. **324** f.)

Der Text des Blattes 23 aus dem Konvolut A IV 16 (zur Beschreibung des Konvoluts siehe die Anmerkungen zum Vortrag „ Natur und Geist "). Der Text ist auf einem Blatt von Normalformat mit schwarzer Tinte in Gabelsberger Stenographie geschrieben. Auf der Vorderseite des Blattes befindet sich rechts am Rand ein Fragezeichen mit Bleistift.

324, 25 prädikative *V. für* sachliche || **324**, 29 *statt* gibt *im Ms.* geben || **324**, 29 f. Die *bis* Wissenschaft *V. für* Eine neue Wissenschaft und nicht eine bloß neue Disziplin innerhalb ⟨einer anderen⟩ besagt dann || **324**, 33 *vor* gültige *gestr.* objektiv || **325**, 17–24 Und hier *bis* bleiben soll. *Erg.* || **325**, 24–29 Methodologische *bis* Technik haben. *in eckigen Klammern* || **325**, 26 f. die unablöslich zu ihrer Idee gehört und daher a priori heißt *Einf.* ||

Beilage XII (S. 325–329)

Diese Beilage gibt den Text des Blattes 10 bis zur Mitte des Blattes 13 b aus dem Konvolut A IV 16 (siehe die Anmerkungen zu „Natur und Geist") wieder. Der in Gabelsberger Stenographie mit schwarzer Tinte geschriebene Text weist auf den Blättern 10–12 mehrere Unterstreichungen mit Blaustift und auf den Blättern 11 und 12 mit Bleistift auf. Änderungen, die mit Bleistift ausgeführt wurden, befinden sich auf den Blättern 10 bis 12. Der Text ist auf Blättern von Normalformat geschrieben, die keine Paginierung aufweisen.

325, 33 *Der erste Satz auf Bl. 10 lautet:* So verhält es sich zu jedem umweltlichen Gegenstand, also auch zu den Ichsubjekten. || **325**, 40 *statt* erhalten *im Ms.* erhalten haben || **326**, 10 f. Es ist natürlich *bis* Geltung *Einf. m. Bleist.* || **326**, 13 wirkliche oder mögliche Subjektakte *V. für* subjektive Akte || **326**, 14 ihren ursprünglichen Sinn *V. für* Charakter || **326**, 17 Reales *Einf.* || **326**, 18 tätig *Einf.* || **326**, 19 Korrelat *V. für* das Resultat || **326**, 19 eine prädikable Schichte *Einf.* || **326**, 22 umweltliche *Einf.* || **326**, 28 *vor* verhalten *gestr.* schaffen || **326**, 29 oder gewachsenen *Einf. m. Bleist.* || **326**, 37 f. den Subjektakten gegenüber *Einf. m. Bleist.* || **327**, 8 *vor* O b j e k t e n *gestr.* Natur- || **327**, 9 *vor* Ansich *gestr.* naturhaften || **327**, 10 s i n g u l ä r e n *V. für* vereinzelten || **327**, 13 gemeinsamen *Einf. m. Bleist.* || **327**, 14 Finanzgesellschaften *Einf. m. Bleist.* || **327**, 27 f. dadurch, daß die einen Einzelsubjekte die anderen Einzelsubjekte *V. m. Bleist. für* durch die Wesensart von Einzelsubjekten, daß sie andere Einzelsubjekte || **327**, 34 *statt* es *im Ms.* ihn || **327**, 44 *statt* bildet *im Ms.* bilden || **328**, 1 *statt* deren *im Ms.* dessen || **328**, 8 *vor* Da wir *eckige Klammer m. Bleist. auf* || **328**, 15 *vor* Einheit *gestr.* Subjekt || **328**, 16 Wichtig *V. m. Bleist. für* Wichtiger aber || **328**, 20 gilt *im Ms. vor* dasselbe || **328**, 36 *vor* Subjekten *gestr.* Menschen || **328**, 39 *vor* realen *gestr.* individuellen || **328**, 44 *Rb. m. Bleist.* Naturwissenschaft: Wissenschaft vom Bedeutungslosen || **329**, 3 von Ichakten *Einf. m. Bleist.* || **329**, 4 zu verdanken *V. für* und in nachfühlender Gestaltung ihren verstandenen Sinn zu verdanken || **329**, 9 f. veränderliches und doch identisches Objekt ist, das *Einf. m. Bleist.* || **329**, 18 *nach* gibt sich *gestr.* umweltlich || **329**, 25 *statt* auf *im Ms.* von dem ||

Beilage XIII (S. 330)

Diese Beilage gibt den Text des Blattes 17 b und der oberen Hälfte von 18 a des Konvoluts A IV 16 (siehe Anmerkungen zu „Natur und Geist") wieder. Die in Gabelsberger Stenographie beschriebenen Blätter von Normalformat weisen keine Paginierung auf. Auf Blatt 18 findet sich eine Unterstreichung mit Bleistift.

330, 14 *Rb.* Vergessen die inneren Regelabhängigkeiten empirischer-tatsächlicher Art || **330**, 18 dem Subjekt *V. für* des Geistes || **330**, *Fußnote:* *Rb.* || **330**, 28 *nach* unabhängige *gestr.* völlig irrelativ || **330**, 32 *vor* wechselnden *gestr.* anormalen || **330**, 33 *vor* Objektivierung *gestr.* erklärende ||

NACHWEIS DER ORIGINALSEITEN

In der linken Kolonne sind Seite und Zeile der vorliegenden Ausgabe verzeichnet, in der rechten Kolonne das Manuskriptkonvolut und die Blattzahlen im Manuskript (nach der Signierung und Numerierung des Husserl-Archivs Leuven).

68-81,20	**F II 6**/1-11	**226-248**, 37	**M III 7**/2-5, 9-76
82, 4-**124**, 12	**F IV 1**/130-165	**249**, 3-**252**, 45	**K I 24**/56-59
125, 6-**206**, 11	**B I 3**/45-46, 49-105	**253**, 5-**266**, 5	**M III 8**/2-46
206, 15-**208**, 5	**B I 3**/21-22	**267**, 1-**293**, 9	**F I 22**/1-24
208, 8-**209**, 3	**B I 3**/11	**316**, 5-**324**, 8	**A IV 16**/3-8
209, 6-**210**, 27	**B I 3**/15	**324**, 12-**325**, 29	**A IV 16**/23
210, 31-**219**, 35	**B I 2**/3-13	**325**, 33-**329**, 43	**A IV 16**/10-13
219, 40-**225**, 24	**B I 2**/15-21	**330**, 4-34	**A IV 16**/17b-18a

SACHREGISTER

A

Abbilden, Erkennen kein A. 176

Abschattung, A. und erscheinendes Ding 90 f., 177, 213 f.; Psychisches ohne A. 31 f.

absolut vgl. *Gegebenheit*

Adäquatheit, A. der Begriffsbildung 231 f.

Allgemeinheit, A. und Anschauung 228 f.

Anschauung (vgl. auch *Wesenserschauung, Wahrnehmung* und *Erfahrung*), reine A. und Erfahrung 110 f., 161 f.; A. als Quelle aller rechtmäßigen Begriffsbildung 228; fingierende A. 70

Apperzeption, naturale A. 150; Gegensatz der naturalen A. zur reinen oder transzendentalen, phänomenologischen 160 f.; aktive und passive A. 320

Apriori, A. im Empirismus 118 f.; A. und Wesensforschung 33 f., 40 f., 116, 198 f.; Bedeutung von A. 80; A. und Ontologie 121 f.

Aufmerksamkeit, Modi der A. 91 f.

B

Bedeutung, B. und Bewußtsein 15 f.

Begriff, natürlich gebildete B. 231 f.; phänomenologisch gebildete B. 228 ff.; B. in der Psychologie 19 ff., 200 ff., 232 ff.

Beschreibung, Phänomenologie als beschreibende Wissenschaft 226 ff.; beschreibende Wissenschaften allgemein 229 ff.

Bewußtsein (vgl. auch *Vernunft, Ich* und *Zeitbewußtsein*), Beziehung des B. auf den Gegenstand vgl. *Gegenstand, Noema, Wirklichkeit, Möglichkeit*.

Allgemeines: Titel für eine Form des B.-lebens 113; B. konstituiert alles in sich selbst 181 f.; B. als Ordnungssystem nach Vernunftbegriffen 235 f.; B. als Einheit für erkennende, wertende, praktische Vernunft 197 f.; B. umfaßt sowohl Vernunft wie Unvernunft 147 f.; B. und Reflexion 149 ff.; B. als B.

von etwas 16, 31, 118 f., 148, 181, 188, 320; Entscheidung über Wirklichkeit nur im B. 179, 182 f.

reines B.: r. B. umfaßt B.-wirklichkeiten und B.-möglichkeiten 79, 170 f.; r. B. wird erfaßt in der phänomenologischen Reflexion 79 f., 162 f; r. B. Ursprungsgebiet der transzendentalen Fragen 160 ff.; r. B. und Reflexion 161 f.; r. B. gegenüber psychologischem B. 75

Bild vgl. *Abbilden*

C

cogito (vgl. auch *Erlebnis, Zweifel*), c. und cogitatum 98, 100 f.; mehrfacher Sinn des Begriffs c. 106 f.; Naturalisierung des c. 218; Zeitlichkeit des c. 221

D

Dasein vgl. *Wirklichkeit*

Denken, allgemeiner Begriff des D. 242 f.

Ding (vgl. *Natur*), D.-Erscheinung vgl. *Erscheinung,* D.-Wirklichkeit vgl. *Wirklichkeit*; Wesen des D. 26 ff., 177 f., 211 f., 230

Darstellung des D. in Abschattungen 176 f.

Beschaffenheit des Sinnend. 82, 90 ff.; Sinnend. und Wahrnehmungsurteil 94 f.

doxische Modi 92, 95, 148, 175

E

Eidos (vgl. *Wesen*), eidetische Wissenschaft vgl. *Wissenschaft,* eidetische Reduktion vgl. *Reduktion,* eidetische Psychologie vgl. *Psychologie*

alle Erkenntnisprobleme sind eidetische 194 ff.; E. als Einheit 204 f.; E. im Gegensatz zur Tatsache 154 f.

Einfühlung, E. einziger Zugang zur fremden Subjektivität 110; E. und Erfahrung 179 f.

Einstellung, natürliche E. oder naturalistische E. (vgl. auch *Natur, Naturwissenschaft*) 144 f.; n. E. setzt naiv die Natur als daseiend voraus 160 f., 175 ff.; n. E. nicht auf Akte, sondern auf Gegenständlichkeiten bezogen 74, 87; n. E. und Reflexion 145 ff.

phänomenologische Einstellung: p. E. richtet sich auf die Art, wie Gegenstände erscheinen 88 f.

G

Gegebenheit, naturale: n. G. immer nur relativ 164 f., 210 f.; einseitig 211; vorbehaltlich 211, 217 f.; Gegensatz von natürlicher und transzendentaler G. 210 ff.

absolute G. 165, 211; Zeitlichkeit der a. G. 211 f.; a. G. zweifellos 217 f.; a. G. der immanenten Erfahrung 72 f.

Gegenstand (vgl. auch *Ding, Wesen*) 86, G. Subjekt möglicher Prädikationen 72 f.; jeder G. Einheit von reinen Bewußtseinsmannigfaltigkeiten 193; G. Einheit von Erscheinungen 70; synthetische Gegenständlichkeit theoretischer Gebilde 71, 94

Geist 317 ff.; G.-gestaltung und Entwicklung 41 f.

Geisteswissenschaft, G. lösen geistige Not der Zeit nicht 56; G. gründen im Verstehen 56

Geometrie, Verfahrensweise der G. 158, 244 f.; G. keine Erfahrungswissenschaft 111, 210; Unterschied zwischen G. und Phänomenologie 244 f.

Gemeinschaftsbewußtsein, G. konstituiert im Bewußtsein 180 f.

Gemütsfunktion, G. konstituieren neue Regionen von Gegenständen 196

Geschichte der Philosophie, richtiger Umgang mit der G. der Philosophie 60 f., 206 f., 309

Gott, G. als Transzendenz 173; G. bei Fichte als Wille und Weltschöpfer 283; als sittliche Weltordnung 277 f.; als Idee 278

H

Historizismus, H. setzt die Tatsachensphäre des Geisteslebens als absolut 8 f.; H. resultiert aus der Hegelschen Geschichtsphilosophie 8 f.; H. deutet Ideen in Tatsachen um 56; H. bestreitet die objektive Gültigkeit der Philosophie 42 ff.; H. führt zum Relativismus und Skeptizismus 41 f.

Horizont, H. und Dingwahrnehmung 212 f.

Humanität, H. Ideal des Menschen 50 f.

I

Ich (vgl. auch *Subjekt, Bewußtsein, Mensch*), menschliches I. und reines Bewußtsein 186 f.; I. als Ichpol 320; I. bei Fichte 275 f.

Idealismus, deutscher 267 f., 308 f.

R

Region, R. bezeichnet von Ideen, die regionale Grundbegriffe ergeben 192; Sachhaltigkeit einer R. 172

Religion, R. und Moralität bei Fichte 280 ff., 290

Retention, Modifikationen der R. 220 ff.

S

Schein, transzendentaler, Quelle des t. S. 189

Seele, S. die inneren Zustände eines realen Subjekts 151 f.; S. als Strom des Lebens 319 f.

Seligkeit, S. und Sittlichkeit bei Fichte 279 f.

Selbstbeobachtung (vgl. auch *Reflexion*), S. als Methode in der Psychologie 18 ff.; S. keine Basis für die Phänomenologie 36

Setzung, S. der Wirklichkeit in der Phänomenologie als Inhalt des betreffenden Erfahrens 89 f.

Sinnlichkeit, S. der Vernunft gegenübergestellt 125 f.

Sittlichkeit, S. bei Fichte 279 f.

Skeptizismus, S. leugnet Vernunft 9 f.; erkenntnistheoretischer S. 135; S. und Naturalismus 7 f.; S. und Weltanschauungsphilosophie 47 f.

Sophismus, S. bestreitet die Vernunft 126

Stoa, S. erkannte die Scheidung der Rechtslehre der Erkenntnisakte und der Gültigkeit der Erkenntnissätze 127 f.

Subjekt, S. und empirische Person 95 f.

T

Tathandlung, T. bei Fichte 275

Tatsache, T. als Gegensatz zum Wesen 250 f.

Tatsachenwissenschaft (vgl. auch *Wissenschaft*), T. geht auf Erkenntnis einzelner Tatsachen 252; T. und Wesenswissenschaft 250 ff.

Teleologie, Erkenntnis teleologisch geordnet 16; T. in der phänomenologischen Wissenschaft 195; T. des Ich bei Fichte 276 ff.

Tendenzen, alle Intentionalität von T. durchwaltet 196 f.

Theorie, T. und praktische Anliegen 271 f.; T. als Forschungsobjekt 98 f.; T. und Anfang der Wissenschaft 125

Tiefsinn, T. Sache der Weisheit, kein Platz für T. in der Wissenschaft 59 f.

Weltanschauung, W. und Weisheit 48 f.; W. und die Kulturgemeinschaft 42 f., 49 f.

Weltanschauungsphilosophie, allgemeine Charakteristik 42 f., 47 f., 58 f.

W. und historizistischer Skeptizismus 7 f., 42 f., 47 f.; W. und theoretische Wissenschaft 57 f.; W. geht auf ein Umschlagen der Hegelschen Philosophie zurück 7

Weltkrieg 65, 268, 293 f.

Wert, W. Titel für universelle Gemütsfunktionen 196; W. und Tugendhaftigkeit 49 f.; W. und Kulturobjekte 96 f.

Wesen (vgl. auch *Eidos, Wesenserschauung*), Begriff des W. 241 f.; W.-begriffe 31 ff.; W. und Anschauung 228; W. im Gegensatz zur Tatsache 250 ff.; W.-erkenntnis, Gewißheit der W. 246

Wesenserschauung, W. nicht aktives Erzeugen, sondern Sehen 241 f.; W. originär gebende Anschauung von Wesen 161 f., 188; Unterschied zur sinnlichen Anschauung 110 f.; zur Erfahrung 33 f.; W. Quelle aller Begriffe 228

Wesenswissenschaft, W. hat es mit reinen Möglichkeiten zu tun 249 f.; W. Gegensatz zur Tatsachenwissenschaft 250 ff.; Phänomenologie als W. 36, 237

Wissenschaft, allgemeine Kennzeichnung der W. 4 f., 51 ff., 205 f.

W. überzeitlich 52; W. unpersönlich, objektiv 4, 59 f., 79; W. lehrbar 4; W. in Vollendung die Vernunft selbst 11; Unterschied der Erfahrungsw. und der reinen W. 79 f., 210; W. als Kulturerscheinung 42 f.; W. als Wert 58 f.; Irrtum in der W. 247 ff.; W. und Weltanschauung 51 ff.

apriorische W. 78 ff.

eidetische W.: Wesen der e. W. 110 f., 172 f.; Phänomenologie als e. W. 111 f., 172 f.

exakte W.: e. W. sucht eindeutige Bestimmung nach Gesetzen 239 f.

objektive W.: o. W. auf Erfahrung gegründet 105 f.; Gegensatz von o. W. und Bewußtseinsw. 73.

strenge W.: s. W. nicht nur positive Wissenschaft 10 f.; s. W. und die Geschichte 207 f.; s. W. und menschliche Kultur 7 f.

Wissenschaftstheorie, Phänomenologie als W. 205 ff.

formale W.: f. W. fällt mit formaler Ontologie oder mathesis universalis zusammen 130 f.

materiale W.: m. W. und materiale Ontologie 133 f.

Wirklichkeit, W. eingeklammert in der phänomenologischen Reduktion 76 f.; W. in phänomenologischer Einstellung 89 f., 250; W. und Bewußtsein 178 ff.; Tatsachen- und Wesensw. 237 f.

Z

NAMENREGISTER

Aristoteles 61, 127, 206 f., 232
Archimedes 216
Berkeley 81, 103, 143
Bolzano 127, 134, 143
Brentano 20, 103, 122, 234, 304 ff.
Brentano, Emilie 314
Brentano, Ida 306
Darwin 61
Descartes 6, 72, 76, 100 f., 106, 108, 123, 138 f., 149, 165 ff., 202, 216 f., 272, 297, 309
Dilthey 42, 45, 47
Du Bois-Reymond 306
Elsenhans 226 f., 241 ff., 248
Euklid 114, 255 f.
Fichte 6, 206, 267 ff., 294
Fries 206
Galilei 12, 24, 81 f., 314, 317
Geiger 40, 246, 249
Goethe 267
Gorgias 127, 135, 137
Häckel 10
Hegel 6 f., 68, 206, 267
Helmholtz 61, 307
Herbart 127, 240
Herder 267
Hering 254
Herz 140, 143
Hindenburg 321
Humboldt, Wilhelm von 267
Hume 9, 34, 36, 103, 118, 123, 139 f., 172, 246, 250, 300, 306
Kant 4, 6 f., 9, 45, 61, 107, 119, 140 f., 143 f., 189, 206 f., 241 f., 267, 272 ff., 276 ff., 286 f., 295, 297, 300, 308 f.

Kepler 267
Kopernikus 267
Kraus 304
Lambert 132
Lavoisier 12
Leibniz 131 f., 207, 267, 295
Lessing 267
Linke 226
Lipps 20, 297, 300 f.
Locke 22, 40, 103, 109, 139, 143, 208
Lotze 47, 56, 143
Ludendorff 321
Mahnke 294
Maier 266
Malebranche 143
Marbe 40
Martin 40
Messer 226, 229, 238, 247, 249
Mill 123
Münsterberg 240, 293
Napoleon 283
Ostwald 9
Paracelsus 61
Parmenides 135
Pfänder 249
Platon 6, 123, 126 f., 132, 137, 206 f., 270 f., 278, 281, 283, 295, 297, 299
Plener 306
Protagoras 126
Reinach 67, 249, 296 ff., 300 ff.
Riemann 255
Scheler 246
Schelling 267
Schiller 267
Schleiermacher 267